D1687693

Hans Pohl

Buderus
1932–1995

Band 3 der Unternehmensgeschichte

Hans Pohl

Buderus
1932–1995

Band 3 der Unternehmensgeschichte

Copyright © by Buderus AG

www.buderus.de

Alle Rechte vorbehalten. Nachdruck, Übersetzung, Entnahme von Abbildungen, Wiedergabe auf photomechanischem oder ähnlichem Wege, Speicherung in DV-Systemen oder auf elektronischen Datenträgern sowie die Bereitstellung der Inhalte im Internet oder anderen Kommunikationsdiensten sind auch in auszugsweiser Verwertung nur mit vorheriger Genehmigung durch die Buderus AG zulässig.

Für die in diesem Buch verwendeten Warenzeichen und Handelsnamen gelten die entsprechenden Schutzbestimmungen.

Wetzlar 2001

Satz und Lithografie: Die Feder GmbH, Wetzlar
Druck: Druckerei Schanze GmbH, Kassel

ISBN 3-00-007455-4

Inhaltsverzeichnis

Vorwort von Dr. Hans-Ulrich Plaul 9
1. Buderus und seine Geschichte 11
2. Die Buderus'schen Eisenwerke von ihrer Gründung
   bis zum Jahr 1932. Eine kurze Einführung 17
3. Aufschwung unter dem Nationalsozialismus (1933–1939) 25
   3.1. Hochkonjunktur durch Arbeitsbeschaffung und Aufrüstung 25
   3.2. Auf dem Weg zum vertikal gegliederten Konzern 27
        Unternehmenspolitik, Unternehmensleitung und NS-Regime 27
        Konzentrationsbestrebungen: die Interessengemeinschaft
        mit dem Hessen-Nassauischen Hüttenverein 31
        Kleinere Tochterunternehmen 33
        Beteiligungen und Freundschaftsverträge 34
        Verbandsmitgliedschaften und Kartelle 35
   3.3. Die Entwicklung der Konzernbereiche 36
        Die Buderus'schen Eisenwerke – ein führendes Unternehmen
        der Gießerei- und Rohstoffproduktion 36
        Eisenerz- und Eisenproduktion 43
        Zement, Kalkstein, Bauxit, Phosphorit und Kupfererz 49
        Maschinenbau und Armaturen: Breuer-Werk AG 51
        Stahlerzeugung: Stahlwerke Röchling-Buderus AG 52
        Vertriebsorganisation 53
   3.4. Die „Ordnung der nationalen Arbeit":
        Auswirkungen auf die „Betriebsgemeinschaft" 55
   3.5. Steigende Umsätze und verbesserte Erträge 60
   3.6. Zusammenfassung 64
4. Kriegswirtschaft und Zusammenbruch (1939–1945) 65
   4.1. Vom „Blitzkrieg" zum „Totalen Krieg" 65
   4.2. Führung eines kriegswichtigen Unternehmens 67
   4.3. Die Konzerngesellschaften in der Kriegswirtschaft 70
        Gießereien und Rohstoffsektor: Buderus'sche Eisenwerke 70
        Zement, Kalkstein, Bauxit, Phosphorit 80
        Stahlwerke Röchling-Buderus AG 81
        Maschinenbau und Armaturen: Breuer-Werke GmbH 82
        Vertriebsorganisation 82
        Sonstige Beteiligungen, Kartelle 83
   4.4. Zur Lage der Arbeitskräfte 83
   4.5. Schwankende Umsätze und rückläufige Erträge 91
   4.6. Zusammenfassung 94

5. Wiederaufbau und Sozialisierung (1945–1948) 97
5.1. Besatzungspolitik der Alliierten, Industriepläne, Währungsreform 97
5.2. Schadensbilanz und Veränderungen in der Unternehmensleitung 101
5.3. Einbeziehung der Buderus'schen Eisenwerke in Restitution, Demontage, Entflechtung und Sozialisierung 105
5.4. Erste Maßnahmen zur Wiederaufnahme von Produktion und Vertrieb 113
5.5. Neubeginn in den einzelnen Gesellschaften 115
Gießerei und Metallverarbeitung: Buderus'sche Eisenwerke und Breuer-Werke GmbH 115
Stahlwerke Röchling-Buderus AG 118
„Treuhandverwaltung der Buderus'schen Erzgruben, Hochofen- und Elektrizitätsbetriebe in Gemeineigentum" 120
Vertriebsorganisation 123
5.6. Sozialpolitik und Notversorgung, Einführung der Mitbestimmung 124
5.7. Geringe Umsätze und erste Gewinne 127
5.8. Zusammenfassung 130

6. Der Beginn des Wirtschaftswunders (1949–1955) 131
6.1. Weichenstellungen für Wachstum: Westintegration, Marshallplan, Koreaboom, Investitionshilfen 131
6.2. Personelle und organisatorische Erneuerung 134
6.3. Abschluss der Entflechtung und Sozialisierung: die Gründung der Hessischen Berg- und Hüttenwerke AG 135
6.4. Erste Expansion 138
Herausforderungen bei Heizungs- und Bauerzeugnissen 138
Erwerb der Krauss-Maffei AG 141
6.5. Auf Erfolgskurs 142
Gießerei und Metallverarbeitung: Buderus'sche Eisenwerke 142
Omniplast GmbH & Co., Zentroguß GmbH, Omnical GmbH, Baustoffgesellschaften 146
Maschinenbau und Armaturen: Krauss-Maffei AG und Breuer-Werke GmbH 147
Edelstahlproduktion und -verarbeitung: Stahlwerke Röchling-Buderus AG 147
Rohstoffsektor: „Treuhandverwaltung der Buderus'schen Erzgruben, Hochofen- und Elektrizitätsbetriebe in Gemeineigentum" bzw. „Hessische Berg- und Hüttenwerke AG" 149
Vertriebsorganisation 151
6.6. Teilhabe am Erfolg: wachsende Belegschaft, Ausbau des Sozialwesens und Lohnanstieg 152
6.7. Ertragssteigerung mit Einbrüchen 156
6.8. Zusammenfassung 158

7. Expansion und Diversifikation (1956–1970) 159
7.1. Konsolidierung, Vollbeschäftigung und erster Konjunktureinbruch 159
7.2. Friedrich Flick als Großaktionär – Veränderungen in der Unternehmensführung . 162
7.3. Umstrukturierungen der Buderus-Gruppe 166
Erwerb der Burger Eisenwerke AG 166
Rückkauf der Hessischen Berg- und Hüttenwerke AG
und der Stahlwerke Röchling-Buderus AG 167
Eingliederung der Buderus-Gruppe in den Flick-Konzern 171
Einführung einer divisionalen Organisationsstruktur 172
7.4. Alte und neue Unternehmensbereiche 173
Gießerei und Metallverarbeitung:
Buderus'sche Eisenwerke, Burger Eisenwerke AG,
Omnical GmbH und Zentroguß GmbH 173
Omniplast GmbH & Co. und Baustoffgesellschaften 179
Maschinenbau und Armaturen: Krauss-Maffei AG und
Breuer-Werke GmbH 180
Edelstahlwerke Buderus AG 181
Rohstoffsektor: Hessische Berg- und Hüttenwerke AG
und Metallhüttenwerke Lübeck GmbH 183
Vertriebsorganisation 186
Gemeinschaftsprojekte auf dem Gebiet des Heizkessel-
und Industrieanlagenbaus 186
7.5. Arbeitskräftemangel, Lohnanstieg, Arbeitszeitverkürzung 187
7.6. Steigende Erträge trotz Verlustübernahmen 189
7.7. Zusammenfassung 191

8. Krisenzeit (1971–1977) 193
8.1. Stagflation 193
8.2. Krisenmanagement bei Buderus: personelle, strukturelle
und organisatorische Neuorientierung 195
8.3. Kontraktion, Zentralisation und Rationalisierung 198
Gießerei und Metallverarbeitung: Buderus'sche
Eisenwerke und Burger Eisenwerke AG 201
Omniplast GmbH & Co. und Baustoffgesellschaften 206
Edelstahlwerke Buderus AG 207
Maschinenbau und Armaturen: Krauss-Maffei AG 210
Ausstieg aus dem Rohstoffsektor: Metallhüttenwerke
Lübeck GmbH und Hessische Berg- und Hüttenwerke AG 212
Vertriebsorganisation 215
8.4. Rationalisierung und sozialliberale Reformen:
Personalabbau und Anstieg der Lohnkosten 216
8.5. Rezession und strukturelle Veränderungen – Finanzprobleme und ihre Lösung ... 218
8.6. Zusammenfassung 221

9. **Jahre des Wandels (1978–1991)** 223
   9.1. Krisenherde, Aufschwung, Wiedervereinigungsboom 223
   9.2. Von Flick über die Feldmühle Nobel AG zur Metallgesellschaft 226
   9.3. Tiefgreifende Umstrukturierungen und Konzentration auf das Kerngeschäft ... 230
        Verkauf der Krauss-Maffei AG 230
        Fortführung der Divisionalisierung der Buderus AG 232
   9.4. Die Entwicklung der einzelnen Konzerngesellschaften 234
        Buderus AG 234
        Omniplast GmbH & Co. 242
        Edelstahlwerke Buderus AG 242
        Vertriebsorganisation 245
   9.5. Belegschaftsabbau, verkürzte Arbeitszeit,
        verbesserte Sozialleistungen 245
   9.6. Gute Ertragslage trotz einzelner Einbrüche 247
   9.7. Zusammenfassung 250

10. **Von der Konzern- zur Publikumsgesellschaft (1992–1995)** 251
    10.1. „Einheitsboom" und Rezession 251
    10.2. Auf dem Weg zur Selbstständigkeit:
          Portfolio-Management, Investor Relations und
          die Erschließung neuer Märkte 251
    10.3. Konzentration auf die Kernbereiche 254
          Heizungsprodukte 254
          Gusserzeugnisse 257
          Edelstahlerzeugnisse 259
          Flugzeugzubehör 260
    10.4. Kostenmanagement im Sozialbereich 261
    10.5. Konsolidierung der Kapitalstruktur 263
    10.6. Zusammenfassung 264

11. **Bilanz** 265

12. **Anmerkungen** 273

13. **Quellen- und Literaturverzeichnis** 335
    13.1. Archive 335
    13.2. Zeitungen und Zeitschriften 337
    13.3. Sonstige gedruckte Quellen und Literatur 337
    13.4. Bildnachweis 350

14. **Register** 351
    14.1. Personen und Firmen 351
    14.2. Standorte 356

Abkürzungsverzeichnis 359

Vorwort

Das 200-jährige Bestehen von Buderus im Jahre 1931 war für den damaligen Vorstand Anlass, eine zweibändige Unternehmensgeschichte „Vom Ursprung und Werden der Buderus'schen Eisenwerke Wetzlar" 1938 herauszugeben. Wir legen jetzt – ohne Bezug auf ein Jubiläum – den dritten Band vor, der die Jahre von 1932 bis 1995 behandelt.

Herr Professor Dr. Hans Pohl hat die Mühe auf sich genommen, den Weg von Buderus durch politisch und wirtschaftlich bewegte Zeiten nachzuzeichnen. Als der Autor mit seinen Arbeiten begann, stellte er erhebliche Lücken bei den Quellen für diese Zeit fest. Das Unternehmensarchiv, das gegen Ende des Krieges im Kalkbruch Niedergirmes unter Tage ausgelagert worden war, wurde nach Kriegsende bei Plünderungen vernichtet. Eine systematische archivarische Arbeit hat sich das Unternehmen in den folgenden Jahrzehnten nicht geleistet. Erst mit den Vorbereitungen zum 250-jährigen Jubiläum im Jahre 1981 begann der Wiederaufbau des Unternehmensarchivs. So hatten Hans Pohl und seine Mitarbeiter neben dem Studium anderer Quellen mühsame Arbeit zu leisten, um die Lücken zu schließen. Insbesondere für die Jahre 1933 bis 1945 galt es, das Wissen der noch lebenden Zeitzeugen zu nutzen. Für die Erstellung des Werkes unter so schwierigen Bedingungen gebührt dem Autor Dank und Anerkennung.

In der Zeit nach dem Ersten Weltkrieg hatte Buderus durch die Stärkung des Gießereibereichs die Abkehr vom Berg- und Hüttenwesen fortgesetzt. Gegen Ende der zwanziger Jahre sah sich Buderus als ein Unternehmen, das in sechs Werken serienmäßig Gusserzeugnisse herstellte und der „größte Betrieb dieser Art in Deutschland" war, wie der Vorstandsvorsitzende Adolf Koehler auf der Hauptversammlung 1929 erklärte.

Der Prozess der Umstrukturierung wurde durch die von den Nationalsozialisten betriebene Wirtschaftspolitik bereits in der Vorkriegszeit angehalten und umgekehrt. Mit hohem finanziellen Aufwand musste der Erzbergbau in der Zeit des Vierjahresplanes seine Förderkapazitäten ausweiten. Zu Kriegsbeginn hatte Buderus nicht nur staatliche Auflagen und Produktionsforderungen zu erfüllen, sondern war zusätzlich mit einem sich ständig verschärfenden Arbeitskräftemangel durch die Einziehung von Belegschaftsangehörigen konfrontiert.

Die Eingriffe staatlicher Stellen in das Unternehmen gab es auch nach dem Nationalsozialismus. Die Sozialisierungspolitik in Hessen erschwerte bis zum Rückerwerb des Montanbereichs 1965 das Wachstum des Unternehmens und verzögerte die notwendige Anpassung an veränderte Märkte. Während die rheinisch-westfälischen Hüttenwerke bereits 1965 ihre letzten Siegerländer Erzgruben stillgelegt hatten, wurde von Buderus der Erzbergbau im Dillgebiet erst 1973 aufgegeben. 1981 trug Buderus schließlich mit der Stilllegung des Hochofenwerkes Wetzlar den unwirtschaftlichen Standortbedingungen bei der Roheisenerzeugung Rechnung.

Nach den politischen Zwängen entstanden Konzernbindungen. 1965 geriet Buderus in die Abhängigkeit zu Flick und übernahm daraufhin die sanierungsbedürftigen Metallhüttenwerke Lübeck. Mit dem Verkauf des industriellen Besitzes von Flick 1985 wurde Buderus Teil des Feldmühle Nobel-Konzerns. 1992 erwarb die Metallgesellschaft Buderus. Die damit verbundene Aufhebung des bestehenden Beherrschungsvertrages war der erste Schritt aus der Konzernabhängigkeit. Mit der Platzierung der von der Metallgesellschaft gehaltenen Aktien an der Börse erlangte Buderus 1994 die Unabhängigkeit zurück und damit wieder den Status einer ungebundenen Publikumsgesellschaft.

Eine Unternehmensgeschichte soll die Wechselwirkung zwischen den äußeren Zwängen und Bindungen und dem unternehmerischen Handeln erhellen. Dieser Forderung wird die Arbeit von Hans Pohl in mehrschichtiger Weise gerecht, indem sie nicht nur die Ereignisse chronologisch aneinander reiht, sondern diese systematisch ökonomischen, sozialen, rechtlichen, aber auch politischen Kategorien zuordnet. Deshalb ist zu wünschen, dass dieses Buch nachfolgenden Generationen nicht nur als Geschichte interessant, sondern auch als Lehre nützlich ist.

270 Jahre sind für ein Unternehmen ein herausragendes Alter. Dank und Anerkennung zollen wir allen, die mit ihrer Leistung zu diesem langen Bestand des Unternehmens beigetragen haben, vor allem ihr Wirken wird durch die Arbeit von Hans Pohl gewürdigt. Vermächtnis und zugleich Herausforderung der Unternehmensgeschichte ist die in ihr gezeigte Kraft früherer Generationen, vorausschauend zu agieren sowie richtig und unverzüglich zu reagieren. Wenn es gelingt, heute und in Zukunft diese Fähigkeit in allen Bereichen und Ebenen des Unternehmens zu erhalten und zu verbessern, dann wird Buderus auch weiterhin erfolgreich bestehen.

Dr. Hans-Ulrich Plaul
Vorsitzender des Vorstands der
Buderus Aktiengesellschaft

Wetzlar, im Januar 2001

1. Buderus und seine Geschichte

„Wir müssen gestehen, dass die Jahre nach 1945 im Sinne der Firmengeschichtsschreibung schlecht genutzt worden sind. Die gewaltige Aufgabe, das Unternehmen aus den Trümmern des Krieges und den Wirren der Nachkriegszeit neu erstehen zu lassen, ließ wohl keine Zeit für... die Fortschreibung der Unternehmensgeschichte",[1] formulierte der Vorstandsvorsitzende der Buderus AG, Hans Werner Kolb, im Jahr 1981. Die vorliegende Untersuchung soll nun die Lücke füllen, die seit dem Erscheinen der zweibändigen Unternehmensgeschichte „Vom Ursprung und Werden der Buderus'schen Eisenwerke Wetzlar" im Jahr 1938 besteht.[2] Das Unternehmen blickte damals bereits auf eine mehr als 200-jährige Geschichte zurück.

Im Zentrum der vorliegenden Darstellung stehen die wirtschaftlichen Aktivitäten von Buderus. Neben den wirtschaftspolitischen und wirtschaftlichen Rahmenbedingungen werden der Wandel der Konzernstruktur und -leitung sowie die Geschäftsentwicklung – Produktion, Umsatz, Finanzen –, Personal- und Lohnfragen behandelt.[3] Die früheren Buderus'schen Eisenwerke bzw. die heutige Buderus AG betätigten bzw. betätigt sich in den industriellen Produktionsbereichen der Eisengießerei, der Roheisen- und Edelstahlherstellung sowie im Erzbergbau.[4] Das Unternehmen hat in den vergangenen gut 60 Jahren einen wichtigen Beitrag zur Metall erzeugenden und Metall verarbeitenden Industrie und damit zum gesamtwirtschaftlichen Prozess geleistet.[5]

Die Weltwirtschaftskrise von 1929 bis 1933 hatte die Buderus'schen Eisenwerke vor eine harte Bewährungsprobe gestellt. Die folgenden zwölf Jahre waren geprägt von der Vereinnahmung des Unternehmens durch die nationalsozialistische Rüstungspolitik und vom wirtschaftlichen Niedergang in den letzten Kriegsjahren. Zu keinem Zeitpunkt jedoch standen die Werke vor einer ungewisseren Zukunft als nach dem militärischen und politischen Zusammenbruch Deutschlands im Jahre 1945. Die Neuordnungspläne der Alliierten und der politischen Parteien waren für das hessische Montanunternehmen von größter Bedeutung – ob es sich nun um die Demontage von Produktionsanlagen, die Einbeziehung wichtiger Betriebsteile in die Sozialisierungspläne der hessischen Landesregierung oder um die Unterstellung unter die alliierten Entflechtungsgesetze handelte. Doch kaum waren diese Probleme gelöst, traten gravierende Veränderungen bei den Eigentumsverhältnissen ein. Sie begannen mit dem Erwerb der Aktienmehrheit durch einen Großaktionär, die Flick-Gruppe. Damit war die schrittweise Integration in den größten Familienkonzern der Bundesrepublik Deutschland verbunden. Bis zur Veräußerung der Aktienmehrheit durch die Metallgesellschaft im Juni 1994 gehörte das seit 1977 unter dem Namen Buderus AG firmierende Unternehmen zu einem Konzernverbund: Der „Friedrich Flick KG" bzw. deren operativer Holdinggesellschaft, der „VG – Verwaltungsgesellschaft für industrielle Unternehmungen Friedrich Flick GmbH", folgten im Jahr 1986 die „Feldmühle Nobel AG" und 1992 die „Metallgesellschaft AG" als Muttergesellschaft bzw. Mehrheitsaktionärin. Mit der erneuten breiten Platzierung des Aktienkapitals der Buderus AG an der Börse durch die in finanzielle Schwierigkeiten geratene Metallgesellschaft erlangte Buderus wieder den Charakter einer Publikumsgesellschaft, deren Kapital sich auch in Händen zahlreicher Kleinaktionäre befindet.[6]

Unterdessen blieb keiner der traditionellen Produktionszweige des Unternehmens von Strukturkrisen verschont. Die letzte Stunde des Erzbergbaus schien bereits während der Weltwirtschaftskrise Anfang der dreißiger Jahre geschlagen zu haben. Die Strukturschwächen des heimischen Erzbergbaus wurden jedoch noch über Jahrzehnte durch die nationalsozialistische Wirtschaftspolitik und den großen Bedarf deutscher Hüttenwerke an Inlandserzen in der Wiederaufbauphase nach dem Zweiten Weltkrieg verdeckt. Erst die Liberalisierung und Globalisierung der Erzmärkte und der Preisverfall der Auslandserze seit 1958 leiteten für die verbliebenen Buderus'schen Erzgruben das Ende ein. Die Roheisenherstellung blieb dem Unternehmen hingegen noch länger erhalten. Erst als 1981 der letzte Hochofen stillgelegt wurde, fand diese lange Tradition der Unternehmensgeschichte ihren Abschluss. Die Buderus AG vollzog damit den Schritt von einem gemischten Hüttenwerk zu einem fast ausschließlich in der Weiterverarbeitung tätigen Unternehmen.

Hatte Buderus im „Dritten Reich" sein traditionelles Produktionsprogramm, also die Erzeugung von Heizungs- und Sanitärgegenständen aus Eisenguss, von Gegenständen des Bau- und Kundengusses sowie von Edelstählen, weitgehend auf die Produktion von Rüstungsgütern umstellen müssen, so konnte das Unternehmen nach dem Krieg wieder an seine Friedensproduktion anknüpfen. Bis heute ist Buderus seinen traditionellen Produktbereichen treu geblieben und hat damit die technische Entwicklung auf dem Heizungssektor seit Ende des 19. Jahrhunderts wesentlich mitgestaltet. Die Spezialisierung des Konzerns innerhalb der einzelnen Betätigungsfelder – etwa im Heizungssektor oder beim Kundenguss auf Zulieferteile für die Automobilindustrie – ist jedoch das Ergebnis eines langen und kontinuierlichen Ausleseprozesses und produktionstechnischen Wandels.

Nach 1945 wurde es für Buderus schwieriger, sich auf dem Gießereisektor gegen zunehmende Konkurrenz durch Produkte aus Stahl, Kunststoff und Beton zu behaupten. Der Vorstand reagierte zunächst damit, dass das Unternehmen in eben diese Bereiche hinein expandierte. Ein Resultat dieser Strategie war der Ausbau zu einer Unternehmensgruppe, der so große Tochtergesellschaften wie das Maschinenbau- und Rüstungsunternehmen Krauss-Maffei angehörten.

Der Ölpreisschock von 1973/74, sinkende Wachstumsraten und strukturelle Verschiebungen in der westdeutschen Industrie zwangen Buderus, sich stärker zu spezialisieren und unrentable Produktionskapazitäten abzubauen. Nun begann ein bis in die neunziger Jahre anhaltender schmerzhafter Prozess, bei dem Betriebe stillgelegt und Beteiligungen verkauft wurden. Dadurch wurde die Buderus AG zu dem gesunden Unternehmen, das sie heute ist.

Um diesen Prozess näher zu beleuchten, wurde die Arbeit chronologisch in acht Kapitel unterteilt, die, jeweils systematisch gegliedert, den Leser vom Allgemeinen zum Besonderen führen. Die zeitliche Abgrenzung orientiert sich an den entscheidenden Daten der Unternehmensentwicklung. Dies sind die ersten sechs Jahre unter der nationalsozialistischen Herrschaft, der Zweite Weltkrieg, der Zusammenbruch 1945 und die Nachkriegswirren, die mit der Währungsreform und der Unterstellung der Buderus'schen Eisenwerke unter die alliierten Entflechtungsgesetze (1948) ein Ende fanden; ferner die Gründung der Hessischen Berg- und Hüttenwerke AG und das Ende der Sozialisierungsdiskussion durch den Vertrag mit dem Land Hessen (1952/54), die Übernahme durch Flick, Konzentration und organisatorische Neugliederung (1970), die Zeit nach der Rationalisierungswelle bis zur Umfirmierung in die „Buderus AG" (1977) und schließlich die letzten Jahre der Gesellschaft unter dem Flick-Konzern und unter der Feldmühle Nobel AG. Den

Abschluss bildet ein knapper Überblick über die Jahre, in denen die Metallgesellschaft Mehrheitsaktionärin war, bis zur Wiedererlangung der Selbstständigkeit.[7]

Die Möglichkeiten des Historikers, die Vergangenheit nachzuzeichnen, hängen entscheidend von der vorhandenen Überlieferung ab. Die schriftlichen Quellen für die Bearbeitung unseres Themas stammen zum größten Teil aus dem Archiv der Buderus AG (ABAG). Sie sind für die einzelnen Zeitphasen und Sachfragen in unterschiedlichem Umfang vorhanden. Der Vorstand hat uns in sämtliche Bestände Einsicht nehmen lassen. Grundlage sind zunächst die vollständig vorhandenen Geschäftsberichte der Buderus'schen Eisenwerke bzw. der Buderus AG. Darüber hinaus standen die Geschäftsberichte der Buderus-Jung'schen Handelsgesellschaft, der späteren – wieder – Buderus'schen Handelsgesellschaft, von 1932 bis 1941 zur Verfügung, ferner die Geschäftsberichte der Stahlwerke Röchling-Buderus AG bzw. der Edelstahlwerke Buderus AG 1933 bis 1941 sowie 1945 bis Mitte der neunziger Jahre, die Geschäftsberichte der Metallhüttenwerke Lübeck 1965 bis 1976 und schließlich die Geschäftsberichte der Hessischen Berg- und Hüttenwerke AG zwischen 1954 und 1976.

Detaillierteren Einblick als die Geschäftsberichte geben die Vorstands- und Aufsichtsratsprotokolle der Buderus'schen Eisenwerke bzw. der Buderus AG. Hier ist die Überlieferung allerdings lückenhaft. So sind für die Zeit des „Dritten Reiches" nur noch die Vierteljahresberichte des Vorstands an den Aufsichtsrat zwischen 1933 und 1944, die Protokolle der Direktionskonferenzen zwischen 1935 und 1942 sowie die Protokolle der Vorstandssitzungen für die Jahre 1942, 1944 und 1945 vorhanden. Auch nach 1945 sind die Vorstandsprotokolle unvollständig. Die Informationslücken konnten allerdings weitgehend an Hand von Schriftwechsel des Vorstands und der Aufsichtsratsprotokolle geschlossen werden. Diese existieren für die Jahre 1933 bis 1935, 1937 und 1942, für den Zeitraum von 1945 bis 1960 vollständig und für einige folgende Jahre. Auch die Materialien für die Mitglieder des Aufsichtsrats – vierteljährliche kurze, statistisch angereicherte Darstellungen zur Vorbereitung der Sitzungen – liegen seit 1960 vor. Sie sind ab 1970 besonders ausführlich und enthalten beispielsweise die Berichte des Vorstands an den Aufsichtsrat zur wirtschaftlichen Lage des Unternehmens und zu den Investitionen.

Dieser „Kernbestand" an Aktenmaterial konnte erheblich ergänzt werden. Wertvolle Informationen vermittelten die Protokolle des Gesamtbetriebsrats der Buderus'schen Eisenwerke und von Betriebsräten einzelner Werke. Des Weiteren wurden die Hauptversammlungsprotokolle der Buderus'schen Eisenwerke, die Sozialberichte des Unternehmens sowie Aufsichtsratsprotokolle der sozialisierten, in der Hessischen Berg- und Hüttenwerke AG zusammengefassten Betriebsteile herangezogen. Die Entflechtung und Sozialisierung sind besonders gut dokumentiert. Der gesamte Schriftwechsel des Vorstands mit den staatlichen Institutionen zwischen 1945 und 1965 ist vorhanden. Darin befindet sich auch ein Teil der Korrespondenz zwischen Buderus und dem Hause Flick.

Zusätzlich zum Buderus-Archiv konnten einzelne Bestände des Hessischen Hauptstaatsarchivs (HHStA) in Wiesbaden und des Bundesarchivs in Koblenz (BA Ko) ausgewertet werden, ferner die Kriegstagebücher des Gießener Rüstungskommandos im Bundesarchiv Militärarchiv (BA MA) in Freiburg sowie Akten über den Einsatz von Zwangsarbeitern aus dem Wetzlarer Stadtarchiv (StadtA). Mehrere frühere Mitarbeiter des Unternehmens standen für Gespräche und schriftliche Befragungen zur Verfügung. Von der Unternehmensführung war uns besonders Herr Hans Joachim Spiegelhalter, ehemaliger Geschäftsführer der Buderus Heiztechnik GmbH, behilflich, indem er Fragen beantwortete und Materialien beschaffte, wofür ich ihm meinen großen Dank aussprechen möchte.

Den Geschäftsberichten des Wirtschaftsverbandes der Gießerei-Industrie in Düsseldorf entnahmen wir Daten zur Eisengießerei, dem wichtigsten Produktionsbereich von Buderus. Aufgrund der sehr heterogenen Quellenlage ließen sich einige Gebiete nicht allein aus den Akten bearbeiten, z. B. die Beziehung des Vorstands und der einzelnen Produktionsgesellschaften zum Flick-Konzern. Hier konnten Pressemitteilungen und Auskünfte des Buderus-Archivs teilweise weiterhelfen.

Hinsichtlich der Tochter- und Beteiligungsgesellschaften, deren Akten – mit Ausnahme der Hessischen Berg- und Hüttenwerke AG und der Stahlwerke Röchling-Buderus AG – sich nicht im Archiv der Buderus AG befinden, konnte nur auf die Informationen in den Akten der Muttergesellschaft zurückgegriffen werden. Auch das statistische Material lag überwiegend für die Buderus'schen Eisenwerke, nicht jedoch für die Tochter- und Beteiligungsgesellschaften vor. Tabellen über Produktion und Umsatz konnten nur für die Buderus'schen Eisenwerke sowie die dem Rohstoffbereich zuzuordnenden Gesellschaften erstellt werden. Als Quellen zur Ertrags- und Finanzlage wurden die Geschäftsberichte der Buderus'schen Eisenwerke sowie aufbereitete statistische Angaben aus Fachzeitschriften herangezogen. Tages- und Wochenzeitungen ergänzten die Unternehmensakten. Besonders hilfreich waren die Pressemappen aus der Bibliothek des Instituts der Deutschen Wirtschaft in Köln und des Hamburger Weltwirtschaftarchivs.[8] Eine wichtige Quelle war die Werkzeitschrift, die bis zum Jahr 1944 unter dem Namen „Hütte und Schacht – Werkszeitung der Buderus'schen Eisenwerke und Stahlwerke Röchling-Buderus" und nach ihrer Neugründung im Jahr 1950 als „Buderus Werksnachrichten" erschien. Seit 1965 trägt sie den Titel „Buderus Post". Informationen über Neuerungen bei Technik und Produktion und über Aufsichtsrats- und Vorstandsmitglieder stammen auch aus der Zeitschrift „Berghütte – Werkzeitschrift der Hessischen Berg- und Hüttenwerke", die zwischen 1954 und 1965 erschien. Schließlich konnten wir in unveröffentlichte Arbeiten und Vorträge von Werksangehörigen Einsicht nehmen.[9] Als besonders wertvoll erwies sich das Manuskript von Wolfgang Kühle über die Buderus'schen Eisenwerke in den ersten vier Nachkriegsjahren unter besonderer Berücksichtigung der Sozialisierung.[10]

Es gibt noch keine Monographie über die Entwicklung von Buderus seit 1932, doch wurden bereits Einzelaspekte erforscht. Hier sind regionalgeschichtlich orientierte Studien über die Geschichte der Arbeiter in der Nachkriegszeit zu nennen wie diejenigen von Witich Rossmann, der besonders die Wetzlarer Industriearbeiter, vor allem bei den Buderus'schen Eisenwerken, untersucht hat, und von Angelika Jacobi-Bettien über den Betriebsrat der Buderus'schen Eisenwerke 1945 bis 1948.[11]

Die Sozialisierungsproblematik verband sich in den ersten Nachkriegsjahren eng mit der wirtschaftlichen Neuordnung und wurde deshalb häufig thematisiert. Die meisten Veröffentlichungen befassen sich mit den weit bedeutenderen Sozialisierungprojekten in Nordrhein-Westfalen,[12] aber einige auch mit der hessischen Sozialisierung, z. B. die Arbeiten von Walter Mühlhausen, Reinfried Pohl und Gerd Winter,[13] die auf die Buderus'schen Eisenwerke eingehen. Allerdings interessieren sie sich stärker für die politischen Parteien und die Militärregierung als für unternehmenstechnische Fragen.[14] Weitere Arbeiten thematisieren Unternehmen oder Branchen, die mit Buderus in Verbindung standen, so Friedrich Flick und seinen Konzern[15], die Edelstahl-[16], die

Zement-[17] und die Gießerei-Industrie[18]. Die Entwicklung der Roheisenindustrie und des Erzbergbaus konnte anhand einschlägiger Zeitschriften, der Dissertation von Franz Lammert über die Eisen- und Stahlindustrie nach dem Zweiten Weltkrieg und einer Monographie der Stahltreuhändervereinigung über die Entflechtung in der Eisen- und Stahlindustrie nachgezeichnet werden.[19] Über den Erzbergbau liegen Publikationen von Erich Böhne und Jochen Dietrich sowie der Industriegewerkschaft Bergbau und Energie[20] vor. Zu erwähnen ist außerdem das Standardwerk Gustav Eineckes aus dem Jahre 1932.[21] Die Entwicklung der Eisen schaffenden, der Eisen verarbeitenden Industrie und des Erzbergbaus findet auch in den regionalgeschichtlichen Veröffentlichungen von Franz Lerner und von Hans-Werner Hahn sowie in volkswirtschaftlichen Studien zur Entwicklung der Region Berücksichtigung.[22]

Bei den umfangreichen Recherchen und Vorarbeiten haben mich in besonderem Maße Herr Felix Stabreit M.A. sowie Frau Dr. Ursula Reucher M.A., Frau Silke Klaes, Herr Dr. Stephan Pfisterer M.A., Frau Dr. Susan Becker M.A. und Herr Dr. Jochen Nielen M.A. unterstützt, wofür ich ihnen herzlich danke. An der Schlussredaktion waren Frau Dr. Becker und Frau Dr. Reucher sowie die Herren Dr. Pfisterer und Stabreit beteiligt. Herr Dipl.-Kfm. Dieter Bradatsch, Leiter des Bereichs Finanzen der Buderus AG, hat die Abschnitte über die finanzielle Entwicklung kritisch durchgesehen und die Tabellen im Text mit erarbeitet. Dafür möchte ich ihm ebenso herzlich danken wie Herrn Otto Jung und Herrn Dipl.-Ing. Hans Müller, die die Abfassung der Kapitel über die Vertriebsorganisation und über die Edelstahlwerke Buderus AG bzw. die Stahlwerke Röchling-Buderus AG mit wichtigen Informationen unterstützten. Herr Dr. Rainer Haus, Archivar der Buderus AG, hat uns wertvolle Hinweise gegeben und die Bildauswahl besorgt. Dafür möchte ich ihm Dank sagen.

Für eine kritische Durchsicht des 1996 fertiggestellten Manuskripts danke ich den Herren Prof. Dr. Günther Schulz sowie Dr. Rainer Haus und Hans Joachim Spiegelhalter, die sich auch mit großem Engagement um die Drucklegung bemüht und die Register erstellt haben.

Der Vorstand der Buderus AG hat die Forschungen von Anfang an mit reger Anteilnahme und großer Unterstützung gefördert. Ihm gebührt dafür mein besonderer Dank.

Neue Dividendenbogen 1898 ausgegeben.

Buderus'sche Eisenwerke
Actiengesellschaft zu Mainweserhütte bei Lollar.

Lit. A. **ACTIE** N° 1531

über

Zweitausend Mark Deutscher Reichswährung.

Umgestellt auf RM 200.—
Zweihundert Reichsmark

Auf Grund der Gesellschaftsstatuten hat sich

mit dem Betrage von

2000 Mark Deutscher Reichswährung

an dem Grundcapital der Actiengesellschaft „Buderus'sche Eisenwerke" in Actien Lit. A betheiligt und nimmt damit nach dem Inhalte der Statuten verhältnissmässigen Antheil an dem Vermögen, Gewinn und Verlust der Gesellschaft.

Die Uebertragung dieser Actie unterliegt den Bestimmungen des § 7 der Statuten.

Mainweserhütte bei Lollar, den 29. März 1884.

Buderus'sche Eisenwerke.

Der Vorstand: Der Aufsichtsrath:

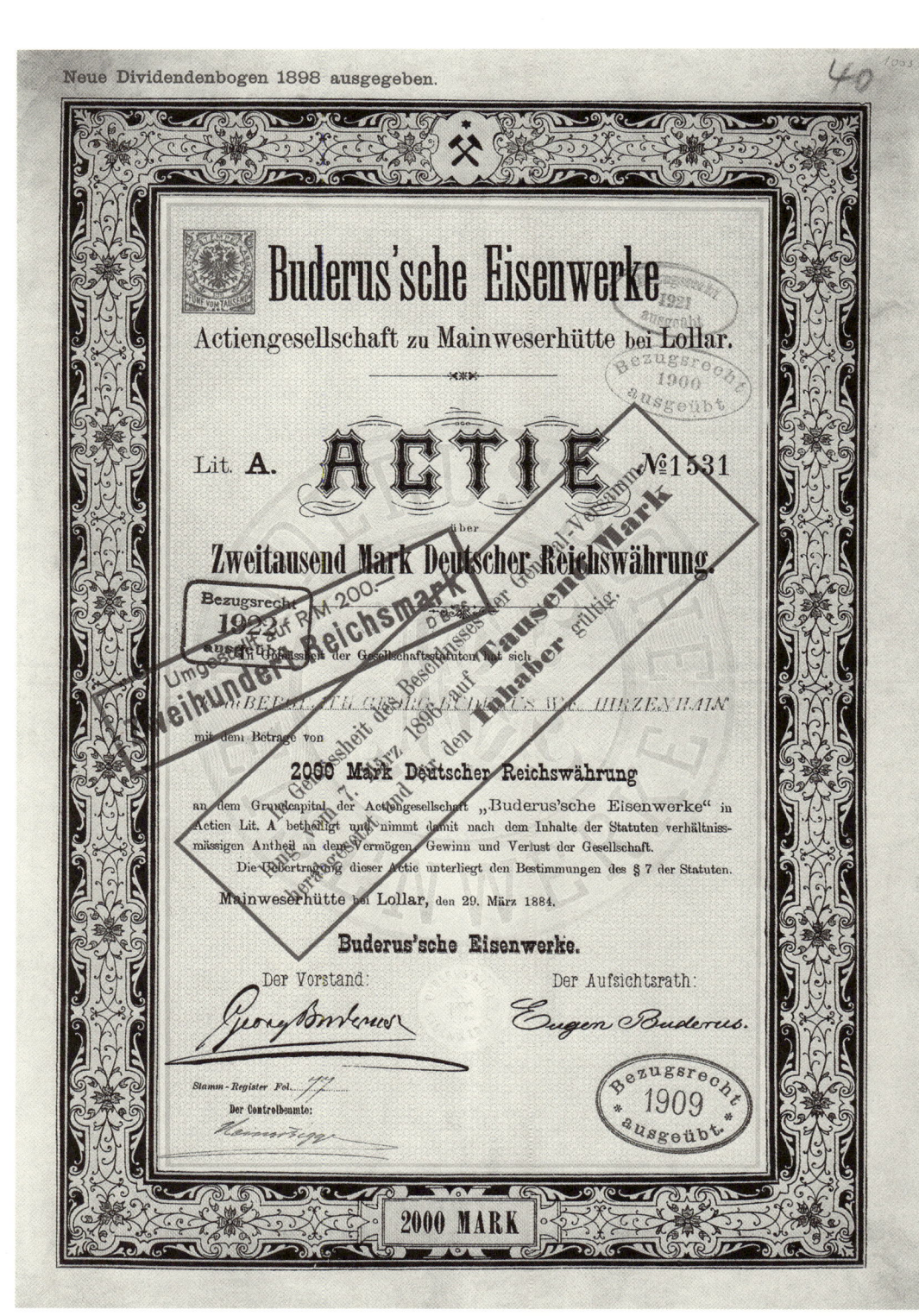

Georg Buderus   *Eugen Buderus*

Stamm-Register Fol. ___
Der Controlbeamte:

2000 MARK

Aktie der Buderus'schen Eisenwerke aus dem Jahre 1884, dem Zeitpunkt der Umwandlung von einer offenen Handelsgesellschaft in eine Aktiengesellschaft.

2. Die Buderus'schen Eisenwerke von ihrer Gründung bis zum Jahr 1932

Eine kurze Einführung

Bis zum Jahre 1932 hatten sich die Buderus'schen Eisenwerke zu einem Großunternehmen entwickelt, das in seinen Stammwerken und Tochterunternehmen 3.980 Arbeiter und Angestellte beschäftigte und das maßgeblichen Einfluss auf das Marktgeschehen in seinen Produktionssparten hatte. Es zählte zu den größten deutschen Gießereiunternehmen.[1] Zu seinen Tochter- und Beteiligungsgesellschaften[2] gehörte eine 50-prozentige Beteiligung an der Stahlwerke Röchling-Buderus AG, einem der acht großen deutschen Unternehmen der Edelstahlbranche.[3] Als größter hessischer Roheisenproduzent besaß Buderus auch erhebliches Gewicht in der Region. Grundlage für seine Roheisenerzeugung waren die heimischen Erzvorkommen, doch der Koks musste aus größerer Entfernung per Bahn bezogen werden – im Unterschied zu den Hüttenwerken an der Ruhr, der Saar und in Oberschlesien. Der technische Aufbau des Unternehmens glich in mancher Hinsicht dem der Hüttenwerke an Rhein und Ruhr, an der Saar und in Oberschlesien. Als „gemischtes Hüttenwerk" verarbeiteten die Buderus'schen Eisenwerke einen Großteil des Roheisens, das sie herstellten, in eigenen Gießereien. Die Weiterverarbeitung des Gießerei-Roheisens zu Druck- und Abflussrohren, Heiz- und Kochgeräten sowie zu Produkten des Kanal-, Sanitär- und Maschinengusses bildete seit langem den Schwerpunkt der Unternehmenstätigkeit. Wie in den anderen Zentren der Schwerindustrie waren den Hochöfen Anlagen angeschlossen, die Nebenprodukte des Hochofenprozesses verarbeiteten. Dazu gehörten ein Elektrizitätswerk, das aus dem Gichtgas Strom erzeugte und an die eigenen Betriebe sowie die umliegenden Gemeinden abgab, und ein Zementwerk, das die Hochofenschlacke verarbeitete.

Diese Struktur war das Ergebnis eines langen Anpassungsprozesses. Die Buderus'schen Eisenwerke gehörten zu den wenigen schwerindustriellen Unternehmen, die sich trotz der Verschlechterung ihrer Standortbedingungen während des 19. Jahrhunderts gegenüber den Zentren der Eisen- und Stahlindustrie im Ruhrgebiet, an der Saar und in Oberschlesien behaupten konnten.

Von Johann Wilhelm Buderus I. (1690–1753) im Jahr 1731 als Pachtbetrieb gegründet, zählte die Buderus'sche Familiengesellschaft bereits gegen Ende des 18. Jahrhunderts zu den führenden Unternehmen der Eisenindustrie Oberhessens und des Lahngebiets. Ihre Grundlage bildeten, wie in den anderen alten Revieren der Eisenindustrie im Siegerland, Bergischen Land, Hunsrück und in der Oberpfalz, die ausgedehnten Waldungen und Erzlagerstätten.[4] Hauptsächlich wurde Roteisenstein[5] abgebaut, ferner manganarmer und manganreicher Brauneisenstein sowie Basalteisenstein in Oberhessen.[6] Das Unternehmen, das seit 1807 als offene Handelsgesellschaft „J.W. Buderus Söhne" firmierte, verfügte zu Beginn des 19. Jahrhunderts über Erzgewinnungsrechte bei den Orten Garbenheim, Weilburg, Weilmünster, Merenberg und Wetzlar. Buderus verarbeitete die Erze in zwei Hochofenwerken mit Holzkohlenbetrieb und drei Hammerwerken zu Roheisen und Fertigprodukten.[7]

In der ersten Hälfte des 19. Jahrhunderts bot der Standort „auf dem Erz"[8] dem Unternehmen zunächst günstige Voraussetzungen, um die Roheisenerzeugung auszuweiten: Der stürmisch einsetzende Eisenbahnbau, neue Verfahren zur Stahleisenherstellung und die zunehmende Liberali-

Der Gründer des Unternehmens Johann Wilhelm Buderus I. Er leitete die Friedrichshütte bei Laubach von 1731 bis zu seinem Tode am 23. Juni 1753.

sierung des Handels ließen die Nachfrage nach Stahleisen, dem „Puddelroheisen", sprunghaft steigen.[9] Doch schon bald geriet die Eisenindustrie an Lahn und Dill in eine schwere Strukturkrise, denn neue technische Verfahren begannen seit Mitte des 19. Jahrhunderts die wichtigsten Standortfaktoren der Hüttenwerke dieser Region in Frage zu stellen. So verdrängte seit den 1850er Jahren der aus England eingeführte Kokshochofen zunehmend den Holzkohlehochofen.[10] Damit wurden die Kohlevorkommen des Ruhrgebiets, an der Saar und in Oberschlesien zu einem erstrangigen Standortfaktor. Sie boten den dort „auf der Kohle" errichteten Hüttenwerken beträchtliche Wettbewerbsvorteile vor den alten Montanrevieren.[11]

Für die Hüttenwerke des Lahn-Dill-Gebiets war dies ein großer Nachteil. Ihre Lage wurde noch schwieriger, als das Puddelroheisen von Eisensorten abgelöst wurde, die für das Bessemer-, Thomas- und – gegen Ende des Jahrhunderts – das Siemens-Martin-Verfahren benötigt wurden. Das Bessemer- und das Thomasverfahren schufen die Grundlage für die moderne Massenstahlproduktion[12] – zum Nachteil der Montanindustrie an Lahn und Dill, denn deren Erze waren weder für das eine noch für das andere Verfahren geeignet. Ihr Phosphorgehalt war höher, als es für das Bessemer-Roheisen zulässig war, doch niedriger, als es für die Herstellung von Thomas-Roheisen notwendig war.[13] Allerdings eignete es sich hervorragend für die Produktion von Gießerei-Roheisen.

Als weitere Schwierigkeit kam hinzu, dass die Fortschritte beim Transportwesen inzwischen den Import von spanischen und schwedischen Erzen mit einem Eisengehalt von 50 bis 60 Prozent ermöglichten. Der durchschnittliche Eisengehalt des Lahn-Dill-Erzes war erheblich geringer, er lag unter 50, teilweise sogar kaum über 30 Prozent. Bei der Verhüttung „auf der Kohle" waren die Erze aus dem Lahn-Dill-Gebiet dieser Konkurrenz nicht gewachsen. Zudem hatten sie – anders als die kalkhaltigen Erze aus Lothringen[14] – einen hohen Kieselsäuregehalt; dies erschwerte den Schmelzprozess im Hochofen und erhöhte den Koksverbrauch und Schlackeanfall der Hüttenwerke. So verloren die Lahn-Dill-Erze für die Verhüttung an der Ruhr zunehmend an Bedeutung. Als sogenannter „Schlackenträger", der die Reduktion der hocheisenhaltigen Auslandserze erleichterte, sicherte sich das heimische Erz allerdings eine – wenn auch bescheidene – Rolle bei der Stahleisenherstellung.[15]

Doch auch auf diesem Gebiet war die Wettbewerbsfähigkeit des Erzbergbaus an Lahn und Dill gefährdet, denn die Kosten für den Transport der Erze zu den Hüttenwerken der Ruhr waren hoch, und die Erzgewinnung – überwiegend unter Tage – war schwierig. Die weit verstreut liegenden kleinen Gruben mit vergleichsweise geringen Erzvorkommen und schwieriger Tektonik setzten einer Rationalisierung und Mechanisierung der Förderung enge Grenzen.[16] Vor ihrem Versand mussten die Erze zudem in den Aufbereitungsanlagen mechanisch oder von Hand vom Begleitgestein getrennt werden.[17] Die Förderkosten waren hier „so hoch wie in keinem anderen Eisenerzgebiet der Welt". Infolgedessen ging die Bedeutung des Lahn-Dill-Gebiets für die deutsche Eisenproduktion erheblich zurück. So sank der Anteil der Lahnerze an der deutschen Gesamtförderung zwischen 1870 und 1913 von 22,3 auf 4,2 Prozent. Der Anteil der Region an der deutschen Roheisenerzeugung lag bereits 1864 nur noch bei fünf gegenüber 15,2 Prozent im Jahr 1834.[18] Seit 1886 wurde die Förderung durch einen Notstandstarif der Bahn für den Transport von Hochofenkoks von der Ruhr an die Lahn und ins Siegerland sowie für den Transport der Erze in die umgekehrte Richtung gestützt.[19] Doch für die Erzeugung von Gießerei-Roheisen der Buderus'schen Eisenwerke blieben die Lahn-Dill-Erze die Grundlage.

Um der Schwierigkeiten Herr zu werden, war ein starker Konzentrationsprozess erforderlich. Ferner musste die Produktion umgestellt werden. Als Erste erkannten dies die Bank für Handel und Industrie in Darmstadt und die Mitteldeutsche Creditbank in Meiningen. Sie entwickelten bereits in den 1850er Jahren Pläne, um die Hüttenindustrie des Lahn-Dill-Gebiets kapitalmäßig zusammenzufassen, die Zahl der Hochöfen zu vermindern und über die Verhüttung hinaus stärker in die Weiterverarbeitung vorzudringen.[20] Auch wenn diese Pläne noch nicht verwirklicht wurden, setzte doch unter den Roheisenherstellern im ausgehenden 19. Jahrhundert ein starker Konzentrationsprozess ein. Viele Eisenwerke legten ihre Hochöfen still und begannen, fremdes Roheisen in den in England entwickelten Umschmelzöfen, den „Kupolöfen", einzuschmelzen und zu Fertigwaren zu verarbeiten.[21] Im Jahr 1883 gab es an der mittleren Lahn nur noch einen einzigen Roheisenhersteller: das Buderus'sche Unternehmen. Es war nach einer 1870 erfolgten Teilung in seiner überwiegenden Vermögensmasse unter der Nachfolgegesellschaft „Offene Handelsgesellschaft Gebrüder Buderus zur Main-Weser-Hütte bei Lollar" weitergeführt worden. Es legte den Schwerpunkt auf die Roheisenherstellung im Kokshochofen. Für die Entwicklung der Gießerei-Industrie leistete die Familiengesellschaft Pionierarbeit: Es gelang ihr 1878, als Alternative zur Stahleisenherstellung ein neues, phosphorhaltiges Gießerei-Roheisen, das „Nassauische Gießerei-Roheisen", zu entwickeln.[22]

Gießer der Main-Weser-Hütte in Lollar mit ihren Werkzeugen und Produkten –
Kessel- und Radiatorenglieder – zu Beginn des 20. Jahrhunderts.

Dennoch lag die Zukunft der Eisenindustrie des Lahn-Dill-Gebiets nicht in der Roheisenherstellung, sondern in der Weiterverarbeitung. Gegen Ende des 19. Jahrhunderts zeigte sich, dass Buderus das Schwergewicht zu stark auf das Hüttenwesen gelegt hatte. Dies erwies sich als Fehlentwicklung, denn als in den 1890er Jahren auch Hüttenwerke an der Ruhr dazu übergingen, hochwertiges Gießerei-Roheisen herzustellen, endete die Sonderkonjunktur für das Gießerei-Roheisen aus dem Lahngebiet. Buderus geriet in wachsende finanzielle Schwierigkeiten und verkaufte wichtige Betriebsteile. Doch langfristig bedeutsamer war die Umwandlung in eine Aktiengesellschaft im Jahr 1884, wenngleich die Anteile und die Leitung zunächst in den Händen der Familie bleiben sollten. Die Gesellschaft firmierte von nun an unter dem Namen „Buderus'sche Eisenwerke". Mit der Umwandlung war die Krise jedoch nicht beendet. Das Grundkapital von zwölf Millionen Mark musste bis 1896 auf acht Millionen herabgesetzt werden. Im selben Jahr übernahmen die Mitteldeutsche Creditbank und weitere Kreditgeber die Sanierung. Die Familie Buderus schied aus dem Vorstand aus. Neuer Vorstandsvorsitzender wurde, als Vertrauensmann der Banken, der ehemalige Direktor der Georgsmarienhütte in Osnabrück, Eduard Kaiser. Dieser Wechsel ermöglichte es, die Unternehmenspolitik neu auszurichten. Ferner war die Börsenzulassung für die künftige Entwicklung von großer Bedeutung: Am 8. April 1899 legte ein Bankenkonsortium unter Führung der Mitteldeutschen Creditbank Buderus-Aktien im Nennwert von 4,5 Millionen Mark zur Zeichnung auf.[23]

Die „Beamten" der Main-Weser-Hütte im Jahre 1903.

Eduard Kaiser und Alfred Groebler, der 1912 sein Nachfolger wurde, nahmen eine umfangreiche Umstrukturierung in Angriff, die die Buderus'schen Eisenwerke bis 1945 prägte. Für die Roheisenerzeugung erlangte das Hochofenwerk in Wetzlar – die zwischen 1870 und 1872 erbaute Sophienhütte (später Werk Wetzlar) – immer größere Bedeutung. Die Verarbeitung der Nebenprodukte wurde ausgebaut, die Roheisenproduktion rationalisiert: 1898/99 errichtete Buderus ein Zementwerk, fünf Jahre später eine Elektrizitätszentrale, die das Gichtgas der Hochöfen nutzte und nach mehreren Erweiterungen auch die Stadt Wetzlar und das Umland mit Elektrizität belieferte. Im Jahr 1910 verlegte das Unternehmen seine Hauptverwaltung zur Sophienhütte.[24]

Ferner war der Ausbau der Weiterverarbeitung sehr wichtig. Die Gießereiproduktion musste nach 1895 praktisch neu aufgebaut werden. Die Buderus'schen Eisenwerke setzten dabei auf solche Produkte, die es erlaubten, möglichst viel eigenes Roheisen in der Gießerei zu verwenden. Sie errichteten 1900 und 1901 auf der Sophienhütte eine Röhren- und Formstückgießerei. Im Jahr 1907 erwarben sie die „Karlshütte Karl Schlenk bei Staffel" (später Werk Staffel), die Abflussrohre, Sink- und Spülkästen, Schachtdeckel und Kanalguss herstellte. Schließlich erweiterten sie 1913 ihr Programm auf dem Gebiet der Wasserversorgung und Kanalisation, indem sie die Geiger'sche Fabrik GmbH in Karlsruhe kauften, ein führendes Unternehmen der Stadtentwässerung und Abwasserverwertung. Es wurde im Jahr 1927 mit der Karlshütte fusioniert.[25]

Zu einem weiteren Schwerpunkt der Gussproduktion wurde der Heizungssektor. Kaiser erreichte, dass Buderus mit der „Main-Weser-Hütte" in Lollar, die 1895 im Zuge der Sanierung verkauft worden war und die Gusskessel und Radiatoren herstellte, im Jahr 1905 (wieder) vereinigt wurde. Dadurch konnte der Selbstverbrauch an Roheisen bedeutend erhöht werden. Bereits 1905 verarbeiteten die Buderus'schen Eisenwerke annähernd die Hälfte des von ihnen hergestellten Roheisens in eigenen Betrieben.[26]

Der Absatz der Produkte erfolgte fast ausschließlich über Syndikate.[27] Nur für den Verkauf der nichtsyndizierten Produkte – insbesondere Heizkessel – gründete das Unternehmen 1911 die „Buderus'sche Handelsgesellschaft m.b.H.".[28] Die Buderus'schen Eisenwerke erzielten schon Ende des 19. Jahrhunderts wieder Gewinn. Das Aktienkapital stieg bis 1909 auf 12,5 Mio. Mark und wurde 1911 auf 22 Mio. Mark erhöht.[29]

Den Ersten Weltkrieg überstanden die Buderus'schen Eisenwerke unbeschadet. In der Nachkriegszeit, insbesondere in den Inflationsjahren, boten sich ihnen viele Möglichkeiten, die Produktion in andere Bereiche auszudehnen. Bereits 1919 erwarben sie die Aktiengesellschaft „Westdeutsches Eisenwerk" in Kray bei Essen (später Werk Essen-Kray), eine Gießerei, die Tübbings und sonstige Gussstücke für den Schachtbau sowie Rohrformstücke, Muffen- und Flanschendruckrohre herstellte. Sie wurde vornehmlich auf den Guss und die Emaillierung von Badewannen und auf den Bergwerksguss ausgerichtet. Ebenfalls 1919 gliederte sich Buderus die seit 1891 von dem Unternehmen getrennten „Eisenwerke Hirzenhain Hugo Buderus GmbH" (später Werk Hirzenhain) an, die sich auf den Guss und die Emaillierung von Badewannen sowie auf Ofen- und Sanitärguss spezialisiert hatte.[30]

Die Stahlwerke Röchling-Buderus in Wetzlar im Jahre 1930.

Im Jahre 1920 kam es zur Gründung des ersten Gemeinschaftsunternehmens der Buderus'schen Eisenwerke. Die Röchling'schen Eisen- und Stahlwerke suchten im unbesetzten Reichsgebiet eine neue Grundlage für eine reine Edelstahlerzeugung. Röchling war zudem verpflichtet, die durch das Reich für die enteigneten lothringischen Werksanlagen gezahlten Entschädigungen in neue Produktionsanlagen zu investieren. Die Wahl fiel auf Wetzlar, da bei den Buderus'schen Eisenwerken ein Stahlwerk (Sophienhütte) zur Verfügung stand, das seit 1915 im Rahmen der Kriegswirtschaft für die Erzeugung von Granaten errichtet worden war.[31] Zudem bezog Buderus Strom und Roheisen aus eigener Erzeugung und verfügte über eine gute Infrastruktur und über Erweiterungsgelände. So kam die fünfzigprozentige Beteiligungsgesellschaft „Stahlwerke Buderus-Röchling AG" durch Gesellschaftsvertrag vom 29. April 1920 zustande. Sie wurde am 29. Dezember 1924 in „Stahlwerke Röchling-Buderus AG" umbenannt. Dieses Unternehmen war das erste Werk in Deutschland, das ausschließlich Edelstähle herstellte: Stähle von hoher Leistungsfähigkeit, „die mit besonderer Sorgfalt in der Erschmelzung und der Warmformgebung produziert werden".[32]

Schließlich übernahmen die Buderus'schen Eisenwerke 1923 die „Maschinen- und Armaturenfabrik vorm. H. Breuer & Co.", Frankfurt a. M.-Höchst (seit 1929 „Breuer-Werk Aktien-Gesellschaft"), die hauptsächlich Absperrschieber, Hydranten und Armaturen für Gas- und Wasserleitungen sowie gusseiserne Apparate für Gasanstalten, Kokereien, chemische Fabriken usw. produzierte.[33] Insgesamt konnte sich Buderus in der Weimarer Zeit stärker auf die Metallverarbeitung ausrichten. Dennoch wurde das Unternehmen von der Weltwirtschaftskrise 1929 bis 1933 schwer getroffen, wenn auch nicht existenziell bedroht. Besonders stark wurde der unternehmenseigene Eisenerzbergbau in Mitleidenschaft gezogen. Wie die deutsche Wirtschaft allgemein, so hatten auch die Buderus'schen Eisenwerke, deren Grundkapital mittlerweile 26,3 Mio. RM betrug, 1932 den Tiefpunkt der Krise überwunden.

Im Rahmen des Vierjahresplanes begann 1937 die Wiederinbetriebnahme der 1924 stillgelegten Grube Friedberg bei Fellingshausen. Die um 1938 entstandene Aufnahme zeigt Betriebsführer Albert Seibert und Steiger Karl Steinmüller.

3. Aufschwung unter dem Nationalsozialismus (1933–1939)

Bereits 1932 gab es Anzeichen für die Überwindung der Wirtschaftskrise in Deutschland, doch erst die folgenden Jahre brachten einen starken Aufschwung der Binnenkonjunktur. Dies galt auch für die Buderus'schen Eisenwerke. Ihre Umsätze stiegen zum einen auf Grund der wachsenden Nachfrage nach Rohstoffen, Eisen- und Stahlerzeugnissen im Zuge der nationalsozialistischen Aufrüstungspolitik. Zum anderen stärkte die 1932 begründete Interessengemeinschaft mit dem Hessen-Nassauischen Hüttenverein die Marktposition des Unternehmens.

3.1. Hochkonjunktur durch Arbeitsbeschaffung und Aufrüstung

Die Wirtschaftspolitik der Nationalsozialisten stand unter völlig anderen Vorzeichen als diejenige der Weimarer Republik, wenngleich es – vor allem bei der Beschäftigungspolitik – Anknüpfungspunkte gab. Doch mit Arbeitsbeschaffung und wirtschaftlichem Aufstieg verknüpften die Nationalsozialisten das Ziel aufzurüsten. Dies hing eng mit ihrer langfristigen ideologischen Ausrichtung zusammen. Hier ist vor allem die Sicherung von „Lebensraum" im Osten zu nennen. Der macht- und rassenpolitisch motivierte weltanschauliche Grundgedanke Hitlers vom „Lebensraum" im Osten hatte große wirtschaftliche Bedeutung, weil das Land auch in dieser Hinsicht auf den Krieg vorbereitet werden sollte. Deutschland sollte das Zentrum eines Großwirtschaftsraums werden, der der deutschen Industrie Unabhängigkeit vom Export, ein „inneres Absatzgebiet" und den Zugang zu wichtigen Rohstoffen verschaffen sollte, an denen im Inland Mangel herrschte.[1]

Das Streben nach Autarkie war nur mit Hilfe planwirtschaftlicher Eingriffe möglich. Handelspolitisch bedeutete es den Rückzug aus der weltwirtschaftlich verflochtenen Marktwirtschaft. Mit dem „Neuen Plan" (1934) rückten Bilateralisierung des Außenhandels, Konzentration auf rüstungswirtschaftlich notwendige Einfuhren und Regulierung des Zahlungsverkehrs mit knappen ausländischen Devisen in den Mittelpunkt der nationalsozialistischen Handelspolitik. Diese versuchte, Importe – ganz im Sinne der Großraumwirtschaft – vornehmlich aus Ost- und Südosteuropa zu beziehen und hauptsächlich auf rüstungswichtige Rohstoffe auszurichten.[2] Jedoch machten zahlreiche Engpässe, selbst in rüstungswirtschaftlich wichtigen Bereichen, deutlich, dass es nicht hinreiche, die Außenwirtschaft zu regulieren, sondern dass zur wirtschaftlichen Aufrüstung auch Eingriffe in die Produktion erforderlich waren.

Zunächst überwogen solche wirtschaftspolitischen Maßnahmen, die der allgemeinen „Wehrhaftmachung" bzw. der indirekten Aufrüstung dienten, darunter der arbeitsintensive Autobahnbau. Eine bedeutende Zäsur in der nationalsozialistischen Wirtschaftspolitik stellte der Vierjahresplan von 1936 dar. Er leitete die direkte Aufrüstung und wirtschaftliche Mobilmachung ein und richtete das wirtschaftliche Leben auf die Kriegswirtschaft aus. Er sollte die deutsche Wirtschaft im Rahmen der Wehrwirtschaft durch den Ausbau der Roh- und Grundstoffindustrien (vor allem der Metallerzeugung) sowie durch den Neuaufbau von Ersatzstoffindustrien (synthetischem

Treibstoff, Buna) bei kriegswichtigen Produkten vom Ausland unabhängig machen. Dazu lenkte die Vierjahresplanbehörde unter Leitung von Hermann Göring die Investitionen und die Rohstoffverteilung. Sie begünstigte die Investitionsgüterindustrie, und hier wiederum die rüstungswichtigen Zweige, und benachteiligte die Konsumgüterindustrie.

Großes Gewicht erhielt dabei die Eisen- und Stahlproduktion, weil sie als besonders kriegswichtig galt. Im Juli 1937 wurde die „Reichswerke AG für Erzbergbau und Eisenhütten Hermann Göring" gegründet; als Staatsbetrieb konnte sie die niedrigprozentigen Eisenerzvorräte im Raum Salzgitter ohne Rücksicht auf Wirtschaftlichkeit abbauen und verhütten. Ebenfalls 1937 wurde im Rahmen des Vierjahresplans das Amt des „Generalbevollmächtigten für die Eisen- und Stahlbewirtschaftung" eingerichtet. Unter dem Eindruck von Kapazitätsengpässen sollten die Bewirtschaftungsmaßnahmen in der Eisen- und Stahlindustrie zunächst die vordringliche Rüstungsnachfrage befriedigen sowie die Exporte sicherstellen, die erforderlich waren, um Devisen zu erwirtschaften. Im zivilen Bereich hingegen verlängerten sich die Lieferfristen und kam es zu Mangelerscheinungen.[3]

Ab 1936/37 verzeichnete die Wirtschaft Vollbeschäftigung und volle Auslastung der Produktionskapazitäten. Seitdem machte sich immer stärker Arbeitskräftemangel bemerkbar, nachdem es zuvor nur in einzelnen, von der Aufrüstung besonders begünstigten Branchen – wie der Metallindustrie – zu Facharbeitermangel gekommen war. Anfangs hatten die in der Rüstungskonjunktur gut verdienenden Unternehmen Arbeiter aus anderen Bereichen durch höhere Löhne abwerben können. Doch nachdem Lohn- und Preiskontrollen eingeführt worden waren, setzten sie auf die Ausweitung der freiwilligen betrieblichen Sozialleistungen, um zusätzliche Arbeitskräfte heranzuziehen. Die Nationalsozialisten, die sich bei der Aufrüstung vor allem auf die Großindustrie stützten, betrieben nun eine Politik zu Lasten des Mittelstandes; kleinere Unternehmen wurden „ausgekämmt" oder stillgelegt, um Arbeitskräfte in großindustrielle Branchen der Rüstungsindustrie umzuleiten. Dennoch – und obwohl die wöchentliche Arbeitszeit erheblich verlängert wurde – verschärfte sich der Arbeitskräftemangel. Die Regierung, die schon 1935 lenkend in den Arbeitsmarkt eingegriffen hatte, führte ab Juni 1938 eine Teildienstverpflichtung und ab Februar 1939 eine allgemeine Dienstverpflichtung ein. Sie nahm damit ein wichtiges Strukturmerkmal der Kriegswirtschaft vorweg.[4]

Da die Staatsausgaben durch die Finanzierung des wirtschaftlichen Aufschwungs und der Aufrüstung – die militärischen Ausgaben allein bis zum Kriegsbeginn werden auf gut 63 Mrd. RM beziffert[5] – stark stiegen, nahm die staatliche Neuverschuldung bedeutend zu. Sie wurde mit den sogenannten Mefo-Wechseln und anderen Instrumenten finanziert, die das Ausmaß der staatlichen Kreditexpansion verschleierten. Zusätzlich zu dieser ‚geräuschlosen Finanzierung' wurden staatliche Preis- und Lohnkontrollen eingeführt, um bei den privaten Haushalten keinen zu großen Kaufkraftüberhang entstehen zu lassen und einer offenen Inflation vorzubeugen.[6]

Das Regime sicherte die staatlichen Eingriffe und Regulierungen dadurch ab, dass es sogleich nach der „Machtergreifung" begann, andere Machtfaktoren auszuschalten. Die Gewerkschaften wurden bereits 1933 zerschlagen. An ihre Stelle trat die „Deutsche Arbeitsfront" (DAF). Auf der Grundlage des „Gesetzes zur Vorbereitung des organischen Aufbaus der deutschen Wirtschaft" vom Februar 1934 wurden Handwerk und Industrie „gleichgeschaltet". Die Unternehmen wurden in Reichs-, Wirtschafts-, Fach- und Bezirksgruppen organisiert. Im August 1934 trat die „Überwachungsstelle für Eisen und Stahl" hinzu; sie war zunächst nur für den Außenhandel zuständig, baute ihre Aufgaben aber weiter aus. Im Übrigen trieb das nationalsozialistische Regime den Ausbau der Kartelle voran, um über sie seinen Einfluss weiter zu stärken.[7]

Insgesamt versuchten die Nationalsozialisten, der Wirtschaft einen „ständischen" Aufbau zu geben. Doch letztlich gelangte dies über Ansätze nicht hinaus. Es kam nicht zu einem tief greifenden Umbau, weil die Regierung, um die Wirtschaft möglichst effizient zu steuern, auf die Kooperation der privaten Unternehmen und ihrer Verbände setzte. Sie gab ihnen Ziele vor und legte die Rahmenbedingungen fest, erwartete aber bei der Umsetzung unternehmerische Initiative und Eigenverantwortung und stellte privates Eigentum und privatwirtschaftliches Gewinnstreben nicht in Frage. Die nationalsozialistische Wirtschaftsordnung war ein gelenktes System, in dem der Staat bei aller zentralen Steuerung doch Spielräume für privatwirtschaftliches Handeln ließ. Bei der wirtschaftspolitischen Umsetzung des nationalsozialistischen Primats der Rüstung wurde stark improvisiert, um mit Problemen fertig zu werden, so dass viele Maßnahmen unsystematisch und sogar widersprüchlich waren. Dabei ergaben sich innerhalb der staatlichen Stellen ebenso wie innerhalb der Wirtschaft und ihrer Selbstverwaltungskörperschaften Rivalitäten und Kompetenzstreitigkeiten, die in einen „Organisationsdschungel" mündeten.[8]

3.2. Auf dem Weg zum vertikal gegliederten Konzern

Unternehmenspolitik, Unternehmensleitung und NS-Regime

Die deutsche Eisen- und Stahlindustrie orientierte sich, um die Geschäftspolitik elastisch gestalten zu können, am Muster eines Unternehmensaufbaus, bei dem der beherrschenden Obergesellschaft die Produktionsstätten als unselbständige Betriebe und die übrigen Unternehmen als Tochterunternehmen untergeordnet waren.[9] Die Obergesellschaft erlangte damit zunehmend den Charakter einer Holding. Im Grundsatz waren die Bedingungen zu investieren und zu expandieren nicht schlecht, weil der Staat – als Gegenleistung dafür, dass er Mittel der Kapitalsammelstellen „geräuschlos" für die Rüstungsausgaben abschöpfte – die Möglichkeiten der Unternehmen zur Selbstfinanzierung verbesserte, indem er unter anderem die Gewinnausschüttung begrenzte. Dementsprechend verfügten die Unternehmen über mehr Mittel für Investitionen.[10] Auch die Gesetzgebung, vor allem im Steuerrecht, förderte in den dreißiger Jahren den Konzentrationsprozess, etwa das Steuermilderungsgesetz von 1936, das die Kosten von Fusionen reduzierte. Ferner trugen Zwangskartelle und die „Arisierung" der Wirtschaft zur Konzentration bei.

Die Buderus'schen Eisenwerke trieben zu Beginn der dreißiger Jahre die Expansion, Konzentration und Umstrukturierung zu einem diversifizierten, horizontal wie vertikal gegliederten Konzern verstärkt voran, wie schon 1919 bis 1923. Sie bauten ihre Beteiligungen und Tochtergesellschaften durch den Erwerb von Anteilen am Aktienkapital anderer Unternehmen aus. Teils gingen diese Unternehmen ganz in der Aktiengesellschaft auf, teils bestanden sie als Tochtergesellschaft weiter.[11] Die in der frühen Nachkriegszeit erworbenen Beteiligungen wurden schon genannt: die Stahlwerke Röchling-Buderus AG, die Maschinen- und Armaturenfabrik vorm. H. Breuer & Co. in Frankfurt a. M.-Höchst und die Eisenwerke Hirzenhain Hugo Buderus GmbH. Mit den Burger Eisenwerken bestand ein Freundschaftsvertrag.

Die Konzentrationsbewegung war typisch für Unternehmen, die überwiegend zur Eisen schaffenden Industrie gehörten, denn bei ihnen waren die Fixkosten außerordentlich hoch. Es galt, Produktionsschwankungen möglichst zu vermeiden und Rentabilität durch Massenproduktion anzustreben. Dies war leichter zu erreichen, wenn sich mehrere gleichartige Betriebe zusammenschlossen bzw. wenn sich Unternehmen gleicher Produktionsstufe zu einem Konzern vereinigten, in dem sie sich fortan spezialisieren konnten. So waren horizontale Zusammenschlüsse, die in erster Linie der Rationalisierung dienten, ein Strukturmerkmal der Eisen schaffenden Industrie.[12] Solche Zusammenschlüsse wurden durch vertikale Integration zu gemischten Hüttenwerken ergänzt, die sowohl im Kohlen- und Erzbergbau als auch in der Fertigung tätig waren. Dabei stimmten die Unternehmen ihre Interessen durch Marktabsprachen ab, sei es auf Grund eigener Initiative, sei es auf Grund staatlicher Vorschriften. Die Folge war zunehmende Kartellierung.

Die Buderus'schen Eisenwerke wurden – als Konzern der Eisen schaffenden und Eisen verarbeitenden Industrie – im Jahr 1937 zutreffend als ein „gemischtwirtschaftlicher Betrieb in Form der vertikalen industriellen Konzentration" gekennzeichnet, der durch die Interessengemeinschaft bzw. spätere Fusion mit dem Hessen-Nassauischen Hüttenverein entstanden war.[13] Die Werke waren im Lahn-Dill-Gebiet, im Vogelsberg und in Essen angesiedelt, die Hauptverwaltung hatte ihren Sitz weiterhin in Wetzlar. Hier wurden die strategischen und organisatorischen Entscheidungen getroffen. Leitung und Organisation der Produktion im Einzelnen lagen jedoch bei den jeweiligen Werken.

Den Vorstand der Buderus'schen Eisenwerke bildeten Anfang 1933 Kommerzienrat Dr. Ing. e.h. Adolf Koehler – er war seit 1926 der Vorstandsvorsitzende – sowie Dr. jur. h.c. Dr. Ing. e.h. Carl Humperdinck und Jean Ley. Koehler hatte seine berufliche Tätigkeit als kaufmännischer Lehrling bei Buderus begonnen, war 1917 kaufmännischer Direktor und 1919 Mitglied des Vorstands geworden. Ley war 1907 zu den Buderus'schen Eisenwerken gekommen, 1919 zum kaufmännischen Direktor und 1926 zum Vorstandsmitglied bestellt worden. Ley steuerte das Unternehmen sparsam und fast schuldenfrei durch die Weltwirtschaftskrise – begünstigt durch die „Notstandsarbeiten" des Reiches und der Länder vor allem im Hoch- und Tiefbau, die dem Absatz der Buderus-Produkte nutzten.[14] Humperdinck starb 1933. Seine Position nahm seit dem 16. Mai 1933 Fritz Gorschlüter ein. Er war zuvor Direktor des Hüttenwerks der Borsigwerk AG in Oberschlesien gewesen.[15] 1935 traten Peter Hoeller und Gustav Hecker als stellvertretende Mitglieder in den Vorstand ein. 1940 wurden Dr. Ing. Wilhelm Witte und Theodor Zeckler zu stellvertretenden Vorstandsmitgliedern bestellt. Witte war nach dem Studium an der Bergbauabteilung der Technischen Hochschule Charlottenburg im Jahr 1920 als Assistent des Bergwerksdirektors Eugen Haasters zu Buderus gekommen. Zeckler hatte seine berufliche Laufbahn ebenfalls bei den Buderus'schen Eisenwerken begonnen.

Die NSDAP gewann auf die Mitglieder des Vorstands von Buderus offenbar nur wenig Einfluss. Von den Vorstandsmitgliedern sind jedenfalls keine größeren Initiativen zur Unterstützung „der Partei" bekannt. Koehler und Witte konnten als ehemalige Mitglieder der Freimaurerloge, der jüdischer Einfluss nachgesagt wurde, nicht Mitglied der NSDAP werden; doch der Katholik Ley trat 1938 auf Druck des Aufsichtsratsvorsitzenden Reinhart ein.[16]

Nach Bildung des Wehrwirtschaftsamtes und der Rüstungskommandos wurden führende Unternehmer zu Wehrwirtschaftsführern ausgebildet, um zu gewährleisten, dass die Rüstungsproduktion der Unternehmen und die Anforderungen der Wehrmacht und der übrigen Behörden koordiniert wurden. Auch Adolf Koehler absolvierte die Ausbildung zum Wehrwirtschaftsführer:

Kommerzienrat Dr. Ing. e. h. Adolf Koehler;
Vorsitzender des Vorstands der
Buderus'schen Eisenwerke von 1926 bis 1941.

im November 1936 in Berlin unter dem Chef des Wehrwirtschaftsstabs, General Georg Thomas. Der Lehrgang diente der Vorbereitung der Wirtschaft auf kriegswirtschaftliche Aufgaben.[17]

Die Vorstandsmitglieder von Buderus können gewiss nicht als Anhänger des Nationalsozialismus bezeichnet, aber auch nicht zu seinen Gegnern gerechnet werden. Der Aufstieg Deutschlands nach der Weltwirtschaftskrise, die sozialen Erfolge durch Arbeitsbeschaffungsmaßnahmen und das rüstungsbedingte Aufblühen der Wirtschaft unter dem Vierjahresplan dürften dazu beigetragen haben, dass sich im Vorstand kein Widerstand gegen den Nationalsozialismus regte.[18] Die einzige bekannte Ausnahme ist die öffentliche Stellungnahme Adolf Koehlers gegen die Mehrverhüttung inländischer Erze. Er sprach sich dagegen aus, die Lahnerze stärker als nötig abzubauen und anders als zu Gießerei-Roheisen zu verarbeiten. Doch lässt sich dies nicht als Widerstand gegen das Regime deuten, sondern richtete sich gegen eine Maßnahme, die wichtige Interessen des Unternehmens berührte.[19]

Die relativ schwache Position der für Wetzlar und für die Buderus'schen Eisenwerke zuständigen Parteifunktionäre, wie des Gauleiters Sprenger, des Kreisleiters und des Kreisobmanns der Deutschen Arbeitsfront, trug dazu bei, dass der politische Einfluss auf das Unternehmen gering blieb und die Abhängigkeit von der nationalsozialistischen Wirtschaftsplanung nur auf ökonomischer und organisatorischer Ebene unvermeidlich wurde. Im übrigen wurde das äußere Erscheinungsbild eines Betriebes im „Dritten Reich" durch nationalsozialistische Symbole, Einrichtungen und Feiern geprägt.[20]

Die Aktienmehrheit der Buderus'schen Eisenwerke lag in den dreißiger Jahren bei den drei großen deutschen Privataktienbanken: bei der Commerzbank, vertreten durch die Mitteldeutsche Creditbank, bei der Deutschen Bank und Disconto-Gesellschaft sowie bei der Dresdner Bank.[21] Als Privataktionär hielt Direktor Georg Nordmann aus Wiesbaden 1935 den viertgrößten Anteil an den Buderus-Aktien. Bis zum Jahre 1940 kamen als weitere Großaktionäre die Burger Eisenwerke und Ernst Buskühl für die Harpener Bergbau AG hinzu.[22] Das Aktienkapital betrug 1932 26,3 Mio. RM. 1935 wurde es auf 26 Mio. RM gesenkt.[23] Es setzte sich aus 130.000 Aktien zu je 200 RM zusammen.

Entsprechend dem Aktienbesitz gehörten dem Aufsichtsrat vor allem Repräsentanten der Großbanken und der Großindustrie an. Vorsitzender war bis 1936 Dr. jur. Albert Katzenellenbogen. Sein Nachfolger war, bis 1943, der preußische Staatsrat Friedrich Reinhart.[24] Beide gehörten dem Aufsichtsrat der Commerzbank an, Reinhart als dessen Vorsitzender von 1934 bis zu seinem Tode 1943.[25] 1937 wurde eine Umbesetzung im Aufsichtsrat erforderlich, da einige ältere Mitglieder verstorben waren. Sie wurden zwischen 1937 und 1939 durch Nationalsozialisten ersetzt. Mit dem Erlass „Jüdische Gewerbebetriebe" vom 15. Mai 1938 wurden die Anwendung der Nürnberger Rassengesetze und die „Arisierung" auf die Wirtschaft ausgeweitet. Da bis dahin einige Aufsichtsratsmitglieder von Buderus Juden waren, war der Konzern ins Kreuzfeuer von Parteiideologen und wirtschaftlichen Konkurrenten geraten. Diese denunzierten Buderus als jüdisch beherrschten Konzern.[26] Im Zuge der sogenannten Arisierungsmaßnahmen schieden alle jüdischen Mitglieder aus dem Aufsichtsrat aus. Davon waren auch der ehemalige Vorsitzende Albert Katzenellenbogen und der Bankier Ernst Wertheimber betroffen. Katzenellenbogen wurde am 18. August 1942 in das KZ Theresienstadt deportiert und am 25. August 1942 nach Maly Trostinec überstellt. Sein genaues Todesdatum ist nicht bekannt.

Sein Nachfolger Friedrich Reinhart gehörte zu den Unternehmern, die die Eingabe an Reichspräsident von Hindenburg unterzeichnet hatten, Hitler als Reichskanzler einzusetzen.[27] Er war Präsident der Berliner Börse und Mitglied des Präsidiums der Berliner Industrie- und Handelskammer. Später wurde er Leiter der Wirtschaftsgruppe „Privates Bankgewerbe" und Wehrwirtschaftsführer.[28] Seine Mitgliedschaft im Freundeskreis des Reichsführers SS Heinrich Himmler begründete neben den anderen Ämtern den Einfluss Reinharts bei den Berliner Behörden, der unter anderem bei der Vergabe von Aufträgen für Wehrmachtsbauten und die Herstellung von Munition wichtig war.[29]

Neben Reinhart, der kein Parteimitglied war, traten in den Jahren 1937 bis 1939 Nationalsozialisten in den Aufsichtsrat der Buderus'schen Eisenwerke ein. Ernst Buskühl, Mitglied der NSDAP und Generaldirektor der zum Flick-Konzern gehörenden Harpener Bergbau AG, kam 1937 in den Aufsichtsrat sowie – 1938 – Prof. Dr. Carl Lüer, ein weiterer prominenter Industrieller mit NS-Verbindungen. Er war in der NSDAP seit 1927 aktiv, ab 1933 Präsident der Industrie- und Handelskammer Frankfurt a. M. und Führer der hessischen „Reichsgruppe Industrie" sowie seit 1938 Vorstandsmitglied der Dresdner Bank. 1939 trat für die Deutsche Bank Dr. Robert Frowein in den Aufsichtsrat von Buderus ein. Er war NSDAP-Mitglied und seit 1942 im Vorstand der Deutschen Bank. Wilhelm Avieny, hessischer Gauwirtschaftsberater, Mitglied der NSDAP seit 1931 und der SS seit 1933, arbeitete für das „Rasse- und Siedlungsamt der SS" und beteiligte sich maßgeblich an der „Arisierung" hessischer Unternehmen. Er trat 1939 in den Aufsichtsrat der Buderus'schen Eisenwerke ein. Im folgenden Jahr übernahm er den Vorstandsvorsitz der Metallgesellschaft AG und hatte seit

1942/43 als Mitglied in Martin Bormanns Bankenausschuss erheblichen Einfluss auf die politische „Säuberung" der Kreditinstitute. Hermann Röchling war langjähriges Parteimitglied und darüber hinaus Mitglied des Rüstungsbeirats des Reichswehrministeriums sowie ab 1942 Vorsitzender der „Reichsvereinigung Eisen". Damit hatte er eine Schlüsselfunktion bei der Leitung der Kriegswirtschaft.[30] Röchling gehörte dem Buderus-Aufsichtsrat bereits seit 1920 an. Somit waren fünf prominente Wehrwirtschaftsführer Mitglied im Aufsichtsrat von Buderus: Reinhart, Buskühl, Lüer, Avieny und Röchling.

Die nationalsozialistische Gleichschaltung der Wirtschaft und der Gewerkschaften mit dem Ziel eines „organischen Aufbaus der Wirtschaft" machte auch vor dem Aufsichtsrat und seinen Arbeitnehmervertretern nicht Halt. Bei der Aufsichtsratssitzung am 5. Mai 1933, der ersten nach der „Machtübernahme" der Nationalsozialisten, wurde auf Grund von § 2 des Gesetzes über die Betriebsvertretungen vom 4. April 1933 beschlossen, die Arbeitnehmervertreter Karl Weiß[31] und Heinrich Gelsebach aus dem Aufsichtsrat abzuberufen.[32] Sie wurden durch Anton Kotz und Hermann Haibach ersetzt, die Vertreter der nationalsozialistischen Deutschen Arbeitsfront waren, also „politisch unbedenkliche Personen".[33]

Konzentrationsbestrebungen: die Interessengemeinschaft mit dem Hessen-Nassauischen Hüttenverein

Der wichtigste Schritt der Buderus'schen Eisenwerke, um die Wirtschaftskrise anfangs der dreißiger Jahre zu überwinden und den Konzern weiter auszubauen, war die Bildung einer Interessengemeinschaft mit der Hessen-Nassauischen Hüttenverein GmbH, Steinbrücken (Dillkreis). Die außerordentliche Generalversammlung beschloss am 24. November 1932, dieses Projekt zum 1. Januar 1933 zu realisieren.

Der Hessen-Nassauische Hüttenverein war aus der offenen Handelsgesellschaft J.J. Jung hervorgegangen und 1883 in eine Aktiengesellschaft umgewandelt worden.[34] Zu der Zeit verfügte er über Erzgruben, Holzkohlenhochöfen und Gießereibetriebe. Neben der Hauptgesellschaft umfasste er auch die Jung'sche Handelsgesellschaft Hecker & Co., Ludwigshütte, und die Lettermannwerk AG, Ludwigshütte. Das Gesellschaftskapital betrug zum 31. Dezember 1931 4.338.200 RM; zum 1. Januar 1933 waren es 4.410.000 RM.

Zum Besitz des Hessen-Nassauischen Hüttenvereins gehörten am 31. Dezember 1931 unter anderem 292 Grubenfelder bzw. -beteiligungen.[35] Es waren meist Eisensteingruben, hauptsächlich im Dillbezirk (Schelderwald) gelegen. In Förderung für den Hüttenverein stand während der Weltwirtschaftskrise nur die Roteisensteingrube Amalie bei Hirzenhain (Dillkreis). Das Hochofenwerk Oberscheld, in den Jahren 1904/05 errichtet, besaß zwei Hochöfen, von denen jedoch nur einer in Betrieb war, mit einer Tageskapazität von etwa 180 t Roheisen.[36] Zur Hütte gehörten eine Anlage zur Verwertung der Schlacken und ein Elektrizitätswerk. Der Hüttenverein besaß sechs Eisengießereien: Die Ludwigshütte bei Biedenkopf, die Amalienhütte bei Laasphe und die Eibelshäuserhütte bei Eibelshausen produzierten Öfen, Handels-, Maschinen- und Sanitärguss, die Neuhütte bei Straßebersbach Badewannen, Zentralheizungskessel, Herde und Kesselöfen, die Wilhelmshütte bei Biedenkopf Radiatoren, das Werk Breidenbach Abflussrohre. Das Lettermannwerk Biedenkopf-Ludwigshütte beherbergte eine Spezialfabrik für Fleischereimaschinen.

Der Hüttenverein hatte die gleiche Struktur wie die Buderus'schen Eisenwerke, und auch seine Erzeugnisse waren im Wesentlichen die gleichen. Allerdings lag der Schwerpunkt beim Hüttenverein mehr auf den leichteren, bei Buderus hingegen mehr auf den schwereren Produkten. Dies ermöglichte eine weitgehende Zusammenfassung und Vereinheitlichung der beiderseitigen Verwaltungen und Verkaufsorganisationen.[37]

An der Gesamtproduktion der Interessengemeinschaft hatte der Hüttenverein bei der Eisenerzförderung einen Anteil von 28 und bei der Roheisenerzeugung von 25 Prozent. Bei den Gusswaren waren es 20 und beim Umsatz mit fremden Abnehmern 30 Prozent. Ziel des Zusammenschlusses war es vor allem, die Gewinnung der Rohstoffe, Erzeugung der Gusswaren und den Vertrieb zu verbilligen und so die Stellung am Markt zu verbessern und die Rentabilität zu erhöhen.[38] Dazu wurden mehrere produktionstechnische Maßnahmen getroffen.[39] Im Einzelnen wurden die Kosteneinsparungen 1932 durch Vereinfachung der Serienfabrikation auf etwa 400.000 RM, durch Zusammenlegung auf 200.000 RM und durch den gemeinsamen Vertrieb über die Buderus-Jung'sche Handelsgesellschaft auf 300.000 RM geschätzt. Damit sollten Kosten in Höhe von 4,5 Prozent des Gesamtjahresumsatzes eingespart werden.

Der Hüttenverein wies zwischen 1926 und 1931 zwar eine durchschnittliche Rentabilität von 7,2 Prozent auf – bei Buderus waren es im selben Zeitraum 8,5 Prozent –, doch seine finanzielle Lage war schlecht. Dies bewog die Eigner, die Interessengemeinschaft mit Buderus einzugehen. Die Verbindlichkeiten in Höhe von 5.681.146 RM überstiegen die Betriebsmittel um 883.128 RM. Insbesondere die kurzfristige Verschuldung des Hüttenvereins bei den Banken trug zur Krise bei. Für Buderus bedeutete dieses Engagement, dass auch die eigene Liquidität litt. Die Interessengemeinschaft war nur dann von Nutzen, wenn auch der Hüttenverein eine solide finanzielle Grundlage erhielt. Um seine Kredite abzulösen, verpflichtete sich Buderus, eine Million RM nach Abschluss des Vertrags, nach einem Jahr weitere 500.000 RM sowie Ende 1935 eine weitere Million RM zu zahlen.[40]

Die vertragliche Ausgestaltung der Interessengemeinschaft erlaubte es dem Hüttenverein, als selbstständige Gesellschaft mit eigener Rechtspersönlichkeit unter dem eingeführten Namen fortzubestehen, obwohl seine Situation eine vollständige Integration gerechtfertigt hätte. Zunächst wurden seine Bergverwaltung zum Jahreswechsel 1932/33 aufgelöst und mit der Buderus'schen zu einer Betriebsgemeinschaft vereinigt,[41] das Hochofenwerk Oberscheld der Buderus'schen Hüttenverwaltung unterstellt, Ein- und Verkauf sowie die gesamte Finanzverwaltung der Buderus-Jung'schen Handelsgesellschaft mbH übertragen. Die Zahl der Geschäftsführer des Hüttenvereins verringerte sich von fünf auf zwei (Adolf Hecker, Ludwigshütte, und Gustav Hecker, Amalienhütte), und die Gesellschaft verlegte ihren Sitz von Steinbrücken nach Biedenkopf-Ludwigshütte. Die dortige Hauptverwaltung betreute die sechs Eisengießereien.[42] Zur Wahl in den Aufsichtsrat der Buderus'schen Eisenwerke wurden Adolf Hecker und Hans Grün vorgeschlagen, Geschäftsführer der Burger Eisenwerke GmbH, die über 20 Prozent der Anteile am Hüttenverein verfügte.

Schließlich sah der Vertrag über die Interessengemeinschaft vor, dass die Gesellschafter des Hüttenvereins ihre Geschäftsanteile zum Kurs von 1:1 in börsenfähige Buderus-Aktien tauschen konnten. Durch den Tausch erwarb Buderus 96,3 Prozent vom Gesellschaftskapital des Hüttenvereins.[43] Buderus verpflichtete sich ferner, dem Hüttenverein prozentual nicht festgelegte Anteile am Gewinn zur Verfügung zu stellen, bis die Entschuldung erreicht war.

Die Interessengemeinschaft von Buderus und dem Hessen-Nassauischen Hüttenverein stellte faktisch die Verschmelzung der beiden bekanntesten und bedeutendsten Gesellschaften des Lahn-Dill-Gebiets dar. Sie machte „unzweckmäßiger Konkurrenz" ein Ende, wie Beobachter meinten.[44] Der Zusammenschluss wurde nahezu einhellig begrüßt – doch es gab auch Stimmen, die befürchteten, dass durch ihn neue wirtschaftlich-organisatorische Probleme entstünden.

Im Lahn-Dill-Gebiet konnte sich – anders als im Rhein-Main-Gebiet – die Unternehmensform der Aktiengesellschaft nicht durchsetzen.[45] Hier herrschte seit jeher das Familien- und Einzelunternehmen vor.[46] Unter verkehrs- und absatzwirtschaftlichen Gesichtspunkten tendierte Buderus zum rheinisch-westfälischen Wirtschaftsgebiet. Jedoch waren die Lebenshaltungskosten im Rhein-Main-Gebiet im Vergleich zu denen des Siegerlandes deutlich höher, was sich auch in der Lohnstruktur niederschlug. Diesbezügliche Unterschiede zwischen Buderus und dem Hüttenverein verloren durch die Interessengemeinschaft ihre wettbewerbspolitische Bedeutung.

An den Erzvorkommen in der Lahn-Dill-Region hatte Buderus einen Anteil von 16,5 Prozent des Felderbesitzes; der Hüttenverein verfügte über 8,3 Prozent – gemeinsam betrug er also rund ein Viertel. Der Krupp-Konzern, der 1906 den Fürstlich-Solms-Braunfels'schen Eisenerzbergbau an der Lahn erworben hatte, verfügte über 31,6 Prozent. Die Interessengemeinschaft und die Burger Eisenwerke zusammen hatten einen ebenso großen Anteil am Grubenbesitz wie der Essener Konzern. An vierter Stelle unter den im Lahn-Dill-Gebiet tätigen Bergbauunternehmen folgte die Preussag mit ihrer Grube Königszug. Eine Schlüsselfunktion hatten die Burger Eisenwerke als gefestigtes Privatunternehmen und Bindeglied zwischen dem regional orientierten Hüttenverein und den überregional operierenden Buderus'schen Eisenwerken. Dabei war es von nicht zu unterschätzender Bedeutung, dass die Inhaberfamilien der Burger Eisenwerke und des Hüttenvereins weitgehend identisch waren.

Die Bildung der Interessengemeinschaft von Buderus und dem Hüttenverein sowie der Freundschaftsvertrag mit den Burger Eisenwerken stellten die Wirtschaft der Lahn-Dill-Region auf eine neue organisatorische Grundlage. Es trat eine Konzentration auf wenige große Unternehmen ein, die diesen Wirtschaftsraum zunehmend in den Wettbewerb mit dem Ruhrgebiet und dessen großen Unternehmen integrierten.

Schon 1932 wurde die Interessengemeinschaft als gleichbedeutend mit einer Fusion angesehen. Doch erst zum 1. Dezember 1935 ging der Hessen-Nassauische Hüttenverein in den Buderus'schen Eisenwerken auf; sein Vermögen wurde vollständig auf Buderus übertragen.[47] Die Buderus-Jung'sche Handelsgesellschaft war nicht länger Organgesellschaft der Interessengemeinschaft, sondern widmete sich – als selbstständige Tochtergesellschaft der Buderus'schen Eisenwerke – wieder unter ihrem alten Namen „Buderus'sche Handelsgesellschaft" (BHG) dem Handel mit Buderus-Produkten. Damit war endgültig die Fusion der Buderus'schen Eisenwerke mit dem Hessen-Nassauischen Hüttenverein vollzogen.[48]

Kleinere Tochterunternehmen

Zum Konzern der Buderus'schen Eisenwerke gehörten schon in den zwanziger Jahren mehrere Tochtergesellschaften, die sich vollständig im Besitz von Buderus befanden oder bei denen das Wetzlarer Unternehmen großen Einfluss auf die Geschäftspolitik ausübte. Buderus erwarb in den dreißiger Jahren verstärkt Anteile an Unternehmen mit ähnlichen Produktionsstrukturen.

Nach 41 Jahren äußerer Selbstständigkeit kehrte die „Eisenwerke Hirzenhain Hugo Buderus GmbH" am 1. November 1932 in den Verbund der Buderus'schen Eisenwerke zurück; die frühere Beteiligung wurde aufgelöst.[49]

Im Jahre 1938 erwarb Buderus die österreichische Firma Triumph-Werke, Herd- und Ofenfabriken G.m.b.H. in Wels, an der schon eine Minderheitsbeteiligung bestanden hatte.[50] Die Triumph-Werke beschäftigten 100 Arbeitnehmer. Sie verfügten nicht über eine eigene Gießerei, sondern wurden von Buderus, wie früher bereits, mit Gusseisen beliefert, das in einem Emaillierwerk und in Werkstätten verarbeitet wurde. Darüber hinaus wurden 1938 die restlichen Anteile an der Hochofenschwemmsteinfabrik Oberscheld GmbH in Oberscheld erworben, an der Buderus schon vorher mit 62,5 Prozent beteiligt war.[51] Die Firma stellte unter Verwendung der Schlacke des Hochofenwerkes Oberscheld Leichtbaustoffe und Schlackensand her. Sie wurde aufgelöst, der Besitz in die Buderus'schen Eisenwerke überführt.

Beteiligungen und Freundschaftsverträge

Der Konzern wurde nicht nur durch den Erwerb von Tochtergesellschaften ausgebaut, sondern auch durch Beteiligung am Kapital und durch Kooperationen, etwa mit Hilfe von Freundschaftsverträgen. Durch die Interessengemeinschaft mit dem Hessen-Nassauischen Hüttenverein ging dessen Auslandsbeteiligung an der Affolter, Christen & Co. AG, Basel, in Höhe von 45.000 sfr des Aktienkapitals auf Buderus über. Diese Firma war der größte Abnehmer von Buderus-Gussprodukten in der Schweiz.[52] Außerdem besaß Buderus 51 Prozent der Kuxe der Gewerkschaft des Steinkohlen- und Eisensteinbergwerkes Siebenplaneten in Dortmund und war an kleineren Gewerkschaften sowie Wohnungs- und Verkaufsgesellschaften beteiligt.[53]

Eine andere Form der vertraglichen Verflechtung bestand mit den Burger Eisenwerken in Burg bei Dillenburg seit 1932 und mit der Preussischen Bergwerks- und Hütten-AG (Preussag) in Berlin seit dem 1. Januar 1935. Durch diese beiden Abkommen bauten die Buderus'schen Eisenwerke ihre Verflechtungen mit Unternehmen der Montanindustrie und verarbeitenden Industrie in den dreißiger Jahren aus. Der Vertrag mit der Preussag regelte zum einen den langfristigen Erzbezug von den Gruben der Preussag im Scheldetal für die Hochofenwerke in Wetzlar und Oberscheld. Zum andern sah er vor, die Untertageanlagen beider Unternehmen möglichst wirtschaftlich zu nutzen, indem man markscheidende Grubenfelder einander wechselseitig zur Ausbeutung überließ.[54]

Die Burger Eisenwerke mit einem Stammkapital von 3.036.000 RM waren ein Familienunternehmen, deren Hauptgesellschafter die Familie Grün war (Geschäftsführer Hans und Carl Grün). Nachdem 1920 der Gesellschaft die Firma „J.C. Grün, Eisenstein-Bergbau" angegliedert worden war, verfügte das Unternehmen wieder über Grubenbesitz im Dill-Gebiet und vier Werke: die Burgerhütte in Burg, das Eisenwerk Herborn, das Eisenwerk Ehringshausen und die Schelderhütte bei Niederscheld. In den Werken wurden Blechherde, Blechöfen und gusseiserne Öfen, auf der Schelderhütte Badewannen, Sanitär- und sonstiger Guss hergestellt. Die Burger Eisenwerke stellten in ihren Werken ab 1932 Elektroherde her. 1935 wurde die Juno-Großkochanlagen GmbH in Herborn gegründet. Die Kooperation mit den Burger Eisenwerken bestand schon lange. Der Hessen-Nassauische Hüttenverein hatte bereits 1905, in Verbindung mit dem Bau des Hochofenwerkes Oberscheld, den Grubenbesitz der Burger Eisenwerke übernommen. Buderus hatte mit dem Hüttenverein schon vor Bildung der Interessengemeinschaft ein loses Freundschaftsabkommen geschlossen. Dies wurde 1932 durch einen förmlichen Vertrag zwischen der Interessengemeinschaft und den Burger Eisenwerken intensiviert.[55] Er sah vor, dass die Interessengemeinschaft sich verpflichtete, Erze aus Burger Gruben zu beziehen, und dass die Burger Eisenwerke im Gegenzug ihren gesamten Bedarf an Roheisen bei der Interessengemeinschaft deckten; diese traf dazu mit den Burger Eisenwerken eine Vereinbarung über die Verrechnung der Bezugspreise.[56] Darüber hinaus vereinbarte man, gegenseitig auf die Herstellung gleichartiger Produkte zu verzichten und die Syndikats- und Verkaufspolitik miteinander abzustimmen. Im Jahre 1936 verpachteten die Burger Eisenwerke ihren Bergbaubesitz – in Betrieb befand sich zu dieser Zeit noch die Grube Auguststollen bei Oberscheld – an die Buderus'schen Eisenwerke. Im folgenden Jahr erwarben sie die Tonwarenfabrik Dieburg. Ab 1938 wurde das Werk Ehringshausen auf Leichtmetallguss umgestellt, 1941 ebenso die Schelderhütte.[57]

Verbandsmitgliedschaften und Kartelle

Die in den dreißiger Jahren fortgesetzten Konzentrationsbestrebungen wurden durch Mitgliedschaft in Kartellen und Verbänden unterstützt. Die Kartelle verloren zunehmend ihren privatwirtschaftlichen Charakter und gerieten immer mehr unter staatlichen Einfluss. Grundlage war das „Gesetz zur Errichtung von Zwangskartellen" vom Juli 1933. Es bot dem Staat die Handhabe, über Unternehmenszusammenschlüsse und Investitionsverbote zu entscheiden sowie Kartelle zu gründen und zu überwachen. Die bestehenden Kartellverträge wurden Anfang der dreißiger Jahre bis zum 31. Januar 1940 verlängert, so dass die Kartellierung nach 1933 stärker war als in den zwanziger Jahren. Doch da der Staat mit der Investitionslenkung die Produktion kontrollierte, verloren die Kartelle eine wichtige Funktion; die Regulierung des Eisenmarktes ging weitgehend auf den Staat selbst über.[58]

Buderus war bereits Mitglied in Organisationen zur Vereinheitlichung des Absatzes von gleichartigen Produkten, also vor allem in Syndikaten, so im Roheisenverband GmbH, Essen,[59] im Deutschen Gussrohrverband GmbH, Köln, in der Deutschen Abflussrohrverkaufsstelle GmbH, Frankfurt a. M., im Gussemaillesyndikat, Berlin, im Süddeutschen Cement-Verband GmbH, Heidelberg, sowie in der „Westzement" Verkaufsgemeinschaft der westdeutschen Zementwerke, Bochum. Die beiden letztgenannten Verbände wurden zur Zement-Gemeinschaft Südwest GmbH, Heidelberg, zusammengefasst, die wiederum Mitglied im Deutschen Zement-Verband, Berlin-Charlottenburg, war. Seit Mitte der dreißiger Jahre gehörten die Buderus'schen Eisenwerke der Radiatoren- und Kesselvereinigung, Wetzlar, an, ferner der Vereinigung deutscher Eisenofenfabrikanten e.V., Kassel, dem Verband Deutscher Herdfabrikanten, Hagen, und dem Gusswannen-Verband, Berlin.

Die Buderus'schen Eisenwerke waren in die Verbandsorganisation der Wirtschaft integriert. Die Spitzenverbände lenkten seit 1934 die Unternehmenspolitik als „Reichsgruppen" zentral und waren ihrerseits wieder in Haupt-, Wirtschafts-, Fach- und Bezirksgruppen gegliedert.[60] Die Hauptgruppe I der Reichsgruppe Industrie war für die Montanindustrie zuständig. Sie umfasste die Wirtschaftsgruppen Bergbau, Eisen schaffende Industrie, Nichteisenmetallindustrie und Gießereien. In der Fachgruppe „Eisenerzbergbau" gab es die Bezirksgruppen Siegen, Wetzlar, Mitteldeutschland und Süddeutschland und in der Wirtschaftsgruppe „Eisen schaffende Industrie" die

35

Fachgruppen Eisen- und Stahlerzeugung, Edelstahl und Thomasschlacke. Die Wirtschaftsgruppe „Gießereiindustrie" bestand aus den Fachgruppen Eisen-, Metall-, Stahlformguss- und Tempergießereien.[61] Für die Buderus'schen Eisenwerke waren die Wirtschaftsgruppen Eisen schaffende Industrie, Gießereiindustrie und Bergbau zuständig. Die Mitgliedschaft war Buderus wie den anderen Unternehmen von staatlicher Seite „übergestülpt" worden, um die Betriebe in die nationalsozialistische Wirtschaftsordnung zu integrieren und die Produktion, den Absatz und die Preise gemäß den politischen Vorgaben zu steuern und zu kontrollieren.

3.3. Die Entwicklung der Konzernbereiche

Das Produktionsspektrum der Buderus'schen Eisenwerke umfasste in der Zeit von 1932 bis 1945 die Eisenerzförderung, Roheisen- und Zementproduktion wie auch die Weiterverarbeitung zu Fertigprodukten im Heizungs- und Gussbereich und später in der Waffen- und Munitionstechnik. Damit gehörte das Unternehmen sowohl zur – im weitesten Sinne[62] – Eisen schaffenden als auch zur Eisen verarbeitenden Industrie.

Die Buderus'schen Eisenwerke – ein führendes Unternehmen der Gießerei- und Rohstoffproduktion

Die Erzeugung von Gießereiprodukten belief sich Ende der zwanziger Jahre auf etwa ein Viertel der gesamten Produktion. Auch in den dreißiger Jahren standen mengenmäßig die Fertigerzeugnisse hinter der Rohstoffgewinnung zurück.[63] Dennoch soll hier die Verarbeitung – die zweite Produktionsstufe nach der Gewinnung von Gießerei-Roheisen – aus Gründen der Einheitlichkeit zuerst dargestellt werden.

Gießereierzeugnisse

Die Produktion von Gusserzeugnissen wurde 1932 bis 1937 kontinuierlich gesteigert. Das Jahr mit dem größten Zuwachs war 1933 mit 61,7 Prozent. Nachdem die Produktion bis 1937 auf 173.000 t gestiegen war, sank sie im folgenden Jahr auf 146.000 t.[64] 1939 belief sich die Gesamterzeugung der Graugussgießereien auf 155.000 t.

Die Gusserzeugnisse der Buderus'schen Eisenwerke umfassten zum einen Sanitär- und Bauguss, wozu Muffendruckrohre für Abwassersysteme, Formstücke, Flanschenrohre und Kanalguss sowie Maschinen- und Lohnguss zählten; zum anderen Heizungsprodukte wie Heizkessel, Radiatoren und Einzelöfen. Unter dem Begriff „weiße Ware" wurden Herde, Waschmaschinen und Haushaltsgroßgeräte zusammengefasst.

Die Produktion von Gusserzeugnissen umfasste seit 1927 in der Sophienhütte in Wetzlar gusseiserne Muffendruckrohre nach dem Schleuder- und Sandgussverfahren von 40 bis 1500 mm Nennweite und dazugehörige Formstücke. Der Sanitärguss war in Hirzenhain und der Ludwigshütte beheimatet, der Kanalguss in Staffel auf der Karlshütte, in Essen-Kray und Breidenbach. Kunden- und Maschinenguss wurden hauptsächlich von den Gießereien des Hessen-Nassauischen Hüttenvereins ausgeführt; eine reine Maschinenfabrik war das Lettermannwerk.

Muffendruckrohre für Gas- und Wasserversorgungsanlagen wurden in den Nennweiten von 40 bis 600 mm und bis zu sechs Metern Baulänge nach dem Schleudergussverfahren hergestellt. Bei diesem neueren, vor dem Ersten Weltkrieg von Otto Briede entwickelten Verfahren wurde das flüssige Eisen in eine etwas geneigte, sich schnell drehende und fortbewegende zylindrische Dauerform (Kokille) gegossen. Dabei erstarrte das Gusseisen im Innern der Kokille zu einem Rohr. Die Schleudergussrohre wurden unmittelbar nach dem Guss in Spezialöfen bei gleichmäßiger Temperatur geglüht. Daran schlossen sich die Druckprobe und die Asphaltierung an. Die geschleuderten Gussrohre waren wegen des zähen Materialgefüges von besonders hoher Festigkeit. Die erste Schleudergussanlage wurde 1926 in Gelsenkirchen-Schalke errichtet. Im selben Jahr begann auch der Bau der Schleudergussanlage bei Buderus, wobei auch eigene Patente verwendet wurden.[65] Rohre größerer Weiten von 700 bis 1500 mm wurden weiterhin im so genannten Sandgussverfahren hergestellt. Bei diesem schon im Mittelalter bekannten Verfahren wird dünnflüssiges Roheisen in eine liegende geteilte Sandform über Sandkerne gegossen.[66]

Schon im ersten Vierteljahr 1933 wurde die Produktion um zehn Prozent gesteigert, vor allem auf Grund eines größeren Auslandsauftrags für Rohre. Unmittelbar vor und nach den Wahlen 1933 flaute der Auftragseingang bemerkenswert ab. Dies wurde auf eine gewisse Zurückhaltung bei der Beurteilung der künftigen Wirtschaftspolitik zurückgeführt.[67] Die Entwicklung des Geschäfts bei Muffendruckrohren hing vor allem von der Auftragsvergabe durch die öffentliche Hand ab, die den Bau von Wasserleitungen etc. finanzierte. Bis 1933 war hier die schlechte Finanzlage der Gemeinden das Hauptproblem, denn es fehlten Mittel für Investitionen in die Wasserversorgung und -entsorgung. Doch als der Staat in großem Umfang Arbeitsbeschaffungsmaßnahmen ergriff,[68] profitierte auch der Tiefbau. Ebenso belebte die Förderung der vorstädtischen und landwirtschaftlichen Siedlung, des Wohnungs- und Straßenbaus die Bauwirtschaft und damit auch die Nachfrage nach Buderus-Produkten des Kanal-, Bau- und Sanitärgusses. Das Institut für Konjunkturforschung schätzte den Wert der Bauproduktion für das Jahr 1933 auf rund 3,5 Mrd. RM, davon zwei Drittel Tiefbau und ein Drittel öffentlicher und privater Wohnungsbau.[69] Das Baugewerbe war die am stärksten vom konjunkturellen Aufschwung profitierende Branche. Von 1933 bis 1939 wurden insgesamt 18 Mrd. RM im Wohnungsbau und 32 Mrd. RM in der gewerblichen Wirtschaft investiert.[70] Die baugewerbliche Produktion in Deutschland erhöhte sich von 1933 auf 1934 beim Wohnungsbau um 50, beim gewerblichen Bau um 33,3 Prozent, bei den öffentlichen Bauten um 75 und im Gesamtwert um 60 Prozent.[71] Für den Sanitär-, Kanal- und Bauguss bei Buderus bedeutete dies eine Steigerung des Inlandsabsatzes von 1933 auf 1934 um 70 Prozent. Gegenüber dem Rekordjahr 1928/29 war der Wert der baugewerblichen Produktion in Deutschland 1934 um 44 Prozent geringer, bei Buderus hingegen nur um 30 Prozent, weil das hessische Unternehmen auf Grund seiner Produktstruktur besonders stark von der Altbaumodernisierung profitierte. Auch der Maschinen- und Kundenguss erlebte durch die Förderung des Baugewerbes einen erheblichen Aufschwung. Insgesamt verdoppelte sich der Umsatz von Buderus im Inland von 1933 bis 1934 annähernd.[72]

Die Mitgliedschaft der Buderus'schen Eisenwerke im Deutschen Gussrohrverband erleichterte den Absatz von Flanschenrohren und Formstücken durch Einschränkung des Wettbewerbs und durch Preisabsprachen. Ebenso gewährleisteten Absprachen im Abflussrohr-Syndikat eine einheitliche Preisbildung beim Abflussrohrguss.[73] Den Verkauf der nicht-syndizierten Erzeugnisse übernahmen Vertreter mit Verkaufsbüros unter eigener Firma oder im Namen von Buderus.⁷⁴ Dies sorgte für feste Marktpreise und bessere Rentabilität der Kanal-, Sanitär- und Bauguss-Produktion.

In der folgenden Zeit nahmen die Aufträge der öffentlichen Hand erheblich zu. Buderus erhielt nun vor allem auch Aufträge für Heeresbauten. Allerdings zeigten sich ab 1934 die ersten Probleme der nationalsozialistischen Wirtschaftspolitik auf dem Gebiet des Baugusses. Seit dem 1. Juli 1934 ruhte der Tübbingsbetrieb in Essen-Kray, im zweiten Halbjahr 1936 sollte er wieder aufgenommen werden, wurde jedoch Anfang 1938 endgültig stillgelegt. Die Arbeitskräfte wurden zu anderen Betrieben in Essen-Kray verlegt.⁷⁵ Am 23. August 1934 wurde das erste Errichtungs- und Erweiterungsverbot für Röhrenwerke erlassen, die Rohre aus Stahl und dessen Legierungen herstellten. Doch zunächst waren die Buderus'schen Eisenwerke davon nicht betroffen.

Um im Bereich der Gießereiprodukte wettbewerbsfähig zu bleiben, errichtete Buderus mehrere neue Anlagen, so 1935 auf der Sophienhütte einen Kerntrockenofen in der Muffenkernmacherei der Schleudergießerei und einen 15-t-Kupolofen.⁷⁶ Die Umstellung auf das Schleudergussverfahren hatte zur Folge, dass im alten Sandgussverfahren nur noch solche Nennweiten produziert wurden, die man im Schleudergussverfahren nicht herstellen konnte. Für die technischen Entwicklungen war eine Forschungsstelle zuständig, die 1935 eingerichtet wurde und für weitere Qualitätsverbesserungen sorgen sollte.⁷⁷

Auch auf Buderus wirkte sich die zunehmende Abwendung vom Weltmarkt durch die nationalsozialistische Autarkiepolitik aus. Während die Inlandsaufträge vor allem durch die öffentliche Hand – nunmehr verstärkt für Heeresbauten und Rüstungsaufträge – zunahmen, gingen die Auslandsaufträge ab 1935 immer weiter zurück. Dabei sanken die Erlöse stärker als die Mengen.⁷⁸ Die Unternehmensleitung führte dies auf Unterbietung durch so genannte valutabegünstigte Staaten und deren Schutzzölle zurück. Problematisch war der Rückgang des Exports in Hartwährungsländer wie England und die USA, denn dadurch fehlten Devisen für den Rohstoffimport. Zwar stieg die Ausfuhr im Geschäftsjahr 1936 um 19 Prozent, doch dies war vor allem auf höhere Aufnahmefähigkeit der Weichwährungsländer des Balkans und Skandinaviens zurückzuführen. Diese Entwicklung hielt 1937 an, obwohl die Absatzverluste früherer Jahre nur teilweise und unter erheblichen Preisopfern ausgeglichen werden konnten.⁷⁹

Der Vierjahresplan brachte für den Bau- und Sanitärguss der Buderus'schen Eisenwerke einschneidende Veränderungen. Der Preisstopp von 1936 und die Bewirtschaftung der Eisenindustrie trugen dazu bei, dass der Absatz und die Preisgestaltung im Inland gänzlich staatlich gesteuert wurden. Dadurch gingen der Absatz von Muffendruckrohren um 26 Prozent und der von Abflussrohren um 10 Prozent zurück.⁸⁰ Darüber hinaus wurde am 26. Oktober 1936 eine Einschränkung des Roheisen-Selbstverbrauchs verfügt. Dies wirkte sich negativ auf die Röhrengießerei aus, denn der verstärkt eingesetzte Gussbruch wurde knapp. Buderus musste deshalb bis an die technisch mögliche Grenze des Roheisen-Ersatzes gehen, was die Selbstkosten in die Höhe trieb. Klagen über die Produktionsumstellungen und Einschränkungen waren ein Dauerthema in den Aufsichtsratssitzungen jener Zeit.⁸¹

Eine noch stärkere Einschränkung brachte die Anordnung 22 der Überwachungsstelle für Eisen und Stahl vom 23. Februar 1937: Ab August 1937 sollten monatlich 25.000 t Gusseisen eingespart werden, um entsprechende Quantitäten an Roheisen für die Stahlerzeugung zu reservieren.⁸² Dies traf die zivile Gießereiproduktion hart. Es durften nur noch 80 Prozent der bisherigen Menge an Druckrohren und Formstücken und 70 Prozent an Abflussrohren, Kesseln, Radiatoren, Öfen,

Abguss von Kesselgliedern auf der Main-Weser-Hütte.

Herden, Sanitär- und Kanalguss hergestellt werden. Lediglich die Badewannenproduktion war davon ausgenommen, da sie einen hohen Exportanteil hatte und Devisen einbrachte. Die Einsparung an Roheisen sollte durch Erzeugungs- und Verwendungsverbote, Kontingentierung und durch Einsatz von Austauschwerkstoffen erreicht werden. Produkte aus Gusseisen sollten durch Erzeugnisse aus Schmiedeeisen, Stahl, Zement, Asbest-Zement, Steinzeug, Porzellan, Steingut und Ton ersetzt werden. Dies beeinträchtige Buderus auf seinem „ureigensten natürlichen Arbeits- und Absatzgebiet" und führte zu Umsatzeinbußen, klagte die Unternehmensleitung im Geschäftsbericht 1937.[83] Produktionsumstellungen und Senkung des Eisenverbrauchs waren die wichtigen Folgen des Vierjahresplans. Sie blieben auch im Krieg die Hauptprobleme des Sanitär- und Baugusses.

Die Umstellung bereitete Buderus große Schwierigkeiten, wie das Unternehmen auch bei Verhandlungen mit Regierungsstellen deutlich machte.[84] Durch Modelländerungen war der Eisenverbrauch bereits gesenkt worden. Das Unternehmen musste nun versuchen, mit der genehmigten Menge von Roheisen und Gussbruch den wertmäßig höchsten Umsatz zu erzielen, möglichst viele Waren bereitzuhalten, um die Kundenbeziehungen aufrecht zu erhalten und das Aufkommen neuer Konkurrenten zu verhindern.[85] Zur Lösung schlug Buderus unter anderem vor, den Umfang der Modellpalette zu überprüfen, mehr leichtere Rohrklassen einzuführen und die Produktion auf Rohre von sechs Metern Länge umzustellen. Dies sollte jährlich 7.276 t Eisen einsparen.

Die Maßnahmen machten sich beim Umsatz der Gießereierzeugnisse rasch bemerkbar. Er konnte im ersten Halbjahr 1937 noch um 28, im zweiten Halbjahr aber nur noch um acht Prozent

Bearbeitung und Montage von Großkesseln auf der Main-Weser-Hütte.

gesteigert werden. Die Beschränkungen hatten jedoch eher gewichts- bzw. mengenmäßige Auswirkungen als wertmäßige. So stieg der Umsatz 1937 nach der Menge nur um fünf, nach dem Wert jedoch um 8,25 Prozent. Auch 1938 litt die Produktion unter Materialmangel und Herstellungsbeschränkungen. Dem fiel nun die veraltete Sandguss-Röhrengießerei I der Sophienhütte zum Opfer. Sie wurde in eine Formstückgießerei umgewandelt. Im Zuge der Produktionsumstellungen wurde im Mai 1939 die Kanalgusserzeugung nach Essen-Kray verlegt. In Staffel, wo sie bislang ansässig war, wurde nun Sonderguss für die Wehrmacht hergestellt.[86]

Die Bemühungen, Eisen einzusparen, wurden 1938 fortgesetzt. Die Forschungen konzentrierten sich auf die Frage, wie man die Stückgewichte bei unveränderter Betriebssicherheit und Lebensdauer reduzieren konnte. So wurde zum Beispiel das Gewicht der Druckrohre um 10 bis 15 Prozent vermindert und ein noch leichteres Druckrohr mit einer Eiseneinsparung von nahezu 30 Prozent entwickelt. Dies erforderte bessere Eisenqualität und Änderungen beim Schleuderguss.[87] Beim Kanalguss versuchte man, Eisen einzusparen, indem man vermehrt Beton verwendete.

1938 stieg die Rohstoffgewinnung stark an, doch dies wirkte sich bei den Fertigwaren nicht gleichermaßen aus, unter anderem auf Grund von Problemen beim Transport und bei der Verladung. Immerhin konnte Buderus 1939 die Herstellungsbeschränkungen und übrigen Ausfälle einigermaßen ausgleichen und die Palette der Eisenverarbeitung noch ausweiten. In Lollar wurden Radiatoren aus Gusseisen und Stahl sowie Gliederkessel für Zentralheizungen produziert, in Hirzenhain emaillierte Badewannen, Öfen und Einsätze, in Essen-Kray Badewannen. Gusserzeugnisse – Öfen, Herde und Waschmaschinen – kamen aus Biedenkopf-Ludwigshütte, der Neuhütte

Zwei Buderus-Lollar-Mittelkessel und sechs Buderus-Lollar-Großkessel dienen der Beheizung des Seminariums Hageveld Heemstede in Heemstede/Niederlande.

Ewersbach, der Amalien-, Friedrichs-, Wilhelms- und Eibelshäuserhütte. Die Burger Eisenwerke als befreundetes Unternehmen produzierten auf der Burgerhütte und im Werk Herborn Gasherde und Öfen, auf der Schelderhütte Badewannen und Waschanlagen. Das Werk Ehringshausen stellte Kochgeschirre für Elektroherde und Emailleprodukte her.[88]

Die Gusswarenerzeugung profitierte davon, dass durch die Interessengemeinschaft mit dem Hessen-Nassauischen Hüttenverein vom 1. Januar 1933 die Roheisenerzeugung billiger wurde. Der Zusammenschluss ermöglichte es, das beiderseitige Produktionsprogramm zu bereinigen und die Modelle so auf die Gießereien aufzuteilen, dass eine kostengünstige Serienproduktion gewährleistet war. Weitere Kosten wurden durch Zusammenlegung der technischen Überwachung, der Entwicklung und Forschung sowie des zentralen Einkaufs eingespart.[89]

Der Absatz erhielt vom Markt vor allem durch die Modernisierung von Altbauwohnungen, die Umstellung auf Zentralheizung und durch den Wohnungsneubau Impulse. Dadurch wuchs die Produktion von Radiatoren und Heizkesseln in den Jahren 1932 bis 1936. Schon 1933 nahm der Auftragseingang um rund 50 Prozent zu.[90] Hingegen stagnierte der Absatz von Badewannen aus den Abteilungen Kray und Hirzenhain, obwohl 1932 ein Badewannen-Syndikat gebildet worden war. In Essen-Kray war Ende der zwanziger Jahre die weitgehend maschinelle Badewannenproduktion nach amerikanischem Vorbild eingeführt worden. Die Rentabilität war jedoch gering, da die 3,5 Mio. RM teure Anlage nicht genügend ausgelastet war.[91] Auch der Absatz von Öfen verlief anfangs schleppend. Die Bedeutung der Verständigung über die Preisgestaltung für Radiatoren und Kessel nahm zu.[92] Ab 1935 ging der Umsatz von Heizkesseln um 20 und derjenige von Radiatoren um 30 Prozent zurück. Lediglich bei Badewannen verzeichnete Buderus nun ein Umsatzplus von 30 Prozent.[93] Seit 1935 wuchs die Nachfrage der Wehrmacht stark – nun wurden Radiatoren überwiegend für Heeresbauten hergestellt.[94] Das Geschäft mit Privatkunden, zuvor der Schwerpunkt des Heizungs- und Handelsgusses bei Buderus, ging infolge von Rationierung zurück. Dies konnte durch vermehrte Heeresaufträge nicht aufgefangen werden.

Der Export von Heizungsprodukten war durch Zollerhöhungen, Ausfuhrabgaben, Kontingentierungen und andere staatliche Handelshemmnisse stark beeinträchtigt, ferner schon ab Mitte 1933 durch Devisenschwierigkeiten und durch Unterbietung von Seiten ausländischer Wettbewerber. Deshalb wurde der Export von Radiatoren und Zentralheizungskesseln bald eingestellt.[95] Lediglich beim Export von Badewannen kam es zu einer vertraglichen Verständigung mit englischen Werken. Dadurch stieg der Auslandsumsatz dieses Produktes im Januar und Februar 1935 um 80 Prozent.[96]

Buderus erhielt durch den Vierjahresplan und die Rüstungsproduktion nicht nur wirtschaftliche Impulse, sondern erfuhr auch die Widersprüche des neuen Kurses. Einschränkungen gab es vor allem für die Heizungsprodukte und die „weiße Ware", also für den „zivilen" Absatz. Hier waren die Beeinträchtigungen durch die genannte Anordnung 22 seit 1937 besonders stark. Bei den Gusswannen wurden 22 Modelle gestrichen, bei den Öfen waren es 58 von 189.[97] Bei der Herstellung von Radiatoren, Heizkesseln, Öfen, Rohren, Kanalguss usw. ersetzte Buderus alle schweren Modelle, soweit wie möglich, durch leichtere. Austauschwerkstoffe waren Beton, Schamotte, Asbestzement, Holzpressstoff und Leichtmetalle.[98] Buderus war jedoch der Überzeugung, dass Gusseisen als Werkstoff im Großen und Ganzen nicht ersetzbar sei und wegen seiner Eigenschaften und seiner relativ niedrigen Herstellungskosten auch in Zukunft ein großes Anwendungsgebiet behaupten werde. Freilich führten die Herstellungsbeschränkungen bei den Gießereierzeugnissen 1937/38 zum Rückgang der Produktion von 173.000 auf 150.000 t. Auch der Absatz ging seit 1937 zurück, der Gewinn der Buderus'schen Handelsgesellschaft sank um 20 Prozent.[99] Lediglich der Absatz von Stahlradiatoren der Stabulo-Abteilung in Lollar konnte 1938 gesteigert werden. Damit war die ungewöhnliche Situation entstanden, dass die immer noch große Nachfrage des Baumarktes nach Gießereierzeugnissen – obwohl hinreichende Kapazitäten vorhanden waren – nicht mehr gedeckt werden konnte, weil die Produktionsbeschränkungen Buderus daran hinderten.[100]

Die Vorkriegszeit endete für Buderus mit einem Rückgang der Erzeugung von Fertigprodukten. Dem standen Mehrleistungen für die Aufrüstung vor allem auf dem Rohstoffsektor gegenüber, nachdem der Anteil der Rüstungsproduktion sich bereits in den drei vorangegangenen Jahren erhöht hatte. Die Umstellung auf Rüstungsprodukte erforderte hohe Investitionen. Damit wurde schon 1936 der Grundstein für die Munitionsproduktion im Kriege gelegt. Mit Beginn des Jahres 1936 erhielt das Unternehmen vom Heereswaffenamt die Aufgabe, aus Kupolofeneisen Wurfgranaten für Infanterie-Granatwerfer herzustellen. Um den Anforderungen des Amtes zu genügen, das die Produktion von großen Mengen Granaten mit einheitlichen Qualitätsstandards verlangte, entwickelte Buderus in eigener Forschungsstelle[101] ein Verfahren zur Massenfertigung von Munition aus hochwertigem Sonderguss. Die Forschungsstelle sollte neue Verwendungszwecke erschließen, die hochwertiges Material erforderten, sowie die Herstellung von Gusseisen vereinfachen und verbilligen, um den Absatz auszuweiten.[102]

Seit Anfang 1938 begann Buderus mit der Massenfertigung von Wurfgranaten mit den Kalibern fünf und acht cm in den Werken Sophienhütte in Wetzlar und Main-Weser-Hütte in Lollar.[103] Zu diesem Zweck wurden in beiden Werken je eine Sondergießerei mit den dazugehörigen Glüheinrichtungen und in Lollar eine Sonderbearbeitungswerkstatt errichtet. Auch die Breuer-Werke in Frankfurt a. M. nahmen die Massenfertigung dieser Geschosse auf. Auf der Grundlage des Sondergussverfahrens zur Fertigung von Wurfgranaten führte man schon seit 1937 Entwicklungsarbeiten zur Verwendung dieses Sondergusses für Artilleriegeschosse durch; bis August 1939 waren Geschosse entwickelt worden, die solchen aus Stahl gleichwertig waren. Daraufhin erteilte das Oberkommando der Wehrmacht unter der Bezeichnung „Stahl-Sonderguss" Aufträge zur Fertigung von Feldhaubitzgranaten (10,5 cm). Die Produktion fand in fünf Werken statt: Main-Weser-Hütte (Lollar), Westdeutsches Eisenwerk (Essen-Kray), Ludwigshütte (Biedenkopf), Neuhütte (Ewersbach) und Eibelshäuserhütte als Zentralglühanlage für die Ludwigs- und die Neuhütte.[104]

Eisenerz- und Eisenproduktion

Aus staatlicher Sicht war der Rohstoffsektor der Buderus'schen Eisenwerke der wichtigste Unternehmensbereich in den dreißiger Jahren. Für die nationalsozialistische Wirtschaftspolitik war die Rohstoffproduktion im Rahmen der Autarkievorstellungen vordringlich. Die Abhängigkeit von Importen wurde bei Rohstoffen auf ca. 45 Prozent geschätzt, auch wenn man einkalkuliert, dass

In einem Abbau der Grube Friedrichszug bei Nanzenbach.

viel inländisches Altmaterial wiederverwertet wurde. In der Eisen schaffenden Industrie lag die Relation des Verbrauchs von Inlands- zu Auslandserzen bei etwa 1:3.[105] Zur Reduzierung der Importabhängigkeit sollten auch die Buderus'schen Eisenwerke beitragen. Ihr Roh- und Grundstoffsektor umfasste die Förderung von Eisenerzen, Bauxit, Phosphorit, Kalksteinen und Kupfererzen sowie die Gewinnung von Roheisen. Rohstahl stellten die Stahlwerke Röchling-Buderus her. Ferner wurde auf der Sophienhütte aus der Hochofenschlacke Zement erzeugt. Anders als die Ruhrhütten bezog Buderus die Erze zum größten Teil aus eigenen Gruben, während der Hochofenkoks herantransportiert werden musste.[106] Die Gruben, in denen Rot- und Brauneisenstein sowie Basalteisenstein abgebaut wurde, befanden sich im Lahn-Dill-Gebiet und in Oberhessen.

Die Buderus'schen Eisenerzgruben „Allerheiligen" und „Georg-Joseph" an der Lahn sowie „Abendstern", „Albert" und „Atzenhain" in Oberhessen lagen im Jahre 1932 weitgehend still. In regelmäßigem Betrieb befand sich nur die Grube „Friedrichszug" im Dillgebiet, obwohl ihre Erze die schlechtesten und die Lagerungsverhältnisse ungünstig waren. Doch das Bergwerk stand noch in Förderung, weil der Leiter der Bergverwaltung, Dr. Wilhelm Witte, befürchtete, dass es im Falle einer Stilllegung nie wieder in Betrieb genommen werde. Die Eisensteinförderung betrug 1932 nur 29.090 t, während in den zwanziger Jahren mehr als 100.000 t jährlich gefördert worden waren.[107] Der Erzbergbau an Lahn, Dill und in Oberhessen war in der Weltwirtschaftskrise – nicht zuletzt auf Grund von Überangebot auf dem Erzmarkt – unrentabel geworden. Die Gruben waren veraltet und teilweise erschöpft, so dass die endgültige Einstellung der Förderung nur noch eine Frage der Zeit zu sein schien. Vergeblich hatte der Berg- und hüttenmännische Verein zu Wetzlar immer wieder versucht, die rheinisch-westfälische Schwerindustrie dafür zu gewinnen, heimische Erze statt der hochwertigen und vor allem billigeren Auslandserze einzusetzen.[108]

Eisenerzförderung 1932–1939 (in t)[109]

1932	29.090	1936	212.000
1933	60.000	1937	324.000
1934	93.358	1938	396.000
1935	174.698	1939	448.000

Schon 1933 nahm die Förderung beträchtlich zu. Dem Erzbergbau an Lahn und Dill waren seit Beginn der staatlichen Subventionierung im Jahre 1926 bis 1933 3,2 Mio. RM zugeflossen. Seit dem 1. April 1933 erhielt die Staatsbeihilfe eine neue Grundlage. Nun wurden nicht mehr Förderung und Belegschaft unterstützt, sondern die Gelder des Reichs und der Länder auf die in der Aus- und Vorrichtung verfahrenen Schichten umgelegt: An die Stelle unmittelbarer Unterstützung trat die Förderung von Untersuchungs- und Aufschlussarbeiten. Dies war ein Anreiz, neue Erzvorkommen zu erschließen. Des Weiteren wurde ebenfalls 1933 bei der Preußischen Industrie- und Handelskammer für das Rhein-Main-Wirtschaftsgebiet, Bezirksstelle Wetzlar, eine Zentralstelle für den Bergbau und die Hüttenindustrie an Lahn, Dill und in Oberhessen gegründet. Von ihr wurden weitgehende Unterstützungen für die Lahn-Dill-Region erwartet. Nun führten auch die langjährigen Bemühungen zum Erfolg, den Eisenerzen von Lahn, Dill und Sieg einen größeren Absatzmarkt zu schaffen. In einem Abkommen mit dem hiesigen Eisensteinbergbau vom 5. Mai 1933 verpflichteten sich die gemischten Hüttenwerke an Rhein und Ruhr, aus dem Lahn-Dill-

Gebiet und Oberhessen jährlich 250.000 t Erz zu beziehen.[110] Darüber hinaus reduzierte die Reichsbahn die Frachtkosten für Erz aus dem Lahn-Dill-Gebiet ab dem 1. April 1933 um 30 Prozent und ab dem 20. Februar 1934 die Frachtkosten für Koks um rund 17 Prozent.

Schon ab April 1933 wurden immer mehr stillgelegte Gruben wieder in Betrieb genommen. Den Anfang machten die Grube „Abendstern" sowie die zum Hessen-Nassauischen Hüttenverein gehörende Grube „Stillingseisenzug" im Dillgebiet.[111] Die Gruben „Friedrichszug" und „Auguststollen" förderten neben Hüttenerz auch kalkfreien Roteisenstein mit hohem Kieselsäuregehalt, der zu Tempererz aufbereitet und an Tempergießereien zu guten Preisen im In- und Ausland abgesetzt wurde. Auch der Absatz des Eisenerzes stieg erheblich an: schon im ersten Vierteljahr 1933 um 100 Prozent.[112]

Hatte der Bergbau im Sieg-Lahn-Dill-Gebiet bei seinen Absatzbemühungen im Jahre 1933 noch die Regierung um Vermittlung bei den rheinisch-westfälischen Hütten gebeten, so war die Situation 1934 umgekehrt. Nun trat die Regierung an die Bergbautreibenden heran, um angesichts des Mangels an Devisen und der Probleme, mehr ausländisches Erz zu importieren, die Förderung in dieser Region zu erhöhen.[113] Die deutsche Eisenerzförderung stieg 1933 im Vergleich zum tiefsten Stand 1932 um 93 Prozent von 1,34 auf 2,59 Mio. t. Doch dies war nicht einmal die Hälfte der durchschnittlichen Förderung der Jahre 1927 bis 1929, die ca. 6,5 Mio. t betragen hatte. 1934 wurde die Fördermenge auf 4,34 Mio. t gesteigert. Doch die Regierung – namentlich der Gauwirtschaftsberater für Westfalen-Süd, Paul Pleiger – verlangte, die Förderung bis Ende 1936 um 10 Mio. t zu erhöhen.[114] Allerdings wurde auch erkannt, dass die Vorkommen des Lahn-Dill-Gebietes begrenzt waren und hauptsächlich nur der Versorgung der lokalen Hochofenwerke dienen konnten. Die Lagerstätten sollten deshalb weiter erforscht werden. Dies war unter anderem der Hintergrund für den erwähnten Vertrag, den Buderus 1935 mit der Preussag schloss. Darüber hinaus pachteten die Buderus'schen Eisenwerke 1935 den Felderbesitz der Firma Haas & Sohn. Durch die Eingliederung des Hessen-Nassauischen Hüttenvereins im selben Jahr erhöhte sich der Anteil von Buderus an der Eisenerzförderung des Lahn-Dill-Gebietes und in Oberhessen, der 1929 15 Prozent betragen hatte, auf 25 Prozent.[115] Nach dem Erwerb weiterer Gruben stieg der Besitzanteil der Buderus'schen Eisenwerke an Feldern im Lahn-, Dill- und oberhessischen Gebiet auf 62 Prozent (1938), nachdem er 1927 lediglich 18 Prozent betragen hatte.[116]

Obwohl die Förderung von Eisenerz in Deutschland 1936 um 167 Prozent höher als 1933 war, lag der Grad der Selbstversorgung nur bei 18,4 Prozent (errechnet aus dem Quotienten Gewinnung: Verbrauch). Der Roherzverbrauch stieg 1934/35/36 von 12,5 über 20 auf 26 Mio. t.[117] Die geringe Eigenversorgung machte es erforderlich, große Erzmengen einzuführen, vor allem aus Frankreich und Schweden. Bereits 1932 wurden 3,45 Mio. t Roherz importiert, 1933 waren es 4,57 und 1934 8,26 Mio. t.[118] Die Importe waren in diesem Jahr fast doppelt so hoch wie die heimische Förderung. 1937 erschwerten Devisenmangel und französische Restriktionen die Versorgung mit Minette-Erzen, die im Hochofenprozess für die Herstellung von Thomas-Roheisen unerlässlich waren.[119]

Um dem Autarkieziel näherzukommen, verlangte der Vierjahresplan, die Versorgung mit einheimischen Erzen stark auszubauen. Allerdings hatten die deutschen Erze einen geringeren Eisengehalt. Für die Produktion der gleichen Roheisenmenge war etwa ein Drittel mehr deutsches als z. B. schwedisches Eisenerz erforderlich. Für den Bereich der Buderus'schen Eisenwerke sah die Vierjahresplanbehörde vor, die Erzförderung in den bestehenden Gruben zu steigern, in stillgelegten wieder aufzunehmen sowie weitere Lagerstätten zu erschließen.[120] Der Plan brachte für den Bergbau nicht nur eine beträchtliche Absatzsteigerung, sondern auch Vorteile bei der Zuteilung von Material und Arbeitskräften. Im Rahmen des Vierjahresplans und zur Versorgung der Hochöfen pachtete Buderus den Grubenbesitz der Burger Eisenwerke mit Wirkung vom 1. Oktober 1936. Das Burger Unternehmen hatte befürchtet, die Anforderungen des Vierjahresplans nicht ohne Verluste erfüllen zu können, und verfügte zudem nicht über eine eigene Roheisenproduktion.[121] Bereits 1926 hatte Buderus durch die Aufstellung einer „Excelsior-Wäsche" zur Aufbereitung des Vogelsberger Basalteisensteins Pionierarbeit geleistet. Diese Aufbereitungsanlage ermöglichte es, das Erz von den anhaftenden Tonbestandteilen zu trennen. Im Unterschied dazu waren die Übergänge vom Unhaltigen bis zum reinen Eisenglanz beim Roteisenstein von Lahn und Dill fließend.[122]

Seit 1937 traten Wirtschaftlichkeitsüberlegungen völlig in den Hintergrund. Die Schwierigkeiten bei der Verhüttung der Lahn- und Dillerze galten nur noch als technische Aufgabe. Selbst die Fragen des Transports wurden ausschließlich vom organisatorischen Standpunkt aus betrachtet. 1939 förderten im Lahn-Dill-Gebiet und in Oberhessen 50 Betriebe mit 5.100 Beschäftigten 1.300.300 t Erz.[123]

Ein wichtiger Schritt, um die Versorgung mit eigenen Erzen zu verbessern, war der Ankauf von Grubenfeldern der Preussag 1937. Im Wesentlichen handelte es sich hierbei um die Grube „Königszug", die größte Eisenerzgrube der Lahn-Dill-Region. Ferner wurde erwogen, die Eisengießerei Rothehütte im Harz zu erwerben. Die Preussag wollte ihr Produktionsprogramm bereinigen und sich vollständig von ihrem Eisenerzbergbau trennen.[124] Um den Erwerb bemühten sich neben Buderus auch so finanzstarke Konzerne wie Krupp, Gutehoffnungshütte, die Vereinigten Stahlwerke und Mannesmann. Nachdem die Ersteren verzichtet hatten, erhöhte Mannesmann das Angebot auf 2,5 Mio. RM, unterstützt von Regierungsstellen wie dem Amt für deutsche Roh- und Werkstoffe. Dennoch erhielt Buderus am 24. Juni 1937 den Zuschlag für 2,5 Mio. RM mit der Verpflichtung, monatlich die über den Eigenbedarf hinausgehende Fördermenge der Grube Königszug von ca. 12.000 t an die Mannesmannröhren-Werke abzugeben.[125]

Mit dem Erwerb der Grube Königszug besaßen die Buderus'schen Eisenwerke rund 90 Prozent der erzhöffigen Felder im Dillgebiet. Sie schlossen damit die seit langem angestrebte, für eine großzügige geologische Untersuchung erforderliche Besitzbereinigung ab. Der Felderbesitz der Buderus'schen Eisenwerke an Lahn, Dill und in Oberhessen war damit auf 1.100 km² angewachsen. Mit dem Ankauf des Grubenfelderbesitzes der Preussag wurde der Grundstein für eine auf lange Sicht angelegte Erzgewinnung im Dill-Revier gelegt. Nun wurde das Hauptaugenmerk auf die technische Ausgestaltung der Gruben gerichtet. Zwischen 1935 und 1937 wurden zahlreiche stillgelegte Gruben wieder in Betrieb genommen.[126]

Im Geschäftsjahr 1938 wurde die Rohstoffversorgung endgültig zum vordringlichen Problem für die deutsche Wirtschaft und damit auch für die Buderus'schen Eisenwerke. Die Eisenerzförderung war in diesem Jahr weiter erhöht worden und stieß nun an die Grenze ihrer Kapazität.[127] 32 Prozent der Förderung gingen 1938 an fremde Hüttenwerke – erheblich mehr als zuvor. Buderus machte schon lange eigene eisenarme Erze nutzbar. Aber erst mit dem Vierjahresplan kamen die Maßnahmen gänzlich zum Tragen. Das Verhältnis von Erzförderung und Roheisenherstellung zur Fertigwarenproduktion verschob sich zugunsten der Ersteren. Die Herstellung ziviler Fertigwaren trat in den Hintergrund, während die Grundstoffe zur Produktion von Rüstungsmaterial und sekundär rüstungswirtschaftlich wichtigen Produkten an Bedeutung gewannen. Buderus selbst stellte erst in beschränktem Umfang Rüstungsmaterial her, lieferte aber Vorprodukte für die großen Waffenproduzenten. Dadurch konnte das Unternehmen Einbußen bei den Rohstoffbetrieben nicht mehr bei der Produktion von Fertigerzeugnissen auffangen. Dies erklärt den Umsatzrückgang 1937/38 von 60.984.000 auf 58.293.000 RM (4,4 Prozent). Auch das Auslandsgeschäft wurde ab 1938 infolge der kritischen Haltung des Auslandes wegen der Annektierung Österreichs und der Furcht vor weiterer Expansion immer schwieriger. Zwar konnte der Auslandsabsatz von Erz um elf Prozent erhöht werden, jedoch nur unter teilweise erheblichen Preisopfern.

1938 wurden die geologischen Untersuchungen der Grubenfelder im Scheldetal fortgeführt. Bohrungen von insgesamt 5.777 m vermittelten eine Übersicht über die erzführenden Lagerzüge, ließen aber keine Rückschlüsse auf die Wirtschaftlichkeit ihres Abbaus zu. Die Buderus'schen Gruben wurden weiter ausgebaut, obwohl 1938 neue Probleme auftraten, darunter Arbeitskräftemangel auf der Grube „Königszug", Erschöpfung der Erzvorräte bei einigen Gruben und Transportschwierigkeiten durch Mangel an Waggons.[128] Wirtschaftlich gesehen war der Bergbau ein Zuschussbetrieb, dessen Verluste durch Gewinne aus der Weiterverarbeitung ausgeglichen werden mussten. Dr. Witte bezifferte die „Zubuße" allein für das Jahr 1937 auf 1 Mio. RM.[129]

In den Hochöfen der Sophienhütte in Wetzlar sowie im Hochofenwerk Oberscheld wurde Roheisen für den Bedarf der eigenen Eisengießereien hergestellt. Im Rahmen der Interessengemeinschaft mit dem Hessen-Nassauischen Hüttenverein war die Produktion aufgeteilt worden: Die Sophienhütte erzeugte große Mengen gewöhnlicher Roheisen-Sorten, und in Oberscheld wurde Spezialeisen in kleineren Mengen erblasen.

Hochofenabstich auf der Sophienhütte in Wetzlar im Jahre 1934.

Roheisenproduktion 1932–1939 (in t)[130]

1932	27.000	1936	161.277
1933	42.597	1937	182.000
1934	90.346	1938	192.000
1935	128.656	1939	180.000

Hatte allein die Sophienhütte 1913 rund 164.000 t, im Kriegsjahr 1917 sogar 192.000 t und 1927 146.000 t Roheisen produziert, so ließ die Weltwirtschaftskrise die Nachfrage nach Roheisen dramatisch einbrechen. Die Hüttenproduktion der Buderus'schen Eisenwerke erreichte 1932 nur noch 20 Prozent des Werts von 1929.[131] Dies erbrachte ausschließlich der Hochofen III der Sophienhütte, während die übrigen Öfen der Sophienhütte und in Oberscheld wegen zu geringer Auslastung vorübergehend stillgelegt wurden. Im folgenden Jahr nahm die Nachfrage stark zu, so dass ab März 1934 auch der Hochofen II der Sophienhütte wieder kontinuierlich betrieben wurde. Die Produktionsmenge verdoppelte sich gegenüber dem Vorjahr. 1935 wuchs die Produktion annähernd um 50 Prozent, weil nun auch der Hochofen I des Werks Oberscheld ununterbrochen in Betrieb war.[132] Seit 1937 standen schließlich mit dem Hochofen II in Oberscheld vier Öfen im Feuer. Ihre Erzeugung wurde weiter gesteigert, bis 1939 ein Rückgang um 15 Prozent eintrat, nachdem zur Mitte des Jahres der veraltete Hochofen I in Oberscheld ausgeblasen worden war, der neue Hochofen I der Sophienhütte aber noch nicht in Betrieb genommen werden konnte. Dies geschah erst am 25. August 1941. Insgesamt jedoch wurde die Roheisenerzeugung bis in die zweite Hälfte der dreißiger Jahre erheblich gesteigert.[133]

Bereits 1936 zeigten sich bei Buderus wie allgemein in Deutschland Anzeichen dafür, dass der Verbrauch von Eisen und Stahl die Grenzen der Rohstoffbeschaffung und der Erzeugung erreicht hatte.[134] Bei Buderus stieß die Roheisenproduktion 1938 an ihre Kapazitätsgrenze.[135] Durch die Steigerung der deutschen Roheisen- und Rohstahlproduktion und durch den Devisenmangel gestaltete sich die Erzversorgung der deutschen Hochöfen bereits ab 1936 zunehmend schwierig.[136] Man versuchte immer stärker, Rohstoffe einzusparen und Schrott wiederzuverwerten. Auch Buderus kaufte Schrott an, obwohl die Erzversorgung durch eigene Erze gesichert war. Dabei entstanden Probleme bei der Beschaffung – seit 1938 wurde Schrott immer knapper – sowie hinsichtlich der Qualität des Roheisens.[137] Hochofenkoks erhielt Buderus weiterhin von der Harpener Bergbau AG.[138] Der Vierjahresplan forderte den weiteren Ausbau der Rohstoffbetriebe. Eisen war für die Aufrüstung und die Kriegswirtschaft nicht so wichtig und brauchbar wie Stahl, deshalb trat die Roheisen- hinter die Stahlerzeugung zurück. Über die Herstellungsbeschränkungen für Gießerei-Fertigprodukte hinaus wurde nun die Produktion von Roheisen für Zivilprodukte gedrosselt. Dies bedeutete für Buderus eine Einschränkung der Roheisenerzeugung in Höhe von 1.200 t monatlich und des Roheisen-Selbstverbrauchs um 1.400 t ab dem 1. November 1936.[139] Aus diesem Grund nahm die Produktion auf Lager seit 1937 ständig zu. Wachsender Arbeitskräftemangel erschwerte ab 1938 die Roheisenerzeugung zusätzlich. Diese Faktoren ließen die Produktion von Buderus im Geschäftsjahr 1939 zum ersten Mal seit 1932 wieder sinken: von 192.000 auf 180.000 t (1938/39). Trotzdem versiebenfachte sich die erzeugte Roheisenmenge von 1932 bis 1938. Durch umfangreichen Ausbau, vermehrte Lagerhaltung und Verlagerung der Produktion für fremde Betriebe konnten die staatlichen Beschränkungen und die Mangelerscheinungen teilweise aufgefangen werden.

Die Interessengemeinschaft Buderus-Hüttenverein produzierte Roheisen vornehmlich für die eigenen Gießereien und für die Burger Eisenwerke[140] und setzte ferner einen Teil beim Roheisen-Verband ab, dem zentralen Verkaufskartell. Die Hüttenbetriebe von Buderus hatten mit dem Roheisen-Verband vereinbart, ihm die über den eigenen Bedarf hinaus produzierte Menge Roheisen abzugeben. 1934 waren dies monatlich 2.000 t, mehr als ein Viertel der Produktion von Buderus.[141] Der Verband erhielt von mehreren Werken Roheisen, das er an die Verarbeitungsbetriebe verkaufte. Er belieferte auch das Werk Essen-Kray und konnte auf Grund der für ihn günstigeren Transportverbindungen dorthin billiger liefern als Buderus selbst. Auch den Breuer-Werken lieferte der Verband Roheisen.

Die Ausweitung der Produktion seit der Weltwirtschaftskrise ließ auch den Absatz von Roheisen stark anwachsen.[142] Da die eigenen Gießereien wegen der staatlichen Herstellungsbeschränkungen und der Verpflichtung, Eisen einzusparen, weniger Roheisen nachfragten und der Selbstverbrauch gesenkt werden musste, der Staat jedoch weiterhin forderte, die Erzeugung zu steigern, belieferte Buderus seit 1936 zunehmend fremde Werke über den Roheisen-Verband. 1938 setzte das Unternehmen 33 Prozent der Roheisen-Erzeugung bei fremden Gießereien ab. Damit wandelte sich der Charakter dieses Geschäfts zunehmend von der Selbstversorgung der Eisengießereien zu einem eigenständigen Unternehmensbereich mit Fremdabsatz, den die Buderus'sche Handelsgesellschaft ausführte.

Zement, Kalkstein, Bauxit, Phosphorit und Kupfererz

Die Zementproduktion befand sich, wie das Elektrizitätswerk, auf der Sophienhütte in Wetzlar. Da man zur Zementherstellung verschiedene kalk- und tonhaltige Stoffe benötigte, lag es nahe, die Hochofenschlacke als Rohstoff zu verwenden. Schon seit 1899 stellte Buderus auf diese Weise Zement her. Die Produktion von Eisenportland-Zement ging auf eine Entwicklung des Unternehmens zurück: Aus Kalkstein und Hochofenschlacke gebrannter Klinker wurde mit Schlackensand vermahlen und granuliert.[143] Diese Trockengranulation der Hochofenschlacke zu Zement auf der Sophienhütte war bahnbrechend in Deutschland.[144]

Zementproduktion 1932–1939 (in t)[145]

1932	66.200	1936	193.000
1933	78.800	1937	207.000
1934	135.550	1938	209.000
1935	145.600	1939	191.000

In den Jahren 1932 bis 1938 stieg die Zementproduktion von 66.200 auf 209.000 t an. 1932 war ein Tiefpunkt, weil die Weltwirtschaftskrise die Bautätigkeit weitgehend zum Erliegen gebracht hatte. Seit 1933 stieg der Zementabsatz wieder an. Die öffentliche und private Bautätigkeit nahm zu, und so wurde 1933 ein Viertel mehr Zement als im Vorjahr abgesetzt, obwohl einige ausländische Märkte durch verschärften Wettbewerb verlorengegangen waren.[146] Im folgenden Jahr stieg der Absatz um 67, die Erzeugung sogar um 72 Prozent.[147] Zum einen wurde nun Zement der Buderus'schen Eisenwerke für den Bau der Reichsautobahnen verwendet.[148] Zum anderen sorgte der „Zement-Friede" – die Verständigung der vier deutschen Syndikate – für Preisstabilität. Der

Zementabsatz wurde seit den zwanziger Jahren von Verbänden mit kartellähnlichem Charakter organisiert. Buderus gehörte, wie erwähnt, zwei von ihnen an. 1933 entspann sich ein harter Preiskampf, der Buderus erhebliche Absatzsteigerungen brachte. Die Verständigung der Kartelle 1934 festigte die Preise auf hohem Niveau, Buderus konnte seinen Absatz halten. 1935 wurden auf der Sophienhütte im Rahmen des Neubauprogramms neue Zementsilos gebaut, die alte Holzsilos ersetzten.[149] Darüber hinaus wurden im selben Jahr leistungsfähige Förderanlagen für fertigen Zement eingebaut. Trotz der Verbesserung der Anlagen ging der Umsatz erstmals zurück, was zur Folge hatte, dass die Verkaufskartelle die Preise um zehn Prozent senkten.[150] Der Vierjahresplan forderte, die Hochofenschlacke im volkswirtschaftlichen Interesse restlos zu verwerten. So wurde, zusätzlich zur Zementherstellung auf der Sophienhütte, in der Hochofenschwemmsteinfabrik Oberscheld aus Hochofenschlacke das zementähnliche Bindemittel „Hydraulit" hergestellt.[151]

Seit der Verkündung des Vierjahresplans im Jahre 1936 stieg der Zementabsatz auf Grund des großen Bedarfs der Wehrmacht wieder stark an. Im Jahre 1937 wurden mehr als 200.000 t abgesetzt. 1938 überstieg die Nachfrage erstmals die Erzeugungskapazität, deshalb wurde geplant, das Zementwerk zu erweitern.[152] Der Zementabsatz erreichte einen so hohen Anteil am Gesamtumsatz von Buderus, dass er einen Teil der Einbußen bei den Gießereiprodukten auffing. Auch der Zementabsatz im Ausland blieb erhalten. Die Kartelle wurden verlängert.[153]

Neben Eisenerz war Kalkstein der wichtigste Rohstoff, den der unternehmenseigene Bergbau an die Hochöfen und das Zementwerk lieferte. Er stammte aus den Steinbrüchen Niedergirmes und Hermannstein. Der Abbau des Kalksteins stieg von 42.250 auf 170.605 t (1932/37). Schon im ersten Quartal 1933 verdoppelte sich die Förderung gegenüber dem Vorjahreszeitraum.[154] Der Bau einer Kettenbahn schuf eine direkte Verbindung zwischen den Kalksteinbrüchen, dem Hochofenwerk und dem Zementwerk auf der Sophienhütte. Dies erleichterte den Transport und reduzierte die Kosten. Trotzdem sank die Förderung von Kalkstein 1938 auf 165.000 t. Er wurde als Zuschlag bei der Verhüttung saurer Erze verwendet und diente mit der Hochofenschlacke dazu, Zement herzustellen. Kalkstein hatte keine zentrale Bedeutung für die Aufrüstung, so dass sein Abbau durch den Vierjahresplan nicht gefördert wurde. Seit 1937 stagnierte die Gewinnung von Kalkstein bei etwa 170.000 t im Jahr.

Kalksteingewinnung 1932–1939 (in t)[155]

1932	42.250	1936	141.000
1933	52.211	1937	170.605
1934	94.516	1938	165.000
1935	97.373	1939	176.000

Bauxit fand Verwendung bei der Herstellung von Tonerde, Schmelzzement und von Schleifmitteln. Ferner wurde Rohbauxit als Flussmittel im Verhüttungsprozess beigegeben. Ein zusätzlicher Anreiz, das Mineral in Deutschland zu fördern, bestand darin, dass der Devisenmangel jener Jahre den Import erschwerte. Während das Brauneisenerz der Buderus'schen Gruben etwa 45 Prozent Eisen und 10 Prozent Kieselsäure enthielt, bestand aufbereiteter Bauxit lediglich zu

18 Prozent aus Eisen und zu 5 Prozent aus Kieselsäure, dagegen zu 48 Prozent aus Tonerde. 1934 wurde mit dem Abbau des Minerals im Raum Atzenhain-Bernsfeld begonnen. Außerdem versuchte man, weitere Vorkommen im Bereich des Buderus-Besitzes zu erschließen.[156] 1937 führten die Lonza-Werke in Waldshut einen Großversuch durch, um zu erkunden, ob sich der oberhessische Bauxit wirtschaftlich zu kalzinierter Tonerde verarbeiten ließ. Der aufbereitete Bauxit wurde verkauft. Er diente überwiegend zur Korundherstellung und als Flussmittel für Siemens-Martin-Stahlwerke.[157] Die Erforschung der Lagerstätten ergab 1937, dass im westlichen Vogelsberg Bauxit-Vorkommen von ungefähr vier Millionen Tonnen existierten. In nicht untersuchten Gebieten wurden weitere zwei Millionen Tonnen vermutet. Die Aufschlussarbeiten und die Förderung waren jedoch aufwendig und ließen keine Rentabilität erwarten. Daher wurde im Einvernehmen mit dem Reichswirtschaftsministerium die Förderung von gewaschenem Bauxit vorübergehend eingestellt.[158]

Im Rahmen der Autarkiebestrebungen des Vierjahresplans wurden auch die heimischen Lagerstätten von Kupfererz und Phosphorit untersucht. Buderus versuchte, den Phosphorbedarf der Hochöfen aus Vorkommen von Lahnphosphorit zu decken, weil die Einfuhr von Marokkophosphat und von Lothringer Minette zeitweise stockte.[159] Schon zu Beginn des Jahres 1936 entdeckte man ein ergiebiges Lager von Phosphorit; das Mineral wurde dann in Gruben bei Kubach, Edelsberg, bei Dehrn und Dietkirchen, bei Ober- und Niedertiefenbach und bei Staffel gefördert. 1938 ergaben Untersuchungen jedoch, dass die größten Phosphoritvorkommen bereits Ende des 19. Jahrhunderts abgebaut worden waren und die verbliebenen Lagerstätten wenig ergiebig waren. Da abzusehen war, dass die Selbstkosten die Erlöse um ein Vielfaches übersteigen würden, legte Buderus die Gruben Kubach und Staffel im Einverständnis mit der zuständigen Bergbehörde still; lediglich die Grube Dehrn förderte 1938 noch 2.500 t Phosphorit.[160]

Die zur Förderung der Metallerze gewährten staatlichen Mittel ermöglichten es Buderus 1936 bis 1939, die einander benachbarten Kupfererzgruben „Neuer Muth" und „Gemeine Zeche" bei Nanzenbach zu betreiben. Diese waren schon im 19. Jahrhundert die bedeutendsten Kupfererzgruben des Dill-Reviers.[161] Auch bei den Kupfererzen war die abbauwürdige Menge trotz hoher Qualität sehr gering. Da die Kosten erheblich über den zu erwartenden Erlösen lagen, wurde die Förderung 1940 im Einverständnis mit dem Reichswirtschaftsministerium eingestellt.

Maschinenbau und Armaturen: Breuer-Werk AG

Die Produktpalette des Breuer-Werkes umfasste Armaturen, Wasserkräne, Motoren, Lokomotoren (Rangierfahrzeuge) und eine Vielzahl weiterer Erzeugnisse.[162] In der Weltwirtschaftskrise geriet das Unternehmen stark unter Druck. Die Muttergesellschaft musste es mit erheblichem finanziellen Aufwand sanieren. Um Betriebsverluste abzudecken, wurden die Stammaktien im Verhältnis 1:5 abgewertet und das Grundkapital anschließend durch Ausgabe neuer Aktien um 640.000 RM auf eine Million Reichsmark erhöht. Die neuen Aktien übernahm Buderus in voller Höhe. Obwohl das Unternehmen ferner Bürgschaften über eine Million Reichsmark und einen Kredit über 700.000 RM gewährte, hielten die Schwierigkeiten an. Infolge der seit 1932 entstandenen Verluste war 1934 mehr als die Hälfte des Aktienkapitals verloren. Die Sanierung der Breuer-Werk AG misslang, am 15. Juni 1934 wurde die Liquidation beschlossen. Zugleich bemühten sich der Treuhänder der Arbeit und die Deutsche Arbeitsfront zusammen mit der Geschäftsführung, eine neue Firma zu errichten und neue Mittel zuzuführen. Am 21. Januar 1935 wurde die Breuer-Werke GmbH gegründet, während sich die alte Breuer-Werk AG in Liquidation befand.[163]

Seither nahm der Umsatz wieder zu. Das Geschäftsergebnis deckte nahezu alle Abschreibungen, doch blieben die Breuer-Werke auf die finanzielle Unterstützung durch die Buderus'schen Eisenwerke angewiesen. Im Geschäftsjahr 1937 wies die Gesellschaft erstmals einen – wenn auch bescheidenen – Gewinn aus. Dazu trugen neu entwickelte Motoren-Typen für die Wehrmacht und andere Erzeugnisse bei, nachdem die Verluste der Breuer-Werke trotz einer Umsatzsteigerung um 24 Prozent und eines Zuwachses bei den Auftragseingängen um 44 Prozent im ersten Halbjahr 1937 weiter auf 1,35 Mio. RM angestiegen waren, vor allem auf Grund von Zinszahlungen an die Buderus'schen Eisenwerke. 1938 setzte sich der positive Trend mit einem Umsatzplus von 42 Prozent auf knapp 4,5 Mio. RM fort.[164]

Stahlerzeugung: Stahlwerke Röchling-Buderus AG

Die Stahlerzeugung in Wetzlar wurde von der Stahlwerke Röchling-Buderus AG betrieben. Schon im Ersten Weltkrieg war auf der Sophienhütte neben Gießerei-Roheisen auch Stahleisen erblasen worden, das zum größten Teil im Stahlwerk von Buderus weiterverarbeitet wurde. Die Produktionspalette im Stahlbereich hatte jedoch ausschließlich Kriegsmaterial wie Stahlgranaten umfasst.

Beginn der Montagearbeiten für das Stahlwerk der Stahlwerke Röchling-Buderus im Jahre 1937.

Nach Kriegsende musste das Stahlwerk die Produktion umstellen. Dabei war die Unternehmenspolitik des Röchling-Konzerns hilfreich, der Interesse an dem Stahlwerk zeigte. Gemeinschaftlich wurde 1920 die Stahlwerke Buderus-Röchling AG gegründet. Die Firma wurde Ende 1924 in Stahlwerke Röchling-Buderus AG umbenannt. Buderus betrachtete sie als Tochterunternehmen, obwohl es daran nur zu 50 Prozent – neben der Röchling'schen Eisen- und Stahlwerke AG, Völklingen – beteiligt war und die technisch-kaufmännische Leitung unter dem Einfluss von Röchling stand. Bezüglich der Betriebsführung hatte Buderus faktisch keine industriellen Gestaltungsmöglichkeiten. Für die Buderus'schen Eisenwerke waren die Stahlwerke Röchling-Buderus im Wesentlichen Abnehmer von Strom und Stahleisen. Dagegen kamen alle technischen Entwicklungen dem Völklinger Unternehmen zugute.[165]

Die Anlagen der Stahlwerke Röchling-Buderus in Wetzlar bestanden 1933 aus einem Edelstahlwerk mit vier Siemens-Martin-Öfen und drei Elektroöfen, einem Walzwerk mit einer Blockstraße und drei Fertigstraßen, einer Schmiede mit Bearbeitung und einer Glüherei. Im Kaltwalzwerk und in der Zieherei wurden die warmgewalzten Produkte (Band, Stab und Draht) weiterverarbeitet. Das Programm umfasste mehr als 500 Stahlsorten bzw. Werksmarken. Sie trugen alle den Anfangsbuchstaben „R" für Röchling.[166]

Für die Rüstungswirtschaft war Stahl der wichtigste Rohstoff zur Herstellung von Waffen, Geschossen, Bomben und Militärfahrzeugen. Deswegen sah der Vierjahresplan die Ausweitung der Stahlproduktion vor. Durch den Neubau von Stahl- und Walzwerken sollte die Rohstahlerzeugung in Deutschland von 19,3 Mio. t 1937 auf 24 Mio. t jährlich gesteigert werden. Zur Durchführung fehlten jedoch im Inland jährlich 3.566.400 t Roheisen und 4.586.000 t Koks.[167] Deshalb wurde die Erzeugung dieser Rohstoffe besonders gefördert.

Die Stahlwerke Röchling-Buderus AG konnte auf Grund ihrer Produktionsstruktur die Zielvorgaben der NS-Aufrüstungspolitik leichter erfüllen als die Buderus'schen Eisenwerke. Im Januar 1937 wurde ein mehrjähriges Investitionsprogramm beschlossen, dessen Schwerpunkte der Neubau eines Stahlwerks mit Elektroöfen und einem Siemens-Martin-Ofen sowie der Ausbau von weiterverarbeitenden Betrieben und die Umstellung des Werks auf Ferngas waren. Bereits 1936 waren ein Blechwalzwerk und eine Gesenkschmiede errichtet worden. Das neue Siemens-Martin- bzw. Elektrostahlwerk wurde im Juli 1939 bzw. Anfang 1940 in Betrieb genommen. Es produzierte monatlich 2.750 t Siemens-Martin- und 2.500 t Elektrostahl. Beim alten Stahlwerk waren es monatlich 2.500 t Siemens-Martin- und 1.200 t Elektrostahl gewesen.[168]

Als die Gesenkschmiede, das Blechwalzwerk und das Stahlwerk zu arbeiten begannen, setzte bei Röchling-Buderus ein großer Aufschwung ein. Die Belegschaft wuchs von 1933 bis 1939 von 1.500 auf 4.089 Personen.[169] Der Aufbau einer eigenen Stahlproduktion begann bei den Buderus'schen Eisenwerken erst mit der Rückgabe des alten Stahlwerks am 1. Januar 1940, das seit 1920 an die Stahlwerke Röchling-Buderus verpachtet gewesen war. Im März 1940 wurde dort die Produktion aufgenommen.[170]

Vertriebsorganisation

Die Buderus'sche Handelsgesellschaft mit beschränkter Haftung mit Sitz in Wetzlar (BHG) war 1911 entstanden. Ihre Aufgabe war „der Vertrieb von Industrieerzeugnissen, namentlich derjenigen der Muttergesellschaft".[171] Als die Interessengemeinschaft mit der Hessen-Nassauischen Hüt-

Briefkopf der „Buderus'sche Handelsgesellschaft m.b.H.", Abteilung für Mitteldeutschland, der den damaligen Geschäftsumfang erkennen lässt.

tenverein GmbH am 1. Januar 1933 in Kraft trat, wurde deren Vertriebsorganisation, die Jung'sche Handelsgesellschaft, mit der BHG verschmolzen. Sie erhielt den Namen Buderus-Jung'sche Handelsgesellschaft mbH. Als Buderus 1935 den Hüttenverein übernahm, blieb die Handelsgesellschaft nicht die Organgesellschaft der Interessengemeinschaft, sondern widmete sich wieder ihren früheren Aufgaben und firmierte erneut unter dem alten Namen.[172] Zugleich wurde auch der Zweck des Unternehmens neu festgelegt und im Handelsregister definiert als 1) Vertrieb von Industrieerzeugnissen, insbesondere der Eisenindustrie; 2) Betrieb aller damit in Zusammenhang stehenden Gewerbe; 3) Gewerbsmäßige Lagerung von Industrieerzeugnissen.

Die BHG unterhielt Niederlassungen im In- und Ausland, unter anderem ab 1936 die „Handelsvereeniging Buderus", 's-Gravenhage. In Deutschland hatte sie Niederlassungen in München, Leipzig, Frankfurt a. M., Hamburg, Berlin, Köln und Wetzlar. Diese wurden durch 16 Zweigbüros in Düsseldorf, Kassel, Stuttgart, Hannover, Nürnberg, Freiburg, Bielefeld, Essen, Magdeburg, Saarbrücken, Stettin, Königsberg, Erfurt, Dresden, Teplitz-Schönau und Bremen ergänzt. Eine Untervertretung für Schlesien wurde 1932 der Firma Niederstetter & Co., Breslau, übertragen. Ferner gehörten zur BHG 1932 vier Tochtergesellschaften: Schomburg & Wüsthoff GmbH, Leipzig (seit 1932), Beckmann & Bassler GmbH, Leipzig (bis 1939), Buderus'sche Handelsgesellschaft mbH Wien, Mailand, Brüssel, London, und Buderus Nordiska Handelsaktiebolag, Stockholm. Letztere befand sich seit 1932 in Liquidation, 1936 existierte sie nicht mehr.[173]

Die schlechte Absatzlage während der Weltwirtschaftskrise machte sich auch bei der Vertriebsorganisation bemerkbar. Sie verkaufte Gussheizkessel und Radiatoren, Rohre und Formstücke, Kanal- und Sanitärguss, Maschinen- und Kundenguss gemäß den Konditionen, die die Muttergesellschaft vorgab, und spiegelte somit deren wirtschaftliche Entwicklung wider. 1932 war der Umsatz um 45 Prozent zurückgegangen, die Handelsgesellschaft erwirtschaftete einen Verlust von 145.608,41 RM. Seither nahm der Umsatz zu. Er wuchs von 10,9 über 27,7 auf 42,3 Mio. RM 1932/33/34. Im letzteren Jahr übernahm Theodor Zeckler für 30 Jahre die Geschäftsführung. Er trug maßgeblich dazu bei, die Vertriebsidee der BHG durchzusetzen.[174] Seit 1937 machten sich die Produktionsbeschränkungen bei den Gießereierzeugnissen auch im Vertrieb bemerkbar.[175] Im Übrigen wurde der Handel mit Fremderzeugnissen jetzt wichtiger, der zuvor nur einen sehr geringen Anteil hatte.[176] Dieser glich den Umsatzrückgang bei den Buderus-Produkten zum Teil aus.[177]

Die Erzeugnisse der Stahlwerke Röchling-Buderus vertrieb die Wetzlarer Verwaltung mit Hilfe einer eigenen Verkaufsabteilung „Röchlingstahl" bis zur Rückgliederung des Saargebiets 1935 selbst. In diesem Jahr ging der Verkauf der Wetzlarer und Völklinger Erzeugnisse im Inland – der Export erfolgte nach wie vor in eigener Regie – an die neugegründete Röchlingstahl GmbH mit Sitz in Völklingen über. An deren Stammkapital in Höhe von 100.000 RM waren die Edelstahlwerke Röchling AG und die Stahlwerke Röchling-Buderus AG je zur Hälfte beteiligt. 1938 wurden die Exportorganisationen der Wetzlarer und der Völklinger Edelstahlbetriebe zusammengelegt.[178]

3.4. Die „Ordnung der nationalen Arbeit": Auswirkungen auf die „Betriebsgemeinschaft"

Die Eisenerzgruben der Buderus'schen Eisenwerke hatten eine Belegschaft von durchschnittlich 75 Arbeitern, die Hochöfen, Eisen- und Stahlbetriebe von etwa 620 Beschäftigten. Die Betriebe hatten zwischen 20 und 2.000 Arbeitnehmer. Diese kamen vor allem aus dem ländlichen Raum und waren meist lange Zeit, oft über Generationen, mit dem Unternehmen verbunden. Mitte der dreißiger Jahre arbeitete etwa die Hälfte der Belegschaft seit mehr als zehn Jahren bei Buderus.[179]

Die Stadt Wetzlar hatte 1933 17.810 Einwohner, darunter 36,2 Prozent Arbeiter. Bei den Reichstagswahlen am 5. März 1933 kam die NSDAP nur auf 37,4 Prozent, die SPD wurde mit 30,9 Prozent zweitstärkste Partei.[180] Dieses Ergebnis wich deutlich vom Reichsdurchschnitt ab; hier war die NSDAP mit 43,9 Prozent stärkste Partei, während die SPD lediglich 18,3 Prozent der Stimmen erhielt. In der Höhe des sozialdemokratischen Anteils spiegelt sich die Sozialstruktur Wetzlars als „Arbeiterstadt"wider, die von den drei großen produzierenden Unternehmen Leitz, Hensoldt und den Buderus'schen Eisenwerken geprägt war.

Gleichwohl lassen sich diese Verhältnisse nicht ohne weiteres auf die Buderus'schen Eisenwerke übertragen. Denn zum einen kam ein großer Teil ihres Arbeiterstamms aus den umliegenden Dörfern und nicht aus Wetzlar selbst, zum anderen betrieben die meisten Arbeiter im Nebenerwerb Landwirtschaft.[181] Der Einfluss der NSDAP war auch bei den Beschäftigten von Buderus deutlich. Ein Beauftragter der amerikanischen Militärregierung arbeitete später in einem Bericht über die Beschäftigung von Mitgliedern der NSDAP in den Wetzlarer Industriebetrieben heraus, der Anteil der Parteimitglieder an der „Gefolgschaft" in Wetzlar habe unter 25 Prozent gelegen, doch die Betriebsleitung sei zunehmend bestrebt gewesen, Parteimitglieder bei Einstellungen zu bevorzugen. So seien Personen mit Aufgaben betraut worden, für die sie nicht geeignet waren, während andererseits qualifizierte Kräfte, die nicht Mitglied der NSDAP waren, nicht eingestellt wurden.[182]

Belegschaftsentwicklung 1932–1939[183]

	Gesamt	Arbeiter	davon: Angestellte	Tochtergesellschaften
1932	3.054	k.A.	k.A.	–
1933	6.655	3.651	536	2.468
1934	8.319	4.696	609	3.014
1935	8.493	7.373	852	268
1936	9.650	8.380	911	359
1937	9.729	k.A.	k.A.	k.A.
1938	10.505	k.A.	k.A.	k.A.
1939	9.332	k.A.	k.A.	k.A.

Eine Ursache für den starken Anstieg der Belegschaft 1933 bestand darin, dass in diesem Jahr auch der Hessen-Nassauische Hüttenverein eingerechnet wurde, der Ende 1932 1.080 Arbeiter und Angestellte beschäftigt hatte. Im übrigen spiegelte die Entwicklung der Arbeitnehmerzahlen die konjunkturelle Lage wider. Der Aufschwung der Wirtschaft ab 1933 zeigte sich auch bei der Beschäftigungssituation von Buderus. Da sich die Auftragslage verbesserte, konnte man auf Kurzarbeit verzichten und vermehrt Arbeitskräfte einstellen. Mit der Ausweitung von Produktion und Absatz nahm die Beschäftigung bis 1938 auf 10.505 Mitarbeiter zu. Schon vor dem Krieg wurde bei Buderus erörtert, ob man verstärkt Frauen einsetzen könne. Doch deren Zahl stieg nur auf 341 im Jahre 1938.[184]

Schon ab 1936 zeigte sich die Tendenz zur Abwanderung von Arbeitskräften – vor allem von Facharbeitern – zur optischen und feinmechanischen Industrie in Wetzlar (Leitz und Hensoldt).

Vorkalkulation bei den Stahlwerken Röchling-Buderus Ende der dreißiger Jahre.

Diese konnten auf Grund von Rüstungsaufträgen und besonderen Vergünstigungen höhere Löhne zahlen.[185] Neben der Abwanderung von Fachkräften wirkten sich seit 1937 die Beschränkungen und Produktionsumstellungen aus. 1937 mussten 1.100 Arbeiter der Gießereibetriebe wegen der Restriktionen beim Handels- und Bauguss entlassen werden.[186] Die Zahl der Beschäftigten nahm zwar durch den Erwerb der Grube Königszug und der Eisengießerei Rothehütte von 9.650 auf 10.779 zu (1. Juli 1937), ging aber bis zum 31. Dezember 1937 auf 9.729 zurück. Buderus konnte nur einen Teil der freigesetzten Belegschaftsmitglieder in eigenen Betrieben unterbringen.[187] Vor allem Arbeitskräfte aus der Betriebsgruppe Biedenkopf – den ehemaligen Werken des Hüttenvereins – konnten nur schwer umgesetzt werden. Allerdings nahm die Beschäftigung bald stark zu. Bereits 1938 machte sich bei den Eisengießereien und bei der Eisenerzförderung Arbeitermangel bemerkbar.[188] Er verschärfte sich mit Beginn des Krieges weiter. Auch die Arbeitszeiten änderten sich erheblich. In der Metallindustrie wurden sie 1936 neu geregelt. Im Rahmen der Anforderungen des Vierjahresplans sollte die 48-Stunden-Woche flexibler werden. Im Ergebnis verlängerte sich die Arbeitszeit ab Herbst 1939 teilweise auf Zwölf-Stunden-Schichten.

Die Stundenlöhne stiegen nicht so stark, wie es die wachsende Nachfrage hätte vermuten lassen. Die Ursache waren gesetzliche Vorschriften. In der Weltwirtschaftskrise waren die Löhne und Gehälter durch Notverordnung vom 8. Dezember 1931 auf den Stand von Januar 1927 zurückgeführt worden. Der Stundenlohn für einen Facharbeiter betrug 1932 nur noch 0,64 RM. Die Löhne der Hauer im Eisenerzbergbau sanken im Durchschnitt von mehr als sechs RM je Schicht (1930) auf 4,25 RM (1932), also um fast ein Drittel. Von 1930 bis 1933 gab es vier tarifliche Lohnsenkungen. Das Lohnniveau der Weltwirtschaftskrise hatte damit den Stand des Krisenjahres 1923 erreicht.[189]

Das NS-Regime war von Beginn an bestrebt, den erwarteten, rüstungswirtschaftlich bedingten Aufschwung nicht durch arbeitsmarktbedingte Lohnsteigerungen zu gefährden. Es erließ am 19. Mai 1933, nach Auflösung der Gewerkschaften, als erste Maßnahme zur Beseitigung der Tarifhoheit das „Gesetz über die Treuhänder der Arbeit". Dieses brachte die dominierende Stellung des Staates in der Arbeits- und Sozialpolitik zum Ausdruck.[190] Der Treuhänder der Arbeit – der für Buderus zuständige Treuhänder für das Wirtschaftsgebiet Hessen hatte seinen Sitz in Frankfurt – übernahm die Aufgaben der bisherigen Tarifparteien und des außerbetrieblichen Schlichtungsausschusses, der die Aufgabe gehabt hatte, eine Einigung zwischen den Arbeitsmarktparteien und Normen für Tarife und für die Arbeitsordnung einzelner Betriebe durchzusetzen. An die Stelle frei gewählter Selbstverwaltungsorgane trat nun eine Verwaltungsbehörde des Reiches, die an Richtlinien des Reichsarbeitsministers gebunden war. Damit war der „Sieg staatlicher Lohnpolitik über die Lohnpolitik der Verbände"[191] festgeschrieben. Vielfach wurden bestehende Tarifverträge gekündigt und niedrigere Lohnsätze festgelegt. Im Wettbewerb um Arbeitskräfte hatten die Unternehmen nun wenig andere Möglichkeiten, als mit Hilfe betrieblicher Sozialleistungen zusätzliche Anreize zu schaffen.

Um Entlassungen zu vermeiden, behielten die Buderus'schen Eisenwerke bis 1934 Kurzarbeit und „Arbeitsstreckung" bei; auch Angestellte waren von Arbeitszeitverkürzungen betroffen. Der wirtschaftliche Aufschwung 1933 machte in Teilbereichen Neueinstellungen erforderlich und ließ die Durchschnittseinkommen steigen. 1935 erhöhte sich der Durchschnittsstundenlohn um 3,5, im darauf folgenden Jahr um 2,7 Prozent. Der durchschnittliche Jahreslohn eines Arbeiters war 1936 erstmals höher als im Krisenjahr 1931, der Hauerlohn lag jedoch mit fünf RM pro Schicht noch unter dem Niveau von 1930. Seit der zweiten Jahreshälfte 1935 wurde in fast allen Werken auf die während der Krisenjahre eingeführten „Feierschichten" verzichtet, obwohl einige Bereiche noch tendenziell unterbeschäftigt waren.[192] Doch allmählich trat Arbeitskräftemangel an die Stelle von Unterbeschäftigung, die Arbeitszeit nahm zu. 1936 stiegen die Durchschnittseinkommen um zehn Prozent.[193] Die Lohnerhöhungen folgten dem wirtschaftlichen Aufschwung wegen der staatlichen Eingriffe in die Tarifgestaltung nur mit Verzögerung.

Im Jahre 1937 wurden neue Tarifordnungen für die Werke Essen-Kray und die Werksgruppe Biedenkopf, 1938 für die übrigen Werke und Gruben der Buderus'schen Eisenwerke festgelegt. Die Löhne konnten nun lediglich noch durch Anwendung des höheren westfälischen Tarifs für die Kreise Biedenkopf und Dillenburg angehoben werden, in denen die Betriebe des früheren Hüttenvereins lagen. Doch umging Buderus – wie viele andere Unternehmen – die Höchstlohnvorschriften durch außertarifliche Leistungen. Um Arbeitskräfte zu halten bzw. zu gewinnen, zahlte das Unternehmen unter anderem Zusatzentgelte für Akkordarbeit, Prämien und Leistungszulagen. Dies führte schließlich dazu, dass der Reichstreuhänder die Tariflöhne Ende 1938 an die in den Kreisen Dillenburg, Biedenkopf und Wittgenstein gezahlten Effektivlöhne anglich.[194]

Am Ende der Vorkriegszeit lagen die Löhne bei den Buderus'schen Eisenwerken wieder erheblich über dem Niveau der Weltwirtschaftskrise. Die Ausgaben für Löhne und Gehälter hatten sich von 1932 bis 1939 nahezu verfünffacht. Doch die Abschaffung der Tarifautonomie und die Lohnfestsetzung durch den Reichstreuhänder der Arbeit wirkten sich negativ auf die Lohnentwicklung aus. Die Arbeiter wurden durch die unverhältnismäßig geringe Steigerung der Löhne im Vergleich zu den Umsätzen der Aufrüstungsjahre nicht angemessen am Ertrag des Unternehmens beteiligt.[195] Die Folge war ein Rückgang der Motivation.[196]

Aufwendungen für Löhne und Gehälter sowie freiwillige und gesetzliche Sozialleistungen 1932–1939 (in RM)[197]

	Löhne und Gehälter	Sozialleistungen (gesetzlich)	Sozialleistungen (freiwillig)
1932	4.329.263	417.909	137.909
1933	5.305.944	466.610	182.383
1934	8.153.442	689.409	361.927
1935	10.124.134	937.963	471.028
1936	15.437.142	1.358.798	614.899
1937	17.407.796	1.584.223	723.408
1938	18.750.992	1.822.330	802.768
1939	20.471.593	1.993.766	808.032

Das betriebliche Sozialsystem wurde in die totalitäre Umgestaltung der Gesellschaft einbezogen. Zu den wichtigsten Maßnahmen gehörte – neben der Zerschlagung der Gewerkschaften und der Errichtung der „Deutschen Arbeitsfront" – das „Gesetz zur Ordnung der nationalen Arbeit" (AOG). Es trat am 20. Januar 1934 in Kraft und sah insbesondere eine Neuorganisation des betrieblichen Sozialsystems vor. An die Stelle der Mitbestimmung trat das „Führerprinzip". Unternehmer und Arbeitnehmer sollten eine „Betriebsgemeinschaft" bilden, in der der „Betriebsführer" eine starke Stellung gegenüber der „Gefolgschaft" hatte. Die Betriebsräte wurden durch

„Vertrauensräte" ersetzt. Diese wurden von Beauftragten des Treuhänders der Arbeit kontrolliert. Der Vertrauensrat war nicht an Weisungen der Belegschaft gebunden und fühlte sich dementsprechend nicht als ihr Interessenvertreter.[198] Um das AOG durchzuführen, wurden am 1. Oktober 1934 auf den Werken der Buderus'schen Eisenwerke neue Betriebsordnungen erlassen; zur Beratung des Betriebsführers in sozialen Angelegenheiten bildete man einen Beirat aus den Betriebsführern und sieben Vertrauensleuten. Diese führten verschiedene Unterstützungen und Geldleistungen ein.[199] 1938 wurden die Betriebsordnungen nach Beratungen im Unternehmensbeirat gemäß den Bestimmungen der 17. Durchführungsverordnung des AOG neu gefasst.[200]

Die Buderus'schen Eisenwerke hatten schon seit Ende des 19. Jahrhunderts ein Netz betrieblicher Sozialleistungen geknüpft. Es wurde in den dreißiger Jahren weiter ausgebaut. Bereits 1860 war als erste betriebseigene Sozialversicherung auf der Ludwigshütte in Biedenkopf eine Betriebskrankenkasse entstanden. Vergleichbare Kranken-, Sterbe- und Unterstützungskassen, finanziert durch Arbeitnehmerbeiträge, Bußgelder und freiwillige Arbeitgeberleistungen, existierten Ende des 19. Jahrhunderts auf der Sophienhütte, in Hirzenhain, Burgsolms und Lollar.[201] Jedes Werk verfügte über eine eigene, durch Beiträge finanzierte Krankenkasse, die erkrankten Versicherten sechs Wochen lang den vollen Lohn oder das volle Gehalt zahlte. Die Beitragssätze betrugen bei der Sophienhütte für Arbeiter im Jahre 1936 4,5 Prozent und für Angestellte 3,5 Prozent.[202] Die Unterstützungskassen zahlten Sterbegeld und Unterstützung bei Bedürftigkeit. Um den Betriebsangehörigen auch zu helfen, wenn sie ihren Arbeitsplatz verloren hatten, wurde 1936 eine Unterstützungsrücklage in Höhe von 250.000 RM für ehemalige Werksangehörige gebildet, die in Not geraten waren. 1937 belief sie sich auf 800.000 RM. Daraus sollten auch die Altersbeihilfen gezahlt werden, falls dies nicht aus dem laufenden Betriebsergebnis möglich sein sollte. 1937 erhielten 500 ehemalige Belegschaftsmitglieder betriebliche Altersversorgung.[203]

Mit der Verbesserung der Geschäftslage seit der Weltwirtschaftskrise baute Buderus die sozialen Leistungen für die Werksangehörigen weiter aus. Bereits seit 1906 erhielten die Beschäftigten der Buderus'schen Eisenwerke eine „Weihnachtsbelohnung"; sie wurde in der Weltwirtschaftskrise ausgesetzt und seit 1934 wieder gezahlt. Für die „Weihnachtsbelohnung" 1937 waren 300.000 RM vorgesehen.[204] Seit 1903 erhielten Jubilare mit mindestens zehnjähriger Unternehmenszugehörigkeit ein Jubiläumsgeschenk. Die Werksspareinrichtung, die seit 1906 bei Buderus bestanden hatte, aber 1923 der Inflation zum Opfer gefallen war, wurde mit Beginn des Jahres 1938 wieder ins Leben gerufen. Die Sparer erhielten je nach der Höhe ihrer Sparbeiträge eine Prämie des Unternehmens, ferner wurden Sondersparprämien verlost. Bestehende Sozialeinrichtungen, wie die Werksbüchereien, wurden in den dreißiger Jahren ausgebaut.[205] Schließlich förderten die Buderus'schen Eisenwerke den betrieblichen Wohnungsbau. 1932 besaß das Unternehmen 603 Werkswohnungen, bis 1938 kamen 187 hinzu. Ebenfalls 1938 wurde die Eduard Kaiser / Adolf Koehler-Stiftung gegründet und mit einem Kapital von 100.000 RM ausgestattet.[206] Sie löste die Eduard Kaiser-Stiftung ab, die seit der Inflation nicht mehr leistungsfähig war, und hatte die Aufgabe, die Ausbildung zu fördern und begabten jugendlichen Arbeitern und Angestellten Zuschüsse zu einer werksverbundenen Fachschulausbildung zu gewähren. Die Aufwendungen für freiwillige Sozialleistungen stiegen stetig von 137.909 RM (1932) auf 808.032 RM (1939) an. Im selben Zeitraum wuchsen die gesetzlichen Sozialleistungen von 417.909 auf 1.993.766 RM.[207]

Im Übrigen ergriffen die nationalsozialistischen Organisationen viele Maßnahmen, um die Belegschaften zum einen an den Nationalsozialismus, zum anderen an den Betrieb zu binden und die Motivation und die Arbeitsleistung zu steigern. So führte das Gauheimstättenamt eine Siedlungsaktion durch, bei der „geeignete Gefolgschaftsmitglieder", also Parteimitglieder, Darlehen zum Hausbau erhielten.[208] Auf die Bindung an die nationalsozialistische Ideologie im Unternehmen zielten Aktivitäten wie die Reichsberufswettkämpfe, der Ausbau der Lehrlingsförderung, Sonderschulungen der DAF zur Förderung des Betriebsgemeinschaftsgedankens, Betriebsgemeinschaftsfeiern, -appelle, die Aktion „Schönheit der Arbeit", KdF-Fahrten (Kraft durch Freude) und der von der DAF organisierte Betriebssport. Im Jahre 1938 wurden eigene KdF-Reisekassen gegründet, in die die Belegschaftsmitglieder Beiträge für KdF-Fahrten einzahlen konnten.[209]

3.5. Steigende Umsätze und verbesserte Erträge

In der finanziellen Entwicklung der Buderus'schen Eisenwerke zwischen 1933 und Kriegsbeginn schlug sich der allgemeine volkswirtschaftliche Aufschwung nieder. Die wirtschaftlichen Ausfälle der Weltwirtschaftskrise wurden überwunden, das Niveau der zwanziger Jahre wurde erheblich übertroffen.

Gewinn, Umsatz, Cash-Flow (in Mio. RM) und Dividende (in Prozent) der Buderus'schen Eisenwerke 1932–1938[210]

Jahre	1932	1933	1934	1935	1936	1937	1938
Umsatz	14,8	20,4	31,8	46,8	56,3	61,0	58,3
Gewinn/Jahresüberschuss (= Reingewinn lt. Bilanz)	0,1	0,2	1,3	1,2	1,7	1,2	1,0
Cash-Flow	1,1	1,6	2,8	3,1	3,7	3,9	3,8
Dividende	–	–	4	4	5	5	5

Die Buderus'schen Eisenwerke hatten vor der Weltwirtschaftskrise einen durchschnittlichen jährlichen Umsatz von 40 Mio. RM. Dieser erreichte den höchsten Wert 1929 mit 49,4 Mio. RM und seinen tiefsten Stand im Krisenjahr 1932 (14,8 Mio. RM). Nach der nationalsozialistischen „Machtergreifung" erwirtschaftete das Unternehmen schnell hohe Zuwächse. Es erreichte bereits 1935 mit 46,8 Mio. RM wieder das Niveau der zwanziger Jahre. 1937 erzielten die Buderus'schen Eisenwerke mit 61,0 Mio. RM eine neue Höchstmarke. 1938 folgte ein leichter Rückgang, erstmals seit 1933, auf 58,3 Mio. RM; dabei machten sich vor allem die Herstellungsbeschränkungen bemerkbar.[211]

Die größten Umsatzsteigerungen brachten die Jahre 1934 und 1935. Der Zuwachs von 56 Prozent 1934 resultierte aus der stark verbesserten gesamtwirtschaftlichen Lage. Hier wie in den folgenden Jahren wurden die Umsatzsteigerungen durch höheren Auftragseingang und vor allem durch staatliche Arbeitsbeschaffungsmaßnahmen hervorgerufen. Im Anstieg um 47 Prozent 1935 wirkte sich dagegen die Eingliederung des Hessen-Nassauischen Hüttenvereins aus.

Seit 1935 zeigte sich immer deutlicher, wie stark Buderus nun von staatlichen Vorgaben und Investitionen abhängig war. Zwei Drittel aller Investitionen in Deutschland waren 1935 Staatsinvestitionen. Diese Abhängigkeit von externen Faktoren wirkte sich auf den Umsatz und die

Beschäftigung der Buderus'schen Eisenwerke nachhaltig aus. Der starke Umsatzrückgang bei „zivilen" Produkten wurde durch Umsatzsteigerungen bei Druckrohren und vor allem im Bereich der Sondergusserzeugnisse, also der unmittelbaren Wehrmachtsfertigung, aufgefangen. Dieser Trend verstärkte sich in den Kriegsjahren weiter. Die hohe Umsatzsteigerung des Jahres 1936 um 20 Prozent ging unter anderem darauf zurück, dass sich der Handel und die Verbraucher mit Blick auf die behördliche Kontingentierung des Eisenverbrauchs vorsorglich eindeckten. Eine weitere Ursache der Umsatzsteigerung bestand darin, dass zahlreiche öffentliche und private Bauten in Angriff genommen worden waren.[212]

Das Auslandsgeschäft zog 1934 leicht an, ging aber im folgenden Jahr zurück, vornehmlich auf Grund von Kontingentierung, Zollerhöhungen und des Preisdrucks ausländischer Anbieter. Vor allem die Ausfuhrabgabe in Höhe von 2,6 Prozent des Exportwerts verursachte der Interessengemeinschaft Buderus-Hüttenverein Mehrkosten von etwa einer Million Reichsmark.[213] Nur die international zusammengeschlossenen Röhrenwerke konnten unter Preisopfern größere Auslandsaufträge akquirieren. Abgesehen vom vorübergehenden Rückgang des gesamten Auslandsabsatzes konnten die Buderus'schen Eisenwerke ihr Auslandsgeschäft gegen den Trend im deutschen Außenhandel erweitern.[214] Erst mit den Boykotterklärungen des Auslandes gegenüber der deutschen Wirtschaft im Zuge der Annektierung Österreichs stagnierte auch der Export von Buderus-Produkten.

Der Gewinn stieg von 1933 auf 1934 von 0,2 Mio. RM auf 1,3 Mio. RM an und erreichte 1936 mit 1,7 Mio. RM seinen Höchststand. Anschließend sank er bis auf eine Mio. RM 1938.

Der Cash-Flow, also der Netto-Zugang an liquiden Mitteln und damit ein geeigneterer Indikator für die Geschäftsentwicklung, stieg von 1,6 Mio. RM 1933 auf 3,9 Mio. RM 1937 kräftig an; 1938 lag er bei 3,8 Mio. RM. Hierzu trugen neben vermehrten Gewinnen auch erhöhte Abschreibungen bei, die sich im Zeitraum von 1933 bis 1938 verdoppelten (1,4 bzw. 2,8 Mio. RM). Veränderungen langfristiger Rückstellungen kamen nicht zum Tragen.[215] Im Jahre 1938 verursachten die Auswirkung der Bauprogramme und Herstellungsbeschränkungen im Zuge des Vierjahresplans einen Kostenanstieg, der das Ergebnis negativ beeinflusste. Danach führte die verstärkte Kriegsproduktion wieder zu einem höheren Cash-Flow.

Im Jahre 1934 wurde – infolge der großen Umsatz- und Gewinnsteigerungen – erstmals seit 1930 wieder eine Dividende von vier Prozent auf die Stammaktien gezahlt, nachdem 1932 und 1933 lediglich die Vorzugsaktien mit einem Gewinnanteil von fünf Prozent bedacht worden waren. Es war im Vorstand lange Zeit umstritten, ob man eine Dividende auf die Stammaktien ausschütten sollte, da die Lagerhaltung bei den Hochofenbetrieben und im Bergbau erhebliche Mittel erforderte.[216] 1936 wurde die Dividende auf fünf Prozent angehoben, seit 1939 betrug sie 5,5 Prozent. Auch diese Erhöhung war umstritten, da dadurch nur die Anteilseigner vom Anstieg der Gewinne profitierten, wohingegen die Arbeiter keine Lohnerhöhungen erhielten.[217] Im übrigen wurden die Gewinne des Vorjahres genutzt, um eine „Sonderrücklage für Hochofenerneuerung" (1934) zu erhöhen und um eine Rücklage für Aufgaben im Rahmen des Vierjahresplans zu bilden (0,5 Mio. RM für 1937); ferner wurden der Unterstützungsrücklage Mittel zugeführt, und ein kleiner Teil wurde auf das kommende Geschäftsjahr vorgetragen.[218]

Vor Ausweisung des Jahresgewinns wurden die Rückstellungen erheblich aufgestockt, beispielsweise durch eine „Rücklage für Werkserneuerungen",[219] die in der Bilanz für 1937 mit einem doppelt so hohen Betrag wie 1936 angesetzt wurde (zwei statt einer Mio. RM).

Bilanzstruktur der Buderus'schen Eisenwerke 1933–1938 (in Mio. RM)[220]

Jahre	1933	1934	1935	1936	1937	1938
Vermögensstruktur						
Sachanlagen	12,0	11,0	10,0	13,0	15,0	16,2
Finanzanlagen	4,1	3,7	1,4	1,1	1,9	1,1
Vorräte	3,5	5,4	5,8	5,6	5,6	8,0
Monet. Umlaufvermögen	14,9	16,9	25,8	21,7	22,2	19,8
Kapitalstruktur						
Eigenkapital	30,0	30,2	29,9	30,5	32,2	32,4
Langfristiges Fremdkapital	1,2	1,2	2,5	4,4	5,6	5,4
Kurzfristiges Fremdkapital	3,3	5,6	10,6	6,5	6,9	7,3
Gesamtvermögen/Gesamtkapital	34,5	37,0	43,0	41,4	44,7	45,1

Das Grundkapital der Buderus'schen Eisenwerke betrug 1932 26,3 Mio. RM. Davon waren 26 Mio. RM Stamm- und 300.000 RM Vorzugsaktien. Das Eigenkapital stieg von 30 auf 32,4 Mio. RM leicht an (1932/38). Die Interessengemeinschaft mit dem Hessen-Nassauischen Hüttenverein führte zu Veränderungen des Eigenkapitals beim Hüttenverein und damit auch bei den Buderus'schen Eisenwerken. Der Hüttenverein hatte zu Beginn des Jahres 1933 ein Gesellschaftskapital von 4.410.000 RM. „Zur Beseitigung von Geschäftsverlusten sowie zur Angleichung von zu hohen Buchwerten an die tatsächlichen Werte setzte die außerordentliche Gesellschafterversammlung vom 11. Dezember 1933 das Gesellschaftskapital im Wege der vereinfachten Kapitalherabsetzung" auf 2,2 Mio. RM herab und erhöhte es wieder auf drei Mio. RM. Buderus übernahm die Erhöhung in vollem Umfang. Im Jahre 1935 wurden die Vorzugsaktien im Nennwert von 300.000 RM eingezogen. Sie waren 1919/20 zum Schutz vor Übernahmeversuchen geschaffen worden; dies war Mitte der dreißiger Jahre gegenstandslos geworden.[221] 1939 wurden die Buderus zur Verfügung stehenden Vorratsaktien veräußert, die zur Börsennotierung zugelassen worden waren. Dieser Verkauf sollte die Betriebsmittel verstärken und dazu beitragen, die neuen Aufgaben bei der Kriegsproduktion besser zu bewältigen.[222]

Auffallend ist die starke Eigenkapitalbasis der Buderus'schen Eisenwerke. Der Anteil des Fremdkapitals schwankte zwischen etwa 15 Prozent und 30 Prozent. Die massiven, aber nur vorübergehenden Erhöhungen des kurzfristigen Fremdkapitals gingen vor allem auf Modernisierungs- und Erweiterungsinvestitionen, den Ausbau der Rohstoffbetriebe sowie auf die Kosten für Grubenaufschlüsse zurück.

Vorteile der überwiegenden Eigenfinanzierung waren hohe Sicherheit, Kreditwürdigkeit und niedrige Kapitalbeschaffungskosten. Eine Innenfinanzierung erschien sinnvoll, wenn die Ertragserwartung gut oder das Zinsniveau hoch war oder wenn die Belastung durch Kapital, das von außen zufloss, die Rentabilität der Anlagen erheblich schmälern würde. Die Innenfinanzierung erfolgte durch nicht ausgeschüttete Gewinne oder durch Rückstellungen. Die Letzteren stiegen 1933/38 von 1,0 auf 5,2 Mio. RM. Dies weist auf eine solide, wenig risikofreudige, aber auch unflexible Finanzierung hin, die jedoch angesichts des hohen Anlagevermögens sinnvoll war.

Der hohe Anteil von Sachanlagen am Anlagevermögen war für Unternehmen der Eisen schaffenden Industrie typisch, da zur Errichtung und Erhaltung der Großanlagen hohe Beträge erforderlich waren. In Einzelfällen betrug das Anlagevermögen 50 Prozent der Bilanzsumme. Die massive Erhöhung der Sachanlagen ab 1934 ist auf die konjunkturelle Entwicklung, vor allem aber auf die staatlich geforderte und geförderte Umstellung auf rüstungsrelevante Produktion zurückzuführen.

Trotz steigender Kosten stiegen auch die Gewinne in den dreißiger Jahren stark an. Dennoch versuchte das Unternehmen, die Selbstkosten zu senken – unter anderem, um Kontingentierungen und Herstellungsbeschränkungen zu kompensieren. Seit 1935 fanden „Selbstkostenbesprechungen" statt, in denen der Vorstand mit den Betriebsführern Möglichkeiten zur Kostensenkung besprach. Des Weiteren wurde das betriebliche Vorschlagswesen ausgebaut, um alle Möglichkeiten zur Rationalisierung zu nutzen.

Kostenfaktoren waren neben den Abschreibungen und Steuern vor allem auch die Lohnkosten und die Sozialabgaben. In der Weltwirtschaftskrise war die Steuerlast angestiegen: 1929/30 von 27,8 auf 50,2 RM je 1.000 RM Umsatz.[223] Dieser Trend hielt unter dem NS-Regime an, obwohl ein Großteil der Rüstungskonjunktur durch Erhöhung der Staatsschuld finanziert wurde. Insgesamt verneunfachten sich die steuerlichen Belastungen der Buderus'schen Eisenwerke von 1932 bis 1939, während sich der Umsatz nicht einmal verfünffachte.

Die Abschreibungen der Buderus'schen Eisenwerke auf Anlagen stiegen von 1,0 Mio. RM (1932) auf 2,8 Mio. RM (1938) an. Sie bezogen sich zumeist auf die Ausbauten im Zuge des Vierjahresplans und auf die Maschinen und Anlagen, die für die Rüstungsproduktion angeschafft worden waren.[224] Der Rohgewinn wurde des Weiteren um den Gewinnanteil bereinigt, den Buderus gemäß dem Vertrag über die Interessengemeinschaft mit dem Hüttenverein bis 1935 an diesen leisten musste.[225]

Die Forderung des Vierjahresplans, Erzimporte durch Einsatz von Inlandserzen zu substituieren, wirkte kostensteigernd, denn die Roheisengewinnung in Oberscheld, wo ärmere Erze verhüttet wurden, war wenig rentabel. Des Weiteren zogen die Weltmarktpreise für diverse Hilfsstoffe an.[226] Dieser Anstieg konnte infolge der Preisstoppverordnung des Reichskommissars für Preisbildung vom 26. November 1936 nicht an die Abnehmer weitergegeben werden. Das Unternehmen wäre deshalb in die Verlustzone geraten, wenn nicht der Staat als Abnehmer der Produkte für die Rüstungsindustrie dieser Entwicklung entgegengewirkt hätte. Doch trotz allem stiegen die Selbstkosten, weil unter anderem der Steueranteil und die Sozialleistungen sowie – verdeckt – auch die Löhne wuchsen und die Arbeitszeitverlängerung vor dem Krieg zurückgenommen wurde.[227]

Auch die Bautätigkeit spiegelte die Geschäftsentwicklung wider. Für die Bauvorhaben 1935 waren Ausgaben in Höhe von 1,4 Mio. RM vorgesehen. Bereits in den zwanziger Jahren bestanden Pläne, die Hochöfen zu erneuern; sie wurden in den dreißiger Jahren kontinuierlich realisiert. Dazu war 1932 die bereits erwähnte Sonderrücklage von 0,8 Mio. RM gebildet worden. Für Instandhaltung, Modernisierung und Ausbau – insbesondere der Betriebe, die die Nebenprodukte verwerteten – wurde 1936 ein Fünfjahresprogramm in Höhe von 4,1 Mio. RM ausgearbeitet.[228] 1937 waren Neubauten in Höhe von 6,9 Mio. RM[229] vorgesehen, die es ermöglichen sollten, die Roheisenerzeugung in dem Maße zu steigern, wie es der Vierjahresplan und die Überwachungsstelle für Eisen und Stahl verlangten.

Die Umstellung auf die Rüstungsproduktion erforderte ebenfalls hohe Investitionen. Um Wurfgranaten in Wetzlar, Lollar und in den Breuer-Werken produzieren zu können, investierte Buderus bis Ende 1939 mehr als 1,9 Mio. RM in den Umbau der Anlagen und den Ankauf von

Maschinen. Ebenfalls bis Ende 1939 wurden die Gießereien mit einem Aufwand von 1,75 Mio. RM auf Stahl-Sonderguss-Munitionsfertigung, Perlitgussgeschossfertigung und Graugussmunition umgestellt. In die Errichtung von Werkstätten zur Stahlgussgeschossproduktion wurden 3,3 Mio. RM und in solche zur Herstellung von Heeresgeräten aus Stahlblech weitere 112.000 RM investiert. Insgesamt machten die Investitionen für die Umstellung auf die Rüstungsproduktion knapp 7,1 Mio. RM aus, die bereits Ende 1939 abgeschrieben waren.[230] Im Übrigen wurden verstärkt Maschinen eingesetzt, um Arbeitskräfte zu sparen, die mit Beginn des Krieges knapp werden sollten.

3.6. Zusammenfassung

Die Buderus'schen Eisenwerke erlebten in den dreißiger Jahren einen großen wirtschaftlichen Aufschwung, so dass die Ergebnisse aus der Zeit vor der Weltwirtschaftskrise bald übertroffen wurden. Die Vorgeschichte des Aufschwungs setzte bereits 1932 ein, als Buderus eine Interessengemeinschaft mit dem Hessen-Nassauischen Hüttenverein einging. Diese wichtige Weichenstellung schuf die Voraussetzungen dafür, dass das Unternehmen nicht nur über zusätzliche Betriebsstätten verfügte, sondern auch den Umsatz erheblich steigern konnte, indem es sich in den Bereichen Erzförderung, Verhüttung und Weiterverarbeitung bis hin zu Fertigprodukten beträchtlich ausdehnte. Vor allem die Aufrüstung bzw. der Vierjahresplan stellte das Unternehmen vor umfangreiche neue Aufgaben. Große Neubauprojekte, die Umstellung der Produktion und die Modernisierung der Anlagen wurden erforderlich. Buderus konnte dies seit 1936 nur leisten, weil die Gewinne ab 1934 erheblich gewachsen waren. Doch schon 1938 wurde die Finanzierung der Bauvorhaben schwieriger, weil die Gewinne zurückgingen. Die Projekte wurden nun besonders sorgfältig auf ihre Zweckmäßigkeit überprüft.[231]

Die Aufrüstung trug zur Expansion von Buderus bei. Zugleich veränderte sie die Strukturen des Unternehmens in problematischer Weise: Die Gewinnung von Rohstoffen erhielt nun zunehmend Gewicht, die Produktion von Fertigerzeugnissen verlor relativ an Bedeutung. Das war ein Rückschritt. Seit der Jahrhundertwende war die Fortentwicklung des Konzerns zu einem Gießereiunternehmen auf Rohstoffbasis mit dem Schwerpunkt auf der Produktion von Fertigwaren angestrebt und in Gang gesetzt worden. Unter der Dunstglocke der Autarkiepolitik, der Abschottung vom Welthandel, der Förderung von Importsubstitutionen und der einseitigen Begünstigung der Schwerindustrie prosperierte Buderus. Doch es konnte kein stabiler, dauerhafter Aufschwung sein. Das zeigte sich schon früh und wurde mit fortschreitender Zeit immer deutlicher. Nachdem die ersten Aufträge der öffentlichen Hand ausgeführt waren, ging der Umsatz auf Grund der Einschränkung der zivilen Produktion vorübergehend zurück. Die Aufrüstung verschlang Devisen, die für den Import von Rohstoffen benötigt worden wären. Auch mussten Erze der eigenen Förderung an andere Unternehmen der Eisen- und Stahlindustrie abgegeben werden. Zudem blieben Auslandsaufträge wegen der staatlichen Eingriffe aus. Der Einstieg in die unmittelbare Kriegsproduktion erforderte neue Investitionen.[232] In sozialer Hinsicht brachte diese Umstrukturierung für die Arbeitnehmer längere Arbeitszeiten bei nur geringen Lohnsteigerungen. Mit dem Übergang von der Friedens- zur Kriegswirtschaft musste Buderus schließlich alle Betriebe mittelbar oder unmittelbar auf Kriegsproduktion ausrichten.

4. Kriegswirtschaft und Zusammenbruch (1939–1945)

4.1. Vom „Blitzkrieg" zum „Totalen Krieg"

Die Nationalsozialisten hatten schon vor 1939 kriegswirtschaftliche Strukturen, doch kein einheitliches System der Lenkung geschaffen.[1] Mit Kriegsbeginn traten Improvisation und kurzfristiges Reagieren auf die Bedürfnisse der Wehrmacht noch stärker in den Vordergrund. Diese Entwicklung wurde durch das Fehlen einer zentralen Planungsstelle für die Kriegswirtschaft noch verschärft. Das Nebeneinander zahlreicher Stellen führte zu einem Wirrwarr von Kompetenzen.[2] Ab 1935 sollte ein „Generalbevollmächtigter für die Wirtschaft" die Vorbereitung der Wirtschaft auf die Kriegsproduktion lenken, wobei allerdings die Rüstungsproduktion im engeren Sinn ausgenommen und dem Oberkommando der Wehrmacht unterstellt war. Hjalmar Schacht übte das Amt des Generalbevollmächtigten neben seinen Ämtern als Reichswirtschaftsminister und Reichsbankpräsident bis zu seinem Rücktritt 1937 aus. Er schöpfte seine „nahezu diktatorischen Vollmachten" jedoch nicht aus, teils auf Grund von Widerständen anderer Funktionsträger, teils auf Grund eigener grundsätzlicher Erwägungen.[3] Auch unter Schachts Nachfolger Walter Funk verlor das Wirtschaftsministerium weiter an Bedeutung. Statt dessen konnte die von Hermann Göring geleitete Vierjahresplanbehörde ihren Einfluss immer weiter ausbauen und war schließlich weit wichtiger als das Reichswirtschaftsministerium.[4] Daneben steuerte das Oberkommando der Wehrmacht die Rüstungsproduktion. Seinem „Wehrwirtschafts- und Rüstungsamt" waren Rüstungsinspektionen und Rüstungskommandos nachgeordnet. Die Letzteren übermittelten Anweisungen und Aufträge an die Rüstungsbetriebe, überwachten diese und gaben deren Anforderungen weiter. Für die Wetzlarer Region war das Rüstungskommando Gießen zuständig, das zunächst der Rüstungsinspektion Kassel und später der Rüstungsinspektion Wiesbaden unterstand.[5] 1940 wurde ein Ministerium für Bewaffnung und Munition errichtet. Ihm waren die Wehrkreisbeauftragten unterstellt. Seit 1943 hieß es Ministerium für Rüstung und Kriegsproduktion. Die Leitung hatte Fritz Todt (1940 bis 1942), danach Albert Speer.[6]

Die ersten Kriegsjahre zeigten bald, dass die Überschneidung der Zuständigkeiten zwar für den so genannten Blitzkrieg ausreichen mochte, doch den Anforderungen eines mehrjährigen Krieges nicht entsprach. Daher wurde die Zentralisierung der Planung angestrebt. Erste Ansätze gab es schon 1941, entscheidende Schritte in diese Richtung folgten aber erst 1942, als Speer mit der Reform der kriegswirtschaftlichen Organisation beauftragt wurde. So fasste beispielsweise die „Reichsvereinigung Eisen" 1942 fast alle Institutionen in diesem Bereich zusammen; man bildete Fertigungsausschüsse und -ringe, die die Produktion koordinieren. Durch bessere Abstimmung und Ausnutzung der Ressourcen stieg die Rüstungsproduktion stark an, wohingegen sich die Produktion im Allgemeinen nur geringfügig erhöhte. Doch trotz dieser Maßnahmen verfügte das Deutsche Reich im Zweiten Weltkrieg nie über eine zentrale Instanz zur Planung und Koordination der Kriegswirtschaft.[7] Auch die Stahlwerke Röchling-Buderus waren von Koordinationsmängeln betroffen.[8]

Der Kriegsbeginn verschärfte auch zwei weitere wichtige Probleme der deutschen Wirtschaft: den Mangel an Arbeitskräften, den insbesondere die Einberufungen zum Militärdienst verursachten, sowie den Mangel an Rohstoffen. Auf dem Arbeitsmarkt besaß die Regierung zwar mit den bereits eingeführten Lenkungsinstrumenten einen weitreichenden Zugriff auf die arbeitsfähige Bevölkerung,[9] doch sie hatte kaum Möglichkeiten, einberufene Arbeitskräfte zu ersetzen. Die Zahl ausländischer Arbeitskräfte – neben den Kriegsgefangenen – war nach Kriegsbeginn nicht groß, da der Versuch, freiwillige Zivilarbeiter in Polen zu rekrutieren, wenig Erfolg hatte. Deshalb griff man bald zu repressiven Maßnahmen.

Da es dem von den Nationalsozialisten propagierten Bild der Frau als Hausfrau und Mutter widersprochen hätte, in großer Zahl weibliche Arbeitskräfte einzusetzen, wurde deren Beschäftigung anfangs nicht ausgeweitet.[10] So war vor Beginn des Krieges die „Auskämmung" von Betrieben die wichtigste Maßnahme, um den Arbeitskräftebedarf der kriegswichtigen Branchen zu decken.[11] Schon bald nach Kriegsbeginn wurden mehr und mehr Zwangsarbeiter eingesetzt, vor allem in der kriegswichtigen Industrie. 1940 wurden bereits 1,2 Millionen ausländische Arbeitskräfte und Kriegsgefangene in Deutschland beschäftigt.[12] Diese Zahl stieg 1941 auf rund 3 und 1942 auf 4,2 Millionen. Insgesamt konnten jedoch alle diese Maßnahmen den Arbeitskräftemangel nicht überwinden. Auch die Ausdehnung der Wochenarbeitszeit bis an die Grenze des physisch Möglichen, vor allem ab 1942/43, half nicht entscheidend.[13]

Das zweite große Problem der deutschen Kriegswirtschaft war die Beschaffung von Rohstoffen. Der Vierjahresplan propagierte zwar die Autarkie, aber Deutschland war rohstoffarm und deshalb auf entsprechende Importe angewiesen. Lediglich beim Abbau deutscher Eisenerze und bei der Erzeugung von Ersatzrohstoffen durch chemische Verfahren, z. B. durch Kohlehydrierung, konnte der Vierjahresplan Erfolge verbuchen. Bei den für die Rüstungsindustrie wichtigen Rohstoffen wie Eisenerz, Legierungsmetallen, Öl, Buntmetallen und Kautschuk blieb die Abhängigkeit vom Ausland bestehen.[14] Auch wiederholte Appelle, Rohstoffe einzusparen und mehr Schrott wieder zu verwerten, konnten dies nicht ändern. Die Vorräte der deutschen Wirtschaft hätten nur für einen Krieg von neun bis zwölf Monaten ausgereicht.[15] Zwar gab es in dem von Deutschland beanspruchten Machtbereich – vor allem auf dem Balkan – gewaltige Rohstoffreserven, doch mit anhaltender Dauer und Ausweitung des Krieges zeichnete sich rasch ab, dass weit mehr Kriegsmaterial benötigt würde, als dies noch für die „Blitzkriege" angenommen worden war.

Nach dem Kriegseintritt der Amerikaner und der Niederlage bei Stalingrad 1942/43 versuchte Reichspropagandaminister Joseph Goebbels, mit seiner Rede im Berliner Sportpalast der Kriegsmüdigkeit der Deutschen entgegenzuwirken. Er forderte den Übergang zum „Totalen Krieg": den Einsatz aller Kräfte, um die sich abzeichnende Niederlage abzuwenden. Für die Wirtschaft bedeutete dies die Mobilisierung der letzten Reserven. Die Beschaffung von Arbeitskräften wurde nun zum Hauptproblem der Unternehmen. Daher wurden Rentner und Frauen in großer Zahl zum Arbeitseinsatz verpflichtet, doch auch sie konnten die durch die Einberufungen und die Kriegsopfer entstandenen Lücken nicht schließen. Nun wurden Kriegsgefangene, ausländische Zivilarbeiter und Insassen von Konzentrationslagern in sehr großer Zahl herangezogen. 1943 übernahm es die SS, ausländische Arbeitskräfte herbeizuschaffen. Je schwieriger die Kriegslage wurde, um so zahlreicher wurden Ostarbeiter verschleppt und KZ-Insassen zur Rüstungsindustrie abkommandiert. Diese beiden Gruppen von Zwangsarbeitern standen am unteren Ende der NS-Werteskala;

ihre Arbeits- und Lebensbedingungen waren besonders schlecht. Den Betrieben gegenüber war die SS so etwas wie ein „Subunternehmen" für den Einsatz der KZ-Häftlinge. Die SS zahlte den Zwangsarbeitern – wenn überhaupt – nur Hungerlöhne. Sie waren in Lagern unter vielfach unerträglichen sanitären Verhältnissen untergebracht. Zahlreiche Todesfälle von etwa 1943 bis zum Ende des Krieges zeugen von rücksichtslosem Einsatz und schlechter Behandlung der Zwangsarbeiter.[16]

Mit Fortdauer des Krieges wurde die Industrie immer stärker durch den Luftkrieg geschädigt; fast jedes größere Werk wurde von Bombenangriffen getroffen.[17] Immer häufiger musste die Produktion wegen Fliegeralarm unterbrochen werden. Auch forderte der Luftkrieg zahlreiche Todesopfer unter der Zivilbevölkerung. Schließlich war an einen regulären Arbeitstag nicht mehr zu denken. Bei 23 Luftangriffen auf Wetzlar zwischen dem 28. Mai 1944 und dem 20. März 1945 wurden 288 Menschen getötet, darunter 31 Soldaten sowie 62 Zwangsarbeiter und Kriegsgefangene.[18] Die Bombenangriffe unterbrachen ab September 1944 viele Eisenbahn- und Straßenverbindungen. Dadurch wurden die Versorgung der Unternehmen mit Roh- und Betriebsstoffen und der Versand erschwert. Nachdem 1944 der Höhepunkt bei der Produktionsleistung erreicht worden war, beeinträchtigten die Bombenangriffe und der Vormarsch der Alliierten den Zugang zu den Rohstoffen und zur Arbeitsleistung der besetzten Länder und Gebiete, ließen die Produktion sinken und schließlich nahezu zusammenbrechen.[19]

4.2. Führung eines kriegswichtigen Unternehmens

Als am 4. September 1939 vom Rüstungskommando Gießen der „X-Befehl" ausgegeben wurde, setzte die schon lange geplante Mobilmachung der Wirtschaft für die Kriegsproduktion auch bei den Buderus'schen Eisenwerken ein. Die Maxime des Regimes lautete, die Produktion weiter auf den Krieg auszurichten und zunehmend zu rationalisieren. Die Umstellung der breiten zivilen Produktpalette, die hauptsächlich der Bauwirtschaft diente, auf die Munitionsfertigung bereitete den Buderus'schen Eisenwerken große Schwierigkeiten. Die Einschränkung der Friedensproduktion trieb die Kosten in die Höhe. Darüber hinaus waren die Rohstoffbetriebe durch Einberufung von Arbeitskräften, durch die ungünstige Verkehrslage und andere Erschwernisse belastet.[20] Das Unternehmen musste sich der Organisationsstruktur der Kriegswirtschaft unterordnen. Schon 1940 hatten Mitglieder des Vorstands der Buderus'schen Eisenwerke den Vorsitz in drei von acht regionalen Arbeitsgemeinschaften der Munitionshersteller als Untergliederungen des neuen Ministeriums für Bewaffnung und Munition inne.[21] Der Buderus-Konzern wurde zum bedeutendsten Munitionshersteller im Lahn-Dill-Gebiet.

Um den Erfordernissen der Kriegsproduktion gerecht zu werden, nahm Buderus im Frühjahr 1942 zahlreiche Umstrukturierungen vor. Der Vorstand stand vor der Notwendigkeit, einen Ausgleich zwischen der bestehenden kriegswichtigen Fertigung und der noch auszubauenden direkten Wehrmachtsfertigung herbeizuführen. Umgruppierungen und Rationalisierungsmaßnahmen sollten den Mangel an Arbeitskräften lindern.[22] Als ausführendes staatliches Organ wurde eine „Auskämmkommission zur Erfassung und Abziehung überzähliger Arbeitskräfte" gebildet, deren Leiter Franz Mersch war. Sie arbeitete mit der Wirtschaftskammer Hessen zusammen, die Professor Dr. Lüer leitete. Die Friedrichshütte wurde 1941 stillgelegt; schon zuvor waren dort Arbeiter abgezogen worden, die verbliebenen wurden in anderen Betrieben eingesetzt.[23] Die

Neuhütte sollte bei ihrem Generatorprogramm die Erzeugung steigern und dafür Arbeitskräfte aus der Ofenerzeugung in Eibelshausen erhalten. Das Werk Lollar hatte durch Umstrukturierungen den Kern seiner Belegschaft verloren, der Reparatur- und Ersatzbedarf an Heizkesseln konnte kaum gedeckt werden. Deshalb hoffte man, weitere Kriegsgefangene als Arbeitskräfte zugewiesen zu bekommen.[24] Die Betriebsgruppe Biedenkopf wurde 1943 aufgelöst, und die Werke wurden der Hauptverwaltung unmittelbar unterstellt. Neubauten und die Umsetzung von Mitarbeitern waren schon vor dem Krieg geplant gewesen, um Probleme der Breuer-Werke und der vom Hüttenverein übernommenen Betriebsstätten zu lösen. Doch verhinderte der Krieg die Ausführung[25] ebenso wie eine betriebswirtschaftliche Neuorganisation, die zu einer Diversifizierung des Produktionsprogramms hätte führen sollen. Die Buderus'schen Eisenwerke mussten statt dessen ihre Struktur den Erfordernissen der Kriegsproduktion anpassen.

1942 wurde eine neue Geschäftsordnung erlassen, um die Verwaltung nach dem Führerprinzip straff hierarchisch aufzubauen und die Werksleitungen strikt zu kontrollieren. Statt von „Direktion" im Sinne der Geschäftsordnung von 1937 sprach man nun vom „Vorstand". Mitte 1942 wurden viele Positionen bei der Leitung der einzelnen Werke neu besetzt.[26] Doch die Neuorganisation konnte die Auseinandersetzungen im Vorstand und die großen Probleme des Unternehmens durch die Kriegsbelastungen nicht überdecken.

Zwar profitierten die Buderus'schen Eisenwerke gegen Ende des Krieges von der Umlenkung von Kriegsaufträgen aus den westlichen Gebieten – vor allem dem Ruhrgebiet – in die mitteldeutschen Gebiete, die nicht so stark unter der alliierten Bombardierung zu leiden hatten. Dennoch erlahmte die Produktion schließlich wegen der massiven Luftangriffe sowie wegen des Rohstoff- und Arbeitskräftemangels. Im Jahre 1944 wurde Buderus direkter Wehrmachtsbetrieb.[27] Nun waren etwa 70 Prozent der Erzeugung unmittelbar oder mittelbar für die Wehrmacht bestimmt.[28] Davon waren lediglich Teile der Betriebe Essen-Kray und Wilhelmshütte ausgenommen, die ihr Programm der Friedensproduktion mit Einschränkungen auch während des Krieges beibehielten. Bei Kriegsende kam die Produktion in den meisten Werken der Buderus'schen Eisenwerke zum Erliegen: Der Zweite Weltkrieg führte das Unternehmen in die schwerste Krise seiner Geschichte.

Die wichtigste Veränderung bei der Unternehmensführung während des Krieges war der Wechsel an der Spitze des Vorstands. Am 13. Dezember 1941 starb der Vorstandsvorsitzende Kommerzienrat Dr. Adolf Koehler. Bei der Suche nach einem Nachfolger schalteten sich verschiedene Kräfte der politischen Führung ein. Fritz Gorschlüter strebte die Nachfolge von Koehler an, wurde jedoch vom Sicherheitsdienst der SS politisch negativ beurteilt.[29] Schon vor dem Kriege bestanden Meinungsverschiedenheiten zwischen Koehler und seinem Stellvertreter Jean Ley über die Person Fritz Gorschlüters.[30] Diese Differenzen spalteten den Vorstand in zwei Lager. Auf der einen Seite standen Gorschlüter und Koehler,[31] auf der anderen Seite Witte und Ley.

Nach dem Tod von Koehler versuchte der Gauleiter von Hessen-Nassau, Jakob Sprenger, die Position des Vorstandsvorsitzenden mit einem höheren SS-Führer zu besetzen. Trotz dieses Votums der Gauleitung gelang es dem Vorsitzenden des Aufsichtsrats, Friedrich Reinhart, im Juni 1942 seinen Kandidaten Dr. jur. Heinrich Giesbert durchzusetzen, der Aufsichtsratsmitglied der Commerzbank war. Giesbert kam aus dem Rheinland, wo er zuvor Vorstandsvorsitzender bei der Klöckner-Humboldt-Deutz AG und „rechte Hand" des 1940 verstorbenen Chefs Peter Klöckner gewesen war. Nach Differenzen mit den Erben war er großzügig abgefunden worden und aus dem Klöckner-Konzern ausgeschieden.[32] Er bezeichnete sich selbst als strikten Gegner des National-

Dr. Heinrich Giesbert,
Vorsitzender des Vorstands der Buderus'-
schen Eisenwerke von 1942 bis 1945.

sozialismus und weigerte sich, Mitglied der NSDAP zu werden; doch er erhielt von der DAF gute Empfehlungen und übernahm den Sitz von Adolf Koehler im Rat der Stadt Wetzlar.[33] Bei der Amtsübernahme Giesberts wurde Gorschlüter auf Anraten von Robert Stather, dem Fachstellenwalter für Eisen und Metall der DAF, entlassen; Leiter der Rohstoffbetriebe wurde Bergwerksdirektor Wilhelm Witte. Gorschlüters Nachfolger im Vorstand wurde am 1. April 1943 Fritz Steinweger. Ihm oblag die technische Oberleitung der Gießereien und aller Eisen verarbeitenden Betriebe.[34] Ob für das Ausscheiden von Gorschlüter letztlich betriebliche oder politische Motive den Ausschlag gaben, lässt sich nicht mit Bestimmtheit sagen.[35]

Die Vorstandsmitglieder konnten sich immer weniger der Vereinnahmung durch den Nationalsozialismus entziehen. Unter ihnen waren Jean Ley, Peter Hoeller und Theodor Zeckler Mitglieder der NSDAP, hingegen Heinrich Giesbert und Wilhelm Witte nicht. Dies geht aus den Fragebögen zur Entnazifizierung sowie dem Urteil im Entnazifizierungsprozess vom 1. April 1948 hervor.[36] Die Streitigkeiten innerhalb des Vorstands setzten sich nach Kriegsende fort. Während des Entnazifizierungsprozesses gegen Witte wurden sie zum Ausgangspunkt für gegenseitige Beschuldigungen der Vorstandsmitglieder über nationalsozialistische Aktivitäten und betriebliche Misserfolge.[37] Vor allem das Verhältnis von Giesbert zu Witte war von gegenseitigen Vorwürfen geprägt.[38] Gegen den Vorstandsvorsitzenden Giesbert wurden nach dem Krieg Beschuldigungen laut bezüglich seiner politischen Tätigkeit. Er verwahrte sich dagegen und beteuerte, nie Mitglied der NSDAP oder nationalsozialistischer Aktivist gewesen zu sein. Sein Mandat als Ratsherr in Wetzlar und seine Einschätzung durch die DAF legen allerdings die Vermutung nahe, dass er dem Nationalsozialismus nicht grundsätzlich ablehnend gegenüberstand. Am 12. September 1945 traten die Vorstandsmitglieder Jean Ley, Peter Hoeller und Theodor Zeckler wegen ihrer Parteimitgliedschaft zurück, am 20. Oktober 1945 folgte Fritz Steinweger. Der Vorstandsvorsitzende Heinrich Giesbert wurde aufgrund seiner Zugehörigkeit zum Aufsichtsrat der Commerzbank am 15. November 1945 verhaftet und konnte seine Aufgaben bis zur Freilassung im Frühjahr 1947 nicht wahrnehmen. Als einziges Vorstandsmitglied amtierte nun Dr. Wilhelm Witte.[39] Der seit Kriegsbeginn nahezu unveränderte Aufsichtsrat trat wegen seiner ausnahmslosen Zugehörigkeit zur NSDAP am 31. Juli 1945 geschlossen zurück.

4.3. Die Konzerngesellschaften in der Kriegswirtschaft

Gießereien und Rohstoffsektor: Buderus'sche Eisenwerke

Schon 1939 begann Buderus mit der Rüstungsproduktion und nahm Werkstätten zur Fertigung von Munition in Betrieb. Mit Beginn des Krieges wandelte sich das Unternehmen zu einem Rüstungsbetrieb, der immer stärker für die direkte Kriegsproduktion eingesetzt wurde, so dass es am Ende des Krieges kaum mehr über einen zivilen Sektor verfügte. Die Buderus'schen Eisenwerke erhielten 1939 vom Oberkommando der Wehrmacht den Auftrag, sich in großem Umfang auf die Munitionsfertigung umzustellen. Zu Beginn des Krieges wurden Wurfgranaten in den Kalibern 5 cm, 8 cm und 10,5 cm sowie Stahlgussabwurfgeschosse in Wetzlar, Lollar und Essen-Kray produziert.[40] Während des Krieges wurden immer mehr Rüstungsgüter hergestellt. Es wurden auch Gleisketten für Panzer, Flakgranaten mit Kaliber 8,8 cm und 10,5 cm, Sprenggranaten mit Kaliber 10,5 cm und 15 cm, Wurfgranaten mit Kaliber 12 cm und 21 cm, Hüllen und Böden hierfür sowie Bomben gefertigt, die die Namen „Dolly", „Dora", „Frida" und „Diana" trugen.[41] Bei Flak- und Sprenggranaten, Bomben und Gleisketten handelte es sich um Stahlguss, bei Wurfgranaten um Sonderguss: um verbesserten Grauguss mit höherer Festigkeit. Mit Beginn des Jahres 1940 wurde die unmittelbare Kriegsproduktion, die bislang in einigen kleineren Betrieben untergebracht war, stark ausgebaut und auf alle großen Werke der Buderus'schen Eisenwerke ausgedehnt.[42]

Einige Werke stellten ihre Produktion völlig um, andere wurden teilweise stillgelegt.[43] Die Investitionen in Maschinen und Einrichtungen für die Sonderproduktion verursachten erhebliche Kosten, zumal das Oberkommando der Wehrmacht seine Aufträge wiederholt änderte, was wiederum Produktionsumstellungen und Neuinvestitionen erforderte. Die Beschaffung von Rohstoffen, vor allem von phosphorhaltigem Eisenerz aus dem Minette-Gebiet, aber auch von Emaille-Grundstoffen, wurde zu einem ernsten Problem und verlangsamte die Umstellung auf Kriegsfertigung.[44]

Das alte, wieder übernommene Siemens-Martin-Stahlwerk wurde für die Produktion von Stahlgussgeschossen hergerichtet. Bereits vor dem Krieg ging in der Sondergießerei Wetzlar ein elektrischer Lichtbogenofen in Betrieb, auf der Sophienhütte wurde 1940 für die Stahlgießerei eine Bessemer-Konverteranlage eingerichtet.[45] Die Bearbeitungswerkstätten für die Bombenproduktion aus Stahlguss befanden sich auf der Eibelshäuserhütte („Dora", 50-kg-Bombe) und in Lollar („Frida", 250-kg-Bombe). Die übrigen Stahlgeschosse wurden auf der Karlshütte, Sophienhütte und im Bereich der 1925 stillgelegten Georgshütte bei Burgsolms (Artilleriegeschosse) bearbeitet.

Die Munitionsfertigung wurde staatlich stark gefördert und stand nach der Einführung von

Russische Zwangsarbeiter beim Richten von Stäben in den Stahlwerken Röchling-Buderus während des Zweiten Weltkrieges.

Dringlichkeitsstufen für die Produktion in den Eisengießereien auf der Sonderstufe. Diese Ausweitung glich den Rückgang der zivilen Produktion aus. Insbesondere die Bereiche Bau- und Handelsguss sowie Zement verzeichneten starke Produktions- und Umsatzrückgänge.[46] Im September 1940 erhielten die Buderus'schen Eisenwerke vom Oberkommando der Wehrmacht den Auftrag, ein Verfahren zur Herstellung von geschleudertem Geschützrohr verschiedener Kaliber zu entwickeln. Buderus war das einzige Unternehmen in Deutschland, das in der Lage war, Geschützrohre für Kaliber unter 10,5 cm mit Hilfe des Werkstoff sparenden Schleudergussverfahrens herzustellen.[47] Als im Westen die Kampfhandlungen eingestellt wurden, drosselte Buderus Ende 1940 vorübergehend die Fertigung für die Wehrmacht. Doch 1941 lief die Munitionsfertigung im gesamten Konzern weiter.[48] Anfang dieses Jahres erhielt Buderus einen Versuchsauftrag für die Fertigung der 38-cm-Wurfgranate 40. Dieses Stahlgeschoss sollte, wie auch die Rohlinge für KwK-Geschützrohre, im Schleudergussverfahren hergestellt werden. Der dafür vorgesehene Bau einer Stahlschleudergießerei in der Gießhalle des Siemens-Martin-Stahlwerks musste jedoch zurückgestellt werden. Zusätzlich zum bisherigen Produktionsprogramm produzierte Buderus auch 8,8-cm-Flakrohre.[49] Da das Unternehmen über keine eigene Stahlschleudergießerei verfügte, musste es manche Aufträge gemeinsam mit Röchling-Buderus ausführen.[50] Das gemeinsame Geschützrohrprogramm umfasste die Herstellung mehrerer Rohrtypen im Schleudergussverfahren. Die Stahlwerke Röchling-Buderus produzierten darüber hinaus ab 1940 Panzerbleche, Flak-Kanonen und Maschinengewehrläufe. Auch andere Beteiligungsunternehmen und Tochtergesellschaften übernahmen Rüstungsaufträge. So wurde 1940 in Burgsolms eine Gießerei erworben und dort ebenfalls eine Sonderbearbeitungswerkstatt eingerichtet. Bei den Breuer-Werken wurde Ende

1942 eine Maschinen- und Motorenfabrik als Ausweichbetrieb eingerichtet, die komplette Aggregate fertigte.[51] Dadurch stieg der Umsatz der Breuer-Werke um 40 Prozent. Die Amalienhütte wurde 1944 an den Krupp-Konzern zur Ausweichfertigung verpachtet und das Werk Hirzenhain an die Breuer-Werke abgegeben, um dort Flugzeugmotoren zu fertigen. Die Erzeugung des Werkes Hirzenhain für die Buderus'schen Eisenwerke wurde zur Eibelshäuserhütte verlagert.[52]

Die Kriegsproduktion bei den Buderus'schen Eisenwerken wurde weiter gesteigert. Noch im Herbst 1940 war die Umstellung auf Kriegsbedarf nicht abgeschlossen.[53] Doch nun machten sich Versorgungsengpässe, die zu Beginn des Krieges bei der zivilen Produktion anzutreffen gewesen waren, auch im Rüstungsbereich bemerkbar. So konnten die Gießereien ihre Kapazitäten nicht voll ausnutzen, weil Arbeitskräfte fehlten.[54] Maschinelle Fertigung sollte Abhilfe schaffen, aber Maschinen konnten nur schwer beschafft werden. Ab Herbst 1941 wurde die Strom- und Brennstoffversorgung prekär. Auch wurde es immer schwieriger, Vorprodukte zu beschaffen, und die vor dem Krieg angelegten Vorräte an Gummi und Kautschukartikeln, Heizölen und Kohlen waren bald erschöpft. Diese Probleme verhinderten schon zu Beginn des Krieges, dass die Kapazitäten voll ausgenutzt werden konnten. Selbst im Rüstungsbereich beeinträchtigten die Versorgungsengpässe ab Mai 1942 die Produktion.[55]

Im Lauf des Jahres 1942 gelangte die Kriegsproduktion der Buderus'schen Eisenwerke an einen Wendepunkt: Eine Reihe von Investitionen zum weiteren Ausbau konnte nicht durchgeführt werden. Weiterhin erhielt das Unternehmen Aufträge vom Reichswirtschafts- und Reichskriegsministerium sowie vom Heereswaffenamt.[56] Im Februar 1942 liefen Verhandlungen mit dem Oberkommando der Wehrmacht wegen der Massenfertigung von Geschützrohren; Buderus hatte auf diesem Gebiet bereits im Jahr zuvor mit seinem Geschützrohrprogramm Erfahrungen gesammelt. Für den neuen Auftrag sollte am 1. Januar 1943 eine Geschützrohrschleuderanlage in Betrieb genommen werden, doch der Mangel an Arbeitskräften und an Investitionsmitteln verhinderte dies. Die Forderung des Oberkommandos der Wehrmacht, monatlich 400 Rohre zu liefern, konnte daher nicht erfüllt werden. Die Kosten der Schleuderanlage hätten etwa 1.850.000 RM betragen. Die Finanzierung lag grundsätzlich beim Unternehmen; sie war wegen der rückläufigen Geschäftsentwicklung nicht zu realisieren. Das Oberkommando der Wehrmacht prüfte, ob die Finanzierung aus Reichsmitteln in Betracht kam.[57] Im Übrigen wurden alle Bauvorhaben, die Buderus 1942 für Rüstungszwecke geplant hatte, aus Kostengründen zunächst nicht verwirklicht. In derselben Zeit begann auf Anweisung des Reichsministers für Bewaffnung und Munition und des Wehrkreisbeauftragten IX unter Mitwirkung der Wirtschaftsgruppe Gießereiindustrie die Herstellung von Sprenggranaten des Kalibers 15 cm in Wetzlar. Deshalb wurden die Produktion der Formstückgießerei und der Maschinenguss in der Sophienhütte eingeschränkt. 1943/44 erteilte die SS in Oranienburg den Buderus'schen Eisenwerken den Auftrag, 70.000 vorgeglühte Hüllen aus Ewersbach zu liefern, die in Oranienburg endgeglüht werden sollten.[58]

Mit Beginn des „Totalen Kriegs" 1943 wurde auch von Buderus der Einsatz der letzten Reserven gefordert. Die Munitionsfertigung wurde mit allen Mitteln vorangetrieben. Ende 1943 wurde die Wehrmachtsproduktion in den Werken Lollar und Staffel ausgeweitet.[59] Auch die Fertigung von Rohlingen musste erhöht werden, was die Erweiterung einzelner Stahlgießereien erforderlich machte. Trotz zunehmender Luftangriffe und Arbeitskräftemangels konnte die Produktionsmenge einzelner Wurf- und Sprenggranaten nochmals um 70 bis 95 Prozent gesteigert werden.[60] Dies lässt erahnen, welche Belastungen die Beschäftigten auf sich nehmen mussten. Seit August

1942 waren die Werke zunehmend Bombenangriffen ausgesetzt, besonders die Breuer-Werke, Frankfurt a. M., das Werk Lollar und Essen-Kray. Am 13. und 21. Januar 1943 fielen Brandbomben auf Essen-Kray.[61] Bei dem Luftangriff vom 19. September 1944 erhielt die Stahlgießerei auf der Sophienhütte einen Volltreffer. Am 8. Oktober 1944 zerstörte ein Bombenangriff Teile des Werkes Lollar.[62] Die Stahlgießerei in Wetzlar musste den Betrieb einstellen. Weitere Bombenschäden führten Ende 1944 in Wetzlar dazu, dass die Produktion besonders stark beeinträchtigt war und in den letzten Kriegsmonaten nicht mehr aufrecht erhalten werden konnte.[63]

In der Vorkriegszeit hatten der Bau-, Handels- und Maschinenguss den Schwerpunkt der Produktion von Buderus gebildet, und die Förderung von Erz sowie die Herstellung von Roheisen waren trotz hoher Kosten gesteigert worden, um die Binnenproduktion an Gießereierzeugnissen auszuweiten und um zur Autarkie Deutschlands beizutragen. Die hohen Kosten der eigenen Rohstofferzeugung stellten Buderus bei der Weiterverarbeitung vor große Schwierigkeiten. Hatten bereits die Beschränkungen durch den Vierjahresplan von 1936 negative Folgen, so hatten die kriegsbedingten Einschränkungen für den Bau- und Handelsguss verheerende Auswirkungen. Die Regierung strebte die Rationalisierung aller Produktionsgebiete an. Die Produktion der Gießerei sollte auf 30 Prozent der bisherigen Erzeugungsmengen herabgesetzt werden.[64]

Graugusserzeugung für zivile Produktion 1939–1945 (in t)[65]

1939	155.000	1943	44.743
1940	118.000	1944	13.434*
1941	88.000	1945	6.420
1942	59.303		* Januar–April 1944

Vor diesem Hintergrund ging die Produktion von Gusseisen bei den Buderus'schen Eisenwerken 1936 bis 1943 von 168.000 t auf 44.743 t zurück. In den ersten vier Monaten 1944 konnte sie leicht gesteigert werden, doch im Jahresergebnis sank sie. 1945 schließlich lag die Gusseisenerzeugung für die zivile Produktion völlig danieder.

Die Auftragslage bei den Friedenserzeugnissen verschlechterte sich schon unmittelbar nach Kriegsbeginn. Es lagen nur noch Aufträge für vier Monate vor; zudem drosselten staatliche Maßnahmen die Friedensproduktion. Die Ausfuhr ging nach Kriegsbeginn um 50 Prozent zurück. Der Rückgang des Exports verstärkte sich 1940 und 1941 weiter; seit 1941 erschwerten Kontingentierungen die Ausfuhr zusätzlich.[66] Am 1. Mai 1940 wurden weitergehende Beschränkungen für die Herstellung von Heizkesseln, Gussradiatoren und eisernen Öfen eingeführt, doch teilweise schon im Herbst desselben Jahres wieder zurückgenommen.[67] Die zivile Nachfrage nach Gusserzeugnissen war größer als die Menge, die Buderus auf Grund der Beschränkungen produzieren durfte. Die Annahme von Aufträgen wurde im ersten Halbjahr 1940 eingeschränkt, doch die Herstellungsbeschränkungen wurden anschließend wieder aufgehoben. Auch für Zimmerheizöfen und Stahlradiatoren ließen die Behörden 1940 vorübergehend höhere Erzeugungsquoten zu.[68] Doch fehlte es an Arbeitskräften, um den zulässigen Umfang der Produktion tatsächlich zu erreichen. Das schon vor dem Krieg geltende Herstellungsverbot für emaillierte Öfen blieb bestehen, weil die Grundstoffe, die zur Herstellung von Emaille benötigt wurden, importiert werden mussten. Deshalb ging der Umsatz mit Öfen um 30 Prozent zurück, ebenso sank die Gewinnspanne. Mitte 1941 musste das Ofenwerk in der Friedrichshütte stillgelegt werden.[69] Um Herstellungsverbote zu umgehen, widmete Buderus der Produktion von Erzeugnissen aus Austauschwerkstoffen besondere Aufmerksamkeit. Karlshütte, Neuhütte und das Zementwerk arbeiteten bei der Herstellung von Badewannenfüßen, Kellersinkkästen, Ofenunterlagsplatten und Betonherden zusammen.[70]

Die Herstellung von Muffendruckrohren großer Nennweiten als ziviler Produktionszweig war während des Krieges stark rückläufig. Solche Rohre wurden in Nennweiten von 40 bis 628 mm und 650 bis 1500 mm hergestellt. Die Ersteren wurden als Geschützrohre verwendet und waren damit Teil der Rüstungsproduktion; die Letzteren hatten im Januar 1944 einen Anteil von neun bis zehn Prozent am Umsatz der Muffendruckrohre.[71] Die Umsätze der Rohre mit über 600 mm Nennweite waren sehr gering, da die Städte – die Hauptabnehmer solcher Rohre für Wasserleitungen – den Ausbau ihrer Leitungsnetze bereits abgeschlossen hatten oder den weiteren Ausbau im Krieg nicht finanzieren konnten. Deshalb schlug der deutsche Gussrohr-Verband im Februar 1939 die Umstellung auf Spannbetonrohr und die Gründung einer GmbH zur Herstellung und zum Vertrieb von Eisenbetonrohren vor. Diese Pläne wurden jedoch durch den Krieg vereitelt, so dass die Schwierigkeiten beim Absatz von Muffendruckrohren großer Nennweiten bestehen blieben.[72]

Das Jahr 1942 markierte nicht nur für die Rüstungsproduktion, die nun erstmals zurückging, sondern auch für die zivile Produktion von Buderus einen Wendepunkt. Alle Probleme des Unternehmens im Krieg – Arbeitskräfte- und Rohstoffmangel, Transportschwierigkeiten und Versorgungsengpässe – wirkten sich auf die ohnehin eingeschränkte zivile Produktion noch gravierender aus. Beim Versand gab es ab Februar 1942 Probleme wegen fehlender Transportkapazitäten. Für den Einkauf von Rohstoffen wie auch für den Absatz ziviler Produkte wurde ein umfangreiches System von Marken zur Kontrolle und Kontingentierung eingeführt; der Rückgang der Aufträge für sämtliche Erzeugnisse, die an Private verkauft wurden, war die Folge. Die Produktion von zivilen Gießereierzeugnissen für die Bauindustrie brach ab Anfang 1942 dramatisch ein, nachdem das Reichsministerium für Bewaffnung und Munition angeordnet hatte, keine Baugenehmigungen mehr zu erteilen.[73] Nun mussten Produktionen zusammengelegt und Betriebe geschlossen werden. Die Herstellung von Kesseln, Radiatoren, Druckrohren, Abflussrohren und Kanalguss regelte die Wirtschaftsgruppe Gießereiindustrie.[74] Die Produktion sollte nur noch in wenigen leistungsstarken Betrieben erfolgen; alle anderen Betriebe wurden der Kriegsproduktion unterstellt. So musste auch die Schleudergießerei der Sophienhütte, eine der modernsten Anlagen in Deutschland, Anfang 1942 stillgelegt werden.[75] Die Werke Ludwigs- und Wilhelmshütte, die durch die Belegschaften der stillgelegten Werke Breidenbach und Amalienhütte verstärkt worden waren, mussten sich von der Herstellung von Öfen auf die Bearbeitung von Gussstücken für den Lokomotivbau umstellen. Damit waren auch sie in die Produktion für den unmittelbaren Kriegsbedarf eingegliedert. Ende 1942 bestanden Pläne, auf der Amalienhütte eine Tempergießerei einzurichten.[76] Darüber hinaus war der Bau einer Leichtmetallgießerei im Werk Breidenbach geplant, um Auswege bei der Kapazität von Abflussrohren zu schaffen.[77] Diese Projekte wurden jedoch wie alle Neubaupläne aus Kostengründen zurückgestellt.[78] Insgesamt war beim Grauguss für die zivile Produktion Ende 1942 in etwa wieder der Tiefststand des Jahres 1932 erreicht.[79]

Seit Beginn des Jahres 1943 hatte Buderus ausschließlich den Bedarf des Militärs zu decken; es gab keinen rein zivilen Zweig der Produktion mehr. Auch die weiter bestehende Herstellung von Öfen, Heizkesseln, Radiatoren und Muffendruckrohren wurde mittelbar für Wehrmachtszwecke verwendet. Im Zentralheizungsguss wurden nur noch Reparaturen und Lieferungen für den Ersatzbedarf berücksichtigt. Die Wehrmacht erhielt Öfen und Feldheizungen, die weiteren zivilen Produkte wurden vorwiegend per Bezugsschein an „Berechtigte" verkauft.[80] Die Gestaltung des Absatzes und der Preise lag in der Hand des Staates. Die Bewirtschaftung traf in der Eisen verarbeitenden Industrie vor allem den zivilen Bereich. Dieser konnte aufgrund des Rohstoffmangels seine Kapazitäten nicht mehr voll ausnutzen. Dadurch stiegen die Selbstkosten je Erzeugnis, und durch den Preisstopp wiederum sank die Rentabilität. So war der zivile Bereich bei Buderus wirtschaftlich durch den Krieg am stärksten getroffen.

Schon während des Krieges richtete sich der Blick langfristig auf die Nachkriegsproduktion. Im Mittelpunkt von entsprechenden Überlegungen der Auskämmkommission im Jahre 1942 standen eine Umgestaltung der Produktionsstruktur und die Rationalisierung. Bislang war der Bau-, Handels- und Maschinenguss der Buderus'schen Eisenwerke auf mehrere Werke verteilt, die jeweils gleiche Produkte herstellten. Um diese Zersplitterung zu bereinigen, sollten Öfen und Herde statt wie bisher in sechs Werken nur noch in Eibelshausen und Hirzenhain hergestellt werden. Der Badewannenguss sollte in den Werken Essen-Kray und Hirzenhain konzentriert werden. Man plante, nach dem Krieg nicht nur die Zahl der Produktionsstätten zu reduzieren, sondern auch die Angebotspalette zu straffen. So sollten keine Gussradiatoren mehr, sondern nur noch die modernen Stahlradiatoren gefertigt werden. Im Bereich Abflussrohre und Kanalguss erwartete die Unternehmensführung – wohl nicht zu Unrecht –, dass nach dem Krieg die Nachfrage stark ansteigen werde; dem sollte nicht nur quantitativ, durch Mehrproduktion, sondern auch durch Erweiterung der Angebotspalette begegnet werden. Bei der Strategie für die Zukunft sollten also Erkenntnisse aus den Fehlern der Vergangenheit berücksichtigt werden, insofern – unabhängig von den Besonderheiten der Kriegsproduktion – die Fertigung bislang allzu zersplittert und dadurch unnötig teuer war. Die Organisationsstruktur nach dem Krieg sollte zu einer Spezialproduktion in jedem Werk führen. Die Verantwortung dafür, dass eine solche Struktur nicht schon früher eingeführt worden war, wurde den Leitern der einzelnen Werke zugeschrieben. Dies führte zur Entlassung der Direktoren der Werke Ewersbach und Hirzenhain, Gustav Jung und Carl Neuschaefer, am 7. Januar 1944.[81] Damit wurde schon während des Krieges für den Sektor Bau-, Handels- und Maschinenguss einschließlich der „weißen Ware" eine Perspektive für die Nachkriegszeit entworfen, die den Schwerpunkt auf die Weiterverarbeitung zu Endprodukten legte. Den Sitz der Verwaltung der Buderus'schen Eisenwerke wollte der Vorstandsvorsitzende Giesbert nach dem Krieg von Wetzlar nach Frankfurt am Main verlegen.[82]

Die Autarkie Deutschlands sollte, so hatten die nationalsozialistischen Planer gefordert, zu Beginn des Krieges verwirklicht sein. Doch dies war 1939 auf dem Gebiet der Eisen- und Stahlindustrie keineswegs der Fall. Der Vierjahresplan hatte lediglich bewirkt, dass die Abhängigkeit Deutschlands vom Ausland zurückgegangen war. Auch das Anlegen großer Vorräte konnte langfristig nicht verhindern, dass Deutschland auf Importe angewiesen blieb. Die Möglichkeiten, im Fall einer Blockade Erz zu importieren, waren so gering, dass Deutschland im September 1939 – was diesen Rohstoff angeht – nur einen „Blitzkrieg" von wenigen Monaten, nicht aber einen mehrjährigen Weltkrieg führen konnte.[83] Aus diesem Grund mussten die Rohstoffbetriebe während des Krieges die Förderung von Eisenerz und die Herstellung von Roheisen ohne Rücksicht auf die Gestehungskosten noch weiter steigern.

Die Eisenerzförderung der Buderus'schen Eisenwerke konnte bis 1940 stetig erhöht werden. Nach 1940 ging die Förderung bis 1944 allmählich und 1945 schlagartig zurück: 1945 wurden mit 59.363 t nur noch rund 20 Prozent der Vorjahresmenge gefördert.[84] Die Anstrengungen auf der Grundlage des Vierjahresplans von 1936 führten zwar dazu, dass neue Gruben in Betrieb genommen wurden, doch die Förderung während des Krieges konnte nicht mehr in dem Maße wie zwischen 1932 und 1936 gesteigert werden. Die Erzförderung im „Altreich" 1939/40 entsprach nur etwa 60 Prozent der im Vierjahresplan formulierten Ziele. Vor allem bei den phosphorarmen Erzen, die im Siegerland gefördert wurden, konnte die Abhängigkeit von Schweden, Spanien und Nordafrika nicht verringert werden. Diese Sorten waren für die Herstellung von Siemens-Martin-Stahl erforderlich. Mit Schweden konnte der Erzhandel während des Krieges aufrechterhalten werden. Der schwedische Bergbau lieferte insgesamt etwa 23,34 Mio. t Erze nach Deutschland.[85] Auch aus dem Minette-Gebiet, den Eisenerzlagerstätten in Lothringen, Luxemburg und im Departement Meurthe-et-Moselle, den größten Lagerstätten Europas, wurde das Deutsche Reich während des Krieges versorgt: insgesamt mit 35,01 Mio. t. Dagegen wurden in Deutschland lediglich 27,99 Mio. t Eisenerz gefördert.[86] Auch die Buderus'schen Eisenwerke wurden aus den genannten Gebieten mit Eisenerz beliefert, da die eigene Förderung den Anforderungen des Krieges nicht mehr genügte.[87] Buderus deckte zwar aus den Dillgruben zwei Drittel des deutschen Bedarfs an Tempererzen, konnte jedoch seine eigene Nachfrage nach Rot- und Brauneisenstein nicht stillen. Zur Produktion von Stahleisen wurde weiterhin Erz aus eigener Förderung eingesetzt und nur wenig aus dem Ausland zugekauft, allerdings mehr als vor dem Krieg. So konnte sich Buderus 1941 Auslandserz für Hämatit-, Stahl- und das hochphosphorhaltige IVb-Roheisen sichern.[88]

Fast alle Gruben der Buderus'schen Eisenwerke, die 1937 in Förderung waren, blieben es bis zum Kriegsende. Nur die Grube „Stillingseisenzug" im Dillgebiet wurde 1941 stillgelegt.[89]

Eisenerzförderung 1939–1945 (in t)[90]

Jahr	Eisenerz	Roherz
1939	448.000	k. A.
1940	459.000	k. A.
1941	422.000	k. A.
1942	349.974	613.536
1943	413.793	667.598
1944	312.429	k. A.
1945	59.363	k. A.

Während der sechs Kriegsjahre förderten die Gruben im Schnitt etwa 400.000 t jährlich. Zu Beginn des Krieges wurde rund die Hälfte des Eisenerzes an fremde Hütten geliefert, obwohl die Fördermenge für die eigene Roheisenerzeugung nicht ausreichte.[91] Staatlicher Druck zielte darauf ab, die Lieferungen an fremde Hütten noch zu steigern. Parteistellen warfen Buderus vor, das Unternehmen produziere zu sehr für die eigene Weiterverarbeitung und vernachlässige die Anforderungen der Kriegswirtschaft auf dem Rohstoffsektor.[92] Der Umsatz mit Eisenerz blieb bis Mitte des Krieges etwa konstant.[93] Anfang 1944 wurde der Verkauf von Hüttenerz eingestellt. Eisenerz wurde nur noch für den Eigenbedarf gefördert,[94] denn infolge des Kriegsverlaufs blieben unter anderem die Lieferungen aus dem Minette-Gebiet aus.

Da die Nationalsozialisten während des Krieges die „letzte Tonne Erz aus den Ecken… kehren" wollten,[95] lief die Förderung bei Kriegsbeginn weiterhin auf Hochtouren. Im Schelderwald wurde 1940 das mit 1005 m bis dahin tiefste Bohrloch des Lahn-Dill-Gebietes niedergebracht.[96] Die Reichsregierung bezuschusste die umfangreichen geologischen Forschungsarbeiten zum Neuaufschluss von Gruben. Für die systematische Untersuchung des gewachsenen Gruben- und Felderbesitzes wurde 1940 eine eigene geologische Abteilung unter Leitung des Geologen Dr. Hans-Joachim Lippert eingerichtet. Sollförderung, -leistung und Sollanalyse legten die Betriebsführer in Zusammenarbeit mit der Bergverwaltung jeden Monat neu fest. Bergbau- und Hüttenverwaltung arbeiteten bei der Qualitätskontrolle eng zusammen. Durch den Bau einer Erzmischanlage auf der Sophienhütte in Wetzlar versuchte Buderus zu Beginn des Krieges, die unterschiedlichen Gehalte der geförderten Erze auszugleichen. Die Erzmischanlage wurde gemeinsam von der Berg- und der Hüttenverwaltung geplant; sie war die erste ihrer Art in Deutschland.[97] Sie wurde 1939 in Dauerbetrieb genommen und bestand aus zwei Reihen von insgesamt 19 Bunkern, die trichterförmig zuliefen. Über eine Schwingrinne wurde das Erz auf zwei Förderbänder unterhalb der Bunker zur Mölleranlage verladen. Auf diesen Bändern entstanden die Mischerze, deren Zusammensetzung zentral gesteuert wurde. In der Regel wurden drei Mischerze hergestellt: saures Groberz, kalkiges Groberz und Feinerz.

Während des Krieges verfolgte Buderus im Bereich des Eisenerzes vornehmlich das Ziel, die vorhandenen Kapazitäten vollständig auszuschöpfen und die Leistung pro Mann und Schicht durch bessere technische Ausstattung der Gruben zu steigern.[98] Neuerwerb von Gruben sowie der Ausbau und die Modernisierung der eigenen Gruben waren jedoch nur bedingt möglich. Lediglich die Grube „Mardorf" bei Homberg an der Efze in Niederhessen war, am 1. Oktober 1942, eine Neuerwerbung, die Buderus von den Warsteiner und Herzoglich Schleswig-Holsteinischen Eisenwerken kaufte. Diese Grube war im Rahmen des Vierjahresplans erneut in Betrieb genommen worden und förderte seit 1938 Erz, das zunächst an die Ruhrhütten geliefert wurde.[99] Auf der Grube „Königszug", deren Ausbau zwar geplant war, im Krieg aber nicht verwirklicht werden konnte, entstand eine unterirdische Verladeanlage, die bis zu 1.500 t verschiedener Erzsorten getrennt bunkern und so auch unregelmäßigen Anforderungen nach Erz nachkommen konnte.[100] Darüber hinaus wurde die Aufbereitung der Grube „Georg-Joseph" am Bahnhof Gräveneck an der Lahn erneuert und 1942 in Betrieb genommen. Im selben Jahr erhielt die Grube „Friedberg" bei Fellingshausen ein neues Zechenhaus.

Einzelne Gruben nutzte man gegen Ende des Krieges als Produktions- und Lagerstätten für ausgelagerte Betriebe und Einrichtungen. Anfang 1944 wurden im Kalkbruch Niedergirmes Räume ausgeschossen, um wesentliche Teile des Buderus-Archivs sowie Ersatzteile unter Tage unterbringen zu können. Ferner lagerten das Wetzlarer Krankenhaus dort eine Röntgeneinrichtung und verschiedene Apotheken Medikamente ein. Auch für fremde Unternehmen wurden Stollen gemäß den jeweiligen Anforderungen vorgetrieben. Die Herstellung von Steuergeräten für die V1- und V2-Raketen durch die Firma Pfeiffer erfolgte in einem Stollen am Lahnberg, der von Buderus-Bergleuten vorgetrieben worden war. Opel wollte einen Teil seiner kriegswichtigen Produktion nach unter Tage verlagern; dazu richtete die Belegschaft der Grube „Auguststollen" die stillgelegte Grube „Sahlgrund" her. Mitarbeiter des Senckenberg-Museums in Frankfurt a. M., das von Bomben schwer getroffen worden war, wohnten und arbeiteten auf der Grube „Abendstern". Der Luftkrieg hatte für den Bergbau der Buderus'schen Eisenwerke keine unmittelbaren Auswirkungen: Keine Bombe traf die Eisenerzgruben. Da der Luftangriff auf die Sophienhütte die Roheisenerzeugung in Wetzlar lahmlegte, kam schließlich auch die Eisenerzförderung zum Erliegen.[101]

Die Hochöfen wurden bis an die Grenze ihrer Leistungsfähigkeit genutzt. Im Juni 1939 wurde der veraltete Hochofen I in Oberscheld ausgeblasen. Da der neu zugestellte Hochofen I der Sophienhütte noch nicht in Betrieb genommen worden war, ging die Roheisenerzeugung seit 1939 zurück. Im März 1941 wurden dann der neue Hochofen I in Betrieb genommen und im Gegenzug der defekte und veraltete Hochofen III der Sophienhütte ausgeblasen. Seit Februar 1942 produzierten die Hochofenbetriebe Stahleisen auch für die Stahlwerke Röchling-Buderus.[102] Durch die Umstellung konnte die Roheisenproduktion bis zu dem Bombenangriff auf das Werk Wetzlar im September 1944 nochmals kurzfristig gesteigert werden.

Roheisenproduktion 1939–1945 (in t)[103]

1939	180.000	1943	158.184
1940	158.000	1944	134.133*
1941	154.000	1945	0
1942	140.534	* 1. 1.–19. 9. 1944	

Die gesamte Roheisenerzeugung der Buderus'schen Eisenwerke wurde als kriegswichtig eingestuft. Bei der Weiterverarbeitung war Gusseisen vor dem Krieg für Endprodukte des Bau- und Handelsgusses verwendet worden, diente dann allerdings zur Fertigung von Gussgranaten. Dennoch kam dem Gusseisen für die Kriegsproduktion eine geringere Bedeutung zu als dem Stahl; deshalb waren die staatlichen Produktionskontingente für Stahl erheblich größer. Darüber hinaus sollte der Großteil der Roheisenproduktion der Buderus'schen Eisenwerke an fremde Gießereien abgegeben werden, die direkte Rüstungsbetriebe waren. Obwohl 1940 die Lieferungen an fremde Gießereien erheblich gesteigert wurden,[104] erschienen sie den Nationalsozialisten immer noch als zu gering: Buderus sei nur auf die Deckung des eigenen Bedarfs bedacht, lautete die Klage nationalsozialistischer Stellen.[105] Im Juni 1942 forderte der Roheisen-Verband, den Pflichtanteil von Buderus zu reduzieren, da der Selbstverbrauch infolge des Krieges durch Minderproduktion bei den Graugießereien gesunken sei.[106] Roheisen musste auf Anweisung der Reichsstelle für Eisen und Stahl und des Roheisen-Verbandes an fremde Werke abgegeben werden, auch wenn diese keine kostendeckenden Preise zahlen konnten.[107] Ausnahmeregelungen blieben Buderus versagt. Die Preisgestaltung lag beim Reichskommissar für Preisbildung. Ende 1940 wurden die Preise für Gießerei-Roheisen zwar erhöht, aber der Mehrerlös für Lieferungen musste an den Roheisen-Verband weitergegeben werden. Die Warenumsätze mit Roheisen konnten bis 1941 gleichgehalten werden, erst 1942 setzte ein Rückgang ein.[108]

Auch bei der Roheisenproduktion zeigten sich kriegsbedingte Schwierigkeiten. Schon im Winter 1940 nahmen die Fliegeralarme zu, die zu Produktionsunterbrechungen und Ängsten in der Belegschaft führten. Im selben Jahr machte sich auch hier der Mangel an Roh-, Hilfs- und Betriebsstoffen bemerkbar. Bei der Herstellung von Hämatit-Roheisen gab es ab 1940 Einschränkungen, da die zur Erblasung nötigen Erze fehlten. Daher versuchte man, die Erze durch Kokillenbruch zu ersetzen. Ab 1942 führte die Reichsvereinigung Eisen vermehrt Schrottsammelaktionen durch; diese wurden auch für Buderus zu einer immer wichtigeren Rohstoffquelle.[109]

Darüber hinaus gab es Transportprobleme bei der Anlieferung von Schrott, Kokillenbruch und Koks,[110] und auch für den Versand von Roheisen fehlten Waggons. Entsprechende Verhandlungen mit den zuständigen Stellen hatten wenig Erfolg. Die Stockungen wirkten wiederum negativ auf die Erzeugung.

Im Zuge des „Totalen Krieges" drang die Reichsvereinigung Eisen darauf, die Erzeugung von Roheisen so stark wie möglich auszuweiten. Anfang 1944 konnte Buderus dieser Forderung mit einer Steigerung der Produktion um 20 Prozent nachkommen.[111] Nach dem Bombenangriff auf das Werk Wetzlar am 19. September 1944 kam die Roheisenerzeugung auf der Sophienhütte jedoch zum Erliegen, da die Energieversorgung unterbrochen war. Gasleitungen und die Gasreinigungsanlage waren zerstört, ebenso die Gleichstromzentrale. Der Hochofen Oberscheld musste infolge Koksmangels am 7. Dezember 1944 gedämpft werden und wurde Ende Dezember ausgeblasen. Die Produktion in den anderen Abteilungen konnte bis Kriegsende aufrechterhalten werden. Am 29. März 1945 besetzten amerikanische Streitkräfte die Sophienhütte; damit kam die Produktion in allen Werken zum Erliegen.

Von dem im Deutschen Reich erzeugten Stahl entfielen im Krieg 70 Prozent auf Thomasstahl und nur 30 Prozent auf Siemens-Martin- und Elektrostähle, die jedoch wegen ihrer hohen Qualität und Festigkeit für die Rüstung wichtiger waren. Im Vergleich mit den Werken in den eroberten Gebieten waren die Roh- und Edelstahlerzeugung in Deutschland selbst und deren Einfluss auf die Rüstungsproduktion eher gering. Auch die Kapazitätserweiterungen im Rahmen des Vierjahresplans waren nicht groß, so dass die Rohstahlerzeugung in „Großdeutschland" während des Krieges um etwa ein Fünftel unter der Kapazitätsgrenze blieb. Dazu trug vor allem der Mangel an Rohstoffen und an Facharbeitern bei.[112]

Mit der Rückgabe des alten, an die Stahlwerke Röchling-Buderus verpachteten Stahlwerks am 1. Januar 1940 nahmen die Buderus'schen Eisenwerke die Stahlproduktion im eigenen Unternehmensbereich auf. Monatlich erzeugten das Siemens-Martin-Werk 2.600 t und der Konverterbetrieb 1.000 t flüssigen Stahl. Im Konverterbetrieb wurde seit Oktober 1939 Stahl für Bomben hergestellt. Bereits 1940 wurden die Kapazitäten voll ausgenutzt; man fuhr eine Zwölf-Stunden-Schicht in der Woche und 22 Stunden an Sonntagen. Der Bau einer neuen Stahlgießerei sollte der Forderung nach höheren Lieferungen nachkommen.[113] Um die Leistungsfähigkeit zu erhöhen, stellte Buderus im Herbst 1940 einen Plan für den Ausbau des Stahlwerks und der Gießerei auf. Ein zweiter Konverter sowie einige Glüh- und Trockenöfen wurden neu in Betrieb genommen. Ab Herbst 1941 versuchte man, durch das Dauerformverfahren in der Stahlerzeugung Arbeitskräfte einzusparen. Anfang des Jahres 1943 wurde der zweite 3-t-Elektroofen in Betrieb genommen, ein Jahr später der Ofen I im Siemens-Martin-Stahlwerk, der jahrelang stillgelegen hatte.[114] Damit war das Stahlwerk das einzige Werk des Rohstoffsektors, das während des Krieges ausgebaut wurde.

Zement, Kalkstein, Bauxit, Phosphorit

Von 1939 bis 1945 sank die Zement-Produktion von 191.000 t auf 35.960 t. Schon 1939 kam der Versand zeitweilig zum Erliegen, da es an Transportmitteln mangelte. Der Rückgang der Produktion ist in erster Linie darauf zurückzuführen, dass Waggons fehlten, ferner auf ungenügende Kapazitäten im Anlagenbereich und auf Mangel an Arbeitskräften. Die Zementumsätze fielen vor allem ab Mitte 1941 rapide. Von 9.000 t Schlacken, die allmonatlich anfielen, wurden nur 3.000 t zu Zement verarbeitet. Anfang 1942 erwog man sogar, die Zementerzeugung ganz einzustellen.[115] Um die durch den Rückgang der Zementerzeugung frei gewordenen Schlacken unterzubringen, produzierte man ab August 1942 Hüttenkalk, der hauptsächlich als Düngemittel verwendet wurde.

Die Westzement GmbH, das Zementkartell für Westdeutschland, wurde zum 31. Dezember 1941 aufgelöst. Buderus unterstützte die im September 1942 diskutierten Pläne, ein süddeutsches Großraumkartell zu errichten, das an die Stelle der Westzement treten sollte.[116] Mit Beginn des „Totalen Krieges" 1943 änderte sich die Lage nochmals deutlich: Die Erzeugung von Zement konnte im Vergleich zum Vorjahr nahezu verdoppelt werden, ohne jedoch den Stand von 1939 zu erreichen. Die Lieferungen waren fast ausschließlich für die „Organisation Todt" bestimmt, die bei großen Bauvorhaben eingesetzt wurde.[117] Insgesamt wurde die Zementherstellung nur als bedingt kriegswichtig eingestuft und daher während des Krieges nachrangig behandelt.

Sonstige Produkte 1939–1945 (Produktion in t)[118]

Jahr	Zement	Kalkstein	Bauxit
1939	191.000	176.000	0
1940	160.000	161.000	0
1941	177.000	174.000	0
1942	94.200	117.052	8.417
1943	181.600	164.208	6.225
1944	143.427	125.140	0
1945	35.960	24.603	0

Auch Bauxit und Kalkstein waren nicht kriegswichtig. Die Förderung von Kupfererz in der Grube „Neuer Muth" wurde 1939 eingestellt,[119] diejenige von Phosphorit hingegen bis in die ersten Nachkriegsjahre aufrechterhalten. Die Förderung von Kalkstein pendelte sich bei rund 170.000 t (1937) ein, bis in den letzten Kriegsjahren auch hier die Produktion fast vollständig zum Erliegen kam. Im September 1942 verhandelte Buderus mit der Reichsstelle Metalle in Berlin, um die Verwendung deutscher Rohbauxite als Flussmittel in den deutschen Stahlwerken anzukurbeln,[120] denn das Unternehmen besaß rund 90 Prozent der deutschen Bauxitvorkommen. Die Förderung war 1938 eingestellt worden; sie wurde 1942 wieder aufgenommen. Allerdings waren die Fördermengen mit 8.417 t (1942) und 6.225 t (1943) sehr gering. Die Gestehungskosten überstiegen die Erlöse bei weitem; deshalb stellte man die Bauxitförderung 1943 endgültig ein.

Stahlwerke Röchling-Buderus AG

Der Ausbau der Stahlwerke Röchling-Buderus zu einem der modernsten Edelstahlwerke Europas war Mitte 1939 abgeschlossen. Bei Kriegsbeginn verfügte das Unternehmen über ein Stahlwerk mit zwei Siemens-Martin- und drei Elektroöfen, ein Warmwalzwerk mit einer Block- und Halbzeugstraße sowie drei Fertigstraßen, ein Blech-, ein Kaltwalzwerk, eine Stab- und Drahtzieherei, eine Gesenkschmiede sowie eine Freiformschmiede mit einer 1.500-t-dampfhydraulischen Schmiedepresse und Schmiedehämmern verschiedener Größe, ferner über eine zentrale Glüherei.[121]

Mit Hilfe hoher Investitionen konnte das Unternehmen zu Beginn des Krieges dem steigenden Bedarf der Rüstungsproduktion entsprechen und die Rohstahlproduktion bis an die Grenze seiner Kapazität steigern, obwohl es von kriegsbedingten Schwierigkeiten nicht verschont blieb. Röchling-Buderus produzierte 1940 51.520 t Rohstahl (etwa 4.300 t monatlich); 1941 waren es 65.948 t (etwa 5.500 t mtl.) und 1942 72.243 t (etwa 6.000 t mtl.), zu etwa gleichen Teilen Siemens-Martin- und Elektrostahl. Die Walzwerksproduktion lag 1940 bis 1942 bei durchschnittlich 4.000 t pro Monat. Die Erzeugung in den Fertigstraßen konnte von 28.600 t 1940 auf 31.696 t 1942 gesteigert werden.[122] Die Stahlwerke Röchling-Buderus erlebten während des Krieges – trotz anhaltender Engpässe bei der Versorgung mit Kohle und Strom[123] – wegen ihrer steigenden Stahlerzeugung und -weiterverarbeitung einen so starken Aufschwung, dass sie fast die Umsätze der Buderus'schen Eisenwerke erreichten. Sie zeigten daher sogar Ambitionen, sich von Buderus zu trennen.[124] Aufgrund der Machtposition des Aufsichtsratsvorsitzenden Hermann Röchling, der als überzeugter Nationalsozialist 1942 Vorsitzender der Reichsvereinigung Stahl wurde, entwickelten sich die Stahlwerke Röchling-Buderus als integriertes und „herausragend organisiert[es]" Edelstahl-

Besichtigung der Stahlwerke Röchling-Buderus durch Hermann Röchling und Konteradmiral Friedrich Lützow im Oktober 1941.

werk zu einem Schlüsselbetrieb der Kriegswirtschaft, der etwa bei der Zuweisung von Zwangsarbeitern bevorzugt wurde.[125]

Allerdings versäumte es die Unternehmensleitung – trotz Rationalisierungsinvestitionen[126] –, die Betriebe zu modernisieren und die Fertigung zu konzentrieren. Im Rahmen der Endfertigung von Kriegsmaterial wurden die komplette Herstellung der 2-cm-Flak und die Produktion von Schutzschilden dafür und für andere Geschütze übernommen. Die ausschließliche Fertigung von kriegswichtigen Produkten erfolgte in den 1939 von Röchling-Völklingen auf dem Dillfeld errichteten Produktionsanlagen, der Betriebsabteilung Wetzlar der Röchling'schen Eisen- und Stahlwerke, die seit dem 1. November 1944 als Hessische Industriewerke GmbH fortgeführt wurden. Sie stellten insbesondere Spezialfedern her. Zu der von Röchling in Wetzlar etablierten Sonderabteilung Coenders gehörte auch die Hartmetallfertigung für Geschosskerne in Mehle bei Hannover. Die Stahlwerke Röchling-Buderus hatten dieses Werk 1936 erworben.[127]

Bei einem Luftangriff auf das Stahlwerk am 28. Mai 1944, der ein Todesopfer forderte, wurden die Walzendreherei und die Blockstraße zerstört. Doch der Betrieb der Blockstraße konnte innerhalb kurzer Zeit wieder aufgenommen werden.[128]

Maschinenbau und Armaturen: Breuer-Werke GmbH

Die Situation der Breuer-Werke wurde auch während des Krieges noch als unbefriedigend empfunden, obwohl die Umsätze um 20 und 26 Prozent wuchsen (1942 und 1943). Die Produktivität war unbefriedigend, weil der Maschinenpark zumindest teilweise veraltet war. Der Vorstand diskutierte 1942 die Möglichkeit, durch eine veränderte Kostenrechnung Schwachpunkte transparent zu machen.[129] Trotz der positiven Einschätzung der bis 1942 vorrangig gefertigten Motoren, deren Konstruktion vergleichsweise einfach war, sollte die Produktion auf Spezialmotoren und -aggregate ausgerichtet werden. Für die damit angestrebte Rationalisierung waren weitere Investitionen und personelle Veränderungen notwendig. Um die Kapazität zu erweitern, wurde das Werk Hirzenhain zur Unterstützung der Kriegsproduktion den Breuer-Werken am 1. Juli 1943 pachtweise überlassen. Bis Kriegsende wurden hier schwere Antriebsmaschinen und Aggregate zur Stromerzeugung hergestellt.[130]

Die Breuer-Werke einschließlich des Werkes Hirzenhain blieben vom Bombenkrieg nicht verschont. Im Frühjahr und September 1944 erlitten die Werke erhebliche Zerstörungen. In Hirzenhain konnten die Schäden noch im Sommer 1944 behoben werden. Nach einem weiteren Angriff am 9. Januar 1945 musste die Produktion in einigen Bereichen eingestellt werden.[131]

Vertriebsorganisation

Die Buderus'sche Handelsgesellschaft (BHG) behielt ihren Aufgabenbereich zwar auch in den Kriegsjahren, doch beeinträchtigten insbesondere die Herstellungsbeschränkungen bei zivilen Produkten, wie etwa dem Bau- und Handelsguss, das Geschäft. Deshalb verlagerte sie ihr Engagement zunehmend auf kriegswichtige Erzeugnisse. Dabei gewannen der Handel mit fremden Erzeugnissen und die Vertretung fremder Werke an Bedeutung. Im Geschäftsjahr 1942 entfielen auf diese Felder rund 29 Prozent des Umsatzes der BHG. Eine ähnliche Entwicklung gab es bei den in- und ausländischen Tochtergesellschaften. So stieg der Umsatz der niederländischen

„Handelsvereeniging Buderus", 's-Gravenhage, 1940 kriegsbedingt vorübergehend an.[132] Insgesamt ging die Bedeutung der Vertriebsorganisation für das Unternehmen während des Krieges jedoch stark zurück.

Sonstige Beteiligungen, Kartelle

Während des Krieges veränderten sich der Konzernaufbau von Buderus und die Anteile an Tochter- und Beteiligungsgesellschaften nicht. Im Inland war die Änderung von bestehenden Unternehmenseinheiten seit Kriegsbeginn verboten. Im besetzten Ausland erwarb Buderus keine Beteiligungen und errichtete keine neuen Werke. Die Kartelle verloren während des Krieges ihre Bedeutung, im System der Kontingentierungen und Bezugsscheine dominierten andere Kräfte. Bei den Kartellen mussten lediglich die Ansprüche angemeldet werden, um nach der Deckung des Rüstungsbedarfs bei der zivilen Nachfrage entsprechend berücksichtigt zu werden.[133] Deshalb änderte sich – mit Ausnahme der Zementbranche – für die Buderus'schen Eisenwerke während des Krieges die Mitgliedschaft in Verbänden und Kartellen nicht.

4.4. Zur Lage der Arbeitskräfte

Mit Beginn des Krieges wurde der Mangel an Arbeitskräften, wie angesprochen, zum Hauptproblem der Buderus'schen Eisenwerke, vor allem bei Facharbeitern in den Rüstungsbetrieben. Die Belegschaft schrumpfte zeitweise, weil Wehrmacht, Arbeitsamt und Arbeitsdienst Beschäftigte abzogen und auf Grund von Verlusten im Krieg. Zudem war die freie Wahl des Arbeitsplatzes seit Kriegsbeginn durch Dienstverpflichtungen eingeschränkt.[134]

Betriebssportgruppe der Hauptverwaltung der Buderus'schen Eisenwerke im Jahre 1942.

Belegschaftsentwicklung 1939–1945[135]

Monat	Gesamt	dt. AK (m)	dt. AK (w)	ausl. AK (m)	ausl. AK (w)	Kriegs-gefangene
12/1939	9.332					
12/1940	9.821					
12/1941	8.334					
12/1942	8.238					
12/1943	10.730	5.900	650	1.550	1.200	1.430
11/1944	14.595	6.430	1.519	3.564	2.306	776
03/1945	10.582	4.962	750	3.476	1.180	214

Eines von mehreren Mitteln, mit denen Buderus versuchte, dem Arbeitskräftemangel zu begegnen, war der interne Wechsel von Arbeitskräften aus Werken, die Herstellungsbeschränkungen unterworfen waren. Das Ziel war es, durch unternehmensinterne Umsetzungen Arbeitskräfte für die Kriegsproduktion freizumachen. So wurden z. B. 1942 die Werke Amalienhütte und Breidenbach stillgelegt[136] und deren Arbeiter auf die Ludwigs- und die Wilhelmshütte verteilt. Die Sophienhütte sollte ihren Bedarf an Fachkräften bei der Main-Weser-Hütte in Lollar decken. Lollar verlor infolge der Umsetzung 400 Fachkräfte an die Sophienhütte, 300 weitere wurden zum Militärdienst eingezogen. Der Erfolg dieser Maßnahmen war gering, zumal seit 1942 zunehmend auch ältere Jahrgänge einberufen wurden, wohingegen die Rüstungsproduktion weiter gesteigert

Betriebsappell bei den Stahlwerken Röchling-Buderus im April 1942.

werden sollte. Auch durch Rationalisierung und Mechanisierung konnte der Mangel nicht ausgeglichen werden.[137]

Als Hauptmaßnahme verlängerte Buderus deshalb zunächst die Arbeitszeit. Auf Grund der Zahlungen für Überstunden, Sonn- und Feiertagsschichten stiegen die Lohnkosten. Probleme traten auch durch die überdurchschnittliche Erhöhung des Krankenstandes seit September 1940 auf. Die Belegschaften mehrerer Rüstungsbetriebe wurden durch ruhrartige Erkrankungen geschwächt. Des Weiteren versuchte Buderus seit Anfang 1940, vermehrt Frauen einzustellen, um die Beschäftigung zu erhöhen. Diese konnten zwar in der Schwerindustrie wegen der spezifischen Arbeitsprozesse nur begrenzt eingesetzt werden, hatten sich jedoch in nicht wenigen Betrieben wegen ihrer größeren Geschicklichkeit bewährt. Der offensichtliche Widerspruch zwischen dem Arbeitseinsatz der Frauen und ihrem Rollenbild als Hausfrau und Mutter, das der NS-Staat propagierte, macht deutlich, wie stark hier die Brüche zwischen Ideologie und Praxis waren. Insgesamt zeigten diese Bemühungen keinen allzu großen Erfolg, obwohl die Anzahl der weiblichen deutschen Arbeitskräfte gesteigert wurde.[138] So betrug deren Anteil an der Belegschaft 1943 nur etwa sechs Prozent. Der Höhepunkt war 1944 mit 1.519 deutschen weiblichen Beschäftigten erreicht.[139]

Alle diese Maßnahmen lösten das Beschäftigungsproblem nicht. Deshalb ging auch Buderus dazu über, ausländische zivile Arbeitskräfte und Zwangsarbeiter zu beschäftigen.[140] Im Sommer 1940 trafen die ersten Polen, Franzosen, Belgier und Holländer bei Buderus ein. Sie waren weitgehend regulär angeworben worden und kamen zum großen Teil noch freiwillig. Dies galt vor allem für diejenigen aus den westeuropäischen Ländern.[141] Der Einsatz von Fremdarbeitern, Kriegsgefangenen und von Mitarbeitern, die vom Wehrdienst freigestellt wurden, besserte die Beschäftigungslage Anfang 1941 leicht.[142] Dieser Zustand war jedoch nur von kurzer Dauer, denn bereits im Oktober 1941 hieß es: „Die Arbeitseinsatzlage verschärft sich weiterhin."[143]

Da zahlreiche Beschäftigte durch ‚Auskämmaktionen' zum Kriegsdienst eingezogen wurden, forderte Buderus Arbeitskräfte beim zuständigen Rüstungskommando Gießen an. Im Geschäftsbericht für das IV. Quartal 1940 heißt es, dass nach langem Bemühen „uns Gefangene jetzt zugeteilt werden".[144] Aus den Akten des Kommandos des Rüstungsbereichs Gießen dagegen geht hervor, dass erst im November 1941 zehn Italiener und 17 Kriegsgefangene – welcher Nationalität ist nicht ersichtlich – zu Buderus kamen; außerdem wurden bei Röchling-Buderus 52 Italiener und 44 Polen eingesetzt.[145] Freiwillige Meldungen von Fremdarbeitern zum „Reichseinsatz" gab es nun nicht mehr.[146]

Im Juni 1942 hielt der Vorstand die systematische Anforderung von Zwangsarbeitern für erforderlich.[147] Das Reichswirtschaftsministerium lehnte es jedoch gegenüber der Wirtschaftsgruppe Gießereiindustrie ab, Arbeitskräfte für die Produktion von Bau- und Handelsguss zu beschaffen. Lediglich die unmittelbar kriegswichtige und die Wehrmachtsfertigung wurden von den zuständigen Stellen bei der Zuteilung berücksichtigt. Buderus bemühte sich daher, ebenso wie andere Wetzlarer Unternehmen, Aufträge der Sonderstufen-Fertigung zu übernehmen, um Arbeitskräfte zu erhalten.[148] Wurde die Produktion vom Rüstungskommando als wichtig eingestuft, so war eine besondere Berücksichtigung bei der Zuteilung von „ausländischen Arbeitskräften" möglich.[149]

Für das Jahr 1942 ließ sich über die Zwangsarbeiter der Stahlwerke Röchling-Buderus Näheres ermitteln. Dem Unternehmen wurden in den Monaten März, Oktober und November „größere Kontingente" französischer Kriegsgefangener zugeteilt, russische Kriegsgefangene erstmals im März und April. Außerdem wurden ab Mai „laufend" Ostarbeiter und -arbeiterinnen eingestellt, die im November durch zwei „größere Zuweisungen" italienischer und französischer Zivilarbeiter ergänzt wurden. Dies hatte zur Folge, dass bis Ende des Jahres der Anteil der Deutschen an der Belegschaft der Stahlwerke Röchling-Buderus von anfangs 80 auf 53,5 Prozent sank.[150]

Die Zwangsarbeiter der Buderus'schen Eisenwerke und von Röchling-Buderus waren in Lagern auf dem Werksgelände oder in Gemeinschaftslagern mehrerer Unternehmen untergebracht. Auf der Sophienhütte befanden sich im August 1942 vier Baracken für russische Kriegsgefangene und zwei weitere Lager mit – im Juni 1942 – 630 ausländischen Zivilarbeitern und Kriegsgefangenen.[151] Weitere Gefangene befanden sich im Lahnlager, einem Gemeinschaftslager mehrerer Wetzlarer kriegswichtiger Unternehmen, im Gemeinschaftslager Niedergirmes und im Lager Carolinenhütte. Im Herbst bzw. Winter 1944 waren dort insgesamt mehr als 1.500 bzw. 1.600 Personen allein in den Barackenlagern der Stahlwerke Röchling-Buderus einquartiert. Außerdem waren weitere 1.200 bis 1.400 Zwangsarbeiter auf der Sophienhütte der Buderus'schen Eisenwerke untergebracht.[152]

Zu Beginn des Jahres 1943 waren bei Buderus etwa 1.500, Ende des Jahres etwa 4.200 Ausländer beschäftigt. Zum Vergleich: In Wetzlar waren am 1. Dezember 1943 insgesamt etwa 9.000 bis 10.000 ausländische Arbeitskräfte tätig; deren Anteil in den Betrieben betrug 50 bis 90 Prozent. Bei den Buderus'schen Eisenwerken lag der Ausländeranteil im Dezember 1943 bei etwa 40 Pro-

Russische Zwangsarbeiterinnen bei der Risskontrolle und dem Abstempeln von Stäben in den Stahlwerken Röchling-Buderus während des Zweiten Weltkrieges.

zent. In den Hochofen- und Gießereibetrieben waren die Arbeitskräfte zu 54,2 Prozent Ausländer; einzelne Betriebsabteilungen in Wetzlar hatten sogar eine Ausländerquote von 70 bis 75 Prozent.[153] In den Weiterverarbeitungs- und Munitionsbetrieben wurden besonders viele Zwangsarbeiter eingesetzt; hier war der Anteil ungelernter Kräfte schon zu Beginn des Krieges sehr hoch gewesen.[154]

Im Bergbau wurden die wenigsten ausländischen Arbeitskräfte eingesetzt: etwa 16 bis 30 Prozent der Belegschaften. Hauptgrund war, dass der Eisenerzbergbau als kriegswichtig eingestuft und deshalb von Einberufungen unterproportional betroffen war. Außerdem galten im Bergbau besondere Sicherheitsvorschriften, viele Arbeiten mussten selbstständig und unbeaufsichtigt ausgeführt werden, so dass die Fluchtgefahr groß war. Darüber hinaus erforderten die häufigen Schießarbeiten eine gewisse Ausbildung und Fachkenntnis der Arbeiter unter Tage. Ungelernte Zwangsarbeiter waren dafür nicht geeignet. Die auf den Gruben im Scheldetal arbeitenden ausländischen Arbeitskräfte waren in einem Barackenlager am Beilstein westlich der Grube „Königszug" untergebracht. Es war das einzige größere Lager. Rund 60 Polen, Russen und Franzosen arbeiteten auf der 1942 erworbenen Grube Mardorf. Sie stellte insofern eine Ausnahme dar, als sie „mangels eines guten deutschen Bergmannstammes schon früher fast zur Hälfte auf Ausländer zurückgreifen musste."[155] Auf der Grube Malapertus (Kalkbrüche) waren im letzten Kriegsjahr elf Holländer, neun Belgier, fünf Franzosen und ein Pole tätig. Außerdem ist überliefert, dass zu Kriegsende 15 Italiener auf der Grube Allerheiligen arbeiteten.[156] Die Umstrukturierung und Verlagerung der Belegschaften betrafen nicht nur die Werke von Buderus, sondern auch die Gruben. So wurden Bergleute und Kriegsgefangene von stillgelegten Gruben in andere Gruben oder zum Einsatz bei kriegswichtiger Produktion unter oder über Tage verlegt.[157] Ein Pole, Johann Jeczinskyi, verunglückte am 23. Mai 1942 auf der Grube Königszug tödlich. Insgesamt scheinen die Zwangsarbeiter im Bergbau besser behandelt worden zu sein als diejenigen der Sophienhütte. Jedenfalls sind von den Arbeitern im Bergbau keine Plünderungen und Zerstörungen nach der Befreiung durch amerikanische Truppen Ende März 1945 bekannt.

Zu Beginn des Jahres 1944 wurde die Beanspruchung jedes Einzelnen durch den „Totalen Krieg" stärker und die Behandlung der Zwangsarbeiter schlechter. Es mehrten sich die Fluchtversuche, Arbeitsmoral und -kraft ließen nach, und es regte sich passiver Widerstand, auch auf Grund der Erfolge der Alliierten.[158] Fluchtversuche oder Sabotageakte hatte es auch schon vorher gegeben.[159] Auf der Sophienhütte befand sich zwischen dem Zementwerk und der Bauabteilung ein großes Rohr einer Zementmühle, der sogenannte ‚Bunker'. Dort sollen Misshandlungen von Gefangenen stattgefunden haben.[160] Im übrigen kennzeichneten Hunger und Krankheiten die Lage der Gefangenen. Ein Verzeichnis der Buderus'schen Eisenwerke listet sieben Todesfälle auf; davon vier durch Lungenentzündung, einer durch eine Blutvergiftung und zwei durch Arbeitsunfälle.[161] Unter diesen Bedingungen lassen sich die Arbeitsmoral und Leistungsfähigkeit dieser Arbeitkräfte nicht mit denen der Deutschen vergleichen. Die Ostarbeiter standen in dem Ruf, trotz ungünstiger Bedingungen leistungsfähiger als die Westarbeiter zu sein.[162] Sie wurden in umzäunte und bewachte Unterkünfte einquartiert und erhielten im Unterschied zu den Westarbeitern keinen Urlaub. Für die Stahlwerke Röchling-Buderus sind einzelne Übergriffe bekannt; bei den Buderus'schen Eisenwerken scheinen die Zwangsarbeiter menschenwürdig behandelt worden zu sein. Die dort bekannt gewordenen Übergriffe gingen von einzelnen, stark nationalsozialistisch geprägten Personen aus, die sich gegenüber der Partei oder der SS profilieren wollten.[163]

Bei dem Bombenangriff auf Wetzlar am 19. September 1944 wurde der Hochofenbunker zerstört, der zwischen Hochofen I und II der Sophienhütte lag. Dabei kamen 21 Kriegsgefangene und ein Ostarbeiter um.[164]

Ohne Beteiligung der Breuer-Werke, aber im Zusammenhang mit der Beschäftigung von Zwangsarbeitern im Werk Hirzenhain wurde dort im März 1945 durch ein SS-Kommando ein Massenmord verübt. Den Erschießungen war die Verlegung des Stabes des Befehlshabers der Sicherheitspolizei und des Sicherheitsdienstes Rheinland-Westmark von Wiesbaden nach Hirzenhain vorausgegangen und die gleichzeitige, aber davon unabhängige Verlegung von 49 Frauen aus der Sowjetunion, Polen, Frankreich, Luxemburg und Deutschland aus dem Polizeigefängnis Frankfurt am Main nach Hirzenhain. Von dem zu dem Stab gehörenden Exekutionskommando der SS wurden am 26. März 1945 81 Frauen und sechs Männer erschossen. Diese Frauen aus dem Polizeigefängnis in Frankfurt sowie Frauen und Männer aus dem Gestapo-Lager in Hirzenhain waren – als ‚nicht marschfähig' – ausgesondert worden, während die übrigen Gefangenen der Lager in Hirzenhain über ein Ausweichquartier bei Fulda in das KZ Buchenwald überstellt wurden.[165]

Die Löhne und Gehälter bei Buderus wurden während des Krieges wegen des Lohnstopps und der gesamtwirtschaftlichen wie politischen Situation nicht erhöht. Der Belegschaft blieb jedoch nicht verborgen, dass die Kapazitäten bis an ihre Grenzen ausgelastet waren. Dass die Löhne trotzdem nicht stiegen, trug dazu bei, die Beschäftigten zu demotivieren und die Effizienz zu vermindern.[166] Es kam auch zu Protesten gegen den Nationalsozialismus. Wenn die Protestierenden denunziert wurden, drohten ihnen drakonische Strafen. So warnte beispielsweise der Arbeiter Heinrich Schneidmüller 1939 vor den Gefahren des Krieges und stand seitdem unter ständiger Aufsicht der Gestapo. Im schlimmsten Falle drohte die Todesstrafe. Der Arbeiter Erich Deibel schrieb 1941 an eine Toilettenwand auf der Sophienhütte: „Arbeiter! Helft Russland! Streikt! Auf für die KPD!" Er wurde daraufhin vom Volksgerichtshof in Berlin zum Tode verurteilt und am 15. August 1942 in Berlin-Plötzensee hingerichtet.[167]

Aufwendungen für Löhne, Gehälter und Sozialleistungen 1939–1945 (in RM)[168]

Jahre	Löhne und Gehälter	Sozialleistungen
1939	20.471.593,23	2.801.799,32
1940	21.072.269,56	2.122.061,63
1941	21.200.000,00	3.000.000,00
1942	19.700.000,00	3.300.000,00
1943	k.A.	k.A.
1944	23.692.847,81	3.654.176,77
1945	9.412.636,58	1.519.846,41

Gleich zu Beginn des Krieges verhängten die Buderus'schen Eisenwerke eine allgemeine Urlaubssperre. Im Juni 1940 sollte die 60-Stunden-Woche in den Betrieben eingeführt werden, doch die Belastungen waren aufgrund der langen Anmarschwege der Arbeiter zu hoch, so dass weiterhin die 48-Stunden-Woche galt und Mehrarbeit finanziell abgegolten wurde.[169] Für die Angestellten der Hauptverwaltung wurde die 50,5-Stunden-Woche bereits 1940 befristet eingeführt, allgemein erhöhte das Unternehmen dann im April 1941 die Wochenarbeitszeit von 48 Stunden auf 50,5 Stunden.[170] Mit der Ausrufung des „Totalen Krieges" Anfang 1943 wurde die Arbeitszeit in den Betrieben auf 66 Stunden in der Woche ausgeweitet. Sie lag jedoch auch vorher schon bei 57 bis 62, in der vordringlichen Fertigung sogar bei 72 Stunden. Solche Belastungen waren auf Dauer unerträglich. Sie brachten die Erhöhung der Krankmeldungen und verstärkte ‚Bummelei' mit sich. Der hohe Krankenstand wurde seit Ende 1940 zum ernsten Problem, da die Zahl der Arbeitskräfte durch Einberufungen stetig abnahm.[171] Im Übrigen diente der tariflich gewährte Urlaub oft nicht zur Erholung, sondern musste meist für Einsätze in der Landwirtschaft genutzt werden.

Die Buderus'schen Eisenwerke waren an den Lohnstopp des Treuhänders der Arbeit gebunden. Entsprechend der Tarifordnung der Eisenindustrie wurden die Lohngruppen zwar Ende 1940 neu gegliedert, allerdings ohne Lohnerhöhungen.[172] Am 15. Mai 1941 trat eine neue Tarifordnung für Angestellte in Kraft, die ebenfalls keine Gehaltserhöhungen oder sozialen Verbesserungen brachte.[173] Während des Krieges stiegen zwar bei den Buderus'schen Eisenwerken die Lohnkosten, die Löhne sanken aber aufgrund der steigenden Arbeitszeiten.[174] So lagen die Stundenlöhne für deutsche Arbeiter mit einem Alter von 18 Jahren zwischen 0,30 RM und 0,63 RM, für einen 23-jährigen Arbeiter zwischen 0,68 RM und 0,93 RM, für einen Dreher im Jahre 1940 zwischen 0,97 RM und 1,00 RM, für einen Vorarbeiter bei 1,04 RM. Diese Löhne bewegten sich in dem Rahmen, den der Reichstreuhänder der Arbeit für das Wirtschaftsgebiet Hessen mit 0,25 RM bis 1,00 RM je nach Alter und Ausbildung festgesetzt hatte. Für Frauen durfte der Lohn nur 75 Prozent des Männerlohns betragen.[175] Die Durchschnittslöhne sanken in den folgenden Kriegsjahren immer mehr, was auch auf die geringere Bezahlung der steigenden Zahl von Zwangsarbeitern zurückging. Deren Löhne mussten an das Deutsche Reich gezahlt werden; dieses behielt einen Betrag ein und zahlte den Betroffenen nur einen Hungerlohn, der kaum das Existenzminimum sicherte. Bei den Zwangsarbeitern wurden mehrere Lohngruppen eingeführt. Auf der untersten Stufe der Lohnskala während des Krieges standen die sowjetischen Kriegsgefangenen, danach kamen die sowjetischen Zwangsarbeiter (Ostarbeiter) und danach die Westarbeiter. Für Kriegsgefangene waren täglich 3,65 RM, für Zwangsarbeiter vier bis sechs RM abzuführen. Lediglich den Dienstverpflichteten aus Westeuropa zahlte Buderus den Lohn direkt, doch wurden die Kosten für Verpflegung und Unterkunft abgezogen.

Aufgrund der großen kriegswirtschaftlichen Bedeutung des Bergbaus wurden selbst in der Endphase des Krieges nur wenige Bergleute zum Militärdienst einberufen. Auch die Löhne der Bergarbeiter hielten mit der wachsenden Arbeitsbelastung nicht Schritt; es gab Zusatzleistungen wie die Schwerstarbeiterkarten. Im Übrigen betrieben viele Bergleute Nebenerwerbslandwirtschaft. Auf Anordnung der Reichsregierung musste jeder Betrieb seit 1939 alle zwei Wochen eine zusätzliche Schicht zu den sechs Werktagsschichten fahren, die sogenannte „Hermann-Göring-Schicht". Für diese Schicht erhielten die Bergleute einen Zuschlag von 50 Prozent zum Lohn.[176]

Die Buderus'schen Eisenwerke hielten im Krieg an den umfangreichen betrieblichen Sozialleistungen fest und bauten sie weiter aus.[177] Sie führten eine freiwillige Familienbeihilfe für einberufene Belegschaftsmitglieder ein sowie eine Hinterbliebenenbeihilfe in Höhe von 500 RM, erhöhten Jubiläumsgaben und Beihilfen und zahlten weiterhin Weihnachtsgratifikationen; diese hingen vom Jahresgewinn ab. Sie betrugen 1941 1,7 Prozent des Bruttogehalts der ersten neun Monate. 1942 belief sich die Weihnachtsbelohnung auf 20 Prozent des letzten Monatsverdiens-

Qualifizierte Lehrlingsausbildung bei den Stahlwerken Röchling-Buderus während des Zweiten Weltkrieges.

tes.[178] Die betrieblichen Unterstützungskassen gewährten auch während des Krieges feste Beträge bei Heirat, Geburt, Schulentlassung und im Todesfall sowie in besonderen Notlagen wie Krankheit etc. Sie finanzierten sich je zur Hälfte durch Beiträge des Unternehmens und der Belegschaft.[179] Eine Beihilfe nach dem Ausscheiden aus dem Unternehmen wurde nur bei Bedürftigkeit gewährt.[180] Für die betrieblichen Unterstützungskassen erließen die Buderus'schen Eisenwerke Ende 1941 eine neue Satzung; diese stieß auf heftige Kritik der DAF. Diese Form der ‚Gemeinschaftshilfe' stand der allgemeinen Altersversorgung für die Mitarbeiter entgegn, die die DAF einführen wollte, die jedoch während des Krieges nicht finanziert werden konnte.[181] Buderus forderte, die gesetzliche Altersversorgung auszuweiten, weil die Privatwirtschaft nur in Einzelfällen helfen könne. Dennoch waren die betrieblichen Unterstützungskassen ein wichtiger Beitrag zur Altersversorgung ehemaliger Belegschaftsmitglieder.

Maßnahmen wie der Wettbewerb ‚Schönheit der Arbeit' und die KdF-Reisekassen, die die Einbindung der Belegschaft im Sinne des Nationalsozialismus fördern sollten, verloren in der Kriegszeit an Bedeutung. Die Lehrlingsausbildung verbesserte Buderus auch während des Krieges, vor allem in Bereichen, in denen Nachwuchsmangel bestand. Auf der Grube „Beilstein", die zur Grube „Königszug" gehörte, richtete man eine Lehrgrube ein, die vorbildliche Bedingungen für die Ausbildung bot.[182] Auch das betriebliche Vorschlagswesen wurde weiter gefördert. Vor allem in den Bereichen Materialeinsparung und Transport gingen Verbesserungsvorschläge ein, die prämiert wurden.[183] Die Betriebsärzte, die in jedem Betrieb der Buderus'schen Eisenwerke tätig waren, versuchten durch Vorsorge und Kontrolle den hohen Krankenstand zu verringern. Die Werksküchen, die schon in der Vorkriegszeit bestanden, wurden ausgebaut.

1942 wurde bei den Buderus'schen Eisenwerken ein Gefolgschaftsamt eingerichtet. Es sollte die personellen und sozialpolitischen Entscheidungen der Unternehmensführung vorbereiten und durchführen und arbeitete eng mit der DAF zusammen.[184] Die Einrichtung dieses Amtes war in den Augen der Unternehmensführung erforderlich geworden, da die örtlichen „Betriebsführer" nicht als Betriebsführer im Sinne des Gesetzes zur Ordnung der nationalen Arbeit (AOG) angesehen werden könnten und selbst einer zentralen Führung bedürften. Es wurde also eine weitere Ebene zwischen Unternehmensführung und Betriebsführungen eingerichtet, um die örtlich verstreuten Betriebe zentral mit Arbeitskräften zu versorgen und vor allem auch die Belegschaft zu kontrollieren.

4.5. Schwankende Umsätze und rückläufige Erträge

Die Übersicht über die Umsätze und Gewinne der Kriegsjahre gestaltete sich schwierig, da die Bilanzen in der gewohnten Form lediglich bis 1940 veröffentlicht wurden. Die wesentlich knapper gehaltenen Bilanzen der folgenden Jahre fassten u. a. die Aufwendungen für Löhne, Sozialabgaben und Abschreibungen zusammen und machten damit eine Cash-Flow-Berechnung unmöglich. Da zudem umfangreiche Geheimhaltungsvorschriften galten, waren Zahlen für den Wert der Investitionen während des Krieges nicht zu ermitteln.[185]

Gewinn, Umsatz, Cash-Flow (in Mio. RM) und Dividende (in %) der Buderus'schen Eisenwerke 1939–1945[186]

Jahre	1939	1940	1941	1942	1943	1944	1945
Umsatz	65,2	64,1	64,5	k.A.	k.A.	68,8	12,8
Gewinn/Jahresüberschuss (= Reingewinn laut Bilanz)	1,4	1,5	1,5	1,4	1,4	0,1	−0,2
Cash-Flow	4,8	5,0	k.A.	k.A.	k.A.	5,1	2,3
Dividende	5,5	5,5	5,5	5,5	5,5	–	–

Die Umstellung auf Rüstungsproduktion konnte Buderus schnell vollziehen und so den Rückgang der zivilen Produktion kompensieren. Der Auftragsbestand blieb auf hohem Niveau, obwohl die Nachfrage nach Buderus-Produkten allgemein rückläufig war, denn der Staat als Abnehmer für Kriegsgerät füllte die Lücke. Als seit 1940 infolge weiterer Herstellungsbeschränkungen auch der Umsatz bei den kriegswichtigen Erzeugnissen der „weißen Ware" zurückging,[187] wurde dies teilweise durch andere Rüstungsaufträge ausgeglichen.

Die stärkere Umstellung auf Kriegsproduktion im Jahr 1942 zeigte sich auch in den Finanzdaten der Buderus'schen Eisenwerke. So beeinträchtigte der Rückgang der Friedensproduktion ab 1942 den Umsatz wertmäßig stark. Er konnte auch durch die zunehmende Munitionsfertigung nicht aufgefangen werden. Der Umsatz sank im Vergleich zu 1941 um etwa zehn Prozent.[188] Der „Totale Krieg" ab 1943 forderte erneut große Anstrengungen, um die Rüstungsproduktion zu steigern. Dieser Einsatz zeigte trotz zunehmender Luftangriffe, trotz Arbeitskräfte- und Rohstoffmangels Wirkung, so dass der Umsatz bis in das zweite Quartal 1944 ausschließlich aus der Zunahme der Wehrmachtsfertigung gesteigert werden konnte. Seit Mitte 1944 nahmen jedoch die Transportschwierigkeiten, Versorgungsengpässe und Erzeugungsausfälle stark zu, so dass der Umsatz um etwa zwei Prozent zurückging.[189] 1945 spiegelte sich der Zusammenbruch der Produktion auch beim Umsatz wider; dieser erreichte mit 12,8 Mio. RM nicht einmal den Wert des Krisenjahres 1932.[190]

Die Beteiligungsgesellschaft Röchling-Buderus steigerte demgegenüber während des Krieges den Umsatz kontinuierlich und erreichte 1943 mit 52,7 Mio. RM fast den Umsatz der Buderus'schen Eisenwerke.[191] Da die Stahlwerke Röchling-Buderus ein direkter Rüstungsbetrieb waren, konnte der Staat als alleiniger Abnehmer die Preise bestimmen, aber auch die Abnahme garantieren.

Der Auslandsumsatz brach während des Krieges fast völlig zusammen. In den besetzten Ländern Norwegen, Dänemark, Niederlande, Belgien und im besetzten Teil Frankreichs war die Nachfrage größer als die Menge, die aufgrund der seit Mitte 1941 bestehenden Exportkontingentierung dorthin ausgeführt werden durfte. Im Unterschied dazu reichten die Kontingente, die für den Export in nichtbesetzte Gebiete festgesetzt waren, aus. Mit der Kapitulation von Rumänien, Bulgarien und Finnland sowie dem Abbruch der Handelsbeziehungen zur Türkei schmolz der ohnehin kleine Kreis der ausländischen Absatzmärkte weiter zusammen,[192] so dass der Auslandsabsatz schließlich zum Erliegen kam.

Der Gewinn der Buderus'schen Eisenwerke lag zwischen 1939 und 1943 bei 1,4 bzw. 1,5 Mio. RM. Infolge der Kriegseinwirkungen musste das Unternehmen 1944 einen gewaltigen Einbruch – auf 133.101 RM – hinnehmen. In einzelnen Sparten der Friedensproduktion hatte das Unternehmen aufgrund umfangreicher staatlicher Eingriffe in die Preisbildung bereits seit 1942 nicht mehr wirtschaftlich arbeiten können, denn manche Buderus-Erzeugnisse waren Preisbindungen unterworfen, die unterhalb der Gestehungskosten lagen. Für andere Produkte dieser Geschäftssparten war die Gewinnspanne äußerst knapp.[193] Außerdem schränkte der Staat den Absatz an private Abnehmer durch ein Bezugsscheinsystem stark ein. Doch gibt es Hinweise, dass die Gewinne zumindest bis 1943 dennoch deutlich über den ausgewiesenen Beträgen lagen. So vermerkte Dr. Robert Frowein, Mitglied des Aufsichtsrats der Buderus'schen Eisenwerke und des Vorstands der Deutschen Bank, zur Bilanz des Jahres 1943 und dem ausgewiesenen Gewinn von 1,4 Mio. RM: „Tatsächlich verdient wurden nach RM 5.100.100,– Abschreibungen RM 6.100.000,–, wovon RM 4.700.000,– zur inneren Stärkung verwandt wurden."[194] Aufgrund wechselnder Abgrenzung einzelner Bilanzposten lässt sich nicht nachvollziehen, ob z. B. Bewertungsänderungen von Vorräten etc. buchungstechnisch bedingt waren oder reale Schwankungen widerspiegeln. Offensichtlich war aber die Ertragslage zu diesem Zeitpunkt besser, als es sich im ausgewiesenen Gewinn niederschlug.

Der Cash-Flow lag für 1939 und 1940 bei 4,8 bzw. 5,0 Mio. RM. Danach lässt er sich erstmals wieder für 1944 (5,1 Mio. RM) beziffern. Wenn auch für die dazwischenliegenden Jahre eine Berechnung nicht möglich ist, kann doch aufgrund der Entwicklung von Gewinn und Dividende davon ausgegangen werden, dass zumindest bis Ende 1943 auch beim Cash-Flow keine wesentlichen Änderungen eintraten. 1945 sank er auf 2,3 Mio. RM.

Ab 1939 wurde die Dividende als Reaktion auf die gestiegenen Gewinne auf 5,5 Prozent erhöht, den höchsten Satz seit den zwanziger Jahren. Die Erhöhung fand angesichts der Preisstoppverordnung von 1940 Kritik, denn die Löhne stiegen nicht, obwohl der Krieg höchste

Anforderungen an die Arbeitskräfte stellte. Darüber herrschte Unzufriedenheit in der Belegschaft gegenüber den Aktionären.[195] Mit der Dividendenabgabeverordnung vom 12. Juli 1941 und der Gewinnabführungsverordnung vom 31. März 1942 wurden Höchstgrenzen für Dividenden und Gewinne festgesetzt.

Schon in der Bilanz des Jahres 1940 wurde eine neue Rücklage für den sozialen Wohnungsbau nach dem Kriege ausgewiesen.[196] Außerdem erhöhte man die Unterstützungsrücklage um 200.000 RM. Da es mit fortschreitendem Kriegsverlauf aufgrund von Beschaffungsproblemen etc. immer schwieriger wurde, Investitionen vorzunehmen, wurden Gewinne zunehmend der Rücklage zugeführt und Rückstellungen für den Wiederaufbau nach dem Kriege gebildet. So wurde die Sonderrücklage zur Werkserneuerung im Jahre 1943 um 500.000 RM erhöht. Auch durch einen Gewinnvortrag auf das kommende Geschäftsjahr wurde versucht, sich abzeichnende Verluste aufzufangen. Damit wurde schon während des Krieges für die Nachkriegszeit geplant, obwohl nicht sicher war, ob es für das Unternehmen nach der Niederlage überhaupt eine Zukunft geben würde.

Die Selbstkosten erhöhten sich von 1938 bis 1941 vor allem aufgrund der steigenden Energie- und Lohnkosten. Da Überstunden vergütet werden mussten, vermehrt Krankheitsfälle auftraten und die Beschaffung von Arbeitskräften schwieriger wurde, gingen die Lohnkosten trotz des Lohnstopps von 1941 während des Krieges nicht zurück. Die gesetzlichen Sozialabgaben blieben unverändert. Die Selbstkosten sollten durch fortschreitende Rationalisierung und Einschränkung des Produktionsprogramms gesenkt werden.[197] Freilich beeinträchtigten vielfältige Kriegs-, Ausfuhrabgaben und steuerliche Belastungen den Gewinn, doch war die Ertragslage so gut, dass erhebliche Abschreibungen vorgenommen werden konnten. Auffällig ist hier vor allem, dass die Abschreibungen auf Anlagen von 1942 auf 1943 um 1,3 Mio. RM – und damit um 40 Prozent – stiegen. Darin drückt sich vor allem die Umstellung auf die Anforderungen des „Totalen Krieges" aus. Die Investitionen richteten sich vornehmlich auf den Ausbau der Kriegsproduktion und später, mit zunehmendem Luftkrieg, auf die Instandsetzung der durch Bombenangriffe zerstörten Anlagen.

Sämtliche Kriegsfolgen schlagen sich schließlich in der Rechnungslegung für das Geschäftsjahr 1945 nieder. Die Fertigstellung des Jahresabschlusses war mit Rücksicht auf die besonderen wirtschaftlichen und technischen Schwierigkeiten der Nachkriegszeit nur mit großer zeitlicher Verzögerung möglich.

Der infolge starken Umsatzrückganges und aller sonstigen Zeitumstände eingetretene erhebliche Verlust in Höhe von annähernd 10 Mio. RM im Geschäftsjahr 1945 konnte im Wesentlichen nur durch die Auflösung von Rücklagen und Rückstellungen gedeckt werden. Zusätzlich sind Kriegssachschäden von rund 11 Mio. RM aktiviert worden, denen auf der Passivseite eine Rücklage für Wiederbeschaffung von rund 7,5 Mio. RM sowie eine Wertberichtigung auf das Umlaufvermögen von rund 1,7 Mio. RM gegenübersteht.

Bilanzstruktur der Buderus'schen Eisenwerke 1939–1945 (in Mio. RM)[198]

Jahre	1939	1940	1941	1942	1943	1944	1945
Vermögensstruktur							
Sachanlagen	16,0	17,0	16,0	17,0	16,0	16,0	14,3
Finanzanlagen	1,1	1,1	2,1	5,1	5,0	5,0	3,0
Vorräte	9,0	11,3	10,7	10,3	9,1	11,3	8,8
Monet. Umlaufvermögen	20,3	17,7	18,1	14,8	22,1	19,3	23,5
Kapitalstruktur							
Eigenkapital	33,6	34,4	34,4	34,4	35,4	35,4	40,9
Langfristiges Fremdkapital	5,7	6,1	6,5	6,5	9,1	8,4	3,7
Kurzfristiges Fremdkapital	7,1	6,6	6,0	6,3	7,7	7,8	5,0
Gesamtkapital/ Gesamtvermögen	46,4	47,1	46,9	47,2	52,2	51,6	49,6

Die Kapitalentwicklung im Krieg zeigte keine bedeutenden Veränderungen. Das Grundkapital von 26 Mio. RM in Stammaktien blieb unverändert. Das Fremdkapital blieb bis 1942 mit 12,5 bis 13 Mio. RM konstant, erhöhte sich in den beiden folgenden Jahren jedoch auf 16 bis 17 Mio. RM, weil die Forderungen von Buderus an den Staat stiegen, der eine Vielzahl von Rüstungsgütern auf Kredit kaufte. Auffällig ist die erhebliche Steigerung der Finanzanlagen zwischen 1940 und 1942 von 1,1 auf rund 5 Mio. RM. Hierin deutet sich an, dass die Buderus'schen Eisenwerke bei anhaltend guter Ertragsentwicklung entweder keine Möglichkeiten zum Aufstocken des Anlagevermögens sahen oder dies nicht sinnvoll erschien. Zwar finden sich hierüber keine Belege, aber wahrscheinlich hatte der Vorstand auch kein Interesse an einer uneingeschränkten Umstellung der Produktionsstruktur auf Rüstungserfordernisse, denn langfristig mussten sich Rüstungsanlagen eher als Belastung für das Unternehmen erweisen.

Die Dividenden- und Gewinnabführungsverordnungen von 1941 und 1942 legten es nahe, wie dargestellt, nicht nur die Rücklagen, sondern auch das Eigenkapital aus eigenen Mitteln zu erhöhen. Röchling-Buderus nahm diese Möglichkeit wahr. Der Aufsichtsrat beschloss am 23. Juli 1942, eine Kapitalberichtigung gemäß der Dividendenabgabenverordnung um 200 Prozent vorzunehmen: von drei auf neun Mio. RM mit Wirkung zum 31. Dezember 1941. Dazu wurden 5.384.000,– RM dem Anlagevermögen zugeschrieben und 616.000,– RM den Rückstellungen entnommen.[199] Im Unterschied hierzu erhöhten die Buderus'schen Eisenwerke ihr Grundkapital während des Krieges nicht.

4.6. Zusammenfassung

Mit Beginn des Zweiten Weltkriegs vollzog sich die Umgestaltung der Buderus'schen Eisenwerke zu einem Unternehmen der Kriegswirtschaft. Die Rüstungsproduktion umfasste die Herstellung von Granaten, Geschützrohren und Bomben. Während des Krieges wurde ferner die Integration der Produktion in Richtung auf die Stahlerzeugung und -verarbeitung vorangetrieben, indem Buderus 1940 das Stahlwerk übernahm. Die Stahlwerke Röchling-Buderus AG nahmen während

*Bombenschäden bei den Stahlwerken Röchling-Buderus als Folge des Luftangriffes vom
28. Mai 1944.*

des Krieges ein neues Stahlwerk in Betrieb und wurden dadurch zum größten Wetzlarer Rüstungsunternehmen und zu einem nationalsozialistischen Musterbetrieb. Im Krieg war die Produktion der Buderus'schen Eisenwerke wachsenden Belastungen ausgesetzt, bis sie schließlich bei Kriegsende ganz zum Erliegen kam. Die größte Schwierigkeit war zunächst die Versorgung mit Rohstoffen; bald wurde der Mangel an Arbeitskräften zum vordringlichen Problem. Die Buderus'schen Eisenwerke und die Stahlwerke Röchling-Buderus setzten daher wie andere deutsche Industriebetriebe zur Kriegsproduktion Kriegsgefangene und Zwangsarbeiter ein, die unter leidvollen Bedingungen lebten und arbeiteten.

Mit Fortschreiten des Krieges waren auch die Buderus'schen Eisenwerke verstärkt den Luftangriffen der Alliierten ausgesetzt. Nach dem Luftangriff auf Wetzlar am 19. September 1944 kam fast die gesamte Produktion zum Erliegen. Die Situation verschärfte sich zum Jahresende weiter.[200] Die Betriebe, die nicht zerstört waren, wurden durch Rohstoff-, Arbeitskräftemangel und Transportprobleme lahmgelegt. Der Einmarsch amerikanischer Truppen und die Besetzung der Sophienhütte am 29. März 1945 bedeuteten für Buderus das Ende des Krieges, der das Unternehmen an den Rand des wirtschaftlichen Zusammenbruchs geführt hatte. Die Produktion – auch in den Betrieben, die den Luftkrieg ohne Zerstörungen überstanden hatten – stand still.

Doch schon vor 1945 rückten Aufgaben in den Blick, die das Unternehmen in Zukunft zu bewältigen hatte. So wurde bereits während des Krieges das Problem der Wirtschaftlichkeit des Abbaus eigener Erze gesehen, das erst in den siebziger Jahren zum Ende der Eisenerzförderung bei Buderus führte. Die Hoffnung wurde auf den Neubeginn gesetzt. Der Wiederaufbau zu einem erfolgreichen deutschen Konzern in der Nachkriegszeit wurde sogleich nach Kriegsende in Angriff genommen.

*In der Gesenkschmiede der Stahlwerke Röchling-Buderus im Jahre 1947.
Pflugscharen dokumentieren die Wiederaufnahme der Friedensproduktion.*

5. Wiederaufbau und Sozialisierung (1945–1948)

5.1. Besatzungspolitik der Alliierten, Industriepläne, Währungsreform

In den ersten Nachkriegsjahren bestimmte die Politik der Alliierten die Entwicklung der Buderus'schen Eisenwerke. Nach der bedingungslosen Kapitulation Deutschlands am 8. Mai 1945 teilten die Vereinigten Staaten von Amerika, Großbritannien, die Sowjetunion und Frankreich das deutsche Staatsgebiet in vier Besatzungszonen auf und übernahmen die oberste Staatsgewalt. Die Grundlage für die Behandlung der deutschen Industrie bildeten die im Potsdamer Abkommen vom 2. August 1945 niedergelegten deutschlandpolitischen Nachkriegsziele der Siegerkoalition. „Entmilitarisierung", „Entnazifizierung", „Entindustrialisierung" und „Dezentralisierung" – diese Schlagworte bestimmten den Katalog der Kriegsziele, den die Alliierten auf der Potsdamer Konferenz (17. Juli bis 2. August 1945) bekräftigten.[1] Militarismus und Nationalsozialismus sollten durch Abschaffung der Wehrmacht, Bestrafung von Angehörigen der NSDAP sowie durch ein groß angelegtes Umerziehungsprogramm in Deutschland ein für allemal beseitigt werden. Des Weiteren planten die Siegermächte, die deutschen Industrieanlagen zu reduzieren und für Reparationsleistungen heranzuziehen. Auf diese Weise hoffte man, die wirtschaftlichen Schwierigkeiten zu vermeiden, die nach dem Ersten Weltkrieg aus den finanziellen Transferleistungen Deutschlands entstanden waren.[2]

Letztlich erblickten die Alliierten in der Auflösung von Kartellen, Syndikaten und der Aufspaltung (Entflechtung) der Großunternehmen in der Montanindustrie, im Bankwesen und in der chemischen Industrie ein Mittel, um Machtzusammenballungen künftig zu verhindern, die ihrer Meinung nach für den Aufstieg des „Dritten Reichs" mitverantwortlich gewesen waren.

Der erste Schritt, um dieses Programm zu verwirklichen, war der Erste Industrieplan (Level of Industry Plan) vom 23. Juni 1946. Sein Inhalt orientierte sich stark an den Vorstellungen des amerikanischen Finanzministers Henry Morgenthau („Morgenthau-Plan"). Dieser hatte vorgesehen, Deutschland weitgehend zu entindustrialisieren und in ein Agrarland umzuwandeln.[3] So beschlagnahmten die Alliierten den deutschen Auslandsbesitz und enteigneten alle immateriellen Aktiva wie Patente, Handelsmarken, Lizenzen und Firmennamen. Für wichtige Industriezweige führte der Plan Produktionslimits ein, die erheblich unter der Kapazität der jeweiligen Branchen lagen. So wurde die zulässige Jahresproduktion bei Rohstahl mit 5,8 Mio. t angesetzt, einem Viertel der Vorkriegserzeugung. Insgesamt sollte das deutsche Industriepotenzial auf 50 bis 55 Prozent des Niveaus von 1938 reduziert werden.[4]

Doch letztlich wurden die wenigsten Punkte dieses Plans verwirklicht. Das lag an den unterschiedlichen Ideologien und machtpolitischen Interessen der westlichen Alliierten und der Sowjetunion. Die Konflikte, die 1947 in den „Kalten Krieg" mündeten, verhinderten es, eine gemeinsame Wirtschaftspolitik für alle Besatzungszonen durchzuführen, wie dies in Potsdam vereinbart worden war. Die amerikanische Deutschlandpolitik wandte sich bereits in der zweiten Hälfte des Jahres 1946 von den wirtschaftlichen Zielen des Ersten Industrieplans ab. Für die USA gewann

Deutschland nicht nur in Bezug auf den Machtkampf mit der Sowjetunion Bedeutung, sondern das Land erschien auch als wichtiger Partner für die Genesung der westeuropäischen Wirtschaft, wobei zugleich das Ziel verwirklicht werden sollte, den Handel zu liberalisieren. Die USA führten auf Grund ihrer wirtschaftlichen Stärke und zahlreicher Unterstützungsleistungen an Westeuropa den Wandel der westlichen Deutschlandpolitik an. Während die Sowjetunion in ihrer Besatzungszone industrielle Anlagen rücksichtslos demontierte und weite Teile der Wirtschaft verstaatlichte,[5] begann die amerikanische Regierung schrittweise, teils mit britischer Unterstützung, teils gegen den Widerstand Englands und Frankreichs, die Rahmenbedingungen für die Entwicklung der Industrie in ihrer Besatzungszone zu verbessern. Die wichtigsten Ereignisse auf diesem Weg waren:

– die Vereinigung der amerikanischen und britischen Besatzungszone zum „Vereinigten Wirtschaftsgebiet", der Bizone, am 1. Januar 1947,
– der „revidierte Industrieplan" für die Bizone vom 29. August 1947, in dem das zulässige Industrieniveau auf 70 bis 75 Prozent des Standes von 1938 erhöht und die Zahl der in den Westzonen zu demontierenden Betriebe von 1.549 auf 682 reduziert wurde,[6]
– die Ankündigung des Europäischen Wiederaufbauprogramms (European Recovery Program, ERP oder Marshallplan) durch den amerikanischen Außenminister George C. Marshall am 5. Juni 1947, aus dem auch Deutschland Import- und Devisenhilfen erhielt,[7]
– die Ablösung der noch von den restriktiven Wirtschaftsbestimmungen des Potsdamer Abkommens geprägten Direktive JCS 1067 für die amerikanischen Besatzungstruppen durch die neue, den Wiederaufbau befürwortende Direktive JCS 1779 am 11. Juli 1947.[8]

Bedurfte der Übergang der Amerikaner zu einer offiziellen „positiven Deutschlandpolitik"[9] einer längeren Entwicklung, so war diese Politik für die amerikanische Besatzungszone von Anfang an Realität. Die Besatzungsregierung unter Lucius D. Clay hatte schon allein angesichts der katastrophalen Lebensverhältnisse in ihrer Zone und der ihr hierdurch entstehenden Kosten Interesse am Wiederaufbau einer begrenzten Produktion. Die Westzonen hatten 25,7 Prozent weniger landwirtschaftliche Nutzfläche als das ehemalige Deutsche Reich, mussten jedoch allein 1946 rund 4,4 Mio. Einwohner mehr ernähren als vergleichsweise im ersten Kriegsjahr 1939, u. a. wegen der von den Alliierten im Potsdamer Abkommen ratifizierten Vertreibung der Ostdeutschen und der deutschen Bevölkerungsteile aus der Tschechoslowakei und Ungarn. Bis zur Währungsreform lebten die Menschen ständig am Rande einer Hungersnot.[10] Die Zonen konnten aus eigener Kraft Lebensmitteleinfuhren nur durch Exporterlöse finanzieren. Jede Behinderung der Produktion und des Exports wirkte sich auf die Besatzungskosten aus, weil die amerikanische Militärregierung einen Großteil der notwendigen Lebensmitteleinfuhren vorfinanzieren musste. Das Interesse der amerikanischen Militärregierung an der erfolgreichen Verwaltung ihres Besatzungsgebiets deckte sich daher von Anfang an mit dem unternehmerischen Interesse an einer möglichst ungehinderten Produktion. Ein deutliches Zeichen für diese Politik setzte Clay, als er am 3. Mai 1946 in der amerikanischen Zone einen totalen Demontagestopp verhängte. Damit linderte er die Auswirkung der alliierten Entindustrialisierungspläne auf die Industrie.[11]

Von ihren Entflechtungsabsichten machte die Besatzungsregierung zunächst keine Abstriche. Die Besatzungsmächte der Bizone hatten zu Beginn des Jahres 1947 mit den Militärgesetzen Nr. 56 in der amerikanischen und Nr. 78 in der englischen Zone das Verfahren für die Entflechtung der Großunternehmen festgelegt und alle Kartelle sowie Syndikate aufgelöst.[12] Für die britische Zone bedeutete dies die Beschlagnahme des gesamten Kohlenbergbaus sowie der Eisen- und Stahlindustrie. Die amerikanische Zone vollzog den gleichen Schritt, nachdem die Gesetze Nr. 56 und Nr. 78 durch ein bizonales Entflechtungsgesetz, das Militärgesetz Nr. 75, konkretisiert worden waren. Nach diesem Gesetz wurden die Eisen- und Stahlindustrie sowie der Bergbau der Bizone beschlagnahmt.[13] Die Auseinandersetzung mit der deutschen und alliierten Wirtschaftspolitik wurde in der frühen Nachkriegszeit zu einem Hauptgegenstand der unternehmerischen Arbeit, insbesondere in den Branchen, die von der Neuordnung betroffen waren. Ebenso wichtig war jedoch der tägliche Kampf um die Wiederbelebung der 1945 praktisch zum Stillstand gekommenen Produktion.[14] Die Ausgangsbedingungen waren denkbar schlecht. Zwar hatten die alliierten Bombenangriffe insgesamt nur zu relativ geringer Zerstörung der industriellen Anlagen geführt.[15] Doch behinderten die Zonengrenzen den Warenaustausch und zahlreiche Engpässe bei der Beschaffung von Rohstoffen die Ausdehnung der industriellen Produktion. Wie in der Kriegswirtschaft wurden die meisten Güter weiterhin streng bewirtschaftet und kontingentiert. Infolge des niedrigen Produktionsniveaus und der Tatsache, dass allein bis Ende 1947 rund 27 Mio. t Kohle und 3 Mio. t Schrott als Zwangsexporte – so genannte versteckte Reparationen – Deutschland verließen, waren die Reserven an wichtigen Einsatzstoffen gering. Außerdem hielten die Alliierten den Preis- und Lohnstopp von 1936 aufrecht, damit der durch die Kriegsfinanzierung des „Dritten Reichs" entstandene Geldüberhang nicht in eine offene Inflation mündete.[16]

Die Anreize für den Warenexport wurden durch das Bewirtschaftungssystem vermindert. Seit Januar 1947 mussten die Unternehmen ihre Exportgeschäfte über die anglo-amerikanische Joint-Export-Import Agency (JEIA) abwickeln. Diese verlangte von den ausländischen Käufern, die Waren in Dollar zu bezahlen (Dollarklausel), der knappsten und begehrtesten Devise. Ausländische Unternehmen sahen daher häufig von Exportgeschäften mit deutschen Unternehmen ab. Dass auch die deutschen Unternehmen kein nachhaltiges Interesse am Export ihrer Waren haben konnten, zeigt bereits die Tatsache, dass sie den Erlös der Exportgeschäfte von der JEIA nicht in Devisen, sondern in wertlosen Reichsmark ausgezahlt erhielten.[17]

Auch im Inland behinderten die wirtschaftlichen Verhältnisse den Warenabsatz. Nachdem Informationen über eine geplante Währungsreform bereits 1946 an die Öffentlichkeit gedrungen waren, nahm das Vertrauen der Unternehmen in die zerrüttete Währung rapide ab. Die Reichsmark verlor damit ihren Wert als Tauschmittel.[18]

Das größte Hindernis für die wirtschaftliche Entwicklung waren jedoch zunächst die Schäden der Infrastruktur. Die Reichsbahn war ein Hauptziel der alliierten Luftangriffe gewesen und konnte vorerst nur notdürftig instand gesetzt werden. Im Winter 1946/47 führte eine lang anhaltende Kältewelle zu Stockungen und Ausfällen bei der Bahn und zur wochenlangen Einstellung der Binnenschifffahrt. Da das schwer beschädigte Transportsystem überlastet war, verharrte die Wirtschaft der Westzonen in einer „Lähmungskrise". Während auf den Halden der Ruhrzechen die Kohlenbestände anwuchsen, kamen beispielsweise in Hessen, das nun weitgehend vom Ruhrgebiet abgeschnitten war, große Teile der Industrie zum Erliegen. Der Produktionsindex der Bizone sank von 44 im Herbst 1946 auf 34 im ersten Quartal 1947 (1936 = 100).[19] Erst Mitte 1947 konnte die Wirtschaftsverwaltung den Verkehrsengpass überwinden. Die industrielle Produktion stieg seitdem kontinuierlich an. Der Produktionsindex der Bizone erreichte im Juni 1948 bereits 54 Punkte, fiel dann aber bis Juli auf 50.

Die entscheidenden Impulse für die Produktionsentwicklung vermittelten die Währungs- und die Wirtschaftsreform: Mit dem „Emissionsgesetz" vom 20. Juni 1948, dem „Umstellungsgesetz" vom 27. Juni 1948 und dem „Festkontengesetz" vom 4. Oktober 1948 wurden das Bar- und Buchgeld in den Westzonen von rund 220 Mrd. RM auf etwa 13 Mrd. DM reduziert.[20] Der durch die Kriegsfinanzierung verursachte Geldüberhang verschwand. Des Weiteren setzte die Wirtschaftsreform dem strengen Bewirtschaftungssystem ein Ende. Mit dem „Gesetz über Leitsätze für die Bewirtschaftung und Preispolitik nach der Geldreform" vom 18./24. Juni 1948 begann der Abbau der Kontingentierung[21] und der Preiskontrollen. Anfang Juli 1948 waren bereits 90 Prozent der Preisvorschriften außer Kraft gesetzt. Nur die unmittelbar notwendigen Nahrungsmittel wie Brot, Milch, Fleisch und Fett, ferner Rohstoffe wie Kohle, Elektrizität, Eisen und Stahl hatten weiterhin staatlich festgesetzte Preise.[22] Die für die Vorwährungszeit typischen Erscheinungen wie Kompensationshandel sowie Warenhortung verschwanden, da die neue Währung als Tauschmittel für Waren und Leistungen sofort akzeptiert wurde.

Infolgedessen stieg die Produktion nach dem 20. Juni 1948 kräftig an. Hatte der Produktionsindex im zweiten Quartal 1948 noch bei 53 gelegen, so erreichte er im vierten Quartal 1948 77 Punkte.[23] Freilich nahm sich das deutsche Produktionsniveau im Vergleich zu anderen europäischen Staaten, die z.T. den Produktionsstand der Vorkriegszeit bereits überschritten hatten, bescheiden aus.[24] Die wirtschaftlichen Schwierigkeiten vor der Währungsreform behinderten eine weitere Expansion der Produktion. Wie auch die Betrachtung der Betätigungsfelder von Buderus zeigt, waren viele Branchen durch die Demontage schwer getroffen. Die Edelstahlindustrie stand bei den Demontageverlusten mit Reduktionen zwischen 26 Prozent (SM-Stahl) und 68 Prozent (Elektrostahl)[25] der Produktionskapazitäten an erster Stelle. Es folgten die deutschen Roheisenkapazitäten, die eine Reduktion um acht Prozent hinnehmen mussten. Die Gießerei-Industrie dürfte nur im Elektrostahlguss nennenswerte Demontageschäden zu verzeichnen gehabt haben.[26] Auch die Zementindustrie war nicht massiv betroffen.[27]

Dennoch erreichte keiner der Produktionszweige, trotz des hohen Bedarfs an Produkten für den Wiederaufbau der zerstörten Städte und Industrieanlagen, den Vorkriegsstand. Gemessen an der Elektrostahlproduktion erbrachte die Edelstahlindustrie noch 1949 nur rund zehn Prozent ihrer Vorkriegsleistung.[28] Die Zementherstellung erreichte etwa 53 Prozent[29] ihres Standes von 1936. Die westdeutsche Eisengussproduktion lag 1948 bei 39,8 Prozent des Jahres 1936, die von Roheisen sogar nur bei 30,4 Prozent.[30] Zwar herrschte in dieser Branche eine einzigartige Absatzlage, denn die Roheisenverbraucher mussten ihren Bedarf aus der laufenden Produktion der heimischen Hochöfen decken. Die teils beträchtlichen Roheisenbestände waren noch im Laufe des Jahres 1946 aufgebraucht worden.[31] Die Demontagen verhinderten jedoch, dass die Eisen- und Stahlproduktion mit der Nachfrage annähernd mithalten konnte.[32] Allein der von Demontagen nicht betroffene Eisenerzbergbau profitierte von diesen Absatzbedingungen. Die alliierten Industriepläne sahen zum Einsatz in den deutschen Hochöfen ausschließlich inländische Erze vor.[33] Der Anteil der eigenen Erze an dem Möllerverbrauch der Hochöfen erhöhte sich demzufolge auf 48 Prozent, im Vergleich zu 18 Prozent in der Zwischenkriegszeit.[34] Dies erlaubte dem Eisenerzbergbau, die Förderung rasch zu steigern. Er kam bis Ende 1948 mit 96 Prozent bereits wieder an seine Förderleistung von 1936 heran.[35] Die Produktion der anderen Industriebranchen litt dagegen noch weitere zwei Jahre unter den durch die wirtschaftlichen Verhältnisse vor der Währungsreform entstandenen Verzögerungen.[36]

Insgesamt war es jedoch 1948 gelungen, die Grundlagen für die zukünftige marktwirtschaftliche Wirtschaftsordnung Westdeutschlands und die hohen Wachstumsraten der folgenden Jahre zu legen. Vier Tage nach der Währungsreform im Westen führte die Sowjetunion in ihrer Besatzungszone ebenfalls eine Währungsumstellung durch, und sie versuchte, mit der Blockade Berlins die Gründung eines westdeutschen Staates zu verhindern. Die Entscheidung hierfür war jedoch längst gefallen. Am 1. Juli 1948 erteilten die westlichen Militärgouverneure den Ministerpräsidenten der Länder mit der Übergabe der „Frankfurter Dokumente" den Auftrag, eine Verfassung für das Gebiet der westlichen Besatzungszonen auszuarbeiten. Damit wurden die Weichen für eine Entwicklung gestellt, die zur Gründung der Bundesrepublik Deutschland und der Deutschen Demokratischen Republik führte. Mit der „doppelten Staatsgründung" war die Teilung Deutschlands vollzogen.[37]

5.2. Schadensbilanz und Veränderungen in der Unternehmensleitung

Für die Buderus'schen Eisenwerke waren die ersten drei Nachkriegsjahre die turbulentesten der Nachkriegsgeschichte. Die Besetzung Wetzlars durch eine amerikanische Panzereinheit am 29. März 1945 führte auf allen Werken des Unternehmens zum Stillstand der Produktion. Die Amerikaner besetzten das Werk Wetzlar und gestatteten nur Belegschaftsmitgliedern mit einer Sondergenehmigung, das Gelände zu betreten. Die Zwangsarbeiter wurden freigelassen. Die Besatzungstruppen verwandelten die Buderus-Hauptverwaltung in eine Unterkunft für Soldaten der Panzereinheit; die Werkshallen dienten ihnen als Abstellräume. Die Konzernverwaltung verteilte sich vorübergehend auf mehrere Häuser in Wetzlar.[38] Die Verbindung zu den Außenwerken war zunächst unterbrochen, Engpässe und Improvisationen bestimmten lange Zeit die Verwaltungsarbeit. Eine erste Bilanz zeigte, dass viele Betriebe beträchtliche Schäden erlitten hatten. Von den Bombenangriffen waren vor allem die Werke Wetzlar, Lollar sowie Staffel in der amerikanischen und Essen-Kray in der britischen Zone betroffen. Von allen Unternehmensbereichen war der Bergbau am besten über die letzte Kriegszeit hinweggekommen, da die zumeist versteckt gelegenen Förderanlagen nicht das Ziel der Kampfflugzeuge geworden waren. Doch wurden die Schäden, die das Unternehmen durch Kampfhandlungen und Bombardements erlitten hatte, von umfangreichen Plünderungen durch Besatzungstruppen und befreite Zwangsarbeiter unmittelbar nach der Besetzung übertroffen.[39]

Der Geldwert dieser Schäden ließ sich nicht genau ermitteln, da z. B. bei den Plünderungen wichtige Pläne über die Aufnahme der Friedensproduktion abhanden kamen. Insgesamt berechnete der Vorstand 1948 die Gebäudeschäden durch Luftangriffe auf 2,4 Mio. RM, die Plünderungsschäden durch Räumen der Magazine und Lagerbestände auf 7,4 Mio. RM und die durch den Ausfall der Produktion entstandenen Kosten auf 15 Mio. RM.[40] Hierin waren die Schäden der Tochter- und Beteiligungsgesellschaften nicht eingerechnet. Die Breuer-Werke GmbH wies schwere Bombenschäden auf.[41] Auch die Buderus'sche Handelsgesellschaft hatte große Schäden an Büro- und Lagergebäuden in Köln, Düsseldorf, Hamburg, Bremen, Berlin, München, Nürnberg und Frankfurt a. M. zu verzeichnen und verlor ihre Niederlassungen im Ausland. Die Zweigbüros in Saarbrücken, Breslau, Königsberg, Stettin, Danzig, Erfurt, Dresden, Leipzig, Magdeburg und Teplitz-Schönau gingen der Gesellschaft verloren.[42] Zu diesen Schäden trat der Verlust der

Die Hauptverwaltung der Buderus'schen Eisenwerke nach dem Zweiten Weltkrieg.

1938 erworbenen Triumph-Werke, Herd- und Ofenfabriken G.m.b.H., Wels/Österreich.[43] So stark diese Verluste das Unternehmen auch in seiner Funktionsfähigkeit beeinträchtigten – bei anderen Unternehmen waren die Schäden eher noch größer. Zum Beispiel waren die großen Abflussrohrwerke der Vereinigten Stahlwerke in Gelsenkirchen und Kaiserslautern durch die Kriegseinwirkungen schwer in Mitleidenschaft gezogen und fielen zunächst aus. Das im amerikanischen Besatzungsgebiet gelegene Buderus'sche Abflussrohrwerk Staffel war damit nach dem Krieg zunächst der größte deutsche Abflussrohrproduzent.[44] Das Gleiche galt für das Buderus'sche Radiatoren- und Heizkesselwerk Lollar, dessen großer Konkurrent, das Strebelwerk in Mannheim, ebenfalls schwere Bombenschäden davongetragen hatte.[45] Eine Sonderstellung hatte auch die Stahlwerke Röchling-Buderus AG: Sie war das einzige intakte Edelstahlwerk in den westlichen Besatzungszonen und das einzige hessische Stahlwerk.[46]

Der Konzern erlangte damit für die amerikanische Besatzungszone eine einzigartige wirtschaftliche Bedeutung. Die Militärregierung benötigte Buderus beim Wiederaufbau der eigenen Zone als Rohstoffunternehmen wie auch als Produzenten von Fertigwaren. Dies hob der Vorstand bei den Verhandlungen mit den Besatzungsbehörden immer wieder hervor[47] – wie sich zeigen wird, mit Erfolg: Dank des guten Verhältnisses zu den Besatzungsbehörden erhielten die Buderus'schen Eisenwerke schon früh Produktionsgenehmigungen und konnten damit in vieler Hinsicht schädliche Wirkungen von Eingriffen abwenden, denen die meisten Unternehmen in der unmittelbaren Nachkriegszeit ausgesetzt waren.

Für die Führungsgremien des Unternehmens brachte die Besatzung jedoch zunächst tief greifende Änderungen. Bereits im Juli 1945 ergingen mehrere Verordnungen, um die Nationalsozialisten aus den öffentlichen Verwaltungen und der Wirtschaft zu entfernen.[48] Alle Aufsichtsratsmitglieder der Buderus'schen Eisenwerke mussten am 30. Juli 1945 wegen ihrer Zugehörigkeit zur NSDAP zurücktreten, ebenso – wenige Wochen später – diejenigen Vorstandsmitglieder, die unter die Bestimmungen des Gesetzes Nr. 8 fielen.[49] Giesbert wurde am 15. November 1945 wegen seiner Mitgliedschaft im Aufsichtsrat der Commerzbank verhaftet.[50] Damit blieb der Bergwerks- und Hüttendirektor Wilhelm Witte, der dem Vorstand seit 1940 angehörte und als Freimaurer nicht Mitglied der NSDAP gewesen war, als einziges Mitglied des Vorstands im Amt.[51]

Die Leitung des Konzerns durch ein einziges Vorstandsmitglied konnte nur eine Übergangslösung sein. Die Wahl eines neuen Aufsichtsrats und die Bestellung weiterer Vorstandsmitglieder waren dringend notwendig. Die Hauptversammlung konnte jedoch vorerst nicht einberufen werden,[52] da sich die Aktien der Gesellschaft in einem von der sowjetischen Besatzungsmacht beschlagnahmten Sammeldepot in Berlin befanden.

Daher wurde der neue Aufsichtsrat am 20. November 1945 gemäß § 89 AktG kommissarisch durch das Registergericht in Limburg eingesetzt. Der Registerrichter ernannte aufgrund von Vorschlägen des hessischen Ministeriums für Wirtschaft und Verkehr sowie Wittes und Giesberts einen fünfköpfigen Aufsichtsrat: Dr. Martin Arndt, Dr. Ing. e.h. Hans Bredow, Dr. Max Wellenstein, Bergassessor a.D. Otto Kippenberger und Dr. Hans Simon.[53] In der konstituierenden Sitzung am 1. Dezember 1945 wurde Bredow zum Vorsitzenden gewählt.

Bredow war in der Weimarer Republik Staatssekretär im Reichspostministerium und seit 1926 „Rundfunk-Kommissar des Reichspostministers" gewesen. Für ihn bedeutete das neue Amt in der Industrie keineswegs Neuland. Er war seit 1908 Mitglied der Geschäftsführung von Telefunken gewesen, wobei der Schwerpunkt seiner Tätigkeit auf dem Aufbau des deutschen Schiffs- und Überseefunkdienstes gelegen hatte. Als exponierter Vertreter des Rundfunks der Weimarer Republik war Bredow 1933 bis 1935 inhaftiert, danach erhielt er ein Tätigkeitsverbot.[54] Am 1. Mai 1945 wurde er zum ersten Regierungspräsidenten des Wiesbadener Regierungsbezirks ernannt, überwarf sich jedoch mit der Militärregierung, so dass er am 7. August 1945 sein Amt niederlegen musste.[55] Bredows unbelastete Vergangenheit machte ihn auch zum geeigneten Mitglied des neuen

Dr. Ing. e. h. Hans Bredow. Von 1945 bis 1953 Vorsitzender des Aufsichtsrats der Buderus'schen Eisenwerke und bis zu seinem Tode im Jahre 1959 Ehrenvorsitzender.

Aufsichtsrats der Buderus'schen Eisenwerke. Sein Stellvertreter wurde Martin Arndt, der Vorstandsmitglied der Frankfurter Philipp Holzmann AG war.

Es fällt auf, dass dem neuen Aufsichtsrat zunächst keine Vorstandsmitglieder der Großbanken angehörten. Diese gelangten erst mit der am 11. Dezember 1948 einberufenen ersten Hauptversammlung der Buderus'schen Eisenwerke nach dem Kriege in das Gremium: Hans Sachs, der Direktor der Frankfurter Commerz- und Kreditbank folgte dem verstorbenen Aufsichtsratsmitglied Martin Arndt als stellvertretender Vorsitzender. Neben Paul Marx von der Commerzbank wurden Leonhard Stitz-Ulrici von der Dresdner Bank und Wolfgang Suchsland von der Deutschen Bank in den Aufsichtsrat berufen.[56] Schließlich trat Alfons Wagner an Stelle des am 30. Dezember 1948 verstorbenen Max Wellenstein in den Aufsichtsrat der Buderus'schen Eisenwerke ein. Wagner war Vorstandsvorsitzender der Oberschlesischen Hüttenwerke AG gewesen, eines Tochterunternehmens des Ballestrem'schen Konzerns, der einer der führenden Montankonzerne der dreißiger Jahre gewesen war.[57]

Wagner war nicht die einzige aus Ostdeutschland vertriebene Führungskraft des Ballestrem'schen Konzerns, die nach dem Zweiten Weltkrieg bei Buderus eine verantwortliche Position erlangte. Außer ihm waren auch Franz Grabowski, Vorstandsmitglied der Aktiengesellschaft Ferrum, Kattowitz, einer Tochtergesellschaft der Oberschlesischen Hüttenwerke AG, und Dr. Karl von Winckler, der Privatsekretär des Grafen Niklaus von Ballestrem, in die Westzonen und nach Österreich geflüchtet.[58] Beide haben später als Vorstandsvorsitzende die Entwicklung der Buderus'schen Eisenwerke nachhaltig geprägt. Während von Winckler jedoch zunächst für die Buderus'sche Handelsgesellschaft in Österreich arbeitete und erst 1958 in den Vorstand der

Muttergesellschaft eintrat, wurde Grabowski bereits am 22. Juni 1946 zum kaufmännischen Vorstandsmitglied bestellt.[59] Er wurde 1953 Generaldirektor und behielt dieses Amt bis 1967. Mit 21 Jahren Amtszeit war Grabowski die bedeutendste Persönlichkeit für die Entwicklung der Buderus'schen Eisenwerke nach 1945. Kein anderer war mit der Nachkriegsentwicklung des Unternehmens so eng vertraut wie er. Sein Einfluss auf die Entwicklung von Buderus lässt sich in wohl jedem Unternehmensbereich zurückverfolgen.

Zusammen mit Grabowski wurde der aus Magdeburg stammende Dr. Franz Grosser als technisches Vorstandsmitglied in den Vorstand berufen. Er hatte als Betriebsführer beim „Strebelwerk" in Mannheim gearbeitet, war dann Leiter der „Eisen- und Stahlgießerei-Werke", Frankenthal, und später Direktor der an die „Berghütte" in Teschen angegliederten 13 Eisen-, Stahl-, und Metallgießereien gewesen. Grosser verfügte damit über einen großen Erfahrungshorizont auf dem Gebiet der Gießerei. Sein technisches Wissen sollte er den Buderus'schen Eisenwerken insbesondere auf dem Gebiet der Mechanisierung und Rationalisierung der Werksanlagen und der Verbesserung des Werkstoffs Gusseisen bis zu seinem Ausscheiden am 30. September 1956 zur Verfügung stellen.[60]

Mit der Ernennung von Grabowski und Grosser verfügten die Buderus'schen Eisenwerke 1946 wieder über einen arbeitsfähigen, funktional nach kaufmännischen, Gießerei- und Rohstoffaufgaben gegliederten Vorstand. Bei der Stahlwerke Röchling-Buderus AG waren die Eisenwerke durch Witte im Aufsichtsrat vertreten.[61] Die Zusammenarbeit der Vorstandsmitglieder vollzog sich seit 1946 wieder auf kollegialer Basis; das im „Dritten Reich" eingeführte Amt des Vorsitzenden wurde abgeschafft.[62] Lange sollte der Vorstand jedoch in dieser Form nicht weiterarbeiten. Bereits 1947 mussten sich die Buderus'schen Eisenwerke mit den Fragen der Demontage, Sozialisierung und Entflechtung auseinandersetzen, von denen das Unternehmen auf unterschiedliche Art tangiert war. Die Aufgabenverteilung und Interessenskonflikte zwischen den Vorstandsmitgliedern führten dazu, dass die Bereiche neu verteilt und das Unternehmen insgesamt aufgespalten wurde.

5.3. Einbeziehung der Buderus'schen Eisenwerke in Restitution, Demontage, Entflechtung und Sozialisierung

Die Buderus'schen Eisenwerke blieben von der alliierten Demontagepolitik nicht verschont. Sie mussten auf Anweisung der amerikanischen Besatzungsmacht Maschinen, die zur Kriegsproduktion bestimmt waren, im Wert von 1,15 Mio. RM vernichten und Restitutionen von 72.000 RM aufbringen. Im August 1946 erhielten sie die Nachricht, dass das Wetzlarer Zementwerk, die im Krieg installierten Senkrecht-Schleudergussmaschinen, das SM-Stahlwerk und die Stahlwerke Röchling-Buderus mit allen ihren Betrieben von der Demontage betroffen sein würden.[63] Hierbei handelte es sich jedoch lediglich um eine vorläufige Maximalforderung. In Fragen der Demontage, Entflechtung und Sozialisierung kam den Buderus'schen Eisenwerken die wohlwollende Haltung der amerikanischen Militärregierung zugute. Mit deren Unterstützung gelang es dem Vorstand, seinen Einfluss auf die Verwaltung der von der Demontage betroffenen Produktionsstätten zu erhalten. Zwar wurden diese Anlagen gemäß Militärgesetz Nr. 52 „betreffend die Sperre und Kontrolle von Vermögen" beschlagnahmt und der Aufsicht des für die amerikanische Besatzungszone

Dr.-Ing. E. h. Franz Grabowski.
Von 1946 bis 1953 Vorstandsmitglied und
von 1953 bis 1967 Generaldirektor der
Buderus'schen Eisenwerke.

gegründeten „Landesamt(es) für Vermögenskontrolle" unterstellt. Dieses delegierte jedoch die Geschäftsführung der Betriebe an Treuhänder, die im Falle von Buderus allesamt dessen Vorstand angehörten. Für die Gießereianlagen des Wetzlarer Werkes wurde Grabowski, für die Stahlwerke Röchling-Buderus AG wurde Witte Treuhänder.⁶⁴

Die Treuhänder konnten in Verhandlungen mit der Militärregierung die Demontagen auf ein Minimum begrenzen. So wurden die Schleudergussanlagen der Sophienhütte von der ersten Demontageliste gestrichen. Bei der Stahlwerke Röchling-Buderus AG demontierten die Alliierten 1947 nur das Zweigwerk der Gesellschaft in Mehle bei Hannover.⁶⁵ Die Wetzlarer Anlagen der Gesellschaft wurden größtenteils von der Demontage ausgenommen. In Bezug auf einen zu demontierenden 15-t-Elektroofen des Stahlwerks vereinbarte Witte mit der amerikanischen Militärregierung einen Tausch: Anstelle des Elektroofens wurden die vier bereits veralteten SM-Öfen von Buderus auf die Demontageliste des zweiten Industrieplans gesetzt.⁶⁶ Auf der entsprechenden Liste des revidierten Industrieplans stand keine Anlage der Stahlwerke Röchling-Buderus AG mehr.⁶⁷ Der Schaden der Demontagepolitik für die Buderus'schen Eisenwerke und ihre Töchter hielt sich damit in engen Grenzen.

Weit größere Bedeutung aber erlangten die Sozialisierungsabsichten der hessischen Landesregierung.⁶⁸ Die Forderung nach Verstaatlichung gehörte unmittelbar nach dem Zusammenbruch zu den am häufigsten genannten Punkten der neu gebildeten politischen Parteien und Gewerkschaften.⁶⁹ Das Wort „Verstaatlichung" tauchte allerdings in den Parteiprogrammen nicht auf. Stattdessen sprach man von „Sozialisierung" oder „Überführung in Gemeineigentum". In diesem Ziel vereinigten sich verschiedene Einflüsse – vom revolutionären Sozialismus über das revisionistische Konzept der Wirtschaftsdemokratie bis zum genossenschaftlichen und christlichen Sozialismus. Entscheidend dafür, dass die Sozialisierungsforderungen, die die sozialistischen Parteien bereits in der Weimarer Republik erhoben hatten, nach dem Zweiten Weltkrieg wieder auflebten, waren die Erfahrungen aus der NS-Zeit: Über die Parteigrenzen hinweg bestand zunächst Einigkeit darüber, dass der Nationalsozialismus politisch durch eine „unheilige Allianz von Schwerindustrie, Finanzkapital und Großgrundbesitz (Kurt Schumacher) gestützt und ökonomisch durch kapitalistische Gesetzmäßigkeiten (Konzentration – absinkender Mittelstand; Überproduktion – Kapitalvernichtung im Krieg) verursacht worden war".[70] In der jungen Demokratie sollte nun der für schädlich befundene Einfluss der privaten Industrie auf das politische Leben durch Übereignung wichtiger Industriezweige an den Staat neutralisiert werden. Die Länderverfassungen, die zwischen November und Dezember 1946 in der amerikanischen und im Mai 1947 in der französischen Besatzungszone in Kraft traten, enthielten daher mehr oder minder verbindliche Sozialisierungsbestimmungen.[71] Am weitesten ging Artikel 41 der Hessischen Verfassung, der mit der Hessischen Verfassung am 1. Dezember 1946 in einer Volksabstimmung von 72 Prozent der an der Abstimmung Beteiligten[72] angenommen wurde:[73]

> „Mit Inkrafttreten dieser Verfassung werden
> 1) in Gemeineigentum überführt: der Bergbau (Kohle, Kali, Erze), die Betriebe der Eisen- und Stahlerzeugung, die Betriebe der Energiewirtschaft und das an Schienen oder Oberleitungen gebundene Verkehrswesen,
> 2) vom Staat beaufsichtigt und verwaltet: die Großbanken und Versicherungsunternehmen und diejenigen in Ziffer 1 genannten Betriebe, deren Sitz nicht in Hessen liegt.
> Das Nähere bestimmt das Gesetz.
> Wer Eigentümer eines danach in Gemeineigentum überführten Betriebes oder mit seiner Leitung betraut ist, hat ihn als Treuhänder bis zum Erlaß von Ausführungsgesetzen weiter zu führen."[74]

Damit drohte auch Buderus neben 125 anderen Unternehmen die Enteignung.[75] Der neue Vorstand lehnte eine Verstaatlichung aus ideologischen und wirtschaftlichen Gründen ab. Seine Auffassung, dass die Buderus'schen Eisenwerke mit ihrer Roheisenerzeugung und ihrem Bergbau keine Monopolstellung innehatten und dass die zu starke Abhängigkeit der Betriebsführung von parlamentarischen Entscheidungen die Beweglichkeit und die Anpassungsfähigkeit der Betriebe an den Wirtschaftsprozess behindern würde, erwies sich schon bald als richtig.[76] Zumindest offiziell wollte sich der Vorstand jedoch auch nicht dem durch Art. 41 HV etablierten Verfassungsauftrag widersetzen. Seine Haltung war von der Absicht geleitet, den Schaden der Sozialisierungsbestrebungen für Buderus zu minimieren.

Die unklare Formulierung von Art. 41 HV[77] gab dem Vorstand Möglichkeiten an die Hand, sein Ziel zu verwirklichen. Unklar war, was mit dem Begriff „Betriebe der Eisen- und Stahlerzeugung" genau gemeint war. Streng genommen hörte die Eisenerzeugung nach dem Hochofen auf, die Stahlerzeugung nach dem Konverter, dem SM-Ofen oder dem Elektroofen. Eisen- und Stahlgießerei sowie alle anderen Produktionsbetriebe galten als Weiterverarbeitung. Strittig war auch, ob den Eigentümern der von Art. 41 Abs. 1 Ziff. 1 HV benannten Vermögen das Eigentum bereits mit In-Kraft-Treten der hessischen Verfassung entzogen war (Sofortsozialisierung) oder ob die Übertragung erst stattfinden konnte, wenn das Ausführungsgesetz verabschiedet war.[78]

Der Vorstand orientierte seine Interpretation am jeweils engeren Verständnis. In der Frage der Eigentumsübertragung schloss er sich der Meinung des Unternehmensjustitiars Dr. Hans Hauf an: Art. 41 Abs. 1 HV sei im Wesentlichen programmatischer Natur, solange der Landtag nicht ein Ausführungsgesetz gemäß Art. 40 und Art. 41 Abs. 2 Satz 3 HV erlassen hatte. Bereits kurz nach dem Referendum über Art. 41 HV veröffentlichte der Vorstand in einer Bekanntmachung auf allen Werken seine Auffassung über die künftige Einbeziehung in die Sozialisierung: „In der gestrigen Abstimmung des großhessischen Volkes ist die Mehrheit der Stimmen für die Annahme des Verfassungsentwurfes und die in Artikel 41 vorgesehene Überführung des Bergbaus und der Eisen- und Stahlerzeugung in Gemeineigentum abgegeben worden. Von unseren Unternehmen werden dadurch die Eisenerzgruben und die Hochöfen in Wetzlar und Oberscheld betroffen, die übrigen Betriebe dagegen nicht."[79]

Eine gewisse Bestätigung seiner Haltung erhielt der Vorstand, nachdem der Aufsichtsrat der Gesellschaft von der Landesregierung zur Ernennung von Treuhändern für die zu sozialisierenden Betriebsteile ermächtigt worden war und daraufhin am 14. Dezember 1946 selbst die Spaltung des Unternehmens vornahm, indem er Witte als Treuhänder für die – zu sozialisierenden – Rohstoffbetriebe einsetzte. Witte wurde am 15. Februar 1947 auch Treuhänder für die nicht unter Art. 41 HV, sondern Gesetz 52 fallende Sieg-Lahn Bergbau GmbH, in der die zwölf hessischen Erzgruben des Krupp-Konzerns zusammengefasst waren.[80]

Witte übernahm eine schwierige Aufgabe. Er musste einen Unternehmensteil weiterführen, mit dem er als Bergmann seit Beginn seiner Karriere eng verbunden war, obwohl er wusste, dass seine Treuhänderschaft die Abkopplung der Grundstoffbetriebe vom übrigen Unternehmen bedeutete. Das aber widersprach dem Interesse von Bergbau und Roheisenerzeugung. Spätestens seit der Krise, die die Buderus'schen Eisenwerke als reines Bergbau- und Hüttenunternehmen am Ende des 19. Jahrhunderts durchlaufen hatten, musste jedem klar sein, dass die Trennung von Rohstoff- und weiterverarbeitenden Betrieben wirtschaftlich unsinnig war. Die Eisen erzeugenden Betriebe und der Bergbau rentierten sich nur in Verbindung mit den weiterverarbeitenden Produktionsanlagen, den Gießereien, und den Betrieben zur Verarbeitung der Nebenprodukte. Zudem hätte eine Teilsozialisierung im Hauptwerk des Unternehmens in Wetzlar einen Schnitt durch die Betriebsanlagen bedeutet.[81] Auch die aus den hessischen Landtagswahlen vom 1. Dezember 1946 hervorgegangene Koalitionsregierung aus SPD und CDU konnte an einer Teilsozialisierung nicht interessiert sein, sofern sie die ihr übereigneten Betriebsteile mit Erfolg weiterführen wollte. Dass dieses Interesse bestand, ergab sich allein schon aus den hohen Ansprüchen, die die Regierungsvertreter an ihr Sozialisierungsprojekt stellten.

Die SPD-Vertreter in der Regierung,[82] unter ihnen Ministerpräsident Christian Stock, Justizminister Georg-August Zinn und Wirtschaftsminister Harald Koch, betrachteten ihr Sozialisierungsprojekt als wegweisendes Beispiel für entsprechende Regelungen in anderen Ländern und im Grundgesetz.[83] Koch, ehemals Syndikus der zum Flick-Konzern gehörenden Maxhütte,[84] legte ein ehrgeiziges Konzept vor. Sein Entwurf zu Art. 41 Abs. 2 Satz 3 HV[85] sah für die sozialisierten Betriebe eine völlig neue Gesellschaftsform vor. Jeder sozialisierte Betrieb sollte auf der betrieblichen Ebene eine sogenannte Sozialgemeinschaft bilden, in deren Leitungsgremien alle gesellschaftlichen Gruppen vertreten sein sollten. Die Unternehmen sollten vornehmlich nach gemeinwirtschaftlichen Gesichtspunkten wirtschaften und 40 Prozent ihrer Überschüsse an übergeordnete Körperschaften abführen.[86]

Dieses Sozialisierungskonzept wurde allerdings nur von der SPD und den Gewerkschaften getragen. Widerstand kam vom Koalitionspartner der SPD, der CDU, sowie von der LDP (der späteren FDP). Hatten CDU und SPD bei der Ausarbeitung der Verfassung noch in einem Kompromiss gemeinsam Art. 41 HV zugestimmt, so begann die CDU sich bereits kurze Zeit nach Verabschiedung der hessischen Verfassung von dem Inhalt des Art. 41 HV zu distanzieren, und zwar in dem Maße, wie die eine Sozialisierung unterstützenden linken Gründerkreise der Partei zugunsten rechter Kreise an Einfluss verloren. Zusammen mit der LDP ging die CDU allmählich zur Obstruktion des Art. 41 HV über.[87] Kochs Ausführungsgesetz ging in den Änderungswünschen der anderen Parteien und des Koalitionspartners unter und kam nicht zur Verabschiedung.

Widerstand gegen die Verwirklichung des Art. 41 HV schlug der Landesregierung auch von der amerikanischen Militärregierung, insbesondere von Militärgouverneur Clay, entgegen. „Was Clay am hessischen Verfassungsartikel 41 irritierte, war sein Zwangscharakter. Vergeblich hatte OMGUS versucht, das ‚wird' (sozialisiert) in ein ‚kann' (sozialisiert werden) zu verändern".[88] Clay sah in einer Sozialisierung eine weitgehende Entscheidung für die Wirtschaftsordnung, die zu treffen er den Deutschen angesichts der ökonomischen Notlage nicht zutraute. Dahinter verbarg sich wahrscheinlich auch die ablehnende Haltung des Generals gegen sozialistische Reformen, die er als unsichere „Experimente" und Ausdruck von Sozialismus, wenn nicht gar Kommunismus, ablehnte. Diese Einstellung war keineswegs repräsentativ für die Haltung der übrigen amerikanischen Regierungsvertreter. Insbesondere das State Department setzte sich dafür ein, örtliche Sozialisierungen durchzuführen, wie sie im Übrigen auch in England und Frankreich stattfanden. Gegen das War Department, das in der Besatzungspolitik federführend war und Clays Ansichten über die Sozialisierung in Westdeutschland teilte, konnte sich das State Department jedoch nicht durchsetzen.[89] Die Verwirklichung der hessischen Sozialisierungspläne war daher von Anfang an den Eingriffen der amerikanischen Militärregierung ausgesetzt. Clay hatte seine Missbilligung zu Art. 41 HV bereits bekundet, als er diese Bestimmung am 1. Dezember 1946 einer von dem Verfassungsreferendum unabhängigen Volksabstimmung unterziehen ließ. Im Jahr 1947 schließlich, nachdem der Verfassungsartikel trotzdem in Kraft getreten war, verbot die amerikanische Militärregierung der Landesregierung die Sozialisierung des Buderus'schen Tochterunternehmens Stahlwerke Röchling-Buderus AG, das unter dem amerikanischen Gesetz Nr. 52 immer noch als beschlagnahmt galt.[90]

Bei diesen Eingriffen in die hessische Sozialisierungsdiskussion ließ es die Militärregierung zunächst bewenden. Die Landesregierung hatte daher die Hoffnung noch nicht aufgegeben, ihre Absichten zu verwirklichen. Da ihr Ausführungsgesetz vorerst nicht verabschiedet wurde, versuchte sie, über die den Treuhänder betreffenden gesetzlichen Regelungen immer mehr Betriebsteile in den Kompetenzrahmen des Treuhänders einzubeziehen. Sie stellte sich auf den Standpunkt, dass ein Ausführungsgesetz zu Artikel 41 HV überflüssig sei, da die Eigentumsübertragung mit Verabschiedung der Verfassung erfolgt, die Frage der Vermögensaufteilung letztlich also nur eine Frage der Auslegung des Art. 41 HV sei.[91] Bis 1948 versuchte die Landesregierung mehrmals, zunächst durch die Treuhänderbestätigung Wittes vom 6. März 1947, später über die Bestallungsurkunde für Witte vom 27. April 1948, die aufgrund des am 25. August 1947 verabschiedeten „Gesetzes betreffend die Bestellung von Treuhändern des Landes Hessen"[92] ausgefertigt worden war, die Elektrizitätswerke, die stillgelegten Erz- und Braunkohlefelder der Buderus'schen Eisenwerke sowie das Gelände des inzwischen demontierten SM-Stahlwerks mit den noch vorhandenen Elektroöfen und der Edelstahlgießerei der Treuhandverwaltung zu unterstellen. Direkte rechtliche Folgen hatten diese Versuche nicht, weil Buderus durch Einsprüche vom 10. Mai und 27. Juli 1948 beim Verwaltungsgericht zunächst verhinderte, dass die Bestimmungen in Kraft traten.[93]

Dieser Streit führte letztlich zur Spaltung des Unternehmens. Nachdem Witte sich gegenüber der hessischen Landesregierung mehrmals dafür ausgesprochen hatte, weite Teile der weiterverarbeitenden Betriebe in die Sozialisierung einzubeziehen, entzog ihm der Aufsichtsrat durch eine Änderung der Geschäftsordnung am 16. Januar 1947 de facto die Mitwirkungsmöglichkeiten an den Sozialisierungsverhandlungen der Buderus'schen Eisenwerke mit der hessischen Landesregierung. Grabowski erhielt die alleinige Vollmacht, hierüber zu verhandeln. Am 31. März 1947 wurde Witte schließlich als Vorstandsmitglied der Buderus'schen Eisenwerke beurlaubt.[94] Damit war seine Tätigkeit für das Unternehmen beendet. Sein Aufsichtsratsmandat bei der Stahlwerke Röchling-Buderus AG musste er an Bredow abgeben.

Der Vorstand der Buderus'schen Eisenwerke konnte durch den Ausschluss Wittes eine geschlossene Position gegen die Sozialisierung der weiterverarbeitenden Betriebe aufbauen. Um den Bemühungen der hessischen Landesregierung zuvorzukommen, arbeitete er darauf hin, die Grundstoff- und Weiterverarbeitungsbetriebe verwaltungsmäßig zu trennen. Hierzu fühlten sich die Vorstandsmitglieder auch aus wirtschaftlichen Gründen veranlasst, da die Grundstoffbetriebe seit ihrer Unterstellung unter die Treuhänderschaft keine eigene Rechtspersönlichkeit mehr besaßen. Die hessische Regierung hatte es auch versäumt, die Betriebe mit eigenem Geschäftskapital auszustatten. Dies alles führte dazu, dass sich die Treuhandbetriebe weiter auf Kosten der weiterverarbeitenden Betriebe finanzierten.[95] Am 1. September 1947 vollzog der Vorstand daher eine Verwaltungstrennung, legte die selbständige Geschäftsführung und Finanzierung von Betrieben des Rohstoff- und Weiterverarbeitungsbereichs fest und bestimmte, welche Vermögensteile den beiden Verwaltungen zugeteilt werden sollten. Die Aufgliederung wurde entsprechend einer Vereinbarung zwischen Witte und Grabowski durchgeführt. Die Abgrenzung der Vermögensteile entsprach dabei den Bestimmungen der Treuhänderbestätigung Wittes vom 6. März 1947. Die Elektrizitätswerke in Wetzlar und Oberscheld wurden den Treuhandbetrieben zugerechnet, die Zuordnung des Zementwerks und des Leichtbaustoffwerks wurde in der Abmachung nicht erwähnt. In den Veröffentlichungen über die Verwaltungstrennung wurden beide Betriebe jedoch den Buderus'schen Eisenwerken zugeschlagen. Die neue Verwaltung der sozialisierten Betriebsteile erhielt den Namen „Treuhandverwaltung der Buderus'schen Erzgruben, Hochofen- und Elektrizitätsbetriebe in Gemeineigentum".[96]

Mit dieser Abmachung – einem defensiven Kompromiss – hatte Buderus ein starkes Argument gegen jede weitere Änderung der Vermögensaufteilung durch die Landesregierung in der Hand. Die Regierung konnte sich in Zukunft nicht mehr darauf berufen, eine Trennung von Grundstoff- und weiterverarbeitenden Betrieben sei wirtschaftlich nicht durchführbar.[97]

Nachdem der Vorstand durch seinen Einspruch vor dem Verwaltungsgericht am 27. Juli 1948 erreicht hatte, dass Wittes Bestallungsurkunde noch nicht in Kraft trat, erklärte sich die hessische Landesregierung bereit, sich mit Buderus über die Aufteilung der Betriebsteile zu einigen. Die am 11. November 1948 von den Parteien unterzeichnete Vereinbarung hatte nur noch wenig mit der Bestallungsurkunde für Witte vom 27. April 1948 gemein, folgte sie doch ganz der durch die Verwaltungstrennung festgelegten Aufteilung.[98] Die hierdurch erreichte prinzipielle Zustimmung des

*Dr. Ing. Wilhelm Witte.
Leiter der Treuhandverwaltung seit 1947.
Von 1940 bis 1950 Vorstandsmitglied der
Buderus'schen Eisenwerke und von
1952 bis 1956 Vorstandsmitglied der
Hessischen Berg- und Hüttenwerke.*

Wirtschaftsministeriums zur Verwaltungstrennung bedeutete „eine Unterwerfung unter die politischen und wirtschaftlichen Interessen des Buderus-Vorstandes."[99]

Der Streit um die Einbeziehung der Buderus'schen Eisenwerke in die hessische Sozialisierung wäre damit entschärft gewesen, wenn die Sozialisierung im Jahr 1948 nicht mit den deutschlandpolitischen Interessen der amerikanischen Besatzung kollidiert wäre. Am 6. August 1948 verabschiedete der nordrhein-westfälische Landtag ein Sozialisierungsgesetz, das die Verstaatlichung des gesamten Kohlenbergbaus des Ruhrgebiets bedeutet hätte. Stand die amerikanische Besatzungsregierung schon der Verstaatlichung einer – gesamtwirtschaftlich betrachtet – relativ kleinen Branche wie der hessischen Schwerindustrie skeptisch gegenüber, so war sie erst recht nicht bereit, diese Maßnahmen bei der wichtigsten Schlüsselindustrie der westdeutschen Wirtschaft zu akzeptieren. Nun votierte auch das amerikanische Außenministerium – wenn auch aus taktischen Gründen – dafür, die Sozialisierungspläne in Westdeutschland vorläufig zu unterbinden.[100] Es fiel der amerikanischen Regierung nicht allzu schwer, mit sanftem Druck auch die britische Labour-Regierung von ihren Zielen zu überzeugen, hatten die Vereinigten Staaten doch in dem am 17. Dezember 1947 mit England abgeschlossenen Abkommen einen großen Teil der britischen Besatzungslasten übernommen und sich Einfluss auf die wirtschaftspolitischen Entscheidungen in der Bizone gesichert.[101] Dennoch musste man einen Kompromiss finden, um die öffentliche Meinung, insbesondere die politischen Parteien Westdeutschlands, zu beschwichtigen. Die Lösung des Problems sahen Amerikaner und Briten darin, eine Entscheidung über die Sozialisierung zu vertagen.

Von Professor Heinrich Moshage gestaltete Erinnerungsplakette zur Wiederaufnahme der Roheisenerzeugung in Wetzlar im Jahre 1946. Professor Moshage regte in diesem Zusammenhang die Errichtung einer Kunstgießerei durch Buderus an.

So legte die britische Besatzungsregierung am 23. August 1948 ihr Veto gegen das nordrhein-westfälische Sozialisierungsgesetz ein.[102] Drei Monate später trat für das amerikanische und britische Besatzungsgebiet das bereits erwähnte Militärgesetz Nr. 75 in Kraft, das die gesamte Grundstoffindustrie der Bizone beschlagnahmte und „die endgültige Entscheidung über die Eigentumsverhältnisse im Kohlenbergbau und der Eisen- und Stahlindustrie einer aus freien Wahlen hervorgegangenen, den politischen Willen der Bevölkerung zum Ausdruck bringenden deutschen Regierung" überließ.[103]

Auch die Buderus'schen Eisenwerke, die noch 1947 von den Bestimmungen des amerikanischen Entflechtungsgesetzes Nr. 56 befreit worden waren, wurden zusammen mit der Stahlwerke Röchling-Buderus AG unter das neue Entflechtungsgesetz gestellt. Allerdings wurden beide

Unternehmen nicht in den Anhang A von Gesetz Nr. 75 aufgenommen, der die Gesellschaften aufzählte, die liquidiert werden sollten. Stattdessen gehörten sie zu einer Gruppe von Unternehmen, bei denen keine übermäßige Konzentration angenommen wurde, die jedoch unter bestimmten Voraussetzungen in die Umgestaltung einbezogen werden konnten.[104]

Ende November 1948 wies die US-Militärregierung die Kontrollstellen in ihrer Zone an, alle vom Gesetz Nr. 75 betroffenen Gesellschaften und Vermögensgegenstände unter „zeitweilige Kontrolle" gemäß Gesetz Nr. 52 zu stellen. Im amerikanischen Besatzungsgebiet führten das Landesamt für Vermögenskontrolle und die ihm unterstehenden Treuhänder zunächst die Kontrolle der unter Gesetz Nr. 75 gestellten Gesellschaften fort. Alle Sozialisierungsmaßnahmen mussten dagegen rückgängig gemacht werden.

Damit erlosch die Treuhänderschaft Wittes. An seiner Stelle ernannte die amerikanische Militärregierung am 17. Januar 1949 den Aufsichtsratsvorsitzenden Bredow zum Treuhänder der Buderus'schen Eisenwerke.[105] Witte konnte jedoch die ihm übertragenen Aufgaben weitgehend weiterverfolgen. Der Vorstand hütete sich – wahrscheinlich bereits im Hinblick auf die Entlassung des Unternehmens aus Gesetz Nr. 75 –, die bereits durchgeführte Verwaltungstrennung zwischen Grundstoff- und weiterverarbeitenden Betrieben rückgängig zu machen. Stattdessen behielt Witte gemäß der Treuhänderverfügung Nr. 2 vom 18. Februar 1949 alle Befugnisse, die ihm durch die Treuhänderbestätigung vom 6. März 1947 übertragen worden waren. Auch der Name der Treuhandverwaltung wurde lediglich mit der Ergänzung „Unter Militärgesetz Nr. 52 gemäß Militärgesetz Nr. 75" aufrechterhalten.[106] Dabei handelte es sich jedoch nur um eine unternehmensinterne Regelung. Der eigentliche Treuhänder gemäß Gesetz Nr. 75 blieb Bredow. Die Buderus'schen Eisenwerke waren somit vorläufig von der Verwirklichung des Art. 41 HV verschont. An die Stelle der Sozialisierung war die Entflechtung getreten.

5.4. Erste Maßnahmen zur Wiederaufnahme von Produktion und Vertrieb

Neben den Auseinandersetzungen mit der hessischen Landesregierung und den Besatzungsbehörden bestand die wichtigste Aufgabe des Vorstands zunächst darin, die Produktion auf die Friedensbedürfnisse umzustellen. Die erste offizielle Produktionsgenehmigung für die Gießereien hatte sich der Vorstand bereits im Oktober des Jahres 1945 beschafft.[107] Einige Gießereien konnten damit die Produktion wieder aufnehmen, diejenigen in Lollar, Essen-Kray und Breidenbach aber erst 1946. Zudem kündigten die Buderus'schen Eisenwerke bereits im Jahr 1945 den Pachtvertrag mit der Firma Krupp über die Nutzung der Amalienhütte.

Ein Jahr später übernahmen sie auch das an die Breuer-Werke GmbH Frankfurt a. M.-Höchst verpachtete Werk Hirzenhain wieder. Das Zementwerk in Wetzlar war trotz Beschädigung durch mehrere Luftangriffe so rechtzeitig instand gesetzt worden, dass es bereits am 1. Juni 1945 mit dem vorhandenen Vorrat an Klinkern und Schlacken die Zementherstellung wieder aufnehmen konnte.[108] Nachdem die amerikanische Militärregierung schon im Dezember 1945 die Wiederaufnahme der Roheisenproduktion genehmigt hatte, konnte der erste Hochofen nach Abschluss der notwendigsten Reparaturarbeiten am 5. März 1946 in Betrieb genommen werden. Am 15. Juni 1946 nahm auch der Oberschelder Hochofen die Produktion wieder auf. Trotz des Drängens der Militärregierung konnte der zweite Hochofen in Wetzlar aus Koksmangel erst am 4. November 1947 angeblasen werden.[109] Die Buderus'schen Eisenwerke trafen gerade bei ihren traditionellen Produkten, dem Bau- und Handelsguss, auf sehr starke Nachfrage: „Das Ausmaß der Zerstörungen an der Wohnsubstanz übertraf 1945 alle historischen Erfahrungen im 30-jährigen Krieg und in den Reunionskriegen." Mehr als vier Millionen der 1939 im alten Reichsgebiet vorhandenen 19 Millionen Wohnungen waren zerstört.[110] Die Wasserversorgung war unzureichend, viele Versorgungssysteme waren schon vor dem Ersten Weltkrieg entstanden und nun technisch und wirtschaftlich veraltet. Zudem hatte die Zerstörung der Städte auch die Wasserversorgung getroffen. Netzverluste von 60 Prozent waren keine Seltenheit.[111]

Diese Situation legte es dem Vorstand nahe, Giesberts Pläne, die Buderus'schen Eisenwerke vollständig auf Maschinenguss umzustellen, nicht wieder aufzunehmen. Trotz der für das Unternehmen sehr schwerwiegenden Modellvernichtung und der – Bredow zufolge – „einschneidenden" Umstellung der Produktion auf die Kriegsfertigung[112] wurde damit begonnen, das Produktionsprogramm der Vorkriegszeit erneut zu etablieren. So wurden Heiz- und Kochgeräte nun wieder an den traditionellen Standorten hergestellt: Das Werk Lollar nahm erneut die Fertigung von Guss- und Stahlradiatoren sowie gusseisernen Heizkesseln auf, während die Werke Eibelshausen, Ewersbach, Ludwigshütte, Amalienhütte und das Werk Hirzenhain Öfen und Einsätze produzierten.

Für den Sanitärguss richtete das Unternehmen das Werk Essen-Kray in der britischen Besatzungszone und seit der zweiten Hälfte des Jahres 1947 auch das Werk Hirzenhain ein. Der Maschinenguss wurde schwerpunktmäßig im Werk Wetzlar, auf der Wilhelmshütte und im Werk Breidenbach aufgenommen.

Der Bauguss, also die Produktion von Druck- und Abflussrohren sowie Kanalguss, wurde schließlich auf den Werken Wetzlar und Staffel wieder eingeführt. Infolge der hohen Nachfrage nach den Produkten dieser Werke legte das Unternehmen auf diesen Produktionszweig den Schwerpunkt der Investitionen. Zwischen 1947 und 1950 wurde die Abflussrohrgießerei des Werkes Staffel stark erweitert und modernisiert. Die neue Anlage, die in Teilen bereits 1948 den Betrieb aufnahm, umfasste u. a. elf Schleudergießmaschinen und eine neue Kupolofenanlage und war damit die leistungsfähigste Anlage Europas.[113] Durch die ersten Erweiterungsinvestitionen erschlossen sich die Buderus'schen Eisenwerke neben den traditionellen auch neue Produktionszweige. So wurden auf Anregung des Düsseldorfer Bildhauers Heinrich Moshage 1946 im Werk Hirzenhain Werkstätten für den Kunstguss eingerichtet. Sie standen unter der Leitung von Peter Lipp, der sich seit 1924 im oberschlesischen Gleiwitz diesem Metier gewidmet hatte. Aus Mittel- und Ostdeutschland, wo die beiden großen Kunstgießereien in Lauchhammer und Gleiwitz von der Demontage bedroht waren, kamen noch weitere Fachkräfte zum Aufbau der Produktion zu Buderus.[114]

Außerdem wurden die Möglichkeiten erweitert, die Hochofenschlacke zu verwerten. Das Oberschelder Leichtbaustoffwerk war stark veraltet. Nun griff der Unternehmensvorstand eine Anregung Wittes von 1938 auf, ein neues Betonwerk zu errichten, das in der Lage sein sollte, auch Fertigerzeugnisse aus Schwerbeton herzustellen.[115] Oberscheld kam u. a. wegen seiner räumlichen Enge und schlechten Verkehrslage für die Verwirklichung dieser Pläne nicht in Frage. Deshalb entschied der Vorstand, das Betonwerk auf dem Gelände der ehemaligen Georgshütte am Bahnhof von Burgsolms bei Wetzlar zu errichten und bei der Produktion die dortigen Schlackenhalden mit zu verwerten.[116] Damit waren im Jahr 1948 die wichtigsten Entscheidungen für das künftige Produktionsprogramm der Buderus'schen Eisenwerke getroffen.

Ein schwieriges Problem stellte der Wiederaufbau der Vertriebsorganisation dar. Die Kartelle und Syndikate – insbesondere die Deutsche Abflussrohr-Verkaufsstelle und der Deutsche Gussrohrverband in Köln[117] –, denen der Vertrieb dieser Produkte bisher oblag, wurden aufgelöst. Die Niederlassungen der Buderus'schen Handelsgesellschaft mbH (BHG), die überwiegend für den Vertrieb der Gussheizkessel und Radiatoren sowie der Heiz- und Kochgeräte zuständig waren, hatten schwere Schäden erlitten. Somit stellte sich die Frage, ob die BHG nicht aufgelöst und ihr Verkaufsapparat in die Produktbereiche der Buderus'schen Eisenwerke eingegliedert werden sollte. Der Vorstand entschied sich für den Wiederaufbau der BHG und übertrug ihr den gesamten Vertrieb. Die Leitung übernahm Franz Grabowski. Die Buderus'schen Eisenwerke schlossen mit ihr im Jahr 1947 einen Beherrschungs- sowie einen Gewinn- und Verlustübernahmevertrag ab.[118]

Damit erhielten auch die Unternehmensprodukte eine neue Vertriebsorganisation, die bisher über die 1946 aufgelösten Kartelle und Syndikate vertrieben worden waren.[119] Das Vertriebssystem wurde weiter ausdifferenziert, als am 25. März 1948 die Ferrum GmbH (Grundkapital 100.000 RM) in Dinkelscherben gegründet wurde. Dieses neue Unternehmen war zunächst keine Tochtergesellschaft von Buderus, sondern eine Gemeinschaftsgründung von Franz Grabowski, seinem Bruder Anton und von Paul Engfer. Wie die bis 1945 in Kattowitz ansässige Ferrum AG, deren Vorstand Grabowski angehört hatte, beschäftigte sich auch die Ferrum GmbH in Dinkelscherben mit dem Rohrleitungsbau.[120] Dieser Gesellschaft übertrugen die Buderus'schen Eisenwerke den Vertrieb von Gussrohren, zunächst für Bayern und in den folgenden Jahren für das gesamte Bundesgebiet. Die Aufteilung des Absatzes bot sich an, weil die Ferrum Rohrleitungsbau und Rohrvertrieb kombinierte.[121]

Insgesamt war es den Buderus'schen Eisenwerken bereits Ende des Jahres 1948 gelungen, die Organisation des Unternehmens den neuen Gegebenheiten anzupassen, so dass die Grundlage für die positive Geschäftsentwicklung in den folgenden Jahren geschaffen war.

5.5. Neubeginn in den einzelnen Gesellschaften

Gießerei und Metallverarbeitung: Buderus'sche Eisenwerke und Breuer-Werke GmbH

Die weiterverarbeitenden Betriebe bildeten nach dem Zweiten Weltkrieg den Produktionsschwerpunkt der Buderus'schen Eisenwerke, hier wurden 1946 75 bis 80 Prozent des Konzernumsatzes erwirtschaftet.[122] Die zivile Produktion war im Jahre 1945 auf relativ einfach herzustellende Erzeugnisse beschränkt – vornehmlich Behelfsprodukte, u. a. Kochtöpfe, Waffeleisen, Bratpfannen, Kuchenformen, Fruchtpressen, Kleiderhaken, Schraubstöcke und Kreiselpumpen.[123] Mit Beginn der Roheisenerzeugung konnten jedoch auch die Gießereien wieder ihr traditionelles Produktionsprogramm aufnehmen.

Hochofenabstich in Wetzlar, um 1946.

**Produktion (in t) sowie Umsätze (in Mio.RM/DM)
der Buderus'schen Eisenwerke 1945–1948**[124]

Jahre	Gussproduktion	Betonwaren[125]	Zement	Umsätze
1945	6.420	36.000	–	12,7
1946	33.000	8.200	93.000	24,7
1947	54.200	29.000	103.000	34,1
1948	70.200	30.600	147.400	52,4[126]

Mit 41,8 Prozent ihres Produktionsvolumens von 1936 erreichten die Buderus'schen Eisenwerke 1948 den Wert, den die gesamte westdeutsche Gießereiproduktion im Durchschnitt wiedererlangt hatte. Das Zementwerk arbeitete im Oktober 1948 wieder mit 75 Prozent seiner Kapazität.[127] Das Betonwerk nahm, nachdem die Aufbauarbeiten am 1. August 1946 abgeschlossen waren, die Produktion auf.[128] Die Nebenbetriebe näherten sich sehr viel schneller an den Stand ihrer Vorkriegsproduktion an als die Gießereien; allerdings war dies bei den Letzteren von Produkt zu Produkt sehr unterschiedlich. Infolge der starken Nachfrage nach Öfen erreichte die Herd- und Ofenproduktion bereits 1946 wieder 60 Prozent ihres Vorkriegsstandes. Die Fertigung von Heizkesseln dagegen arbeitete noch ein Jahr später mit nur 25 Prozent der früheren Kapazität. Wie gut Buderus bei einzelnen Produkten auf dem westdeutschen Markt vertreten war, zeigt die Tatsache, dass das Unternehmen Ende 1948 50 Prozent aller in der Bizone hergestellten Druckrohre, 36 Prozent aller Heizkessel und Gussradiatoren, 25 Prozent des Sanitärgusses und 16 Prozent der Öfen produzierte.[129]

Das niedrige Produktionsniveau resultierte vor allem aus den Versorgungsengpässen vor der Währungsreform. Der Arbeitskräftemangel erwies sich für die Eisen- und Stahlindustrie als der wichtigste Engpass.[130] Den Buderus'schen Eisenwerken standen Ende 1945 nur noch 37 Prozent der Belegschaft vom Dezember 1944 zur Verfügung.[131] Die befreiten Zwangsarbeiter, aber auch zahlreiche heimische Arbeitskräfte hatten den Betrieb verlassen. Außerdem verlor das Unternehmen infolge der Entnazifizierung gemäß Militärgesetz Nr. 8 vorübergehend 100 Beschäftigte – hauptsächlich kaufmännische und technische Fachkräfte. Des Weiteren mussten Mitglieder der Belegschaft für Arbeiten im Dienste von Besatzungsmacht, Städten und Gemeinden zur Verfügung gestellt werden.[132] Im Übrigen stellten sich der Beschäftigung zahlreiche Hemmnisse in den Weg. So mangelte es z. B. 1946 an Arbeitskleidung, insbesondere Schuhen für die neu eingestellten Mitarbeiter.[133] Auch die schlechte Ernährungssituation erschwerte es, neue Arbeitskräfte zu gewinnen; sie führte bei den Gießereiarbeitern zu einer 20-prozentigen Leistungsminderung im Vergleich zur Zeit vor der Besetzung.[134] Die Hemmnisse wogen umso schwerer, als nicht wenige Menschen während des Kriegs soviel Geld angespart hatten, um die erste Nachkriegszeit ohne Arbeit überbrücken zu können.[135] Der Vorstand stand in enger Verbindung mit den Arbeitsämtern, die für die Zuteilung von Arbeitskräften zuständig waren, konnte aber nicht genügend Schwerstarbeiter, also Former und Gießer, gewinnen.[136] Unter Arbeitskräftemangel litt auch das Werk Staffel. Die französischen Besatzungsbehörden verwehrten der überwiegend im französischen Besatzungsgebiet lebenden Belegschaft die Arbeit außerhalb der Zonengrenze. Die Abflussrohrproduktion, die eine Kapazität von 1000 t Rohren monatlich besaß, kam daher noch Mitte 1947 nicht über eine Erzeugung von 100 t monatlich hinaus, so dass das ebenfalls unter Arbeitskräftemangel leidende Werk Wetzlar zeitweise aushelfen musste.[137] Wenn hierüber auch keine statistischen Daten vorliegen, muss doch angenommen werden, dass die übrigen Werke von ähnlichen Engpässen betroffen waren. Mit dem Anlaufen der Produktion traten auch Schwierigkeiten bei der Versorgung mit den Einsatzstoffen ein. Koks als Brennstoff, Schrott für den Einsatz im Kupolofen und Blech für die Blech verarbeitenden Werke mussten über ein strenges, mit Kontingenten arbeitendes Bewirtschaftungssystem beschafft werden.[138] Die den Buderus'schen Eisenwerken zugeteilten Kontingente erlaubten es bis 1947 nie, die Produktionskapazitäten hinreichend auszulasten.

Einige Engpässe konnte das Unternehmen selbst beseitigen oder mildern. So nahm es 1947 im Werk Wetzlar einen Elektroofen für die Herstellung von Kokillen für die eigene Schleudergießerei in Betrieb, da die aus dem Ruhrgebiet zugeteilten Kontingente an Kokillen nicht ausreichten.[139] In den Gießereien konnte die Knappheit an Gussbruch und Kupolofenschrott durch höheren Einsatz von Roheisen in der Gattierung zumindest gelindert werden.[140] Der Mangel an Koks und Strom war besonders hinderlich. Auf dem Höhepunkt der „Lähmungskrise" im Winter 1946/47 musste die Produktion auf fünf Gießereiwerken wochenweise ganz eingestellt werden.[141] Die Koksversorgung war erst sichergestellt, als die Eisenindustrie seit April 1947 bei der Kohlenzuteilung bevorzugt wurde und als schließlich im Sommer 1947 die Transportkrise bei der Reichsbahn überwunden war.[142]

Dennoch kam es nicht zu einem schnellen Abbau der Läger.[143] Ende 1947 betrug der Wert der Bestände an Roh-, Hilfs- und Betriebsstoffen 6,5 Mio. RM und damit noch mehr als das Doppelte des Basisjahres 1936.[144]

Einen Großteil des regulären Absatzes der Gussprodukte wickelten die Buderus'schen Eisenwerke mit der Besatzungsmacht ab: 1947 durchschnittlich 20 Prozent aller Produkte des Unternehmens, bei Radiatoren sogar 50 Prozent.[145] Eine weitere für die ersten Nachkriegsjahre typische Absatzform waren die Kompensationsgeschäfte. Das hessische Wirtschaftsministerium gab bestimmte Quoten der Werksprodukte für Kompensationsgeschäfte frei. So durfte Buderus 1947 sieben Prozent seiner Zement- und acht Prozent der Gießereierzeugung für Kompensationen verwenden. Das Ausmaß des darüber hinausgehenden Kompensationshandels lässt sich nicht ermitteln. Doch zeigen Schätzungen des hessischen statistischen Landesamtes, dass der Kompensationshandel die Geldwährung zunehmend als Tauscheinheit ersetzte: Demnach wurden vor der Währungsreform bis zu 50 Prozent des Absatzes über den Kompensationshandel abgewickelt. Exportgeschäfte konnten infolge des komplizierten Exportverfahrens nur sehr eingeschränkt durchgeführt werden.[146]

Diese Erscheinungen hatten mit der Währungsreform schlagartig ein Ende. Die Lagerbestände der Unternehmen wurden abgebaut, und die Produkte drängten auf den Markt. Auch die Ernährungslage verbesserte sich. Der Lohn stellte wieder ein wertvolles Arbeitsentgelt dar. In einem Bericht zur Geschäftslage stellten die Buderus'schen Eisenwerke daher fest: „Die Währungsreform hat zu einer wesentlichen Entspannung der Lage in Verbindung mit der besser gewordenen Versorgung der Bevölkerung ... geführt. Der Arbeitseifer der Belegschaft hat stark zugenommen, die Fehlschichten haben sich um mehr als 50 Prozent reduziert, das Angebot am Arbeitsmarkt hat sich erheblich gesteigert und die Versorgung mit Roh-, Hilfs- und Betriebsstoffen ist wesentlich besser geworden als vor dem 21. Juni 1948."[147] Die Gussproduktion des Unternehmens stieg schnell an. Lag die Monatserzeugung an Gussartikeln im Juni 1948 noch bei 4.800 t, so stieg sie bereits im Juli auf 6.007 t und erreichte im Dezember 1948 8.677 t.[148] Waren die Umsätze im Jahr 1947 nur um 38 Prozent gestiegen, so erhöhten sie sich 1948 im Vergleich zum Vorjahr um 53 Prozent.

Wenn sich auch Ende 1948 erste Auftragseinbußen einstellten – Ursachen waren Geldverknappung und eine Verschlechterung der Kreditsituation infolge von währungspolitischen Maßnahmen der Bank deutscher Länder[149] –, so hatten die Buderus'schen Eisenwerke doch die schwierige Zeit vor der Währungsreform erfolgreich überstanden.

Die Breuer-Werke GmbH, Frankfurt a. M.-Höchst, hatte während des Krieges überwiegend Elektromotoren hergestellt. Die Umstellung auf Friedensfertigung fiel dem Unternehmen außerordentlich schwer. Aus späteren Angaben können wir schließen, dass die Breuer Werke wieder zum Armaturenbau zurückkehrten, der während des Krieges nicht vollständig eingestellt worden war. Außerdem nahmen sie 1948 die Fertigung von Werkzeugmaschinen in Lizenz auf. 1947 setzten sie drei Mio. RM um.[150]

Stahlwerke Röchling-Buderus AG

Von allen Tochter- und Beteiligungsgesellschaften der Buderus'schen Eisenwerke hatte die Stahlwerke Röchling-Buderus AG die größten Anlaufschwierigkeiten zu überwinden. Das Unternehmen war relativ unbeschädigt durch den Krieg gekommen und hätte mit Lagervorräten von 9.000 t rostfreiem Stahl die Öfen theoretisch sofort wieder in Betrieb nehmen können. Doch die Behörden wiesen jeden Antrag auf eine Schmelzgenehmigung, die für ein Umschmelzen der vorhandenen Qualitäten in marktgängige Stähle notwendig gewesen wäre, auf Grund des Strommangels zurück.[151]

Dagegen konnten im Juli 1945 das Blechwalzwerk und wenig später auch die Gesenkschmiede wieder in Betrieb genommen werden. Sie stellten aus ihren Vorräten überwiegend Haushaltsartikel und Bleche her.[152] Im Bereich des Apparatebaus wurden Lokomotiven und Waggons der Reichsbahn instand gesetzt; in Wetzlar waren für den technischen Bereich der Stahlwerke Röchling-Buderus im September 1945 514 Personen tätig.[153] Die 1927 angegliederte Tochtergesellschaft Steinmann & Co. GmbH, Fahrrad- und Motorrad-Kettenfabrik in Hagen i.W., konnte trotz erheblicher Bombenschäden die Produktion wieder aufnehmen. Während das Zweigwerk Mehle einige Zeit, nachdem seine Maschinen demontiert worden waren, wieder mit der Herstellung von Maschinenteilen beginnen konnte, musste das Werk Finowfurt aufgegeben werden, nachdem dort noch wertvolle Rohstoffvorräte für das Wetzlarer Werk sichergestellt worden waren.[154]

Nachdem die Militärregierung im Juni 1947 die Schmelzgenehmigung für den SM-Ofen und die beiden Elektroöfen des Werkes erteilt hatte, knüpften die Stahlwerke Röchling-Buderus wieder an ihr altes Produktionsprogramm für Bau-, Werkzeug- und Maschinenstähle an. Bis Ende 1948 erzeugte das Unternehmen 19.231 t Rohstahl, obwohl die Öfen aufgrund des Strommangels nicht gleichzeitig betrieben werden konnten und die Versorgung vor allem mit Legierungsmetallen problematisch war.[155]

Der SM-Ofen arbeitete nur kurze Zeit 1947/48. Die Schäden, die durch die Stillegung des Werkes eingetreten waren, erforderten zeitaufwendige Instandsetzungsarbeiten; im Winterhalbjahr 1948/49 musste der Ofen aus Mangel an Gas stillgelegt werden. Dagegen konnte der 15-t-Elektroofen die Produktion am 1. September 1948 wieder aufnehmen.[156]

Umsätze der Stahlwerke Röchling-Buderus AG 1945–1948/49 (in Mio. RM/DM)[157]

Jahre	Umsätze	Jahre	Umsätze
1945	6,8	1947	11,0
1946	6,7	1948/49	24,9

Eines der Hemmnisse für die Produktion bis 1949 war insbesondere die Schwierigkeit, die für die Edelstahlproduktion notwendigen Legierungsmetalle wie Nickel, Wolfram und Molybdän zu beschaffen. Im November 1948 erreichte das Unternehmen erst 40 bis 50 Prozent seiner Vorkriegsleistung. Es musste jedoch wie die Gießereibetriebe gegen Ende des Jahres einen ersten Umsatzrückgang hinnehmen, als infolge der kreditpolitischen Maßnahmen der Bank deutscher Länder die Investitionen und damit auch die Aufträge der Investitionsgüterindustrie zurückgingen.[158]

Die von den Stahlwerken Röchling-Buderus und den Edelstahlwerken Röchling 1935 gegründete Verkaufsgesellschaft Röchlingstahl GmbH in Völklingen, die 1939 auch den Export der beiden Unternehmen übernommen hatte, wurde am 20. März 1946 unter Sequesterverwaltung gestellt – ebenso wie die Röchling'schen Eisen- und Stahlwerke – und im Hinblick auf den bevorstehenden wirtschaftlichen Anschluss des Saargebiets an Frankreich am 10. November 1947 von Völklingen nach Ludwigshafen verlegt. Der Sitz der Gesellschaft verblieb, obwohl Witte ihn in die amerikanische Zone verlegen wollte, zunächst auf Wunsch Röchlings in Ludwigshafen.[159] Zwischen Röchling und Buderus gab es zudem Auseinandersetzungen über die Organisation von Röchlingstahl, zumal der Verkauf weiter über die regionalen Geschäftsstellen der Röchlingstahl GmbH erfolgte.[160]

„Treuhandverwaltung der Buderus'schen Erzgruben, Hochofen- und Elektrizitätsbetriebe in Gemeineigentum"

Für die Grundstoffbetriebe der Buderus'schen Eisenwerke, die seit der Verwaltungstrennung de facto ein eigenständiges Unternehmen bildeten, waren die ersten drei Nachkriegsjahre eine schwierige Zeit, doch waren die Zukunftsaussichten nicht schlecht. So gab es für den Bergbau des Unternehmens keine „Stunde Null".[161] Während die Hochöfen und die angeschlossenen Elektrizitätswerke bis zu ihrer Inbetriebnahme noch auf die Bestimmungen des alliierten Industrieplanes warteten, konnte der Kalkbruch Niedergirmes bereits ab August 1945 wieder das Zementwerk versorgen.[162] Die Arbeit in den Erzgruben ruhte nur für wenige Tage, so dass die Untertageanlagen vor größeren Schäden, insbesondere vor dem „Ersaufen", bewahrt blieben.[163] Die Hochöfen konnten damit ihre Erzversorgung bei der Inbetriebnahme 1946, solange sie nur Gießerei-Roheisen herstellten, vollständig aus der Förderung des Lahn-Dill-Gebietes decken, vornehmlich aus den eigenen Gruben.[164] Erst als mit der Inbetriebnahme des zweiten Wetzlarer Hochofens auf Wunsch der Bewirtschaftungsbehörden Stahleisen und Hämatit produziert wurden, musste in geringem Maße auch ausländisches Erz im Möller eingesetzt werden.[165] Die Absatzlage für das Gießerei-Roheisen war günstig, da die Hochöfen die nahe gelegenen Gießereien der Buderus'schen Eisenwerke und darüber hinaus auch fremde Gießereien belieferten. Insgesamt deckten sie 75 Prozent des Bedarfs der amerikanischen Zone.[166]

Roheisenerzeugung und Eisenerzförderung (in 1.000 t) der Treuhandbetriebe 1945–1948[167]

Jahre	Roheisen	Eisenerz
1936	161,0	212,0
1945	0	25,4
1946	66,0	108,0
1947	105,0	170,0
1948	153,0	226,0

Die im Krieg praktizierte rücksichtslose Ausnutzung der Produktions- und Förderkapazitäten wurde nicht fortgesetzt. Roheisenerzeugung und Erzförderung der Treuhandbetriebe blieben weit hinter den Mengen der Jahre 1936 bis 1943 zurück,[168] kamen jedoch von allen Produktionssektoren der Buderus'schen Eisenwerke ihrer Vorkriegserzeugung am nächsten.

Auf die Auslastung der Hochöfen wirkte sich der Mangel an Arbeitskräften, Ersatzteilen, Koks und Schrott negativ aus. Der Hauptengpassfaktor war die Knappheit an Brennstoffen.[169] Erst gegen Ende 1947 erreichten die Hochöfen zeitweise ihre normale Produktionskapazität von

15.000 t Roheisen. Auf den Jahresdurchschnitt umgerechnet lag die Kapazität jedoch immer noch bei nur 12.750 t Roheisen im Monat.

Auch der Bergbau, der von den Bewirtschaftungsbehörden bevorzugt mit Materialien versorgt wurde[170] und daher weniger unter Engpässen zu leiden hatte, musste aus Arbeitskräftemangel die Förderung auf den Erzgruben reduzieren. Die Erzgewinnung erfolgte vorwiegend auf den Gruben mit den größten Erzvorräten: Königszug, Mardorf, Georg-Joseph und Friedberg. Auch auf den Gruben Allerheiligen, Abendstern, Auguststollen und Neue Lust wurde 1946 wieder Eisenerz gefördert.[171]

Die Gruben Amalie, Friedrichszug und Gutehoffnung dagegen stellten am 30. September 1946 die Förderung vorübergehend ein. Die Bergverwaltung verteilte die Belegschaften auf die übrigen Gruben. Ende 1946 kam zudem die Förderung auf der Grube Laufenderstein wegen Erschöpfung der Erzvorräte zum Erliegen. Auf der Grube Albert waren 1946 die Tagebaue Ferdinand und Stuhl erschöpft. Die Ausbauarbeiten beschränkten sich auf die in Förderung stehenden Gruben. So wurde 1946 der Westschacht der Grube Königszug bis zur 150-Meter-Sohle abgeteuft, um die in diesem Bereich vorhandenen Flusseisenstein-Vorräte abzubauen. Auf der Grube Mardorf gelang es unter großen Schwierigkeiten, mit dem Schacht Mosenberg nach dem Durchteufen des Schwimmsandes eine feste Tonschicht zu erreichen. Der Bohrbetrieb wurde u. a. aufgrund des Arbeitskräftemangels auf die ebenfalls Flusseisenstein fördernde Grube Georg-Joseph konzentriert. Auf der Grube Albert wurde der neue Tagebau Stückfeld zum Abbau vorbereitet.[172] Nur im Winter 1946/47 ging die Förderung zurück, als die Kälte die Erzgewinnung in den Tagebaubetrieben erschwerte.[173]

Das Hauptproblem für die Treuhandbetriebe war der niedrige Verkaufspreis des Roheisens, denn der 1936 verhängte Preisstopp wurde bei den Erzeugnissen der Grundstoffindustrie anders als bei den weiterverarbeitenden Betrieben bis 1948 streng eingehalten, damit das brüchige, vom Schwarzmarkt schon ausgehöhlte Preissystem nicht noch weiter gefährdet würde.[174] Der Preis pro Tonne Roheisen lag 1946 auf dem Stand von 1936 mit 75 bis 80 RM fest, während sich die Gestehungskosten auf 90 RM beliefen. Das bedeutete zu dieser Zeit bereits einen Verlust pro Tonne Roheisen von 10 bis 15 RM. Beim Eisenerz beliefen sich die Gestehungskosten für eine Tonne von den Buderus'schen Eisenwerken geförderten Erzes auf 47 RM, während je Tonne Erz ein Preis von nur 14 RM veranschlagt werden durfte. Es entstand also ein Verlust pro Tonne geförderten Eisenerzes von 33 RM.[175]

Um diesem Missverhältnis entgegenzuwirken, erklärten sich die Preisbehörden im Jahr 1947 bereit, den Grundstoffindustrien einen gewissen Ausgleich für die im Vergleich zu den anderen Industriegruppen niedrig gehaltenen Preise zu verschaffen. So erhielt die Eisen- und Stahlindustrie in der britischen Zone im April 1947 einen Preisausgleich von 50 RM je Tonne Roheisen aus öffentlichen Mitteln; doch in der amerikanischen Zone waren es nur 30 RM pro Tonne Roheisen, so dass die Hochofenbetriebe von Buderus weiterhin rote Zahlen schrieben.[176] Im hessischen Erzbergbau musste die sich bereits als Besitzer der Erzgruben betrachtende Landesregierung seit dem 1. Dezember 1946 die Tonne geförderten Eisenerzes mit 4,50 RM subventionieren.[177] Doch dies reichte bei weitem nicht aus, denn 1947 belief sich der Verlust pro Tonne geförderten Eisenerzes bei den Buderus'schen Eisenwerken immer noch auf 12,38 RM.[178]

Eine Besserung der Lage konnte nur die Reform des Preissystems bringen. Nach langen Bemühungen der Eisen schaffenden Industrie um eine vernünftige Preisordnung ermächtigte die

In einem Abbau der Grube Königszug bei Oberscheld, 1948.

oberste, für die Aufsicht der Wirtschaftsbehörden zuständige Kontrollbehörde der Bizone, das Bipartite Control Office (BICO), am 5. April 1948 die deutsche Wirtschaftsverwaltung, die Preise für Eisen und Stahl zu erhöhen. Die neue Grundpreisliste für Roheisen, Rohstahl und Walzstahl wurde vom Verwaltungsrat des Vereinigten Wirtschaftsgebietes in Frankfurt a. M. am 15. April veröffentlicht und trat zum 1. April 1948 rückwirkend in Kraft. Dies war die erste entscheidende Änderung der Grundpreise seit 1931.[179] Die Preise für Gießerei-Roheisen stiegen je nach Sorte auf 145 bis 149 RM.[180] Zugleich wurden auch die Erzpreise erhöht. Am 1. April 1948 trat für die Lahn-Dill-Erze ein neues Preissystem in Kraft. Infolge der heterogenen Zusammensetzung der an Lahn und Dill geförderten Erze ging man dabei nicht von Grundpreisen aus, sondern bewertete die

Eiseneinheit, z. B. bei Rot- und Flusseisenstein mit 0,75 RM pro Einheit. Dann rechnete man hiervon die Kieselsäureeinheit mit 0,50 RM ab, während die Kalkeinheit zusätzlich mit 0,20 RM bewertet wurde.[181]

Von der Änderung des Preissystems profitierten vor allem die Hüttenbetriebe, die im erweiterten Geschäftsjahr vom 21. Juni 1948 bis zum 31. Dezember 1949 erstmals einen Gewinn von 2,4 Mio. DM erwirtschafteten. Doch verzeichnete die Bergverwaltung noch 1948/49 einen Reinverlust von 3,0 Mio. DM.[182] Die Ertragskraft der Roheisenerzeugung reichte also noch nicht aus, um die Verluste des Bergbaus abzudecken.

Infolge der mangelnden Rentabilität der einzelnen Produktionsbereiche war an Investitionen zunächst kaum zu denken, zumal die prekäre Rechtslage der Treuhandbetriebe dazu führte, dass auch keine fremden Finanzmittel beschafft werden konnten. Die Treuhandverwaltung war kein selbstständiger Rechtsträger, da das Gesetz Nr. 75 nur die Aktiengesellschaft, die Buderus'schen Eisenwerke, als Einheit nannte. Damit verfügte sie auch nicht über eigenes Sachvermögen, das geeignet gewesen wäre, den bankmäßigen Bestimmungen entsprechend als Sicherheit zu dienen.[183] Hierfür verlangten die Banken eine selbstschuldnerische Bürgschaft des Staates, die die Zustimmung des Landtags erfordert hätte. Doch eine solche Bürgschaft erhielt die Treuhandverwaltung bis 1952 nicht.

Obwohl es den Rohstoffbetrieben der Treuhandverwaltung gelungen war, die Produktion beträchtlich schneller zu steigern als die weiterverarbeitenden Betriebe der Buderus'schen Eisenwerke, fehlte ihnen eine wichtige günstige Startvoraussetzung, nämlich die Anpassung der Produktionskapazitäten an die Bedarfsentwicklung. Dieser Umstand wirkte sich in der ersten Hälfte der fünfziger Jahre als bedeutender Nachteil für die Roheisenproduktion und den Erzbergbau aus.

Vertriebsorganisation

Durch die Fortführung der BHG nutzte der Vorstand der Buderus'schen Eisenwerke zur rechten Zeit die Vorteile, die dem Unternehmen die eigene Vertriebsorganisation gegenüber den Wettbewerbsfirmen einbrachte. Während diese, nachdem die Kartelle nicht mehr existierten, nicht über eine Vertriebsorganisation ähnlich der BHG verfügten, konnte die BHG ihre Tätigkeit für die Buderus'schen Eisenwerke und andere Unternehmen, trotz der erheblichen Schäden an den Geschäftsgebäuden, bereits 1945 wieder aufnehmen. Die überlieferten statistischen Angaben lassen darauf schließen, dass der Umsatz schnell anstieg. Dieser belief sich bereits 1946 auf 9,9 Mio. RM und stieg im folgenden Jahr um rund 123 Prozent auf 22,1 Mio. RM. Daran waren die unternehmenseigenen Erzeugnisse am stärksten beteiligt; der Handel mit fremden Produkten und in Vertretung für fremde Werke machte insgesamt etwa ein Viertel des Umsatzes aus.[184]

Die Tochtergesellschaft der BHG, die Schomburg & Wüsthoff GmbH, Leipzig, die sich hauptsächlich mit dem Verkauf von Gießerei-Roheisen befasst hatte, musste aufgrund der politischen Verhältnisse ihre Tätigkeit einstellen. Ihr Sitz wurde 1947 nach Wetzlar verlegt.

5.6. Sozialpolitik und Notversorgung, Einführung der Mitbestimmung

Ende 1945 arbeiteten bei den Buderus'schen Eisenwerken nur noch 3.910 Personen. 1946 waren es 7.315 Mitarbeiter – rund 70 Prozent des Vorkriegsstandes. Das Jahr 1948 brachte bei den weiterverarbeitenden Betrieben nochmals einen Personalzuwachs von 34 Prozent, bei den Treuhandbetrieben von 19 Prozent. Ende 1948 erreichte die Belegschaft mit 8.048 Arbeitern und Angestellten wieder 77,6 Prozent des Standes vom Dezember 1944. Die Treuhandbetriebe beschäftigten davon 2.612 Personen.[185] Auch bei den Beteiligungs- und Tochtergesellschaften normalisierte sich die Beschäftigungslage. Bei den Stahlwerken Röchling-Buderus waren 1947 wieder 1.800 Arbeitskräfte gegenüber 600 Ende 1945 beschäftigt. Die Breuer-Werke GmbH musste dagegen durch die Abtretung des Werkes Hirzenhain Arbeitskräfte an die Buderus'schen Eisenwerke abgeben; sie hatte 1947 560 Belegschaftsmitglieder gegenüber 617 im Jahr 1945.[186]

Wie das Beispiel der Buderus'schen Eisenwerke zeigt, konnten die Konzernunternehmen nur in geringem Maß auf ihre Stammbelegschaft zurückgreifen. Viele der Dreißig- bis Vierzigjährigen waren im Krieg gefallen oder in Gefangenschaft geraten.[187] Wie viele Belegschaftsmitglieder das Unternehmen auf Grund der Entnazifizierungsverfahren verlassen mussten, lässt sich nicht genau feststellen. Der Rückgang konnte nur durch die seit Februar 1946 in Wetzlar ankommenden Heimatvertriebenen und Flüchtlinge ausgeglichen werden.

Diese strukturellen Veränderungen der Belegschaft gingen mit der Neuorganisation der Arbeits- und Betriebsverfassung einher. Der Alliierte Kontrollrat hob bis Ende 1946 sämtliche Bestimmungen der nationalsozialistischen Arbeitsverfassung auf.[188] Die Deutsche Arbeitsfront (DAF) wurde aufgelöst. Die Alliierten genehmigten die Gründung von Gewerkschaften[189] und legitimierten mit dem Kontrollratsgesetz Nr. 22 am 10. April 1946 die Einrichtung von Betriebsräten. Innerhalb des Rahmens, den das Betriebsrätegesetz zog, konnten Betriebsvereinbarungen zur Gründung der neuen Belegschaftsvertretungen erfolgen.[190] Ein wirtschaftliches Mitbestimmungsrecht wollte die amerikanische Militärregierung den Betriebsräten jedoch nicht zugestehen. Die wirtschaftlichen Mitbestimmungsrechte des hessischen Betriebsrätegesetzes vom 31. Mai 1948[191] wurden daher suspendiert. Die Entscheidung sollte einer gesamtdeutschen Verfassung vorbehalten bleiben.[192]

Bei allen Wetzlarer Industrieunternehmen traten in der zweiten Hälfte des Jahres 1945 Betriebsausschüsse zusammen, aus denen am 1. November 1945 der Wetzlarer Zweig der „Industriegewerkschaft Metall" entstand. Sie wurden bei den ersten Betriebsratswahlen zumeist bestätigt. Dies war auch bei den Buderus'schen Eisenwerken und den Stahlwerken Röchling-Buderus der Fall, die bereits in der Weimarer Republik über eine gewerkschaftliche Organisationsstruktur verfügt hatten.[193] Die ersten Betriebsratswahlen führten am 16. Januar 1946 dazu, dass der „Betriebsausschuss" auf der Sophienhütte, der seit dem 26. Mai 1945 bestand, von fünf auf elf Mitglieder erweitert wurde. Bei den Gewählten handelte es sich zumeist um frühere Gewerkschaftsmitglieder. Die seit der Verwaltungstrennung bestehenden Treuhandbetriebe erhielten bei den Betriebsratswahlen vom 12. November 1947 eine eigene Betriebsratsorganisation, die teils mit der Industriegewerkschaft Metall, teils – sofern die Treuhandbetriebe zum Bergbau gehörten – mit der der Industriegewerkschaft Bergbau zusammenarbeiteten, die Anfang 1946 entstanden war.[194]

Das hessische Betriebsrätegesetz legte fest, dass die Betriebsräte der Einzelwerke einen

Betriebsräteausschuss wählten („16er-Ausschuss"), der für Angelegenheiten zuständig war, die das Gesamtunternehmen betrafen.[195]

Vorstand und Betriebsräte arbeiteten angesichts der wirtschaftlichen Probleme weitgehend reibungslos zusammen. Die Betriebsräte folgten in Bezug auf die Sozialisierung der Linie des Vorstands. Angesichts der schwierigen wirtschaftlichen Lage des Unternehmens verzichteten sie darauf, weitergehende Rechte zu erzwingen.[196] Zum Leidwesen der Gewerkschaften gestand der Buderus-Vorstand den Betriebsräten unter Berufung auf die Suspendierung des wirtschaftlichen Mitbestimmungsrechts durch die amerikanische Militärregierung[197] nur sehr begrenzt Mitwirkungsmöglichkeiten auf wirtschaftlichem Gebiet zu. Dafür erhielten die Betriebsräte weitergehende Rechte auf dem Gebiet der Arbeitsordnung und des Sozialwesens.[198]

Zahlreiche soziale Maßnahmen des Unternehmens gingen auf Vorschläge der Betriebsräte zurück. Die soziale Fürsorge der Buderus'schen Eisenwerke für die Belegschaft erlangte aus mehreren Gründen herausragende Bedeutung. So widmete sich das Unternehmen besonders dem Problem der materiell schlecht gestellten Flüchtlinge; deren Anteil an der Gesamtbelegschaft war mit 27 Prozent weit höher als im Landesdurchschnitt, der bei 15 Prozent lag.[199] Die materielle Situation der Stammbelegschaft war wesentlich besser, denn viele Beschäftigte, insbesondere die Bergleute, betätigten sich als Nebenerwerbslandwirte. Sie konnten sich bis zu einem gewissen Grad selbst versorgen.[200] In den ersten drei Nachkriegsjahren hatte allerdings auch diese Gruppe mit existenziellen Schwierigkeiten zu kämpfen, so dass die sozialen Leistungen des Unternehmens eine wertvolle Ergänzung darstellten. Diese betrafen in den ersten drei Nachkriegsjahren auch viele Bereiche des Alltags. Das Unternehmen engagierte sich bei der Beschaffung von Arbeitskleidung und verkaufte Werkserzeugnisse wie Öfen usw., die auf dem freien (Schwarz-)Markt kaum zu beschaffen waren, an die Belegschaft. Als zusätzlicher Anreiz für Sonntagsschichten an den Hochöfen wurde Zement des Wetzlarer Zementwerkes abgegeben, der auf dem Schwarzmarkt hoch im Kurs stand.[201] Einige Wetzlarer Unternehmen stellten wegen des Omnibusmangels zeitweise Lastwagen zum Transport der Belegschaften zur Verfügung.[202]

Um allzu große Beeinträchtigungen der Arbeitsleistung zu vermeiden, gingen einige Wetzlarer Firmen dazu über, Lebensmittel zu „organisieren".[203] Auf fast allen Werken der Buderus'schen Eisenwerke befanden sich Werksküchen, die die regelmäßige Verpflegung der Belegschaft sicherzustellen suchten.[204] Die Tatsache, dass sich die Lebensmittelversorgung bis 1948 ständig am Existenzminimum bewegte, wird auch durch die Niederlegung der Arbeit seitens der Beschäftigten der Stahlwerke Röchling-Buderus AG in der Zeit vom 16. April 1948 bis zum 19. April 1948 belegt. Die Streikenden protestierten damit gegen die ausgebliebene Ausgabe von Fleischrationen und zwei Pfund Speck aus dem Exportbonus. Am 17. April 1948 schlossen sich 300 Beschäftigte der benachbarten Hessischen Industriewerke GmbH dem Streik an. Bei der Stahlwerke Röchling-Buderus AG wurde die Arbeit wieder aufgenommen, nachdem der Präsident des Landesernährungsamtes den Streikenden die Zusage gegeben hatte, die rückständigen Fleischmengen nachzuliefern.[205]

Neben diesen Maßnahmen, die unmittelbare Notlage zu lindern, behielten die Unternehmen des Konzerns ihre lange bestehenden Sozialleistungen bei. Die Buderus'schen Eisenwerke verfügten über 820 Werkswohnungen, die nach dem Krieg wegen Bombenschäden z.T. wieder instand gesetzt werden mussten. Seit 1948 vergaben sie im werksgeförderten Wohnungsbau Darlehen an Belegschaftsmitglieder für die Schaffung von Wohneigentum. Bis Ende 1947 konnten durch

Wiederherstellung werkseigener Wohnungen und mit Hilfe von Darlehen insgesamt 180 Wohnungen errichtet werden, im erweiterten Geschäftsjahr 1948/49 zusätzliche 163.[206] Auch die Wetzlarer Bauverein GmbH engagierte sich im Wohnungsbau, es handelte sich hier um eine Tochtergesellschaft der Buderus'schen Eisenwerke und der Breuer-Werke GmbH.[207] Die fünf Betriebskrankenkassen der Gesellschaft arbeiteten ebenso wie die auf allen Werken eingerichteten Gemeinschaftshilfen (Unterstützungskassen) weiter, die Letzteren gewährten hauptsächlich Beihilfen im Falle von unverschuldeter Not, Niederkunft, Schulentlassung und Tod.[208] Insgesamt trugen die Buderus'schen Eisenwerke damit dazu bei, dass sich die Lebensverhältnisse ihrer Belegschaft besserten. Die zahlreichen, noch weit über die Nachkriegszeit hinaus bestehenden Engpässe, wie der Wohnungsmangel, verlangten eine Ergänzung der betrieblichen Sozialpolitik. Eine Konsolidierung des Sozialsystems konnte jedoch erst nach der Besserung der materiellen Lage in der ersten Hälfte der fünfziger Jahre erreicht werden.

Die Entscheidungsbefugnis über Lohnfragen hatten die Alliierten mit der Direktive Nr. 14 vom 12. Oktober 1945 selbst übernommen. Darin waren die bestehenden Lohnsätze zunächst zu Stopplöhnen erklärt und die aus der Zeit der NS-Herrschaft stammenden Tarifordnungen übernommen worden. Da aber in allen Industriezweigen die durchschnittliche Arbeitszeit gegenüber der Vorkriegszeit gesunken war – bei den Buderus'schen Eisenwerken lag sie in der Gießerei und an den Hochöfen mit etwa sechs bis sieben Stunden täglich erheblich unter dem Vorkriegsstand von acht Tagesstunden[209] –, erreichten auch die Löhne noch nicht das frühere Niveau.

Als im Juli 1948 die 48-Stunden-Woche wieder eingeführt wurde, betrug der Bruttowochenverdienst für die hessischen Industriearbeiter fünf Prozent mehr als 1938, während die Lebenshaltungskosten bereits 1947 um 25 Prozent über dem Vorkriegsniveau gelegen hatten.[210]

Bei einem Vergleich der Einkommensgruppen der Buderus'schen Eisenwerke fällt auf, dass die Lohnsituation der Arbeiter in den einzelnen Bereichen sehr voneinander abwich. Auch wenn der Vorstand bemüht war, Lohn- und Gehaltsreduzierungen auf ein Minimum zu begrenzen, war die Kürzung der Löhne und Gehälter infolge der angespannten Liquidität unvermeidlich. 1945 wurden die Gehälter der leitenden Angestellten gekürzt. Die Metallarbeiter erhielten den in den letzten Kriegswochen gezahlten durchschnittlichen Akkordlohn als Zeitlohn.[211]

Die Gießerei-Industrie zahlte die höchsten Löhne des ohnehin bereits über dem Niveau der übrigen Industriegruppen liegenden Metallgewerbes. Nachdem der Lohnstopp 1946 gelockert worden war, sahen sich die Buderus'schen Eisenwerke zu Lohnerhöhungen bei den Gießereiarbeitern gezwungen. Während der durchschnittliche Bruttoverdienst eines hessischen Industriearbeiters 1946 bei 89,9 Pf. und 1947 bei 97,7 Pf. lag, erhielten die Arbeiter der Gießerei-Industrie 103 bis 109 Pf., diejenigen an den Hochöfen 104 Pf.[212]

Am anderen Ende der Lohnskala stand der Erzbergbau. Die Entlohnung der Bergleute wurde vor allem durch den Wegfall der kriegsbedingten Mehrarbeitszeit von einer dreiviertel Stunde und die Aufhebung der „Hermann-Göring-Schichten" negativ beeinflusst. Da bei geringerer Leistungsfähigkeit des Bergmanns die Gedingesätze gleich blieben, schlug die durch mangelnde Ernährung bedingte Minderleistung voll auf den Lohn durch. Zudem entfiel für die Bergleute mit dem Kriegsende der 200-prozentige Mehrarbeitszuschlag. Im Scheldetal waren die Gedingezahlungen nun durchschnittlich um 15 bis 20 Prozent geringer. Der Erzbergbau rangierte 1946 mit einem Brutto-Stundenverdienst von 81,5 Pf. an vorletzter Stelle aller Industriegruppen.

Die Anhebung der Gedingegrundlage um zwei Pfennige erhöhte den Verdienst pro Schicht von 6,50 bis 7,00 RM auf 6,70 bis 7,20 RM, glich den Rückstand jedoch nicht aus.[213]

Den Gewerkschaften gelang es, am 4. Oktober 1947 durch einen Schiedsspruch der Alliierten zunächst eine Verbesserung des Urlaubsanspruchs der Belegschaften durchzusetzen.[214] Nach der Währungsreform gingen die Buderus'schen Eisenwerke auf ihren Gießereiwerken wieder verstärkt zur Akkordarbeit über. Außerdem gewährten sie ihren Arbeitern zur Leistungssteigerung verschiedene Lohnzuschläge.[215] Angesichts des erneuten Anstiegs der Lebenshaltungskosten um 14 Prozent in den ersten Monaten nach der Währungsreform erwies es sich für die Belegschaft als sehr wichtig, dass die Schichtlöhne für die Bergarbeiter der Buderus'schen Treuhandverwaltung bereits am 2. Juni 1948 aufgrund eines Abkommens der Landesgewerkschaft Bergbau mit dem Arbeitgeberverband des hessischen Bergbaus um 30 bis 40 Prozent und die Gedingelöhne um 40 bis 50 Prozent erhöht worden waren.[216]

Für die Gießereiarbeiter der Buderus'schen Eisenwerke sowie für die Hochofenarbeiter der Treuhandverwaltung kam es am 7. September 1948 zu einer Tariflohnerhöhung um 31 Prozent. Der Akkordlohnsatz wurde auf 15 Prozent über den vereinbarten Tariflöhnen festgelegt. Die Gehälter der kaufmännischen und technischen Angestellten sowie der Meister sollten in den Gruppen eins und zwei um 15 Prozent und in den Gruppen drei bis sechs um 10 Prozent erhöht werden.[217]

Allgemein reichten die Lohnerhöhungen nicht aus, um den Anstieg der Lebenshaltungskosten nach der Währungsreform aufzufangen. Die Unzufriedenheit über diese Entwicklung entlud sich noch Ende des Jahres 1948 in einem eintägigen Streik auf allen Werken der Buderus'schen Eisenwerke. Auf das Lohngefüge hatte dies jedoch zunächst keinen Einfluss, zumal alle politischen Parteien Wetzlars den Streik ablehnten.[218] Die Verbesserung der Lohnsituation wurde damit auf die Zeit nach 1948 verschoben.

5.7. Geringe Umsätze und erste Gewinne

In den ersten beiden Nachkriegsjahren war die Finanzlage der Buderus'schen Eisenwerke äußerst angespannt. Die zerrütteten wirtschaftlichen Verhältnisse, geringe Auslastung der Produktionskapazitäten sowie hoher Ausfall von Forderungen drückten auf die Liquidität und den Ertrag. Erst das Jahr 1947 und der steile wirtschaftliche Aufschwung nach der Währungsreform ermöglichten es dem Unternehmen, die Finanzen zu konsolidieren.

Bei den Buderus'schen Eisenwerken hatte das Anlagevermögen infolge von Zerstörungen sowie Verlusten durch Plünderungen und Demontagen gegenüber 1943 um rund 1,7 Mio. RM abgenommen, lag damit aber immer noch mit 1,3 Mio. RM über den Werten des Jahres 1936.

Bilanzstruktur der Buderus'schen Eisenwerke 1945–1948 (in Mio. RM/DM)[219]

Jahre	1936	1943	1945	1946	1947	RMSB 20.6.1948	DMEB 21.6.1948
Sachanlagen	13,0	16,0	14,3	13,6	13,4	18,8	35,2
Finanzanlagen	1,1	5,0	3,0	2,8	2,8	7,9	5,0
Vorräte	5,6	9,1	8,8	10,1	9,0	15,2	16,7
Monet. Umlaufvermögen	21,7	22,1	28,6	27,3	25,5	11,7	2,6
Eigenkapital	30,5	35,4	40,9	40,9	40,9	44,9	56,2
Langfr. Fremdmittel	4,4	9,1	3,7	4,5	5,6	5,2	1,5
Kurzfr. Fremdmittel	5,6	7,7	5,0	8,5	4,2	3,5	1,8
Gesamtkapital	41,4	52,2	49,6	53,8	50,7	53,6	59,5

Die Produktion und die Umsätze des Unternehmens waren stärker als die Produktionskapazitäten zurückgegangen. 1943 waren 70,3 Mio. RM Umsatz erwirtschaftet worden, 1945 nur noch 12,8 Mio. RM, und auch 1947 erreichte der Umsatz mit 34,1 Mio. RM erst die Hälfte des Standes von 1943. Hier spiegelten sich die Folgen des Bewirtschaftungs-, insbesondere des Preissystems, der Rohstoffschwierigkeiten und des Kompensationshandels wider, die Produktion und Absatz behinderten. Zur selben Zeit mussten die Buderus'schen Eisenwerke insbesondere eine höhere Lohnquote verkraften. Die Produktivität pro Arbeitsstunde sank zwischen 1944 und 1946 um rund die Hälfte.[220]

Infolgedessen entstanden ernsthafte Liquiditätsengpässe. Die flüssigen Mittel sanken von 8,2 Mio. RM 1944 auf 1,9 Mio. RM Ende 1945 und 0,6 Mio. RM im März 1946.[221] Die Kosten für Personal und Materialbeschaffung hingegen stiegen nach Inbetriebnahme der Hochöfen im Jahr 1946 sprunghaft in die Höhe.[222] Große Teile des Umlaufvermögens standen eigentlich nur noch auf dem Papier, Forderungen gegenüber den ehemaligen Reichsbehörden bzw. Schuldnern in der sowjetischen Besatzungszone waren nicht mehr einzutreiben. Von den ebenfalls im monetären Umlaufvermögen enthaltenen Forderungen aus Kriegssachschäden, also Bomben- und Besatzungsschäden, Transportschäden und Lohnausfällen durch Fliegeralarm in Höhe von 10,9 Mio. RM erstatteten die Besatzungsbehörden dem Unternehmen nur 1,8 Mio. RM, so dass hohe Wertberichtigungen erforderlich waren.[223] Unter diesen Umständen konnte das Unternehmen in den ersten beiden Nachkriegsjahren keinen Gewinn ausweisen.

Die Eigenkapitalrendite des Unternehmens lag bis zu Beginn des Jahres 1947 im negativen Bereich. Die Verluste wurden z.T. durch die Auflösung von Rücklagen ausgeglichen.

Umsatz, Gewinn, Cash-Flow und Dividende der Buderus'schen Eisenwerke 1945–1949
(in Mio. RM/DM)[224]

Jahre	1945	1946	1947	II 1948/49[225]
Umsatz	12,8	20,7	34,1	124,9
Gewinn/Verlust	–0,2	–4,4	0,1	2,9
Jahresüberschuss	–0,2	–4,4	0,1	2,9
Cash-Flow[226]	–2,3	–2,0	1,8	12,9
Dividende	0 %	0 %	0 %	5 %

Die entscheidende Besserung der Ertragslage trat für die Buderus'schen Eisenwerke erst 1947 ein, nachdem die Produktion gesteigert worden war. Zusätzlich erreichte das Unternehmen Preiserhöhungen für die Produkte der weiterverarbeitenden Betriebe zwischen 14 und 40 Prozent. Außerdem führte die Verwaltungstrennung dazu, dass die Buderus'schen Eisenwerke keine Ergebnisverantwortung mehr für den Rohstoffsektor hatten. Der 1947 ausgewiesene Gewinn – vor Einbeziehung des hohen Verlustvortrags aus dem Jahr 1946 – in Höhe von 97.144 RM sowie der Cash-Flow von 1,8 Mio. RM (inklusive Abschreibungen) zeigen die verbesserte Lage des Unternehmens. Der Vorstand war mit seiner Bilanzpolitik bestrebt, dem Unternehmen ein sicheres Finanzpolster zu verschaffen. Außerdem fürchtete er, durch den Ausweis höherer Gewinne den an der Sozialisierung interessierten Kreisen Argumente an die Hand zu geben. Die Behauptung, die Buderus'schen Eisenwerke hätten sich an der Sozialisierung der Grundstoffbetriebe saniert, wurde als falsch zurückgewiesen. Auch befürchtete man, die Verhandlungen mit den Preisbehörden um die Anhebung der eigenen Preise zu stören.[227]

Diese Entwicklung erleichterte die Selbstfinanzierung, denn in den ersten Nachkriegsjahren konnten zunächst nur kurzfristige, hochverzinsliche Kredite aufgenommen werden. Langfristige Fremdmittel waren zu dieser Zeit nur unter großen Schwierigkeiten zu beschaffen.[228] Die geringen Investitionen des Unternehmens in den ersten Nachkriegsjahren mussten daher überwiegend selbst finanziert werden.

Zusätzliche Finanzierungsmittel aus Erträgen von Beteiligungs- und Tochtergesellschaften, die zusammen ungefähr nur ein Viertel des Konzernumsatzes stellten,[229] flossen den Buderus'schen Eisenwerken zunächst nicht zu. Die Stahlwerke Röchling-Buderus AG arbeitete bis 1947 mit Verlusten und benötigte anschließend noch Jahre, um diesen Verlustvortrag zu tilgen. Ähnlich lagen die Verhältnisse bei der Breuer-Werke GmbH.[230] Für die Treuhandbetriebe, deren Ergebnisverantwortung nicht bei Buderus, sondern beim Land Hessen lag, kam die Anhebung des Roheisenpreises 1948 zu spät, um ein ausgeglichenes Jahresergebnis vorlegen zu können. Nur die Buderus'sche Handelsgesellschaft, von der für die Jahre 1945 und 1946 Verluste von insgesamt 86.802,40 RM übernommen werden mussten, konnte 1947 erstmals wieder einen Gewinn von 450.000 RM ausweisen.[231] Die freiwilligen Sozialleistungen der Buderus'schen Eisenwerke erreichten bis 1948 nicht einmal die Hälfte des Betrags von 1944 (rund 1,7 Mio. RM);[232] allerdings war auch die Belegschaft erheblich kleiner. Eine Gewinnausschüttung an die Aktionäre erfolgte nicht.

5.8. Zusammenfassung

Ende des Jahres 1948 hatten die Buderus'schen Eisenwerke den schwierigsten Abschnitt ihrer Nachkriegsgeschichte überstanden. Mit dem Zusammenbruch des NS-Regimes und dem Ende des Krieges wurden die Führungsspitze vollständig neu gebildet und die Betriebs- und Arbeitsverfassung grundlegend geändert. Mehrere aus dem Osten vertriebene Führungskräfte traten in die Unternehmensleitung ein, darunter der spätere Vorstandsvorsitzende Franz Grabowski, der viele Jahre die Zukunft des Unternehmens entscheidend gestalten sollte. Ihm gelang es dank der wohlwollenden Haltung der amerikanischen Militärregierung und der Einführung eines auf den Nachkriegsbedarf ausgerichteten Produktionsprogramms sehr bald, Buderus erfolgreich fortzuführen.

Unklar blieb zunächst das Verhältnis zu den in der französischen Besatzungszone liegenden Röchling'schen Eisen- und Stahlwerken, deren Einfluss auf die Führung der gemeinsamen Tochtergesellschaft, der Stahlwerke Röchling-Buderus AG, nach 1945 zunächst deutlich reduziert war. Diese Frage musste jedoch gegenüber der Auseinandersetzung mit den wirtschaftspolitischen Neuordnungsvorstellungen der politischen Parteien zunächst zurückstehen. Ende 1948 hatte der Vorstand die „erste Runde" im Streit um die Sozialisierung für sich entschieden: Mit der Abmachung vom 11. November 1948 stand die Aufteilung der Gesellschaft entsprechend den Vorstellungen des Vorstandes fest. Die Gießereien waren damit von der Sozialisierung befreit. Durch die Unterstellung unter die amerikanischen Entflechtungsgesetze waren die Treuhandbetriebe zudem für lange Zeit dem Zugriff der Landesregierung entzogen. Auch in den folgenden fünf Jahren banden die Auseinandersetzungen um die Sozialisierung des Unternehmens einen großen Teil der Energien.

6. Der Beginn des Wirtschaftswunders (1949–1955)

6.1. Weichenstellungen für Wachstum: Westintegration, Marshallplan, Koreaboom, Investitionshilfen

Im Jahr 1949 wurde Deutschland in einen Ost- und einen Weststaat geteilt. Die westdeutsche Regierung unter Bundeskanzler Konrad Adenauer (CDU) wollte vor allem möglichst bald innen- und außenpolitische Handlungsfreiheit erlangen. Dies gelang recht schnell. Mit In-Kraft-Treten der Pariser Verträge am 5. Mai 1955 und dem Beitritt zum Verteidigungsbündnis „North Atlantic Treaty Organisation" (NATO) erlangte die Bundesrepublik praktisch alle Souveränitätsrechte. Das Besatzungsstatut vom 21. September 1949 erlosch, und die „Alliierte Hohe Kommission" (AHK) wurde aufgelöst, die bis dahin die westdeutsche Innen- und Außenpolitik beaufsichtigt hatte.[1] Es erleichterte den Weg in die politische Selbstständigkeit, dass die Bundesrepublik durch das Bekenntnis zur Bindung an den Westen bald das Vertrauen der westlichen Alliierten gewann.

Mit dem „Marshallplan"[2] fiel Westdeutschland in ein „vorbereitendes Beziehungsnetz", das die schnelle Wiedereingliederung in die westeuropäische Wirtschaft ermöglichte. So trat die Bundesrepublik der „Organization for European Economic Cooperation" (OEEC) sowie der „European Payments Union" (EPU) bei. Diese hatten sich die Durchführung des Marshallplans und eine weitgehende Liberalisierung des Handels zum Ziel gesetzt. Mit der Unterzeichnung des Vertrags über die „Europäische Gemeinschaft für Kohle und Stahl" (EGKS, Montan-Union) am 18. April 1951 schuf die Bundesrepublik Deutschland zusammen mit Frankreich, Belgien, Holland, Luxemburg und Italien einen „Gemeinsamen Markt" für die Schwerindustrie und den Bergbau der Mitgliedsstaaten. Dies war ein weiterer Schritt zur wirtschaftlichen Integration Westeuropas. Wenige Monate nach Gründung der Montan-Union trat die Bundesrepublik dem „General Agreement on Tariffs and Trade" (GATT) bei.[3]

Die Aufnahme der Bundesrepublik in die westliche Staatengemeinschaft bedingte den Abbau der alliierten Auflagen. Die Demontageliste wurde schon im „Petersberger Abkommen" vom 22. November 1949 zusammengestrichen und 1951 schließlich aufgehoben.[4] Auch die Entflechtung wurde in der ersten Hälfte der fünfziger Jahre abgeschlossen. Nachdem die Entflechtungsbestimmungen des Gesetzes Nr. 75 durch das neue Gesetz Nr. 27 vom 20. Mai 1950 abgelöst und auf die französische Zone ausgedehnt worden waren, wurden 1952 entsprechend den Entflechtungsplänen der neuen Stahltreuhändervereinigung die neun großen Eisen- und Stahlkonzerne in 19 „Einheitsgesellschaften" zerschlagen.[5] Ein Jahr später wurde auch der westdeutsche Eisenerzbergbau in elf Unternehmen zusammengefasst.[6]

Der Eisen- und Stahlindustrie brachte die Entlassung aus den alliierten Entflechtungsauflagen jedoch keineswegs unbegrenzte wirtschaftliche Handlungsfreiheit. Im Gegenteil: Mit der Gründung der Montan-Union wurde dieser Industriezweig unter supranationale Kontrolle gestellt. Am 1. März 1953 trat für die Eisen- und Stahlindustrie der Gemeinsame Markt in Kraft.[7] Alle wettbewerbsverzerrenden Zölle und Transportvergünstigungen unter den Vertragsstaaten sollten wegfallen. Über die Einhaltung der Vertragsbestimmungen wachte fortan die „Hohe Behörde".[8] Als mit dem Gemeinsamen Markt für Eisen und Stahl die bisherigen Beschränkungen entfallen waren, setzte in dieser Branche bald ein Rekonzentrationsprozess ein. Für die meisten Eisen- und Stahlunternehmen blieb die Entflechtung nur eine vorübergehende Erscheinung.[9]

Diese politische Entwicklung wurde durch einen bisher nicht gekannten Wirtschaftsaufschwung gestützt. Im internationalen Vergleich übertraf nur Japan in der ersten Hälfte der fünfziger Jahre die Wachstumsraten der Bundesrepublik.[10] Wirtschaftsminister Ludwig Erhard begleitete das deutsche „Wirtschaftswunder"[11] mit einer Politik der Liberalisierung. Der Abbau der noch bestehenden Bewirtschaftungsvorschriften, eine aktive Investitionspolitik und vor allem eine Steuerpolitik, die die Kapitalbildung förderte,[12] so dass viele Unternehmen ihre Investitionen zu 60 Prozent selbst finanzieren konnten,[13] beseitigten die Schranken, die das wirtschaftliche Wachstum bisher behindert hatten. Zusätzlich zur Steuergesetzgebung trug die Bundesregierung zur Konjunkturbelebung bei, indem sie den Wohnungsbau stark förderte.[14] Der Bausektor entwickelte sich „zum Motor der Konjunktur", was für die Buderus'schen Eisenwerke von größter Bedeutung wurde.[15]

Auch externe Faktoren beeinflussten die wirtschaftliche Entwicklung. Bereits 1949 führten die kontraktive Zinspolitik der Bank deutscher Länder und eine Abwertungswelle der westeuropäischen Währungen dazu, dass die Investitionstätigkeit nachließ und die Arbeitslosigkeit in Westdeutschland stark stieg. Doch um so steiler zog die Konjunktur nach dem Beginn des Koreakrieges (1950 bis 1953) an. Zum ersten Mal erhielt die westdeutsche Wirtschaft einen starken Impuls von der Außenwirtschaft.[16] Der Krieg trieb im Ausland die Nachfrage nach deutschen Investitions-, Konsumgütern und Rohstoffen in die Höhe. Im zweiten Halbjahr 1951 erwirtschaftete die Bundesrepublik erstmals einen Devisenüberschuss. Der hohe Stahlbedarf ermöglichte es der Eisen- und Stahlindustrie – unter stillschweigender Zustimmung der Alliierten –, die immer noch bestehenden Produktionslimits von elf Millionen Jahrestonnen zu überschreiten.[17]

Der Koreaboom machte aber auch die Strukturschwächen der westdeutschen Industrie deutlich. Mit dem Konjunkturaufschwung gerieten die Grundstoffindustrien zunehmend in Schwierigkeiten. In diesen Branchen, insbesondere für den Kohlebergbau mit überdurchschnittlichem Investitionsbedarf, reichten die Abschreibungsmöglichkeiten nicht aus, um die Nachfrage der Konsum- und Investitionsgüterindustrie zu befriedigen. Auch der Kapitalmarkt bot keine ausreichenden Möglichkeiten, langfristige Kredite aufzunehmen. Die Folgen dieser Entwicklung machten sich im Dezember 1950 bemerkbar, als die Industrieproduktion infolge der Unterversorgung mit Kohle und Energie einbrach.[18] Die Engpässe verschärften sich und führten die Industrie in die so genannte Koreakrise. Damit die Industrie dennoch hinreichend an dem Nachfrageboom teilnehmen konnte, importierte man US-Kohle, was in Verbindung mit dem durch die Kohleknappheit gedrosselten Export dazu führte, dass das deutsche Zahlungsbilanzdefizit rapide wuchs.[19] Schließlich griff man zu Formen der Bewirtschaftung, die freilich die Verbände der Wirtschaft nun selbst organisierten.[20] Zudem verabschiedete der Bundestag am 7. Januar 1952 das „Gesetz über die Investitionshilfe der Gewerblichen Wirtschaft" (Investitionshilfegesetz), das die Konsumgüterbranchen verpflichtete, den Unternehmen des Bergbaus, der Eisen- und Stahlindustrie und anderen Grundstoffindustrien durch eine Sonderabgabe eine Investitionshilfe in Höhe von einer Milliarde DM zur Verfügung zu stellen.[21] Die Mittel ermöglichten dem Kohle- und dem Erzbergbau sowie der Eisen- und Stahlindustrie, die längst überfälligen Investitionen vorzunehmen. Die konjunkturelle Entwicklung tat ihr Übriges, um zur Überwindung des Rohstoffengpasses beizutragen. Der Koreaboom ebbte bereits im zweiten Halbjahr 1952 ab. In der Eisen und Stahl sowie in der Metall verarbeitenden Industrie bestand nun ein Angebotsüberhang, der zu sinkenden Preisen und einer Drosselung der Produktion führte. Erst 1954 zog die Konjunktur wieder an und mündete 1955 in ein Jahr der Hochkonjunktur, in dem viele Branchen ihre während des Koreabooms erreichte Höchstproduktion überschreiten konnten. Erstmals im Verlauf dieses – bis 1958 anhaltenden – Zyklus' wurde Vollbeschäftigung erreicht. Die deutsche Wirtschaft hatte sich konsolidiert.[22]

Die Koreakrise hatte gezeigt, dass das wirtschaftliche Wachstum besonders von den exportintensiven Branchen wie der Investitionsgüterindustrie getragen wurde.[23] Von den Produkten des Buderus-Konzerns konnte nur Edelstahl mit deren Wachstum mithalten,[24] vor allem, weil zahlreiche technische Verfahren den Einsatz hochbelastbarer und gegen chemische Einwirkungen resistenter Stähle erforderten.[25] Die meisten Betätigungsfelder von Buderus gehörten jedoch nicht zu den besonders expansiven Feldern der westdeutschen Wirtschaft.

Der Ausdehnung der Roheisenproduktion setzten die Rohstoffengpässe und eingeschränkten Finanzierungsmöglichkeiten Grenzen.[26] Auch im Eisenerzbergbau verlangsamte sich das Wachstum.[27] Als die Konkurrenz durch ausländische Erze allmählich wieder einsetzte, ging der Anteil der Inlandserze am Möller der westdeutschen Hochöfen langsam wieder zurück. Bis 1957 konnten sich die inländischen Eisenerze noch gegenüber den ausländischen behaupten.[28] Der starke Preisverfall, der in den sechziger Jahren den Eisenerzbergbau an Lahn, Dill und Sieg weitgehend zum Erliegen brachte, war noch nicht vorauszusehen.

Eine Sonderentwicklung nahm die Gießerei-Industrie. Obwohl allgemein dem verarbeitenden Gewerbe zugeordnet, fiel dieser Industriezweig weit hinter das Produktionswachstum der übrigen Metall verarbeitenden Branchen zurück. Einige Gussgruppen konnten indirekt vom Wachstum der Investitionsgüterindustrie, ihrer Hauptauftraggeberin, profitieren; der Bauguss war dagegen rückläufig.[29]

Der „Wirtschaftsverband Giesserei-Industrie" führte das relative Zurückbleiben der gesamten Gießerei hinter ihren Hauptabnehmergruppen – in den meisten anderen europäischen Ländern entwickelte sich die Gießereierzeugung hingegen parallel zur Güterproduktion – darauf zurück, dass die deutsche Teilung den Markt verengt hatte. Für die westdeutschen Gießereien wog der Verlust der mittel- und ostdeutschen Absatzgebiete besonders schwer, weil sie dort in der Vorkriegszeit – wegen der Verbindungen zu den Staaten Ost- und Südosteuropas – insbesondere Großgussstücke sowie Bau- und Handelsguss-Produkte abgesetzt hatten und nun – anders als ihre Abnehmer – nicht ohne weiteres auf andere Absatzgebiete ausweichen konnten.[30] Auch beim Export hatte die Gießerei-Industrie 1948 Absatzschwierigkeiten, denn eine Reihe ehemaliger Abnehmerstaaten hatten während des Krieges eine eigene Gießerei-Industrie aufgebaut.[31] Seit 1952 berichtete der „Wirtschaftsverband Giesserei-Industrie" von der Substitution durch neue Werkstoffe, insbesondere beim Bau- und Handelsguss.[32] Dabei handelte es sich vor allem um Produkte aus Beton, Asbestzement sowie Kunststoff. Allein die Produktion von Kunststoffen – also Kondensations- und Polymerisationsprodukten – stieg zwischen 1950 und 1955 um 328 Prozent.[33] Deshalb legte der „Europäische Ausschuss der Gießereiverbände" den Mitgliedsunternehmen nahe, sich bei dieser Entwicklung stark zu engagieren und den Schritt in andere Produktionssparten zu wagen.

6.2. Personelle und organisatorische Erneuerung

Für die Buderus'schen Eisenwerke endete in der ersten Hälfte der fünfziger Jahre die Zeit der Engpässe und Improvisationen. Eine langfristige Produktionsplanung wurde möglich und angesichts der Strukturveränderungen in den eigenen Branchen auch notwendig. Auf der Ebene von Vorstand und Aufsichtsrat endete die unmittelbare Nachkriegszeit mit einer personellen und organisatorischen Umstrukturierung. So schieden die Vertreter der Großbanken Leonhard Stitz-Ulrici, Wolfgang Suchsland und Paul Marx am 28. Mai 1951 aus dem Aufsichtsrat aus; der Vorsitzende Hans Bredow legte sein Amt am 20. November 1953 nieder.[34] Hugo Zinßer, Vorstandsmitglied der Rhein-Main Bank, wurde 1951 in den Aufsichtsrat gewählt,[35] ebenso wie Hanns Deuss und Robert Frowein. Beide hatten dem Gremium bereits während der NS-Zeit angehört: Deuss von 1934 bis 1943 und Frowein von 1939 bis 1945. Der Erstere hatte nach dem Zweiten Weltkrieg wieder eine führende Position im Bankwesen inne: 1951 war er Vorstandsmitglied des Bankvereins Westdeutschland in Düsseldorf, ferner der Rheinisch-Westfälischen Börse, Mitglied des Ausschusses für internationale Beziehungen sowie Aufsichtsratsmitglied zahlreicher Unternehmen.[36] 1958 wurde Deuss Sprecher des Vorstands der Commerzbank. Bereits 1953 hatte er den Aufsichtsratsvorsitz der Buderus'schen Eisenwerke übernommen.[37] Er war, nach Franz Grabowski, in der Nachkriegszeit am längsten an entscheidender Stelle für Buderus tätig. Robert Frowein war bei seiner erneuten Berufung in den Aufsichtsrat von Buderus Mitglied im Vorstand der Deutschen Bank AG, Berlin, und der Geschäftsleitung der Hessischen Bank.[38]

Neben den Vertretern der Aktionäre erhielten auch Arbeitnehmervertreter Zugang zum Aufsichtsrat. Nach Gründung der Bundesrepublik sah sich die amerikanische Militärregierung gezwungen, die von ihr suspendierten Bestimmungen über die wirtschaftliche Mitbestimmung der Arbeitnehmer des „hessischen Betriebsrätegesetzes" freizugeben. Am 14. April 1950 traten die suspendierten §§ 30, 32 sowie 52 bis 55 in Kraft. Doch schon 1952 löste das Betriebsverfassungsgesetz des Bundes das hessische Betriebsrätegesetz ab. Nun erhöhte sich die Zahl der Arbeitnehmervertreter im Aufsichtsrat der Buderus'schen Eisenwerke von zwei auf vier.[39]

Auf der Vorstandsebene zeigte sich 1953, dass im Technikbereich ein einziges Mitglied die Aufgaben, insbesondere wegen zahlreicher neuer Produktionsverfahren, nicht mehr allein bewältigen konnte. Deshalb stellte der Aufsichtsrat am 17. April 1953 den ehemaligen technischen Leiter der Maschinenfabrik Eßlingen, Otto Hornung, an die Seite von Franz Grosser. Hornung wurde Leiter der Gießereiwerke, während Grosser sich schwerpunktmäßig um die Planung der Investitionen und der Produktion kümmerte.[40] Die Vergrößerung des Vorstands veranlasste den Aufsichtsrat, Grabowski das nach dem Krieg abgeschaffte Amt des Vorstandsvorsitzenden oder „Generaldirektors" zu übertragen. Er erhielt damit das Recht, die Gesellschaft nach außen sowie vor dem Aufsichtsrat, der Hauptversammlung und den Betriebsräten zu vertreten. Außerdem bedurften von nun an alle wichtigen Beschlüsse des Vorstands seiner Zustimmung.[41] Diese Revision der Geschäftsordnung unterstrich Grabowskis dominierende Rolle, die ihm als dem Verhandlungsführer bei den Sozialisierungs- und Entflechtungsfragen zukam. Diese Themen hatten für die Buderus'schen Eisenwerke auch in der ersten Hälfte der fünfziger Jahre nichts von ihrer Aktualität eingebüßt.

6.3. Abschluss der Entflechtung und Sozialisierung: die Gründung der Hessischen Berg- und Hüttenwerke AG

Die erste Hälfte der fünfziger Jahre brachte für die Buderus'schen Eisenwerke die Lösung der Sozialisierungsfrage. Seit dem 20. Mai 1950 standen sie zusammen mit der Stahlwerke Röchling-Buderus AG auch unter den Bestimmungen des Gesetzes Nr. 27, das sich in seinen Zielen nicht von seinem Vorgänger unterschied.[42] Mit dem Übergang der Zuständigkeiten von der „US/UK-Steel Group" auf die „Combined Steel Group" erloschen die Kompetenzen des Landesamtes für Vermögenskontrolle, das bisher die zu entflechtenden Unternehmen für die „US/UK-Steel Group" verwaltet hatte. Die für die Buderus'schen Eisenwerke eingesetzten Treuhänder mussten daher ihre Ämter niederlegen. Die treuhänderische Verwaltung der Vermögenswerte ging auf Anordnung der „Combined Steel Group" auf den Vorstand der Gesellschaft über, der nunmehr unmittelbar den Weisungen dieses Kontrollgremiums unterstand. Nur die Treuhandbetriebe befanden sich für kurze Zeit in einem gewissen rechtsfreien Raum. Als das Treuhändermandat Bredows erlosch, wurde auch die Vollmacht hinfällig, die er dem vom Vorstand der Buderus'schen Eisenwerke beurlaubten Witte zur Geschäftsführung der Grundstoffbetriebe erteilt hatte. Da der Vorstand offensichtlich nicht die Absicht hatte, Witte in seiner Stellung zu bestätigen – dazu hatte er ja die entsprechenden Vollmachten übertragen bekommen –, setzte die hessische Landesregierung Witte erneut als Leiter der Treuhandbetriebe ein. Ein Einspruch des Buderus-Vorstands am 4. Oktober 1950 hatte keinen Erfolg. Die „Combined Steel Group" unternahm nichts gegen die Entscheidung der Landesregierung.[43] Allerdings konnte diese ihr Sozialisierungskonzept nicht mehr gegen das Unternehmen durchsetzen. Bundesweit waren schon lange die Entscheidungen für den Erhalt des Privateigentums gefallen. Dies demonstrierten nicht nur die Artikel 14 und 15 des Grundgesetzes und die Wirtschaftspolitik Ludwig Erhards, sondern es zeigte sich auch bei der „Stahltreuhändervereinigung", die mit der Neuordnung der Stahlindustrie beauftragt war. Dieses elfköpfige Gremium setzte sich aus sieben Vertretern der Unternehmerseite und vier Gewerkschaftsvertretern zusammen. Grabowski konnte durchsetzen, dass die Buderus'schen Eisenwerke das Aufsichtsratsmitglied Alfons Wagner als ihren Vertreter in das Neuordnungsgremium entsandten.[44]

Die Gewerkschaftsvertreter konnten sich mit der Forderung nach einer Sozialisierung der Eisen- und Stahlindustrie nicht durchsetzen. Dazu trug auch die Bundesregierung bei, die gegen Sozialisierungsmaßnahmen Stellung bezog. So bedeuteten Vertreter des Bundeswirtschaftsministeriums der hessischen Landesregierung 1950, „dass bei einer Sozialisierung in Hessen die Hüttenwerke der Ruhr kein Kilo Erz aus dem Lahn-Dill-Gebiet mehr abnehmen würden".[45] Seit Mai 1951 bestand zwischen der Bundesregierung und den Alliierten hinsichtlich der Entflechtung der Eisen- und Stahlindustrie Klarheit darüber, die Aktionäre der zu liquidierenden Gesellschaften durch Tausch ihrer alten Aktien gegen Aktien der neu gebildeten Einheitsgesellschaften zu entschädigen.[46] Dies war ein deutliches Bekenntnis zum Erhalt des Privateigentums. Der Widerstand gegen die hessische Sozialisierung wurde immer stärker. Auch auf Landesebene taten die Gegner des Artikels 41 der hessischen Verfassung alles, um das nunmehr nur noch von der SPD vertretene Projekt zu Fall zu bringen. So lehnte der Landtag am 27. Oktober 1950 das Ausführungsgesetz zu Artikel 41 endgültig ab. Die SPD griff Harald Kochs[47] Sozialisierungsentwurf nicht wieder auf, obwohl sie bei den Landtagswahlen vom 19. November 1950 die absolute Mehrheit gewann. An die Umsetzung des Artikels war vorerst nicht mehr zu denken; die LDP hatte dessen Rechtsgültigkeit bereits vor der Ablehnung des Ausführungsgesetzes grundsätzlich in Frage gestellt. Sie argumentierte, die verfassungsgebende Landesversammlung habe eine andere Fassung des Artikels 41 angenommen als diejenige, die später zum Volksentscheid vorlag.[48] Dies veranlasste die LDP, vor dem hessischen Staatsgerichtshof zu klagen. Sie betrachtete den Artikel infolge des Verfahrensfehlers nicht nur als rechtsungültig, sondern forderte den hessischen Staatsgerichtshof auch auf festzustellen, dass Artikel 41 den Inhabern der zu sozialisierenden Betriebe nicht bereits mit In-Kraft-Treten der hessischen Verfassung das Eigentum entzogen habe und dass das Treuhändergesetz vom 25. August 1947 verfassungswidrig sei.[49]

Durch die Klage der LDP stand die Sozialisierung mehr denn je in Frage. Grabowski sah die Lösung des Problems schon gekommen. In einem Schreiben an Wirtschaftsminister Erhard vom 6. Mai 1951 legte er seine Vorstellungen von der anzustrebenden Lösung dar: „Ich gestehe offen, dass wir an einer Sozialisierung auf Landesebene kein Interesse haben und lieber aus den von Art. 41 HV beanspruchten Betriebsteilen eine Kerngesellschaft (= Einheitsgesellschaft) nach Gesetz Nr. 27 bilden würden. [...] Dem Vorstand und Aufsichtsrat unserer Gesellschaft schwebt als Endlösung die völlige Entlassung der Buderus'schen Eisenwerke aus dem Gesetz Nr. 27 vor, und wir hoffen, dass der Hessische Staatsgerichtshof zu der Entscheidung kommt, dass Art. 41 nicht rechtmäßig ist. Sollte das nicht der Fall sein, ziehen wir, wie gesagt, die Bildung einer Kerngesellschaft aus der im Geschäftsbericht näher beschriebenen Treuhandverwaltung vor."[50]

Grabowski erreichte sein Ziel schon bald. Zwar bescheinigte der hessische Staatsgerichtshof der Landesregierung am 20. Juli 1951 in einem ersten Teilurteil die Gültigkeit von Artikel 41. Auch das zweite Teilurteil vom 6. Juni 1952 fiel zugunsten der Landesregierung aus. Doch zeigte das neue SPD-Kabinett von Ministerpräsident Zinn – dem ehemaligen Justizminister des Kabinetts Stock – nach all dem Widerstand gegen die Sozialisierungspläne nun weniger Elan. Der Landesregierung kam es ungelegen, dass Buderus zusammen mit anderen Unternehmen bereits nach dem ersten Teilurteil des Staatsgerichtshofs Klage beim Bundesverfassungsgericht eingelegt hatte.[51] Dies verzögerte die Umsetzung von Artikel 41 weiter. Offenbar bewog – neben anderen Nachteilen, die ein Bundesverfassungsgerichtsurteil bringen konnte[52] – die Gefahr, dass das Gericht den Fortbestand von Artikel 41 für rechtswidrig halten könnte, die Regierung zum Einlenken.

Letztlich machte die „Combined Steel Group" nach Angaben Wittes die Freigabe der Treuhandbetriebe davon abhängig, dass sie eine eigene Rechtsform erhielten.[53] Da der Verstaatlichung die Grundlage entzogen war, einigten sich die hessische Landesregierung und der Buderus-Vorstand am 4. Juni 1952 darauf, eine gemischtwirtschaftliche Betriebsführungsgesellschaft für die Treuhandbetriebe zu gründen: die „Hessische Berg- und Hüttenwerke AG" (Berghütte). Diese sollte die Geschäfte der Treuhandbetriebe bis zur Urteilsverkündung des Staatsgerichtshofs bzw. des Bundesverfassungsgerichts führen.[54]

Aus den bereits genannten Gründen schlossen die Verhandlungspartner schließlich einen Vergleich; die Buderus'schen Eisenwerke zogen ihre Verfassungsbeschwerde zurück. Nachdem das Unternehmen am 15. August 1953 unbeschadet aus der Bedrohung durch das Gesetz Nr. 27 entlassen worden war, verabschiedete der Landtag 1954 das „Abschlussgesetz zum Artikel 41 der hessischen Verfassung".[55] Es beendete die Sozialisierung offiziell.[56] Dadurch konnte das in Gemeineigentum übergegangene Betriebsvermögen auf juristische Personen des öffentlichen Rechts oder Gesellschaften des Privatrechts übertragen werden, soweit die öffentliche Hand die

Mehrheit der Gesellschaftsanteile hielt. Die Entschädigung der Alteigentümer sollte gemäß § 7 „unter gerechter Abwägung der Interessen der Allgemeinheit und der Beteiligten" erfolgen.

Über die Entschädigung einigten sich das Land Hessen und die Buderus'schen Eisenwerke am 23. Februar 1954 in einem Vertrag:[57] Die am 1. Dezember 1946 vorhandenen Anlagewerte der von Artikel 41 betroffenen Betriebe wurden mit Wirkung vom 1. Januar 1954 in die Berghütte eingebracht. Es handelte sich dabei um die ehemaligen Buderus'schen Erzgruben, Hochofen- und Elektrizitätsbetriebe, die bisher noch in den Büchern der Buderus'schen Eisenwerke geführt wurden, ferner um die seitdem neu geschaffenen Anlagewerte sowie schließlich alle zu den Betrieben gehörigen Gegenstände des Umlaufvermögens, die seither in den Büchern der „Treuhandverwaltung" erfasst wurden. Das Grundkapital der Gesellschaft wurde von 100.000 DM auf 15 Mio. DM erhöht. Die neuen Aktien erhielt das Land Hessen.

Für die Ausgliederung der Anlagewerte aus den Bilanzen von Buderus entschädigte die Landesregierung das Unternehmen, indem sie ihm 26 Prozent des Aktienkapitals übertrug. Die Buderus'schen Eisenwerke verfügten damit über eine Sperrminorität an der neuen Gesellschaft. Zudem erhielt das Unternehmen eine Barzahlung von 15 Mio. DM und wurde für die überlassenen Vorräte mit 3,3 Mio. DM von der Berghütte abgefunden. Diese übernahm auch den Posten „Vorräte, die der Auseinandersetzung mit der Treuhandverwaltung der Betriebe in Gemeineigentum unterliegen" in Höhe von 2,8 Mio. DM, den Buderus in der Bilanz als Forderung gegen die Treuhandverwaltung führte.[58]

Insgesamt erhielten die Buderus'schen Eisenwerke für die Abtretung der Treuhandbetriebe eine Entschädigung von rund 25 Mio. DM. Ursprünglich hatten die Vorstellungen der hessischen Landesregierung bei 10 bis 20 Prozent eines Vermögenswerts der Treuhandbetriebe gelegen, die der Buderus-Vorstand auf 41 Mio. DM geschätzt hatte. Der schließlich gezahlte Betrag lag also weit über der früher veranschlagten Summe.[59] Zudem sicherten sich die Buderus'schen Eisenwerke im Aufsichtsrat des Unternehmens das Recht, ebenso viele Vertreter zu entsenden wie die Landesregierung.[60] Die technische Leitung des Unternehmens lag weiterhin in den Händen von Wilhelm Witte.[61]

Besondere Erwähnung verdient die Vereinbarung über die wirtschaftliche Zusammenarbeit zwischen den Buderus'schen Eisenwerken und der Berghütte. Darin wurden Buderus zahlreiche Vergünstigungen gewährt. Das Unternehmen wurde auch dagegen abgesichert, dass die Berghütte eine eigene Weiterverarbeitung aufnahm und damit den Buderus'schen Eisenwerken Konkurrenz machte: Beiden Vertragspartnern wurde verboten, „Anlagen zur Herstellung von Erzeugnissen des anderen Teils" zu errichten. Weiterhin verpflichtete die Vereinbarung beide Partner, ihren Bedarf an Erzeugnissen ausschließlich bei dem anderen Teil zu decken und diesen mit Erzeugnissen zu beliefern (§ 1). Gemäß Anlage A der Vereinbarung gewährte die Berghütte den Buderus'schen Eisenwerken auf die in den Preislisten der Montan-Union veröffentlichten Preise für Gusseisen einen Rabatt von fünf bis sieben Prozent bei 8.000 t Abnahme. Für je 1.000 t Gusseisen, die darüber hinaus abgenommen wurden, erhöhte sich der Rabatt um ein Prozent. Außerdem enthielt die Vereinbarung Absprachen über den Bezug von Schlacke, Strom und Gichtgas von der Berghütte, wobei sich die Preise, die Buderus zahlte, jeweils an den niedrigsten Marktpreisen orientierten.[62] Schließlich vereinbarten der Buderus-Vorstand und die hessische Landesregierung, dass kein Teil ohne Einwilligung des anderen über seine Berghütte-Aktien verfügen oder sich zu einer solchen Verfügung verpflichten durfte.[63]

Damit war die Sozialisierung endgültig abgewendet. Die Vorteile, die sich Buderus aus der Vereinbarung mit der hessischen Regierung gesichert hatte, sind nicht zu übersehen. Das Unternehmen konnte über den Aufsichtsrat die Führung der Gesellschaft entscheidend mitbestimmen, während die hessische Landesregierung aufgrund ihrer Anteilsverhältnisse in Zukunft den überwiegenden Teil der finanziellen Belastungen zu tragen hatte, freilich auch von eventuellen Gewinnen profitierte. Für die Berghütte kam die getroffene Lösung einer Entflechtung gleich. Anders als anderen entflochtenen Unternehmen, deren Rekonzentration nach dem Rückzug der Alliierten aus der westdeutschen Wirtschaftspolitik nichts mehr im Wege stand, blieb beiden Unternehmen dieser Weg jedoch zunächst versperrt.

6.4. Erste Expansion

Herausforderungen bei Heizungs- und Bauerzeugnissen

Während sich die Buderus'schen Eisenwerke durch Ausgliederung der Treuhandbetriebe bzw. Berghütte von ihren Rohstoffbetrieben trennen mussten, konnten sie im Weiterverarbeitungsbereich stark expandieren. Diese Entwicklung teilten sie einerseits mit der übrigen Eisen- und Stahlindustrie, die sich nach der Entlassung aus den alliierten Entflechtungsgesetzen endlich der Erweiterung der eigenen Produktionsanlagen widmen konnte.[64] Andererseits hing die Notwendigkeit, das Produktionsprogramm auszuweiten, eng mit der Entwicklung der Gießerei-Industrie zusammen. Auch die Buderus'schen Gießereibetriebe blieben von den Strukturschwächen dieser Branche, insbesondere der Verengung des Absatzmarktes, nicht verschont. Zum ersten Mal wurde der Gießereisektor, der bisher die Rentabilitätsgrundlage für das gesamte Unternehmen einschließlich der Rohstoffbetriebe gebildet hatte, aus strukturellen Gründen eingeschränkt. Der Vorstand setzte alles daran, die rückläufige Entwicklung aufzuhalten oder zumindest ihre Auswirkungen zu mildern. Vor allem galt es, den Anschluss an den technischen Fortschritt nicht zu verpassen – und dies in zweifacher Hinsicht: erstens in der eigenen Branche und zweitens in den Branchen, die künftig zur Gießerei in Konkurrenz traten.

Zahlreiche technische Innovationen der Kriegszeit und der ersten Nachkriegsjahre fanden erst in den fünfziger Jahren Eingang in die Produktion der Unternehmen, so in der Gießerei der Kupolofen mit Heißwindbetrieb.[65] Die Buderus'schen Eisenwerke betrieben seit Mitte 1950 eine Versuchsanlage, um sich die Vorzüge dieses Ofens nutzbar zu machen und rüsteten in der Folgezeit ihre Gießereianlagen auf das neue Verfahren um.[66]

Zahlreiche technische Veränderungen wurden auf dem Gebiet der Werkstofftechnik vorgenommen. Hier unternahm das Unternehmen 1952 erste Versuche mit der Herstellung des so genannten „Sphärogusseisens" oder Gusseisens mit „Kugelgraphit".[67] Dieser neue, nicht im Hochofen, sondern im Kupolofen erschmolzene Werkstoff, der 1947 zum ersten Mal in Deutschland erfolgreich eingesetzt worden war, verfügte infolge seiner Kohlenstoffstruktur über höhere Festigkeit und Zähigkeit als das spröde Graugusseisen und entwickelte sich in den sechziger Jahren zum bestimmenden Werkstoff für viele Produkte.[68]

Des Weiteren erwarben die Buderus'schen Eisenwerke die Generallizenz für das so genannte „Wachsausschmelzverfahren" der Gebr. Sulzer AG. Das Verfahren war eine wichtige Ergän-

Modelle für Buderus-Präzisionsstahlguss werden auf Spritzpressen hergestellt und von Hildegard Dietz zu „Modellbäumen" zusammengebaut. Bei diesem Gießverfahren werden die Wachsmodelle durch Ausschmelzen aus der Form entfernt, hierdurch ergeben sich feinste Oberflächen und hohe Maßgenauigkeit. Die Aufnahme entstand 1954 im Werk Hirzenhain.

zung des Maschinengusses, denn es ermöglichte, komplizierte Gussteile mit einer durch andere Gussverfahren nicht erreichten Maßgenauigkeit serienmäßig herzustellen.[69] Um es umzusetzen, vollzog Buderus seine erste Gesellschaftsneugründung nach dem Zweiten Weltkrieg: Der „Präzisionsguss" wurde am 30. Oktober 1953 einer neuen Gesellschaft übertragen: der Zentroguß GmbH (Grundkapital 100.000 DM). Sie errichtete ihre Produktionsstätte im Werk Hirzenhain.[70]

Dem Buderus-Vorstand war bewusst, dass das Unternehmen angesichts der sich ankündigenden Substitutionskonkurrenz nicht dabei stehen bleiben konnte, die Eisengießereien zu modernisieren. So verbreiteten sich seit Anfang der fünfziger Jahre Druck- und Abflussrohre aus Kunststoff, Asbestzement und Beton und machten den Rohren aus Gießerei-Roheisen mit einem Preis, der zehn bis 25 Prozent unter den Gussrohrpreisen lag,[71] spätestens seit 1955 Konkurrenz.

Die Ausdehnung der industriellen Produktion und der zunehmende allgemeine Wohlstand ließen den Energieverbrauch ansteigen. Es wurden immer größere Heizkesseleinheiten gebaut. Ein deutliches Zeichen für diese Entwicklung war die Entstehung von Fernheizwerken, die zur Einzelzentralheizung in Konkurrenz traten und ganze Regionen beheizen konnten. Bislang waren dies lediglich erste Ansätze, der Markt für den Großheizkessel wuchs erst Ende der fünfziger Jahre stark an, als das Öl zum wichtigsten Energieträger wurde.[72] Dennoch spürten Unternehmen, die – wie die Buderus'schen Eisenwerke – eine starke Position auf dem Heizkesselmarkt hatten, die Entwicklung zum Stahlkessel schon früh. Schon Anfang der fünfziger Jahre schränkten staatliche Sicherheitsvorschriften das Anwendungsgebiet der Gussheizkessel auf kleinere Kesseleinheiten ein. Sie durften nicht mehr für industrielle Zwecke oder in Fernheizwerken verwendet werden. Die Buderus'schen Eisenwerke reagierten umgehend: 1952 erwarb das Unternehmen die Lizenz für die Herstellung des Stahlheizkessels der schwedischen Firma „A.B. Gustavsberg Fabriker". Die Anlagen zur Herstellung des neuen Kessels wurden im Werk Ewersbach errichtet und am 6. Mai 1953 in einer neuen Organgesellschaft, der Omnical GmbH (Grundkapital 100.000 DM), zusammengefasst. Diese produzierte auch Behälter aller Art, um ihr Programm abzurunden, z. B. Zementsilos, Flugaschen- und Staubabscheider sowie Heißwindanlagen und Rekuperatoren, also Produkte, mit denen Buderus schon in eigenen Werken Erfahrungen gesammelt hatte.[73]

Nach dieser Gründung versuchte der Vorstand verstärkt, bei den Substitutionsprodukten für Gussrohre Fuß zu fassen. Dieses Ziel ließ sich jedoch erst 1955 verwirklichen, nach Abschluss der Sozialisierungsverhandlungen: In Gemeinschaftsprojekten mit den beiden anderen großen westdeutschen Gussrohrproduzenten, der Eisenwerke Gelsenkirchen AG, Düsseldorf, und der Halbergerhütte GmbH, Brebach (Saar), wurden vier Unternehmen errichtet, die sich bei der Kunststoff-, Asbestbeton- und Betonverarbeitung betätigten.[74] Auf dem Gebiet der Kunststoffverarbeitung gründete Buderus 1955 zusammen mit der Halbergerhütte die Omniplast GmbH & Co. (Grundkapital 500.000 DM), die Kunststoffrohre im Spritzguss-, Tiefzieh-, und Strangpressverfahren herstellte.[75] Im selben Jahr folgten drei weitere Gemeinschaftsgründungen zusammen mit der Eisenwerke Gelsenkirchen AG und der Halbergerhütte GmbH:

- die HAGEWE Gesellschaft für Rohr- und Baumaterialherstellung mbH & Co., Ötigheim, Kreis Rastatt (Grundkapital 1 Mio. DM),
- die Deutsche PREMO Gesellschaft für Rohr- und Baumaterialherstellung mbH & Co. KG, Wanne-Eickel (Grundkapital 1 Mio. DM) und
- die AZET Gesellschaft für Rohr- und Baumaterialherstellung mbH & Co. KG, Wanne-Eickel (Grundkapital 3 Mio. DM).

Die Buderus'schen Eisenwerke hielten an jeder Gesellschaft eine dreißigprozentige Beteiligung.

Alle drei Gesellschaften beschäftigten sich mit der Rohrproduktion nach verschiedenen Lizenzen. So war für die HAGEWE die Herstellung von Spannbetonrohren nach dem französischen Socoman-Verfahren vorgesehen. Die PREMO dagegen stellte dasselbe Produkt nach dem schwedischen Premo-Verfahren her. Für die AZET lagen Lizenzverträge zur Produktion von Druckrohren aus Asbestzement nach dem Magnani-Verfahren sowie von Asbestzementplatten nach einem Patent der französischen Firma Filgurit vor. Der Aufbau der Anlagen sollte durch einen Beratungsvertrag mit dem französischen Konzern Pont-à-Mousson abgesichert werden. Die Produkte dieser Neugründungen wurden durch eine eigene Vertriebsgesellschaft vertrieben: die GEROBAU – Gesellschaft für Rohr- und Baumaterialherstellung mbH, Frankfurt a. M. Nur die Filgurit-Produkte wurden über eine gemeinsame Vertriebsorganisation mit der Firma Filgurit abgesetzt.⁷⁶ Mit den Beteiligungen engagierte sich Buderus frühzeitig bei den neuen Technologien, die der traditionellen Gießereiproduktion gefährlich werden konnten, und wurde dadurch vom Gießereisektor etwas weniger abhängig.

Erwerb der Krauss-Maffei AG

Mit dem Ausbau des Heizungs- und Bausektors war die Ausdehnung der Buderus'schen Eisenwerke keineswegs abgeschlossen. Mit Hilfe der genannten Entschädigungszahlung konnte der Vorstand noch 1955 ein weiteres wichtiges Ziel erreichen: die Ausdehnung des Unternehmens in den stark expansiven Maschinenbau, worauf offensichtlich besonders Grabowski drang.⁷⁷

Am 2. Juni 1955 informierte der Aufsichtsratsvorsitzende Deuss den Aufsichtsrat, dass die Buderus'schen Eisenwerke die Aktienmehrheit an der Krauss-Maffei AG, München-Allach, (Grundkapital 13 Mio. DM) erworben hätten. Er begründete den Kauf damit, dass Buderus hiermit „einen weiteren Schritt in die Weiterverarbeitung [tue] und dass fernerhin eine gegenseitige Befruchtung in technischer Hinsicht und eine Arbeitsteilung bei gewissen Fertigungen zu erwarten" seien.⁷⁸ Aufsichtsrat und Vorstand waren von den Vorteilen der Neuerwerbung überzeugt, die durch Übernahme eines Aktienpakets (rund 35 Prozent des Aktienkapitals) von der Deutschen Bank möglich geworden war.⁷⁹ Außer Deuss hatten insbesondere auch Grabowski und Wagner, die dem Aufsichtsrat der Krauss-Maffei AG angehört hatten oder noch angehörten, genaue Kenntnis von dem Unternehmen.⁸⁰

Die Krauss-Maffei AG galt nach dem Zweiten Weltkrieg als Musterfall für die erfolgreiche Umstellung eines Unternehmens nach einer Strukturkrise. Sie war 1931 aus dem Zusammenschluss der beiden Münchener Lokomotivbauunternehmen, der 1837 gegründeten J.A. Maffei AG und der 1866 gegründeten Lokomotivfabrik Krauss & Comp. AG, entstanden.⁸¹ Zunächst beschäftigte sie sich schwerpunktmäßig mit dem Lokomotivbau sowie der Herstellung von Halbkettenzugmaschinen für den militärischen Bedarf, in geringerem Maße auch mit der Gießerei und dem Maschinenbau. Das Unternehmen war von Bombardierung und Demontagen verschont geblieben, wurde jedoch in Mitleidenschaft gezogen, als die Bundesbahn in eine finanzielle und strukturelle Krise geriet.⁸² Doch gelang es dem Unternehmen, sich auf dem Lokomotivmarkt zu behaupten und die Geschäftstätigkeit auf andere Produktionsbereiche auszuweiten. So gehörte die Krauss-Maffei AG durch frühen Einstieg in den Bau dieselhydraulischer und elektrischer Lokomotiven, die in den fünfziger Jahren weltweit die Dampflokomotiven abzulösen begannen, zur Spitzengruppe der westdeutschen Lokomotivproduzenten und stellte diesen Produktionszweig erneut auf eine rentable Grundlage.⁸³ Zudem beschloss der Vorstand, „sich beschleunigt von der Einseitigkeit des schwankenden Bundesbahngeschäftes zu befreien". In den folgenden Jahren wurde die Produktion von Omnibussen ausgebaut, mit der man in den ersten Nachkriegsjahren begonnen hatte. Wichtiger war jedoch der Einstieg in die Trenntechnik, also den Bau von Zentrifugen, Filtern und Trocknern. Bis Ende 1955 entwickelte sich Krauss-Maffei auf diesem Gebiet zu einem führenden europäischen Hersteller.⁸⁴ Im selben Jahr begann das Unternehmen, auch Spritzgießmaschinen für die Kunststoffverarbeitung herzustellen. Zudem verfügte es 1955 dank umfangreicher Modernisierungen über die größte Stahlgießerei Süddeutschlands mit einer monatlichen Produktionskapazität von 1.000 t, von denen 30 Prozent an Fremde abgesetzt wurden. Die erfolgreiche Umstrukturierung führte zu einer Verdreifachung des Umsatzes zwischen 1950 und 1955.

Wies die Bilanz 1951 noch einen Verlust von 20.000 DM aus, so schrieb die Gesellschaft 1955 einen Reingewinn von 820.000 DM und zahlte eine Dividende von sechs Prozent.[85]

6.5. Auf Erfolgskurs

Gießerei und Metallverarbeitung: Buderus'sche Eisenwerke

Die Buderus'schen Eisenwerke konnten in den frühen fünfziger Jahren ihre hohen Marktanteile in den einzelnen Gießereigruppen im Wesentlichen halten.[86] Dank des starken Wirtschaftswachstums hatte die Gesellschaft überdurchschnittlich hohe Umsatzzuwächse: von 1949 auf 1950 um 31,5 Prozent, von 1950 auf 1951 um 43,1 Prozent und nach Überwindung der Konjunkturflaute des Jahres 1953 wieder um 22,9 Prozent im Jahr 1955. Allerdings waren die Ausdehnungsmöglichkeiten fast aller Produktionsbereiche aus konjunkturellen und strukturellen Gründen gering.

Hatte zwischen Ende 1950 und 1952 Energieknappheit die Ausweitung der Produktion behindert,[87] so brachte das Abflauen der Nachfrage im Jahr 1953 einen Einbruch. Dennoch gelang es den Buderus'schen Eisenwerken 1952 und 1953, den Umsatz zu erhöhen, weil Zement und Betonwaren weiterhin guten Absatz fanden. Der Export spielte während des gesamten Zeitraums nur eine untergeordnete Rolle. Er lag durchschnittlich bei neun Prozent, 1950 und 1955 erreichte er 10,4 bzw. elf Prozent des Gesamtumsatzes.[88]

Ausziehen eines Schleudergussrohres aus der Kokille im Werk Wetzlar, um 1950.

Buderus-Zement wurde bereits ab 1953 in Silofahrzeugen zu Großbaustellen gebracht. Das 1954 im Zementwerk Wetzlar aufgenommene Bild zeigt das Füllen eines Silozuges mit einem Fassungsvermögen von über 20 Tonnen.

Produktion (in t) und Umsatz (in Mio. DM) der Buderus'schen Eisenwerke 1949–1955[89]

Jahr	Gussprodukte	Betonwaren	Zement	Umsatz
1949	135.218	16.600	166.930	91,8
1950	193.849	10.122	193.000	120,8
1951	233.641	16.800	214.400	173,1
1952	228.183	18.400	196.400	188,9
1953	218.526	21.200	219.000	194,4
1954	268.219	22.600	241.000	235,4
1955	320.792	29.000	273.000	289,4

Für die Geschäftsentwicklung war die Veränderung der Sparten entscheidender als die konjunkturellen Schwankungen. Die Substitutionskonkurrenz in der Gießerei stellte bis 1955 noch keine ernsthafte Bedrohung dar. Doch bewegte sich die Absatzsituation in den meisten Produktgruppen stetig vom Verkäufermarkt, der seit der Währungsreform dominiert hatte, auf einen Käufermarkt hin.[90]

Im Bauguss zeigte sich dies vor allem beim Geschäft mit Druck- und Abflussrohren. Dort gab es bereits 1949 einen starken Kapazitätsüberhang im Inland.[91] Zudem verschärfte sich die Absatzlage durch das Vordringen ausländischer Produkte auf dem deutschen Markt.[92] Wie stark die Marktverengung das Rohrgeschäft behinderte, zeigt die Tatsache, dass die neue Abflussrohrgießerei des Werkes Staffel, die allein 40 Prozent des gesamten deutschen Bedarfs hätte decken können, bis 1955 ihre Kapazität nie voll ausschöpfen konnte. 1950 arbeitete sie mit nur 50 Prozent ihrer Kapazität. Die Erlöse bewertete der Vorstand als unzureichend.[93] Wenig besser waren die Verhältnisse im Druckrohrgeschäft. Hier wurde ein beträchtlicher Teil – 1950 sogar 50 Prozent – exportiert, allerdings zu niedrigen Preisen, da französische und englische Hersteller viel kostengünstiger produzierten.[94] Nur beim Kanalguss konnte bis 1955 die Produktion nicht mit der Nachfrage Schritt halten.

Angesichts dieser schwierigen Marktbedingungen war der Vorstand bestrebt, die Gussrohrproduktion so rationell wie möglich zu gestalten. Sie wurde deshalb 1954 umstrukturiert: Die noch in Wetzlar vorhandenen Schleudergussanlagen für den Hausanschluss- und Abflussrohrguss wurden nach Staffel verlegt. Seither war Wetzlar nur noch für den Guss von Druckrohren zuständig, Staffel wurde das zentrale Abflussrohrwerk des Unternehmens.[95]

Weit heterogener gestalteten sich die Produktions- und Absatzbedingungen bei Heiz- und Kochgeräten. Hier trat der wichtigste Betriebszweig – die Produktion von Zentralheizungsgegenständen – weiter in den Vordergrund. Der Konkurrenzdruck war hier offensichtlich nicht so stark wie im Rohrgeschäft, weil die Bedeutung der Zentralheizung bis in die sechziger Jahre geringer war als die der Einzelofenheizung.[96]

Im krassen Gegensatz zum Geschäft mit Heizkesseln und Radiatoren gestaltete sich das Herd- und Ofengeschäft. Der Markt für die Herd- und Ofenindustrie war hoffnungslos übersetzt. Mehr als 95 Prozent der Unternehmen im ehemaligen Reichsgebiet waren nach dem Zweiten Weltkrieg in Westdeutschland konzentriert.[97] Vor dem Zweiten Weltkrieg hatten diese Unternehmen ein Drittel ihrer Produkte in Mitteldeutschland abgesetzt. Die produzierten Mengen konnte nun auch der boomende Neubau von Wohnungen nicht aufnehmen.[98] War die Lage auf Grund der Überkapazitäten schon schwierig, so wurde sie durch Substitutionswettbewerb zu Beginn der fünfziger Jahre im Herdgeschäft, ab 1955 auch in der Ofenindustrie, noch schwieriger. Der Gas- und Elektroherd verdrängte den Kohleherd immer mehr, und der aus Stahlblech gefertigte Ölofen machte dem gusseisernen Kohleofen immer stärker Konkurrenz. Die Buderus'schen Eisenwerke reagierten damit, dass sie bereits 1955 begannen, Ölöfen zu produzieren.[99] Da die Preise vorerst nicht stabil waren, verschlechterten sich die Erlöse. Sie lagen 1953 ungefähr 30 bis 40 Prozent unter den Gestehungskosten.[100]

Die veränderten Marktbedingungen veranlassten den Vorstand, weitreichende Entscheidungen für die Investitionstätigkeit auf dem Gebiet der Heiz- und Kochgeräte zu treffen. So wurde die Herdfertigung des Werkes Ewersbach 1955 halbiert.[101] Die Ofenproduktion sollte langfristig auf ein Werk konzentriert werden.[102] Der Großteil der Investitionen floss in die Rationalisierung der Heizkessel- und Radiatorenproduktion. Zwischen 1950 und 1953 wurden zwei Formanlagen im Werk Lollar sowie zwei Heißwindkupolanlagen errichtet; die Versuchsanstalt für Heizkessel und Radiatoren wurde 1953 weiter ausgebaut.[103]

Auf dem Markt für Badewannen, Spülbecken und andere Sanitärgussartikel herrschte bis 1955 ein Kapazitätsmangel. Dies änderte sich zum Jahresende 1955. Ein Mitbewerber weitete die Produktion von Stahlblechwannen stark aus. Buderus musste Einbußen beim Absatz von Gussbadewannen hinnehmen, weil diese 40 Prozent teurer waren als die Stahlblechwannen.[104]

Selbst beim Maschinenguss, dem einzigen starken Wachstumszweig der bundesdeutschen Gießereiproduktion, waren die Marktverhältnisse schwierig. In diesem Gießereizweig herrschte von Anfang an ein harter Wettbewerb, weil vielen Maschinenbauunternehmen Gießereien angegliedert waren, die überwiegend – wie im Falle der Krauss-Maffei AG zu 70 Prozent – für das eigene Unternehmen produzierten. Die an fremde Unternehmen vergebenen Gießereiaufträge waren deshalb hart umkämpft, insbesondere in Zeiten schwächerer Nachfrage.[105] Buderus versuchte, der schwierigen Marktsituation durch Ausbau und Rationalisierung der Anlagen in den Werken Breidenbach, Wilhelmshütte, Essen-Kray und Wetzlar Herr zu werden. So nahmen die Buderus'schen Eisenwerke in Wetzlar 1950 die frühere Stahlwerkhalle als Formerei für den Großstückguss in Betrieb. In den folgenden Jahren wurden neue Kupolöfen aufgestellt. 1955 baute man die Bearbeitungswerkstätten und die Putzerei für den Großstückguss aus, unter anderem durch Investitionen im Werk Essen-Kray; dort wurde 1953 eine Gießerei für Stahlwerkskokillen eingerichtet. Damit ergänzte Buderus die bereits 1947 in Wetzlar – überwiegend für den Eigenbedarf – eingerichtete Kokillengießerei.[106]

Weitere Investitionen im Bereich des Maschinengusses kamen den Werken Breidenbach und Wilhemshütte als Zulieferbetrieben für die Automobil- und Elektroindustrie zugute. So wurden in Breidenbach 1953 bis 1955 Anlagen zur Aufbereitung von Formsand und eine Heißwindkupolofenanlage zur Fertigung großer Stückzahlen aufgestellt, Rollenbahnen eingerichtet und Formerei sowie Kernmacherei ausgebaut. Durch die Erweiterung der Kernmacherei, Sandaufbereitung und Fließbandfertigung wurde das Werk Wilhelmshütte zu einer der modernsten westdeutschen Klein- und Mittelstückgussgießereien für die Automobil- und Elektroindustrie.[107]

In der ehemaligen Maschinenwerkstatt des Werkes Hirzenhain wurde 1950 eine großzügig ausgestattete neue Kunstgießerei geschaffen. Bis dahin konnten in Hirzenhain nur kleinere Güsse ausgeführt werden. Nunmehr bestanden die technischen Voraussetzungen, eigener Kupolofen und fahrbarer Hebekran, auch Großplastiken auszuführen.

Die Zement- und Betonwarenproduktion, die auch nach der Gründung der Berghütte bei Buderus verblieben war, wuchs weit stärker als die Gießereien. Dabei blieb die Buderus'sche Zementerzeugung noch weit hinter den Zuwachsraten der Wettbewerber zurück, weil bis 1956 wegen des Sozialisierungsstreits nur ein Investitions-„Notprogramm" durchgeführt werden konnte.[108]

Die Fertigung von Betonwaren hingegen wuchs um 186 Prozent. Spannbeton-Hohlplatten bildeten bis 1955 das Hauptprodukt des Werks.[109] In Ergänzung zu dem Rohrprogramm der neuen Baustoffgesellschaften nahm das Betonwerk Burgsolms in diesem Jahr eine Versuchsanlage für die Produktion von Schleuderbetonrohren in Betrieb. Ferner produzierte es 1955 erstmals Klärgruben.[110]

Insgesamt gestaltete sich die Geschäftslage der Buderus'schen Eisenwerke mit Ausnahme der Betonwaren- und Zementproduktion in der ersten Hälfte der fünfziger Jahre schwierig. Auf dem

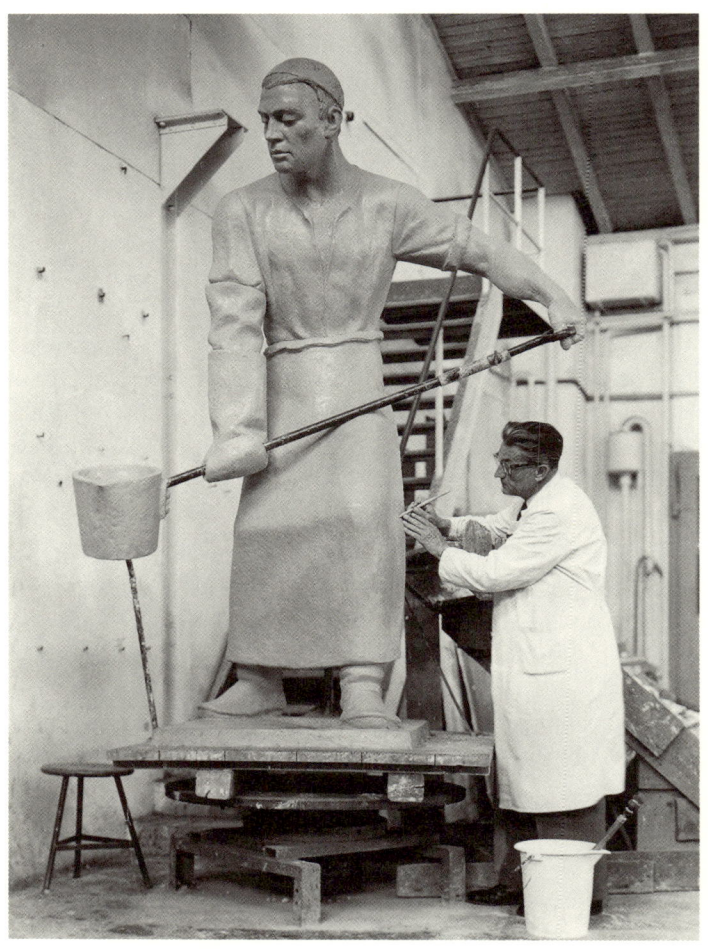

Peter Lipp, der erste Leiter der Kunstgießerei Hirzenhain, am Tonmodell des Gießers, der seit der zweiten Hälfte der 50er Jahre vor dem Eingang zur Kunstgießerei steht.

Gießereisektor konnte sich das Unternehmen auf seinen wichtigsten Märkten behaupten, während in anderen Bereichen, wie bei den Herden, die Produktion gedrosselt werden musste. Die Konsequenz, die der Vorstand für das Produktionsprogramm der Gießereiwerke zog, war eine stärkere Förderung des Maschinengusses gegenüber den auch im Bundestrend rückläufigen Bereichen Bau- und Handelsguss.

Omniplast GmbH & Co., Zentroguß GmbH, Omnical GmbH, Baustoffgesellschaften

Im Unterschied zu den Gießereibetrieben waren die neuen Tochtergesellschaften, die zwischen 1953 und 1955 gegründet wurden, auf expandierenden Märkten tätig, was sich jedoch erst nach 1955 erwies. Zunächst konnten die Omniplast und die GEROBAU-Gesellschaften die Produktion noch nicht aufnehmen. Mit der 1954 in Betrieb genommenen Zentroguß GmbH erweiterten die Buderus'schen Eisenwerke ihr Produktionsprogramm im Maschinenguss. Die Anwendungsgebiete des Feingusses lagen auf fast allen für den Maschinenguss in Frage kommenden Betätigungsfeldern: dem Fahrzeug- und Motorenbau, der Flugzeugindustrie, Feinmechanik und Optik, dem Reaktorbau sowie der Elektroindustrie. Die Omnical GmbH erzielte bereits 1954 durch die Auslieferung von sieben großen Kesselanlagen und vier Heißwindanlagen ein positives Ergebnis.[111]

Maschinenbau und Armaturen: Krauss-Maffei AG und Breuer-Werke GmbH

Die im Armaturen- und Maschinenbau engagierte Breuer-Werke GmbH stellte ihre Produktion in der ersten Hälfte der fünfziger Jahre weiter auf den Maschinenbau um. Dies führte vorübergehend zu Verlusten, die jedoch seit der Jahreswende 1950/51 bei steigenden Umsätzen wieder ausgeglichen wurden. Dazu trugen die neuen Produktionsanlagen, die Verbesserung der Gießerei und die Neuentwicklung von Produkten bei. Das Unternehmen baute die Fertigung von Werkzeugmaschinen so stark aus, dass diese 1955 bereits mit 22 Prozent am Gesamtumsatz beteiligt war. Durch die günstige Geschäftsentwicklung erhöhte sich die Zahl der Beschäftigten von Ende 1949 bis 1955 von 589 auf 710.[112]

Die Intensivierung der Buderus'schen Aktivitäten auf dem Gebiet der Weiterverarbeitung, die sich beim Ausbau und bei der Umstellung der Breuer-Werke zeigte, erreichte durch die Mehrheitsbeteiligung an der Krauss-Maffei AG sprunghaft ein wesentlich höheres Niveau. Krauss-Maffei hatte sich nach einer Programmbereinigung zu Beginn der fünfziger Jahre u. a. im Bau von Anlagen und Schwermaschinen engagiert: Großaufträge waren hier Walzwerksanlagen für die Siemag sowie schwere, im Automobilbau einzusetzende Karosseriepressen für die Maschinenbaufabrik Weingarten. Die Gesellschaft konnte 1955 ihren Umsatz um 30,6 Prozent steigern, besonders durch die neue Produktion von Maschinen auf dem Gebiet der Trenntechnik. Ein Auftrag der Bundesbahn für 30 dieselhydraulische Lokomotiven verschaffte ihr 1954 erstmals eine Grundauslastung in diesem Produktionszweig, der immer noch 46 Prozent des Umsatzes ausmachte, während das Omnibusgeschäft stagnierte. Ein weiteres Geschäftsfeld, das Mitte der fünfziger Jahre mit Erfolg erschlossen wurde, war der Bau von Tafelglasziehmaschinen.[113] Im Hinblick auf den Absatz ist u. a. der Abschluss von Exportgeschäften mit Jugoslawien hervorzuheben.[114]

Edelstahlproduktion und -verarbeitung: Stahlwerke Röchling-Buderus AG

Das Edelstahlwerk konnte im Zuge des Aufschwungs der Investitionsgüterindustrie zwischen 1950 und 1955 die Produktionsmenge verdoppeln, den Umsatz sogar verdreifachen. Dies war u. a. darauf zurückzuführen, dass man zwei Rollherdöfen im Blechwalzwerk und zwei Mittelfrequenzöfen im Stahlwerk aufstellte, um hochlegierte Qualitäten zu erschmelzen.[115]

Die Koreakrise beeinträchtigte den Geschäftsverlauf der Stahlwerke Röchling-Buderus ebenso wie den der Berghütte. Seit 1951 kam es zu Engpässen bei Legierungsmetallen und Brennstoffen.[116] Das Exportgeschäft, das am Gesamtumsatz mit durchschnittlich elf Prozent beteiligt war, musste eingeschränkt werden.[117] Nach dem Abklingen der Hochkonjunktur ging in der westdeutschen Edelstahlindustrie der Umsatz um 20 Prozent zurück, bei Röchling-Buderus nur um rund 14 Prozent. Als die Edelstähle am 1. August 1954 in den Gemeinsamen Markt einbezogen wurden, was größere Preis-Transparenz und Vergleichbarkeit der Qualitäten der Anbieter mit sich brachte, setzte wieder ein konjunktureller Aufschwung ein.[118]

Produktion (in 1.000 t), Umsatz (in Mio. DM) und Belegschaftszahlen der Stahlwerke Röchling-Buderus 1949–1955[119]

Jahre	Rohstahl	Umsatz	Belegschaft
II 1948/49	45,9	24,4	k.A.
1950	45,6	28,8	2.337
1951	61,1	53,5	2.603
1952	68,0	68,0	2.850
1953	63,0	60,6	2.669
1954	79,0	67,0	3.086
1955	108,0	91,0	3.430

Die Produktion wuchs vornehmlich bei den Halbzeugen für die Investitionsgüterindustrie.[120] Der Bau von Apparaten für die Chemische Industrie wurde neu aufgenommen. Außerdem stellte die Gesellschaft Warm- und Kaltwalzen, Blockaufnehmer, Pressstempel, Schleudergusskokillen, Maschinenteile für Turbinen, für hydraulische Pressen und den Schwermaschinenbau her. In allen Produktionszweigen führten die Stahlwerke umfangreiche Investitionen durch. Nachdem der 1948 stillgelegte SM-Ofen im März 1950 wieder in Betrieb genommen worden war,[121] wurde von 1952 bis 1955 ein Investitionsprogramm von 40 Mio. DM realisiert. Es umfasste die Errichtung eines 60-t-SM-Ofens, einer 4.000-t-Presse für das Hammerwerk und einer automatischen 780er Trio-Blockstraße für das Walzwerk. Sie erhöhte die Kapazität bei der Herstellung von Stabstahl und Band beträchtlich; die Fachpresse zählte sie zu den modernsten Anlagen in der europäischen Edelstahlindustrie.[122] Auf diesen Sektoren lag auch künftig der Produktionsschwerpunkt. In dieser Zeit wurde ein neuartiger Ofen entwickelt, der phasenweise als Stoßofen (Anwärmphase) und als Hubbalkenofen (Hochheizzone) gefahren werden konnte. Zwei dieser Öfen wurden im Walzwerk errichtet, das entsprechende Patent an die Firma Westofen verkauft, die auf den Industrieofenbau spezialisiert war.[123]

Das Verhältnis des Unternehmens zu der Röchling'schen Eisen- und Stahlwerke GmbH blieb weiterhin in der Schwebe. Im Dezember 1949 hatten sich die Aktionäre darauf verständigt, dass die bei der Unternehmensgründung abgeschlossenen Verträge ganz oder teilweise gegenstandslos geworden waren und an die neuen Verhältnisse angepasst werden mussten. Vorläufig jedoch einigte man sich durch einen Zusatz zum Interessengemeinschaftsvertrag von 1920 darauf, die bestehenden Verträge jedes Jahr zu verlängern, bis die politischen Rahmenbedingungen es gestatteten, das Verhältnis der Aktionäre untereinander und zu dem Unternehmen neu zu regeln.[124] Diese Situation schien Mitte 1955 gekommen zu sein, als der Deutschlandvertrag in Kraft getreten und die Sequesterverwaltung über die Röchling'schen Eisen- und Stahlwerke sowie die Röchlingstahl GmbH fortgefallen war. Doch zog sich die Neuregelung der Eigentumsverhältnisse bei der Stahlwerke Röchling-Buderus AG noch ein Jahrzehnt hin.

Rohstoffsektor: „Treuhandverwaltung der Buderus'schen Erzgruben, Hochofen- und Elektrizitätsbetriebe in Gemeineigentum" bzw. „Hessische Berg- und Hüttenwerke AG"

Für die Rohstoffbetriebe der Buderus'schen Eisenwerke verbesserten sich die Produktions- und Absatzverhältnisse in der ersten Hälfte der fünfziger Jahre zusehends. Mit der Gründung der Berghütte im Jahr 1952 erhielten die Betriebe der Treuhandverwaltung erstmals seit 1946 eine eigene Rechtsform. Zudem entwickelten sich die Bedingungen auf dem Roheisenmarkt gut. Die Eisenpreise wurden seit Juli 1950 schrittweise heraufgesetzt und 1952 vollständig freigegeben; sie stiegen bis Ende 1952 sprunghaft an, da die Roheisenerzeuger den Bedarf nicht befriedigen konnten.[125] 1953 kam es zu Produktionseinbrüchen.[126] Die Jahre 1954 und 1955 waren für die Gießerei-Roheisenhersteller abermals eine Phase der Hochkonjunktur.[127] Die Berghütte nahm an dieser Entwicklung teil.

Roheisen- und Stromerzeugung sowie Eisenerzförderung (in 1.000 t bzw. Mio. kWh) und Umsatz (in Mio. DM) der Treuhandbetriebe bzw. Berghütte 1949–1955[128]

Jahre	Roheisen	Strom	Erze	Umsatz
1949	182,0	124,8	303,0	–
1950	192,0	95,4	336,0	41,3
1951	175,0	100,1	332,0	49,5
1952	194,0	110,0	346,0	71,3
1953	165,0	113,0	338,0	61,2
1954	179,0	127,5	326,0	67,5
1955	224,0	145,7	307,0	76,9

Der Umsatz der Gesellschaft erhöhte sich von 1951 auf 1952 um rund 44 Prozent und fiel im folgenden Jahr um 14,2 Prozent. Bis 1955 wuchs er um 25,6 Prozent. Die Hochöfen lieferten zwischen 1952 und 1955 rund 69 Prozent ihrer Produktion an die Buderus'schen Eisenwerke,[129] mit denen das Unternehmen vertragsgemäß eng verbunden war, und nahmen ihrerseits rund 80 Prozent der Eisenerze ab, die auf den unternehmenseigenen Erzgruben gefördert worden waren.[130]

Trotz der günstigen Absatzlage beeinträchtigten zahlreiche Faktoren die Geschäftslage, selbst in der Hochkonjunktur. Die Auseinanderentwicklung von Rohstoff- und Weiterverarbeitungsbetrieben, die sich bundesweit vollzog, war auch in der Buderus-Gruppe zu beobachten. So blieb die Produktion der Berghütte hinter der Gießereiproduktion der Buderus'schen Eisenwerke zurück.[131] Ursächlich waren nicht die Rohstoffengpässe während der Koreakrise, die beide Unternehmen tangierten,[132] sondern Finanzierungsprobleme der Berghütte.

Vor 1952 schlugen alle Versuche fehl, langfristige Kredite aufzunehmen, weil die Treuhandbetriebe, die zusammen mit den Buderus'schen Eisenwerken unter Gesetz Nr. 27 standen, nicht als eigenes Unternehmen anerkannt wurden. Ohne Rechtspersönlichkeit erhielten die Betriebe weder Kredite aus den Gegenwertmitteln der Marshallplanhilfe noch aus der Investitionshilfe. Erst als die hessische Landesregierung 1952 eine Bürgschaft übernahm, gab die Nassauische Sparkasse einen Kredit von mehr als vier Millionen DM.[133] Zudem erhielt die Berghütte einen Investitionshilfekredit von 1,7 Mio. DM, etwa 3,3 Mio. DM weniger, als ihr nach dem offiziellen

Verteilungsschlüssel der Investitionshilfe eigentlich zugestanden hätten.[134] Die Abschreibungen blieben das wichtigste Finanzierungsinstrument; das Unternehmen schöpfte zwischen 1952 und 1955 die Sonderabschreibungsmöglichkeiten voll aus, die ihm § 36 des Industriehilfegesetzes gab.[135]

Bis 1956 arbeitete die Berghütte in Wetzlar mit zwei Hochöfen, die seit 1934 (Hochofen II) und 1941 (Hochofen I) in Betrieb waren. Der Oberschelder Hochofen war bereits seit 1937 im Einsatz.[136] Neben kleineren Modernisierungs- und Instandsetzungsarbeiten an den Hochöfen und Elektrizitätswerken war der Bau einer Sinteranlage 1951 die bedeutendste Investition. Durch Bezug ausländischer Feinerze konnte man nun ein hochwertiges Erzagglomerat herstellen,[137] das es erlaubte, die Roheisenproduktion zu erhöhen und den Schrotteinsatz wesentlich zu reduzieren.[138]

1954 leitete die Berghütte für die beiden Hochofenwerke und die Bergbaubetriebe ein umfangreiches zweijähriges Modernisierungsprogramm ein. Der seit 1941 stillliegende Hochofen III des Werks Wetzlar wurde nun ersetzt; die neue Anlage hatte eine Produktionskapazität von 300 bis 350 t Roheisen täglich. Dies entsprach annähernd derjenigen der beiden anderen Hochöfen zusammengenommen. Der neue Hochofen erhielt eine „Masselgießmaschine". Sie ermöglichte es, flüssiges Eisen über Pfannen mit 40 Tonnen Roheiseninhalt in Kokillen zu vergießen. Ein weiterer Vorteil gegenüber dem bisher praktizierten Vergießen des Roheisens in Sandformen bestand darin, dass der Sandanhang fortfiel, der bei sandvergossenen Masseln mindestens 1,5 Prozent des Gewichts betrug. Durch die Investitionen wurde die monatliche Roheisenerzeugung auf 18.000 bis 21.000 t gesteigert; vor der Modernisierung hatte sie bei 12.500 bis 13.500 t gelegen.[139]

Die Erhöhung der Roheisenkapazität ermöglichte es auch, die Stromerzeugung zu erweitern und zu rationalisieren. Bisher hatte die Berghütte den Strom, den sie erzeugte, nicht vollständig selbst nutzen können. Das Hochofenwerk Oberscheld hatte, da es keine Verbindung zu den übrigen Betrieben besaß, 76 bis 83 Prozent seiner Stromerzeugung an das Überlandnetz abgegeben, wogegen die Berghütte und die Buderus'schen Eisenwerke zusätzlich teuren Fremdstrom beziehen mussten.[140] Nachdem 1954 ein neuer Hochdruckkessel in der Wetzlarer Turbinenzentrale errichtet worden war, baute die Berghütte 1956 eine UKW-Meßübertragungsanlage. Dadurch wurde ein Verbundbetrieb der unternehmenseigenen Kraftwerke in Oberscheld und Wetzlar über die Hochspannungsleitungen möglich, die der Stromversorgung Lahn-Dill GmbH gehörten. Ferner vereinbarte man mit dem regionalen Stromversorger, dass die Grube Königszug über ein vier Kilometer langes Erdkabel unmittelbar vom Kraftwerk Oberscheld mit Strom versorgt wurde, während die Versorgung der übrigen Schelde- und Lahngruben mittelbar über das Leitungsnetz erfolgte, das an die Umspannstation der PREAG in Wetzlar angeschlossen war. So war es seit 1956 möglich, praktisch den gesamten erzeugten Strom in die eigenen Betriebe und die der Stahlwerke Röchling-Buderus AG zu leiten.[141]

Im Erzbergbau der Berghütte konzentrierten sich die Ausbauarbeiten bis 1956 auf das größte Eisenerzbergwerk, die Grube Königszug. Gleichzeitig sank die Erzförderung, weil die ersten Gruben stillgelegt wurden, zum Beispiel – wegen der schwierigen Abbauverhältnisse – die Grube Mardorf Ende Januar 1954, die als einzige phosphorarmes, zur Herstellung von Hämatit geeignetes Erz gefördert hatte. Ebenfalls 1954 wurden auch die Gewinnungsarbeiten in den Tagebauen der Grube Albert sowie auf den Gruben Abendstern und Richardszeche ganz oder teilweise eingestellt, da die Erzvorräte weitgehend erschöpft waren. Als die Grube Albert Ende 1954 endgültig stillgelegt worden war, befanden sich nur noch acht Gruben in Betrieb. Inzwischen war das Westfeld der Grube Königszug aufgeschlossen worden. Der neue Zentralschacht, ein Schrägschacht, erhielt den Namen „Witte-Schacht". Auf diesem größten hessischen Eisenerzbergwerk wurde anstelle der überalterten, von der Preussag übernommenen Brech-, Sieb- und Klaubeanlage im Jahr 1954 eine Schwimm- und Sinkaufbereitungsanlage errichtet, verbunden mit einer Klassieranlage. Sowohl die Erzförderung auf dem Witte-Schacht als auch die Inbetriebnahme der neuen Anlagen erfolgte jedoch erst 1956, als die Grube an die Stromversorgung aus Oberscheld angeschlossen wurde. Bereits 1951/52 hatte man anstelle des von der Preussag stammenden Zechenhauses ein neues Gebäude errichtet, dessen Größe und Ausstattung im hessischen Erzbergbau einzigartig waren. Nach Fertigstellung des Witte-Schachtes war die Grube Königszug auch unter Tage der modernste Bergbaubetrieb des Unternehmens.[142]

Vertriebsorganisation

Die Vertriebsorganisation der Buderus'schen Eisenwerke entwickelte sich 1949 bis 1955 günstig. So erhöhten sich die Umsätze der BHG, die die Heizkessel, Radiatoren, Heiz- und Kochgeräte, den Sanitär-, Abflussrohr- und Kanalguss vertrieb, zwischen 1950 und 1955 um rund 81 Prozent.[143] Des Weiteren wurde der BHG 1953 der Vertrieb der Omnical-Stahlkessel in kleineren bis größe-

Lagerbüro Hamburg der Buderus'schen Handelsgesellschaft im Jahre 1951.

ren Wärmeeinheiten übertragen. Auch die Akquisition für die Industrieanlagen oblag ihr für kurze Zeit, ging aber 1955 auf die Strico Gesellschaft für Metallurgie und Wärmetechnik mbH (Grundkapital: 100.000 DM) über, ein Tochterunternehmen der Buderus'schen Eisenwerke und der Omnical. Der Vertrieb der Omnical-Stahlkessel durch die BHG, die ja auch für den Vertrieb der Gussheizkessel mit ähnlichen Leistungsgrößen zuständig war, sollte unerwünschte Auswirkungen „der Konkurrenz im eigenen Hause" vermeiden. Nach 1955 übernahm die BHG auch den Vertrieb der Kunststoffrohre für die Omniplast GmbH, um ihre Geschäftskontakte zu den Abnehmern zu nutzen und zugleich die interne Konkurrenz (Guss/Kunststoff) zu kanalisieren. Die Ausweitung der Geschäftstätigkeit der BHG führte 1955 gemeinsam mit den Buderus'schen Eisenwerken zur Gründung der Logana Speditionsgesellschaft mbH, Wetzlar, die fortan die Transporte für beide Unternehmen organisierte.[144] Die 1952 wiederbelebte 100-prozentige Tochter der BHG, die Schomburg & Wüsthoff GmbH, übernahm den Vertrieb von Rohstoffen und Erzeugnissen des Bergbaus und der Hüttenindustrie, ab 1953 auch den von Roheisen.[145]

Auch die Geschäftsentwicklung der Ferrum war positiv. Das Unternehmen war seit dem 29. März 1950 eine 51-prozentige Beteiligungsgesellschaft der BHG.[146] Zwischen 1949 und 1955 stieg der Umsatz der Ferrum von 1,4 auf 5,9 Mio. DM. Als sie 1950 die Generalvertretung der Buderus'schen Eisenwerke für Gussrohre erhielt, errichtete sie Büros in Stuttgart und Gießen, 1953 auch in Frankfurt a. M., Kassel und Köln. Insgesamt baute Buderus von 1949 bis 1955 wieder eine effiziente Vertriebsorganisation auf, die den Marktbedingungen entsprach.

6.6. Teilhabe am Erfolg: wachsende Belegschaft, Ausbau des Sozialwesens und Lohnanstieg

Die Entwicklung der Beschäftigtenzahl spiegelt das Wachstum der Buderus-Gruppe wider. Rechnet man die Belegschaft der Buderus'schen Eisenwerke mit 11.725, der Hessischen Berg- und Hüttenwerke AG mit 2.372, der neu hinzugekommen Krauss-Maffei AG mit 4.694 und der Breuer-Werke GmbH mit 622 Mitarbeitern zusammen, so ergibt sich eine Beschäftigtenzahl von 19.413, bei Hinzurechnung von Handelsgesellschaften, Zentroguß und Omnical GmbH sogar von 23.781 Mitarbeitern. Die Buderus'schen Eisenwerke selbst beschäftigten also beinahe ebenso viele Arbeitskräfte wie alle Beteiligungs- und Tochtergesellschaften zusammen.[147] Die Belegschaft der Muttergesellschaft verzeichnete zwischen 1950 und 1955 einen Zuwachs um rund 24 Prozent. Von den großen Beteiligungsgesellschaften hatten nur die Stahlwerke Röchling-Buderus AG mit rund 47 Prozent einen größeren Belegschaftsanstieg. Die Berghütte baute dagegen infolge der ersten Grubenstilllegungen rund sechs Prozent des Personals ab. 1953 ging die Zahl der Arbeitskräfte, konjunkturell bedingt, bei allen Gesellschaften der Buderus-Gruppe zurück.

Die Belegschaften konnten auf Grund der Mitbestimmungsgesetze von 1951 und 1953 ihren Einfluss auf die Unternehmenspolitik stärken, unter anderem durch stärkere Präsenz im Aufsichtsrat.[148] Die Betriebsräte hatten im Wesentlichen nur Mitwirkungsmöglichkeiten im Sozialwesen, das freilich auch nach Überwindung der Krisenperiode der Nachkriegsjahre nicht an Bedeutung verlor. Der Anteil von Flüchtlingen an der Belegschaft blieb hoch.[149] Die meisten Beschäftigten waren Pendler, die nicht in der Nähe des Arbeitsplatzes, sondern auf dem Land wohnten, verstreut in rund 700 Gemeinden.[150] Dies war während der schlechten Versorgungslage

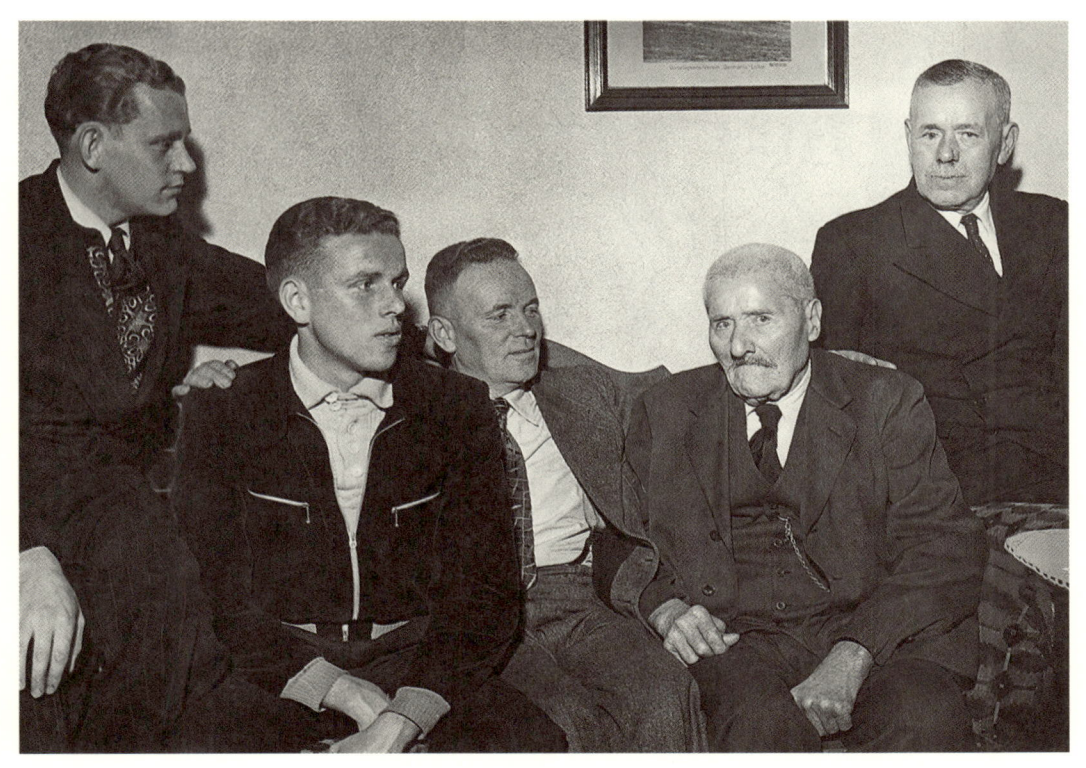

Urgroßvater, Großvater, Vater und zwei Söhne – vier Generationen der Familie Völpel aus Lollar – waren Anfang der fünfziger Jahre bei Buderus tätig gewesen oder noch tätig.

in den ersten drei Nachkriegsjahren von Vorteil, doch nach dem Ende der Ernährungsschwierigkeiten wurden die Nachteile deutlicher. Ein ähnliches Netz von öffentlicher Betreuung, sozialen und kulturellen Einrichtungen, wie es den Bewohnern dicht besiedelter Regionen zur Verfügung steht, fehlte in der Lahn-Dill-Region. Die hier ansässigen Großunternehmen versuchten, dies auszugleichen. So begannen die Buderus'schen Eisenwerke 1949, ihre Sozialorganisation auszubauen und stellten beispielsweise eine Werksfürsorgerin für die Betreuung der Flüchtlingsfamilien ein.[151]

Zusätzlich zu den Gemeinschaftshilfen gründeten die Berghütte, die Stahlwerke Röchling-Buderus AG und die Buderus'schen Eisenwerke Unterstützungskassen. Die bedeutendste war die am 1. Januar 1949 errichtete „Unterstützungskasse für Arbeiter und Angestellte der Aktiengesellschaft Buderus'sche Eisenwerke in Wetzlar e.V.". Sie hatte ein Anfangskapital von 1,5 Mio. DM und zahlte einmalige oder laufende Unterstützungen als Ergänzung zur Rente an ehemalige Arbeiter und Angestellte der Eisenwerke, der Handelsgesellschaft und seit 1953 auch der Omnical GmbH.[152] Die Kasse steigerte ihre Leistungen beträchtlich. 1950 zahlte sie 214.258 DM, 1955 642.000 DM aus[153] und verstärkte damit die finanzielle Unterstützung erheblich, die Buderus in besonderen Notfällen bislang in Form der Gemeinschaftshilfen geleistet hatte.

1951 erwarb die Unterstützungskasse eine Villa in Laasphe/Westfalen und baute sie zu einem Erholungsheim aus, das nach Karl Weiß benannt wurde, dem Vorsitzenden des ersten Betriebsrats des Werkes Wetzlar und des ersten Gesamtbetriebsrats. Bereits 1950 hatte Buderus ein Kinder-

Karl Weiß, Betriebsratsvorsitzender des Werkes Wetzlar, Vorsitzender des Betriebsräteausschusses der Buderus'schen Eisenwerke und in den Aufsichtsrat entsandtes Betriebsratsmitglied bei einer Ansprache an Arbeitsjubilare im Jahre 1950.

erholungsheim in Hirzenhain eröffnet. Mit drei Erholungsheimen im Spessart, Taunus und am Neckar bestanden Verträge, um Belegschaftsmitglieder unterzubringen.[154]

Die Buderus'schen Eisenwerke unterstützten ihre Arbeitskräfte beim Kauf von Wintervorräten, sie gewährten Zuwendungen zu Weihnachten und engagierten sich intensiv bei der betrieblichen Ausbildung. Die Werksbüchereien wurden ausgebaut. Große Bedeutung für die Unternehmenskultur erlangte die Werkszeitung „Buderus Werksnachrichten", die seit August 1950 erschien. Angesichts der starken personellen Umstrukturierung gehörte es zu ihren Aufgaben, die Belegschaft über wichtige Entwicklungen im Unternehmen zu informieren und das Zusammengehörigkeitsgefühl zu fördern.[155]

Die Beschaffung von Wohnraum blieb eine wichtige Aufgabe. In den fünfziger Jahren trat der werksgeförderte Wohnungsbau in den Vordergrund, für den die Buderus'schen Eisenwerke gemäß § 7 c EStG unverzinsliche und steuerfreie Wohnungsbaudarlehen an gemeinnützige Wohnungsbaugesellschaften und einzelne Bauherren vergaben. Ferner etablierte das Unternehmen am 1. Juni 1949 eine „Wohnungsbaugemeinschaftshilfe", aus der unverzinsliche Darlehen vergeben wurden, mit denen Belegschaftsmitglieder die Restfinanzierung ihrer Bauvorhaben sichern konnten. Die Förderung trug zur Finanzierung von insgesamt 1.798 Wohnungen zwischen der Währungsreform und dem Jahr 1955 bei; davon waren mehr als drei Viertel Darlehen gemäß § 7 c EStG.[156] Die betrieblichen Leistungen verbesserten die Wohnungssituation der Belegschaft beträchtlich. Das umfangreiche Engagement des Unternehmens zur Verbesserung der Wohn- und Lebensverhältnisse der Belegschaft macht deutlich, wie sehr den Buderus'schen Eisenwerken daran gelegen war, dass sich die Mitarbeiter mit dem Unternehmen identifizierten. Die sozialen Einrichtungen in der ersten Hälfte der fünfziger Jahre legten den Grundstein für die Entwicklung der Unternehmenskultur von Buderus in der weiteren Nachkriegszeit.

Die Lebensverhältnisse der Belegschaft verbesserten sich insbesondere auch deshalb, weil die Löhne beträchtlich stiegen. Angesichts des anhaltenden Wirtschaftsaufschwungs beharrten die Gewerkschaften mehr denn je auf Lohnerhöhungen. In der hessischen Metallindustrie fand schon bei der ersten Lohnrunde während der Koreakrise ein langer Streik statt („Hessen-Streik", 27. August bis 20. September 1951).[157] Auch bei den Buderus'schen Eisenwerken sprachen sich 83,4 Prozent der Belegschaft für einen Streik aus. Allerdings wurde Wetzlar schließlich von der IG Metall nicht in den Streik einbezogen, so dass nur die Breuer-Werke GmbH bestreikt wurde.[158]

Bis zum Hessen-Streik waren die Löhne der Metallarbeiter seit 1948 bereits zweimal erhöht worden, am 1. März 1951 sogar um neun bis zwölf Prozent. Für Angestellte hatte sich das Gehalt aufgrund einer Vereinbarung vom 13. Februar 1950 um 20 DM erhöht. Der Streik im Sommer 1951 brachte den Metallarbeitern eine Lohnverbesserung um 2,5 Prozent und weitere Zulagen. Bis 1955 wurden die Löhne dreimal angehoben. Kennzeichnend war, dass sich die Lohnerhöhungen von Lohnrunde zu Lohnrunde steigerten.[159] Dagegen blieben die Löhne im Erzbergbau deutlich zurück. Nach Angaben der IG Bergbau aus dem Jahre 1952 lagen sie um durchschnittlich 20 Prozent unter denen der übrigen Industriegruppen. Daran änderte sich bis 1955 nichts.[160]

Im selben Zeitraum nahm die Arbeitszeit zu. Die tariflich vereinbarte Arbeitszeit war nach wie vor die 48-Stunden-Woche. Doch in den Jahren 1950, 1951, 1953 wurde die tarifliche Wochenarbeitszeit um 4,8, 1952 um 5,8 und 1955 sogar um 9,2 Prozent überschritten. Von der einsetzenden Verkürzung der Arbeitszeit wurden die Buderus'schen Eisenwerke noch nicht erfasst.

Richtfest der Dr. Hans Bredow-Siedlung in Wetzlar am 30. Juli 1951.

6.7. Ertragssteigerung mit Einbrüchen

Die finanzielle Lage der Buderus'schen Eisenwerke entwickelte sich in der ersten Hälfte der fünfziger Jahre günstig. Hauptursachen dürften das starke Wachstum des Umsatzes und die Wirtschaftspolitik der Bundesregierung gewesen sein, die die Kapitalbildung förderte. Allerdings führten die Engpässe, die die Koreakrise verursachte, vorübergehend zu einer beträchtlichen Anspannung von Ertrag und Liquidität.

Umsatz, Gewinn, Cash-Flow und Dividende der Buderus'schen Eisenwerke II 1948/49–1955 (in Mio. DM bzw. Prozent)[161]

Jahre	II 1948/49	1950	1951	1952	1953	1954	1955
Umsatz	124,9	120,8	173,1	189,0	194,4	235,4	289,5
Gewinn/Jahresüberschuss	2,9	1,3	1,3	1,4	2,1	2,2	2,2
Cash-Flow	12,9	9,0	8,3	6,3	12,2	8,7	10,3
Dividende	5 %	4,5 %	5 %	5 %	7,5 %	8 %	8 %

Zwischen 1950 und 1952 verhinderte der Mangel an Kohle und anderen Einsatzmaterialien, dass Buderus seine Produktionskapazität voll ausschöpfen konnte. Während der scharfe Konkurrenzkampf bei den Gießereierzeugnissen nur sehr begrenzt Preiserhöhungen zuließ, stiegen die Kosten für Einsatzstoffe, wie sich am Beispiel des Roheisens der Berghütte zeigte, sprunghaft an.[162] Zwischen 1950 und 1952 verschlechterten sich daher Ertrag und Liquidität. Erst als sich die Konjunktur in der zweiten Hälfte des Jahres 1953 belebte, besserte sich die Finanzlage wieder. Die Warenforderungen und flüssigen Mittel nahmen zu, während die Vorräte abgebaut wurden. Der Cash-Flow erhöhte sich 1952/53 von 6,3 auf 12,2 Mio. DM. Der Übergang zu einer ausgeglicheneren Finanzentwicklung war erreicht.

Auch den Tochtergesellschaften, die mit 179,4 Mio. DM 43,2 Prozent des Gruppenumsatzes von 414,8 Mio. DM beisteuerten,[163] gelang es zum Teil, wieder Gewinne zu erwirtschaften und durch ihre Ausschüttung die Ertragsentwicklung der Muttergesellschaft zu unterstützen.[164] So konnten die Stahlwerke Röchling-Buderus AG 1951 ihren Verlustvortrag tilgen und erstmals nach dem Kriege wieder eine Dividende von vier Prozent zahlen, 1955 waren es sogar acht Prozent.[165] Außer der Stahlwerke Röchling-Buderus AG, den Handelsgesellschaften und der Breuer-Werke GmbH, deren Produktionsumstellung auch zu einer Ertragsverbesserung führte, dürfte keine der Gesellschaften Gewinne an die Muttergesellschaft abgeführt haben.[166]

Im Rohstoffbereich war an eine Dividende vorerst nicht zu denken. Zwar wies die Treuhandverwaltung 1949 zum ersten Mal wieder einen Gewinn aus, doch die Bilanzergebnisse der folgenden Jahre schwankten beträchtlich. Dies stand im Zusammenhang mit den außergewöhnlich hohen Abschreibungen, durch die von 1952 bis 1959 rund 74 Prozent der Investitionen finanziert wurden. Die ausgewiesenen Verluste der Jahre 1952, 1954 und 1955 lagen zwischen 0,7 und 2,9 Mio. DM, die Gewinne der Jahre 1949 bis 1951, 1953 und 1954 dagegen zwischen 0,1 und 1,4 Mio. DM.[167] Die Rentabilitätsbasis des Unternehmens blieb schmal.[168]

Trotz der teilweise angespannten Finanzlage bereitete es den Buderus'schen Eisenwerken keine unüberwindlichen Probleme, den Ausbau ihrer Betriebe zu finanzieren. Infolge der zahlreichen

Erleichterungen bei der Selbstfinanzierung konnte das Unternehmen beträchtliche Reserven bilden. Dies zeigte sich bereits in der Eröffnungsbilanz vom 28. Mai 1951, die auf den 21. Juni 1948 erstellt wurde:

Bilanzstruktur der Buderus'schen Eisenwerke 1948–1955 (in Mio. RM/DM)[169]

Jahr	RMSB 20.6.1948	DMEB 21.6.1948	1949	1950	1951	1952	1953	1954	1955
Sachanlagen	18,8	35,2	31,2	29,7	29,8	34,5	29,2	32,0	34,5
Finanzanlagen	7,9	5,0	5,0	5,0	5,0	5,1	5,3	9,4	25,5
Vorräte	15,2	16,7	20,7	22,4	29,8	37,8	27,0	32,1	41,0
Monet. Umlaufvermögen	11,7	2,6	27,9	40,8	46,5	43,2	63,7	62,2	56,3
Eigenkapital	44,9	56,2	56,2	56,2	56,2	52,3	54,3	61,4	68,2
Langfr. Fremdkapital	5,2	1,8	4,2	6,3	8,7	18,3	20,4	22,9	24,2
Kurzfr. Fremdkapital	3,5	1,5	24,4	35,4	46,2	50,0	50,5	51,4	64,9
Gesamtkapital	53,6	59,5	84,8	97,9	111,1	120,6	125,2	135,7	157,3

Aufgrund der gesetzlichen Bestimmungen erfolgte eine Neubewertung.[170] Die Rücklagen wurden um rund 59,6 Prozent erhöht, die Eigenmittel von 44,9 Mio. RM am 20. Juni 1948 auf 56,2 Mio. DM am 21. Juni 1948. Zudem schuf die hohe Bewertung des Sachanlagevermögens die Möglichkeit, in Zukunft hohe Abschreibungen vornehmen zu können.[171]

Die zwischen 1949 und 1955 um insgesamt 700 Prozent vorgenommenen, gesetzlich vorgeschriebenen Wertberichtigungen auf das Umlaufvermögen – hauptsächlich als Abschreibung der zinslosen Baudarlehen gemäß § 7 c EStG gedacht – lassen die Ertragsentwicklung der Buderus'schen Eisenwerke in einem weit positiveren Licht erscheinen als die in den Bilanzen ausgewiesenen Werte.[172]

Die Rücklagen wurden nach der Währungsumstellung – neben der Bildung stiller Reserven – weiter erhöht. Dies ist zum großen Teil auf die Bestimmungen des „3. DM-Bilanz-Ergänzungsgesetzes" zurückzuführen. Über die Hälfte dieses Zuwachses beruhte darauf, dass ein Teilbetrag der Entschädigung, die die hessische Landesregierung gezahlt hatte, in eine nicht zu versteuernde „Rücklage für Ersatzbeschaffung" eingestellt wurde.[173] Daraus finanzierte die Gesellschaft auch den Erwerb der neuen Beteiligungen.[174]

Auch bei den Investitionen in das Anlagevermögen spielte die Fremdfinanzierung zunächst eine geringe Rolle. Die Investitionen der Buderus'schen Eisenwerke zwischen 1949 und 1955 in Höhe von 56 Mio. DM wurden durchschnittlich zu 75,6 Prozent von den Abschreibungen gedeckt.[175] Bei den Verbindlichkeiten überwogen nach wie vor die kurzfristigen Fremdmittel, so dass trotz der Ausgabe einer Wandelobligation über 8,5 Mio. DM (1952) der Anteil des kurzfristigen Fremdkapitals durchgängig weit mehr als doppelt so hoch war wie der des langfristigen Fremdkapitals.[176] Wandelobligationen waren zunächst das einzige Mittel, um sich an dem noch sehr schwachen Kapitalmarkt langfristige Finanzmittel zu beschaffen, da sie den durch zwei Geldentwertungen und die Währungsreform verunsicherten Anlegern die nötigen Sicherheiten boten.[177] Anfang 1955 wurden 450.000 DM der Schuldverschreibungen in Aktien umgetauscht, so dass das Grundkapital der Buderus'schen Eisenwerke in diesem Jahr von 26,0 Mio. auf 26,45 Mio. DM stieg.[178] Trotz der wenig befriedigenden Ertragslage konnte das Unternehmen die Dividende bald erhöhen. 1949 waren es fünf Prozent. Dies entsprach den Jahren 1936 bis 1938. 1953 stieg die Ausschüttung auf 7,5 und 1954 auf acht Prozent.[179]

Neben den Anteilseignern partizipierten auch die Mitarbeiter vom allmählichen Aufschwung des Unternehmens. Die freiwilligen sozialen Leistungen machten 1949 und 1951 20 bis 22 Prozent der Lohn- und Gehaltssumme aus und lagen in den folgenden vier Geschäftsjahren bei durchschnittlich zwölf Prozent. An erster Stelle standen hierbei die Förderung des Werkswohnungsbaus und die Zuweisungen an die Unterstützungskasse für Arbeiter und Angestellte.

6.8. Zusammenfassung

Im Jahr 1955 hatten die Buderus'schen Eisenwerke die wirtschaftlichen Folgen des Krieges weitgehend überwunden. Die Kriegsschäden waren behoben, und nach der Koreakrise hemmten auch keine Materialengpässe mehr den Produktionsablauf. Auch die Geschäftsentwicklung des Unternehmens gestaltete sich positiv, nicht zuletzt wegen der geschickten Finanzpolitik des Vorstands. Die Aufwärtsentwicklung wurde jedoch vor allem von zwei Ereignissen überschattet. Dies war zum einen die beginnende Strukturkrise auf dem Gießereimarkt. Der Vorstand erkannte die Gefahr rechtzeitig, die sich aus der Verengung des Gießereimarktes für das Unternehmen ergab, und begann, über Tochter- und Beteiligungsgesellschaften neue Geschäftsfelder in der Stahl- und Kunststoffverarbeitung sowie im Maschinen- und Fahrzeugbau aufzubauen.

Zum andern band gleichzeitig die Auseinandersetzung mit den Plänen zur Entflechtung und Sozialisierung weiterhin viel Energie, verzögerte und erschwerte den Neubeginn. Die damit verbundenen Probleme verloren erst nach der Entlassung der Buderus'schen Eisenwerke aus dem Militärgesetz Nr. 75 an Gewicht. Die Treuhandbetriebe wurden nicht verstaatlicht, sondern in ein gemischtwirtschaftliches Unternehmen, die Berghütte, überführt. Die amerikanische Entflechtungspolitik hatte die Rohstoffbetriebe so lange der Sozialisierung entzogen, bis sich die öffentliche Meinung angesichts des allgemeinen wirtschaftlichen Aufschwungs und der politischen Vorgaben der Bundesregierung umfassend gegen die Verstaatlichung gewendet hatte. Aus dieser, von Hartwich treffend als „Präjudizierung durch das Verbot jeglicher Präjudizierung" charakterisierten Politik[180] zogen die Buderus'schen Eisenwerke Nutzen. So sicherten sie sich eine Sperrminorität an der Berghütte. Durch die Entschädigungszahlungen der hessischen Landesregierung erhielten sie zudem die Mittel zum Erwerb der Aktienmehrheit an der Krauss-Maffei AG. Diese war nun die wichtigste Beteiligungsgesellschaft des Konzerns. Diese Erweiterung des Geschäftsfeldes führte in der Folgezeit zu einer entscheidenden Änderung der Besitzverhältnisse.

7. Expansion und Diversifikation (1956–1970)

7.1. Konsolidierung, Vollbeschäftigung und erster Konjunktureinbruch

In der Bundesrepublik Deutschland setzte sich in der zweiten Hälfte der fünfziger und in den sechziger Jahren die Konsolidierung der politischen und wirtschaftlichen Verhältnisse fort. Kontinuität in der Innen- und Außenpolitik boten die Regierungen von CDU/CSU sowie – zeitweise – DP und FDP bis 1966. In der „Großen Koalition" 1966/69 teilte sich die CDU/CSU die Macht mit der SPD. Die Bildung einer Koalition von SPD und FDP 1969 war ein Richtungswechsel. Die inzwischen getroffenen politischen Grundentscheidungen orientierten sich an dem Ziel, die Bundesrepublik fest in die westliche Gemeinschaft zu integrieren und von der DDR und den anderen Staaten des Ostblocks abzugrenzen. Politische Ereignisse wie das „Berlin-Ultimatum" der Sowjetunion 1958 und der Bau der Mauer 1961 auf der einen sowie die Rückgliederung des „Saargebietes" 1957 und der deutsch-französische Freundschaftsvertrag 1963 auf der anderen Seite bildeten Eckpunkte dieser Politik.[1]

Weit wichtiger für die wirtschaftliche Entwicklung der Bundesrepublik waren jedoch die Fortschritte auf dem Weg zur europäischen Einigung. Obwohl die Bemühungen um eine politische Union und die Europäische Verteidigungsgemeinschaft 1954 scheiterten, hielten Frankreich und Deutschland am Ziel der wirtschaftlichen Integration fest. Mit Inkrafttreten der Römischen Verträge am 1. Januar 1958 entstanden die Europäische Wirtschaftsgemeinschaft (EWG) und die Europäische Atomgemeinschaft (EURATOM), eine Organisation zur Kooperation auf dem Gebiet der Kernforschung und friedlichen Nutzung der Kernenergie. Die EWG setzte sich zum Ziel, durch den schrittweisen Abbau der Zoll- und Handelsschranken, der über den Montanbereich hinausging, einen „Gemeinsamen Markt" zu schaffen.[2]

Das wirtschaftliche Wachstum in der Bundesrepublik Deutschland war zwischen 1956 und 1970 weiterhin relativ hoch, sank jedoch im Trend. Die im internationalen Vergleich überdurchschnittlich hohen Wachstumsraten der Bundesrepublik gingen auf ein „normales" Maß zurück.[3] Die Grenzen des Wachstums zeigten sich besonders deutlich auf dem Arbeitsmarkt. Bereits 1955 erreichten viele Branchen Vollbeschäftigung. Seit 1954/55 warb die Bundesrepublik in Südeuropa Arbeitskräfte an, später auch in der Türkei. Nach dem Bau der Berliner Mauer und dem Versiegen des Flüchtlingsstroms aus Mitteldeutschland weitete sich diese Politik zur Massenanwerbung aus.[4] Die Gastarbeiter ermöglichten der Industrie, die Produktion weiterhin zu steigern. Das wirtschaftliche Wachstum wurde zeitweise vor allem von der Exportindustrie getragen. So erhöhte sich der westdeutsche Handelsbilanzüberschuss zwischen 1955 und 1970 von 1,2 auf 15,7 Milliarden DM.[5]

Auch die Wirtschaftspolitik musste der starken Exportorientierung der Industrie Rechnung tragen. So veranlassten drohende inflationäre Tendenzen die Bundesbank, eine restriktive Kredit- und Offenmarktpolitik zu verfolgen. Da die Instrumente der Geldpolitik nicht ausreichten, um die Geldmenge zu kontrollieren, wurde die DM zweimal aufgewertet: am 6. März 1961 um 5 Prozent und am 27. Oktober 1969 um 9,6 Prozent. Die Bundesregierung setzte auf eine liberale Wirtschafts- und Handelspolitik als weiteres Mittel im Kampf gegen den starken Handelsbilanzüberschuss. Dies äußerte sich nicht nur in dem „Gesetz gegen Wettbewerbsbeschränkungen" vom Mai 1957, das marktinterne Absprachen unter strenge Kontrolle stellte, sondern vor allem auch in der Öffnung des Handels nach außen. Auf diesem Gebiet übernahm die Bundesrepublik in Westeuropa eine Vorreiterrolle. So wurden die westdeutschen Zölle gegenüber Drittländern am 1. April 1955 und 1. Juli 1956 gesenkt. Bis 1957 wurden rund 80 Prozent der Ausfuhr von allen mengenmäßigen Beschränkungen befreit. Das Außenwirtschaftsgesetz vom 24. April 1961 legte schließlich fest, dass der Wirtschaftsverkehr mit fremden Wirtschaftsgebieten „grundsätzlich frei" ist.[6]

Zwischen 1956 und 1970 durchlief die wirtschaftliche Entwicklung mehrere Konjunkturzyklen. 1956 flaute die Hochkonjunktur des Vorjahres bedeutend ab, als die Investitionsbereitschaft der Unternehmen durch das Auslaufen der Investitionshilfe zurückging. 1959/60 folgte wegen stark steigender Auslandsnachfrage ein Aufschwung, danach kam es abermals zu einem Wachstumsrückgang bis 1963. Der folgende Zyklus setzte Ende 1963 ein und klang 1965 aus.[7]

Als das Wachstum 1965 abflaute und die Investitionen nachließen, reagierten die für die Geld- und Wirtschaftspolitik Verantwortlichen ökonomisch falsch: Statt dem Abschwung durch eine antizyklische Wirtschaftspolitik entgegenzutreten, verfolgte die Bundesbank eine restriktive Kreditpolitik, die Bundesregierung kürzte ihre Ausgaben.[8] Zum ersten Mal seit 1960 stagnierten die

Bundeskanzler Ludwig Erhard besuchte am 13. August 1965 das Werk Wetzlar. Einem Belegschaftsangehörigen überreichte er sein „Markenzeichen", die Zigarre.

öffentlichen Investitionen. Die Folge war ein Nachfragerückgang, wie er in keinem anderen großen Industrieland stattfand. Deutschland erlebte seine erste Nachkriegsrezession.[9] Sie erscheint im Rückblick nicht gravierend, doch die Zeitgenossen erlebten sie als dramatischen Einschnitt. Die Konjunktur belebte sich wieder, als die Auslandsnachfrage zunahm. Zudem hatte die Bundesbank die Zinsen gesenkt, und die Bundesregierung ergriff nun antizyklische Maßnahmen. 1970 befand sich die westdeutsche Wirtschaft abermals in einer konjunkturellen Hochphase.

Über die Zyklen hinweg hielt manche Entwicklung der fünfziger Jahre an. Dazu gehörte die wirtschaftliche Konzentration. Der scharfe Wind der ausländischen Konkurrenz, dem der Inlandsmarkt durch die Handelsliberalisierung ausgesetzt war, veranlasste manche Unternehmen, sich enger abzustimmen, zusammenzuarbeiten und sich zusammenzuschließen.[10] Auch die Gießerei-Industrie geriet in Schwierigkeiten. Sie konnte ihren Export zwischen 1956 und 1970 nicht wesentlich steigern und musste zudem verstärkt mit ausländischen Importen konkurrieren.[11] Auch schritt die Substitution des Gusseisens durch Werkstoffe wie Stahl, Kunststoffe, Beton und Astbestzement fort. Nur in manchen Produktionsgruppen konnte der Substitutionsdruck aufgefangen werden, zum Beispiel in der Druckrohrproduktion durch den Sphäroguss.[12] Das Wachstum der Gießerei-Industrie blieb deshalb weiter hinter dem der übrigen Industriegruppen zurück[13] und glich stärker der Grundstoffindustrie als der Weiterverarbeitung. In der Eisen- und Stahlindustrie konnten lediglich die Edelstahlwerke, die sich nun endgültig von den Einschränkungen der Nachkriegszeit erholten, die Produktion bis 1970 um rund das Dreifache steigern.[14]

Für die ohnehin strukturschwachen hessischen Produktionszweige Roheisenerzeugung und Eisenerzbergbau hingegen begann mit der Handelsliberalisierung der endgültige Abstieg. Zum ersten Mal in der Nachkriegszeit wurden die Roheisenhersteller mit aller Härte dem Weltmarkt ausgesetzt. Die Bundesrepublik Deutschland hatte bereits bei der Eröffnung des Gemeinsamen Marktes für Eisen und Stahl die Außenzölle auf drei Prozent ermäßigt und war damit weiter gegangen als Frankreich oder Italien. Gegenüber Drittländern, d.h. nicht zur EWG gehörenden Staaten, die ihre Zölle überhaupt nicht gesenkt hatten, war die Diskrepanz noch größer.[15] Die deutschen Hüttenwerke wären bereits ausgelastet gewesen, wenn sie einen Teil der Importe in die Länder der Montan-Union hätten ersetzen können.[16] Statt dessen stiegen gegen Ende der fünfziger Jahre die Importe aus Drittländern nach Westdeutschland viel stärker als die westdeutschen Roheisenexporte in den Raum der Montan-Union und in das übrige Ausland.[17] Um preislich mit dem Auslandswettbewerb mithalten zu können, mussten die Produzenten von Gießerei-Roheisen den Abnehmern hohe Zusatz- und Treuerabatte gewähren. Eine Besserung trat erst ab 1964 ein, als die Hohe Behörde in Luxemburg – zunächst bis zum 31. Dezember 1965 befristet, dann mehrmals verlängert – die Einführung eines Schutzzolls auf Roheisen genehmigte, das aus Drittländern importiert wurde. Dennoch verschlechterte sich die Absatzsituation für Gießerei-Roheisen. Für den Eisenerzbergbau bedeutete die Konkurrenz auf dem Roheisenmarkt das Ende. Die westdeutschen Erze verursachten, wenn ausschließlich sie verhüttet wurden, rund 60 Prozent der Roheisen-Selbstkosten.[18] Für die Roheisenhersteller, die unter starkem Preisdruck der ausländischen Konkurrenz standen, wurde die Verringerung dieses Kostenanteils zu einer Überlebensfrage. Eine Möglichkeit, die Herstellungskosten für das Roheisen zu senken, bestand im Aufbereiten und Sintern, was im Eisenerzbergbau und bei den Hüttenwerken bereits eingeführt worden war. In der zweiten Hälfte der fünfziger Jahre griff die westdeutsche Eisen- und Stahlindustrie zudem erneut auf das bereits 1935 entwickelte „Rennverfahren" der Firma Krupp zurück. Dieses Verfahren ermöglichte es, niedrigprozentige Erze zu so genannten Luppen mit einem Eisengehalt bis zu 93 Prozent zu verarbeiten.[19] Rennanlagen entstanden 1956 in Salzgitter und 1959 in Essen-Borbeck.

Angesichts der Veränderungen auf den Rohstoffmärkten und des fortschreitenden Abbaus internationaler Handelshemmnisse reichten jedoch alle technischen Verfahren letztlich nicht aus, um den heimischen Erzbergbau auf eine rentable Grundlage zu stellen. So musste die Rennanlage Rhein-Ruhr bereits 1963 stillgelegt werden, nachdem der Schrottpreis unter den Preis der erzeugten Luppen gefallen war.[20] Zudem führten Veränderungen auf dem internationalen Erzmarkt zu weiteren Preisermäßigungen für ausländische Eisenerze. In den fünfziger Jahren wurden neue Erzvorkommen in Venezuela, Brasilien und Afrika erschlossen. Die dort geförderten Erze verfügten über einen durchschnittlichen Eisengehalt von 65 Prozent[21] und konnten wesentlich kostengünstiger abgebaut werden, da der Lohnkostenanteil geringer war und die Lagerstätten den Tagebau ermöglichten.[22] Als ab 1957 auf Grund der Entwicklung von Großraumschiffen die Frachtraten für den Überseetransport verfielen, wurden diese Erze eine existenzbedrohende Konkurrenz für den westdeutschen Eisenerzbergbau.[23] Wenig später bewirkten Maßnahmen der Hohen Behörde, dass sich die Konkurrenzfähigkeit einiger Regionen des westdeutschen Eisenerzbergbaus weiter verschlechterte. Am 9. Februar 1958 hob die Hohe Behörde die Ausnahmetarife der Bundesbahn für den Transport von Ruhrkoks in das Lahn-Dill-Gebiet und das Siegerland und den Abtransport der dort geförderten Eisenerze an die Ruhr auf, da diese Tarife mit den Bestimmungen der EGKS nicht vereinbar waren. Anderen Standorten der westdeutschen Eisenindustrie erging es ähnlich.[24] Während zur selben Zeit die Frachtkosten für überseeische Erze zurückgingen, verteuerten steigende Bahnfrachten das heimische Erz.

Für die Hüttenwerke an Rhein und Ruhr bedeutete der Einsatz von Inlandserzen eine zunehmende Kostenbelastung. Krupp, Hoesch und die Klöckner-Werke, die Aktionärshütten der Harz-Lahn-Erzbergbau AG, forderten 1961, die inländische Erzförderung zu reduzieren; deren Anteil am Erzeinsatz der Rhein-Ruhr-Hütten lag zu dieser Zeit noch bei elf Prozent. Bereits 1962 wurde der Bezug von Inlandserzen stark eingeschränkt, denn deren Verhüttung verursachte infolge des geringeren Eisengehalts Mehrkosten von 22 bis 38 Prozent gegenüber Roheisen aus Auslandserzen. Einige Gruben wurden stillgelegt, die westdeutschen Roheisenhersteller bezogen verstärkt Auslandserz. Für die Eisenindustrie wurde damit die Küste ein wichtiger Standort, während der traditionelle Standortfaktor „auf der Kohle" an Bedeutung verlor.[25] Damit geriet die Branche in eine ähnliche Situation wie in der Zeit der Weltwirtschaftskrise. Bis 1963 sank der Versand der westdeutschen Eisenerzgruben an die Ruhr um 75 Prozent.[26] Die westdeutsche Eisenerzförderung nahm von 15,6 Mio. t im Jahr 1955 auf 6,7 Mio. t im Jahr 1970 ab.[27] Bis Anfang 1965 mussten alle Eisenerzgruben des Siegerlandes die Förderung einstellen. Im Lahn-Dill-Gebiet wurden 1970 noch zwei Gruben betrieben.[28]

7.2. Friedrich Flick als Großaktionär – Veränderungen in der Unternehmensführung

Bereits 1956 wurde das Unternehmen von der Konzentrationswelle in der deutschen Industrie erfasst. Am 31. Juli 1956 gab der Aufsichtsratsvorsitzende Hanns Deuss bekannt, dass die Flick-Gruppe die Aktienmehrheit an den Buderus'schen Eisenwerken erworben hatte.[29] Zum ersten

*Friedrich Flick.
Die Friedrich Flick KG hielt seit 1956 über die
Metallhüttenwerke Lübeck die Mehrheit der
Buderus-Aktien.*

Mal, nachdem die Familie Buderus 1896 ihre Mehrheit abgegeben hatte, saß damit in der Hauptversammlung von Buderus, die sich bislang überwiegend aus Kleinaktionären zusammengesetzt hatte, ein Großaktionär, der wichtige Entscheidungen bestimmen konnte.

Wie war es dazu gekommen? Buderus und Flick waren offensichtlich sehr verschieden: auf der einen Seite die Buderus'schen Eisenwerke als Aktiengesellschaft, ein Gießereiunternehmen mit drei Beteiligungsgesellschaften und mehreren kleineren Tochterunternehmen; auf der anderen Seite die Friedrich Flick KG als Holding-Gesellschaft eines Familienunternehmens, das vor dem Krieg zu den größten deutschen Kohle- und Stahlkonzernen gehört hatte und einer der Gründer des 1926 entstandenen größten europäischen Kohle- und Stahlkonzerns war, der Vereinigte Stahlwerke AG. Friedrich Flick galt als einer der umstrittensten, wegen seiner unternehmerischen Fähigkeiten jedoch auch am meisten bewunderten deutschen Industriellen.[30]

Durch den Ausgang des Zweiten Weltkriegs hatte Flick etwa 75 Prozent seines industriellen Besitzes verloren. Der in den Westzonen gelegene Konzernbesitz war nachhaltig von den alliierten Neuordnungsmaßnahmen betroffen. Die Friedrich Flick KG stand mit sämtlichen Beteiligungen unter den zu liquidierenden Gesellschaften der Entflechtungsgesetze Nr. 27 und Nr. 75. Die Kontrollbehörden verlangten von Flick, die Maxhütte in Sulzbach-Rosenberg auf seine Söhne und den bayerischen Staat überzuleiten. Zudem musste er seine umfangreichen Kohlebeteiligungen verkaufen.[31] Wie kein anderer deutscher Eisenindustrieller verstand es Flick, aus diesen Auflagen den Grundstein für ein neues Industrieimperium zu legen. So verkaufte er 1953 seine größte Beteiligung

163

im Kohlenbergbau, die Harpener Bergbau AG, an ein Konsortium französischer Hüttenwerke. Sein zweiter großer Steinkohlenbesitz, die Essener Steinkohlenbergwerke AG, wurde wenig später mehrheitlich an den Mannesmann-Konzern verkauft. Aus diesen Geschäften erlöste Flick rund 200 bis 250 Mio. DM,[32] mit denen er in einer kapitalknappen Zeit Neuerwerbungen finanzierte.

Dabei setzte er nicht mehr einseitig auf die Montanindustrie, sondern hielt Ausschau nach Wachstumswerten wie dem Fahrzeugbau, der chemischen Industrie und der Kunststoffverarbeitung.[33] Nach dem Erwerb zweier Beteiligungen in der Eisen- und Stahlindustrie in Belgien und Frankreich[34] gelang Flick 1954 durch Aktientausch der Einstieg in die Feldmühle AG, den größten westeuropäischen Papierproduzenten. Außerdem erwarb er ein 16-prozentiges Aktienpaket an der Dynamit-Aktien-Gesellschaft in Troisdorf bei Bonn, die nach dem Krieg ihren Produktionsschwerpunkt auf die Kunststoffverarbeitung legte. Langfristig wollte er sowohl die Feldmühle AG als auch die Dynamit-Aktien-Gesellschaft in seinen Konzern eingliedern. Vorerst jedoch bemühte er sich um den Einstieg in den Fahrzeugbau. Bis 1955 erwarb er Aktien in Höhe einer Sperrminorität an der Daimler-Benz AG in Stuttgart, und ein Jahr später kaufte er die Mehrheit der Aktien an der Auto-Union AG, Ingolstadt.[35]

Zugleich richtete sich sein Interesse auf den Erwerb der Buderus-Gruppe, die aus mehreren Gründen in seine Konzernstrategie passte. Denn abgesehen davon, dass er nach wie vor danach strebte, die Produktionsbasis der Friedrich Flick KG zu erweitern und damit die Kosten der Holding auf breitere Schultern zu verlagern, ließen sich die Buderus'schen Eisenwerke eng mit den Unternehmen der Flick-Gruppe verknüpfen. Die Buderus-Gruppe eröffnete dem Konzern den Zugang zu neuen Märkten. Dies galt nicht nur für das traditionelle Produktionsprogramm der Buderus'schen Eisenwerke, sondern auch und besonders für die Krauss-Maffei AG.[36]

Das von Flick entworfene Szenario sah vor, dass die Buderus'schen Eisenwerke eng mit der Metallhüttenwerke Lübeck AG in Herrenwyk kooperierten, die Flick von der jüdischen Unternehmerfamilie Petschek erworben hatte.[37] Flick strebte die Fusion des Wetzlarer und des Lübecker Unternehmens an, um Abnehmer für dessen Gießerei-Roheisen zu bekommen.

Erste Gespräche über den Erwerb eines Aktienpakets führte Flick unter strengster Geheimhaltung[38] mit den Bankenvertretern im Aufsichtsrat der Buderus'schen Eisenwerke und dem Buderus-Vorstand Anfang 1955. Der Vorstand stand Flicks Plänen nicht ablehnend gegenüber, die Aktienmehrheit der Eisenwerke zu übernehmen. Bedenken äußerte er jedoch hinsichtlich der Fusionspläne; Buderus hätte Verbindlichkeiten der Metallhüttenwerke in Höhe von 6,3 Mio. DM übernehmen müssen.[39] Es gelang dem Vorstand, Flick anfangs davon zu überzeugen, dass die Fusion wegen der umfangreichen Vorbereitungsarbeiten die beabsichtigte Übernahme des Buderus-Aktienpakets verzögern würde. Die Fusion wurde deshalb auf unbestimmte Zeit verschoben. Flick wollte zunächst die Mehrheit der Buderus'schen Eisenwerke erwerben, deren Aktienkapital auf viele Kleinaktionäre verteilt war: Niemand besaß mehr als zehn Prozent. Flick gelang es bis Ende Dezember 1956, mehr als 50,5 Prozent[40] des Aktienkapitals der Buderus'schen Eisenwerke zu übernehmen, indem er mit den Bankenvertretern im Aufsichtsrat, Deuss und Frowein, sowie Hans Grün zusammenarbeitete, dem mit Flick befreundeten Repräsentanten der Hauptgesellschafter der Burger Eisenwerke. Diese verkauften ihre Beteiligung an den Buderus'schen Eisenwerken an Flick, der ferner die Wandelschuldverschreibungen akquirierte, die das Buderus-Grundkapital allmählich erhöhten.[41] Das Aktienpaket hielt die Friedrich Flick KG jedoch nicht selbst, sondern die Metallhüttenwerke Lübeck AG als Schachtelbeteiligung.[42]

Für die Buderus'schen Eisenwerke begann 1956 eine neue Epoche – sie blieben bis 1994 von einem Großaktionär abhängig, der die Konzernstrategie entscheidend bestimmte. Der Buderus-Vorstand hatte darauf Rücksicht zu nehmen. Dies lässt sich an vielen wichtigen Weichenstellungen verfolgen, so am Rückkauf der Berghütte durch die Buderus'schen Eisenwerke, an deren Fusion mit den Metallhüttenwerken und an der stärkeren Integration des Unternehmens in die Flick-Gruppe.

Zunächst wirkte sich der Einfluss der Flick-Gruppe auf die Zusammensetzung von Vorstand und Aufsichtsrat der Buderus'schen Eisenwerke aus. Auf der Hauptversammlung des Jahres 1956 wurden Friedrich Flick als Konzernchef und Aufsichtsratsvorsitzender der Metallhüttenwerke Lübeck sowie der Vorstandsvorsitzende dieser Gesellschaft, Alfred Rohde, in den Aufsichtsrat der Buderus'schen Eisenwerke gewählt.[43] Flick übte seit 1957 das Amt des stellvertretenden Aufsichtsratsvorsitzenden aus. In den Jahren 1961 und 1968 ließ er auch seinen Sohn Friedrich Karl Flick und seinen langjährigen Vertrauten und Vetter Konrad Kaletsch in den Aufsichtsrat der Buderus'schen Eisenwerke aufnehmen. Er selbst übergab den Vorsitz 1968 an seinen Sohn, blieb jedoch Ehrenvorsitzender des Aufsichtsrats der Buderus'schen Eisenwerke. Die Vertreter der Banken, Deuss, Vierhub und Frowein, behielten ihre Aufsichtsratsmandate.[44]

Aus dem Vorstand der Buderus'schen Eisenwerke schieden 1956 die beiden technischen Vorstandsmitglieder Grosser und Hornung aus. Neu wurde Dr. Heinz Gries berufen, der zuvor bei der MIAG – Mühlenbau und Industrie GmbH – beschäftigt gewesen war. Er war bis zur Pensionierung 1968 für die Buderus'schen Eisenwerke tätig.[45] Sein Nachfolger wurde Erwin Schlosser, der aus dem Vorstand der Varta AG wechselte. Zusammen mit dem 1962 berufenen Karl Heimberg, einem ehemaligen technischen Vorstandsmitglied der Rheinstahl Eisenwerke Mülheim/Meiderich AG, führte Schlosser den technischen Vorstand weiter.[46]

Langsamer vollzog sich der Wechsel bei den kaufmännischen Vorstandsmitgliedern. Grabowski war noch elf Jahre lang Vorstandsvorsitzender; er trat 1967 in den Ruhestand,[47] angeblich aufgrund von Meinungsverschiedenheiten mit Friedrich Flick.[48] Mit Grabowski schied die bedeutendste Persönlichkeit für die Entwicklung der Buderus'schen Eisenwerke in der Nachkriegszeit aus. Er hatte die Expansion in neue Produktionsbereiche, insbesondere mit dem Erwerb der Krauss-Maffei AG in den weiterverarbeitenden Bereich, entscheidend vorangetrieben und zudem die Sozialisierungsverhandlungen mit der hessischen Landesregierung erfolgreich geführt. Auch danach brachte er die Expansion der Buderus'schen Eisenwerke weiter voran; er leitete die Rückgliederung der Berghütte in das Unternehmen ein – ein Projekt, das ihn seit seinem Eintritt bei Buderus in den vierziger Jahren beschäftigt hatte.

Neben seiner Tätigkeit für das Unternehmen nahm Grabowski auch zahlreiche öffentliche Funktionen wahr. Er war Präsident des Beirats beim Hessischen Wirtschaftsministerium und Mitglied des Marshallplan-Ausschusses, ferner Vorstandsmitglied der Wirtschaftsvereinigung der Gießerei-Industrie Hessen, des 1953 gegründeten Wirtschaftsverbandes Gießerei-Industrie, an dessen Gründung er mitgewirkt hatte, sowie des Fachverbandes der Zementindustrie.[49]

Grabowski führte seit 1958 den kaufmännischen Vorstand nicht mehr allein. Ab 1958 gehörten ihm Dr. Karl von Winckler, seit 1964 bzw. 1967 auch Dr. Friedwart Bruckhaus und Dr. Georg Ringenberg an. Nach dem Ausscheiden von Grabowski übernahm von Winckler den Vorstandsvorsitz. Wie dargelegt, hatten er und Grabowski viele Gemeinsamkeiten. Beide hatten vor 1945 für den Ballestrem'schen Konzern in Oberschlesien gearbeitet und waren seit den vierziger Jahren für die Buderus'schen Eisenwerke tätig. Von Winckler hatte seit 1949 die Interessen der Buderus'schen Handelsgesellschaft in Österreich vertreten und war 1952 von Grabowski als Prokurist nach Wetzlar gerufen worden.[50]

7.3. Umstrukturierungen der Buderus-Gruppe

Erwerb der Burger Eisenwerke AG

Die Buderus'schen Eisenwerke konnten zwei Jahre, nachdem Flick die Aktienmajorität übernommen hatte, ihre Marktstellung auf dem Gebiet der Heiz- und Kochgeräteproduktion durch den Erwerb einer weiteren Tochtergesellschaft erheblich verbessern. Hintergrund war die Krise, die seit Mitte der fünfziger Jahre die Heiz- und Kochgeräte-Hersteller heimsuchte: Da die Branche stark überbesetzt war, hielten die mittelständischen Unternehmen immer weniger den Großunternehmen stand, die Heiz- und Kochgeräte-Industrie verlor zunehmend ihren mittelständischen Charakter.[51] Seit 1954 häuften sich die Übernahmen durch große Unternehmen. So kaufte die F. Küppersbusch & Söhne AG, Gelsenkirchen, 1954 die Vereinigte Herd- und Ofenfabriken C. Woeste AG, Hamm/Westfalen. Im selben Jahr wechselte das in Schwierigkeiten geratene Familienunternehmen Junker & Ruh AG, Karlsruhe, zur OMZ Vereinigte Ost- und Mitteldeutsche Zement AG, Dortmund/Goslar. 1957 schließlich erwarben die Homann Werke, Wuppertal-Vohwinkel, die Vosswerke AG, Sarstedt bei Hannover.[52]

Auf der außerordentlichen Hauptversammlung der Burger Eisenwerke am 16. Januar 1958 wurde bekannt, dass die Buderus'schen Eisenwerke rund 70 Prozent des Aktienkapitals von 6,3 Mio. DM erworben hatten.[53] Zu einer engeren Verbindung zwischen den beiden Unternehmen war es im Rahmen eines Freundschaftsvertrags schon zwischen 1932 und 1945 gekommen. Abgesehen von dem Anteilsbesitz des Burger Unternehmens an Buderus waren beide auch dadurch miteinander verbunden, dass die Burger Eisenwerke ihren Roheisenbedarf nahezu vollständig bei der Berghütte deckten.

Auch die Produktionsprogramme der beiden Unternehmen ähnelten sich nach wie vor. So produzierte die Burger Eisenwerke AG unter dem Markennamen JUNO Herde für Kohle, Gas und Strom, gusseiserne für feste Brennstoffe und Öl, keramische Dauerbrandöfen, Gaskamine, Badewannen und Waschanlagen, ferner Großkochanlagen, Auftauöfen für tiefgefrorene Menüs und Geschirrspülmaschinen.[54] Auf dem Gebiet der Heiz- und Kochgeräte hatte das Unternehmen 1953 sein Produktionsprogramm mit dem Erwerb der SELL Haus- und Küchentechnik GmbH erweitert, die Einbauküchen für Schulen und Krankenhäuser sowie Spezialküchen für Flugzeuge, Fahrgastschiffe und Schienenfahrzeuge herstellte. Schließlich betätigten sich die Burger wie die Buderus'schen Eisenwerke auch im Maschinenguss. Anfang der fünfziger Jahre hatte die für die Automobil- und Elektroindustrie tätige Leichtmetallgießerei ihre Produktionskapazitäten ausgebaut.[55] In Ehringshausen liefen 1955 neun Druckgussmaschinen für den Leichtmetallguss.[56]

Neben den Buderus'schen Eisenwerken interessierte sich auch die amerikanische Philco Corporation, Philadelphia, für eine Beteiligung an den Burger Eisenwerken. Bereits bevor das Unternehmen 1957 von einer GmbH in eine AG umgewandelt worden war, hatte der Vorstand mit der Philco Corporation vereinbart, die amerikanische Gesellschaft im Zuge einer Kapitalerhöhung um 1,2 Mio. DM mit 700.000 DM an dem Burger Unternehmen zu beteiligen. Mit der Durchführung der Kapitalerhöhung hätten die beiden Familienstämme Hans Grün und Carl Grün, der 1951 verstorben war, ihre Mehrheit am Grundkapital der Burger Eisenwerke verloren. Aufgrund alter geschäftlicher und persönlicher Kontakte sahen Hans Grün sowie Marie Grün, die Witwe seines Bruders, und ihre Tochter Juliane Jebsen den Verkauf der Majorität an Buderus als sinnvoller an. Dem Buderus-Vorstand kam die Verkaufsbereitschaft der Mehrheitsbeteiligten gelegen, da sie es ermöglichte, die Einflussnahme eines amerikanischen Großunternehmens auf ein Unternehmen zu verhindern, das in derselben Produktionssparte und derselben Region wie die Buderus'schen Eisenwerke tätig war. Auf der Hauptversammlung der Burger Eisenwerke AG wurde die Vereinbarung mit Philco aufgekündigt.[57] Nach Übernahme der Aktienmehrheit der Burger Eisenwerke AG wurde Grabowski Aufsichtsratsvorsitzender der Tochtergesellschaft. Er erklärte, dass sie als selbstständiges Unternehmen weitergeführt werden sollte. Zunächst wurde der Vertrag von 1932 über die Interessengemeinschaft im Hinblick auf die Abstimmung des Produktionsprogramms erneuert. Die Buderus'schen Eisenwerke schlossen mit der Burger Eisenwerke AG einen Beherrschungs- und Gewinnabführungsvertrag.[58]

Durch die Übernahme konnte die Buderus-Gruppe ihren Marktanteil bei Öfen und Herden erhöhen.[59] Zudem ergänzten die Burger Eisenwerke das Produktionsprogramm von Buderus: Das Werk Burg wurde seit 1958 zum zentralen Blech verarbeitenden Werk ausgebaut, womit Buderus eigene Pläne zu einem solchen Ausbau realisierte. Die Buderus'schen Eisenwerke pachteten 1959 das Werk Ehringshausen, das die Burger Eisenwerke stilllegen wollten; die frei werdenden Produktionsstätten der stillgelegten Ofenproduktion überließen sie der Omniplast GmbH. Die Leichtmetallgießerei des Werks wurde als Ergänzung des Maschinengussprogramms der Buderus'schen Eisenwerke beibehalten.[60]

Rückkauf der Hessischen Berg- und Hüttenwerke AG und der Stahlwerke Röchling-Buderus AG

Hand in Hand mit der Expansion in die Weiterverarbeitung bemühte sich der Buderus-Vorstand seit 1957, allen voran Grabowski, die Berghütte in die Unternehmensgruppe zurückzugliedern. Die Verhandlungen kamen nur schleppend voran, insbesondere weil die hessische Landesregierung nicht gewillt war, die gerade erstrittene Sozialisierung aufzugeben. Aber auch Buderus hatte lange Zeit großes Interesse daran, die Verhandlungen mit der Landesregierung nicht an die Öffentlichkeit dringen zu lassen. Dies hing mit den Ereignissen um die Friedrich Flick KG zusammen. Zu Beginn der sechziger Jahre geriet Flick wieder in die öffentliche Auseinandersetzung. Nachdem er die Aktienmehrheit an der Feldmühle AG erworben hatte, fand er 1959 die verbliebenen Kleinaktionäre mit einer unter dem damaligen Börsenkurs der Feldmühle-Aktien liegenden Entschädigung ab, indem er die Gesellschaft gemäß §§ 9 und 15 des „Gesetzes über die Umwandlung von Kapitalgesellschaften" vom 5. Juli 1934 in eine GmbH umwandelte und sich selbst 100 Prozent der Anteile zusprach. Der Streit um die Rechtmäßigkeit dieses Vorgehens wurde auch juristisch ausgetragen.[61] Dieser Konflikt blieb nicht ohne Rückwirkungen auf die Verhandlungen zwischen Buderus und der Landesregierung um den Rückkauf der Berghütte-Aktien. Bis Herbst 1961 waren weder der Großaktionär noch die Gewerkschaften über diese Gespräche in Kenntnis gesetzt.[62]

Probleme bei den Verhandlungen ergaben sich auch wegen der Spannungen mit der Röchling'schen Eisen- und Stahlwerke GmbH, die seit 1956 bestanden. Beiden Unternehmen fiel es schwer, ihre durch das Kriegsende veränderten Beziehungen auf eine neue Grundlage zu stellen. Außerdem war Flick als neuer Großaktionär der Buderus'schen Eisenwerke seit 1956 an einem Kauf des 50-prozentigen Anteils der Röchling'schen Eisen- und Stahlwerke an der Stahlwerke Röchling-Buderus AG für Buderus interessiert, während auch die Familie Röchling ihrerseits 1957 über einen Vertrauensmann die Möglichkeiten sondierte, den Anteil von Buderus an den Stahlwerken zu übernehmen.[63] Seit dieser Zeit war die endgültige Lösung der Verbindung zwischen beiden Unternehmen wohl unausweichlich, wobei der Übergang der Röchling'schen Anteile an Buderus die vernünftigste Konsequenz aus den Entwicklungen der Nachkriegszeit zu sein schien. Verschiedene Verträge waren nach dem Krieg gegenstandslos geworden. Der Interessengemeinschaftsvertrag von 1920 war von den Buderus'schen Eisenwerken am 1. Februar 1955 gekündigt worden. Die gemeinsame Vertriebsgesellschaft Röchlingstahl GmbH arbeitete schon seit Kriegsende de facto ausschließlich für die Stahlwerke Röchling-Buderus AG. Aus steuerrechtlichen Gründen wurde im Oktober 1956, nachdem der Deutschlandvertrag in Kraft getreten war, ein Organschaftsvertrag geschlossen und von der Röchling'schen Eisen- und Stahlwerke GmbH, der Stahlwerke Röchling-Buderus AG und der Röchlingstahl GmbH unterzeichnet. Hierin wurde der faktisch bereits bestehende Zustand sanktioniert, indem die Vertragschließenden vereinbarten, dass die Röchlingstahl GmbH in Fortführung der bis dahin getroffenen Abmachungen zwar nach außen hin im eigenen Namen, im Innenverhältnis jedoch ausschließlich für die Stahlwerke Röchling-Buderus AG handeln sollte, die als Obergesellschaft bezeichnet wurde. Bedeutend blieb damit lediglich ein so genannter Nebenvertrag zur Satzung des Jahres 1956/57. Darin wurden die paritätische Besetzung des Aufsichtsrats und der jährliche Wechsel in seinem Vorsitz durch Röchling und Buderus geregelt sowie das Vorkaufsrecht der einen Gruppe und das Erlöschen des Gemeinschaftsvertrags für den Fall festgeschrieben, dass das Eisen- und Stahlwerk Völklingen aus der Gruppe Röchling in andere Hände übergehen sollte.

Waren somit die vertraglichen Grundlagen für eine neue, enge Anbindung der Stahlwerke Röchling-Buderus an die Röchling'schen Eisen- und Stahlwerke ungünstig, so galt dies auch für die Abstimmung der Produktionsprogramme. Sowohl die Röchling'sche Eisen- und Stahlwerke GmbH als auch die Stahlwerke Röchling-Buderus AG hatten die Angebotsstruktur beider Gesellschaften seit Kriegsende durch Investitionen in Millionenhöhe ohne gegenseitige Abstimmung verändert. Es erschien auch wenig sinnvoll, den gemeinsamen Verkauf wieder aufzunehmen. Zudem boten sich für die Stahlwerke Röchling-Buderus AG bald innerhalb des Flick-Konzerns interessante Kooperationsmöglichkeiten, und zwar mit der Stahlwerke Südwestfalen AG, Geisweid (Siegerland), dem größten westdeutschen Edelstahlproduzenten, dessen Aktienmajorität Flick 1958/59 erwarb.[64] Die Edelstahlunternehmen waren als Zulieferer für die Automobilbeteiligungen ein wichtiges Element seiner Konzernstrategie.

In dieser Konzentration aber dürfte der Grund für den ein Jahrzehnt währenden Widerstand von Röchling gegen die vollständige Eingliederung der Stahlwerke Röchling-Buderus AG in den Flick-Konzern gelegen haben. Dies umso mehr, als sich die Stahlwerke Röchling-Buderus AG nach Bewertungen, die der Flick-Konzern zwischen 1956 und 1961 durchführte, gegenüber vergleichbaren Edelstahlwerken als ein erstaunlich konkurrenzfähiges Unternehmen erwies.[65]

Die Gegensätze kulminierten 1962. Während die Verhandlungen um die Übernahme der 50-

prozentigen Röchling'schen Beteiligung durch die Buderus'schen Eisenwerke liefen, schalteten sich die Röchling'schen Eisen- und Stahlwerke in die Verhandlungen zwischen Buderus und der hessischen Landesregierung um den Rückkauf der Berghütte-Aktien ein. Röchling bot der Landesregierung ebenfalls an, die Anteile an der Berghütte zu kaufen und das Unternehmen grundlegend zu modernisieren.[66] Weitere Motive für das wenig realistische Angebot waren die Stromlieferungen der Berghütte, die wesentlich zur Rentabilität der Hochöfen beitrugen, sowie die Perspektive, flüssiges Roheisen von der Berghütte für die Stahlwerke Röchling-Buderus zu beziehen, was im Vergleich mit dem tatsächlich praktizierten Verfahren erhebliche Qualitätsvorteile mit sich gebracht hätte.[67] Das Angebot konnte nicht angenommen werden, weil die hessische Landesregierung bei der Verfügung über das Aktienkapital der Berghütte nach wie vor auf die Zustimmung der Buderus'schen Eisenwerke angewiesen war. Da Buderus sich vehement widersetzte,[68] war die Diskussion über die Frage, ob Röchling oder Buderus den Zuschlag für die Berghütte erhalten sollte, bald entschieden. Die Vertrauensbasis zwischen der Geschäftsführung in Völklingen und Buderus war damit zerstört. Buderus wollte nun vor Wiederaufnahme der Verhandlungen mit der Landesregierung sein Verhältnis zu der Röchling'schen Eisen- und Stahlwerke GmbH endgültig klären. Nach langwierigen Verhandlungen und einem letzten Übernahmeangebot durch Röchling im Juli 1964 wurde am 29. Januar 1965 der vertragliche Schlusspunkt unter die Trennung der beiden Unternehmen gesetzt. Die Buderus'schen Eisenwerke übernahmen den 50-prozentigen Anteil ihres ehemaligen Vertragspartners an der Stahlwerke Röchling-Buderus AG zusammen mit der gemeinsamen Handelsgesellschaft, der Röchlingstahl GmbH, für 25 Mio. DM.[69] Besonders hinsichtlich der Vertriebsorganisation hatten sich in den Jahren, die der Übernahme durch Buderus vorausgingen, Probleme ergeben, da Röchling damit begonnen hatte, die Saarstahl GmbH im Geschäftsverkehr als Röchling-Saarstahl firmieren zu lassen, was Buderus aus wettbewerbspolitischen Gründen ablehnte. Das Vorgehen Röchlings zeigte, dass das Unternehmen diesen Namen führen wollte, so dass Buderus, um eine Einigung zu erleichtern, den Verzicht auf den Namen Röchling auch für das Edelstahlwerk in Wetzlar anbot.[70]

Bezüglich der Übernahme der Berghütte-Aktien hatte die Zeit inzwischen für Buderus gearbeitet. Seit 1959 hatte sich die Berghütte für die hessische Landesregierung zu einer schweren Hypothek entwickelt, denn das Unternehmen wurde von der Krise im westdeutschen Erzbergbau und in der Roheisenherstellung voll erfasst. Mit der Aufhebung der Ausnahmetarife für das Lahn-Dill-Gebiet verlor die Berghütte endgültig ihre Konkurrenzfähigkeit. Als die Teilhaber 1958 das Kapital der Gesellschaft von 15 auf 25 Mio. DM heraufsetzten,[71] musste das Land Hessen entsprechend seinem Anteil 74 Prozent der Erhöhung übernehmen. Dabei fuhr die Berghütte zwischen 1959 und 1964 keine Gewinne mehr ein. 1963 hatte sie einen Verlust von 6,3 Mio. DM angesammelt. Damit war ein Viertel des Aktienkapitals vernichtet.[72]

Im Jahr 1963 erklärte die hessische Landesregierung schließlich, sie wolle ihre Beteiligung veräußern. Dies rief vor allem Widerspruch bei der IG Metall hervor, die sich von der Landesregierung übergangen fühlte und befürchtete, dies sei das Aus für ihre Sozialisierungsvorstellungen. Doch konnte die Gewerkschaft schließlich zum Einlenken bewogen werden, was mit einer Intervention des Deutschen Gewerkschaftsbundes (DGB) zusammenhing, der nichts gegen die Privatisierung der Berghütte einzuwenden hatte. Er machte seine Zustimmung zur Rückgliederung des Unternehmens in die Buderus'schen Eisenwerke allerdings davon abhängig, dass die Montanmitbestimmung für die Berghütte bestehen blieb und die Arbeitsplätze, insbesondere der Bergarbeiter, gesichert würden.⁷³ Die Ablehnung durch die Gewerkschaften war damit aus dem Weg geräumt.

Die Lösung des „Berghütte-Problems"⁷⁴ durch enge Anbindung an die weiterverarbeitenden Betriebe der Buderus'schen Eisenwerke und durch ein schlüssiges Rationalisierungskonzept schien damit näher zu rücken. Allerdings musste auch der Großaktionär Flick erst von der Rentabilität dieser Investition überzeugt werden. Immerhin lagen die Roheisenselbstkosten von 232 DM pro Tonne (November 1964) weit über den Roheisenselbstkosten (je nach Sorte 176 bis 182 DM pro Tonne) des Lübecker Hüttenwerks. Die bayerische Maxhütte produzierte ihr Roheisen sogar zu 162 DM je Tonne.⁷⁵ So konnten die Buderus'schen Eisenwerke selbst aus Lübeck Roheisen bei Transportkosten von 30 DM pro Tonne rund 20 DM günstiger beziehen als von der Berghütte.⁷⁶ Um diese Kostenschere zu schließen und die Berghütte wieder wettbewerbsfähig zu machen, kristallisierte sich folgendes Modell heraus:

„Um die Verluste zu beseitigen", so schloss ein Gutachten, das Grabowski 1964 in Auftrag gegeben hatte, müsse „das flüssige Roheisen von einem Hochofen direkt in die Gießerei geliefert werden, der Hochofen in Oberscheld wäre stillzulegen."⁷⁷ Der Transport des flüssigen Roheisens zu den Gießereien war nicht neu: Wichtige Konkurrenten der Buderus'schen Eisenwerke auf dem Gebiet der Druckrohrproduktion, z. B. die Eisenwerke Gelsenkirchen AG, der Rheinstahl-Konzern und der französische Eisen- und Stahlkonzern Pont-à-Mousson, arbeiteten schon längere Zeit mit diesem als „Flüssigverbund" bezeichneten Verfahren,⁷⁸ das erhebliche Kosteneinsparungen ermöglichte. Durch die Verbindung der Gießerei mit den Hochöfen war es möglich, die Kupolöfen in den Gießereien als Umschmelzaggregate durch elektrisch betriebene Induktionsöfen zu ersetzen. Der Betrieb der Elektroöfen in Verbindung mit dem flüssigen Roheisen aus den Hochöfen sorgte nicht nur für eine gleichmäßigere und damit bessere Qualität, sondern war auch kostengünstiger: Alles in allem rechnete man damit, dass die Umstrukturierung den Roheisenpreis auf 200 DM pro Tonne senken würde. Wenn man für die Nachbehandlung in Netzfrequenzöfen nochmals rund 30 DM pro Tonne veranschlagte, lag man damit noch unter dem Durchschnitt der Kosten des Wetzlarer Kupolofeneisens in Höhe von 250 DM pro Tonne.⁷⁹ Angesichts der scharfen Konkurrenz auf dem Druckrohrmarkt war es wichtig, jede Verbesserung der Produktion zu nutzen. Der Gutachter empfahl daher den Kauf der Berghütte.⁸⁰

Doch bis zum Abschluss der Transaktion waren noch zahlreiche Einzelfragen zu klären. Für die hessische Landesregierung stellte sich die Frage, ob die Privatisierung der Grundstoffindustrien einen Verstoß gegen Art. 41 HV darstellte. Um vor der Opposition nicht das Gesicht zu verlieren, musste die Landesregierung zudem einen Kaufpreis erzielen, der wenigstens die Entschädigungszahlungen an die Buderus'schen Eisenwerke 1955 deckte, was allerdings angesichts des starken Wertverfalls der Berghütte kaum gerechtfertigt schien.⁸¹

Die schließlich ausgehandelte Lösung erlaubte es der Landesregierung, vor der Opposition im Landtag zu bestehen.⁸² Im Vertrag vom 18. Mai 1965⁸³ kaufte Buderus dem Land Hessen das Aktienpaket zu einem Bruttokaufpreis von 22,5 Mio. DM ab. Dies waren 2,5 Mio. DM weniger als die Entschädigungszahlung von 1955. Die Buderus'schen Eisenwerke verpflichteten sich, den Arbeitnehmern an den Hochöfen und im Bergbau die Rechte nach dem Montanmitbestimmungsgesetz zu belassen. Außerdem regelten die Vertragsparteien die verfassungsrechtlichen Probleme, die mit der Reprivatisierung der Berghütte verbunden waren. Am 11. Juni 1965 wurde ein Ergänzungsgesetz zu dem Abschlussgesetz zu Art. 41 HV vom 6. Juli 1954 verabschiedet, das unter den gegebenen Voraussetzungen die Rückgliederung der Berghütte erlaubte.[84] Damit war die Sozialisierung endgültig aufgehoben.

Eingliederung der Buderus-Gruppe in den Flick-Konzern

Nachdem die Berghütte und die Stahlwerke Röchling-Buderus AG vollständig in den Besitz der Buderus'schen Eisenwerke übergegangen waren, wurde die Buderus-Gruppe 1965 reorganisiert. Flick konnte nun die Konzernstrategie umsetzen, die er bereits bei Beginn seines Engagements anvisiert hatte. Die Metallhüttenwerke Lübeck GmbH – sie war am 1. Oktober 1958 aus einer Aktiengesellschaft in eine GmbH umgewandelt worden –, die bisher die Schachtelbeteiligung an den Buderus'schen Eisenwerken gehalten hatte, sollte mit der Buderus-Gruppe fusionieren. Darüber hinaus plante Flick, die Buderus'schen Eisenwerke noch enger in die Flick-Gruppe zu integrieren. Den Anlass hierzu könnten die rechtlichen Änderungen des neuen Aktiengesetzes gegeben haben, das am 1. Januar 1966 in Kraft trat. Es erleichterte Unternehmenszusammenschlüsse und verband dies mit steuerlichen Vorteilen. Der Flick-Konzern griff bei der Neuordnung der Buderus-Gruppe diesen Bestimmungen vor.[85]

Am 29. Juli 1965 beschloss die Hauptversammlung der Buderus'schen Eisenwerke, die Verhältnisse mit den Tochtergesellschaften neu zu regeln. Die Eisenwerke schlossen mit allen Gesellschaften, die noch in keinem Organschaftsverhältnis zur Muttergesellschaft standen, einen Beherrschungs- und Gewinnabführungsvertrag ab. Dies traf für die Krauss-Maffei AG, die Berghütte und die Stahlwerke Röchling-Buderus AG zu, die von nun an unter dem Namen Edelstahlwerke Buderus AG firmierte. Die Metallhüttenwerke Lübeck GmbH fusionierte nun mit den Buderus'schen Eisenwerken.[86] Das Anlagevermögen des Unternehmens stieg dadurch von 122,4 Mio. DM (1964) auf 235,5 Mio. DM. Das Grundkapital wurde von 34,22 Mio. DM auf 66,33 Mio. DM erhöht. Buderus übernahm Verbindlichkeiten der Metallhüttenwerke in Höhe von 38,4 Mio. DM.[87] Als neue Holdinggesellschaft für die Buderus-Gruppe gründete Flick die „Hessische Gesellschaft für industrielle Unternehmungen Friedrich Flick GmbH" (HGI) mit einem Grundkapital von 30 Mio. DM und dem Sitz in Wetzlar. Sie hielt die Aktien der Buderus'schen Eisenwerke und schloss mit diesen einen Beherrschungs- und Gewinnabführungsvertrag.[88]

Dies alles konnte nicht ohne Zugeständnisse an das Land Hessen realisiert werden. Ihm wurde konzediert, dass die HGI ihre Gewinne in Hessen versteuerte und nicht beim Kapitaleigner, der Friedrich Flick KG und der Flick'schen Verwaltungsgesellschaft für Steinkohlenbergbau und Hüttenbetrieb mbH in Düsseldorf.[89] Konzessionen musste Friedrich Flick – ebenfalls im Hinblick auf die Bestimmungen der Aktienrechtsreform 1966[90] – auch den Kleinaktionären von Buderus und Krauss-Maffei machen. Das – zu diesem Zeitpunkt noch nicht verabschiedete – Aktiengesetz schrieb vor, dass sich für eine Eingliederung mindestens 95 Prozent der Aktien der einzugliedernden Gesellschaft in Händen der Hauptgesellschaft befinden mussten. Die Flick-Gruppe bot daher den Kleinaktionären an, die alten Buderus-Aktien entweder bis zum 30. September 1965 zu einem Kurs von 555 Prozent an die HGI zu verkaufen oder die Aktien zu halten bei einer Dividendengarantie von mindestens zwölf Prozent. Dieser Satz sollte sich erhöhen, wenn die Durchschnittsdividende, die das Statistische Bundesamt für die Wirtschaftsgruppen „Grundstoffindustrie" und „Metallverarbeitende Industrie" jeweils bekannt gab, zwölf Prozent übertraf.[91] Ein ähnliches Angebot erhielten die Minderheitsaktionäre der Krauss-Maffei AG.[92]

Das Abfindungsangebot traf auf positive Resonanz. Nach Ablauf der Frist für die Barabfindung verfügte der Flick-Konzern über mehr als 90 Prozent der Anteile an den Buderus'schen Eisenwerken. Diese erhöhten ihrerseits ihren Anteil an Krauss-Maffei auf 93 Prozent.[93] Als das neue Aktiengesetz in Kraft trat, befanden sich ausreichend Anteile in den Händen beider Gesellschaften, um die Eingliederung durchzuführen.

Damit war die Integration der Buderus-Gruppe in den Flick-Konzern abgeschlossen. Das Wetzlarer Unternehmen hatte seine Selbstständigkeit zugunsten der Integration aufgegeben. Allerdings brachte die Straffung der Konzernstruktur auch viele Vorteile. Hier ist zunächst auf die steuerliche Entlastung hinzuweisen. Die Buderus-Gruppe hatte jetzt zudem die volle Verfügung über die Metallhüttenwerke Lübeck und die ehemaligen Beteiligungsgesellschaften, die Hessische Berg- und Hüttenwerke, die Edelstahlwerke Buderus und Krauss-Maffei. Ferner konnte sie die Roheisenproduktion nun direkt mit den Gießereien verbinden. Schließlich hatte sich die Roheisenbasis durch die Übernahme der Metallhüttenwerke Lübeck stark erweitert.

Einführung einer divisionalen Organisationsstruktur

Mit der Eingliederung der ehemaligen Tochter- und Beteiligungsgesellschaften in die Buderus'schen Eisenwerke war die alte Organisationsstruktur endgültig überholt, die schon seit den fünfziger Jahren immer mehr in Widerspruch zur Realität geraten war. So waren zahlreiche Tochtergesellschaften gegründet worden, um das Produktionsprogramm der Gießereibetriebe zu ergänzen und die Stellung auf den Märkten zu behaupten. Dieser Expansion hatte jedoch der Organisationsplan nicht Rechnung getragen: Er orientierte sich nicht an den Absatzmärkten, sondern an Sachbereichen wie der Verwaltung, dem Ein- und Verkauf, den Werken und technischen Abteilungen.[94] Die Tochtergesellschaften hatten in diesem Konzept, obwohl sie sich teilweise auf denselben Märkten wie die Gießereien betätigten, keinen Platz gehabt, sondern nach wie vor selbstständig gewirtschaftet.

Spätestens seit der Übernahme der Burger Eisenwerke, deren Produktionsprogramm das der Gießereien im Maschinenguss, in der Heizungstechnik, bei der „weißen Ware" und im Sanitärguss ergänzte, mussten die Widersprüche der alten Organisationsstruktur auffallen. Doch auch nach der Straffung der Konzernstruktur im Jahre 1965 hatte der Vorstand die Strukturen noch nicht neu geordnet. Erst als die Wirtschaftskrise der Jahre 1966/67 es erforderlich machte, auf allen Gebieten zu rationalisieren, wurde auch die Organisation neu geordnet: Am 30. November 1967 genehmigte der Aufsichtsrat einen neuen Organisationsplan.

Anders als beim Organisationsplan von 1946, der keine Verwaltungstrennung zwischen Grundstoff- und weiterverarbeitenden Betrieben vorgesehen hatte, wurde der Grundstoffsektor, also die Roheisenherstellung und der Erzbergbau, nicht mehr in die Organisationsstruktur der Muttergesellschaft integriert, sondern in eigenständigen Unternehmen zusammengefasst, ebenso wie die Stahlerzeugung und -verarbeitung – nämlich in der Hessischen Berg- und Hüttenwerke AG und der Metallhüttenwerke Lübeck GmbH – und der Maschinen- und Fahrzeugbau in der Krauss-Maffei AG.

Anders verhielt es sich mit den traditionellen Produktionsbereichen der Buderus'schen Eisenwerke: den Heiz- und Kochgeräten. Die auf diesem Gebiet tätige Omnical und die Burger Eisenwerke AG mit ihren Tochtergesellschaften wurden in dem neuen Organisationsplan unter gemeinsamer Verwaltung zusammengefasst. Das divisionale Organisationsschema unterteilte den Gießerei- und Blechverarbeitungssektor dieser Gesellschaften in die vier Produktbereiche Heizungs- und Klimatechnik, Bauerzeugnisse und Kundenguss, drittens den JUNO-Bereich, der die Blechverarbeitung der Burger Eisenwerke AG umfasste, sowie viertens Industrieanlagen. Jeder dieser Bereiche bildete eine eigene Unternehmenseinheit mit Abteilungen für Verwaltung, Produktion, Vertrieb und Entwicklung. Übergeordnete Zentralabteilungen für Marketing, Finanzen, Technische Entwicklung und das Belegschaftswesen übernahmen solche Aufgaben, die rationeller zentral gelöst werden konnten. An der Spitze der neuen Organisation stand der fünfköpfige Vorstand, dessen Mitglieder teils den Zentralabteilungen, teils den Produktionsbereichen vorstanden.[95]

Der Organisationsplan fasste die auf denselben Märkten tätigen Produktionsstätten zu eigenständigen Einheiten zusammen und ermöglichte es damit, Produktion und Vertrieb rationeller abzustimmen. Dadurch konnte die Flexibilität erhöht werden. Die Neuorganisation war ein markanter Einschnitt in der Nachkriegsentwicklung der Buderus'schen Eisenwerke. Die Neuerwerbungen und rechtlichen Veränderungen wurden jetzt neu und fester in den Strukturen der Unternehmensgruppe verankert.

7.4. Alte und neue Unternehmensbereiche

Gießerei und Metallverarbeitung: Buderus'sche Eisenwerke, Burger Eisenwerke, Omnical GmbH und Zentroguß GmbH

Die Buderus'schen Eisenwerke gehörten 1960 nach dem Rheinstahl-Konzern zu den größten westdeutschen Gießereiunternehmen.[96] Das Unternehmen konnte seine Produktion und Umsätze nicht mehr so stark wie in der ersten Hälfte der fünfziger Jahre ausdehnen, behauptete sich jedoch weiterhin gut auf dem Gießereimarkt. Die Produktion von Gießereierzeugnissen folgte der

Im Werk Staffel hergestellte Formstücke beim Verlassen der Strahlkabine, 1959.

Ofen-Endmontage im Werk Eibelshausen, um 1965.

allgemeinen Konjunkturentwicklung. Der Umsatz stieg von 1956 bis 1970 auf etwa das Zweieinhalbfache. Hohe Zuwächse von rund 13 Prozent brachten die Jahre 1960 und 1964. Kennzeichnend für die starke Stellung von Buderus[97] auf dem Gießereimarkt war die Tatsache, dass das Unternehmen auch bei nachlassendem Aufschwung seinen Marktanteil verbessern konnte.[98] Die einzige Ausnahme bildete die Rezession 1966/67. Der Umsatz verringerte sich 1967 im Vergleich zum Vorjahr um rund 10,8 Prozent. 1970 wuchs er um rund 32 Prozent gegenüber 1969. Exporterlöse hatten im Durchschnitt der Jahre 1956 bis 1970 einen Anteil von 7,2 Prozent, doch der Anteil des Absatzes im Ausland ging zurück, der des Inlandsabsatzes stieg.[99]

Produktion (in t) und Umsatz (in Mio. DM) der Buderus'schen Eisenwerke 1955–1970[100]

Jahre	Gussprodukte	Zement	Betonwaren	Umsatz
1955	320.291	273.000	29.021	289,5
1956	307.291	268.800	31.523	297,5
1957	288.818	246.800	38.396	296,6
1958	248.478	266.400	44.224	305,5
1959	311.952	349.724	53.411	356,8
1960	334.431	389.013	67.554	403,7
1961	325.900	456.821	83.211	423,2
1962	329.585	466.863	95.262	452,4
1963	327.552	499.452	108.349	473,1
1964	384.827	660.150	148.357	536,7
1965	360.303	650.100	147.584	532,9
1966	306.209	686.200	139.306	543,6
1967	269.444	619.600	101.014	490,3
1968	292.305	623.100	132.838	476,9
1969	301.864	644.270	134.068	551,7
1970	311.000	725.000	145.000	728,9

Rohrversand im Werk Wetzlar, 1963.

Die positive Entwicklung konnte nur unter Schwierigkeiten erreicht werden. Die Produktion musste nicht nur wegen der starken Konkurrenz, sondern auch wegen Mangels an Arbeitskräften fortwährend rationalisiert werden. Außerdem strebte der Vorstand an, die Produktion vom Bau- und Handelsguss, der rückläufig war, zum Maschinenguss und Maschinenbau umzuorientieren. Teilweise konnte Buderus durch neue technische Verfahren seine Wettbewerbsfähigkeit stärken.

Im Bauguss begannen die Buderus'schen Eisenwerke 1964, als immer mehr Straßen- und Stadtbahntunnel (U-Bahnen) errichtet wurden, Tunnelringe herzustellen. Sie konnten dadurch Großaufträge akquirieren.[101] Mit der Umstellung der Druckrohrproduktion auf den Sphäroguss wurde 1958 begonnen; das Verfahren setzte sich allerdings erst nach dem Übergang zum Flüssigverbund im Dezember 1966 durch. Durch diese Investition und nicht zuletzt wegen der 1957 aufgenommenen Lizenzfertigung der sogenannten TYTON-Verbindung – einer Muffendruckrohrverbindung, die den selbstdichtenden Anschluss der Druckrohre gewährleistet[102] – konnte der Druckrohrabsatz auf relativ stabilem Niveau gehalten werden.[103] Die Abflussrohrproduktion hingegen erlitt mitunter beträchtliche Einbrüche. Das Geschäft mit Druck- und Abflussrohren wurde seit 1956 zunehmend durch die Ausbreitung von Rohren aus Kunststoff und Zement beeinträchtigt.[104]

Auf dem Heizungsmarkt setzte sich mehr und mehr die Zentralheizung gegenüber der Einzelofenheizung durch, begünstigt durch den Übergang von der Kohle- und Koks- zur Ölfeuerung. Das Öl war billiger, die Ausnutzung intensiver als bei Kohle und Koks, und die Anlagen waren angenehmer zu bedienen.[105] Das Werk Lollar wurde kontinuierlich modernisiert, und bereits 1956 entfiel die Hälfte seiner Kesselproduktion auf Ölkessel. 1964 wurde eine neue Werkshalle für die Kesselgießerei gebaut.[106] Dank dieser Investitionen wurde der Absatz von Zentralheizungsprodukten weiter gesteigert. Selbst im Krisenjahr 1967 ging der Absatz von Gusskesseln nur wenig zurück. Inzwischen setzte man auch viele Warmluftautomaten ab, eine Warmluft-Zentralheizung, die seit 1966 produziert wurde.[107]

Anders als bei den Erzeugnissen für die Zentralheizung ging die Herd- und Ofenproduktion zurück. Die Herstellung von Einzelöfen war seit 1964 rückläufig. Zudem erlangte analog zur Entwicklung auf dem Heizkesselmarkt der 1955 eingeführte, aus Stahlblech gefertigte Ölofen gegen-

Kolonnenführer Stephan Staffa in der Formerei des Werkes Wetzlar, um 1963.

über dem Kohleofen – einem Gussgerät – bis 1963 einen Marktanteil von 50 Prozent. Der Markt für Kohleöfen verengte sich dadurch noch stärker. Da die vertikale Preisbindung ständig von Außenseitern unterlaufen wurde, schlossen sich die Ofenproduzenten am 9. März 1960 zu einem Rabatt- und Konditionenkartell zusammen.[108] Auf dem Herdmarkt war dagegen keine Lösung in Sicht, das Geschäft wurde zunehmend unrentabel. 1958 organisierte Buderus die Ofen- und Herdherstellung daher neu und verlegte die Produktion aus Ewersbach nach Burg, dem zentralen Blech verarbeitenden Werk. Die Fertigung von Kohleöfen wurde in Eibelshausen konzentriert,[109] wo neue Formanlagen errichtet und die Produktionsabläufe mechanisiert wurden. Infolge der Modernisierung und Zentralisierung hatte das Werk seit 1962 wieder ein positives Betriebsergebnis.[110]

Der Sanitärguss wurde ebenfalls rationalisiert. Man überließ ihn zunehmend den Burger Eisenwerken, da die Verbreitung der Wanne aus Stahlblech den Absatz der Gusswanne weiter beeinträchtigte. Das Werk Essen-Kray geriet damit in immer größere Schwierigkeiten; es wurde 1971 als erstes Werk der Buderus'schen Eisenwerke stillgelegt.[111] Den Sanitärgussartikeln des Werkes Hirzenhain machten Keramik- und Stahlartikel Konkurrenz; der Absatz blieb auf den süddeutschen Raum beschränkt.

Ein Schwerpunkt der Investitionstätigkeit war der Maschinenguss. Vieles deutet darauf hin, dass sich die Lage dieses Unternehmensteils mit der Übernahme der Buderus'schen Eisenwerke durch Flick besserte. Im November 1956 stellte Daimler-Benz in Aussicht, Buderus erheblich mehr Aufträge als bislang zu erteilen.[112] In den folgenden Jahren führten die Werke Breidenbach[113] und Wilhelmshütte kontinuierlich Aufträge für Daimler-Benz aus. Der Vorstand ließ sich von der angespannten Ertragslage dieser Werke nicht beirren, sondern baute sie weiter zu zentralen Maschinengusswerken aus. In Breidenbach und auf der Wilhelmshütte wurden 1956 Heißwindkupolofenanlagen errichtet. 1965 begann in Breidenbach der Bau einer Hochdruck-Disamatic-Formanlage.[114] Die Amalienhütte wurde dagegen 1967 in einen Bearbeitungsbetrieb für die Gussproduktion der Werke Breidenbach und Wilhelmshütte umgewandelt. Daneben übernahm das Werk seit 1967 auch

Bergmann Erwin Heinz bei der Herstellung von Sprenglöchern im Kalkbruch Hermannstein, Aufnahme 1963.

einen Teil der Armaturenfertigung der Breuer-Werke GmbH.[115] Die Kapazitäten der Leichtmetallgießerei des von den Burger Eisenwerken gepachteten Werks Ehringshausen wurden im Lauf der Zeit mehr als verdoppelt. 1970 liefen in Ehringshausen 18 Druckgussmaschinen. Es wurde für die optische und elektrotechnische Industrie sowie für den Automobilbau produziert, u. a. für Opel.[116] Auch in den Großstückguss wurde stark investiert.[117] Durch diese Investitionen konnte der Maschinenguss seinen Anteil am Umsatz der Buderus'schen Eisenwerke von 12,2 Prozent 1963 auf rund 20,9 Prozent 1970 erhöhen.

Die Zement- und Betonwarenproduktion expandierte, getragen von der starken Nachfrage infolge der regen Bautätigkeit.[118] 1956 begann Buderus, auch Schleuderbetonrohre herzustellen, nachdem sich eine 1955 errichtete Versuchsanlage bewährt hatte. Die Produktionsanlagen wurden weiter ausgebaut.[119] Seit 1962 wurden auch Betonwerksteinplatten hergestellt, seit 1968/69 auch Großbenzinabscheider, Pumpwerkteile, Schachtbauwerke und Kastenprofile.[120]

Im Zementwerk wurde das erste große Investitionsprogramm nach der Regelung der Eigentumsfrage mit der hessischen Landesregierung durchgeführt: 1956/58 sowie 1962/63 nahm man anstelle der drei alten Drehöfen zwei so genannte Lepolöfen mit Schwerölfeuerung in Betrieb. Mit diesen und weiteren Investitionen gelang es, die Zementkapazität des Werks auf 600.000 t zu steigern, 1945 waren es lediglich 30.000 t gewesen.[121] Insgesamt konzentrierte sich Buderus somit zwischen 1956 und 1970 – mit Ausnahme des Maschinengusses – auf die gewinnbringenden Produkte, während traditionelle Erzeugnisse – wie der Sanitärguss, die Herd- und Ofenproduktion – an Bedeutung verloren.

Auch die Burger Eisenwerke konnten sich auf den Märkten behaupten. Die Gesellschaft stellte weiterhin vorwiegend Öl- und Kohleöfen sowie Sanitärguss her.[122] Die Ölöfen und Badewannen fanden in den Zeiten guter Konjunktur große Nachfrage, wenn auch die Erlöse nicht mit den Umsätzen Schritt hielten. Das Herdgeschäft entwickelte sich ähnlich wie bei den Buderus'schen Eisenwerken. Gewinnbringend waren dagegen die Produktion von Hochleistungsherdkes-

Brenner Fritz Wagner beobachtet die Flamme im Lepolofen I des Zementwerkes, um 1963.

seln in der ersten Hälfte der sechziger Jahre sowie – auch in der folgenden Zeit – von Gaskaminen und Zentralheizungskesseln. Das Geschäft mit Behältern aus Polyester und Kunstharz des Werkes Dieburg brachte ebenfalls gute Erträge. Auf dem Markt für Kochgeräte war das Unternehmen mit Großkochanlagen und, über die Tochtergesellschaft SELL, mit Spezialküchen vertreten. Seit 1954 lieferte SELL auch Küchen für Passagierflugzeuge, zum Beispiel ab 1967 für die Boeing Company in Seattle. Waschmaschinen wurden mit einer Lizenz der Philco Corporation S.A., Philadelphia, hergestellt.[123]

Mit Hilfe ihres breiten Produktionsprogramms konnten die Burger Eisenwerke ihren Umsatz zwischen 1959 und 1964 jährlich um durchschnittlich 17,4 Prozent steigern. 1967 lag er allerdings um 15 Prozent unter demjenigen von 1965. Doch an dem Wirtschaftsaufschwung seit Ende 1967 konnte die Gesellschaft voll teilnehmen. 1970 lag der Umsatz bereits wieder um 49,2 Prozent über dem des Jahres 1967. Andere Produzenten von Heiz- und Kochgeräten entwickelten sich nicht so gut. So übernahmen die Burger Eisenwerke im Oktober 1966 die Gebr. Roeder AG, Darmstadt (Grundkapital 200.000 DM), die Großküchenanlagen herstellte, und gründeten mit dieser Neuerwerbung die „Roeder-Großküchentechnik GmbH".[124] Ferner erwarben sie 1967 75 Prozent der Sieg-Herd-Fabrik GmbH, Buschhütten (Grundkapital 300.000 DM)[125] und 1970 die Senkingwerk GmbH KG, Hildesheim (Grundkapital 7.000.000 DM), die Großkochanlagen sowie Anlagen für Großwäschereien herstellte.[126] Somit gingen die Burger Eisenwerke gestärkt aus dem Konzentrationsprozess hervor, der 1965 in der Heiz- und Kochgeräteindustrie eingesetzt hatte.

Die Omnical GmbH erwies sich, nachdem die ersten Schwierigkeiten bei der Produktionsaufnahme überwunden waren, als erfolgreiche Tochtergesellschaft. Der Stahlkesselbau weitete sich stark aus, die jährlichen Zuwachsraten in dieser Branche lagen erheblich über dem Durchschnitt der allgemeinen Industrieproduktion.[127] Seit 1956 erweiterte Omnical das Produktionsprogramm zunächst um kleinere koksgefeuerte Stahlkessel sowie OMEGA-Großheizkessel, bald auch um Gasheizkessel sowie Kombinationskessel für Heizung und Warmwasseraufbereitung.[128] 1964 kamen Entstaubungsanlagen hinzu.[129] Besonderes Engagement zeigte Omnical im hart umkämpften Markt für Strahlungskessel höherer Leistung, die in Fernheizwerken sowie bei der Strom- und Wärmeerzeugung für Industrieanlagen eingesetzt wurden. Da der Energiebedarf weiter stieg und die westdeutsche Versorgung überwiegend von Dampfkraftwerken abhing, stießen Großkesselanlagen für die Dampferzeugung auf wachsende Nachfrage. Die Krise 1966/67 überlebten von 25 Herstellerfirmen nur zwölf, darunter Omnical. Sie ging 1965 als eine der ersten westdeutschen Heizkesselfirmen dazu über, die Großkesselanlage – die sogenannten Wasserrohrkessel bis zu 65 Gcal/h – konsequent zu typisieren, was erheblich Arbeitszeit und Kosten einsparte. Dank des typisierten Programms erhielt sie genügend Aufträge zum Bau von Industriekesselanlagen, so dass das Geschäft zwischen 1965 und 1970 nicht einbrach. Die jährlichen Zuwachsraten lagen bei etwa 20 Prozent. Insgesamt gelang es der Omnical, den Umsatz rasch auszuweiten und das Gießereiprogramm der Buderus'schen Eisenwerke von der Stahlseite her zu ergänzen.[130] Sie beschäftigte 1969 mehr als 1.000 Mitarbeiter.[131]

Auch die Zentroguß GmbH entwickelte sich nach ihrem Ausbau rasch positiv. Aufgrund der relativen Neuheit des Wachsausschmelzverfahrens und der neuen Möglichkeiten, die dieses Verfahren beim Guss komplizierter Teile für den Maschinen- und Fahrzeugbau, die Elektro- und optische Industrie bot, wuchs der Umsatz bis 1962 um mehr als zehn, mitunter sogar mehr als 20 Prozent jährlich. Trotz ausländischer Konkurrenz konnte die Zentroguß mindestens bis 1966 ihre Marktstellung behaupten.[132]

Omniplast GmbH & Co. und Baustoffgesellschaften

Bei der Omniplast GmbH & Co. und den Baustoffgesellschaften – HAGEWE, PREMO und AZET – wuchsen die Umsätze seit 1957 rasch an, begleitet von Erweiterungsinvestitionen.[133] Die Omniplast konnte auf das Know-how zurückgreifen, das die Zentroguß bei der Verarbeitung von thermoplastischen Kunststoffen und synthetischen Wachsen erworben hatte, ferner auf die Erfahrungen der Gussrohrwerke von Buderus. Das Produktionsprogramm wurde schnell ausgedehnt und reichte 1968 von EHRI-Muffendruckrohren und Polyäthylen-Druckrohren, Druckrohren mit Schnellkupplungen für Notwasserleitungen, LKA-UM-Abflussrohren, Formstücken mit Universalmuffen und heißwasserbeständigen LKA-Rotstrichrohren bis zu Kunststoffkanalrohren, großdimensionalen Polyesterrohren, Drainagerohren und Schutzrohren sowie einem umfassenden Angebot von Kunststoff-Kanalteilen für die Haus-, Hof- und Straßenentwässerung. 1965 erwarb das Unternehmen die Ursania-Chemie GmbH, die Kunststofffolien herstellte, und eine Beteiligung von 40 Prozent an der Genfer Firma SOMO – Société pour les Métaux Ouvrés et les Plastiques. Die Letztere hatte etwa das gleiche Produktionsprogramm wie Omniplast und trat in der Schweiz auch als Vertriebsgesellschaft für deren Produkte auf. 1967 hatte die Omniplast GmbH & Co. einen Umsatz von 31 Mio. DM.[134]

Maschinenbau und Armaturen: Krauss-Maffei AG und Breuer-Werke GmbH

Die im Maschinenbau- und in der Armaturenfertigung tätige Unternehmensgruppe wurde in den sechziger Jahren zur erfolgreichsten Sparte von Buderus. Die Krauss-Maffei AG kaufte 1959 90 Prozent der Anteile an den Breuer-Werken, deren Armaturenbau unbedeutend war, und nutzte sie bis 1966 als Produktionsstätte für Spritzgießmaschinen. Danach wurden die Breuer-Werke aufgelöst und ihr Produktionsprogramm auf andere Werke der Buderus-Gruppe verteilt.[135]

Bei Krauss-Maffei dagegen war die Geschäftsentwicklung anhaltend positiv. Das Unternehmen konnte seine Kapazitäten in den relativ jungen Bereichen Trenntechnik und Maschinenbau für die Kunststoffverarbeitung erweitern. Im Jahr 1964 erwarb es die Eckert & Ziegler GmbH, Weißenburg (Stammkapital 1.000.000 DM). Weitere Akquisitionen waren die Fellner & Ziegler GmbH, Frankfurt a. M. (Stammkapital 500.000 DM) sowie die Rittershaus & Blecher GmbH, Wuppertal (Stammkapital 300.000 DM). Sie wurden in der Krauss-Maffei Imperial GmbH zusammengefasst.[136] Diese neue Unternehmensgruppe stellte eine bedeutende Ergänzung des Maschinenbauprogramms dar. Eckert & Ziegler war der älteste und bedeutendste Produzent von Kunststoff- und Gummispritzgießmaschinen. Ihr Lieferprogramm umfasste Ausrüstungen für die chemische, die Kalk-, Zement- und Kunststoffindustrie. Rittershaus & Blecher produzierte Filterpressen, Spezialeindicker für Kläranlagen und Gießerei-Formmaschinen.[137]

Die Krauss-Maffei AG wurde damit der bedeutendste westdeutsche Hersteller der Branche.[138] Daneben weitete sie auch den Produktionszweig Trenntechnik aus. Dieser trug 1958 20 Prozent, die Maschinen für die Kunststoffverarbeitung trugen 1965 15 Prozent und 1970 fast 25 Prozent zum Umsatz von Krauss-Maffei bei.[139]

Auch der Bau leistungsstarker Lokomotiven entwickelte sich weiterhin positiv. 1958 baute Krauss-Maffei die stärkste Diesellokomotive der Welt mit einer Leistung von 3.000 PS, wenig später ein Modell mit einer Leistung von 4.000 PS.[140] Aufträge gingen u. a. aus Südafrika und Südamerika ein, seit 1960 auch aus Nordamerika.[141] Im Inland war die Lokomotivproduktion durch Aufträge aus dem Elektrifizierungs- und Verdieselungsprogramm der Bundesbahn gesichert. Schwierig hingegen gestaltete sich das Omnibusgeschäft, da der Markt zunehmend gesättigt war. 1960 schränkte Krauss-Maffei den Bau von Omnibussen ein und fertigte seither nur noch die Einzelteile.[142]

Einbrüche in den traditionellen Bereichen der Krauss-Maffei AG konnten jedoch seit 1963 den Geschäftsverlauf nicht mehr negativ beeinflussen. In diesem Jahr gewann das Unternehmen infolge seiner umfangreichen Erfahrung beim Bau von Schwerfahrzeugen den Wettbewerb um die Serienproduktion des ersten deutschen Nachkriegspanzers „Leopard". Der erste Auftrag umfasste zunächst 1.500 Panzer. Bis 1970 orderten die NATO-Länder Holland, Belgien und Norwegen insgesamt weitere 863 Panzer zum Stückpreis von 1,4 Mio. DM. Der „Leopard" entwickelte sich zum „Exportschlager".[143] Die Ausführung dieses Sonderprogramms umfasste außer der Disposition und Koordinierung der über das ganze Bundesgebiet verteilten Fertigung der Zulieferer im Wesentlichen die Endmontage und konnte ohne Beeinträchtigung der übrigen Geschäftssparten durchgeführt werden.[144]

Die weitere Entwicklung der Wehrtechnik führte nicht nur innerhalb der Geschäftssparten von Krauss-Maffei zu Verschiebungen, sondern stärkte auch die Position des Unternehmens innerhalb der Buderus-Gruppe. Das Sonderprogramm machte 1965 17 und 1968 45 Prozent des Umsatzes von Krauss-Maffei aus[145]. Die Exportquote nahm auf 66 Prozent zu (1968).[146] Der

Umsatz lag 1965 bereits 108 Prozent über dem von 1955 und stieg sprunghaft weiter: von 1965 auf 1966 um 67 Prozent, von 1968 auf 1969 um 46,5 Prozent und bis Ende 1970 nochmals um 40,7 Prozent. Er lag 1970 nur geringfügig unter dem der Buderus'schen Eisenwerke selbst.[147]

Edelstahlwerke Buderus AG

Das Geschäft der Stahlwerke Röchling-Buderus AG und späteren Edelstahlwerke Buderus AG war in den sechziger Jahren von zunehmenden Problemen gekennzeichnet. Bis 1961 konnte das Unternehmen den Umsatz kontinuierlich erhöhen, allerdings teilweise auf Kosten der Erträge. Bereits 1960 folgte ein Lagerzyklus bei den Abnehmern, der erst 1963 zum Stillstand kam. Außerdem machte sich seit 1960 die Konkurrenz ausländischer Anbieter auf dem westdeutschen Markt bemerkbar.[148]

Um bestehen zu können, führten die Edelstahlwerke von 1958 bis 1964 trotz der schwierigen Lage ein Investitionsprogramm von 25 Mio. DM durch. Sie erweiterten ihre Kapazität auf dem Gebiet der Band- und Elektrostahlherstellung, indem sie eine halbkontinuierliche Bandstraße und einen 50-t-Elektroofen einbauten. Damit lieferten sie nun 80 Prozent der bundesdeutschen Edelstahl-Warmbandproduktion im Breitenbereich bis 250 mm. Zudem stieg nach der Installation des Elektroofens die Erzeugung von Elektrostahl von 30 auf rund 50 Prozent und bis 1968 auf nahezu 100 Prozent.[149] Mit einer Hochvakuum-Umschmelzanlage wurde es möglich, ultrareine rostfreie Edelstähle, die höchsten Qualitätsanforderungen genügten, und Pressbleche für die Kunststoffindustrie zu erzeugen.[150] Diese Abrundung der Produktpalette ermöglichte es dem Unternehmen, sich erfolgreich auf den Wachstumssektoren Energiemaschinenbau und Wehrtechnik zu betätigen.[151]

Produktion (in 1.000 t), Umsatz (in Mio. DM) und Belegschaft der Edelstahlwerke Buderus AG 1956–1970[152]

Jahr	SM-Stahl	E-Stahl	Gesamt	Umsatz	Belegschaft
1956	79,9	39,4	119,3	109,7	3.619
1957	66,9	37,3	104,2	110,7	3.397
1958	72,0	37,3	112,4	106,8	3.544
1959	80,7	43,2	123,9	112,4	3.717
1960	92,2	45,4	137,6	138,2	3.975
1961	74,4	39,7	114,1	140,0	3.762
1962	83,2	32,7	115,9	143,2	3.682
1963	89,2	34,0	123,2	138,5	3.756
1964	97,6	44,1	141,7	159,9	3.897
1965	69,9	70,1	140,0	171,6	4.168
1966	55,4	86,8	142,2	170,5	3.948
1967	59,0	98,8	149,8	158,1	3.641
1968	35,5	134,8	170,3	178,8	3.707
1969	67,5	127,0	194,5	229,1	3.944
1970	84,4	118,3	202,7	271,8	3.870

Im Walzwerk der Stahlwerke Röchling-Buderus, 1963.

Beim Ende des Aufschwungs 1965 erwiesen sich die Kapazitäten als viel zu groß, auch wenn weiterhin investiert wurde, unter anderem 1966 in den Bau eines Durchlaufofens für Walzstahl.[153] Der Umsatz fiel 1965 bis 1967 um 8,5 Prozent. Die sinkende Rentabilität veranlasste den Vorstand 1969 zu stärkerer Rationalisierung. In den Produktionsstätten des Apparatebaus, der am 30. Juni 1969 stillgelegt worden war, wurde ein „Steel Service Center" eingerichtet, das einbaufähige Zuschnitte für den Apparatebau anbot. Als vertriebstechnische Neuerung führte das Unternehmen auch den „Buderus-Edelstahl-Schnellservice" ein: Es richtete in zwölf Geschäftsstellen des Bundesgebiets Läger ein, die binnen 24 Stunden lieferten.[154] Nach diesen strukturellen Veränderungen stieg der Umsatz 1969 und 1970 um rund 28 bzw. 18,6 Prozent, was das Unternehmen zusammen mit einer Stabilisierung des Preisniveaus seit 1968 in die Gewinnzone zurückführte. Die Spezialisierung auf die Halbzeugherstellung erwies sich damit als Erfolg. Die günstigere Geschäftslage wurde wiederum für umfangreiche Investitionen genutzt; diese betrafen vorrangig die Gesenkschmiede.[155]

Generell aber änderten sich auch durch diese Investitionen die Charakteristika der Edelstahlproduktion nicht: Spezialisierte Anwendungen bedingten oft, dass die Losgrößen bzw. Mengen klein waren, der Absatz kostenintensiv und das Unternehmen recht konjunkturempfindlich, so dass die Rationalisierungspotenziale insgesamt gering blieben.[156]

Rohstoffsektor: Hessische Berg- und Hüttenwerke AG und Metallhüttenwerke Lübeck GmbH

Während sich die Gesellschaften der Buderus-Gruppe, die in der Weiterverarbeitung engagiert waren, in den sechziger Jahren positiv entwickelten, gerieten die in der Berghütte zusammengefassten Rohstoffbetriebe in eine ernste Krise.

Roheisen- und Stromerzeugung, Eisenerzförderung (in 1.000 t bzw. Mio. kWh) und Umsatz (in Mio. DM) der Hessischen Berg- und Hüttenwerke AG 1956–1970[157]

Jahre	Roheisen	Strom	Eisenerz	Umsatz
1956	224,0	154,1	303,0	80,7
1957	237,0	150,2	306,0	87,0
1958	197,0	126,7	251,3	69,6
1959	185,0	178,3	244,9	70,4
1960	262,0	196,9	252,0	86,6
1961	252,0	187,5	246,0	81,0
1962	239,0	186,9	241,0	76,1
1963	216,0	187,0	204,0	67,9
1964	288,0	206,2	220,0	84,9
1965	267,2	213,4	230,0	79,4
1966	241,6	206,7	185,0	74,2
1967	240,4	214,6	176,0	74,9
1968	260,8	199,2	159,7	76,9
1969	279,2	203,8	147,4	82,3
1970	324,9	198,0	152,8	106,0

Das Unternehmen konnte seinen Roheisenabsatz bis 1957 erhöhen, 1958 folgte ein Einbruch.[158] Der Umsatz sank um 24 Prozent. Die Wettbewerbsschwäche der Roheisenerzeugung der Berghütte, die starkem Konkurrenzdruck durch ausländisches Roheisen ausgesetzt war, konnte durch den Aufschwung 1959/60 noch einmal gemindert werden. Dem Vorstand war jedoch bewusst, dass dies nur eine vorübergehende Aufwärtsentwicklung war. Die Deutsche Revisions- und Treuhand-AG konstatierte 1958, der Status der Berghütte entspreche dem der Buderus'schen Eisenwerke um die Jahrhundertwende; das Unternehmen habe die Chancen für eine Neuordnung nicht genutzt, die Zukunftsperspektive der Berghütte sei sehr ungünstig.[159] Der Vorstand brachte zwar einige Einwände vor und verlangte Subventionen vom Land Hessen,[160] doch die grundsätzlichen Probleme konnten nicht bestritten werden. Gespräche über den Rückkauf der Berghütte und die Umstrukturierung waren bereits eingeleitet. Vorstand und Aufsichtsrat ließen nichts unversucht, um die Produktion durch Rationalisierung auf eine rentable Grundlage zu stellen. So wurde 1960 der Oberschelder Hochofen neu gebaut.[161] In Wetzlar erweiterte das Unternehmen die Stromkapazität des Elektrizitätswerks.[162] Gleichzeitig wurde mit dem Neubau des Hochofens II begonnen. Er erhielt wie der Hochofen III eine Kapazität von 350 Tagestonnen Roheisen; er ging am 17. Dezember 1962 in Betrieb. Der Hochofen I wurde ausgeblasen.[163]

Hochofenwerk Wetzlar bei Nacht.

Im Erzbergbau der Berghütte wurden seit 1958 verstärkt Gruben stillgelegt.[164] Die Bergbauleitung konzentrierte die Erzförderung auf die Gruben Königszug, Georg-Joseph und Falkenstein, letztere befand sich seit Ende 1957 im Aufschluss und wurde zum modernsten Bergbaubetrieb der Berghütte ausgebaut. Die Aufschlussarbeiten erstreckten sich bis 1961. Der Schacht der Grube wurde bis auf 365 m abgeteuft, die Grube erhielt eine moderne Erzaufbereitungsanlage, Abbau und Förderung wurden so weit wie möglich mechanisiert.[165] Auch die Grube Königszug wurde ausgebaut.[166] Ferner war die Hessische Berg- und Hüttenwerke AG seit 1959 mit sechs Prozent an der Rennanlage Rhein-Ruhr beteiligt.[167]

Doch konnten alle diese Maßnahmen Bergbau und Hüttenbetrieb nicht vor einer weiteren Krise bewahren. Die endgültige Aufhebung der Eisenbahnausnahmetarife für das Lahn-Dill-Gebiet 1960 und die Aufwertung der DM 1961, die die Importe von ausländischem Roheisen und Eisenerz um durchschnittlich fünf Prozent verbilligte, verursachten einen Geschäftseinbruch. 1960 fiel der Preis des Auslandserzes zehn Prozent unter den des Inlandserzes. Von 1960 bis 1963 sank der Umsatz der Berghütte um rund 26 Prozent, der Erzbergbau wurde zunehmend unrentabel. Erst nach Einführung des Schutzzolls auf Roheisen (1964) verbesserte sich die Lage kurzfristig; der Umsatz der Berghütte erhöhte sich im Vergleich zum Vorjahr um rund 25 Prozent.[168]

Die Krise der Jahre 1961 bis 1963 hatte den Anteilseignern eindringlich vor Augen geführt, dass die Berghütte umstrukturiert werden musste. Nach ihrer Eingliederung begannen die Buderus'schen Eisenwerke, deren Roheisenproduktion zu rationalisieren. Die bereits seit 1964 bestehenden Pläne, die Wetzlarer Hochöfen enger mit den Gießereien des Werks zu verbinden, wurden jetzt verwirklicht. Die Arbeiten zur Einführung des Flüssigverbundes begannen im Mai 1966 und erforderten einen Finanzierungsbetrag von acht bis neun Mio. DM.[169] Die Investitionen im Zuge dieses Modernisierungsprogramms veränderten nicht nur die Roheisenerzeugung, sondern auch die gesamte Produktionsstruktur des Wetzlarer Werks. So wurden die Heißwindkupolöfen der Gießerei 1966 stillgelegt. An ihre Stelle trat die größte Induktionsofenanlage Europas, ausgerüstet mit fünf Öfen; drei hatten ein Fassungsvermögen von 20 t, zwei von 13 t Roheisen. Dieses gelangte von den Hochöfen in Mischern zu den Induktionsöfen, doch zuvor wurde es in so genannten Pfannen behandelt, um die Qualität zu verbessern. In den Induktionsöfen wurde durch Zugabe von Schrott, Kreislaufmaterial und Legierungselementen die gewünschte Zusammensetzung des Roheisens erreicht.[170]

Der mit der Muttergesellschaft abgewickelte Anteil der Berghütte am Gesamtumsatz des Unternehmens stieg von 54,4 Prozent der Jahre 1956 bis 1964 auf 68 Prozent 1966 und 1967. Gleichzeitig brachte die Investition eine Leistungssteigerung, die 1969/70 in einem Umsatzanstieg von 28,7 Prozent zum Ausdruck kam.

Daran war der Erzbergbau jedoch nicht mehr beteiligt. Im Hinblick auf die bevorstehende Stilllegung des Hochofenwerks Oberscheld wurde die Erzgewinnung auf der Grube Königszug am 27. März 1968 eingestellt. Seitdem stand nur noch die Grube Falkenstein in Förderung. Die Leistung pro Mann und Schicht stieg von 1,544 t 1958 auf 6,455 t 1970;[171] dennoch war man gegenüber den kostengünstigen Auslandserzen nicht wettbewerbsfähig. Hinzu kam, dass die Wetzlarer Hochöfen die Erze aus der eigenen Förderung immer weniger einsetzen konnten, denn die Lahn-Dill-Erze waren auf Grund ihres hohen Phosphorgehaltes von – selbst nach Sinterung – etwa 0,4 Prozent nicht dazu geeignet, Sphäroguss-Hämatit herzustellen, das seit 1967 verstärkt nachgefragt wurde und nicht mehr als 0,1 Prozent Phosphor enthielt. Deshalb setzte auch die Berghütte Erze aus Übersee mit Eisengehalten von etwa 65 Prozent und Phosphorgehalten von 0,01 bis 0,04 Prozent ein.[172] Dadurch konnte die Druckrohrproduktion auf den Sphäroguss ausgerichtet werden. 1965 goss das Unternehmen erst 20 Prozent aller Druckrohre aus Sphärogusseisen, bis 1970 stieg dieser Anteil auf 100 Prozent.[173]

Die Erze der Berghütte konnten zum Großteil nur noch an die süddeutschen Zementwerke abgesetzt werden.[174] Es war unvermeidlich, die Erzförderung weiter zu drosseln. So wurde die Grube Georg-Joseph 1966 stillgelegt. Vor dem Hintergrund der Einstellung der Roheisenproduktion in Oberscheld am 30. April 1968 wurde, wie erwähnt, Ende März 1968 auch die Grube Königszug stillgelegt.[175] Es war nur noch eine Frage der Zeit, wann auch die Förderung auf der Grube Falkenstein eingestellt würde. 1970 hatte die Berghütte ihre Erzbasis weitgehend aufgegeben, die einmal der wichtigste Standortfaktor für die Roheisengewinnung im Lahn-Dill-Gebiet gewesen war.

Mit der Metallhüttenwerke Lübeck GmbH verfügte Buderus über ein Roheisenunternehmen mit günstigen Standortbedingungen. Es besaß einen eigenen Hafen für Schiffe bis zu 30.000 t. Das Hüttenwerk war ein bedeutender Hersteller von Hämatit und Gießerei-Roheisen. Daneben besaß es eine Kokerei, eine Zementfabrik, eine Tonerdeschmelzfabrik und eine Betonwarenfabrik. Die Metallhüttenwerke befanden sich wie die Berghütte seit 1965 in einer Krise. Seit 1969 stieg der Umsatz wieder an und erreichte 1970 167,5 Mio. DM. Die Buderus'schen Eisenwerke führten sogleich nach der Übernahme ein umfangreiches Investitionsprogramm durch; u. a. errichteten sie 1965 einen neuen Hochofen.[176]

Vertriebsorganisation

Die wichtigste Vertriebsgesellschaft der Buderus'schen Eisenwerke, die BHG, wurde nach 1956 durch Errichtung weiterer Niederlassungen stark ausgebaut, um vor allem näher beim Kunden präsent zu sein und den veränderten Wettbewerbsverhältnissen im Zentralheizungssektor zu begegnen. Die Konkurrenten hingegen setzten auf den Großhandel und waren dadurch auf dem Markt breit vertreten. Buderus baute die eigene Vertriebsorganisation weiter aus, unter anderem durch Gründung der Buderus-Juno-Kundendienst GmbH, Wetzlar (Stammkapital 100.000 DM) 1959. Dem neuen Unternehmen oblag der Kundendienst für das Ofen- und Herdprogramm der Buderus'schen Eisenwerke und der Burger Eisenwerke AG – deren Produkte unter dem Namen „JUNO" vertrieben wurden –, der zuvor bei der BHG gelegen hatte.[177] Die BHG übernahm die Anteile der Buderus-Juno-Kundendienst GmbH aus dem Besitz der Buderus'schen Eisenwerke; sie schloss mit der Gesellschaft einen Organvertrag ab.

Die BHG bot den Kunden auf Grund der zunehmenden Technisierung, insbesondere der Heizkessel, mehr und mehr Serviceleistungen an. Sie etablierte in den Niederlassungen einen „Technischen Dienst" zur Beratung und Hilfestellung der Heizungsfirmen. Ferner errichtete sie 1964 das Buderus-Informationszentrum in Lollar. Dort wurden Jahr für Jahr rund 2.500 Geschäftsfreunde, Architekten, beratende Ingenieure und Schornsteinfeger über die Produktpalette informiert bzw. geschult.[178]

Sowohl die BHG als auch die Ferrum GmbH[179] konnten zwischen 1955 und 1970 ihre Umsätze mehr als verdoppeln.[180] Dabei stieg der Anteil fremder Handelswaren von 12,7 Prozent 1955 auf 28,7 Prozent 1970. Dies erleichterte der BHG, Umsatzverluste bei den Produkten der Muttergesellschaft abzufangen. Deshalb war der Umsatzrückgang 1965 bis 1967 hier nicht so einschneidend wie bei Buderus. Ferrum verzeichnete starke Umsatzzuwächse von 39 Prozent zwischen 1955 und 1960 und sogar von 87 Prozent zwischen 1960 und 1965. 1959/60 betrug der Umsatz rund 13 Mio. DM. Der Anstieg ist auch auf den Bau von Kanalteilen aus Betonguss zurückzuführen, der 1964 in Dinkelscherben aufgenommen wurde. Die Einrichtung dieses Produktionszweigs bot sich wegen der günstigen Kostenfaktoren an, die der Standort der Produktionsstätte für die Belieferung des süddeutschen Raumes mit sich brachte.[181] Die Betonproduktion stieg zunächst steil an, sank dann jedoch bis 1968. Am 1. Dezember 1959 erhielt die bisherige BHG-Niederlassung Berlin mit Rücksicht auf die besondere Lage der Stadt den Status einer selbstständigen Gesellschaft.

Gemeinschaftsprojekte auf dem Gebiet des Heizkessel- und Industrieanlagenbaus

Beim Heizkesselbau und bei der Entwicklung von Industrieanlagen zur Reinhaltung der Luft verfügten die Buderus'schen Eisenwerke über langjährige Erfahrungen. Seit 1962 musste das Unternehmen die eigenen Gießereien verstärkt mit Entstaubungsanlagen ausrüsten.[182] Es machte aus der Not eine Tugend: 1964 nahm die Omnical GmbH die Produktion solcher Anlagen auf. Bereits seit Ende der fünfziger Jahre gehörten Anlagen zur Beseitigung von Staub, Rauch und Abgasen zu den wachstumsstärksten Zweigen des Maschinenbaus.[183] Gemeinsam mit dem französischen Unternehmen NEU in Lille, einem der größten europäischen Werke für die industrielle Lufttechnik, gründete Buderus am 1. Juni 1968 die Buderus Industrietechnik GmbH & Co., Wetzlar (Stammkapital 1 Mio. DM). Dazu diente der Firmenmantel der 1914 gegründeten und 1932 auf die BHG übergegangenen Schomburg & Wüsthoff GmbH. Die Buderus Industrietechnik widmete sich der Entwicklung und Produktion von Großentstaubungs-, Klima- und pneumatischen Förderanlagen. An dem Unternehmen hielt Buderus einen Anteil von 60 Prozent.[184]

Am 10. April 1970 gründete Buderus ferner gemeinsam mit dem Heizkesselhersteller Viessmann Kesselwerk KG, Allendorf/Eder, die Industrietechnik Homberg GmbH. Das Unternehmen stellte die Stahlverkleidungen für die Kessel der beiden Heizkesselproduzenten her.[185]

7.5. Arbeitskräftemangel, Lohnanstieg, Arbeitszeitverkürzung

Das Wachstum von Buderus wirkte sich auch auf die Belegschaftszahlen aus. Rechnet man für das Jahr 1965 nur die Mitarbeiter der Buderus'schen Eisenwerke mit 12.480 Beschäftigten zuzüglich der großen Tochtergesellschaften,[186] so hatte die Buderus-Gruppe 29.104 Arbeitnehmer.[187] Die Belegschaft der großen Tochtergesellschaften überstieg diejenige der Muttergesellschaft also um rund ein Drittel. Die stärksten Veränderungen gab es bei zwei Tochtergesellschaften: Krauss-Maffei konnte dank der guten Geschäftsentwicklung die Belegschaft zwischen 1956 und 1970 um rund 19 Prozent erhöhen. Die Hessische Berg- und Hüttenwerke AG dagegen baute mit fortschreitender Einschränkung des Erzbergbaus und der Stilllegung des Hochofenwerks Oberscheld Arbeitskräfte ab, von 2.001 (1956) auf 1.879 (1960) und 817 Mitarbeiter (1970).[188]

Die Muttergesellschaft, die Buderus'schen Eisenwerke, beschäftigte zwischen 1956 und 1970 durchschnittlich 12.196 Arbeiter und Angestellte. Die Zahlen schwankten zeitweise beträchtlich. So baute das Unternehmen zwischen Juni 1957 und Dezember 1958 infolge der schlechten Beschäftigungslage rund 8,5 Prozent der Belegschaft ab. Zwischen 1964 und Mitte 1968 ging die Zahl sogar um 24 Prozent zurück: von 13.700 auf 10.984 Arbeiter und Angestellte. Neueinstellungen erhöhten den Personalbestand bis 1970 jedoch wieder um 17,9 Prozent.[189]

Seit Ende der fünfziger Jahre herrschte Arbeitskräftemangel. Als Hauptgründe nannte ein guter Kenner des Unternehmens 1973 „die verlängerten Ausbildungszeiten und die Ausrichtung auf möglichst hohe Berufsziele, die Herabsetzung des Rentenalters, die Verkürzung der Arbeitszeit, die Verlängerung des Urlaubs und den Entzug von Arbeitskräften durch die öffentliche Verwaltung".[190] Die Buderus'schen Eisenwerke und die Stahlwerke Röchling-Buderus AG beschäftigten seit 1959 ausländische Arbeiter, zunächst Italiener, später hauptsächlich Griechen, ferner Spanier, Türken, Jugoslawen und Portugiesen.[191] Bei den Buderus'schen Eisenwerken stieg die Zahl der Gastarbeiter innerhalb von elf Jahren von 56 auf 2.622 an – auf 27 Prozent der Arbeiter. An diesem Verhältnis änderte sich auch später wenig. Nur in Krisenzeiten, insbesondere 1967, fiel der Anteil der Gastarbeiter bei den Buderus'schen Eisenwerken um 14,5 Prozent, da man zuerst die befristeten Verträge ausländischer Arbeitnehmer auslaufen ließ. Bei der Edelstahlwerke Buderus AG hatten Gastarbeiter 1969 einen Anteil von 31,3 Prozent an der Belegschaft.[192]

Die ausländischen Arbeitnehmer wurden überwiegend auf Schwerstarbeitsplätzen eingesetzt, die geringe Qualifikationen erforderten und für die deutsche Arbeiter nicht zu finden waren. Letztlich konnte die Beschäftigung von Gastarbeitern nur eine Notlösung des Arbeitskräftemangels darstellen. Die Fluktuation bei diesem Teil der Belegschaft war unverhältnismäßig hoch, weil sich die angeworbenen Arbeiter häufig schwer an die harte Arbeit in den Gießereien gewöhnten. Zudem zeigte sich in einigen Betrieben Anfang der siebziger Jahre, dass sich die Produktivität durch Anwerbung von zunächst unqualifizierten, kurzfristig anzulernenden Arbeitskräften nur begrenzt steigern ließ.[193] Doch hatte Buderus keine andere Wahl.

Die Beschäftigung ausländischer Arbeitnehmer schlug sich auch in den betrieblichen Sozialleistungen nieder, besonders im verstärkten Bau von Wohnheimen.[194] Der Wohnungsbau war weiterhin ein bedeutender Posten der betrieblichen Sozialpolitik. Mit Hilfe von Darlehen an den Wetzlarer Bauverein und an gemeinnützige Wohnungsbaugesellschaften sowie durch Mietung und Ankauf von Wohnungen wurde der Bestand der Werkswohnungen von 2.027 (1956) auf 2.322 (1963) erhöht; von den Letzteren befanden sich 1.570 im Besitz des Unternehmens.[195]

Die Leistungen der Unterstützungskasse wurden Mitte der fünfziger Jahre ausgeweitet. So gewährte die Kasse 1956 erstmals erstrangig gesicherte verzinsliche Hypothekendarlehen an Belegschaftsangehörige für den Um- und Ausbau von älteren Eigenheimen, um die immer noch herrschende Wohnungsnot zu lindern. Die Rentenreform im Jahre 1957 hatte zur Folge, dass die bisher von der Kasse gezahlten Notstandsbeihilfen zum Lebensunterhalt nun echte Werksrenten wurden. Für die Altersrentner bedeutete die Umstellung der Versicherungsrenten, dass sich ihre Einkünfte durchschnittlich verdreifachten.[196]

Die Leistungen der Kasse, in deren Genuss seit 1964 auch die Belegschaftsmitglieder der Omniplast GmbH & Co. kamen, erhöhten sich von 745.000 DM (1956) auf 1,8 Mio. DM (1970).[197] Die zusätzlichen sozialen Leistungen wie die Gewährung von Kuren an Werksangehörige und deren Familienmitglieder, Gemeinschaftshilfen und die Unterstützung von kulturellen und berufsfördernden Veranstaltungen sowie die Weihnachtssonderzuwendung an die Belegschaft erreichten 1961 mit 7 Mio. DM ihren Höhepunkt; sie lagen in den Folgejahren zwischen 2,5 und 3,8 Mio. DM.

Die günstige wirtschaftliche Lage brachte auch in der zweiten Hälfte der fünfziger und in den sechziger Jahren eine kontinuierliche Verbesserung der Löhne und Gehälter. Arbeitskonflikte wurden weitgehend vermieden. Den Gewerkschaften ging es nicht nur um die Erhöhung der Tariflöhne, vielmehr strebte der DGB in seinem Aktionsprogramm vom 1. Mai 1955 auch eine Arbeitszeitverkürzung bei vollem Lohnausgleich an: die Einführung der Fünf-Tage-Woche mit täglich acht Stunden Arbeitszeit.[198] Bereits am 11. Juni 1956 konnte die IG Metall, die für den überwiegenden Teil der Arbeitnehmer der Buderus'schen Eisenwerke tariflich zuständig war, als erste Industriegewerkschaft im „Bremer Abkommen" mit dem Arbeitgeberverband Gesamtmetall erreichen, dass die Arbeitszeit von 48 auf 45 Stunden gesenkt wurde.[199] In den Tarifrunden 1959, 1964 und 1967 wurde die Arbeitszeit schrittweise weiter bis auf 40 Wochenstunden verkürzt.[200]

Die Löhne hingegen stiegen an. Die Erhöhungen differierten je nach Akkord- oder Zeitlohn, lagen jedoch in der Metallindustrie 1956, 1958 und 1959 nie unter fünf Prozent, die stärksten Zuwächse wurden mit zehn Prozent 1960, 1961 und 1962 erreicht. In den folgenden Jahren verringerten sich die Zuwachsraten, doch 1970 setzten die Gewerkschaften die Anhebung des Tariflohns um rund zwölf Prozent durch. Weniger rasant verlief die Lohnentwicklung im Erzbergbau. Die Lohnabkommen aus den Jahren 1960, 1964, 1965, 1966 und 1969 brachten Erhöhungen um durchschnittlich sechs, 1960 sogar um rund elf Prozent. Den Lohnforderungen der Gewerkschaften waren infolge der geringen Rentabilität der Branche enge Grenzen gesetzt.[201]

Neben den Tariflöhnen sind die Effektivlöhne zu beachten. Auch die Aufwendungen für Nacht- und Sonntagsarbeit, Urlaubsvergütungen und die Lohnfortzahlung im Krankheitsfall wuchsen rasch.[202] Die Auswirkungen solcher Zuschläge lassen sich am Beispiel der dem Metallsektor zugehörigen Buderus'schen Betriebe gut nachvollziehen: Dort stieg der Effektivstundenlohn zwischen 1958 und 1964 von 2,56 DM auf 4,48 DM, also um 75 Prozent, und bis 1970 um weitere 53 Prozent. Dagegen nahm die effektive Arbeitszeit kontinuierlich ab. Unter Berücksichtigung von Ausfallstunden lag sie zuweilen beträchtlich unter der tariflichen Arbeitszeit. 1962 wurden unter Einrechnung von Urlaub, bezahlter Arbeitsversäumnis und Fehlschichten statt 41,25 Stunden pro Woche nur 33,5 Stunden pro Woche geleistet.[203] Für das Unternehmen war dies eine beträchtliche Kostenbelastung, die es durch verstärkte Rationalisierung aufzufangen versuchte.

7.6. Steigende Erträge trotz Verlustübernahmen

Zwischen 1956 und 1970 entwickelten sich die Finanzen der Buderus'schen Eisenwerke zufriedenstellend. Die Gesellschaft wies bis 1965 steigende Gewinne aus. Auch die Liquidität entwickelte sich günstig. So stieg der Cash-Flow schnell an und erlitt lediglich 1960 und 1961 leichte Einbrüche, die jedoch vom Zuwachs der folgenden Jahre weit übertroffen wurden.

Umsatz, Gewinn, Cash-Flow und Dividende der Buderus'schen Eisenwerke 1956–1966 (Einzelabschluss, in Mio. DM)[204]

Jahre	1956	1957	1958	1959	1960	1961	1962	1963	1964	1965	1966
Umsatz	297,5	296,6	305,5	356,8	403,7	423,2	452,4	473,1	536,7	532,9	514,8
Gewinn/JÜS	2,5	2,6	3,0	3,4	4,2	4,3	4,3	5,1	6,9	9,8	13,6
Cash-Flow	14,5	16,0	18,6	19,3	18,3	18,6	20,6	24,2	28,6	35,2	43,6
Dividende[205] in %	8,0	8,0	9,0	10,0	12,0	12,0	12,0	14,0	12,6	12,7	12,8

Umsatz, Gewinn, Cash-Flow und Dividende der Buderus'schen Eisenwerke 1967–1970 (Teilkonzernabschluss, in Mio. DM)[206]

Jahre	1967	1968	1969	1970
Umsatz	1.503,5	1.504,3	1.860,6	2.336,8
Gewinn/JÜS	23,3	17,6	26,9	14,2
Cash-Flow	93,1	82,4	91,0	91,4
Dividende in %	12,9	12,0	12,3	15,3

Bei der Bewertung dieser Zahlen ist nicht nur das wirtschaftliche Wachstum zu berücksichtigen, vor dessen Hintergrund sich die Unternehmensfinanzen entwickelten, sondern auch der unvermindert anhaltende Preisdruck und Kostenanstieg, die die Erträge minderten.[207] Erst seit 1965 konnte das Unternehmen durch Abbau von Vorräten und Preiszugeständnisse der Zulieferer die Aufwendungen für Roh-, Hilfs- und Betriebsstoffe merklich senken. Das Jahr 1966 brachte mit einem Cash-Flow von 43,6 Mio. DM das bisher beste Ertragsbild.[208] Auch als die Finanzen im folgenden Jahr von der Rezession erfasst wurden, ging der Cash-Flow nicht im gleichen Maße wie der Umsatz zurück. Die Ertragsentwicklung war somit zu keinem Zeitpunkt negativ.

Stärker denn je beeinflussten die Tochter- und Beteiligungsgesellschaften den Ertrag von

Buderus. Die Ersteren steuerten 1964 immerhin 61,5 Prozent des Konzernumsatzes von rund 1,4 Mrd. DM bei[209] und konnten ihre Ausschüttung z.T. beträchtlich erhöhen. So zahlte Krauss-Maffei 1956 zum ersten Mal eine Dividende von acht Prozent. Sie erhöhte sich bis 1965 auf 15 Prozent.[210] Die Stahlwerke Röchling-Buderus AG zahlte 1958, 1961 und 1962 eine Dividende von elf Prozent.[211] Beide Gesellschaften erhöhten in jenen Jahren auch ihr Grundkapital. Den Geschäftsberichten zufolge entwickelten sich die Erträge der Burger Eisenwerke AG und der Handelsgesellschaften ähnlich positiv wie die Buderus'schen Eisenwerke. Weit günstiger noch gestaltete sich die Ausschüttung bzw. Gewinnabführung der Omnical und Omniplast.

Die Berghütte konnte ihre Ertragslage nach 1965 nur langsam verbessern. Bei der Übernahme durch Buderus im Jahr 1965 wies das Unternehmen noch einen Verlustvortrag von 6,3 Mio. DM aus. Auch 1966 kam die Berghütte wegen der schlechten Geschäftslage nicht aus der Verlustzone heraus. 1967 setzte Buderus daher das Grundkapital im Verhältnis 4:3 von 25,0 auf 18,75 Mio. DM herab und glich damit den hohen Verlustvortrag aus.[212] Gleichzeitig zeigten die Rationalisierungsbemühungen erste Erfolge. 1967 und 1969 erwirtschaftete die Gesellschaft seit langer Zeit wieder bescheidene Gewinne.[213] Zu einer Gewinnausschüttung kam es jedoch nicht.

Aufgrund der Erträge aus den Gewinnabführungsverträgen, die die Buderus'schen Eisenwerke 1965 als Folge der Umstrukturierung der Buderus-Gruppe mit Krauss-Maffei, den Edelstahlwerken Buderus und den Metallhüttenwerken Lübeck abgeschlossen hatte, konnten Verluste der Rohstoffbetriebe weiterhin ausgeglichen werden. Die Buderus-Gruppe führte den verbleibenden Gewinn ihrerseits an die Holdinggesellschaft HGI ab. Im Zusammenhang mit der Übernahme der Metallhüttenwerke erklärte sich der Flick-Konzern bereit, Rücklagen aus dem Gewinn der Buderus'schen Eisenwerke zu bilden, um die übernommenen Verbindlichkeiten wenigstens teilweise zu kompensieren.

Die Höhe der Dividende für die verbliebenen Kleinaktionäre entwickelte sich nicht mehr nach den bisher zugrunde gelegten Kriterien. Die Dividende wurde 1956 bis 1960 von acht auf zwölf Prozent angehoben. Sie überschritt nach Einführung der Garantie von zwölf Prozent zunächst nicht die Marke von 13 Prozent, erst ab 1970 stieg sie auf 15,5 Prozent. Nach wie vor brachte das Unternehmen hohe freiwillige soziale Aufwendungen für den Wohnungsbau und die Unterstützungseinrichtungen etc. auf. Insbesondere der Unterstützungskasse wurden zwischen 1963 und 1966 sowie 1967 und 1970 jährlich Beträge zwischen einer halben und einer Million DM zugewiesen, damit sie die steigenden Ansprüche erfüllen konnte.[214]

Bei der Finanzierung der Anlagen- und Beteiligungszugänge konnten die Buderus'schen Eisenwerke wegen der stark erhöhten Investitionsbeträge nicht mehr im gleichen Maße auf die Selbstfinanzierung zurückgreifen wie in der ersten Hälfte der fünfziger Jahre: Zwischen 1949 und 1956 lag der niedrigste Investitionsbetrag eines Jahres bei 5,9 Mio. DM, der höchste bei 12 Mio. DM (1956). Zwischen 1956 und 1970 sanken die jährlichen Investitionen nicht unter 14,9 Mio. DM (1960); Höhepunkt war 1966 ein Betrag von 31,1 Mio. DM, der überwiegend in den Flüssigverbund und mehrere kleine Rationalisierungsmaßnahmen investiert wurde.[215] Die Buderus'schen Eisenwerke kamen nicht umhin, zusätzlich zu den Abschreibungsmöglichkeiten die langfristige Verschuldung zu erhöhen. Bereits 1956 nahm das Unternehmen ein Schuldscheindarlehen in Höhe von 20 Mio. DM auf, zwei Jahre später ein weiteres in gleicher Höhe.[216] Die Umstrukturierung im Jahr 1965 und die damit verbundenen Zukäufe von Anteilen an der Berghütte und den Stahlwerken Röchling-Buderus, Krauss-Maffei und den Metallhüttenwerken bestritten die Buderus'schen

Eisenwerke ausschließlich mit Fremdmitteln. Zuzüglich der von den Metallhüttenwerken übernommenen Verbindlichkeiten erhöhten sich damit die Fremdmittel stark.[217]

Insgesamt änderte sich auch die übrige Bilanzstruktur. So erhöhten sich die Sachanlagen um 76, die Bilanzsumme um 41,5 Prozent. Die Eigenmittel deckten zum ersten Mal das Anlagevermögen nicht mehr ab. Gleichzeitig erzwangen jedoch die erhöhten Sachanlagenzugänge erneut hohe Abschreibungen. Dadurch war es 1965, 1967 und 1968 möglich, bei den Investitionen wieder verstärkt auf die Selbstfinanzierung zurückzugreifen. So machten in Jahren hoher Investitionstätigkeit wie 1966 und 1969 die Abschreibungen 94,5 bzw. 76,4 Prozent der Investitionen aus.[218]

Für die Buderus-Gruppe war der Konzentrationsprozess in den Jahren bis 1970 finanziell verkraftbar, obwohl sie erhebliche Belastungen übernahm.

Bilanzstruktur der Buderus'schen Eisenwerke 1956–1966 (Einzelabschluss, in Mio. DM)[219]

Jahr	1956	1957	1958	1959	1960	1961	1962	1963	1964	1965	1966
Sachanlagen	37,6	51,1	51,3	53,6	54,6	61,3	70,5	79,0	76,5	134,6	136,7
Finanzanlagen	26,3	26,7	41,8	43,5	41,3	38,8	39,7	43,6	45,9	100,9	112,2
Vorräte	37,2	46,4	38,7	39,8	47,2	45,3	35,8	40,8	53,4	69,0	51,4
Monet. Umlaufv.	64,3	54,4	58,2	59,8	59,8	72,1	82,5	71,7	88,4	66,6	90,9
Eigenkapital	71,6	71,5	67,2	67,1	67,0	67,7	67,9	70,8	69,0	84,0	88,8
Sonderp.	0,0	0,0	0,0	0,0	0,0	0,0	0,0	0,0	14,8	12,6	13,3
Langfr.Fremdk.	35,1	41,6	61,8	62,2	62,2	71,8	76,3	75,9	75,6	138,3	135,8
Kurzfr.Fremdk.	58,7	65,5	61,0	67,4	73,3	78,0	84,3	88,4	104,8	136,2	153,3
Gesamtkapital	165,4	178,6	190,0	196,7	202,9	217,5	228,5	235,1	264,2	371,1	391,2

Bilanzstruktur der Buderus'schen Eisenwerke 1967–1970 (Teilkonzern, in Mio. DM)[220]

Jahr	1967	1968	1969	1970
Sachanlagen	336,3	327,1	351,0	413,4
Finanzanlagen	14,0	14,7	15,3	18,5
Vorräte	243,0	279,9	371,7	491,5
Monet. Umlaufv.	325,6	384,1	587,8	587,1
Eigenkapital	154,3	163,5	177,5	184,2
Sonderp.	19,3	21,1	20,7	20,9
Langfr. Fremdk.	361,9	365,9	402,2	504,8
Kurzfr. Fremdk.	415,4	488,8	760,8	826,5
Gesamtkapital	931,6	1.018,2	1.340,5	1.515,5

7.7. Zusammenfassung

Kaum hatte der Vorstand der Buderus'schen Eisenwerke 1955 die Verhandlungen über die Beendigung der Sozialisierung ihrer jetzt in der Berghütte zusammengefassten Rohstoffbetriebe erfolgreich abgeschlossen, musste er sich mit einem neuen einschneidenden Ereignis auseinandersetzen: Mit dem Übergang der Aktienmajorität an dem Flick-Konzern wurde Buderus Teil der unternehmensstrategischen Planungen von Friedrich Flick, der zu diesem Zeitpunkt den (Wieder-)Aufbau seiner Unternehmensgruppe vorantrieb, die durch die Kriegsfolgen und Auflagen der Alliierten geschrumpft war. Sein Ziel, die Buderus-Gruppe als verarbeitendes Unternehmen neben den Beteiligungen an Unternehmen der Automobilwirtschaft zu einem Pfeiler seines Konzerns zu machen und die Synergieeffekte zu nutzen, die mit anderen Flick'schen Konzernunternehmen bestanden, erreichte er schließlich 1965. Die Arrondierung der Besitzverhältnisse innerhalb der Buderus-Gruppe in jenem Jahr – insbesondere die Übernahme der Röchling'schen Beteiligung an der Stahlwerke Röchling-Buderus AG, die Einbringung der Metallhüttenwerke Lübeck GmbH in die Buderus'schen Eisenwerke und deren vollständige Eingliederung in den Flick-Konzern – trug den finanziellen und wirtschaftlichen Anforderungen des größten westdeutschen Familienkonzerns Rechnung. Buderus wurde dadurch 1965 in den Konzentrationsprozess einbezogen, der sich in der westdeutschen Industrie vollzog. Für die Buderus'schen Eisenwerke ergaben sich aus dieser Verbindung zu einem großen Konzern zunächst viele Vorteile. Genannt sei hier nur der neue Kundenstamm, den Flick mit seinen Beteiligungen an Daimler-Benz und der Auto-Union einbrachte. Dies erklärt auch den konsequenten Ausbau der im Automobilguss tätigen Gießereien zwischen 1956 und 1970. Allerdings hatte die Verbindung auch Nachteile. Der Buderus-Vorstand konnte nicht mehr allein das Wohl des eigenen Unternehmens verfolgen, sondern musste auch die nicht immer damit in Einklang stehenden Interessen des Großaktionärs berücksichtigen. Bei der Verschmelzung der Metallhüttenwerke mit den Buderus'schen Eisenwerken mussten auch deren Verbindlichkeiten übernommen werden. Die Kosten konnten zu einer gefährlichen Belastung für Buderus werden.

Das Ziel des Vorstandsvorsitzenden Grabowski, die Rohstoffbetriebe 1965 durch Rückkauf der Berghütte aus dem Besitz des Landes Hessen wieder in die Buderus'sche Unternehmensgruppe einzugliedern, konnte jedoch auch unter den neuen Beteiligungsverhältnissen verwirklicht werden. Dies verdankte er nicht nur der eigenen Beharrlichkeit, sondern auch der Zustimmung des Großaktionärs und vor allem dem Einlenken der Landesregierung, die die Folgen der Selbstständigkeit der Rohstoffbetriebe zu tragen hatte. Die Geschäftsentwicklung der Berghütte verlief nur so lange zufriedenstellend, wie der Erzbergbau und die Roheisenproduktion von der Sonderkonjunktur des ersten Nachkriegsjahrzehnts profitierten und nicht nachhaltig durch ausländische Konkurrenz beeinträchtigt waren. Zwischen 1958 und 1960 leiteten jedoch die Aufhebung der Ausnahmetarife der Bundesbahn für das Lahn-Dill-Gebiet sowie der Preisverfall am Seefrachtenmarkt und für Eisenerz das Ende des Erzbergbaus ein. Zur selben Zeit geriet die Roheisenproduktion durch Niedrigpreisimporte aus Drittländern in Schwierigkeiten. Die Rückgliederung der Berghütte in die Buderus'schen Eisenwerke stellte damit die einzige Möglichkeit dar, um die Rohstoffbetriebe zu erhalten; dieser Einsicht konnte sich auch die hessische Landesregierung nicht verschließen. Mit dem Rückkauf der Berghütte waren mehrere Kapitel in der Geschichte von Buderus abgeschlossen: Die Sozialisierungsfragen waren für immer erledigt. Die seit 1920 bestehende Kooperation mit den Röchling'schen Eisen- und Stahlwerken bei der Produktion und dem Vertrieb von Edelstahlerzeugnissen endete. Schließlich begann sich Buderus durch die Rationalisierung der Roheisenproduktion und die fortschreitende Aufgabe des Erzbergbaus von den Produktionszweigen zu trennen, die im 19. Jahrhundert die wirtschaftliche Grundlage des Unternehmens gewesen waren.

8. Krisenzeit (1971–1977)

8.1. Stagflation

Unter der sozial-liberalen Koalition vollzog sich ein innen- und außenpolitischer Wandel. Sie setzte einerseits die Politik der Westbindung fort (Beitritt zur UNO, Ausbau der Europäischen Gemeinschaft) und versuchte andererseits die Öffnung nach dem Osten und der DDR.[1] Der „Status quo" in Europa nach 1945 wurde damit anerkannt.[2] Innenpolitisch bestimmten zwei Leitlinien den Kurs der Regierung: die Fortsetzung der wirtschaftspolitischen Arbeit der Großen Koalition auf der Grundlage des Stabilitätsgesetzes und die Ankündigung von Reformen, die auf die Modernisierung der Gesellschaft, die Erweiterung der Bürgerrechte und auf den Ausbau sozialer Leistungen zielten.[3] Wirtschaftspolitisch begann die Regierung Brandt/Scheel ihre Arbeit unter günstigen Bedingungen. Mit dem Instrumentarium der Globalsteuerung hatte die Große Koalition die Rezession der Jahre 1966/67 überwinden können. 1970 boomte die Wirtschaft: Es fehlte an Arbeitskräften, und infolgedessen stieg die Zahl ausländischer Arbeitnehmer. Die reale Wachstumsrate des Bruttosozialprodukts lag bei 5,9 Prozent, und trotz der DM-Aufwertung von 1969 erzielte die Bundesrepublik 1970 einen Handelsbilanzüberschuss von rund 15,7 Mrd. DM. In den beiden folgenden Jahren wurden zwar „nur" Wachstumsraten von 2,7 und 2,9 Prozent erreicht, doch der Konjunkturrückgang war kaum zu spüren. Die Arbeitslosenzahlen verharrten bei etwas mehr als einem Prozent, und die Zahl der ausländischen Arbeitnehmer erreichte mit 2,4 Mio. einen neuen Höchststand.[4]

Nur ein Faktor des „Magischen Vierecks", wie die im Stabilitätsgesetz festgelegten Ziele auch genannt wurden, gab Anlass zur Sorge: die Preisstabilität. Während die Inflationsrate in den sechziger Jahren bei etwa 2,5 Prozent gelegen hatte, stieg sie 1970 auf 3,2 Prozent und lag im Oktober 1972 bei 6,4 Prozent. Neben den Lebensmittelpreisen und den Wohnungsmieten standen Dienstleistungen und Industrieprodukte an der Spitze der Teuerung.[5] Im Wesentlichen waren drei Gründe für den Preisanstieg verantwortlich:

1. das internationale Währungssystem, das Ende der sechziger Jahre in eine schwere Krise geraten war und die Wirkung nationaler Stabilitätsprogramme zur Eindämmung der Inflation bis 1973 stark reduzierte;[6]
2. die Lohnpolitik der Gewerkschaften, die zu Beginn der siebziger Jahre außerordentlich hohe Tarifabschlüsse erreichten. Diese wurden als verspätete „Nachzahlung" auf den Konjunkturaufschwung nach 1968 und gleichzeitig als Reaktion auf die Preissteigerungen verstanden. Von 1969 bis 1974 stiegen die Lohnkosten pro Arbeitnehmer jährlich um durchschnittlich 12,5 Prozent;[7]
3. die Ausgabenpolitik der öffentlichen Hand, die mit Ausgabensteigerungen von 9,7 bis 11,1 Prozent in den Jahren 1969 bis 1972 jene Investitionsvorhaben nachholen zu müssen glaubte, die sie aufgrund der schlechten Kassenlage in der Rezession 1966/67 zurückgestellt hatte.[8]

Im Herbst 1973 änderten sich im Gefolge des Jom-Kippur-Krieges die weltwirtschaftlichen Rahmenbedingungen nachhaltig. Die arabischen Ölförderländer nahmen den Krieg mit Israel zum Anlass, die Erdölproduktion zu drosseln und drastische Preiserhöhungen durchzusetzen. Die Ölkrise, die die westlichen Industrieländer in einer Hochkonjunktur traf, löste eine weltweite Wirtschaftskrise aus. Auch die Bundesrepublik war davon betroffen. Erstmals in ihrer Geschichte kam es zur „Stagflation": zur Stagnation des Wirtschaftswachstums – es lag 1974 bei 0,5 Prozent – bei gleichzeitig hoher Inflation und Arbeitslosigkeit.[9] Der durch die Ölkrise ausgelöste Abschwung erreichte seinen Tiefpunkt 1975. Die Zahl der Arbeitslosen stieg von 600.000 auf mehr als eine Million, während das Bruttosozialprodukt real um 1,6 Prozent schrumpfte. Die Inflationsrate lag mit 6,1 Prozent um 0,8 Prozentpunkte unter dem Vorjahresniveau. Ende 1975 folgte ein vorübergehender Aufschwung. Auf den Arbeitsmarkt jedoch hatte die konjunkturelle Erholung, der 1977 bereits wieder ein leichter Abschwung folgte, keine positiven Auswirkungen.[10]

Die Bundesregierung reagierte auf die veränderten Rahmenbedingungen zunächst mit energiepolitischen Maßnahmen. Mit Hilfe eines Energiesicherungs- und eines Energieeinsparungsgesetzes (1973/76) sollte der Rohölverbrauch gesenkt werden.[11] Gleichzeitig erlebte die Kernenergie den ersten Aufschwung. Im Zuge des sozial-liberalen Modernisierungskonzepts hatte sie den ersten Durchbruch bereits 1971 geschafft. Infolge der Ölkrise bot sie sich nun als strategische Alternative zum Erdöl an. Im Energieprogramm der Bundesregierung vom Oktober 1974 wurde der rasche Ausbau der Kernenergie festgeschrieben, bis 1985 sollte ihr Anteil an der Stromerzeugung von vier auf 45 Prozent steigen. Die allgemeine Wirtschaftspolitik orientierte sich weiterhin an der Globalsteuerung. 1973/74 wurden zwei Konjunkturprogramme verabschiedet, die vor allem die Auftrags-, Beschäftigungs- und Investitionsbereitschaft durch eine befristete 7,5-prozentige Investitionszulage für Unternehmen sowie Arbeitsbeschaffungsmaßnahmen förderten. Ferner wurden seit August 1975 Bauinvestitionen besonders begünstigt. Bereits am 22./23. November 1973 wurde zudem ein Anwerbestopp für ausländische Arbeitnehmer (außerhalb der EG) beschlossen. Angesichts der hohen Arbeitslosigkeit sollte eine zusätzliche Ausweitung des Arbeitskräfteangebots verhindert werden.[12]

Die Maßnahmen hatten nur begrenzten Erfolg. Insbesondere die Arbeitslosigkeit verharrte trotz konjunktureller Besserung auf hohem Niveau. Die Unternehmen hatten große Schwierigkeiten, wie der Anstieg der Konkursverfahren von 5.515 im Jahre 1973 auf 8.722 fünf Jahre später verdeutlicht. Die Rohölpreiserhöhungen allein waren für diese Entwicklung jedoch nicht verantwortlich, ebensowenig die Turbulenzen im Weltwährungssystem vor 1973. Die konjunkturellen Schwankungen überlagerten nur einen grundlegenden Strukturwandel in der bundesdeutschen Wirtschaft: Zum einen hielt der langfristige Übergang vom landwirtschaftlichen zum sekundären und tertiären Sektor an, zum anderen wurden Veränderungen der weltwirtschaftlichen Arbeitsteilung immer deutlicher, z. B. das Vordringen der Entwicklungsländer im Bereich arbeitsintensiver Produkte. Dies wiederum hatte, drittens, zur Folge, dass die zunehmende Diskrepanz zwischen den Kostensteigerungen, insbesondere bei den Lohnnebenkosten, und den Erträgen die Unternehmen zu umfassenden Rationalisierungsmaßnahmen unter Freisetzung von Arbeitskräften zwang, wollten sie ihre Wettbewerbsfähigkeit nicht verlieren.[13]

Dies galt auch für die Gießerei-Industrie. 1970 gab es in der Bundesrepublik 851 Gießereibetriebe, die mit rund 163.000 Beschäftigten 4,87 Mio. t Gusseisen (Eisen-, Stahl- und Temperguss) produzierten. Mit einer Wachstumsrate von 4,6 Prozent gegenüber dem Vorjahr lag die Gießerei-Industrie bereits 1970 rund 1,2 Punkte unter derjenigen der Gesamtindustrie sowie ihrer wichtigsten Abnehmerbranchen, des Maschinen-, des Fahrzeugbaus und des Baugewerbes.[14] Der konjunkturelle Abschwung der Jahre 1971/72 sowie die Rezession im Anschluss an die Ölkrise trafen die Gießereien hart. Bis 1977 sank die Produktion auf 4,01 Mio. t jährlich, eine Folge der fortschreitenden Substitution des Gusseisens durch Kunststoffe und andere Materialien. Da nicht nur die Nachfrage zurückging, sondern gleichzeitig auch die Kosten – u. a. durch Lohnerhöhungen[15] – stark stiegen, setzte ein Rationalisierungs- und Konzentrationsprozess ein. Bis 1977 sank die Zahl der Gießereibetriebe um 216 auf 635, die Zahl der Beschäftigten um ca. 60.000 auf 103.343 Personen. Die Folge dieses Prozesses war eine erhebliche Steigerung der Produktivität. Während 1970 100 Beschäftigte 2.979 t Gusseisen pro Jahr erzeugten, produzierten sie sieben Jahre später rund 3.880 t pro Jahr. Dies entsprach einer 30-prozentigen Steigerung.[16]

In der Eisen- und Stahlindustrie vollzog sich die entscheidende konjunkturelle Wende erst in den Krisenjahren 1974/75. Die Hochkonjunktur der ausgehenden sechziger und frühen siebziger Jahre wurde bis zu diesem Zeitpunkt nur vorübergehend durch den konjunkturellen Einbruch des Jahres 1971 unterbrochen. In diesem Jahr sank die Stahlproduktion in der Bundesrepublik auf 40,31 Mio. t und die Roheisenproduktion auf 29,99 Mio. t. Bis 1974 konnte die Stahlproduktion auf 53,23 Mio. t, die Roheisenproduktion auf 40,22 Mio. t gesteigert werden. Damit hatte die deutsche Eisen- und Stahlindustrie allerdings ihren Zenit erreicht. Bis in die achtziger Jahre hatte sie mit Strukturproblemen zu kämpfen, die sich vor allem in den Produktions- und Beschäftigungsdaten spiegeln. So sank die Stahl- und Roheisenproduktion bis 1977 mit 38,98 bzw. 28,96 Mio. t unter den Stand von 1971, und auch die Zahl der Beschäftigten nahm im selben Zeitraum von 280.000 auf 256.000 Personen ab. Die Hauptursache für die Stahlkrise war neben der Substitutionskonkurrenz durch andere Materialien vor allem der Aufbau neuer schwerindustrieller Zentren in Schwellenländern wie Brasilien, Südkorea und China, die damit den Stahlproduzenten der westlichen Welt nicht nur als neue Konkurrenten gegenübertraten, sondern auch als Nachfrager ausfielen.[17]

8.2. Krisenmanagement bei Buderus: personelle, strukturelle und organisatorische Neuorientierung

Der Tod von Friedrich Flick am 20. Juli 1972, dem Ehrenvorsitzenden des Aufsichtsrates der Buderus'schen Eisenwerke, führte nicht nur zu Veränderungen in den Besitzverhältnissen im Flick-Konzern, sondern wirkte sich mittelbar auch auf die zum Flick-Konzern gehörenden Buderus'schen Eisenwerke aus. Die „Hessische Gesellschaft für industrielle Unternehmungen Friedrich Flick GmbH" (HGI) wurde 1972 auf die „Verwaltungsgesellschaft für industrielle Unternehmungen Friedrich Flick GmbH" (VG) umgewandelt, die damit unmittelbar die Aktienmehrheit an den Buderus'schen Eisenwerken hielt. Mit Wirkung vom 31. Dezember 1977 ging der mit der VG bestehende Beherrschungs- und Ergebnisabführungsvertrag auf die Friedrich Flick Industrieverwaltung KGaA, Düsseldorf, über.[18]

Im Aufsichtsrat von Buderus gab es personelle Veränderungen. Bereits vor dem Tod des Konzernchefs hatten dessen Sohn Dr. Friedrich Karl Flick, Alfred Rohde und Konrad Kaletsch die Interessen des Großaktionärs im Aufsichtsrat vertreten. Im Juli 1973 traten Eberhard von Brau-

Dr. Karl von Winckler.
Vorsitzender des Vorstands der
Buderus'schen Eisenwerke
von 1967 bis 1974.

chitsch, Günter Max Paefgen und Dr. Hanns Arnt Vogels als Vertreter der Kapitalgeber neu in den Aufsichtsrat ein. Von Brauchitsch, der den Flick-Konzern in den sechziger Jahren verlassen hatte, war auf Betreiben von Friedrich Karl Flick und auf den ausdrücklichen, testamentarischen Wunsch Friedrich Flicks wieder in das Unternehmen zurückgekehrt. Er war seit 1972 neben Kaletsch und Otto A. Friedrich einer der drei persönlich haftenden Gesellschafter der Friedrich Flick KG, die nicht zur Familie Friedrich Flick gehörten. Auch Paefgen und Vogels waren der Friedrich Flick KG eng verbunden, sie waren als Generalbevollmächtigte Mitglieder der Geschäftsleitung.[19] Fünf der neun Aufsichtsratsmitglieder kamen damit aus dem Kreis des Großaktionärs.

Am 11. Juni 1976 trat an die Stelle von Dr. Hanns Deuss, der dem Aufsichtsrat seit mehr als drei Jahrzehnten angehörte und dort seit 1953 den Vorsitz innehatte, Paul Lichtenberg. Er war wie Deuss ein Vertreter der Banken. Bereits in den dreißiger Jahren war er zur Commerzbank gekommen und seit 1958 ihr Vorstandsmitglied, seit 1968 Vorstandssprecher und seit 1976 ihr Aufsichtsratsvorsitzender.[20]

Entscheidende personelle Veränderungen gab es auch im Vorstand. Dr. Karl von Winckler, der bereits im November 1972 seine Rücktrittsabsichten im Aufsichtsrat bekanntgegeben hatte, wurde am 24. Juli 1974 von Hans Werner Kolb abgelöst, der auf Betreiben des Flick-Konzerns zum 1. Januar 1973 zu den Buderus'schen Eisenwerken gewechselt war. Eine grundsätzliche Änderung bei der Aufgabenverteilung im Vorstand, der einen Verkaufs- und Finanzvorstand, zwei technische Vorstände und einen Vorstand für das Belegschaftswesen umfasste, war damit nicht verbunden. Bis zum Ausscheiden von Wincklers lag das Verkaufsressort in seinen Händen; dann übernahm es Hans Werner Kolb. Finanzvorstand blieb während der gesamten Periode Dr. Friedwart Bruckhaus, Personalchef Dr. Georg Ringenberg.[21]

Hans Werner Kolb.
Vorsitzender des Vorstands der
Buderus'schen Eisenwerke
bzw. der Buderus AG von 1974 bis 1983.

Ein kompletter Wechsel fand 1972/73 im Vorstandsbereich Technik statt. Dr. Erwin Schlosser, zuständig für Forschung, Patentwesen, Neue Produkte und Zentrale Technik, verließ den Konzern zum 30. September 1972, und Karl Heimberg trat zum 31. Dezember 1972 in den Ruhestand.[22] An ihre Stelle traten Wilhelm Bauer, bis dahin Vorstandsmitglied der Burger Eisenwerke, Geschäftsführer der Sieg-Herd-Fabrik und seit Ende 1969 Leiter des Geschäftsbereichs „Heizungs- und Klimatechnik" der Buderus'schen Eisenwerke, sowie Eberhard Möllmann; er war bereits 1958 zu Buderus gekommen und in den sechziger Jahren vor allem mit Rationalisierungs- und Investitionsaufgaben betraut. Er hatte den Konzern vorübergehend verlassen und war zu Beginn des Jahres 1969 als Betriebsdirektor in die Honsel-Werke AG in Meschede eingetreten, deren Vorstand er seit 1970 angehört hatte.[23]

Mit dem Wechsel wurden die Aufgaben im technischen Vorstand neu verteilt. Wilhelm Bauer übernahm die Bereiche Neue Produkte, Patentwesen und Zentrale Energiewirtschaft, Eberhard Möllmann Forschung, Bauwesen und Zentrale Technische Planung.[24] In einer Phase der Umstrukturierung des Unternehmens und der Neuorganisation der Produktion wurden damit die Aufgaben nicht nur gleichmäßiger verteilt, sondern es wurden zudem zwei Männer in den technischen Vorstand berufen, die über langjährige Erfahrungen im Konzern verfügten.

Die Zahl der Vorstandsmitglieder stieg 1973 nach dem Eintritt von Kolb als stellvertretendem Vorstandsvorsitzenden und von Georg Krukenberg als kaufmännischem Vorstand vorübergehend von fünf auf sieben Personen. Krukenberg, der vom Flick-Konzern kam – er war in der Geschäftsführung der Eisenwerk Gesellschaft Maximilianshütte mbH tätig gewesen –, blieb nur knapp eineinhalb Jahre im Vorstand.[25]

Die personellen Veränderungen in der Unternehmensleitung wurden maßgeblich vom Großaktionär der Buderus'schen Eisenwerke bestimmt, um in Vorstand und Aufsichtsrat seinen Einfluss geltend zu machen. Der Wandel im Bereich der Unternehmensleitung war – mit einer gewissen zeitlichen Verzögerung – eine Konsequenz der vollständigen Integration von Buderus in den Flick-Konzern.

8.3. Kontraktion, Zentralisation und Rationalisierung

Die Entscheidungen, die der Vorstand in den siebziger Jahren zu treffen hatte, waren nicht von geringerer Tragweite als in den beiden vorausgegangenen Jahrzehnten. Ging es damals um die Diversifizierung der Produktion, um ein Gegengewicht zum Gießereibereich zu schaffen, der unter der Substitutionskonkurrenz litt, so stand nun die Anpassung an die veränderten Konjunktur- und Strukturbedingungen im Vordergrund. Zentrale Probleme waren der Material- und Personalkostenanstieg sowie Strukturmängel im Unternehmen, die sich negativ auf die Ertragslage auswirkten. Die Buderus'schen Eisenwerke waren nicht in der Lage, Gewinne an die HGI bzw. VG abzuführen. 1975 musste die VG sogar – erstmals in der Geschichte von Buderus – einen Verlust von rund 18,9 Mio. DM zum Ausgleich des Jahresergebnisses von Buderus einschließlich aller Tochter- und Beteiligungsgesellschaften übernehmen.[26]

Vor dem Hintergrund der allgemeinen wirtschaftlichen Entwicklung und der schlechten Ertragslage des Konzerns setzte sich der Vorstand seit 1971 intensiver mit den konjunkturellen und strukturellen Problemen auseinander.[27] Er versuchte, die Krise durch „Verlustquellenbeseitigung, Konzentration auf tragende Programme, Verringerung der Zahl der Fertigungsstätten auf möglichst wenige, spezialisierte und der optimalen Betriebsgröße angenäherte Werke mit hohem technischem Stand" zu bewältigen. Ziel war, wieder ausreichende Gewinne zu erzielen, um mit der Investitionstätigkeit der Branche gleichzuziehen und langfristig die Wettbewerbsfähigkeit zu sichern.[28]

Die Konsolidierungsbemühungen richteten sich auf die innere wie die äußere Konzernstruktur. In einer Abbauphase wurden zunächst unrentable Produktionsstätten geschlossen oder verkauft. In der sich anschließenden Aufbauphase wurden die verbliebenen Betriebe umstrukturiert und mit Hilfe umfangreicher Investitionsprogramme zu so genannten Schwerpunktwerken ausgebaut.[29] Charakteristisch für die Produktion bei Buderus und den Burger Eisenwerken war infolge der Unternehmenspolitik der fünfziger und sechziger Jahre eine große räumliche und produktmäßige Diversifikation: Buderus verfügte über eine breite Produktpalette, und viele gleiche oder verwandte Produkte wurden in mehreren Werken oder Unternehmenszweigen hergestellt.[30] Daran hatte auch der neue Organisationsplan des Jahres 1967 nichts geändert. Zum Problem wurde diese Struktur nun deshalb, weil zum einen aufgrund der schlechten Absatzlage Kapazitäten nicht ausgelastet waren und zum anderen diverse Produkte wegen gestiegener Personal- und Materialkosten nicht mehr konkurrenzfähig waren. Infolgedessen mussten Kapazitäten abgebaut und die verbliebenen Werke durch Rationalisierungsinvestitionen modernisiert werden. Dies aber war zu kostenaufwendig, um es in jedem kleinen Werk durchzuführen, und hatte auch einen kapazitätserweiternden Effekt.[31] In Verbindung mit der rezessionsbedingt schwierigen Absatzlage waren daher Werksstilllegungen und Produktionsverlagerungen die Folge. 1971 wurden das Werk Essen-Kray,[32] 1974 das Werk Wilhelmshütte und 1975 die Werke Amalienhütte und Schelderhütte geschlossen.[33] Produktionsverlagerungen in den Werken Ludwigshütte, Eibelshausen, Burg und

Die 1966/67 errichtete Neue Hauptverwaltung.

Ewersbach zielten darauf, jedes Werk einem bestimmten Geschäftsbereich zuzuordnen.[34] Im Jahre 1977 bestand folgende Zuordnung: Geschäftsbereich 1 (Heizungs- und Klimatechnik): Werke Lollar, Eibelshausen, Ludwigshütte und Ewersbach; Geschäftsbereich 2 (Bauerzeugnisse und Kundenguss): Werke Staffel, Wetzlar, Ehringshausen, Breidenbach und Hirzenhain; Geschäftsbereich 3 (Juno-Erzeugnisse): Werke Burg, Herborn und Dieburg.[35]

Die Produktionsverlagerungen waren so vorgenommen worden, dass verwandte Tätigkeitsbereiche in einem Werk konzentriert wurden, beispielsweise der Kunden-Serienguss in Breidenbach und die Produktion thermoglasierter Warmwasserbereiter in Eibelshausen.[36] In Bezug auf die Organisation knüpfte der Vorstand damit an die Maßnahmen der ausgehenden sechziger Jahre an, als mit der Einführung der divisionalen Organisationsstruktur erste Schritte zur Neuordnung des Konzerns eingeleitet worden waren.

An die Neuorganisation der Werks- und Produktionsstruktur schlossen sich Änderungen des Verwaltungsbereichs an. Die Straffung der Organisation durch die Umwandlung bislang selbstständiger Unternehmensteile auf die Muttergesellschaft sollte die Verwaltungskosten senken. Diesem Ziel dienten die Umwandlung der Omnical GmbH (1970), der Burger Eisenwerke (1976) und der Hessischen Berg- und Hüttenwerke AG (1977) auf die Buderus'schen Eisenwerke sowie die Einbeziehung des bisher der Wetzlarer Rohstoffversorgung zugeordneten Einkaufs der Rohstoffe für die mittelhessischen Werke in die Organisation der Muttergesellschaft.[37] Im Zeichen dieser neuen Unternehmenspolitik, d. h. der Kontraktion der Konzernteile auf die Kernbereiche, stand auch der Verkauf der Metallhüttenwerke Lübeck GmbH im Jahre 1975.[38]

Die Umstrukturierung erfolgte in Abstimmung mit den Vertretern der Belegschaft. Hervorzuheben sind dabei insbesondere die Bemühungen des Gesamtbetriebsratsvorsitzenden und Arbeitnehmervertreters im Aufsichtsrat der Buderus AG Karl Krämer, die Interessen der Belegschaften und die betriebswirtschaftlichen Erfordernisse in Einklang zu bringen.[39]

Nahezu gleichzeitig mit dem inneren Wandel bei Buderus wurde der Firmenname geändert. Die Buderus'schen Eisenwerke wurden auf Beschluss der ordentlichen Hauptversammlung im Juli 1977 in Buderus Aktiengesellschaft umbenannt.[40] Ferner wurde zur Finanzierung der Aufbauphase das Eigenkapital der Verwaltungsgesellschaft für industrielle Unternehmungen Friedrich Flick GmbH um 50 Mio. DM erhöht. Durch Ausgabe von Inhaberaktien stieg das Grundkapital der Buderus AG von 66.750.000 auf 85.625.000 DM.[41] Transaktionen des Flick-Konzerns im Jahre 1975 ermöglichten es, dass Buderus die Investitionen nicht über Fremdkapital finanzieren musste, sondern sich einer vorteilhaften, weil zins- und tilgungsfreien Eigenkapitalerhöhung des Großaktionärs bedienen konnte: Flick hatte aus dem Verkauf des größten Teils seiner Anteile am Daimler-Benz-Konzern an die Deutsche Bank zwei Milliarden DM erzielt, die der Konzern bis zum Jahre 1978 zu 85 Prozent in die eigenen Konzerngesellschaften und den Erwerb neuer Beteiligungen investierte.[42]

Diese schnelle Wiederanlage des Daimler-Erlöses hatte nicht zuletzt steuerliche Gründe: Gemäß § 6 b EStG blieben die Gewinne aus der Veräußerung von Beteiligungen an Wirtschaftsunternehmen steuerfrei, wenn die veräußerten Wirtschaftsgüter mindestens sechs Jahre zum Anlagevermögen einer inländischen Betriebsstätte gehört hatten und die statt ihrer angeschafften oder hergestellten Wirtschaftsgüter wiederum zum Anlagevermögen einer inländischen Betriebsstätte gehörten. Steuerfrei blieb der Veräußerungserlös auch beim Erwerb von Anteilen, wenn der Bundeswirtschafts- und der -finanzminister sowie die Landesregierung bescheinigten, „dass der Erwerb der Anteile unter Berücksichtigung der Veräußerung der Anteile volkswirtschaftlich besonders förderungswürdig und geeignet ist, die Unternehmensstruktur eines Wirtschaftszweiges zu verbessern oder einer breiten Eigentumsstreuung zu dienen."[43] Diese Bescheinigungen hatte Flick für alle genannten Investitionen erhalten.

Operator Siegfried Richter beim Einlegen von Magnetbändern im Buderus-Rechenzentrum in Wetzlar, 1972.

Gießerei und Metallverarbeitung: Buderus'sche Eisenwerke und Burger Eisenwerke AG

Die konjunkturelle und strukturelle Krise der bundesdeutschen Gießerei-Industrie prägte auch die Entwicklung von Buderus in den siebziger Jahren. Schwierigkeiten bereiteten die bedeutenden Kostensteigerungen, Absatzprobleme bei den traditionellen Gießereiprodukten, die Auslastung der Kapazitäten sowie die wachsende Konkurrenz durch Billigimporte aus Osteuropa. Hinzu kamen die erwähnten unternehmensspezifischen Strukturnachteile bei Buderus und bei den Burger Eisenwerken. Aufgrund von Produktionseinstellungen und -verlagerungen sowie Werksstilllegungen[44] ging die Herstellung von Gießereifertigerzeugnissen bei Buderus von 1971 bis 1977 um etwa 40.000 t – rund 14 Prozent – zurück. Die Gießereiproduktion bei Buderus sank damit fast doppelt so stark wie im Bundesdurchschnitt.[45]

Der Anteil von Buderus-Eisenguss an der Gesamterzeugung im Bundesgebiet fiel von 1971 bis 1977 von 7,6 auf 6,3 Prozent. Innerhalb der Gussproduktion gewann der Bauguss[46] an Bedeutung, während der Kundenguss[47] zurückging. 1970 betrug der Anteil des Baugusses an der Gesamtproduktion von Buderus 67,7 Prozent, stieg 1975 auf 75 Prozent und lag 1977 bei 70,5 Prozent. Demgegenüber sank der Anteil des Kundengusses von 32,3 Prozent 1971 nach einem Anstieg auf 35,3 Prozent 1973 auf 29,5 Prozent vier Jahre später.[48]

Produktion (in t) und Umsatz (in Mio. DM) der Buderus'schen Eisenwerke 1971–1977[49]

Jahr	Gussprodukte	Zement	Betonwaren	Umsatz
1971	282.922	731.700	155.089	684,2
1972	270.577	808.850	141.228	710,6
1973	285.942	765.900	151.771	763,4
1974	267.942	620.100	152.659	772,2
1975	236.197	513.000	116.824	787,2
1976	243.985	509.850	127.955	1109,7*
1977	k.A.	k.A.	k.A.	1149,9*

* Incl. der auf die Muttergesellschaft umgewandelten Unternehmen (Burger Eisenwerke, Hessische Berg- und Hüttenwerke). Bei den Veränderungsraten gegenüber dem Vorjahr wurde der Umsatz der umgewandelten Unternehmen berücksichtigt.

Die Buderus'schen Eisenwerke konnten trotz deutlicher Produktions- und Absatzrückgänge 1971 bis 1975 den Jahresumsatz von 684,2 auf 782,2 Mio. DM steigern, vornehmlich aufgrund verbesserter Erlöse. Bei einer Inflationsrate von vier bis sieben Prozent konnte man vor allem den Kostensteigerungen des Jahres 1974 nur unzureichend begegnen.[50]

Die erwähnte Bedeutungszunahme des Baugusses zu Lasten des Kundengusses spiegelt sich auch in der Umsatzentwicklung der einzelnen Erzeugnisgruppen. Von 1971 bis 1975 stieg dessen Anteil am Gesamtumsatz wegen der guten Baukonjunktur von 51,8 auf 56,1 Prozent, wohingegen der Kundengussanteil um 4,2 Punkte auf 13,1 Prozent zurückging.[51] Wegen der öffentlichen Förderung der Altbausanierung wurden die Auswirkungen der Wirtschaftskrise in diesem Bereich erst mit dem Ende der Subventionen im Jahre 1977 spürbar.[52] Demgegenüber war der Kundenguss von der rezessiven Entwicklung seiner wichtigsten Abnehmer, des Maschinen- und Fahrzeugbaus, unmittelbar betroffen.

Die Geschäftsentwicklung bei den einzelnen Erzeugnissen war uneinheitlich, da sie von mehreren Faktoren beeinflusst wurde. Auf dem Heizungssektor bestimmten zwei Trends die Entwicklung: Der in den sechziger Jahren begonnene Wandel bei den Brennmaterialien setzte sich fort. An die Stelle der Kohle traten Erdöl und Erdgas, wobei nach dem Schock der Ölkrise insbesondere Erdgas eingesetzt wurde. Zunehmend wurde auch elektrischer Strom zum Heizen verwendet. Der Wandel der Energiequellen bewirkte auch Veränderungen beim Kesselwerkstoff: Der Stahlheizkessel gewann, der Gussheizkessel verlor Bedeutung. Als Kompaktheizkessel bot der Stahlkessel zudem den Vorteil der eingebauten Brauchwassererwärmung. Mit der Wendung zum Erdgas erlebte dann allerdings der Gussheizkessel mit eingebautem Gasbrenner ohne Gebläse einen neuen Aufschwung.[53] Elektroheizkessel setzten sich wegen des relativ geringen Angebots an preiswertem Nachtstrom nur langsam durch.[54]

Im Wohnungsbau fand neben der öffentlich geförderten Altbausanierung eine tendenzielle Verlagerung vom Klein- oder Einfamilienwohnungsbau zu größeren Wohnbauten mit Miet- oder Eigentumswohnungen statt. Erst 1977 ging die Nachfrage nach Mietwohnungen zugunsten des Einfamilienhausbaus wieder zurück. Gleichzeitig wurden in Neubauten die Einzelheizungen von Zentralheizungen vollständig verdrängt. Die Folge war eine Verschiebung der Nachfrage: Der Bedarf an Einzelöfen beschränkte sich auf den Ersatzbedarf und die Altbaurenovierung. Die Nachfrage nach modernen Plattenheizkörpern aus Stahlblech und preisgünstigen Kleinkesseln stieg zu Lasten herkömmlicher gusseiserner Gliederradiatoren, Mittel- und Großkessel.[55]

Mit neuen und verbesserten Produkten passten sich die Buderus'schen Eisenwerke der veränderten Nachfrage an. 1971 brachte das Unternehmen eine Reihe von Innovationen auf den Markt: die Gusskesselserie 02/12, den Gasspezialkessel Logana-Gas 04 und bei den Stahlheizkesseln neue Einfach- und Kombinationskessel für Öl und Gas sowie im Bereich Elektrospeicherheizung eine Neuentwicklung des Zellenspeicherkessels. 1975 präsentierte Buderus einen Ventilator-Konvektor, eine Neuentwicklung, die die Heizkörperfunktion mit der Eigenschaft eines Heiz- und Klimageräts vereinte.[56]

Dagegen gab Buderus 1974 die Produktion von Kohleöfen im Werk Eibelshausen auf; das Werk stellte nun Plattenheizkörper her. Die Hinwendung zur Blechverarbeitung wurde durch die Entscheidung fortgesetzt, neben Heizkörpern auch die Fertigung von Warmwasserspeichern mit der Thermoglasur weitgehend in Eibelshausen zu konzentrieren. Der Gießereibetrieb wurde am 30. April 1975 aufgegeben. Die Produktion der Amalienhütte wurde zu den Werken Eibelshausen und Ewersbach verlagert.[57] Auch im Werk Ludwigshütte wurde die Gießerei stillgelegt, der Betrieb spezialisierte sich auf Leichtmetallfertigung, Stahlblechverarbeitung sowie den Modellbau.[58] Die Gussheizkessel- und Radiatorenfertigung im Werk Lollar wurde umfassend modernisiert. Zusammen mit den Werken Eibelshausen, Ludwigshütte und Ewersbach wurde Lollar damit zum Zentrum des Geschäftsbereichs Heizungs- und Klimatechnik.[59] Durch diese Maßnahmen gelang es Buderus, den Marktanteil bei Gussradiatoren und -heizkesseln sowie vorübergehend auch bei Öfen zu erhöhen.

Positiv entwickelte sich bis Mitte der siebziger Jahre auch das Geschäft mit Druckrohrmaterialien. Sowohl der Anteil am Gesamtumsatz der Buderus'schen Eisenwerke als auch der Marktanteil stiegen von 1971 bis 1975 um etwa 4,5 Prozent.[60] Wegen der hohen Nachfrage im In- und Ausland nahm Buderus 1971 in Wetzlar die Produktion von Rohren auf, die mit Zementmörtel ausgekleidet waren. Das Unternehmen folgte damit seinen Wettbewerbern (Rheinstahl und

Halberg), die aus Gründen der Wasserhygiene und des Korrosionsschutzes bereits innenbetonierte und außenverzinkte Druckrohre in ihr Programm aufgenommen hatten.[61] Ein Versuch, neue Märkte für Gussrohre zu erschließen, wurde durch Einführung der Poly-Tyton-Verbindung unternommen, die es erlaubte, das Gussrohr im Gasversorgungssektor einzusetzen.[62] Schließlich wirkten sich Großprojekte, die die öffentliche Hand bei der Wasserversorgung durchführte, auf den Umsatz von Druckrohren positiv aus. Nach 1975 brach das Druckrohrgeschäft ein, weil die öffentliche Hand die Investitionen einschränkte, der Konkurrenzdruck stärker wurde und der Export zurückging, der aufgrund von Sondergeschäften mit OPEC-Ländern überdurchschnittlich hoch gewesen war.[63]

Absatzprobleme gab es beim Kanalguss sowie bei Abflussrohren und gusseisernen Badewannen. Das Kanalgussgeschäft profitierte von 1971 bis 1973 zwar von öffentlichen Straßenbauinvestitionen, litt jedoch zunehmend unter Billigimporten aus Rumänien, die 1972 um fünf Prozent gegenüber dem Vorjahr wuchsen. Erst 1974 wurde der Trend zu Ostimporten gestoppt, da deren Qualität ungenügend war.[64] Bei Abflussrohren, vor allem aber bei gusseisernen Badewannen, sank der Absatz infolge von Substitution durch andere Werkstoffe, insbesondere Kunststoff, mangelnden Investitionen der Abwasserwirtschaft sowie von anhaltendem Wettbewerbsdruck. Bereinigungen der Produktpalette, Werksstilllegungen und neue Produkte sollten Abhilfe schaffen. Die Produktion der gusseisernen „Normalwanne" wurde 1971 eingestellt und das Werk Essen-Kray stillgelegt.[65] Anstelle der DIN-Wanne versuchte man mit Sondermodellen Marktlücken zu erschließen, z. B. mit einer gusseisernen Stufen- oder Sitzwanne für Altenheime. Dies änderte allerdings nichts daran, dass die Gusswanne immer mehr an Bedeutung verlor. 1977 erzielte der Sanitärguss nur noch 0,7 Prozent des Gesamtumsatzes. Der Marktanteil von Buderus bei den Badewannen sank von 1971 bis 1977 von 27,4 auf 6,8 Prozent.[66]

Beim Kundenguss war die Ausgangslage 1971 recht günstig. Zwar war der Abschwung im Maschinengusssektor wegen verminderter Investitionsgüternachfrage spürbar; doch dies glichen befriedigende Umsätze beim Fahrzeug- und Leichtmetallguss aus. Insgesamt blieb der Umsatz beim Kundenguss bis 1974 befriedigend, trotz der auch hier spürbaren Konkurrenz durch den Import von Fahrzeuggussteilen aus dem Ostblock. Indem Buderus eng mit den Entwicklungsabteilungen mehrerer Automobilfirmen zusammenarbeitete und die Qualität verbesserte, konnte das Unternehmen Teile für neue Wagentypen bzw. als Ersatz für andere Werkstoffe produzieren.[67] Damit begann die Spezialisierung von Buderus auf den Automobilguss, nicht zuletzt deshalb, weil der Serienguss für den Maschinenbau und die Elektroindustrie zunehmend durch Leichtmetall und Kunststoff verdrängt wurde.[68] Die gute Stellung von Buderus auf dem Fahrzeugsektor bewirkte, dass der Umsatzrückgang im Abschwungjahr 1972 deutlich niedriger ausfiel als im Branchendurchschnitt.[69]

Im Maschinenbau sollten Programmerweiterungen neue Absatzmärkte erschließen. 1973 wurde erstmals eine selbstkonstruierte Werkzeugmaschine unter dem Namen Buderus auf den Markt gebracht. Ein Jahr später wurden Innenschleifmaschinen in das Programm aufgenommen.[70]

Wenn auch die Umsatzentwicklung im Kundenguss vor 1974 befriedigend war, so zwangen Kostensteigerungen, Konkurrenzdruck, unrentable Anlagen, starke Absatzeinbrüche im Fahrzeug- und Maschinenguss wegen der veränderten Haltung der Abnehmerindustrien und schließlich die weltweite Wirtschaftskrise nach 1974 die Unternehmensleitung auch in diesem Bereich zu

Umstrukturierungen.[71] 1974/75 wurde die Kundengussfertigung mehrerer Buderus-Gießereien (Wilhelmshütte, Ludwigshütte) in Breidenbach zusammengefasst und das Werk mit Investitionen von 16 Mio. DM zur zentralen Fertigungsstätte für den Serien-Kundenguss ausgebaut.[72] Das Werk Wilhelmshütte wurde geschlossen.[73]

Der Sektor Industrieanlagen, der überwiegend Einrichtungen und Anlagen für Gießereien und Betriebe der Metallindustrie herstellte, hatte für die Umsatzentwicklung nur marginale Bedeutung. Erfolgreich war Buderus vor allem mit Exporten in den Ostblock.[74]

Neben dem Hauptprodukt Gießereifertigerzeugnisse blieben Betonwaren und Zement weiterhin wichtige Produkte. Sie erzielten 1971 etwa 9,5 Prozent des Gesamtumsatzes der Buderus'schen Eisenwerke. Im gleichen Jahr entschloss sich die Unternehmensleitung, das Zementwerk Wetzlar auszubauen. Dafür hatte sie zwei Gründe:

1. Die Absatzlage war günstig. Anfang der siebziger Jahre hatte Zement unter den Branchen des Massenbedarfs die höchsten und stabilsten Zuwachsraten. 1971 wurde bei Buderus die Kapazitätsgrenze im Zementwerk erreicht. Die Bedarfsanalysen, die jährliche Zuwachsraten von 3 bis 3,5 Prozent ermittelten, gingen davon aus, dass der Marktanteil der beiden hessischen Zementwerke 1972 nur sieben Prozent betrug. Bei einem Anteil Hessens am bundesdeutschen Zementverbrauch von zehn Prozent wurden 1,6 Mio. t durch Werke außerhalb Hessens gedeckt. Somit schienen die Aussichten für die Erhöhung des eigenen Marktanteils sehr günstig.
2. Neben eigenen Bedarfsanalysen veranlasste überdies die Branchenentwicklung den Vorstand, die Kapazität auszubauen. In der Zementindustrie war seit den sechziger Jahren eine ausgeprägte Konzentrationsbewegung zu verzeichnen. Von 1964 bis 1972 waren zehn Zementwerke stillgelegt worden. Nur moderne Großanlagen konnten im Wettbewerb bestehen. Die Quote der Werke mit einem Absatz von mehr als 500.000 t pro Jahr – zu ihnen zählte auch Buderus – war von 51 auf 59 Prozent gestiegen. Der Durchschnittsausstoß dieser Werke lag bei 900.000 t pro Jahr, eine Größenordnung, die Buderus 1972 mit 808.850 t annähernd erreichte.[75]

Die erhofften Zuwächse blieben allerdings aus. Nach dem Rekordjahr 1972 sank die Jahresproduktion bei Zement bis 1976 von mehr als 800.000 auf 509.850 t. Auch die von Buderus verfolgte Strategie, sich an verschiedenen Transportbetongesellschaften zu beteiligen, konnte die Auswirkungen des Einbruchs nicht aufhalten. Ab Mitte der siebziger Jahre sank der spezifische Zementeinsatz je Kubikmeter Bauleistung; dies verstärkte den Rückgang weiter. Die Kapazität des Zementwerks konnte daher nicht voll genutzt werden. Der Anteil von Zement und Betonwaren am Gesamtumsatz von Buderus sank auf 4,4 Prozent 1977.[76]

Die zu Beginn der siebziger Jahre formal noch selbstständige Burger Eisenwerke AG war produktionstechnisch bereits mit Einführung der divisionalen Organisationsstruktur 1969 in die Muttergesellschaft integriert worden. Sie bildete hier den Geschäftsbereich 3 (Juno-Produkte). Die Produktpalette des Unternehmens und damit auch die Probleme waren in den Bereichen Heizgeräte und Sanitärgusserzeugnisse, Haushaltsgeräte, Großkochanlagen, Flugzeugküchen, Laboreinrichtungen sowie Erzeugnisse aus glasfaserverstärktem Kunststoff denjenigen der Muttergesellschaft sehr ähnlich. Traditionelle Produkte (Kohleöfen, Einzelheizgeräte, gusseiserne

Badewannen) verloren an Bedeutung, neue Werkstoffe wie der Kunststoff wurden wichtig, unter anderem bei der Produktion eines neuen Sanitärprogramms aus Acryl seit 1973.[77]

Als äußerst erfolgreich erwies sich die Herstellung von Flugzeugküchen. Zwar litt das stark vom Export abhängige Geschäft unter Wechselkursschwankungen, doch bereits 1975 hatte sich SELL zum weltweit zweitgrößten Lieferanten von Flugzeugküchen und -zubehör entwickelt. Zum Kundenkreis gehörten neben der Lufthansa Hersteller wie Boeing, Douglas, Airbus und Fokker.[78]

Von 1971 bis 1975 stieg der Umsatz der Burger Eisenwerke AG von 226,6 auf 289,7 Mio. DM. Ähnlich wie bei Buderus waren steigende Umsätze aber kein Indiz für eine gute Ertragslage. Die Beseitigung von Verlustquellen, Rationalisierung und Konzentration der Fertigung sowie drastische Reduzierung der Belegschaft bestimmten auch hier die Geschäftspolitik. Die Modernisierung wurde mit der Inbetriebnahme der Convectomaten- und Großfertigungsanlage im Werk Herborn und der Vorformanlage für die Fertigung von glasfaserverstärkten Kunststoffen im Werk Dieburg 1971 eingeleitet.[79] Im Werk Burg wurden 1972 eine neue Bandzuführungsanlage installiert und von 1971 bis 1973 die Stahlheizkesselfertigungsanlagen umfassend modernisiert.[80] Doch reichten diese Maßnahmen zur Konsolidierung der Burger Eisenwerke nicht aus. 1974 hatten sie einen Verlust von 3,5 Mio. DM, die Kosten für die Sanierung der notleidend gewordenen Beteiligungsgesellschaft Senking in Hildesheim nicht mitgerechnet.[81]

Umsatz (in Mio. DM) und Belegschaft der Burger Eisenwerke AG 1971–1975[82]

Jahr	Umsatz	Veränderung zum Vorjahr	Belegschaft
1971	226,6	− 6,2	3.349
1972	234,4	+ 3,4	3.272
1973*	282,1	+ 20,3	3.663
1974	292,8	+ 3,8	3.188
1975	289,7	− 0,1	2.753

* Incl. Sell Haus- und Küchentechnik und Buderus-Juno-Kundendienst, die zum 1.1.73 auf die Burger Eisenwerke umgewandelt wurden.

Der Vorstand entschloss sich daher, die Produktion umfassend neu zu ordnen. Aufgrund der engen produktions- und absatztechnischen Verflechtung zwischen den Burger und den Buderus'schen Eisenwerken wurde die Umstrukturierung in enger Kooperation mit der Muttergesellschaft durchgeführt: Bereits 1974 wurde die Produktion von Einzelheizgeräten von Hildesheim ins Werk Burg verlagert und dort konzentriert. Die bei Senking verbleibende Fertigung von Großkochanlagen und Wäschereimaschinen wurde zusammengefasst, die frei werdenden Hallen wurden vermietet. Zugleich verlagerte man die Herstellung von Seriengeräten für das Juno-Großkoch-Programm sowie der Roeder-Großkochanlagen nach Hildesheim. Das Werk Schelderhütte, das Sanitärguss- und Sanitäracrylerzeugnisse sowie Boiler produzierte, schloss zum 30. September 1975. Die Produktion der Sanitärerzeugnisse aus Acryl wurde nach Hirzenhain, die Boilerfertigung nach Eibelshausen verlagert. Damit wurde zum einen eine Dauerverlustquelle der Burger Eisenwerke beseitigt, zum anderen die Sanierung des Werkes Eibelshausen und die Auslastung der Kapazität in Hirzenhain sichergestellt.[83] Im Werk Herborn wurde die Produktion der SELL-Haushaltsküchen, die sich trotz ihrer hohen Qualität im Wettbewerb mit Massenherstellern nicht als wettbewerbsfähig erwiesen hatten, zugunsten einer Ausweitung der Aktivitäten im Bereich Flugzeugküchen und Großkochanlagen eingestellt. Die Produktpalette bei Laboranlagen wurde auf rentable Objekte beschränkt, der bislang eigenständige Verkauf und die Akquisition dieser Abteilung auf andere verlagert.[84] Das Werk Dieburg wurde auf die GFK-Produktion spezialisiert, die Stahlheizkessel- und Dunstabzugshaubenfertigung zum 30. September 1975 ins modernisierte Werk Burg verlagert, die dortige Produktion von Waschautomaten und Herdkesseln aufgegeben.[85]

Die Umwandlung der Burger Eisenwerke AG auf die Muttergesellschaft zum 1. Januar 1976 schloss die Konsolidierung des Unternehmens ab. Mit der Fusion wurde die produktionstechnisch bereits bestehende Integration auch verwaltungsmäßig endgültig vollzogen, nachdem einige Zentralabteilungen bereits seit 1970 direkt für die Burger Eisenwerke AG zuständig waren.[86]

Omniplast GmbH & Co. und Baustoffgesellschaften

Die positive Geschäftsentwicklung der Omniplast GmbH & Co. in den sechziger Jahren setzte sich in den siebzigern fort. 1967 erwirtschaftete die Gesellschaft einen Umsatz von 31 Mio. DM, zehn Jahre später waren es 83 Mio. DM.[87] Die Gründe waren vielfältig. Die auf dem Rohrsektor tätige Omniplast profitierte von der guten Baukonjunktur zu Beginn des Jahrzehnts sowie von der zunehmenden Verdrängung gusseiserner Produkte durch Kunststoffartikel. Die positive Entwicklung war neben Absatzsteigerungen auch inflationsbedingt. So war die Steigerung des Jahresumsatzes 1974 von 88,3 Mio. DM im Wesentlichen eine Folge von Preisanhebungen, die aufgrund des Anstiegs der Materialkosten in der Petrochemie notwendig geworden waren. Die rückläufige Baukonjunktur Mitte der siebziger Jahre sowie Preissenkungen bei petrochemischen Erzeugnissen führten bereits im Folgejahr zu einem Umsatzrückgang von 16,5 Prozent.[88]

Die Omniplast versuchte, ihre Wettbewerbssituation durch Expansion und Rationalisierung zu verbessern. So erweiterte die Gesellschaft ihre Aktivitäten 1969 durch den Erwerb einer Kunststoffrohrfabrik in Veghel/Niederlande und die Gründung der Omniplast Nederland B.V. Nach Kapitalerhöhungen 1973/74 wurde in Ehringshausen eine neue Fertigungshalle mit Silos und einer vollautomatischen Mischeranlage in Betrieb genommen.[89] Unrentable Produktionen in veralteten Anlagen, die Neuinvestitionen nicht sinnvoll erscheinen ließen, wurden aufgegeben, zum Beispiel 1972 das Werk Herne, das vorwiegend PVC-Fußbodenbeläge hergestellt hatte, die zunehmend durch textile Beläge verdrängt wurden.[90]

Die positive Entwicklung bei der Omniplast blieb nicht ohne Folgen für die Besitzverhältnisse. Nachdem die Muttergesellschaft bereits 1971 die von der Ferrum GmbH gehaltenen Anteile an der Omniplast GmbH & Co. KG im Wert von rund 1,4 Mio. DM übernommen hatte, erwarb sie 1975 weitere 40 Prozent Kommanditanteile von der Halbergerhütte gegen Hergabe von Anteilen an der Wanit-Gesellschaft. Die Ablösung der Beteiligung der Halbergerhütte an Omniplast war nach Angaben der Konzernleitung aus Wettbewerbsgründen unvermeidlich geworden. Gleichzeitig wurde dieser Tauschvorgang als erster Schritt angesehen, um die auf dem Rohrsektor bestehenden Minderheitsbeteiligungen von Buderus aufzulösen. Der von Buderus im Rahmen der Konzernkonzentration angestrebte Verkauf der Beteiligungen an der HAGEWE und der GEROBAU konnte bis 1977 nicht realisiert werden.[91]

Edelstahlwerke Buderus AG

Für die Edelstahlwerke Buderus AG waren die Jahre 1971 bis 1977 eine Zeit der Konsolidierung. Die bereits Ende der sechziger Jahre eingeleitete Umstrukturierung wurde vor dem Hintergrund wachsender Personal- und Materialkosten, konjunkturell bedingter Absatzschwierigkeiten und steigenden Konkurrenzdrucks aus dem Ausland fortgesetzt.[92]

Rohstahlerzeugung (in 1.000 t), Umsatz (in Mio. DM) und Belegschaft der Edelstahlwerke Buderus AG 1971–1977[93]

Jahr	Rohstahl	Umsatz	Belegschaft
1971	189,7	236,7	3.268
1972	202,2	223,8	3.278
1973	225,5	281,9	3.159
1974	238,1	350,6	2.641
1975	220,4	292,1	2.295
1976	217,4	318,6	2.281
1977	235,4	334,1	2.167

Die Rationalisierungsmaßnahmen des Jahres 1969 hatten nur kurzfristig positive Auswirkungen auf den Umsatz. Nach einem Zuwachs auf 271,8 Mio. DM 1970 mussten die Edelstahlwerke schon ein Jahr später einen Umsatzrückgang von 12,9 Prozent hinnehmen. 1972 und 1973 hatte das Unternehmen Verluste in Höhe von 8,7 bzw. 5,8 Mio. DM. Die Ursache war ein konjunkturell bedingter Nachfragerückgang, der das Unternehmen zu Preiszugeständnissen zwang, die sich wiederum negativ auf die Erlöse auswirkten.[94] Im 1973 einsetzenden Aufwärtstrend der Stahlindustrie verbesserte sich die wirtschaftliche Lage der Edelstahlwerke vorübergehend, doch die Kompensation der nachlassenden Inlandnachfrage durch verstärkte Exporte stieß schon Ende 1974 an ihre Grenzen. Allerdings arbeitete das Unternehmen nach wie vor mit Verlust, weil der seit Jahresbeginn um rund 50 Prozent gestiegene Schrottpreis, ferner die Verteuerung der Kreditzinsen auf 13 Prozent und eine achtprozentige Tariferhöhung die Ertragssituation negativ beeinflussten.[95] Ein zusätzlicher Kostenfaktor waren die Investitionen in den Umweltschutz, die durch steigendes Umweltbewusstsein und gesetzliche Bestimmungen erforderlich wurden. 1971 schloss man nach 1965 zwei weitere Elektroöfen an die Entstaubungsanlage an. Einschließlich der Kosten für eine Wasserreinigungsanlage beliefen sich die Investitionen für den Umweltschutz von 1965 bis 1971 auf etwa 3,8 Mio. DM. Die Stahlwerksvollentstaubung wurde 1977 in Betrieb genommen.[96]

Auf die periodisch unzureichende Kapazitätsauslastung, den Preisverfall und die allgemeinen Kostensteigerungen, vor allem im Personalbereich, reagierten die Edelstahlwerke mit einem Bündel von Rationalisierungsmaßnahmen. Die Produktpalette wurde gestrafft, unrentable Fertigung – wie die Produktion von gewalztem Stabstahl, von Draht, Blech und Schweißdraht – wurde aufgegeben.[97] 1971 brachten die Edelstahlwerke neue rostfreie Stähle, die die Eigenschaften verschiedener Stahlsorten in sich vereinigten, auf den Markt. Der Vorteil bestand in sinkenden Lagerkosten, da die Abnehmer nun weniger Stahlqualitäten auf Lager halten mussten.[98] Durch die Einführung des bei Edelstahl zur Anwendungsreife entwickelten CAB-Verfahrens[99] im Jahre 1976

Vakuum-Behandlung bei den Edelstahlwerken Buderus, um 1975.

erreichte man überdies die Reduktion von Schwefel und Sauerstoff und damit höhere Reinheit des Stahls. Die ein Jahr später eingeführten Buderus-ISO-B-Stähle verfügten über bessere Zähigkeit in Querrichtung, d.h. eine höhere Streckgrenze und Festigkeit. Diese Stähle hatten eine erhöhte Kaltumformfähigkeit. Der gezielte Ausbau des Werkzeugstahlgeschäfts führte zu einer gewissen Spezialisierung der Edelstahlerzeugnisse.[100]

Eine weitere Maßnahme war die Erschließung neuer, unkonventioneller Absatzmärkte für Edelstahlprodukte. Zusammen mit einem Architekturbüro und einer Kunstwerkstatt entwickelten die Edelstahlwerke eine rostfreie Edelstahldecke, die in Elementbauweise allen Raumverhältnissen angepasst werden konnte.[101] Außerdem sollten Rationalisierungsinvestitionen und Umstrukturierungen zur Krisenbewältigung beitragen. So wurde in der Produktion 1971 eine neue Fertigungssteuerung eingeführt, die CLASS-Kapazitätsterminierung. Verkürzte Durchlaufzeiten, bessere Termintreue sowie Reduzierung der Umlaufbestände und höhere Produktivität in der Bearbeitungswerkstatt waren die Hauptvorteile des Systems.[102] Zahlreiche Anlagen wurden verbessert und große Bereiche der Verwaltung auf EDV umgestellt.[103] Einsparungen wurden auch im Bereich der Energiekosten erzielt: Strom- und Erdgasverbrauch wurden durch ein Rechnersystem optimiert. Zudem ging man dazu über, Heizwärme für die Büros, Lagerhallen etc. aus Kühlwasser und Rauchgasen der Walzwerks- und Schmiedewerksöfen zu gewinnen.[104]

Beim Vertrieb stand 1972 und 1973 der Bau neuer Geschäftsstellen mit Lager und Härterei in München und Lüdenscheid im Vordergrund. Dabei handelte es sich um Ersatzbauten für die bisherigen Läger. Weitere Kostensenkungen wurden durch die Einführung des Direkt-Marketings am 1. Januar 1974 erzielt. Die bis dahin bestehenden zwölf Geschäftsstellen und Läger wurden mit Ausnahme der Kundenservice-Center in Lüdenscheid und München aufgelöst und der Verkauf in Wetzlar konzentriert, wobei die Akquisition durch den Einsatz von Ingenieuren als technische Kundenberater systematisch verstärkt wurde. Dies brachte eine Einsparung von etwa 25 Prozent der bisherigen Personalkosten. Die Zahl der Mitarbeiter wurde zwischen 1970 und 1975 von 3.870 auf 2.295 Personen reduziert, wobei die Angestellten stärker als die Arbeiter betroffen waren.[105]

Die Konsolidierungphase wurde durch die Einführung einer neuen Organisationsstruktur 1974 abgeschlossen. Nach dem Ausscheiden des seit 1968 bei den Edelstahlwerken tätigen Vorstandsvorsitzenden Hinrich Hardorp wurde darauf verzichtet, den Vorstand zu ergänzen; die Geschäfte führten Dr. Wolfgang Laaf und Dipl.-Ing. Hans Müller weiter.[106] Nicht zuletzt als Reaktion auf den Konzentrationsprozess bei den Edelstahlherstellern wurde die Organisationspyramide abgeflacht, damit sich der Informationsfluss besserte, die Entscheidungsprozesse schneller und die Anordnungen zügiger umgesetzt wurden.[107]

4.000-t-Presse der Edelstahlwerke Buderus, um 1975.

Das Ziel der Rationalisierung wurde erreicht, die Qualität zu optimieren, die Verfahren effizienter zu gestalten und die Produktionskosten zu senken. Von 1970 bis 1979 wurden die Produktion im Stahlwerk um 48 Prozent und der Absatz um 157 Prozent gesteigert, bei einer um 44 Prozent verringerten Belegschaft.[108] Entgegen dem Branchentrend behauptete sich Edelstahl Buderus in der Stahlkrise der Jahre seit 1975.[109] Vor allem das Exportgeschäft besserte sich ab 1974 deutlich; erstmals erzielten die Edelstahlwerke wieder einen Jahresüberschuss von 1,2 Mio. DM. Infolge des hohen technischen Niveaus der Gesenk- und Freiformschmiedestücke sowie der nun wieder rentablen Produktion war es dem Unternehmen gelungen, seine Position innerhalb der deutschen Edelstahlindustrie zu festigen und seine Marktanteile bei den wichtigsten Erzeugnissen zu halten.[110]

Maschinenbau und Armaturen: Krauss-Maffei AG

Die Krauss-Maffei AG in München gehörte, wie im Jahrzehnt zuvor, auch in den von Inflation und Rezession geprägten siebziger Jahren zu den erfolgreichsten Gesellschaften der Buderus-Gruppe. Dank der Erweiterung der Geschäftsfelder war sie in den siebziger Jahren in den Bereichen Kunststoff-Verarbeitungsmaschinen, Verfahrenstechnik, Lokomotivbau und Transportsysteme, Gießerei- und Schmiedeprodukte sowie Wehrtechnik tätig.[111]

Der bedeutendste Geschäftsbereich war die Wehrtechnik. Nachdem Krauss-Maffei 1965 die Produktion des Panzers „Leopard" aufgenommen hatte, gelang es dem Unternehmen in den siebziger Jahren, sich Anschlussaufträge im In- und Ausland zu sichern. Von 1965 bis Ende 1976 lieferte Krauss-Maffei rund 2.400 Leopardpanzer an die Bundeswehr, 334 nach Belgien, 468 in die Niederlande, 78 an Norwegen und 200 nach Italien.[112] Der wohl bedeutendste Erfolg im Bereich Wehrtechnik war die Übertragung der Generalunternehmerschaft für die Serienfertigung des Flakpanzers „Gepard" 1973. Krauss-Maffei konnte sich hier gegen seinen schärfsten Wettbewerber durchsetzen, das Schweizer Rüstungsunternehmen Bührle. Im Jahre 1971 hatten sich sowohl Bührle als auch Krauss-Maffei bemüht, den Auftrag für die Vorserienproduktion und die Weiterentwicklung bis zur Serienreife zu erhalten. Die beiden Konkurrenten einigten sich schließlich und legten ein gemeinsames Angebot vor, das die Bundesregierung jedoch wegen zu hoher Preisforderungen ablehnte. Schließlich erhielt Krauss-Maffei 1973 den Zuschlag und sicherte sich damit das Anschlussprojekt für die auslaufende Produktion des Panzers „Leopard".[113] Im Ringen um die Generalunternehmerschaft für den „Gepard" spiegelten sich die Vor- und Nachteile eines im Rüstungsbereich tätigen Unternehmens wider, das von 1971 bis 1976 knapp die Hälfte seines Jahresumsatzes mit militärischen Gütern erwirtschaftete. Im Umsatzrekordjahr 1977 – der Jahresumsatz hatte die Milliardengrenze erreicht – lag der Anteil sogar bei rund zwei Dritteln des Geschäftsvolumens.[114] Einerseits sicherten die Rüstungsaufträge Beschäftigung und Gewinn für eine relativ lange Zeit, andererseits aber geriet das Unternehmen damit in sehr große Abhängigkeit vom Staat als einzigem Auftraggeber.[115]

Eine tragende Säule von Krauss-Maffei war – aufgrund seiner großen Produktionstiefe – auch der Bereich Kunststoff-Verarbeitungsmaschinen, dessen Anteil am Gesamtumsatz von 1972 bis 1977 von 15 auf 21 Prozent stieg.[116] Umsatzsteigerungen konnten Anfang der siebziger Jahre vor allem beim Kalander- und Extrudergeschäft sowie mit neu entwickelten Spritzgießmaschinen erzielt werden.[117]

Zum drittgrößten Geschäftsbereich entwickelte sich der Sektor Verfahrenstechnik. Er baute seinen Umsatzanteil von 1972 bis 1977 von knapp zehn auf 14 Prozent aus.[118] Dies war eine Folge des relativ breiten Programmangebots (Trockner, Anlagen für die Zellstoffindustrie, Trenntechnik) sowie einer Geschäftspolitik, die darauf zielte, neue Absatzmärkte für vorhandene Produkte zu erschließen und zukunftsträchtige Techniken zu entwickeln. Durch den Abschluss eines Kooperationsvertrags mit der US-Firma Ametek 1972 vervollständigte Krauss-Maffei sein Angebot für die Nahrungsmittelindustrie, die Abwasseraufbereitung sowie die chemische Industrie und erschloss sich neue Märkte für sein Zentrifugenprogramm, für das Ametek die Vertriebsrechte erhielt.[119] 1974 erweiterte das Unternehmen sein Angebot im Bereich Umwelttechnik.[120]

Innovation und Know-how bildeten die Grundlage für den Erfolg der Geschäftsbereiche Kunststoff-Verarbeitungsmaschinen und Verfahrenstechnik. Krauss-Maffei lieferte aber auch komplette Anlagen, z. B. für Zellstofffabriken. 1974 war das Unternehmen an Projekten im Irak und in Indien beteiligt.[121] Es hatte bereits 1972 von der staatlichen polnischen Handelsgesellschaft Plilmex-Cekop, Warschau, den Auftrag für eine Fabrik zur Herstellung von PVC-Fußbodenbelägen erhalten. Krauss-Maffei fungierte hier als Generalunternehmer für alle aus der Bundesrepublik stammenden Teile. Zwei Jahre später folgte ein Auftrag über 25 Mio. DM für den Bau einer Sondermüllverbrennungsanlage in Südbayern.[122]

Aufgrund dieser positiven Entwicklung konzentrierte die Unternehmensleitung das Anlagengeschäft der Bereiche Verfahrenstechnik und Kunststoff-Verarbeitung 1975 in der neugegründeten Imperial-Krauss-Maffei-Industrieanlagen GmbH, München. Das Stammkapital der Imperial lag zu 60 Prozent bei Krauss-Maffei und zu 40 Prozent bei den Buderus'schen Eisenwerken. 1974 erwirtschaftete die Imperial rund ein Sechstel des Gesamtumsatzes.[123]

Das traditionelle Betätigungsfeld von Krauss-Maffei war der Lokomotivbau. Er erwirtschaftete 1977 rund zwölf Prozent des Jahresumsatzes. Bedeutendster Auftraggeber war die Deutsche Bundesbahn. Daneben wurden Industrielokomotiven für das In- und Ausland produziert. Das Exportgeschäft stagnierte seit 1972; der Inlandsabsatz geriet ab 1975 ins Stocken, weil die Bundesbahn die Investitionen kürzte. Das Unternehmen konnte dies durch Neuentwicklungen „zur Ermittlung der Leistungsgrenzen der konventionellen Rad/Schiene-Technik" teilweise ausgleichen.[124] Mit Produktionsverbesserungen[125] und der Entwicklung neuartiger Transportsysteme versuchte Krauss-Maffei, neue Absatzmärkte zu erschließen. Zu den ehrgeizigsten Projekten gehörte zum einen die mit Bundesmitteln geförderte Magnetschwebebahn „Transrapid", zum andern das „Transurban"-Projekt. Es sah vor, dass sich Passanten in den großstädtischen Zentren auf Laufbändern und mit Hilfe führerloser Kabinen fortbewegten, doch es wurde ein Fehlschlag. Zwar wurden 1973 in München eine Teststrecke für den Einsatz des „Transurban" in Toronto gebaut, Kooperationsverträge zwecks Lizenzvergabe abgeschlossen und die „Transurban" System Canada Ltd. in Toronto gegründet; als aber die Bundesförderung im Jahr darauf aus Wirtschaftlichkeitserwägungen eingestellt wurde, zog sich Krauss-Maffei aus dem Geschäft in Kanada zurück.[126]

Wesentlich erfreulicher entwickelte sich dagegen das zweite zukunftsweisende Projekt, der „Transrapid". 1971 wurde ein erstes Experimentalfahrzeug für das Schnellbahnprojekt in Betrieb genommen.[127] Nach dem erfolgreichen Abschluss der Erprobungsphase 1972 wurde das Projekt zunächst nur von Krauss-Maffei, seit 1974 in Kooperation mit Messerschmitt-Bölkow-Blohm in der „Transrapid-EMS Gesellschaft für elektromagnetische Schnellverkehrssysteme mbH, München", weitergeführt. Die Bundesförderung für den „Transrapid" blieb bestehen.[128]

211

Umsatz (in Mio. DM) und Belegschaft der Krauss-Maffei AG 1971–1977[129]

Jahr	Umsatz	Belegschaft
1971	741,9	5.565
1972	645,3	5.431
1973	647,1	5.887
1974	652,7	5.666
1975	497,3	5.193
1976	597,7	4.484
1977	1.005,5	4.586*

* Incl. der Beschäftigten bei der Eckert & Ziegler GmbH.

Der Geschäftsbereich Gießerei- und Schmiedeprodukte hatte sich mit einem Anteil von elf Prozent im Jahre 1977 zum umsatzschwächsten Geschäftsfeld des Unternehmens entwickelt. Die Ursache war in erster Linie die große Abhängigkeit der Gießereien von der Entwicklung der Investitionsgüterindustrie, insbesondere vom Maschinenbau. Daneben wirkten sich auch die Proteste gegen Atomkraftwerke und die damit verbundenen Verzögerungen beim Ausbau negativ auf die Auslastung der Kapazitäten aus.[130]

Die Umsatzentwicklung der Krauss-Maffei AG 1971 bis 1977 war entscheidend von der Auftragslage im Bereich Wehrtechnik geprägt. Mit Gewinnabführungen an die Muttergesellschaft in Millionenhöhe 1970 bis 1973 zählte das Münchener Unternehmen zu den ertragreichsten Gesellschaften der Buderus-Gruppe.[131] In den Krisenjahren 1974/75 allerdings hatte auch Krauss-Maffei mit Problemen zu kämpfen. 1974 konnten erstmals keine Gewinne an die Muttergesellschaft abgeführt werden, und 1975 hatte das Unternehmen einen Verlust von 11,4 Mio. DM.[132] Wie die anderen Zweige der Buderus-Gruppe begegnete auch Krauss-Maffei den veränderten weltwirtschaftlichen Rahmenbedingungen (Material- und Kostensteigerungen, Wirtschaftskrise) mit intensiver Rationalisierung. So wurden die Belegschaft von 1971 bis 1977 um rund 1.400 Beschäftigte reduziert und die Fertigung durch Verlegung der Produktion von der Betriebsstätte Forstern ins Stammwerk nach München konzentriert.[133] Erst 1976/77 besserte sich die Ertragslage wieder.

Ausstieg aus dem Rohstoffsektor: Metallhüttenwerke Lübeck GmbH und Hessische Berg- und Hüttenwerke AG

Der Verkauf der Metallhüttenwerke Lübeck GmbH markiert neben der Umwandlung der Hessischen Berg- und Hüttenwerke AG auf die Buderus AG den allmählichen Rückzug des Konzerns aus dem Rohstoffsektor. Die Metallhüttenwerke, die in den fünfziger Jahren von Buderus als positive Ergänzung der eigenen Rohstoffbasis angesehen worden waren,[134] befanden sich seit Mitte der sechziger Jahre in einer schweren Krise. Von einer kurzfristigen Geschäftsbelebung 1969/70 abgesehen hatten sie mit stetigen Umsatzrückgängen zu kämpfen.[135] Die Einbußen hatten mehrere Ursachen: Die Rezession in der Eisen- und Stahlindustrie 1971 wirkte sich unmittelbar auf die Roheisenproduktion der Metallhüttenwerke aus, die Jahresproduktion sank von 1970 bis 1972 von 386.872 auf 250.419 t. Parallel dazu verschlechterte sich auch der Absatz von Koks und Tonerdezement. Der Nachfragerückgang beschränkte sich nicht auf das Inland, sondern betraf aufgrund veränderter Währungsparitäten auch das Auslandsgeschäft. Da die im Ausland zu erzielenden Erlöse weit unter den Selbstkosten lagen, wurden Exportaufträge nun zumeist abgelehnt. Mangelnde Kapazitätsauslastungen und Personalabbau von 2.283 auf 1.412 Mitarbeiter von 1970 bis 1972 waren die Folge. Ein weiteres Problem war die Kupferhütte. Nachdem das Kupfergeschäft mit einer Produktion von 15.777 t (1970) erheblich unter dem Vorjahresniveau geblieben war, die Gewinne im Roheisengeschäft zudem durch die Verluste der Kupferhütte aufgezehrt wurden und die Schwierigkeiten bei der Rohstoffversorgung auch 1971 nicht beseitigt werden konnten, entschloss sich die Unternehmensleitung, die Kupferhütte zu schließen.[136]

Trotz neuer Rationalisierungsinvestitionen[137] und Personalabbaus machten die Metallhüttenwerke 1971 und 1972 Verluste in Höhe von rund 7 bzw. 8,8 Mio. DM, die von der Muttergesellschaft, d. h. den Buderus'schen Eisenwerken, übernommen werden mussten.[138]

Infolge wieder steigender Umsätze 1973/74[139] überstanden die Metallhüttenwerke zwar die Krise, aber inzwischen passte das auf Spezialroheisen und Koks spezialisierte, geographisch an der Peripherie des Konzerns gelegene Unternehmen nicht mehr recht in das neue Buderus-Konzept. Konzernleitung und Vorstand nutzten daher die günstige Situation und suchten einen Käufer für die Gesellschaft. Sie fanden ihn 1975 in der United States Steel Corporation.[140] Der US-amerikanische Marktführer mit seinen vielfältigen internationalen Beteiligungen war nach Ansicht des Vorstandsvorsitzenden Kolb prädestiniert, den Metallhüttenwerken, „deren Hauptprodukte exportiert werden, eine wesentlich erweiterte Basis und damit günstige Zukunftschancen" zu sichern.[141]

Auch die Hessische Berg- und Hüttenwerke AG litt unter den konjunkturell und strukturell veränderten Rahmenbedingungen. Im Bereich der Erzförderung setzte sich der Trend der Vorjahre ungebrochen fort. Da die Wettbewerbssituation aufgrund von preiswerten Erzimporten aus Kanada, Brasilien, Liberia und Südafrika zunehmend ungünstiger wurde, waren bereits in den sechziger Jahren zahlreiche Erzgruben stillgelegt worden. Auch die Grube Falkenstein, die den Hessischen Berg- und Hüttenwerken Ende der sechziger Jahre als einzige Grube verblieben war und die bis zu diesem Zeitpunkt ca. 140.000 t Erz jährlich förderte, hatte seit 1971 wachsende Absatzschwierigkeiten. Nachdem der Absatz auf 5.000 t im Monat zurückgegangen und damit auch im Einschichtbetrieb die Wirtschaftlichkeit nicht länger gewährleistet war, entschloss sich der Vorstand, die Grube zu schließen. Mit ihrer Stilllegung am 31. August 1973 wurde der Eisenerzbergbau nicht nur bei Buderus, sondern im gesamten Dillgebiet endgültig eingestellt.[142]

Roheisenproduktion, Erzförderung (in t), Stromerzeugung (in Mio. kWh) und Umsatz (in Mio. DM) der Hessischen Berg- und Hüttenwerke AG 1971–1977[143]

Jahr	Roheisenproduktion	Erzförderung	Strom	Umsatz
1971	285.340	132.900	203,9	100,4
1972	264.550	79.500	193,5	91,1
1973	341.950	41.700	215,3	115,7
1974	363.600	–	220,7	150,5
1975	216.100	–	161,3	118,4
1976	177.000	–	150,2	103,1
1977*	82.200	–	58,1	47,9

* Angaben von Januar bis Juni 1977.

*Bergmann Ladislaus Schebela
auf Grube Falkenstein.*

Die Roheisenproduktion der Berghütte war vor allem durch die weltwirtschaftliche Entwicklung geprägt und ging dementsprechend 1971/72 leicht zurück. Aufgrund gestiegener Auslandsnachfrage, insbesondere nach Hämatit-Roheisen, konnte die Produktion 1974 noch einmal bis auf 363.000 t gesteigert werden. Doch dann wurde die Berghütte von den Auswirkungen der weltweiten Rezession erfasst, und der Umsatz brach ein (1976 um 17,6 Prozent). Dies konnte nur sehr begrenzt durch Preiserhöhungen ausgeglichen werden, weil das Roheisen starkem Verdrängungswettbewerb durch Importe und Substitution durch den preiswerteren Schrott ausgesetzt war.[144]

Die Stromerzeugung entwickelte sich parallel zur Roheisenproduktion. Das Kraftwerk – ursprünglich nur zur Verwertung des im eigenen Hochofenwerk anfallenden Gichtgases konzipiert – verfügte 1976 über drei Strahlungskessel. Zwei wurden 1970 wegen besserer Umweltverträglichkeit auf Erdgas/Gichtgas-Feuerung umgestellt, der dritte als Reservekessel weiterhin mit Kohle/Gichtgas betrieben. Zur alleinigen Stromversorgung der auf dem Wetzlarer Werksgelände angesiedelten Buderus'schen Eisenwerke, Edelstahlwerke Buderus und der Berghütte reichte die Kapazität nicht aus, so dass – seit der Ölkrise zunehmend auch aus Kostengründen – Fremdstrom aus dem öffentlichen Netz bezogen wurde.[145]

Neben den konjunkturellen Problemen erschwerten Standortnachteile die Geschäftstätigkeit der Berghütte. Mit der Schließung der heimischen Erzgruben hatte sie die eigene Rohstoffbasis aufgegeben. Erz wurde aus dem Ausland, der zum Einschmelzen benötigte Koks aus dem Ruhr- und Saargebiet bezogen. Verglichen mit den Ruhrhütten und den Hüttenwerken an der See waren die Transportwege zur Berghütte länger und damit die Frachtkosten höher.[146] Diese Nachteile machten sich in der Krise der Eisen- und Stahlindustrie seit 1975 stark bemerkbar. Aufgrund der rückläufigen Absatzmengen und Erlöse arbeiteten die Anlagen trotz des Personalabbaus von 817 auf 544 Mitarbeiter von 1970 bis 1977 nicht länger wirtschaftlich.[147] Im Sommer 1977 wurde die Hessische Berg- und Hüttenwerke AG auf die Buderus AG umgewandelt und dort in den Geschäftsbereich 2 eingegliedert. Wenn dies auch die Standortnachteile der Roheisenproduktion nicht beseitigte, konnten damit doch die Verwaltungskosten reduziert und die betriebliche Verflechtung der beiden Gesellschaften verbessert werden. Dies ordnete sich in das Konzept der „möglichst weitgehenden organisatorischen und wirtschaftlichen Konzentration aller Unternehmensaktivitäten" bei Buderus ein.[148]

Doch gab der Konzern die Roheisenproduktion zunächst nicht völlig auf, vornehmlich, weil der Flüssigverbund erst 1966 eingerichtet worden war. 1971 bis 1977 schwankte der Umsatzanteil, der auf Lieferungen an konzerneigene Unternehmen entfiel, zwischen 59,8 und 73,7 Prozent, im Durchschnitt betrug er rund 66 Prozent.[149] Unabhängig von den Schwankungen des Weltmarkts garantierte die Hessische Berg- und Hüttenwerke AG damit die Grundversorgung der Buderus-Gruppe mit Roheisen gleichbleibender, auf die Bedürfnisse der Abnehmer abgestimmter Qualität.

Vertriebsorganisation

Die Aufgabe der Buderus'schen Handelsgesellschaft mbH (BHG), die am 23. September 1977 in „Buderus-Handel GmbH, Wetzlar" (bzw. Berlin) umfirmiert wurde, bestand weiterhin im Außenvertrieb von konzerneigenen Produkten. Daneben handelte sie wie bisher auch mit Fremderzeugnissen, um dadurch den Absatz der Konzernprodukte zu fördern und zu ergänzen sowie die eigene Verkaufsorganisation besser zu nutzen. Etwa 50 Prozent ihres Umsatzes kamen aus dem Vertrieb von Produkten der Buderus'schen Eisenwerke. Die andere Hälfte setzte sich aus dem Umsatz von Produkten der Burger Eisenwerke, der Omniplast sowie von Fremdherstellern zusammen.[150]

Umsatz (in 1.000 DM) der BHG 1971–1977[151]

Jahr	Konzernprodukte	Handelsware	Gesamtumsatz
1971	390.306	178.915	569.221
1972	409.352	198.781	608.133
1973	423.716	224.733	648.449
1974	406.119	195.910	602.029
1975	424.064	189.998	614.062
1976	476.456	213.649	690.105
1977	478.992	215.694	694.686

Die bereits in den fünfziger und sechziger Jahren begonnene Verdichtung des Vertriebsnetzes fand 1971 ihren vorläufigen Abschluss, als die Niederlassung in Bremerhaven errichtet wurde. Die Rezession, insbesondere infolge der Ölkrise, hatte Umsatzrückgänge und Kostenerhöhungen zur Folge und veranlasste die Geschäftsführung, ineffiziente Niederlassungen zu schließen (1971 Lüneburg, 1973 Göttingen, 1974 Dortmund, Paderborn und Kaiserslautern). 1977 verfügte die Buderus-Handel GmbH in der Bundesrepublik über 38 Niederlassungen mit Büros, Lagerhallen und Freilägern.[152]

Die Vertriebsorganisation geriet 1974/75 bei stagnierender bzw. rückläufiger Geschäftsentwicklung unter starken Kostendruck. Sie reagierte mit Sparmaßnahmen im Investitions- und Personalbereich und durch Straffung der Organisation. Zur Ankurbelung des Geschäfts der BHG wie auch der Ferrum trugen die Konjunkturprogramme der Bundesregierung bei. 1973 erweiterte die Ferrum ihr Abwasserprogramm, indem sie die Vertretung von Schlammentwässerungsanlagen der Firma Rittershaus & Blecher übernahm, einer 100-prozentigen Tochtergesellschaft von Krauss-Maffei.[153] 1973 wurden die Buderus Industrietechnik GmbH & Co. (vormals Schomburg & Wüsthoff GmbH) aufgelöst und das Vermögen auf die BHG übertragen.[154]

8.4. Rationalisierung und sozialliberale Reformen: Personalabbau und Anstieg der Lohnkosten

Während der gesamten Periode wurde Personal abgebaut – die Belegschaft sank von 1971 bis 1977 bei den Buderus'schen Eisenwerken, den Burger Eisenwerken sowie den Hessischen Berg- und Hüttenwerken um 23 Prozent –, von 15.764 auf 12.128 Mitarbeiter.[155]

Belegschaftsentwicklung der Buderus'schen Eisenwerke 1971–1977[156]

Jahr	Belegschaft (gesamt)	Arbeiter	davons: Deutsche (in %)	Ausländer (in %)	Angestellte (absolut)	Anteil der Angestellten an Gesamtbelegschaft (in %)
1971	11.666	9.277	71,3	28,7	2.389	20,5
1972	11.174	8.795	70,8	29,2	2.379	21,3
1973	11.398	8.718	66,8	33,2	2.680	23,5
1974	9.473	7.082	73,5	26,5	2.391	25,2
1975	8.673	6.442	74,7	25,3	2.231	25,7
1976*	11.407	8.569	75,1	24,9	2.838	24,8
1977+	12.128	9.207	76,2	23,8	2.926	24,1

* Incl. Burger Eisenwerke.
+ Incl. Hessische Berg- und Hüttenwerke.

Die Rationalisierung und Modernisierung der Produktion traf die Arbeiter relativ stärker als die Angestellten, die sich überwiegend aus Verwaltungspersonal zusammensetzten. Erst mit der Umwandlung der Burger Eisenwerke und der Hessischen Berg- und Hüttenwerke auf die Muttergesellschaft 1976/77 ging auch der Anteil der Angestellten leicht zurück. Der in der gesamten Branche beklagte Facharbeitermangel war auch bei Buderus spürbar. Erneut musste daher auf ausländische Arbeitskräfte zurückgegriffen werden, die zumeist ungelernt waren.[157] Die Ursache sah der Gießereiverband darin, dass deutsche Arbeitnehmer die Arbeitsplätze in der Gießerei-Industrie aufgrund der hohen physischen Belastung als unattraktiv empfanden und in andere Branchen abwanderten. Ein Wandel setzte mit der Wirtschaftskrise nach 1973 ein. Der Anteil deutscher Arbeiter stieg von 66,8 auf 76,2 Prozent. Dazu trug zum einen der Anwerbestopp für ausländische Arbeitnehmer bei, zum anderen die Tatsache, dass die Arbeitsplätze vieler ungelernter Arbeitskräfte – und damit vornehmlich diejenigen von Gastarbeitern – durch die fortschreitende Technisierung der Produktion wegrationalisiert wurden. Mit einem Ausländeranteil von nur 24,9 Prozent lag Buderus um 4,1 Prozentpunkte unter dem Branchendurchschnitt.[158]

Mit der Rezession brachen auch für die Arbeitnehmervertretungen schwere Zeiten an. Nachdem Bemühungen der Unternehmensleitung erfolglos geblieben waren, der Krise mit Kurzarbeit zu begegnen, galt es, den notwendigen Kapazitätsabbau so sozialverträglich wie möglich zu gestalten. Für diejenigen Arbeitskräfte, die bei Stilllegungen nicht zu anderen Betrieben des Konzerns wechseln konnten, wurden Sozialpläne erstellt.[159] Ein neues arbeitsmarktpolitisches Instrument war seit der Rentenreform 1972 die flexible Altersgrenze. Ursprünglich rein sozialpolitisch motiviert, wurde die Flexibilisierung von den Arbeitgebern, so auch von Buderus, zum sozialverträglichen Arbeitsplatzabbau genutzt.[160]

Der Anstieg der Lohnkosten sowie der Lohnnebenkosten war nach Auffassung der Arbeitgeber das Hauptproblem der siebziger Jahre. Bei den Buderus'schen Eisenwerken stieg die Lohn- und Gehaltssumme von 1971 bis 1977 von 201,2 auf 338,9 Mio. DM. Obwohl die Belegschaft bei Buderus, den Burger Eisenwerken und den Hessischen Berg- und Hüttenwerken im selben Zeitraum um 23,1 Prozent reduziert wurde, stiegen die Personalkosten um 137,7 Mio. DM oder um 68 Prozent über das Niveau von 1971. Die gesetzlichen und tariflichen Sozialleistungen verdoppelten sich von 1971 bis 1977 von 68,5 auf 145,4 Mio. DM. Die betrieblichen Sozialleistungen erhöhten sich im selben Zeitraum von 6,7 auf 10,1 Mio. DM.[161]

Der Anstieg der Lohn- und Lohnnebenkosten war die Folge hoher Tarifabschlüsse in der Metallindustrie sowie im Bereich der IG Bau Steine Erden. Die Arbeitnehmer betrachteten hohe Zuwächse als gerechten Inflationsausgleich, den sie gelegentlich, wie im Sommer 1973 im Werk Lollar – zunächst zwar vergeblich – auch mittels wilder Streiks durchzusetzen versuchten.[162] Die Tariferhöhungen lagen von 1971 bis 1977 durchschnittlich bei etwa sieben Prozent und erreichten 1974 mit elf Prozent ihren Höchststand. Daneben wurden tarifvertragliche Erhöhungen der Leistungszulagen, des Urlaubs- und Weihnachtsgeldes sowie kürzere Wochenarbeitszeiten eingeführt – ab 1975 galt bundesweit die 41,5 Stunden-Woche.[163] Im übrigen wurde die gleitende Arbeitszeit – nach guten Erfahrungen bei den Tochtergesellschaften (Hessische Berg- und Hüttenwerke, Omniplast und BHG-Niederlassungen) – ab 1. Januar 1975 auch bei der Buderus-Hauptverwaltung eingeführt.[164] Lagen die Lohnnebenkosten je 100 DM Lohn im Bundesdurchschnitt 1966 noch bei 43,40 DM, so erreichten sie 1974 eine Höhe von 58,10 DM. Bei Buderus betrugen sie 1975 73,80 DM, wovon 60,90 DM auf die gesetzlichen und tariflichen, 12,90 DM auf betriebliche Sozialleistungen entfielen.[165]

Als weitere Kostenfaktoren erwiesen sich die Bestimmungen des „Arbeitssicherheitsgesetzes" (1973), die „Arbeitsstättenverordnung" (1975) sowie die steigenden Beitragssätze in der gesetzlichen Sozialversicherung. Während das Arbeitssicherheitsgesetz die Einstellung von Betriebsärzten und Sicherheitsfachkräften zur Gewährleistung des Arbeitsschutzes und der Unfallverhütung regelte, zielte die Arbeitsstättenverordnung als Teil des sozial-liberalen Regierungsprogramms auf die „Humanisierung der Arbeitswelt". Die zum 1. Mai 1976 in Kraft getretene Verordnung enthielt Richtwerte für Lärm, Licht und Klima am Arbeitsplatz. Überdies verlangten steigende Umweltauflagen ein stärkeres Engagement der Unternehmen. So wurden zum Beispiel mit Hilfe von Investitionen im Werk Lollar die Entlüftungsanlagen in der Kernmacherei verbessert und neue Anschlussleitungen zur kommunalen Kläranlage gelegt.[166]

Die Erhöhung der Lohnnebenkosten durch den Anstieg der Sozialversicherungsbeiträge war zum einen durch Leistungsverbesserungen bedingt, die wiederum Beitragserhöhungen nach sich zogen, zum anderen aber auch eine Folge der steigenden Arbeitslosenzahl. Diese belastete nicht nur die Finanzen der Bundesanstalt für Arbeit, sondern ließ auch die Einnahmen im gesamten Sozialversicherungsbereich sinken. 1975 wurden die Beiträge zur Arbeitslosenversicherung von einem auf zwei Prozent, ein Jahr später auf drei Prozent des Bruttoarbeitsverdienstes erhöht. Bereits 1973 stieg der Beitragssatz in der gesetzlichen Rentenversicherung von 17 auf 18 Prozent.[167] In Verbindung mit steigenden Leistungsansprüchen wurden die Finanzierungsprobleme der gesetzlichen Sozialversicherung am stärksten in der gesetzlichen Krankenversicherung (GKV) spürbar. Trotz der Dynamisierung der Versicherungspflicht- und Beitragsbemessungsgrenze in der GKV hielten die Einnahmen mit den Ausgaben nicht Schritt. Die Beiträge zu den Betriebskrankenkassen der Buderus'schen Eisenwerke mussten stetig erhöht werden. Sie schwankten bei den einzelnen Betrieben 1971 zwischen sieben und acht Prozent, 1977 zwischen 9,3 und 13 Prozent. Im Bundesdurchschnitt lagen die Beiträge 1971 bei 8,2 und 1975 bei 10,4 Prozent.[168] Für den Kostenanstieg der betrieblichen Sozialleistungen waren im Wesentlichen zwei Faktoren verantwortlich: die gesetzlich festgelegte Verbesserung der betrieblichen Altersversorgung 1974 und die rasch steigende Zahl der Empfänger von Werksrenten, was unter anderem auf Vorruhestandsregelungen im Rahmen des Personalabbaus zurückging. Zwischen 1971 und 1977 erhöhte sich die Zahl der Leistungsempfänger von 3.600 auf 6.900.[169]

8.5. Rezession und strukturelle Veränderungen – Finanzprobleme und ihre Lösung

Die finanzielle Entwicklung des Buderus-Konzerns von 1971 bis 1977 war stark von den weltwirtschaftlichen Rahmenbedingungen geprägt. Die Rezession sowie die strukturellen Veränderungen stürzten den Konzern in eine Krise, von der er sich erst gegen Ende dieser Periode zu erholen begann. Dabei war die Ausgangslage 1970 durchaus zufriedenstellend. Mit einem Jahresüberschuss der Buderus'schen Eisenwerke von 14,2 Mio. DM lag die Eigenkapitalrentabilität bezogen auf den Konzern bei 8,7 Prozent und bezogen auf die Buderus'schen Eisenwerke bei 13,3 Prozent. Bereits ein Jahr später sah die Lage anders aus. Zwar blieb der Cash-Flow mit 91,1 Mio. DM nahezu unverändert, doch war dies vor allem darauf zurückzuführen, dass die Abschreibungen um 7,1 Mio. DM erhöht worden waren. Der Jahresüberschuss des Konzerns dagegen sank auf 6,4 Mio. DM, so dass die Eigenkapitalrentabilität auf 3,8 Prozent zurückging.[170] Die Verschlechterung der Ertragslage war im Wesentlichen eine Folge der Verluste bei den Tochtergesellschaften, denn obwohl den Erträgen aus Gewinnabführungsverträgen in Höhe von 5,6 Mio. DM Aufwendungen aus Verlustübernahme in Höhe von 9,5 Mio. DM gegenüberstanden, wies der Konzern noch einen Jahresüberschuss von 6,7 Mio. DM für die garantierte Dividende und für die Bildung von Rücklagen zur Modernisierung der Metallhüttenwerke Lübeck aus.[171]

**Ertragsentwicklung der Buderus'schen Eisenwerke
(Teilkonzernabschluss, in Mio. DM) 1971-1977**[172]

Jahre	1971	1972	1973	1974	1975	1976	1977
Umsatz	2.390,7	2.308,5	2.595,0	2.787,7	2.240,1	2.337,5	2.906,0
Jahresüberschuss nach Gewinnabführung an Obergesellschaft	6,4	7,5	-6,2	3,0	0,8	9,2	14,5
Gewinnabführung	0	0	0*	0	−18,9	2,6	12,6
Cash-Flow	91,1	89,7	91,1	98,8	43,2	111,9	99,3
Garantierte Dividende in %	15,1	12,2	12,0	13,2	13,1	12,0	12,8

* Ausgleich durch Entnahme aus den Rücklagen.

Mit dem konjunkturellen Abschwung Ende 1971 verschlechterte sich in den Folgejahren die Ertragslage des Konzerns weiter. 1972 betrug der Überschuss trotz eines leichten Umsatzrückgangs 7,5 Mio. DM; das war ein Anstieg um 1,1 Mio. DM gegenüber dem Vorjahr; die Eigenkapitalrentabilität lag damit bei 4,2 Prozent. Doch 1973 hatte der Konzern Verluste in Höhe von 6,2 Mio. DM, die mit Hilfe der Rücklagen ausgeglichen wurden.[173] 1975 glich Flick den Konzernverlust von 18,9 Mio. DM im Rahmen des Ergebnisabführungsvertrags aus. Die Überschüsse der Buderus'schen Eisenwerke der Jahre 1972 bis 1975 wurden ausschließlich dazu verwendet, die garantierte Dividende auszuschütten, die zwischen zwölf und 13,2 Prozent schwankte.[174]

Erst ab 1976, also im Anschluss an die Umstrukturierungen in der Produktion, verbesserte sich die Ertragslage allmählich. Der Jahresüberschuss betrug 1976 9,2 Mio. DM und stieg im folgenden Jahr nochmals um 5,3 Mio. DM. Die Eigenkapitalrentabilität, bezogen auf den Teilkonzernabschluss, hatte schon 1973 -3,7 Prozent betragen und 1975 sogar -11,2 Prozent. 1977 erreichte sie 7,0 Prozent.[175]

**Bilanzstruktur der Buderus'schen Eisenwerke (Teilkonzernabschluss, in Mio. DM)
1971-1977**[176]

Jahr	1971	1972	1973	1974	1975	1976	1977
Vermögensstruktur							
Sachanlagen	457,3	454,0	486,4	480,0	372,7	338,7	345,8
Finanzanlagen	23,4	24,2	29,0	29,4	25,5	24,7	27,3
Vorräte	453,3	457,6	518,9	536,0	516,0	424,4	479,9
Monetäres Umlaufvermögen	613,3	558,9	716,3	923,8	1.278,0	736,5	811,3
Kapitalstruktur							
Eigenkapital	191,4	193,8	183,3	184,9	180,5	224,5	226,5
Sonderposten	22,0	17,5	15,4	16,9	17,4	19,0	19,0
Langfr. Fremdkapital	487,5	537,4	603,5	646,9	462,0	452,1	458,0
Kurzfr. Fremdkapital	879,9	773,8	973,8	1.146,8	1.561,1	856,9	988,7
Gesamtkapital	1.558,8	1.505,0	1.760,7	1.978,6	2.203,6	1.533,5	1.673,2

Die schlechte Ertragslage des Konzerns hatte mehrere Ursachen. Einerseits konnten die Kostensteigerungen wegen der Strukturprobleme nur unzureichend durch Verbesserung der Erlöse ausgeglichen werden. Andererseits hatten vor allem einige Tochtergesellschaften Verluste, die aufgrund der Gewinn- und Verlustübernahmeregelungen die Ertragslage der Buderus'schen Eisenwerke belasteten. Dies wiederum war aufgrund der Kapitalstruktur der Muttergesellschaft folgenreich. Einem Eigenkapital von 113,1 Mio. DM standen 1971 lang- und kurzfristige Fremdmittel in Höhe von 398,7 Mio. DM gegenüber. Damit lag der Verschuldungskoeffizient der Buderus'schen Eisenwerke bei 352,5 bzw. der Eigenkapitalanteil bei 21,6 Prozent. Bis 1974 stieg die Verschuldung stetig an, der Anteil des Eigenkapitals ging parallel dazu auf 19,4 Prozent zurück. Vor allem die Investitionsvorhaben der Jahre 1971 und 1973 wurden ausschließlich fremdfinanziert. Das Unternehmen musste 1971 16,8 Mio. DM für Zinsen aufwenden; dieser Betrag verdoppelte sich bis 1975 nahezu auf 30,7 Mio. DM. Von 1971 bis 1976 vereinnahmte Buderus Erträge aus der Gewinnabführung in Höhe von 25,22 Mio. DM. Demgegenüber beliefen sich die Aufwendungen aus Verlustübernahmen auf insgesamt 74,1 Mio. DM.[177]

Die Tochtergesellschaft mit dem weitaus größten Kapitalbedarf war die Metallhüttenwerke Lübeck GmbH; auf sie entfielen mehr als 25 Prozent der Verlustübernahmen. Insgesamt investierte Buderus zwischen 1971 und 1975 mehr als 78 Mio. DM in das sanierungsbedürftige Unternehmen, das erstmals 1974 wieder einen Gewinn – in Höhe von 2,6 Mio. DM – an die Muttergesellschaft abführen konnte.[178] 1975 wurden die Metallhüttenwerke verkauft. Die Entscheidung, das mit hohen Kosten modernisierte Unternehmen zu verkaufen, war für Buderus unter den gegebenen Umständen in finanzieller Hinsicht vorteilhaft, weil die Metallhütte 1975 Schulden von insgesamt 68,5 Mio. DM hatte. Durch die Anrechnung dieser langfristigen Verbindlichkeiten auf den Kaufpreis der Gesellschaft, die einen Buchwert von 79,8 Mio. DM hatte, konnte Buderus seine Fremdmittel von 465,5 auf 407,1 Mio. DM vermindern. Die Zinslasten – 1974 noch 30,7 Mio. DM – gingen infolgedessen sowie aufgrund der Verminderung langfristiger Kontokorrentkredite auf 19,7 Mio. DM zurück. Bis 1977 sank die jährliche Zinsbelastung auf 16,7 Mio. DM.[179]

Eine weitere finanzielle Belastung waren die Investitionen für den Ausbau des Zementwerks Wetzlar. Für die Erweiterung und Modernisierung der Anlagen wurden mehr als 50 Mio. DM aufgewandt.[180]

Parallel zur Neuordnung der Produktion, bei der Werke stillgelegt und die Fertigung unrentabler Produkte aufgegeben worden waren, bemühte sich die Unternehmensleitung, die finanzielle Lage zu konsolidieren. Die Ertragslage besserte sich, weil sich durch den Verkauf der Metallhütte die Zinslasten verringerten und weil die VG das Kapital der Buderus'schen Eisenwerke 1976 um 50 Mio. DM erhöhte. Durch Ausgabe von Inhaberaktien wurde das Grundkapital der Muttergesellschaft um 18,9 Mio. DM auf 85,6 Mio. DM erhöht. Das Aufgeld von 33 Mio. DM wurde der gesetzlichen Rücklage zugeführt. Die Eigenkapitalerhöhung, die Reduzierung der Fremdmittel, der (erstmals seit 1971 wieder) positive Saldo aus den Gewinn- und Verlustübernahmen der Tochtergesellschaften sowie die anziehende Konjunktur 1976/77 besserten die finanzielle Lage der Buderus'schen Eisenwerke stark: Der Verschuldungsgrad sank bis 1977 unter das Niveau des Jahres 1971, und die Eigenkapitalrentabilität stieg auf 9,5 Prozent.[181]

Die Veränderungen im Bereich der Finanzanlagen resultierten von 1971 bis 1975 aus dem Erwerb von Aktien sowie verschiedenen Kapitalerhöhungen verbundener Unternehmen wie der Omniplast GmbH & Co. KG. 1973 erwarb Buderus 100 Prozent der Anteile an der Manhold AG,

Zug (Schweiz), die als Buderus-Holding-Gesellschaft für die 50-prozentige Beteiligung an der Konus-Gesellschaft für Wärmetechnik GmbH & Co. KG, Hockenheim, fungierte. Die Verminderung der Finanzanlagen und die Erhöhung der Sachanlagen 1976/77 waren eine Folge der Umwandlung der Burger Eisenwerke und der Hessischen Berg- und Hüttenwerke auf die Muttergesellschaft.[182]

8.6. Zusammenfassung

Die Jahre von 1971 bis 1977 waren für die Buderus'schen Eisenwerke und ihre Tochtergesellschaften Jahre der Krise und des beginnenden Wandels. Seit dem leichten konjunkturellen Abschwung Ende 1971 hatten die traditionellen Unternehmensteile mit Absatzproblemen, Unterauslastung der Kapazitäten und erhöhtem Konkurrenzdruck durch Billigimporte und Substitutionskonkurrenz zu kämpfen. Sinkende Erträge, ja sogar Verluste bei den Buderus'schen Eisenwerken und ihren Tochterunternehmen wurden zu einer schweren finanziellen Belastung. Eine krisenanfällige Finanzstruktur zu Beginn der siebziger Jahre, d.h. eine recht geringe Eigenkapitalquote, ein steigender Verschuldungsgrad durch hohe Sanierungs- und Modernisierungsinvestitionen in den Folgejahren, aber auch Fehlinvestitionen führten schließlich zum finanziellen Tief des Jahres 1975.

Die schlechte Ertragslage sowie Marktveränderungen setzten im Konzern einen weitreichenden Umstrukturierungsprozess in Gang, der die Organisations- und Produktionsstruktur umfasste, in gewissem Maße auch die Personalstruktur. Beseitigung der Verlustquellen, Konzentration und Kontraktion auf die rentablen Bereiche waren die Leitlinien der Unternehmenspolitik. Im Produktionsbereich vollzog sich die Neuorientierung sowohl in organisatorischer als auch in technischer Hinsicht. Die zu Beginn der siebziger Jahre bestehende Produktionsstruktur, die eine hohe räumliche und produktmäßige Diversifikation kennzeichnete, wurde durch die Integration ehemals selbstständiger Unternehmen in die Muttergesellschaft und mit Hilfe von Werksstilllegungen, Produktionseinschränkungen und -verlagerungen aufgehoben, der Verwaltungsaufwand reduziert. Die verbliebenen Fertigungsstätten wurden zu sogenannten Schwerpunktwerken ausgebaut, in denen die Produktion gleicher oder ähnlicher Erzeugnisse konzentriert und durch Rationalisierung und Modernisierung den neuesten technischen Standards angepaßt wurde. Gleichzeitig versuchten alle Unternehmen der Gruppe, die Produktpalette zu optimieren und durch Innovationen an die veränderte Nachfrage anzupassen sowie mit Hilfe attraktiver Serviceleistungen Marktanteile zu sichern und auszubauen. Erfolgreich war Buderus hier vor allem im Heizungssektor sowie, nach gelungener Konsolidierung, bei den Edelstahlerzeugnissen.

Mit den Veränderungen im Produktionsbereich fand auch ein gewisser Wandel der Personalstruktur statt: Durch die Rationalisierungen und Umstrukturierungen wurden einerseits viele Arbeitskräfte freigesetzt, andererseits stiegen infolge des höheren technischen Standards die Anforderungen an die Qualifikation. Die Folge war, dass aufgrund der Wirtschaftskrise nach 1973 vor allem viele ungelernte ausländische Arbeitnehmer ihren Arbeitsplatz im Konzern verloren. Die Zunahme der Lohn- und Lohnnebenkosten trug ebenfalls zum Personalabbau bei.

Die siebziger Jahre waren für die Buderus AG Teil einer markanten, insgesamt mehr als eineinhalb Jahrzehnte in Anspruch nehmenden Phase der Transformation von einem in vielen Bereichen tätigen Konzern zum hochspezialisierten Unternehmen unserer Tage.

Werner Burbach und Heinrich Oehler arbeiten in dem am 22. November 1985 eingeweihten Neubau der Entwicklungsabteilung in Lollar auf einem Prüfstand für Guss- und Stahlheizkessel. Bereits 1907/08 war auf der damaligen Main-Weser-Hütte eine „Versuchsanstalt für die neue Heizkesselfabrik" errichtet worden.

9. Jahre des Wandels (1978–1991)

9.1. Krisenherde, Aufschwung, Wiedervereinigungsboom

Im Herbst 1982 wurde die sozialliberale Koalition unter Bundeskanzler Helmut Schmidt durch eine christlich-liberale Koalition unter Bundeskanzler Helmut Kohl abgelöst. Die Regierung Schmidt hatte innenpolitisch mit zahlreichen Problemen zu kämpfen. Die Verhärtung des außenpolitischen Klimas und die Stationierung amerikanischer Mittelstreckenraketen in der Bundesrepublik brachten der Friedensbewegung großen Zulauf, und ökologische Probleme sowie die Furcht vor negativen Folgen des technischen Fortschritts, insbesondere der Kernkraft, stärkten die Umweltbewegung und die daraus hervorgegangene politische Partei „Die Grünen".[1] Das weitaus größte Problem für die Regierung Schmidt waren jedoch die anhaltenden wirtschaftlichen Schwierigkeiten. Die Zeiten hoher Wachstumsraten waren endgültig vorbei. Das Bruttosozialprodukt wuchs real zwischen 1980 und 1985 jährlich nur noch um 1,2 Prozent. 1970 bis 1980 waren es 2,7 Prozent und 1960 bis 1970 4,9 Prozent gewesen. 1978 und 1979 stieg das Bruttosozialprodukt um 3,5 bzw. 4 Prozent, 1981 stagnierte es, und 1982 sank es um ein Prozent. Die Arbeitslosigkeit lag 1983 mit rund 2,26 Mio. um mehr als das Doppelte über den Werten des Jahres 1980.[2]

Der unmittelbare Auslöser für die Krise waren externe Faktoren. Den Umsturz im Iran (1979) und die dadurch bedingte Verknappung des Öls nutzte das OPEC-Kartell dazu, den Ölpreis kräftig anzuheben. Wie 1974 folgte ein Einbruch der Weltkonjunktur; auch die Wirtschaft in der Bundesrepublik war davon betroffen. Mehrere Faktoren, die vor allem der sozialliberalen Wirtschaftspolitik angelastet wurden, trugen in der Bundesrepublik noch zur Verschärfung der Krise bei. So waren sowohl die Staatsquote, also der Anteil der öffentlichen Ausgaben am Bruttosozialprodukt, als auch die Staatsverschuldung in der zweiten Hälfte der siebziger Jahre drastisch angestiegen, die Bruttoinvestitionsquote[3] dagegen von 26 Prozent zu Beginn der siebziger Jahre auf unter 22 Prozent im Jahr 1982 gefallen. Parallel hierzu hatte auch der Anteil des Eigenkapitals an der Bilanzsumme der Unternehmen von 30,4 Prozent (1970) auf 21,3 Prozent (1981) abgenommen.[4] Hohe Sozialabgaben und Steuerlasten drückten auf die Unternehmensgewinne.

In den Jahren 1978 und 1979 hatte sich die Bundesregierung von der nachfrageorientierten, auf dem Prinzip der Globalsteuerung beruhenden Wirtschaftspolitik abgewendet und im Zeichen einer angebotsorientierten Wirtschaftspolitik in umfangreichem Maße auf Einnahmen aus Unternehmenssteuern verzichtet, um der Konjunktur neuen Schwung zu geben. Dies zeigte zwar kurzfristig Erfolg, die Staatsschuld hatte sich damit jedoch erhöht und den finanziellen Spielraum der Bundesregierung weiter eingeschränkt.[5]

Ebenso begrenzt waren die währungspolitischen Interventionsmöglichkeiten. Infolge des Anstiegs der Staatsverschuldung, des Ölpreises, der Lohnnebenkosten und der Stagnation des wirtschaftlichen Wachstums verharrte Westdeutschland im Zustand der Stagflation. Durch die hohe Inflationsrate in Verbindung mit hohen Zinsen in den Vereinigten Staaten geriet auch der Wert der DM, die für Geldanleger zunehmend an Attraktivität verlor, unter Druck, so dass es 1981 zu einer Abwertung kam. Infolgedessen war die Bundesbank nicht bereit, durch eine Zinsherabsetzung den Unternehmen die Kreditaufnahme zu erleichtern. Vielmehr hielt sie das Geldangebot knapp, indem sie die geldpolitische Schranke seit 1979 mehrmals anhob.[6]

Die „Wende" von Schmidt zu Kohl trat politisch und wirtschaftlich etwa gleichzeitig ein. Die neue Regierung verhalf durch Programme zur Wohnungsbauförderung und durch eine Investitionszulage dem wirtschaftlichen Aufschwung, der sich bereits im Herbst 1982 angekündigt hatte, zum Durchbruch. Sie setzte die angebotsorientierte Wirtschaftspolitik der letzten Jahre fort. Durch die Haushaltsbegleitgesetze 1983/84 und die Steuersenkungen 1986/88 wurden die Unternehmen entlastet und die Neuverschuldung eingedämmt. Vermögensbeteiligungsgesetze erleichterten 1983/86 die Beteiligung am Produktivvermögen. Es gelang, die Staatsquote geringfügig zurückzuführen und die Inflation einzudämmen, so dass erneut Preisstabilität eintrat, sowie die Arbeitslosenquote zu stabilisieren. Die DM wurde insgesamt viermal (1982, 1983, 1986 und 1987) aufgewertet.[7]

Die Wirtschaft der Bundesrepublik erlebte seit 1983 einen ungewöhnlich langen Aufschwung. Sie wuchs mit „untypisch gedämpfter Dynamik". Der Aufschwung wurde in seinem ersten Jahr ausschließlich von der Binnennachfrage bestimmt, während der Außenhandel – wie noch nie zuvor im beginnenden Aufschwung – stark bremsend wirkte. Aber bereits 1984 wurde der Außenbeitrag zur entscheidenden Konjunkturstütze, während insbesondere von den Ausrüstungen für den privaten Verbrauch für diese Phase untypisch geringe Wachstumsimpulse ausgingen,[8] die sich erst im Herbst 1985 wieder normalisierten.[9] Beeinträchtigungen, wie der mehrwöchige Streik der IG Druck und der IG Metall im April und Mai 1984 und die amerikanische Börsenkrise im Oktober 1987, in deren Verlauf der Dollar von 1,80 auf 1,58 DM fiel, konnten die gute Konjunktur nicht nachhaltig beeinträchtigen. Die Börsenkrise verlieh dem wirtschaftlichen Wachstum in Deutschland sogar neue Dynamik.[10] Eine starke Beschleunigung des Wachstums setzte 1988 ein und erreichte 1990 ihren Höhepunkt.

Abgesehen von den Konjunkturzyklen wurde die Entwicklung der Unternehmen der Buderus-Gruppe zwischen 1978 und 1987 vor allem durch zwei Faktoren bestimmt. So waren die achtziger Jahre aufgrund niedriger Eigenkapitalquoten und günstiger Ertragslage sowie guter Börsenverfassung ein Jahrzehnt des „Going public". Vor allem die Eigentümer von Familienunternehmen wurden infolge der Änderung des Einkommensteuerrechts dazu bewogen, sich von ihrem Besitz zu trennen.[11] Der spektakulärste Fall in dieser Hinsicht war die Börseneinführung des industriellen Besitzes von Friedrich Karl Flick im Jahr 1986, ein Ereignis, das neue Rahmenbedingungen für die Buderus-Gruppe schuf.

Die zweite Entwicklung betraf den anhaltenden Druck auf strukturschwache Industriebranchen zugunsten des Dienstleistungssektors und zu Lasten der Industrie.[12] Für Konzerne, die wie Buderus sowohl in strukturschwachen als auch in strukturstarken Wirtschaftsbranchen tätig waren, ergab sich daraus die Notwendigkeit, ihre Produktion noch stärker an den strukturstarken Unternehmenszweigen auszurichten. Ein kurzer Blick auf die Produktionsentwicklung in den wichtigsten Unternehmenszweigen des Konzerns soll dies verdeutlichen.

Anders als die Investitionsgüterindustrie hatte die Eisen- und Stahlindustrie in den Jahren nach 1978 meist mit Schwierigkeiten zu kämpfen.[13] Ausdruck der Stahlkrise waren nach wie vor niedrige Wachstumsraten. Die westdeutschen Stahlkapazitäten erwiesen sich trotz der Einführung von Produktionsquoten und eines Subventionskodexes durch die EGKS im Jahr 1980 als zu hoch.

Der Schrumpfungsprozess setzte sich daher fort. Von den 20 selbstständigen westdeutschen Stahlgesellschaften, die 1974 80 Prozent des Rohstahls herstellten, waren 1988 nur sieben übrig geblieben. Als expansiv erwies sich lediglich die Edelstahlherstellung, die ihren Anteil an der Rohstahlerzeugung in dem Zeitraum von 1978 bis 1986 immerhin von 19,5 auf 23,3 Prozent steigern konnte.[14]

Besonders nachteilig für stark bauabhängige Unternehmen wie Buderus wirkte sich das niedrige Niveau der Nettoproduktion im Bauhauptgewerbe aus.[15] Erst 1988 trat eine deutliche Verbesserung ein, die seit 1990 auch von den Impulsen der deutschen Wiedervereinigung mitgetragen wurde.[16]

Auch die Gießerei-Industrie sah sich vor einen weiteren Konzentrationsprozess gestellt. Die Zahl der Gießereibetriebe sank zwischen 1978 und 1987 von 476 auf 341, die Zahl der Beschäftigten von 75.246 (Ende 1977) auf 53.609 (1987);[17] zwischen 1988 und 1991 kam es jedoch wieder zu einer leichten Erholung.[18] Besonders der Eisenguss erlebte einen Produktionsrückgang (zwischen 1978 und 1987 von 23,1 Prozent), während die Sphärogussproduktion – die sich vor allem in der Druckrohrproduktion und im Maschinenguss durchsetzte – zwischen 1978 und 1987 um 35,5 Prozent anstieg. Als Zulieferindustrie wurden die Gießereien immer stärker von der Investitionsgüterindustrie abhängig. Letztere erhöhte ihren Anteil an den westdeutschen Gusslieferungen zwischen 1977 und 1987 von 63,7 auf 74,4 Prozent, die Fahrzeugindustrie von 32,5 auf 43,4 Prozent. Die Bauwirtschaft dagegen verringerte ihren Anteil an den Gusslieferungen von 14 auf 10,7 Prozent im Jahr 1987.[19] Die Verschiebung des Produktionsprogramms der Gießerei-Industrie spiegelte somit die Strukturverschiebungen in den Abnehmerbranchen dieses Industriezweiges wider und stellte die Gießereiunternehmen vor neue Anpassungsprobleme.

Ganz andere Herausforderungen kamen auf die Wirtschaft durch die Öffnung der Berliner Mauer am 9. November 1989, die Währungs-, Wirtschafts- und Sozialunion am 1. Juli 1990 und schließlich durch die Wiederherstellung der deutschen Einheit am 3. Oktober 1990 zu. Sie brachte Politik und Wirtschaft große neue Probleme, aber auch Chancen.[20]

Die Umstellung der DDR-Wirtschaft von der Plan- auf die soziale Marktwirtschaft, der Verlust der bisherigen Absatzmärkte der DDR-Betriebe in den früheren Ostblockstaaten und ihre Unfähigkeit, sich auf den westdeutschen wie internationalen Märkten zu behaupten, waren die Hauptprobleme in Ostdeutschland.[21] Noch vor der Vereinigung war daher eine Anstalt zur treuhänderischen Verwaltung des Volkseigentums (Treuhandanstalt) geschaffen worden, die mehr als 12.000 staatliche Betriebe, Betriebsteile und Immobilien übernahm, nachdem diese eine private Rechtsform (AG, GmbH) erhalten hatten. Ziel war die schnelle Privatisierung. Doch angesichts ihrer geringen Wettbewerbsfähigkeit mussten viele Treuhand-Unternehmen saniert oder stillgelegt werden.[22] Der Einigungsvertrag schrieb für enteignete Unternehmen das Prinzip „Rückgabe vor Entschädigung" vor, was aber zu langwierigen Rechtsstreitigkeiten führte, die sehr stark investitionshemmend wirkten und so den Strukturwandel behinderten. Die rasche Einführung der Wirtschafts- und Währungsunion führte angesichts der geschilderten Probleme in den neuen Bundesländern 1990 und 1991 zu einem dramatischen Rückgang von Produktion und Beschäftigung, der noch dadurch verstärkt wurde, dass infolge der Übernahme der DM-Preise auch kräftige Lohnerhöhungen unumgänglich wurden, die von den ostdeutschen Unternehmen aber nur schwer zu verkraften waren.[23]

In den alten Bundesländern wirkte sich die Wiedervereinigung unterschiedlich aus. Zunächst kam es hier durch die zusätzliche Nachfrage aus den neuen Ländern zu einem „Vereinigungsboom", der teilweise bis ins Jahr 1992 anhielt, obwohl weltweit schon 1991 rezessive Tendenzen überwogen. Für die Unternehmen in Westdeutschland boten sich somit außergewöhnlich gute Absatzchancen, weil die Konsumenten in den neuen Bundesländern zunächst überwiegend westliche Waren nachfragten und in vielen Bereichen ein großer Nachholbedarf bestand. Für Buderus waren dabei die Heiztechnik, der Bau- und der Abwasserbereich besonders wichtig. Die gute Konjunktur zeitigte allerdings auch inflationäre Tendenzen. Dagegen wirkten sich die finanziellen Belastungen der Einheit anfangs noch kaum aus, weil sie vom Staat zum größten Teil durch die Aufnahme von Krediten finanziert wurden. [24]

9.2. Von Flick über die Feldmühle Nobel AG zur Metallgesellschaft

Zwischen 1978 und 1989 durchlief die Buderus AG eine schwierige Phase. Eine Modernisierung des Unternehmens war dringend erforderlich. Im Bereich der Buderus-Gruppe gab es allein über 20 kleine und kleinste Betriebseinheiten, die nicht mehr ertragreich wirtschafteten. Die schon lange fälligen Rationalisierungen waren bis dahin aus sozialpolitischen Gründen hinausgezögert worden.[25] Die bis 1986 getroffenen Maßnahmen erwiesen sich als nicht einschneidend genug, um Buderus die erforderliche Ertragskraft zurückzugeben. Erst die Lösung von Flick 1986 und der Übergang auf eine Publikumsgesellschaft, die Feldmühle Nobel AG, brachten das Unternehmen stärker als zuvor unter Erfolgsdruck. Eine neue Unternehmensführung setzte eine umfangreiche Umstrukturierung durch.

Der Vorstandsvorsitzende Hans Werner Kolb wechselte nach fast neun Jahren zum 30. Juni 1983 in den Aufsichtsrat der Buderus AG und übernahm dort bis 1986 den Vorsitz. Er war damit seit 1953 der erste Aufsichtsratsvorsitzende, der nicht aus dem Bankenbereich kam. Kolbs Nachfolger Frank Rogge, der seine berufliche Karriere 1962 bei dem Stahlwerk der Hoesch AG begonnen hatte und 1964 zu Buderus gewechselt war, gehörte dem Buderus-Vorstand seit 1977 an.[26] Stellvertretender Vorsitzender des Aufsichtsrats war von 1983 bis zu seinem Ausscheiden aus dem Unternehmen im Jahre 1987 der Gesamtbetriebsratsvorsitzende Ernst Riedel, der diesem Gremium bereits seit 1978 als Arbeitnehmervertreter angehörte. Sein Nachfolger im Aufsichtsrat wurde Berthold Burzel, der die Arbeitnehmer bereits seit 1983 im Buderus-Aufsichtsrat vertrat.[27]

Für den Wechsel Kolbs in den Aufsichtsrat waren die Ereignisse innerhalb der Flick-Zentrale verantwortlich. Im Rahmen der so genannten „Parteispendenaffäre"[28] stellte sich heraus, dass zwischen 1975 und 1980 umfangreiche Spenden an die Parteien gezahlt worden waren, und dies zu einem Zeitpunkt, als der Konzern die staatlichen Genehmigungen für die steuerfreie Wiederanlage seines Erlöses aus dem Verkauf eines Pakets an Daimler-Benz-Aktien aus dem Jahre 1975 über 2 Mrd. DM gemäß § 6 b EStG benötigte.[29] Die Bundesregierung widerrief zumindest die Steuerfreiheit desjenigen Teils des Aktienverkauf-Erlöses, den Friedrich Karl Flick in ausländischen Beteiligungen angelegt hatte.[30]

Friedrich Karl Flick zog daraus personelle Konsequenzen und machte Kolb ab dem 1. Januar 1983 zum persönlich haftenden Gesellschafter der Friedrich Flick Industrieverwaltung KGaA. Er wurde für die Betreuung der inländischen Gesellschaften der Flick-Gruppe zuständig.[31] Allerdings währte die Verbindung Kolbs zur Buderus-Gruppe nicht mehr lange, da das Schicksal des

Frank Rogge.
Sprecher des Vorstands der Buderus AG
von 1983 bis 1984, Vorsitzender
des Vorstands von 1984 bis 1988.

neuen Aufsichtsratsvorsitzenden von nun an eng mit dem des Flick-Konzerns verbunden war, der sich seit 1983 immer stärker steuerlichen Nachforderungen ausgesetzt sah.[32]

Insgesamt mussten die steuerlichen Lasten das Unternehmen überfordern. Friedrich Karl Flick, der ohnehin nicht von einem reibungslosen Generationenwechsel in seinem Familienkonzern ausgehen konnte und der unter dem Aspekt besserer Möglichkeiten zur Kapitalbeschaffung den Gang an die Börse als Vorteil betrachtete,[33] wandte sich 1985 an die Deutsche Bank mit dem Auftrag, seinen industriellen Besitz zu verkaufen und mit Blick auf sein beabsichtigtes Ausscheiden einen Plan zu erarbeiten, „der die langfristige Entwicklung seiner Unternehmen förderte."[34] Von diesen Plänen erfuhr der Buderus-Vorstand erst im Oktober 1985. Einflussmöglichkeiten blieben ihm verwehrt, so dass ihm nur die passive Rolle als ausführendes Organ zukam.[35]

In dem von der Deutschen Bank Ende 1985 erarbeiteten Konzept zur Durchführung der Transaktion wurde vorgeschlagen, dass

1) der industrielle Kernbereich mit den Unternehmensgruppen Buderus, Dynamit Nobel und Feldmühle erhalten, gestärkt und an die Börse gebracht werden sollte, nachdem die für diese Tochtergesellschaften zuständige Holding, die Industrieverwaltung KGaA, in eine Aktiengesellschaft umgewandelt sein würde,
2) die aus der Sicht des industriellen Kernbereichs nicht notwendigen Finanzbeteiligungen, nämlich rund 28 Prozent an W.R. Grace & Co., USA, 10 Prozent an der Daimler-Benz AG und 89 Prozent an der Versicherungsholding der Deutschen Industrie GmbH, die ihrerseits 51 Prozent an der Gerling-Versicherungsgruppe hielt, veräußert werden sollten.

Diese Vorschläge wurden verwirklicht. Im Dezember 1985 wurde die Industrieverwaltung KGaA in die Feldmühle Nobel AG (FENO) umgewandelt.[36] Die Deutsche Bank übernahm in einem „Mitternachtsgeschäft" zwischen dem 31. Dezember 1985 und dem 1. Januar 1986 vorübergehend 98, die Baden-Württembergische Bank AG die restlichen zwei Prozent der Aktien an diesem Unternehmen.[37]

Die Deutsche Bank veräußerte zuerst die Grace-Beteiligung an das Unternehmen Grace selbst. Die Daimler-Aktien wurden über ein internationales Konsortium unter Führung der Deutschen Bank platziert. Die Beteiligung an der Versicherungsholding der Deutschen Industrie GmbH erwarb Friedrich Karl Flick zunächst für sein Privatvermögen, veräußerte seine Anteile an der Gesellschaft jedoch Ende Januar 1986 an Hans und Rolf Gerling.[38]

Die Veräußerungserlöse flossen der Feldmühle Nobel AG zu. Das Grundkapital der Gesellschaft wurde im März 1986 von 700 auf 350 Mio. DM herabgesetzt.[39] Die Banken erhielten ihren Anteil in Höhe von 2,818 Mrd. DM aus den Beteiligungsveräußerungen und den Ausschüttungsbeträgen der Feldmühle Nobel AG für die zwei im Jahr 1986 zwischengeschalteten Rumpfgeschäftsjahre. Der Feldmühle Nobel AG selbst verblieben aus den Verkäufen liquide Mittel in Höhe der bisherigen steuerlichen Buchwerte, rund 450 Mio. DM netto. Damit startete die Holding ohne Netto-Finanzschulden. Ihre Aktien wurden im Frühjahr 1986 breit gestreut platziert. Mit knapp zwei Milliarden DM handelte es sich um die bisher größte Neuemission in der Bundesrepublik Deutschland. Die Aktien wurden sämtlich als voll stimmberechtigte Inhaberaktien ausgegeben.[40]

Diese Vorgänge hatten auch für die Buderus-Gruppe einschneidende Konsequenzen. Die Neuordnung der Flick-Gruppe führte dazu, dass die Unternehmensleitung der Buderus AG umstrukturiert wurde. Der Vorstand wurde zwischen 1984 und 1987 von fünf auf zwei Mitglieder verkleinert und bestand schließlich nur noch aus dem Vorsitzenden Frank Rogge und Eberhard Möllmann. Im Aufsichtsrat wurden sieben Aktionärsvertreter ausgewechselt. An die Stelle Kolbs trat am 24. Februar 1986 Dr. Wolfgang Laaf, der zwischen 1970 und 1985 dem Vorstand der Edelstahlwerke Buderus AG angehört hatte, 1985 als Geschäftsführer in die Friedrich Flick Industrieverwaltung KGaA berufen wurde und seitdem bei den Edelstahlwerken und der Krauss-Maffei AG Aufsichtsratsvorsitzender war.[41]

Die Ertragslage von Buderus war nach wie vor relativ schlecht. Das Jahr 1988 endete sogar mit einem Verlust von 27,8 Mio. DM. Wohl hauptsächlich aus diesem Grund, aber auch wegen Differenzen mit dem Vorstand der Muttergesellschaft Feldmühle Nobel AG beendeten die bisherigen Vorstände Frank Rogge und Eberhard Möllmann einvernehmlich mit dem Aufsichtsrat zum 31. Dezember 1988 die Tätigkeit bei der Buderus AG und den Tochtergesellschaften.[42] Am 25. November 1988 bestellte der Aufsichtsrat Dr.-Ing. Hans-Ulrich Plaul und Dipl.-Kfm. Wieland Schneider[43] zu neuen Mitgliedern des Vorstands der Buderus AG. Dr. Plaul war seit 1969 bei der Edelstahlwerke Buderus AG tätig, seit 1974 als Betriebsdirektor. Er trat 1980 in den Edelstahl-Vorstand ein und übernahm dessen Vorsitz 1988. Seit der Gründung der Buderus Kundenguss GmbH gehörte er deren Aufsichtsrat an. Am 1. Januar 1989 übernahm er den Vorsitz im Vorstand der Buderus AG und gleichzeitig auch die Funktion des Arbeitsdirektors.[44] Am 25. April 1989 wurde Dipl. rer. pol. (techn.) Reinhard Engel[45] zum dritten Mitglied des Vorstands bestellt.[46]

Auf der Hauptversammlung am 6. Juni 1991 beendete der Aufsichtsratsvorsitzende Dr. Wolfgang Laaf seine Tätigkeit für die Buderus AG und trat in den Ruhestand. Den Vorsitz im Aufsichtsrat der Edelstahlwerke Buderus AG hatte er bereits am 24. April 1991 niedergelegt. In beiden Ämtern folgte ihm Dr. Heribert Blaschke, der seit dem 24. Februar 1986 Sprecher des Vorstands der Feldmühle Nobel AG war.[47]

Die Entwicklung der Muttergesellschaft Feldmühle Nobel AG übte weiterhin starken Einfluss auf die Buderus-Gruppe aus. Am 18. Mai 1989 hatte die VEBA AG ein Aktienpaket von 46 Prozent der Feldmühle Nobel AG erworben, das die Neffen von Friedrich Karl Flick angekauft hatten. Obwohl der Vorstandsvorsitzende der VEBA AG, Rudolf von Bennigsen-Foerder, erklärte, dass der Feldmühle Nobel-Konzern in seiner Struktur erhalten bleiben sollte, hielten sich Gerüchte über eine Teilung, die auch in der Buderus-Gruppe für erhebliche Unruhe sorgten.[48] Die VEBA AG erwarb weiterhin Aktien der Feldmühle Nobel AG, gab allerdings im April 1990 ihr Aktienpaket an die Stora Kopparbergs Bergslags AB, Falun/Schweden, und an die ebenfalls zur Wallenberg-Gruppe gehörende AB Patricia ab, die nach weiteren Aktienkäufen über rund 98 Prozent der Anteile verfügte. Es zeichnete sich schnell ab, dass die STORA lediglich am Papierbereich der Feldmühle interessiert war, um Synergieeffekte mit ihrer eigenen Papierherstellung zu nutzen.[49] Im Laufe des Jahres 1991 konkretisierten sich daher die Pläne zu einer Aufteilung des Feldmühle Nobel-Konzerns, die sich nicht als Realteilung, wie ursprünglich angestrebt, sondern als Beteiligungsverkauf vollzog: Auf einer außerordentlichen Hauptversammlung stimmten die Aktionäre der Feldmühle Nobel AG einem Beherrschungs- und Gewinnabführungsvertrag mit der STORA Beteiligungen GmbH zu, auf dessen Basis dann auch der Verkauf aller Unternehmen und Beteiligungen abgewickelt wurde, die nicht dem Papierbereich zugeordnet waren.[50] Der Bereich „Werkstoff- und Systemtechnik" wurde zunächst an eine neue 100-prozentige Tochtergesellschaft der Feldmühle Nobel AG verkauft. Sie besaß damit als Holding vor allem die Beteiligungen an der Buderus AG, der Edelstahlwerke Buderus AG, der Dynamit Nobel AG und der Cerasiv GmbH. In einem weiteren Schritt verkaufte die Feldmühle Nobel AG diese neue Holding mit Wirkung

Hans und Ruth Buderus (Mitte) auf der außerordentlichen Hauptversammlung von Buderus am 18. Dezember 1991.

vom 1. Januar 1992 – umfirmiert in Metallgesellschaft Industrie AG, Düsseldorf – an die Management Service GmbH (MGMS), eine 100-prozentige Tochtergesellschaft der Metallgesellschaft AG, Frankfurt a. M. Bei der Feldmühle Nobel AG (und damit der STORA) verblieb der Papierbereich mit den Beteiligungen Feldmühle AG und Feldmühle Vermögensverwaltung AG.[51]

Für die Buderus-Gruppe hatte diese Entwicklung zur Folge, dass der Beherrschungs- und Gewinnabführungsvertrag, der seit 1965 mit dem bisherigen Mutterkonzern bestand, nach einem Vertrag der Vorstände der Feldmühle Nobel AG und der Buderus AG vom 24. Oktober 1991, dem eine außerordentliche Hauptversammlung der Buderus AG am 18. Dezember 1991 zustimmte, mit Wirkung vom 1. Januar 1992 aufgehoben wurde. Die Metallgesellschaft als neuer Mehrheitsaktionär strebte keinen Beherrschungs- und Gewinnabführungsvertrag an, so dass Buderus wieder zu einem „freien" Unternehmen und die Buderus-Aktien zu Papieren mit Risiken und Chancen wurden, da nun auch die bisherige Dividendengarantie für die freien Aktionäre entfiel.[52]

Der Übergang an die Metallgesellschaft brachte natürlich auch einen tief greifenden Einschnitt in der Besetzung des Aufsichtsrats. Zum 31. Dezember 1991 bzw. 12. Februar 1992 legten vier Mitglieder ihre Mandate nieder, so dass zusammen mit dem im Juni 1991 freigewordenen Sitz von Dr. Laaf fünf Mandate neu zu besetzen waren. Der Vorsitzende des Vorstands der Metallgesellschaft AG, Dr. Heinz Schimmelbusch, wurde am 1. April 1992 zum Vorsitzenden des Aufsichtsrats der Buderus AG gewählt, während Dr. Blaschke sein Amt zu diesem Zeitpunkt niederlegte.[53]

9.3. Tief greifende Umstrukturierungen und Konzentration auf das Kerngeschäft

Verkauf der Krauss-Maffei AG

Die Entscheidung Friedrich Karl Flicks, sein industrielles Engagement aufzugeben, dürfte die Buderus AG nicht unvermittelt getroffen haben, denn die Presse berichtete seit 1983 über seine Absicht, sich von Krauss-Maffei zu trennen.[54] Nach Wolfgang Laaf, dem damaligen Aufsichtsratsvorsitzenden der Krauss-Maffei AG und Vorstandsvorsitzenden der Edelstahlwerke Buderus AG, gab es gute Gründe, das Münchener Unternehmen zu veräußern: Bereits 1984 sei absehbar gewesen, dass die wehrtechnischen Kapazitäten der Krauss-Maffei AG auf Dauer nicht hätten aufrechterhalten werden können. „Andererseits war die Entwicklung der nur rudimentär vorhandenen jeweiligen Zivilbereiche zu forcieren, konnte aber wegen der in den verschiedenen Bereichen bestehenden Wettbewerbsverhältnisse frühestens mittel-, wahrscheinlich aber erst langfristig zu Erfolgen führen."[55]

Laafs Urteil war zutreffend: Infolge der starken Abhängigkeit von der Wehrtechnik, die bis zu zwei Dritteln zum Umsatz von Krauss-Maffei beitrug,[56] durchlief die Umsatzentwicklung des Unternehmens zwischen 1978 und 1984 ein Wechselbad. Zwischen 1978 und 1980 verdoppelte sich der Umsatz von rund einer auf fast zwei Mrd. DM. Dies war auf das Rüstungsgeschäft zurückzuführen, wo sich bereits 1977 eine Wende abzeichnete, als die Krauss-Maffei AG Generalunternehmer für den Bau des Kampfpanzers „Leopard 2" wurde.[57] Mit insgesamt 1.800 Fahrzeugen, von denen allerdings 810 Panzer bei der Kieler Firma MAK montiert werden sollten, vergab das

Bundesverteidigungsministerium einen der größten Aufträge, an den sich Aufträge aus den Niederlanden anschlossen. Allerdings konnte die Fertigung des Panzers erst 1979 beginnen.[58] Auf Hochtouren lief sie erst seit 1982, als auch die Montage für das niederländische Heer begonnen hatte. Die Produktion des neuen Flakpanzers „Gepard" seit 1976 für die Bundeswehr und für den Export nach Belgien endete 1980, zunächst ohne Anschlussaufträge. Das hierdurch entstehende Auftragsloch konnte die aufgenommene Produktion des „Leopard 2" erst im Jahr 1982 ausgleichen. So erreichte der Umsatz der Gesellschaft 1981 nur 905 Mio. DM – die Hälfte der Summe des Vorjahres.[59] Für die Buderus AG war damit ein Verlust von 25,8 Mio. DM verbunden. Diese Summe entsprach in etwa dem Gewinn, den Krauss-Maffei in den vorausgegangenen drei Jahren an die Buderus AG abgeführt hatte.[60]

In den beiden folgenden Jahren erhöhte sich der Umsatz erneut sprunghaft bis auf rund zwei Mrd. DM, nachdem die Fertigung des „Leopard 2" voll angelaufen war und Exportaufträge für Leopard 1- und Leopard 2-Panzer in die Türkei (1982) und Griechenland (1983) ausgeführt wurden.[61]

Neben dem Wehrgeschäft hatte sich das Unternehmen auch bemüht, sein Zivilgeschäft weiter auszubauen. In der Verkehrstechnik litt die Lokomotivproduktion unter der zurückhaltenden Auftragsvergabe durch die Bundesbahn. 1977 hatte Krauss-Maffei einen Auftrag zur Lieferung von fünf Prototypen der neuen Drehstrom-Lok-Generation 120 durch die Bundesbahn erhalten. Die Bundesbahn erteilte jedoch erst 1984 einen Anschlussauftrag zur Lieferung von 20 E-Lokomotiven. Die Lieferung von Diesellokomotiven lief 1978 aus. Bis 1984 erteilte die Bundesbahn nur im Rahmen eines Minimal-Beschaffungsprogramms Aufträge. Die Lücken konnte Krauss-Maffei z.T. durch Exportaufträge ausgleichen, wie die Lieferung von acht Diesellokomotiven an die spanische Staatsbahn 1981. Daneben arbeitete das Unternehmen seit 1978 in Zusammenarbeit mit der Messerschmitt-Bölkow-Blohm GmbH (MBB) an der Entwicklung der Hochleistungs-Magnetschwebebahn „Transrapid".[62]

Die anderen Produktionssparten entwickelten sich sehr unterschiedlich. Die Gießerei hatte – mit Ausnahme des Turbinengusses – bis 1981 Schwierigkeiten. Hingegen lief das Geschäft in den Bereichen Verfahrenstechnik und Herstellung von Kunststoffmaschinen gut. Verschärfte Umweltvorschriften steigerten die Nachfrage nach Produkten der Verfahrenstechnik, und das Vordringen der Kunststoffe brachte Aufträge für die Kunststoffmaschinenfertigung, besonders im Automobilbau, der zunehmend zur Leichtbauweise überging.[63] Deshalb engagierte sich die Krauss-Maffei AG verstärkt in diesen Bereichen. 1979 übernahm sie den Geschäftszweig Filtrationszentrifugen der Alfa-Laval Separationstechnik GmbH, Glinde bei Hamburg, und expandierte somit in den Anlagenbau zur Fest-Flüssig-Trennung.[64] Ab 1980 baute sie Scheibenfilter für die Erzaufbereitung.[65]

Im Jahr 1978 gründete die Krauss-Maffei AG die Krauss-Maffei Corp. in den Vereinigten Staaten im Bundesstaat Kansas, um Spritzgießmaschinen auf dem nordamerikanischen Markt abzusetzen und später auch dort zu produzieren. Damit begegnete das Münchener Unternehmen dem anhaltenden Verfall des Dollars, der das Kunststoffmaschinengeschäft stark beeinträchtigte, das eine Exportquote von 70 Prozent hatte.[66] In den folgenden Jahren ging Krauss-Maffei auch Joint Ventures mit ausländischen Unternehmen ein, so 1982 mit dem größten japanischen Werkzeugmaschinenhersteller, Okuma Machinery Works Ltd., und der Aichi, Altech Trading Co. Ltd., Tokio. Beide Unternehmen bauten in Japan eine Fertigungsstätte für die Produktion von Spritzgießmaschinen auf.[67] 1983 vereinbarte Krauss-Maffei mit der Münchener Maschinenfabrik

Seidl GmbH eine Zusammenarbeit bei Spezialmaschinen zur Herstellung von Formteilen aus Gummi, Silikonkautschuk und Polyester.[68]

Der allgemein positive Verlauf des Zivilgeschäfts von Krauss-Maffei wog jedoch die Nachteile aus dem Wehrgeschäft für die Buderus AG und den Flick-Konzern nicht auf. Einen adäquaten Ausgleich für das Rüstungsgeschäft des Unternehmens brachten selbst so wachstumsstarke Geschäftsbereiche wie die Verfahrenstechnik oder die Produktion von Kunststoffmaschinen nicht.[69]

1983 kam es zwischen der Buderus und der Krauss-Maffei AG zu einer Bereinigung der Gesellschaftsverhältnisse: Die Buderus AG übernahm die restlichen bei Krauss-Maffei liegenden Anteile an der Rittershaus & Blecher GmbH, die Filterpressen herstellte. Das Unternehmen, an dem die Buderus AG bereits seit 1978 über die Mehrheit der Anteile verfügte, war besonders eng mit den Buderus'schen Gießereibetrieben verbunden. Seine Geschäftsentwicklung war im gesamten Zeitraum positiv, mit Ausnahme eines vorübergehenden Umsatzeinbruchs 1983.[70]

Dies war nur der Beginn einer größeren Transaktion. Im Juli 1985 verkaufte die Buderus AG mit Wirkung vom 1. Januar 1985 81,4 Prozent ihrer Anteile an der Krauss-Maffei AG; die restlichen 15,15 Prozent veräußerte sie im Jahre 1989. Der Ergebnisabführungsvertrag mit dem Unternehmen wurde zum 1. Januar 1986 gekündigt. Der Verkaufspreis des Aktienpakets belief sich auf 131,7 Mio. DM, die zur Stärkung der Buderus-Gruppe verwendet werden sollten. Neue Aktionäre des Unternehmens wurden die Bayerische Landesanstalt für Aufbaufinanzierung (LfA) mit 25,45 Prozent, die Dresdner Bank mit 10,9 Prozent, die Deutsche Bank mit 10,1 Prozent, die Bayerische Vereinsbank mit 10 Prozent und die RTG Raketen Technik GmbH, Unterhaching bei München, mit 24,95 Prozent.[71] Die Zersplitterung des Anteilsbesitzes spiegelt den schwierigen Verhandlungsprozess und den Kompromiss wider, der hinter dem Verkauf stand. Der Verkauf war umstritten, weil die Krauss-Maffei AG eines der wichtigsten westdeutschen Unternehmen der ohnehin stark konzentrierten Rüstungswirtschaft war.

Als einziger ernsthafter Interessent für das Unternehmen trat von Anfang an der Rüstungskonzern MBB auf. Doch wandte sich das Kartellamt gegen eine Beteiligung dieses Unternehmens mit mehr als 25 Prozent. Um MBB keine marktbeherrschende Stellung zu verschaffen, konnte die Behörde schließlich nur mit der Konsortiallösung nach dem beschriebenen Muster zufriedengestellt werden.[72]

Fortführung der Divisionalisierung der Buderus AG

Für die Buderus AG war der Verkauf der Krauss-Maffei AG jedoch nur ein Anfang gewesen, denn durch den geschilderten Gang von Flick an die Börse 1986 hatte dann selbst die Muttergesellschaft der Buderus-Gruppe gewechselt.[73] Der Vorstand des Unternehmens befürwortete diesen Wechsel, denn er eröffnete die Perspektive, unter den allgemein üblichen Bedingungen des Kapitalmarktes zu arbeiten und nicht mehr vom Einfluss einer Familiengesellschaft abhängig zu sein.[74] Die Buderus AG nutzte die Umstrukturierung des ehemaligen Flick-Konzerns zu einer Neustrukturierung der Unternehmensgruppe. Initiiert vom Vorstand der Feldmühle Nobel AG wurde unter Federführung des neuen Aufsichtsratsvorsitzenden von Buderus, Dr. Wolfgang Laaf,[75] ein Umstrukturierungsplan erarbeitet, den die Hauptversammlung am 10. Juni 1987 genehmigte:[76] Die Buderus AG wurde rückwirkend zum 1. Januar 1987 in eine Holding mit einem Grundkapital von 101,5 Mio. DM umgewandelt.

Unterhalb der Holding führte das Unternehmen die begonnene Divisionalisierung weiter, die mit Gründung der Geschäftsbereiche 1970 Eingang in den Organisationsplan gefunden hatte. So wurden die drei im Organisationsplan seit 1970 eingeführten Geschäftsbereiche Heizungs- und Klimatechnik, Bauerzeugnisse und Kundenguss sowie Juno-Erzeugnisse in Form von fünf Gesellschaften in der Rechtsform der GmbH ausgegliedert. Die den ausgegliederten Unternehmensbereichen zuzuordnenden Aktiva und Passiva wurden mit den Buchwerten des Jahresabschlusses der Buderus AG zum 31. Dezember 1986 in den Bilanzen der rechtlich selbstständigen Tochtergesellschaften fortgeführt. Die Ausgliederung erfolgte auf der Grundlage von Beschlüssen zur Erhöhung des Stammkapitals der jeweiligen Gesellschafterversammlungen und der entsprechenden Übernahmeerklärungen der Buderus AG als Vermögensübertragung nach den Vorschriften des Aktiengesetzes.[77]

Es entstanden die folgenden fünf Gesellschaften:

1) die Buderus Heiztechnik GmbH mit einem Grundkapital von 90 Mio. DM und etwa 5.000 Mitarbeitern. Sie besaß die Werke Lollar, Eibelshausen und Ludwigshütte und die Niederlassungen der bisherigen Buderus-Handel GmbH. Der Buderus Heiztechnik GmbH waren zudem die Tochtergesellschaften Sieger Heizkesselwerk GmbH, Kreuztal-Buschhütten, und die Konus-Kessel Gesellschaft für Wärmetechnik mbH, Schwetzingen, zugeordnet;
2) die Buderus Bau- und Abwassertechnik GmbH mit einem Grundkapital von 30 Mio. DM und etwa 2.200 Mitarbeitern. Zu ihr gehörten die Werke Wetzlar und Staffel sowie das Zementwerk. Außerdem waren ihr die auf dem Gebiet der Bau- und Abwassertechnik tätigen Tochtergesellschaften der Unternehmensgruppe zugeordnet, u. a. die Omniplast-Gesellschaften;
3) die Buderus Kundenguss GmbH mit einem Grundkapital von 30 Mio. DM und etwa 1.900 Mitarbeitern. Sie produzierte in den Werken Breidenbach, Ehringshausen und Hirzenhain und hatte keine Tochtergesellschaften.
4) die Buderus Küchentechnik GmbH mit einem Grundkapital von 40 Mio. DM und etwa 1.750 Mitarbeitern. Sie umfasste die Küchentechnik des einstigen Juno-Bereichs und produzierte in Burg und Herborn. Tochtergesellschaften waren: Roeder Großküchentechnik GmbH, Darmstadt, Senkingwerk GmbH, Hildesheim, Blumauer Heiz- und Kochgerätefabrik Wels AG, Wien, und Buderus Juno Handelsgesellschaft mbH, Salzburg;
5) die Buderus Sell GmbH mit einem Grundkapital von 20 Mio. DM und etwa 1.000 Mitarbeitern. In die Firmierung ging der in der Luftfahrt anerkannte Name von Prof. Dr. h.c. Werner Sell ein. Das Unternehmen produzierte in Herborn Flugzeugbordküchen.[78]

Mit dieser Neuordnung bestand die Buderus-Gruppe – rechnet man die Edelstahlwerke Buderus AG als eigenen Unternehmensbereich dazu – aus sechs getrennten, der Holdinggesellschaft Buderus AG unmittelbar unterstellten Säulen, in die nur der Wetzlarer Bauverein, die Logana Speditionsgesellschaft und der verbliebene Anteil von 15,15 Prozent an der Krauss-Maffei AG nicht integriert waren. Zwischen der Holding und ihren Untergesellschaften wurden Beherrschungs- und Ergebnisübernahmeverträge geschlossen.

Die Umstrukturierung beendete die Turbulenzen, in die Buderus im Zuge der Auflösung des Flick-Konzerns geraten war. Die Neuordnung, die in den folgenden Jahren weitere Rationalisierungsentscheidungen nach sich zog, erfolgte unter Berücksichtigung der Erfahrungen aus den zurückliegenden, wirtschaftlich schwierigen Jahren.

Die Buderus AG fungierte in der Folge als Managementholding, während die Geschäftsführung den Tochtergesellschaften überlassen blieb. Die Holding behielt ihre Kompetenz für die Entwicklung des Gesamtkonzerns, die Koordination der Geschäftspolitik der Gesellschaften und nahm außerdem die Aufgaben der Konzernverwaltung wahr, vor allem die Vertretung nach außen, also gegenüber dem Großaktionär und den freien Aktionären, dem Aufsichtsrat und der Öffentlichkeit (Presse, Finanzanalysten, Verbänden etc.).[79]

Der neue Vorstand nutzte ab Ende 1988 die Möglichkeiten für eine effizientere Organisation, die die Holdingstruktur bot. Der neue Vorsitzende, Dr. Plaul, sprach sich für eine konsequente dezentrale Unternehmensführung aus, „d.h. sämtliche geschäftsbezogenen Entscheidungen stehen in der Kompetenz und damit aber auch in der Verantwortung der Operationseinheiten".[80] Die Gesellschaften konnten damit in Eigenverantwortung aufgrund der genauen Kenntnis ihrer Märkte ihre Produktpalette grundlegend überprüfen. Das Ziel war, „die Geschäfts- und Produktbereiche in krisensichere Positionen entweder als Marktführer oder als Nischenspezialisten" zu führen.[81] Es zeigte sich schnell, dass solche Positionen aufgrund eines hohen Kapitalbedarfs nicht überall zu erreichen waren. Daher wurden der Verkauf und in einigen Fällen auch die Stilllegung von Produktionsbereichen unumgänglich. Die dadurch freiwerdenden Mittel konnten auf diejenigen Erzeugnisse konzentriert werden, die gute Absatz- und Wachstumschancen hatten.

Die strukturellen Anpassungen hatten Rückwirkung auf die Organisation und Struktur der Buderus-Gruppe. Von besonderer Bedeutung waren dabei der Verkauf des gesamten Küchentechnikbereichs 1990; der bisherige Konzernbereich „Küchentechnik" wurde sodann in „Flugzeugzubehör" umbenannt und allein von der Buderus Sell GmbH vertreten.[82] Außerdem wurden Mitte 1991 die Buderus Bau- und Abwassertechnik GmbH und die Buderus Kundenguss GmbH zur „Buderus Guss GmbH" verschmolzen, weil aufgrund der Stilllegung des Leichtmetalldruckgusses eine eigenständige Geschäftsführung und Verwaltung der Buderus Kundenguss GmbH wirtschaftlich nicht haltbar war.[83] Nunmehr wurden alle Konzernbereiche jeweils nur noch von einer Unternehmenseinheit vertreten, der auch alle Tochtergesellschaften und Beteiligungen zugeordnet waren, die in dem entsprechenden Bereich arbeiteten.

9.4. Die Entwicklung der einzelnen Konzerngesellschaften

Buderus AG

Die Betriebe der Buderus AG hatten bereits ein intensives Rationalisierungsprogramm durchlaufen. Sie waren zwischen 1978 und 1991 in allen Geschäftsbereichen hartem Wettbewerb ausgesetzt. Dabei behauptete sich die Unternehmensgruppe gut, wenngleich sie mit den konjunkturellen Schwierigkeiten der frühen achtziger Jahre zu kämpfen hatte und darüber hinaus einzelne Werke der Buderus AG von den bundesweiten Arbeitskämpfen betroffen waren.[84]

Schwankende, tendenziell jedoch steigende Umsätze bei kontinuierlich sinkenden Beschäftigtenzahlen kennzeichneten die Geschäftslage von Buderus zwischen 1978 und 1986. Der Stellenabbau im Konzern – die Belegschaft sank von 22.175 im Jahre 1978 auf 12.224 dreizehn Jahre später – war sowohl eine Folge des Verkaufs mehrerer Konzernteile (Krauss-Maffei 1985, Omniplast 1988, Küchentechnik 1990) als auch der Rationalisierung und Modernisierung.

Nach der Umstrukturierung der Buderus AG 1987 in operative Gesellschaften setzte sich dieser Trend fort. Angesichts der günstigen Konjunktur stieg der Umsatz des Konzerns bis 1991 weiter an. Die Rückgänge 1988 und 1990 resultierten aus der Veräußerung der Omniplast sowie des Küchenbereichs. Im bereinigten Vorjahresvergleich stieg der Umsatz um sechs Prozent.[85]

Umsatz (in Mio. DM) und Beschäftigte des Buderus-Konzerns 1978–1991[86]

Jahre	1978	1979	1980	1981	1982	1983	1984
Umsatz	3.769,5	4.308,7	3.825,9	3.412,6	3.850,1	4.574,0	4.340,1
Beschäftigte	22.175	22.784	22.649	21.740	20.833	20.348	20.940
Jahre	1985	1986	1987	1988	1989	1990	1991
Umsatz	2.586,2	2.698,1	2.725,0	2.598,2	2.735,7	2.432,5	2.889,1
Beschäftigte	16.250	16.090	15.462	14.160	13.593	11.407	12.224

Im Rahmen der Modernisierungsmaßnahmen waren die Bemühungen um Energieeinsparung besonders wichtig. So bestellte der Vorstand 1980 in jedem Werk einen Energiebeauftragten und übertrug ihm die Aufgabe, durch intensive Überwachung des Verbrauchs und durch technische Verbesserungen zur Einsparung von Energie beizutragen. Hierzu gehörten der Einbau von Anlagen zur Rückgewinnung von Abwärme in Kupolöfen und die vollständige Umstellung der Energieerzeugung vom Heizöl auf die Braunkohle- und Erdgasfeuerung bis 1984. Die Erfolge wurden schon bald sichtbar. Betrugen die Energiekosten der Buderus AG im Jahr 1979 noch 91,7 Mio. DM bzw. 6,6 Prozent vom Umsatz, so waren sie bis zum Jahr 1983 auf 81,4 Mio. DM oder 5,6 Prozent des Umsatzes gefallen; zwischenzeitlich hatten sie sogar 105,7 Mio. DM erreicht.[87]

Parallel zu diesen Einsparungsmaßnahmen wurden die Betriebsanlagen modernisiert. Bereits 1978 hatte die Buderus AG begonnen, ein Investitionsprogramm zur Strukturverbesserung der Produktion umzusetzen. Das Programm kam insbesondere den Werken Wetzlar, Breidenbach und Burg zugute.

In Wetzlar galt es vor allem, mit der Veränderung der Bedingungen auf den Märkten für Roheisen und Druckrohre Schritt zu halten. Die Lage auf dem Roheisenmarkt sprach schon lange für die Stilllegung des letzten Hochofens. Seit Buderus keine eigenen Erze mehr förderte, bezog das Unternehmen ausländische Erze, hauptsächlich aus Skandinavien und Kanada. Hohe Transportkosten, die vergleichsweise geringe Kapazität des Hochofens sowie der schwankende Dollarkurs machten die Roheisenproduktion unrentabel. Neben diesen wirtschaftlichen Motiven waren es aber nicht zuletzt auch Umweltschutzfragen, die den Vorstand bereits 1977 daran denken ließen, die Roheisenproduktion aufzugeben. Der damals für das Werk Wetzlar erstellte Umstrukturierungsplan sah vor, den Hochofen stillzulegen und eine futterlose Kupolofenanlage zu errichten, in der statt Eisenerz Gussbruch, Stahlschrott und Roheisen eingeschmolzen werden sollten. Der 1978 begonnene Bau wurde erst 1981 in Betrieb genommen, da die Kosten für Schrott infolge der guten Stahlkonjunktur und eines Preisverfalls bei Koks und Erz zunächst zeitweilig höher lagen als die Koks- und Erzkosten.[88] Am 29. Oktober 1981 wurde der letzte Hochofen stillgelegt.[89]

Mit der Umstellung vom Hoch- auf den Kupolofenbetrieb wurde der Bauguss – vornehmlich für die in Wetzlar konzentrierte Fertigung von Druckrohren – ausgeweitet. Buderus war in Deutschland der drittgrößte Produzent von Druckrohren.[90] 1979 nahm eine neue Großrohranlage den Betrieb auf. Das Unternehmen konnte so eine Sonderkonjunktur für Druckrohre nutzen. Der Absatz profitierte nach der Anhebung des Ölpreises 1979 von der starken Nachfrage aus den Erdöl fördernden Staaten des Nahen Ostens. Eine Absatzflaute 1983 überstand die Druckrohrproduktion dank des starken Exports, allerdings mit geringeren Erlösen.[91] In den folgenden Jahren sorgte die Nachfrage aus dem Inland für ausreichenden Absatz.[92] Der Gussrohrbereich war somit einer der umsatzstärksten der Konzernsparte Bau/Abwasser/Guss. Seine Bedeutung nahm im Zuge der Wiedervereinigung weiter zu, weil ab Mitte 1990 die ostdeutsche Nachfrage immer stärker wurde. In diesem Bereich war ebenfalls die Ferrum GmbH tätig, die zu den führenden Rohrleitungsbaufirmen Bayerns gehörte und auch Vertriebsaufgaben für andere Unternehmen der Buderus-Gruppe wahrnahm.[93]

Die übrigen zum Bauguss gehörenden Produktionen wie der Kanalguss und die Zementerzeugung folgten weitgehend der konjunkturellen Entwicklung.[94] Der Spezialguss steigerte zwischen 1989 und 1991 seinen Umsatz wegen eines Auftrags zur Lieferung von Segmenten für den Ärmelkanaltunnel überdurchschnittlich. Nach Auslaufen dieses Auftrags musste eine strikte Konzentration auf Nischenziele erfolgen.[95] Für den Bereich Straßen- und Grundstücksentwässerungsguss wurde 1989 eine automatische Formanlage einschließlich Sandaufbereitung, Nassentstaubung und Vergießautomat im Werk Staffel aufgestellt.[96] Das Geschäft mit Betonrohren litt dagegen auch nach der Krise zwischen 1981 und 1983 unter Absatzschwierigkeiten, offensichtlich wegen „bestehender Überkapazitäten im regionalen Raum". Die Rohrproduktion wurde daher schließlich 1987 eingestellt. Lediglich die Produktion von Großabscheidern, die von den strengen Umweltauflagen im Abwassersektor profitierte, blieb bestehen und wurde dem Wetzlarer Zementwerk angegliedert.[97]

Der Entsorgungsbereich erschien allgemein als einer der wachstumsträchtigsten der Bau- und Abwassertechnik, weil der Trend zu ständig höheren Umweltstandards und -auflagen ging. Dies kam den Sparten Benzin- und Fettabscheider der Buderus Bau- und Abwassertechnik GmbH und der Tochtergesellschaft Rittershaus & Blecher GmbH zugute.[98] Dementsprechend wurde in der Forschungs- und Entwicklungsarbeit ein Schwergewicht auf diesen Bereich gelegt. 1991 wurden auch die neuen Bundesländer ein wichtiger Markt für die Produkte des Entsorgungsbereichs.[99]

Der mit dem Bauguss zu einem Geschäftsbereich zusammengefasste Kundenguss und Werkzeugmaschinenbau zeichnete sich durch eine ausgeglichene Entwicklung aus. Umsatzzuwächse wurden in diesem Sektor bis 1982 erreicht. Dann machte sich die Konjunkturflaute in der Nutzfahrzeugindustrie bemerkbar, von der der Kundenguss stark abhing. Bereits 1983 belebte sich das Geschäft im Automobilbau wieder. Hauptauftraggeber für die Buderus'schen Gießereien waren Daimler-Benz, Opel und „mit steigender Tendenz" Volkswagen. Es gelang dem Kundenguss-Bereich, die hohen Anforderungen der Automobilindustrie an Qualität und Lieferpünktlichkeit zu erfüllen, so dass vor allem Ende der achtziger Jahre die Bedeutung dieses Marktes für den Absatz der Buderus-Gussprodukte stark stieg. Gleiches galt auch für den Eisenguss, den Leichtmetallguss und zunehmend für den Stahlfeinguss.[100]

Der Bereich Handformguss lag bis 1984 im Konjunkturschatten. Die Gesellschaft spezialisierte sich in dieser Sparte stark auf den Turbinen- und Motorenguss,[101] während der nicht mehr rentable Handformguss von Teilen für Werkzeugmaschinen[102] 1984 aufgegeben wurde. Beim Serienguss für die Automobilindustrie verschaffte sich Buderus u. a. durch intensive Entwicklungstätigkeit im Bereich des Sphäro- und Vermiculargraphitgusses, einer Abwandlung des Sphärogusses, eine führende Position.[103] Zudem wurde das auf den Automobilguss spezialisierte Werk Breidenbach kontinuierlich modernisiert und erweitert.[104] Gegen Ende der achtziger Jahre wurde die Herstellung von Gussteilen für Nutzfahrzeuge und solchen aus duktilen Eisensorten aufgegeben. Als Ersatz wurde die Bremsscheibenfertigung ausgeweitet. Durch die Spezialisierung wollte Buderus dem hohen Wettbewerbsdruck begegnen. Die Kapazitäten für den Bremsscheibenguss wurden 1990/91 mit Hilfe umfangreicher Investitionen ausgebaut und neue hochwertige Gussqualitäten entwickelt, so dass es Buderus gelang, in diesem Bereich eine gute Marktstellung zu erlangen.[105]

Neben Breidenbach profitierte auch das Werk Ehringshausen von der Umstrukturierung der Werkstoffstruktur im Automobilguss. Neben dem duktilen Gusseisen konnten vor allem die Leichtmetalle ihren Anteil an der Gussproduktion für die Automobilindustrie verbessern.[106] Die Kapazität des Werks musste durch neue Druckgussmaschinen erheblich ausgebaut werden.[107] Der Leichtmetalldruckguss geriet allerdings gegen Ende der achtziger Jahre in eine schwere Krise, da die Leichtmetalldruckgießerei der Buderus Kundenguss GmbH im Vergleich mit ihren europäischen Konkurrenten zu klein war, um langfristig wettbewerbsfähig bleiben zu können. Außerdem war es trotz intensiver Bemühungen nicht gelungen, die ungünstige Produktpalette und die schlechte Situation im Hinblick auf Maschinennutzungsgrad und Qualität zu verbessern. In dieser ungünstigen Lage gab wohl die Tatsache den Ausschlag zur Stilllegung, dass sich Buderus im Verkaufsvertrag über die Omniplast GmbH dazu verpflichtet hatte, den Standort Ehringshausen bis zum 21. Juni 1993 zu räumen, eine Verlegung der Leichtmetalldruckguss-Produktion aber mehr als 60 Mio. DM gekostet hätte. Aufgrund der günstigen konjunkturellen Lage konnte jedoch allen Beschäftigten ein adäquater Ersatzarbeitsplatz angeboten werden.[108]

Auch der Feinguss des Werks Hirzenhain wurde neben seinen traditionellen Produktionsgebieten, der optischen und Elektroindustrie und anderen feinmechanischen Branchen, verstärkt zum Zulieferer für die Automobilindustrie, nachdem die Anforderungen an die Motorenproduktion gestiegen waren, insbesondere aufgrund des Trends zum Bau energiesparender Motoren und wegen hoher Umweltauflagen. Das Werk Hirzenhain wurde modernisiert, indem 1983 die Stahlfeingießerei automatisiert und die Energieversorgung des Werkes im folgenden Jahr auf Erdgas umgestellt wurde.[109]

Die Werkzeugmaschinenproduktion im Werk Ehringshausen konnte erfolgreich ausgebaut werden. Diesen exportintensiven Produktionsbereich, dessen Stütze die von Buderus entwickelte Innenrundschleifmaschine war, ergänzte man 1983 durch eine Außenrundschleifmaschine. Eine kombinierte Innen- und Außenrundschleifmaschine verschaffte dem Unternehmen vor allem auf dem Gebiet der für diese Maschinen eingesetzten Software und Technik eine führende Stellung, so dass in den Folgejahren überdurchschnittliche Wachstumsraten erzielt wurden. Gegen Ende der achtziger Jahre zeigte sich jedoch, dass der Maschinenbau trotz vorzüglicher Produkte im Rahmen der Buderus-Gruppe langfristig keine erfolgversprechende Zukunft hatte, weil er sich auf einem zu kleinen Markt bewegte. Im Herbst 1989 wurde dieser Produktionsbereich als „Buderus Schleiftechnik GmbH" ausgegliedert und zum 1. Januar 1990 an die Pittler Maschinenfabrik AG verkauft.[110]

Aufgrund der Verschiebungen im Produktionsprogramm, vor allem jedoch wegen der Aufgabe des Leichtmetalldruckgusses, unterschritt die Buderus Kundenguss GmbH die nötige Größenordnung, um aus eigener Kraft die erforderlichen Investitionen tätigen und im Wettbewerb bestehen zu können. Deshalb wurden die Buderus Bau- und Abwassertechnik GmbH und die Buderus Kundenguss GmbH Mitte 1991 zur „Buderus Guss GmbH" verschmolzen. Sie vertrat von nun an den Konzernbereich Bau/Abwasser/Guss allein; ihr wurden die entsprechenden Tochtergesellschaften und Beteiligungen zugeordnet. Sie war somit auf den Märkten Bauindustrie, Kfz-Industrie und Maschinenbau tätig, so dass sie eine ausreichende Risikoverteilung aufwies. Der Name der neuen Tochtergesellschaft, der die große Bedeutung der Gießereierzeugnisse in der Produktpalette hervorhob, sollte die jahrhundertealte Kompetenz und Tradition von Buderus im Gießereibereich herausstellen.[111]

Die Sanitärsparte der Buderus Guss GmbH, die vor allem Badewannen aus Acryl produzierte, aber im Hinblick auf den Umsatz relativ unbedeutend war, wurde im Zuge der Bereinigung der Produktpalette zum 1. Januar 1992 verkauft.[112]

Die Betriebsstätten der Heizungs- und Klimatechnik in den Werken Lollar, Burg, Eibelshausen, Ewersbach und Ludwigshütte durchliefen eine schwierige Entwicklung. Infolge der konjunkturellen Lage ging zwischen 1981 und 1983 der Umsatz zurück. Als die OPEC-Staaten den Ölpreis zu Beginn der zweiten Ölkrise drastisch anhoben, kam es auf dem Heizungs- und Klimasektor zu einer Umstrukturierung der Nachfrage. So erhielt der Absatz von alternativen Heizsystemen wie Solarkollektoren und Wärmepumpen kurzfristig Auftrieb. Auf dem Heizkesselmarkt wurden statt Öl- mehr Gaskessel nachgefragt. Das Großkesselgeschäft brach seit 1983 stark ein. Der langfristige Trend hin zu kompakten Platten- anstelle von Gliederheizkörpern führte 1990 schließlich zur Aufgabe der Radiatorenfertigung der Buderus Heiztechnik GmbH.[113]

Der Vorstand stellte sich auf diese Entwicklungen ein. Er ließ sich von der Maxime leiten, dass die Weiterentwicklung des eigenen Heizkesselsortiments wichtiger und ertragreicher sein würde als ein größeres Engagement in den durch die Ölkrise stark geförderten Alternativheizsystemen wie Wärmepumpen und Solarkollektoren. Bereits 1978 wurde die Heizkesselfertigung gestrafft, die Beteiligung an der zusammen mit der Viessmann Kesselwerk KG gegründeten Industrietechnik Homberg GmbH an das Konkurrenzunternehmen verkauft und die Produktion von Kesselverkleidungen in Lollar eingerichtet.[114] Ein Jahr später wurde dort die Produktion von Wärmepumpen aufgenommen, ein Heizsystem entwickelt, das zum wahlweisen Kesselbetrieb Solarheizung und Wärmepumpe einbezog,[115] und bei den Großkesseln verstärkt energiesparende Festbrennstoffkessel angeboten.[116]

Ende 1980 erwarb Buderus alle Anteile an der Konus-Kessel Gesellschaft für Wärmetechnik mbH & Co. KG (Stammkapital 1.000.000 DM) sowie an der Komplementärin Gesellschaft für Wärmetechnik mbH, beide in Schwetzingen (Stammkapital 20.000 DM). Die Gesellschaften beschäftigten sich mit der Konstruktion und Montage von Industriekesselanlagen mit Thermoöl als Wärmeträger und produzierten zudem Kesselanlagen, die Festbrennstoffe, Abfälle und Sonderbrennstoffe nutzten[117]. Zudem gehörte der Gesellschaftsgruppe die im Zusammenhang mit der Übernahme gegründete Konus Systems Inc., Atlanta, an. Sie sollte in den USA den Vertrieb von Kesselanlagen der Muttergesellschaft übernehmen. Seit 1985 firmierte sie unter dem Namen Buderus Corporation.[118]

Trotz dieser Neuerwerbungen erwies sich das traditionelle Heizkesselprogramm als der ren-

Einlegen von Kernen vor dem Guss von Kesselgliedern im Werk Lollar durch Dimitrios Kelepirzis, Mehmet Kara, Soukri Ergat und Stilianos Smaragdis, 1984.

tablere Zweig. Beim Absatz teurer energiesparender Technologien, z. B. der Wärmepumpe, zeigte sich bald, dass der Markt sehr klein war, und es kam schon 1981 – wie vorausgesehen – zu Umsatzeinbrüchen, als der Ölpreis erneut sank und ein hohes Zinsniveau viele Käufer davon abhielt, eine kostspielige Heizanlage anzuschaffen.[119]

Der herkömmliche Markt für Öl- und Gasheizkessel nahm eine andere Entwicklung. Nachdem sich der Gusskessel für den Gasbetrieb 1981 einen Anteil von mehr als 50 Prozent an der Heizkesselproduktion des Unternehmens gesichert hatte, war die Entwicklung energiesparender Technologien für die verbliebene Stahlkesselproduktion besonders wichtig. Auf diesem Gebiet kam der Buderus AG die 1977 eingeführte Ecomatic-Heizkesselserie besonders entgegen. Dieses Heizsystem enthielt eine elektronische Temperaturregelung für zwei Heizkreise, die gleitend in Abhängigkeit von der Außentemperatur und verbunden mit wirtschaftlicheren Brennerlaufzeiten sowie überwachter Abschaltung der Wärmeerzeugung für Zeiten unterbrochener Wärmeanforderung betrieben wurde. Es arbeitete wesentlich sparsamer als die herkömmlichen Ölheizkessel.[120] Mit diesem System, das auch für Gaskessel verwendet werden konnte, behauptete sich Buderus gut auf dem Markt.[121] 1986 schätzte der Vorstand den Marktanteil des Unternehmens an der westdeutschen Kesselproduktion auf 30 bis 35 Prozent; der stärkste Wettbewerber, die Viessmann Werke, hatte eine „ähnliche" Marktstellung.[122]

Trotzdem kam Buderus nicht daran vorbei, die Produktionsstruktur im Bereich der Stahl- und Großkesselfertigung zu straffen. Die seit 1979 stark zurückgegangene Stahlkesselfertigung musste zusammengefasst werden. Die Großkesselproduktion erlebte eine strukturelle Krise. Die Vergabe öffentlicher Aufträge stockte, die Wirtschaftlichkeit der Großkesselanlagen wurde durch neue Umweltvorschriften zur Installation von Entstaubungsanlagen beeinträchtigt und erforderte erhebliche Mehrinvestitionen, was die Rentabilität auf dem ohnehin übersetzten Markt beeinträchtigte.[123] Infolge „nicht lösbarer Ertragsprobleme" verkaufte Buderus das Werk Ewersbach im Oktober 1986 an seinen größten Wettbewerber auf dem Markt für Großkesselanlagen, die Deutsche Babcock Werke AG.[124] Zur selben Zeit wurde die Stahlheizkesselproduktion der Sieger Heizkesselwerk GmbH (der ehemaligen Sieg-Herd-Fabrik) in Buschhütten sowie in Burg stillgelegt. Die Fertigung wurde bis 1988 neu im Werk Eibelshausen eingerichtet.[125]

Im Zuge der Restrukturierung des Konzerns wurde auch bei der Buderus Heiztechnik GmbH eine Konzentration auf einige Kernbereiche in die Wege geleitet, die dann expansiv geführt und auch durch Neuerwerbungen weiter ausgebaut werden sollten. Dies war vor allem das Geschäft mit hochwertigen Heizkesseln, in dem Buderus gut am Markt vertreten war und über die Niederlassungen, im Gegensatz zu anderen Herstellern, die Handelsstufe mit abdeckte; darüber hinaus wurde über die Sieger Heizkesselwerk GmbH auch der Fachhandel mitbeliefert. Diese Marktstellung sollte im Inland und im europäischen Ausland weiter ausgebaut werden. Buderus achtete dabei auf einen sehr hohen technischen Standard, der ständig weiterentwickelt wurde, vor allem im Hinblick auf eine Minimierung des Brennstoffeinsatzes und des Schadstoffausstoßes. Darin spiegelte sich die große Bedeutung wider, die das Umweltbewusstsein in Deutschland, aber auch in der Schweiz, inzwischen erlangt hatte. In den anderen europäischen Ländern stand zwar zunächst noch der Preis im Vordergrund, aber angesichts eines generellen langfristigen Trends zu hochwertigen Produkten hielt die Geschäftsführung es nicht für sinnvoll, Billigprodukte in die Angebotspalette aufzunehmen; dies galt insbesondere im Hinblick auf den großen Markt in Ostdeutschland, wo Buderus wegen der Gusskessel noch aus der Zeit vor dem Zweiten Weltkrieg einen guten Namen besaß.[126]

Durch umfangreiche Investitionen wurde ab 1988 vor allem das Werk Lollar modernisiert. Dagegen verkaufte Buderus die Beteiligung an der Konus-Kessel Gesellschaft für Wärmetechnik mbH & Co. KG 1988[127] und gab ein Jahr später den Produktbereich Luft- und Klimatechnik auf. Die österreichische Tochtergesellschaft der Buderus Heiztechnik GmbH, die Buderus Austria AG, wurde im Zuge des Verkaufs des Bereichs Küchentechnik an Electrolux abgegeben. Von dieser Transaktion ausgenommen war die Buderus Austria Heiztechnik, eine 100-prozentige Tochter der Buderus Austria AG. Um weiterhin über eine Vertriebsorganisation in Österreich zu verfügen, wurde sie der Buderus Heiztechnik GmbH angegliedert.[128]

Über die Kapazitätserweiterungen in den Werken Lollar und Eibelshausen hinaus reagierte die Buderus-Gruppe auf die Herausforderungen der deutschen Wiedervereinigung: Sie baute ein Vertriebsnetz auf, um die Marktchancen in den neuen Bundesländern zu nutzen und sich dort neue Märkte zu erschließen und übernahm zum 1. Juli 1991 die Metallverarbeitung Neukirchen/Pleiße GmbH in Sachsen, den ehemals größten Plattenheizkörperproduzenten der DDR, so dass sie nun auch über Produktionskapazitäten in den neuen Ländern verfügte.[129] Ferner erwarb Buderus die TEGACONT Erfurt GmbH, Mittelhausen, um die Niederlassung in Erfurt weiter auszubauen und durch zusätzliche Produktionskapazität das Werk Eibelshausen bei der Spezial- und Typenkesselfertigung zu entlasten. Beide Unternehmen wurden Anfang Dezember 1991 mit der Buderus Heiztechnik GmbH verschmolzen. Die Geschäftsführung reagierte damit auf die hervorragende Entwicklung des Absatzes bei Gussheizkesseln und Stahlheizkesseln, die auf die gute Baukonjunktur, den großen Bedarf an modernen Heizsystemen in den neuen Bundesländern sowie auf einen Nachfrageschub in den alten Bundesländern zurückging, den das Auslaufen von Steuervergünstigungen zum Jahresende 1991 auslöste.[130]

Der Geschäftsbereich Juno folgte wie die anderen Gruppen der allgemeinen Konjunkturentwicklung. Bis 1980 wuchsen die Umsätze fast aller Produktgruppen (Großkochanlagen, Laboreinrichtungen, Flugzeugbordküchen und Haushalt-Großgeräte). Um die Leistungskraft des

Werks Burg zu stärken, wurde die Fertigung von Haushalt-Großgeräten durch ein zweijähriges Investitionsprogramm neu geordnet und ein neues Versandlagergebäude errichtet.[131]

Infolge des Ölpreisanstiegs 1979 fanden vor allem Elektrospeicher-Heizgeräte sowie Öfen und Herde für Kohle und Gas guten Absatz, während das Geschäft mit Ölöfen bzw. -herden stagnierte. Der Sanitärsektor litt weiter unter der Substitutionskonkurrenz durch Kunststoffprodukte.[132]

Die folgenden drei Jahre brachten einen allgemeinen Umsatzrückgang und Strukturverschiebungen im Produktionsprogramm. Der Absatz von Kohleöfen ging erneut drastisch zurück, eine Reaktion auf den „irrationalen Nachfrageboom" der vorhergehenden Jahre.[133] Die Herstellung von Waschautomaten wurde 1981 eingestellt. Hingegen wurde die Produktion von Brauchwasserwärmepumpen aufgenommen, um dem verstärkten Bedürfnis nach einer vom Heizkessel getrennten Warmwasserbereitung entgegenzukommen.[134]

Auch auf den anderen Gebieten wurden die Entwicklungsarbeiten vorangetrieben, so dass das Unternehmen mit guten Voraussetzungen in die Geschäftsbelebung des Jahres 1983 ging.[135] Die Flugzeuggesellschaften bestellten zahlreiche Flugzeugbordküchen, bei denen Buderus jetzt der weltweit größte Anbieter war.[136] Bei Großkoch- und Laboranlagen konnte Buderus den Export steigern und damit einen Ausgleich für den überbesetzten und vom Sparzwang der institutionellen Kunden geprägten Inlandsmarkt schaffen. Auch die Nachfrage bei Sanitärprodukten besserte sich.[137] Bei den Haushalt-Großgeräten hingegen waren Produktion und Absatz von Einbaugeräten, insbesondere von Herden, rückläufig, während bei Mikrowellengeräten und Geschirrspülern der Umsatz leicht gesteigert werden konnte.[138] Buderus nahm bei der Haushalt-Großgeräteherstellung hinter dem Marktführer, der Bosch-Siemens-Gruppe, mit einem Marktanteil von 15 bis 20 Prozent den zweiten Rang in Westdeutschland ein, hatte gegenüber den Mitbewerbern allerdings gewichtige Nachteile, da sich das Unternehmen überwiegend auf die Bedürfnisse der Möbelindustrie ausgerichtet hatte, d. h. vorwiegend Geräte für Einbauküchen mit einem geringen Exportanteil produzierte. Es gelang ihm trotz des Preiskampfes und Konsumrückgangs, seine Marktstellung zunächst zu behaupten.[139] 1989 wurde dann auch die Großkochfertigung aus dem Werk Herborn nach Burg verlegt; die Hallen wurden abgerissen.[140] Trotz Investitionen und Modernisierung gelang es der Buderus Küchentechnik GmbH nicht, im Wettbewerb Ende der achtziger Jahre zu bestehen.[141] Da die „weiße Ware" auch langfristig kaum Erfolgsaussichten in der Buderus-Gruppe hatte, wurden die Buderus Küchentechnik GmbH zum 1. Januar 1990 und die Senkingwerk GmbH sowie ihre in- und ausländischen Beteiligungen ebenfalls zum 1. Januar 1990 an den schwedischen Konzern Electrolux AB verkauft, der seine internationale Marktstellung durch den Kauf von kleineren Wettbewerbern ausbaute.[142]

Dagegen blieb die Buderus Sell GmbH ein wichtiger Bestandteil der Buderus-Gruppe und ließ auch langfristig gute Wachstumschancen erwarten, weil mit einem Anstieg der weltweiten Flugzeugproduktion zu rechnen war. Dementsprechend bemühte man sich, die Produktionskapazitäten für Flugzeugzubehör auszuweiten, während andere Entwicklungen, wie etwa ein Luftkissenboot, nicht weiterverfolgt wurden.[143] Den Geschäftsbereich Laboreinrichtungen, der seit dem Jahresbeginn 1989 ausschließlich von der Buderus Sell GmbH betrieben wurde, verkaufte man 1991. Besondere Bedeutung besaß dabei die Übernahme des Werkes Ludwigshütte von der Buderus Heiztechnik GmbH im Jahre 1990, nachdem der dortige Fertigungsbereich Luft- und Klimatechnik aufgegeben worden war. 1991 war das Programm zur Neugliederung der Produktion in den Werken Herborn und Ludwigshütte abgeschlossen. Ende 1990 gründete Sell mit der

Deutschen Airbus GmbH, Hamburg, das Gemeinschaftsunternehmen DASELL Cabin Interior GmbH mit Sitz in Hamburg. Der Tätigkeitsbereich des Unternehmens umfasst die Entwicklung, Herstellung und den Vertrieb, die Wartung und Reparatur von Kabineneinbauten für zivile Verkehrsflugzeuge und andere Transportmittel sowie damit verbundene Dienstleistungen und Tätigkeiten. Hierzu waren erhebliche Investitionen erforderlich. Mitte April 1993 wurde die Produktion in Hamburg-Finkenwerder aufgenommen. Mit ca. 200 Beschäftigten wurde bis Ende 1994 ein Umsatz von 50 Mio. DM angestrebt. Obwohl die reduzierten Produktionszahlen der Airbusflugzeuge für das Geschäftsjahr 1993/94 zu einem langsameren Hochlauf als geplant führten, stiegen die Umsätze in den folgenden Geschäftsjahren dauernd an. Bereits bei der Fertigstellung der tausendsten Lavatory im November 1995 waren die Anlaufverluste kompensiert.[144]

Da sich der Verfall des Dollarkurses seit 1990 auf den Ertrag der Buderus Sell GmbH negativ auswirkte, die einen Großteil ihres Umsatzes in Dollar abrechnete, schlugen sich die beträchtlichen Umsatzsteigerungen (1989: +45 Prozent, 1990: +18 Prozent, 1991: +16 Prozent) nicht in vollem Umfang im Ertrag nieder.[145]

Omniplast GmbH & Co.

Die Omniplast GmbH & Co. KG und ihre Tochtergesellschaften hatten zwischen 1978 und 1987 mit schwierigen Wettbewerbsverhältnissen zu kämpfen. Die starke Konkurrenz auf dem Markt für Kunststoffprodukte, insbesondere Rohre für die Bauindustrie, drückte auf die Erlöse der Gesellschaft. Zudem brachten die drastischen Ölpreiserhöhungen 1979 erhebliche Kostensteigerungen, die in den Produktpreisen weitergegeben werden mussten.[146] Als neuen Produktbereich übernahm die Omniplast 1980 von dem Juno-Geschäftsbereich der Buderus AG die Produktion glasfaserverstärkter Kunststofferzeugnisse (Tanks, Behälter) des Werkes Dieburg.[147] Insgesamt stiegen die Umsätze von 82,9 Mio. (1978) auf 127,2 Mio. DM (1980). Bereits Ende desselben Jahres wurde das Unternehmen von der Wirtschaftskrise erfasst, die vor allem den Baubereich stark in Mitleidenschaft zog. Seit 1983 besserte sich die Lage, allerdings nur im Tiefbaugeschäft. Die Produktion von Kunststoff-Baubahnen zur Grundwasserisolierung konnte daher ihre Bedeutung für das Produktionsprogramm der Omniplast erhöhen und war auch für die Investitionsentscheidungen des Unternehmens maßgebend. Bei den im Hochbau eingesetzten Erzeugnissen konnte die Omniplast dagegen zeitweise die niedrige Inlandsnachfrage durch höhere Exporte kompensieren und den Umsatz zwischen 1983 und 1987 um rund 20 Prozent steigern.[148]

Im Rahmen der Straffung der Produktpalette der Buderus-Gruppe wurden die Anteile an der Omniplast GmbH & Co. KG und ihrer in- und ausländischen Tochtergesellschaften im Juni 1988 an die Gruppe Atochem/Alphacan des französischen Elf Aquitaine-Konzerns verkauft.[149]

Edelstahlwerke Buderus AG

Das Geschäft der Edelstahlwerke Buderus AG entwickelte sich zwischen 1978 und 1990 positiv. Konjunkturell bedingte Einbrüche blieben aus. Lediglich die Produktionsbeschränkungen, die die EG-Montanbehörde seit 1980 aufgrund von Art. 58 EGKS für die Stahlindustrie verhängte, setzten dem Zuwachs Grenzen. Rückwirkend zum 1. Oktober 1980 wurde Edelstahl eine Produktionskürzung um 20,4 Prozent vorgeschrieben, so dass 1980 die Fertigung nur gering stieg und

1981 sogar zurückging.[150] Diese Maßnahme traf die Edelstahlwerke Buderus AG besonders hart, da mit den Umstrukturierungen der siebziger Jahre die Warmwalzkapazitäten bereits erheblich reduziert worden waren und damit eine gewisse Vorleistung erbracht worden war.

Rohstahlproduktion (in 1.000 t), Umsatz (in Mio. DM) und Belegschaft der Edelstahlwerke Buderus AG 1978–1991[151]

Jahr	Rohstahl	Umsatz	Belegschaft
1978	248,0	344,1	2.123
1979	289,7,	378,7	2.168
1980	291,5	409,9	2.132
1981	276,1	390,3	2.097
1982	289,6	420,5	2.037
1983	278,8	410,9	2.030
1984	313,3	450,2	2.065
1985	325,4	497,2	2.067
1986	319,6	471,8	2.071
1987	339,5	456,7	2.015
1988	340,3	496,9	2.032
1989	368,7	558,5	2.070
1990	368,3	548,9	2.068
1991	359,2	480,5	1.966

Das Unternehmen steigerte bis 1982 seinen Umsatz kontinuierlich um 25,9 Prozent auf 420,5 Mio. DM und bis 1989 auf 558,5 Mio. DM.[152] Davon entfielen durchschnittlich etwa 29 Prozent auf den Export.[153] Die Ertragslage wurde durch die Stahlkrise negativ beeinflusst. Infolge der erneut stark gestiegenen Ölpreise und widriger Förderbedingungen für die ausländischen Bergbaubetriebe zogen 1979 zudem die von dem Angebot und den Energiekosten (Transport, Umarbeitung) abhängigen Preise für Legierungen stark an.[154] Dennoch überstanden die Edelstahlwerke diese Zeit, ohne in ihren Bilanzen Verluste ausweisen zu müssen. Die an die Buderus AG abgeführten Gewinne fielen nie unter die Fünf-Millionen-Grenze und überschritten 1984 die Zehn-Millionen-Marke. 1989 wurden sogar 14,7 Mio. DM Gewinn an die Muttergesellschaft abgeführt.[155]

Damit schnitt die Edelstahlwerke Buderus AG deutlich besser ab als die meisten anderen Unternehmen der krisengeschüttelten Stahlindustrie.[156] Dieser Erfolg lag sicher in der rechtzeitigen Spezialisierung auf bestimmte Edelstahlqualitäten und auf Produkte mit spezifischen Eigenschaften begründet. Den Edelstahlwerken war das Eindringen in hochtechnologische Märkte gelungen. So produzierte das Unternehmen u. a. für die Nukleartechnik, den Kraftwerksbau, die Tiefbohrtechnik in der Ölindustrie, den Formen- und Gesenkbau, die Wehrtechnik und nicht zuletzt für den Pkw- und Nutzfahrzeugbau sowie dessen Zulieferindustrie. In diesen Bereichen hatten sich die Edelstahlwerke Buderus AG einen guten Ruf als flexibler und effizienter Spezialist erworben, der sehr viel kurzfristiger als die großen Stahlunternehmen liefern konnte.[157]

Der Ausbau der Kapazitäten in diesen Produktionsgebieten bildete auch einen Schwerpunkt des vierjährigen Investitionsprogramms (1981–1985), mit dessen Hilfe vor allem das Warmwalzwerk, die Freiformschmiede und die Gesenkschmiede modernisiert wurden. Ein wichtiges Element hierbei war die Installation einer neuen Pressenstraße mit einer 10.000-t-Presse 1982. Dadurch konnten u. a. Bauteile größerer Dimension (Schmiedeblöcke bis zu 120 t) für die Automobilindustrie und den Maschinenbau produziert werden. Aber durch die Aufstellung einer 2.500-t-Schmiedepresse wurde 1986 auch dem Modernisierungsbedarf bei der Herstellung kleiner und mittlerer Stückgewichte Rechnung getragen.[158] Ein Großbrand bei den Edelstahlwerken Buderus AG in Wetzlar am 15. April 1988 verzögerte ein mittelfristiges Investitionsprogramm, das den technischen Standard weiterentwickeln und die Produktivität erhöhen sollte, warf es aber nicht entscheidend zurück.[159] 1990 erhielten die Edelstahlwerke mit 47 Mio. DM sogar den Löwenanteil der Investitionen der Buderus-Gruppe, so dass eine 2.000-t-Freiformschmiedepresse und ein 160-t-Halbportalkran angeschafft und zahlreiche weitere Verbesserungen durchgeführt werden konnten.[160]

Um dem Bedarf an Edelstahlprodukten kleinerer Dimensionen besser begegnen zu können, richteten die Edelstahlwerke 1984 ein zentrales Lager in Wetzlar ein, den Werkzeugstahl-Zentralservice, der im Gegensatz zu dem in zwölf Geschäftsstellen des Unternehmens 1969 errichteten „Buderus-Edelstahl-Schnellservice" dem Kunden alle vom Werk produzierten Stahlqualitäten und die Möglichkeit zu deren Weiterbehandlung im Werk anbieten konnte. 1991 wurde dieses Lager durch ein neues Werkzeugstahl-Servicezentrum in Wetzlar ersetzt, das den Lieferservice vor allem im Hinblick auf die Herausforderungen des europäischen Binnenmarktes ab 1992 verbesserte.[161]

Zum Ende der achtziger Jahre herrschte eine günstige Konjunktur auf dem Edelstahlmarkt; in dieser Phase wurde auch das Grundkapital der Edelstahlwerke Buderus AG von 32,5 Mio. DM auf 36,5 Mio. DM erhöht. Während das Unternehmen den Umsatz 1988 um neun und 1989 um 13 Prozent steigern konnte, wurden 1990 die ersten Auswirkungen des Rückgangs der internationalen Stahlnachfrage und eines starken Preisdrucks auf dem inländischen Markt durch Importe, vor allem aus Osteuropa und Südamerika, spürbar. Zwar gelang es zunächst noch, die gute Ertragslage zu halten, aber der Umsatz ging um zwei Prozent zurück. Der Trend verstärkte sich 1991 mit einem Rückgang um 12,5 Prozent, wozu sinkende Absatzmengen und fallende Inlandspreise beitrugen.[162]

Abgesehen von der Modernisierung der Anlagen und einer Veränderung der Marketingkonzeption bemühten sich die Edelstahlwerke Buderus wie die Muttergesellschaft um Energieeinsparungen. Durch Umstellung verschiedener Wärmebehandlungsprozesse konnten einige Ofenanlagen verschrottet, modernisiert oder durch neue Öfen ersetzt werden. Der integrierten Nutzung der Abwärme aus Stahl-, Walz- und Hammerwerk wurde hohe Priorität eingeräumt. Zudem wurden die Energieverbrauchsströme durch modernste Techniken im Industrieofenbau verbessert. Außerdem installierte das Unternehmen mit 50-prozentiger Förderung aus dem Etat des Bundesforschungsministeriums 1980 eine Anlage zur Restwärmenutzung. Mit dieser Anlage werden Restenergien aus Kühlsystemen und aus Abwärme gesammelt und dem Werksheizungssystem zur Beheizung der Gebäude wie zur Erwärmung von Brauchwasser zugeführt.[163] Durch diese Umstellungen gelang es, die Edelstahlwerke erheblich von Kosten zu entlasten und den Ertrag zu verbessern.[164]

Vertriebsorganisation

Die Entwicklung der Vertriebsorganisation der Buderus AG verlief weitgehend positiv. Der Umsatz der BHG lag dank der starken Nachfrage durch Altbaumodernisierung und Neubautätigkeit 1980 um 27 Prozent über dem Wert des Jahres 1978. Infolge des Rückgangs der Baukonjunktur kam es in den folgenden beiden Jahren zu einer Einbuße von 5,2 Prozent. Der Anteil fremder Erzeugnisse am Außenumsatz stieg leicht an. Von 1983 bis Ende der achtziger Jahre wuchs der Umsatz erneut.[165] Maßgeblichen Anteil am Erfolg hatten die Geschäftsführer Otto Jung (1964–1986), der auch Geschäftsführer der BHG Berlin (1959–1986) war, und Ulrich Kippenberger (1968–1985). Beide schieden nach Erreichen des Pensionsalters aus.[166]

Zwischen 1978 und 1987 wurde das Niederlassungsnetz nicht weiter ausgedehnt, doch die Einrichtungen wurden weiter modernisiert. So stellte die Ferrum GmbH ihr Rechnungswesen 1980 auf die elektronische Datenverarbeitung um. Die BHG, die dies schon Jahre zuvor durchgeführt hatte, erweiterte ihre Lagerkapazitäten in den Außenstellen.[167] Insgesamt erwiesen sich die BHG und die Ferrum nach wie vor als effiziente Vertriebsorganisationen der Muttergesellschaft. Im Zuge der Umstrukturierung des Konzerns 1986/87 wurde die BHG in die neuen selbstständigen Gesellschaften der Buderus AG mit ihren jeweiligen Aktivitäten integriert und der Buderus Heiztechnik GmbH zugeordnet, um die Marktbearbeitung zu intensivieren und auf den schärferen Wettbewerb flexibel reagieren zu können.

Die Buderus Heiztechnik GmbH begann schon 1990 damit, das Niederlassungsnetz in Ostdeutschland aufzubauen: 1991 war sie bereits an den Standorten Erfurt, Leipzig, Dresden, Neubrandenburg, Magdeburg, Schwerin und Neukirchen/Pleiße etabliert und forcierte den weiteren Ausbau. Die BHG Berlin, die dort seit 1959 als selbstständige GmbH nahezu die gesamte Buderus-Produktpalette sowie das Juno-Programm vertreten und auch mit den DDR-Stellen bedeutende Umsätze abgewickelt hatte, wurde 1991 in die Buderus Heiztechnik GmbH integriert. Nach der Wiedervereinigung war es nicht mehr notwendig, sie in einer eigenen Rechtsform fortzuführen.[168]

9.5. Belegschaftsabbau, verkürzte Arbeitszeit, verbesserte Sozialleistungen

Während der Wirtschaftskrise zwischen 1978 und 1983 verringerte die Buderus AG ihre Belegschaft von 22.175 auf 20.348 Beschäftigte. Nach einem Anstieg 1984 nahm die Belegschaft durch den Verkauf von Beteiligungen und Tochtergesellschaften und durch Stilllegungen erheblich ab. Wegen der teilweise schwierigen Wettbewerbsbedingungen wurden Arbeitskräfte auch durch Rationalisierung freigesetzt. Jedoch erhöhte sich im Zuge der Wiedervereinigung der Personalbestand vor allem bei der Buderus Heiztechnik GmbH, die ihre Produktionskapazitäten in Lollar und Eibelshausen ausbaute, aber auch zwei Produktionsstätten in Ostdeutschland erwarb und ihre Vertriebsorganisation ausweitete, vor allem in den neuen Bundesländern.[169] Die personellen Änderungen wurden mit den Vertretern der Belegschaften abgestimmt. Dabei bewährte sich insbesondere die Zusammenarbeit mit der 1987 neugegründeten Arbeitsgemeinschaft der Betriebsräte, deren Vorsitzender Fritz Gimbel war.[170]

Die Belegschaften der beiden größten Tochtergesellschaften der Unternehmensgruppe, der

Edelstahlwerke Buderus AG und der Krauss-Maffei AG, entwickelten sich unterschiedlich. Während die Edelstahlwerke unter dem Eindruck der Wirtschaftskrise zwischen 1980 und 1983 wie die Buderus AG die Belegschaft reduzierten, konnte die bis 1984 zur Buderus-Gruppe gehörende Krauss-Maffei AG ihre Belegschaft erhöhen.[171]

Die Lohn- und Gehaltserhöhungen betrugen zwischen 1978 und 1991 im Durchschnitt rund vier Prozent im Jahr.[172] Ende 1983 forderten die Gewerkschaften, nach Ablauf des „Gemeinsamen Manteltarifvertrages für Arbeiter und Angestellte der Eisen-, Metall- und Elektroindustrie" (GMTV), der die 40-Stunden-Woche festlegte, zur 35-Stunden-Woche bei vollem Lohnausgleich überzugehen. Die Arbeitgeber boten dagegen Lohnerhöhungen an und forderten flexiblere Arbeitszeiten. Nachdem es nicht gelungen war, auf dem Verhandlungsweg einen Kompromiss zu finden, kam es 1984 zu dem härtesten Arbeitskampf, den die hessische Metallindustrie bisher erlebt hatte und dessen Auswirkungen auch auf die Produktion der Buderus AG groß waren. Das Ergebnis dieser Konfrontation waren eine Lohnerhöhung sowie die Herabsetzung der Wochenarbeitszeit von 40 auf 38,5 Stunden. Gleichzeitig wurde eine gewisse Flexibilisierung der Arbeitszeit vereinbart. Der neue GMTV ermöglichte die wöchentliche Beschäftigung eines Arbeitnehmers zwischen 37 und 40 Stunden. Die vereinbarte individuelle regelmäßige wöchentliche Arbeitszeit (IRWAZ) von 38,5 Stunden gemäß GMTV musste im Zweimonatsdurchschnitt erreicht werden. Die Ausdehnung der Arbeitszeiten für bestimmte Arbeitnehmergruppen in Bereichen mit Personalmangel oder in besonderen Stoßzeiten der Produktion war damit für die Unternehmen in dem vorgegebenen Rahmen möglich.

Außerdem ermöglichte der Tarifvertrag, die betriebliche Schichtzeit und die individuelle Arbeitszeit der Mitarbeiter voneinander zu lösen, um so die Anlagen besser auszulasten. Die Differenz zwischen Betriebsnutzungszeit und Arbeitszeit der Arbeitnehmer war durch Freistellung in Form von arbeitsfreien Stunden oder Tagen auszugleichen. Durch diese Regelungen wurden die Folgen der weiteren Arbeitszeitherabsetzung für die Arbeitgeber abgemildert.[173]

Trotz sinkender Beschäftigtenzahl stiegen die Ausgaben für die gesetzlichen, tariflichen und betrieblichen Sozialleistungen. Der Anstieg der gesetzlichen und tariflichen Sozialleistungen ging vor allem darauf zurück, dass der bezahlte Urlaub der Arbeitnehmer schrittweise auf sechs Wochen angehoben wurde, dass die Beitragsbemessungsgrenze in allen Bereichen der Sozialversicherung beinahe jährlich stieg, dass ferner die Beiträge zur Renten- und zur Arbeitslosenversicherung mehrfach erhöht und schließlich die tariflich vereinbarten vermögenswirksamen Leistungen 1980 heraufgesetzt wurden.[174]

Die betrieblichen Sozialleistungen umfassten vor allem die Kosten der Aus- und Weiterbildung, der betrieblichen Altersversorgung sowie Aufwendungen für die Ehrung der Jubilare. Die jährlichen Ausgaben auf diesem Gebiet erhöhten sich von 2.495 DM pro Mitarbeiter 1978 auf 3.605 DM 1986,[175] also um 45 Prozent. Eine starke Kostenbelastung war auch die Ausweitung der gesetzlichen und tariflichen Sozialleistungen. Diese Ausgaben erhöhten sich bei der Buderus AG pro Jahr von 13.151 DM pro Mitarbeiter 1978 auf 19.922 DM 1986, also um rund 51 Prozent. Diese Tendenz setzte sich in den folgenden Jahren fort. Die Personalzusatzkosten stiegen von 26.155 DM (1988) auf 31.686 DM (1991).[176]

Aus Anlass des 250-jährigen Bestehens der Buderus AG 1981 erhielt jeder Mitarbeiter eine einmalige Jubiläumszuwendung von durchschnittlich 813 DM. Ebenso wurden aufgrund der sehr guten Ertragslage des Unternehmens 1990 und 1991 einmalige freiwillige Sonderzahlungen an die Beschäftigten geleistet, die 1991 für die Buderus-Gruppe insgesamt 2,6 Mio. DM ausmachten.[177]

Große Bedeutung maß der Vorstand der Weiterbildung der Beschäftigten bei, vor allem im Zuge der Bemühungen um die Erhöhung des technischen Standards. Hohe Qualifikation der Mitarbeiter war eine wichtige Voraussetzung für den Erfolg des Unternehmens, denn nur so konnte es auf veränderte Anforderungen des Marktes schnell und flexibel reagieren. Dementsprechend wurden 1989 und 1990 jeweils rund elf bis zwölf Mio. DM für die Aus- und Weiterbildung im Rahmen interner und externer Schulungen und zur Gewinnung von qualifiziertem Nachwuchs aufgewendet, 1991 sogar 15 Mio. DM. 1990 legte die Buderus Heiztechnik GmbH ein Trainee-Programm auf.[178]

Am 1. Januar 1985 veränderte das Unternehmen die Organisation der betrieblichen Altersversorgung. Aufgrund einer Gesamtbetriebsvereinbarung übernahm die Buderus AG die bisher gegenüber der Unterstützungskasse für Arbeiter und Angestellte bestehenden Anwartschaften auf Versorgungsleistungen und räumte den Belegschaftsangehörigen, die zu diesem Zeitpunkt in einem Arbeitsverhältnis standen, und deren Hinterbliebenen einen Rechtsanspruch ein. Damit wurde die betriebliche Altersversorgung aus der Form der Unterstützungskasse gelöst und durch Direktzusagen des Unternehmens ersetzt. Die Unterstützungskasse blieb für die bisher von ihr betreuten Werksrentner zuständig. Im Zuge der Umstrukturierung des Konzerns gingen die Altersversorgungsverpflichtungen zum Teil von der Unterstützungskasse für Arbeiter und Angestellte der Buderus AG in Wetzlar e. V. unmittelbar auf die Trägergesellschaften der Unterstützungskasse über. Dafür wurden 1988 die entsprechenden Rückstellungen vorgenommen.[179]

9.6. Gute Ertragslage trotz einzelner Einbrüche

Die wirtschaftlichen Schwierigkeiten und gesellschaftsrechtlichen Veränderungen innerhalb der Buderus AG zwischen 1978 und 1991 schlugen sich auch bei der Ertragslage deutlich nieder.

Ertragsentwicklung des Buderus-Konzerns 1978 – 1991 (in Mio. DM)[180]

Jahr	1978	1979	1980	1981	1982	1983	1984
Jahresüberschuss	19,2	25,2	19,5	−25,1	7,2	14,6	12,4
Gewinnabführung an Obergesellschaft (nach Steuern)	18,7	24,5	19,0	−25,6	6,9	13,9	11,8
Cash-Flow (netto)	106,8	126,6	121,6	79,6	121,9	162,4	136,1
Cash-Flow (brutto)	–	–	–	–	–	–	–
Garantierte Dividende in %	12,0	12,0	12,8	12,6	12,0	12,0	12,6
Jahr	1985	1986	1987	1988	1989	1990	1991
Jahresüberschuss	20,3	5,9	12,2	−27,8	44,6	45,2	62,9
Gewinnabführung an Obergesellschaft (nach Steuern)	20,2	5,5	8,1	−29,0	27,8	14,2	49,0
Cash-Flow (netto)	117,7	104,4	127,2	163,0	164,0	156,0	236,6
Cash-Flow (brutto)	–	–	138,0	130,0	205,0	212,0	320,0
Garantierte Dividende in %	13,9	14,8	15,3	15,8	17,2	18,5	19,1

War die Ertragslage des Konzerns bis 1980 mit Jahresüberschüssen zwischen 19,2 und 25,2 Mio. DM (einschließlich Gewinnabführung nach Steuern bis zu 24,5 Mio. DM jährlich an die Friedrich Flick Industrieverwaltung KGaA) durchaus befriedigend, so verschlechterte sich die Gewinnsituation 1981 drastisch. Trotz leicht erhöhter Abschreibungen gegenüber dem Vorjahr sank der Cash-Flow von 121,6 Mio. DM 1980 auf 79,6 Mio. DM ein Jahr später. Zum Ausgleich der Verluste, die die Buderus AG aufgrund des Organschaftsvertrags von Krauss-Maffei AG übernahm, musste wiederum die Obergesellschaft den Verlust von 25,6 Mio. DM bei Buderus ausgleichen.[181] Die Eigenkapitalrentabilität, die 1978 noch 6,6 ein Jahr später sogar 8,6 Prozent betragen hatte, sank ins Minus. In den folgenden vier Jahren verbesserte sich die Ertragssituation allmählich wieder. Steigende Überschüsse (vor Netto-Gewinnabführungen an die Obergesellschaft) zwischen 6,6 und 20,2 Mio. DM jährlich kennzeichneten die finanzielle Situation des Konzerns bis 1985. Den gegenüber 1984 stark angestiegenen Überschuss (vor Ergebnisabführung) des Jahres 1985 beeinflussten vor allem die Erträge der Buderus AG aus dem Verkauf der Krauss-Maffei AG. Gleichzeitig wurden die Pensionsrückstellungen um 33,9 Mio. DM erhöht.[182] Deutliche Gewinnsteigerungen verzeichnete der Konzern von 1987 bis 1991. Die Neuordnung der Buderus AG in operative Gesellschaften und die Konzentration der Konzernaktivitäten auf die Kernbereiche waren dafür mitverantwortlich. Neben Netto-Gewinnabführungen an die Obergesellschaft konnte der Konzern daher nach 1987 auch umfangreiche Rücklagen bilden: 1989 15 Mio. DM Einstellung in die Rücklagen der Buderus AG, 1990 18 Mio. und 1991 15 Mio. DM Rücklagen bei der Buderus Heiztechnik GmbH und 12 Mio. DM bei der Edelstahlwerke Buderus AG.[183] Einen Gewinneinbruch verzeichnete der Konzern lediglich im Jahre 1988, da sich die Verluste im Bereich der Buderus Kundenguss GmbH sowie der Buderus Küchentechnik GmbH negativ auf den Jahresüberschuss auswirkten.[184]

Verluste musste die Buderus AG von der ehemaligen Hessischen Berg- und Hüttenwerke AG 1978, der Rittershaus & Blecher GmbH 1979, der Krauss-Maffei AG 1981, der Buderus-Handel GmbH in den Jahren 1981 bis 1983 und 1985, der Omniplast GmbH & Co. KG 1983 sowie dem Sieger Heizkesselwerk in den Jahren 1982 und 1984/85 übernehmen. Die Edelstahlwerke konnten ihre Ergebnisabführung an die Buderus AG kontinuierlich von 6,9 Mio. DM (1978) bis auf 12,3 Mio. DM (1986) erhöhen. Demgegenüber schwankten die Ergebnisse der Krauss-Maffei AG auch nach dem Verlustausgleich von 1981: Das Unternehmen führte vor seinem Verkauf (1985) 1982 und 1983 je 2,9 Mio. DM sowie 1984 4,4 Mio. DM Gewinn an die Muttergesellschaft ab.[185] Die von den Tochtergesellschaften überwiesenen Gewinne, die sich auf Beträge bis zu drei Vierteln der an die Friedrich Flick Industrieverwaltung abzuführenden Summe beliefen, hatten für die Muttergesellschaft allerdings nicht nur Vorteile. Die Buderus AG musste die Gewinne der Beteiligungen direkt an ihre Obergesellschaft weiterleiten, hingegen den Kapitaldienst zur Finanzierung der Beteiligungsbuchwerte selbst leisten, da der Beteiligungserwerb fremdfinanziert war. Dies belastete ihre Ergebnisse beträchtlich, z. B. betrug der entsprechende Kapitaldienst für das Geschäftsjahr 1991 rund 30 Mio. DM.[186]

Positive Auswirkungen hatte daher die Umstrukturierung der Buderus AG im Jahre 1987; denn nun wurde die finanzielle Lage der jetzt in eigenständigen Gesellschaften zusammengefassten ehemaligen Geschäftsbereiche der Buderus AG ganz deutlich. 1987 kletterten die Gewinnübernahmen gegenüber dem Vorjahr von rund zehn auf 54 Mio. DM und die Verlustübernahmen von 0,3 auf 34 Mio. DM. Hierbei zeigten die fünf aus der Muttergesellschaft ausgegliederten neuen

Gesellschaften ein sehr unterschiedliches Ertragsbild. Während die Heiz-, die Bau- und Abwassertechnik und die Buderus Sell GmbH mit insgesamt 38,6 Mio. DM zu den Erträgen aus Gewinnübernahmen der jetzt als Holding tätigen Buderus AG beitrugen, steuerten die Küchentechnik 26,7 Mio. und der Kundenguss 5,8 Mio. DM Verluste bei.[187] Damit erwies sich, dass die Bemühungen zur Modernisierung der Buderus AG, insbesondere in der Küchentechnik, vor 1987 nicht weit genug gegangen waren. Dementsprechend wirkte sich – neben den übrigen Restrukturierungsmaßnahmen – der Verkauf des Küchentechnikbereichs günstig auf die Ertragslage ab 1990 aus.

Die angespannte Ertragslage beeinträchtigte den Rahmen des Investitionsprogramms. Die Buderus AG hatte zur Durchführung der Umstrukturierung zwischen 1978 und 1980 jährlich durchschnittlich rund 70 Mio. DM in die Erneuerung der eigenen Anlagen investiert, was weit über dem durchschnittlichen jährlichen Abschreibungssatz von rund 44 Mio. DM lag. So waren es zwischen 1981 und 1983 jährlich durchschnittlich nur noch rund 46 Mio. DM, die nun durch die Abschreibungen des Unternehmens abgedeckt wurden. Erst seit 1984 stiegen die Investitionen erneut und erreichten 1987 mit 157 Mio. DM einen ersten Höhepunkt. Aber auch in den nächsten Jahren blieb das Investitionsniveau sehr hoch (1988: 142 Mio. DM, 1989: 124 Mio. DM, 1990: 102 Mio. DM) und lag ständig über den Abschreibungen (1988: 113 Mio. DM, 1989: 109 Mio. DM, 1990: 92 Mio. DM). 1991 wurde mit 211 Mio. DM sogar eine neue Spitzenmarke der Investitionen erreicht, die vor allem dem Auf- und Ausbau des Vertriebsnetzes in den neuen Bundesländern und der Kapazitätserweiterung im Heizungsbereich dienten.[188]

Während die Buderus AG die Anlagenzugänge im Wesentlichen über Abschreibungen und Fremdmittel finanzierte, flossen dem Unternehmen auch in dieser Periode umfangreiche Mittel von der Muttergesellschaft und aus der Veräußerung von Beteiligungen zu. So erhielten die Buderus AG und die Edelstahlwerke Buderus 1978 von Flick „Kapitalspritzen" in Höhe von 61,1 bzw. 25 Mio. DM aus den steuerfreien Erlösen des Verkaufs der Daimler-Benz-Aktien. Beide Unternehmen nutzten diesen Betrag noch im selben Jahr zu Kapitalerhöhungen: Die Edelstahlwerke stockten ihr Grundkapital von 20 auf 32,5 Mio. DM (1977/78) auf.[189] Eine weitere Erhöhung auf 36,5 Mio. DM erfolgte 1990.[190] Die Buderus AG erhöhte ihr Grundkapital von 85,6 auf 101,5 Mio. DM (1977/78) und stellte 45,2 Mio. DM in die Rücklagen ein.[191]

Bilanzstruktur des Buderus-Konzerns (in Mio. DM) 1978–1991[192]

Jahr	1978	1979	1980	1981	1982	1983	1984
Sachanlagen	384,7	436,0	472,9	478,3	469,6	444,7	444,0
Finanzanlagen[193]	26,4	26,5	34,0	29,9	30,4	29,7	27,7
Vorräte	486,6	557,4	631,4	689,9	620,0	642,9	679,9
Monet. Umlaufv.[194]	761,1	709,3	746,3	715,3	752,2	761,3	788,7
Eigenkapital	317,6	317,0	307,8	306,3	313,2	314,5	314,3
Sonderposten	25,8	25,0	17,2	16,0	22,9	24,4	24,2
Langfr. Fremdkapital	446,6	482,7	525,4	572,4	514,8	533,9	521,6
Kurzfr. Fremdkapital	902,7	937,6	1.060,0	1.046,3	1.057,8	1.043,8	1.118,0
Gesamtkapital	1.666,9	1.737,3	1.893,2	1.927,0	1.885,8	1.892,5	1.953,9

Jahr	1985	1986	1987	1988	1989	1990	1991
Sachanlagen	336,6	348,1	415,9	401,7	409,8	366,6	426,0
Finanzanlagen[193]	21,4	23,1	12,8	11,0	2,1	1,7	1,9
Vorräte	440,4	459,6	466,8	460,2	439,2	373,5	434,4
Monet. Umlaufv.[194]	554,1	570,3	570,3	604,1	644,5	637,4	765,0
Eigenkapital	284,8	283,9	284,3	277,7	293,0	335,2	362,0
Sonderposten	13,6	12,6	4,9	5,4	14,9	19,5	33,1
Langfr. Fremdkapital	527,8	487,4	461,8	483,5	464,0	403,5	409,4
Kurzfr. Fremdkapital	484,7	568,4	708,6	684,3	738,6	640,5	855,9
Gesamtkapital	1.297,3	1.339,7	1.454,7	1.445,5	1.495,6	1.379,2	1.627,3

Die Erträge aus dem Verkauf der Krauss-Maffei AG (1985) nutzte das Unternehmen u. a. zur Aufstockung seiner Rückstellungen um 61 Mio. DM.[195] Das Grundkapital in Höhe von 101,5 Mio. DM teilte sich in 77.700 Aktien zu je nominell 1.000 DM, 110.000 Aktien zu je nominell 200 DM und 18.000 Aktien zu je nominell 100 DM auf.[196]

9.7. Zusammenfassung

Zwischen 1978 und 1991 erlebten die Buderus'schen Eisenwerke zweimal – unter Berücksichtigung der Kapitalveränderungen bei der Feldmühle Nobel AG in den Jahren 1989 und 1990 indirekt sogar viermal – den Wechsel der Muttergesellschaft. Der bedeutendste Einschnitt war der Übergang auf die Nachfolgegesellschaft der Flick-Gruppe, die Feldmühle Nobel AG. 1986 verließ die FENO die Flick'sche Familiengesellschaft. Äußeres Zeichen der veränderten Bedingungen war die Umstrukturierung der Buderus AG in einzelne Gesellschaften, die unterschiedliche Geschäftsbereiche abdeckten. Seit 1986 führte das Unternehmen zudem ein umfassendes Rationalisierungsprogramm durch. Die Änderungen begannen u. a. mit dem Verkauf der im Werk Ewersbach angesiedelten Omnical. Es folgten die Stillegung des Werkes Burgsolms (1987), der Verkauf der Omniplast (1988), die Aufgabe der Luft- und Klimatechnik (1989), der Verkauf der Buderus Küchentechnik (1990) und schließlich die Stillegung des Werkes Ehringshausen (1992). Damit hatte sich das Unternehmen innerhalb eines halben Jahrzehnts nicht nur von einer seiner beiden ältesten Produktgruppen, in diesem Fall der Roheisenerzeugung, getrennt, sondern ebenfalls von zahlreichen, in der Unternehmenstradition verwurzelten Werken und Tochtergesellschaften. Gleichzeitig schärfte die Buderus-Gruppe ihr Profil durch Konzentration auf die Heizungstechnik, den Bau- und Kundenguss und die Edelstahlherstellung bzw. -verarbeitung. Der dadurch erreichte Effizienzgewinn und die Kosteneinsparungen wirkten sich auf den Unternehmenserfolg positiv aus.

10. Von der Konzern- zur Publikumsgesellschaft (1992–1995)

10.1. „Einheitsboom" und Rezession

Im Zentrum der deutschen Politik standen während der frühen neunziger Jahre zum einen die Bemühungen um den wirtschaftlichen Aufbau der neuen Bundesländer und zum anderen das Ziel, die politische, ökonomische und gesellschaftliche Integration Europas entscheidend voranzubringen. Dazu diente vor allem der Maastrichter Vertrag von 1992 über die Europäische Union. Beides geschah unter schwierigen wirtschaftlichen Rahmenbedingungen. Die Inflationsrate lag bei maximal vier Prozent (1994), die Arbeitslosigkeit war anhaltend hoch und betrug 9,2 Prozent in den alten Bundesländern und 16 Prozent in den neuen (1994), das Bruttoinlandsprodukt stagnierte bzw. war rückläufig.[1] Die Rezession von 1992/93 – vielfach als die schwerste der deutschen Nachkriegsgeschichte bezeichnet – schlug sich u. a. in stark rückläufigen Produktionszahlen der Metall verarbeitenden Industrie sowie des Fahrzeug- und Maschinenbaus nieder, einem wichtigen Absatzmarkt der Buderus AG. Sowohl gesamtwirtschaftlich als auch für die genannten Branchen zeichnete sich allerdings seit 1994 eine leichte, im Wesentlichen vom Export getragene Erholung ab; das Bruttoinlandsprodukt wuchs um 2,9 Prozent.[2] Das für die Buderus-Gruppe besonders wichtige Baugewerbe erlebte unabhängig von der schlechten Konjunktur eine Sonderkonjunktur und blieb im gesamten Zeitraum, vor allem durch die starke Bautätigkeit in den neuen Bundesländern, mit einem jährlichen Wachstum von etwa zehn Prozent auf einem hohen Niveau. 1995 zeichnete sich allerdings ein Ende des Baubooms ab.[3] Der Rückgang der Auslands- und Inlandsnachfrage, mangelnde Kapazitätsauslastungen, hohe Staatsdefizite, steigende Steuern und Abgaben sowie unsichere wirtschaftspolitische Rahmendaten erzeugten ein negatives Investitionsklima, so dass viele Unternehmen begannen, Produktionen ins Ausland zu verlagern. Aufgrund dieser Entwicklung entbrannte nach dem „Einheitsboom" von 1990/91 eine heftige Diskussion über die Wettbewerbsfähigkeit des Wirtschaftsstandorts Deutschland.[4]

10.2. Auf dem Weg zur Selbstständigkeit: Portfolio-Management, Investor Relations und die Erschließung neuer Märkte

Kontinuität und Wandel waren die wichtigsten Merkmale der Entwicklung von Buderus in den Jahren 1992 bis 1995. In drei Jahren kam es gleich zweimal zu wichtigen Besitzveränderungen. Zum 1. Januar 1992 wechselte der Großaktionär. Die Feldmühle Nobel AG gab ihre Aktienanteile an der Buderus AG an die Metallgesellschaft AG ab, so dass Buderus zu einem Teilkonzern unter dem Dach der neuen Holding wurde, der Metallgesellschaft Industrie AG (MGI), Düsseldorf. Der Beherrschungs- und Ergebnisabführungsvertrag, der seit 1965 zwischen Buderus und dem jeweiligen Großaktionär bestanden hatte, war zum 31. Dezember 1991 aufgehoben worden. Damit erlosch zugleich die Dividendengarantie für die freien Aktionäre. Mit dem Übergang der Buderus-Gruppe auf die Metallgesellschaft änderte sich auch die Zusammensetzung des Aufsichtsrats. Die von Vertretern der FENO besetzten Mandate wurden von der Metallgesellschaft AG übernommen. Zum Aufsichtsratsvorsitzenden wurde Dr. Heinz Schimmelbusch, Vorstandsvorsitzender der Metallgesellschaft, gewählt. Im Februar 1994 trat Dr. Karl-Josef Neukirchen an seine Stelle.[5]

Die Verbindung zu dem neuen Großaktionär bestand jedoch nur kurze Zeit. Gravierende wirtschaftliche Probleme bei der Metallgesellschaft zwangen den Konzern nach einer Finanzkrise im Dezember 1993[6] und vergeblichen Sanierungsversuchen Anfang 1994, seine Anteile von 79,9 Prozent an der Buderus AG zu verkaufen. Da sich Buderus bereits mit der Kapitalerhöhung von 1992 einem breiteren Publikum geöffnet hatte, wurden die Aktien – zur Sicherung der Unabhängigkeit der Gesellschaft – breit gestreut platziert. Buderus wurde damit – wie bereits vor der Ära Flick – wieder zu einem konzernfreien Unternehmen.[7]

Der Übergang zur Publikumsgesellschaft brachte erneut Veränderungen im Aufsichtsrat – die Vertreter der Metallgesellschaft wurden zum Teil durch Vertreter der Banken ersetzt –, den Vorsitz übernahm im September 1994 Dr. Heinrich J. Klein, ehemaliger Vorstandssprecher der Schott Glaswerke.[8] Gleichzeitig intensivierte die Buderus AG die Öffentlichkeitsarbeit. „Investor Relations" war das Stichwort, unter dem alle Maßnahmen zur Kapitalbeschaffung zusammengefasst wurden. Die Information der Aktionäre durch Presse, Finanzanalysen und Banken sowie die Transparenz der Unternehmensziele und -politik waren als „vertrauensbildende Maßnahmen" die wichtigsten Instrumente.[9]

Auf die innere Organisation des Konzerns hatte die Umwandlung in eine Publikumsgesellschaft keine Auswirkungen. Die unter einer Holding, der Buderus AG, zusammengefasste Buderus-Gruppe bestand seit Beginn des Jahres 1992 aus den vier Geschäftsbereichen Heizungsprodukte, Gussprodukte, Edelstahlerzeugnisse und Flugzeugzubehör, denen die jeweiligen Konzerngesellschaften zugeordnet waren.[10]

Niederlassung Berlin der Buderus Heiztechnik als Beispiel für die in den neunziger Jahren entstandenen Neubauten.

*Montage von Brennwertgeräten
bei Nefit Fasto durch Henri Schoppes und
Mark Weulink, um 1995.*

In der Unternehmenspolitik setzte der Vorstand auf Kontinuität. Der Rezession von 1992/93 wurde mit einem konsequenten Kostenmanagement und der Fortsetzung der Ende der achtziger Jahre entwickelten Strategie „Konzentration auf die Kernprodukte und Förderung profitabler Bereiche" begegnet: Buderus beschränkte sich auf solche Produkte, mit denen entweder die Marktführerschaft zu erreichen war oder Marktnischen erfolgreich besetzt werden konnten. Seit 1989 wurden alle Produkte und Gesellschaften einer markt- und ertragsbezogenen Portfolio-Analyse unterzogen, die darauf zielte, Investitionsvorhaben so zu gestalten, dass mittel- und langfristig nur gewinnbringende Produkte und Geschäftsbereiche weitergeführt wurden. Konsequenterweise wurde daher zum 1. Januar 1992 das Acryl-Sanitärprogramm der Buderus Guss GmbH an die Koralle Sanitärprodukte GmbH & Co., Vlotho, abgegeben, die zu einem der größten skandinavischen Sanitärunternehmen gehörte. Trotz guter Produktpalette war es für die Buderus Guss GmbH ein entscheidender Wettbewerbsnachteil, dass die Sanitärprodukte über den in Konkurrenz zur Buderus Heiztechnik stehenden Fachgroßhandel vertrieben wurden.[11] Die Rittershaus & Blecher GmbH, deren Umsatz sich seit 1992 aufgrund schwacher Binnennachfrage und finanzieller Engpässe öffentlicher Auftraggeber auf niedrigem Niveau bewegt hatte, wurde zur „strategischen Absicherung des Geschäfts" dieses Unternehmens an die KHD Humboldt Wedag AG, Köln, veräußert.[12]

Neben der Beschränkung der Produktpalette und der Konzentration auf das Kerngeschäft gehörten Modernisierungsinvestitionen, eine Verbesserung der Kostenstruktur, die Entwicklung umweltfreundlicher Produkte sowie die Stärkung und der Ausbau der Vertriebskapazitäten zur Strategie des Vorstands. Der Devise „Förderung profitabler Bereiche" folgend, verstärkte man die Aktivitäten im Bausektor, dessen Anteil am Gesamtumsatz von 1990 bis 1992 von 62 auf 72 Prozent ausgebaut wurde. Die Anteile der Bereiche Maschinen-, Fahrzeug- und Anlagenbau reduzierte sich.[13] Die Restrukturierung der Gießereien in Lollar, Staffel und Wetzlar, der Aufbau von Niederlassungen in den neuen Bundesländern, in Ost- und Westeuropa, der Erwerb der niederländischen Nefit Fasto Holding B.V., der Kauf des schweizerischen Großhandelsunternehmens

H. Huber & Co. AG sowie der niederländischen Nering Bögel B.V. zeugen von dieser Strategie. Mit den Firmen Huber und Nering Bögel übernahm Buderus langjährige Geschäftspartner.[14]

Abgerundet wurde dieses Vorgehen durch ein neues einheitliches Marketingkonzept, d. h. die Schaffung eines neuen „Corporate Design" für den Buderus-Konzern, trotz der Eigenständigkeit der Gesellschaften seit 1987. Damit trug der Vorstand der Tatsache Rechnung, dass den Endabnehmern nicht die Namen der Einzelgesellschaften, sondern die Wortmarke „Buderus" und die Farbe „Blau" ein Begriff geworden waren. Firmenlogo und -farbe, Geschäftspapiere, Fuhrpark und die Beschriftung der Gebäude wurden entsprechend gestaltet.[15]

10.3. Konzentration auf die Kernbereiche

Heizungsprodukte

Der Geschäftsbereich Heizungsprodukte, vertreten durch die Buderus Heiztechnik GmbH, die Sieger Heizkessel GmbH und die Buderus Austria Heiztechnik Ges.m.b.H., war in den Jahren 1992 bis 1995 das umsatzstärkste und ertragreichste Betätigungsfeld der Buderus AG. Ausgehend von einem Umsatz von 1,17 Mrd. DM und einem Gewinn vor Steuern von 81 Mio. DM im Geschäftsjahr 1991/92 konnten Umsatz und Ertrag bis zum Geschäftsjahr 1994/95 kontinuierlich bis auf 1,94 Mrd. DM bzw. 170 Mio. DM gesteigert werden.[16]

Alfred Röhrsheim, Niederlassung Gießen der Buderus Heiztechnik, beim Verkauf von Heizungszubehör, um 1995.
Bereits seit 1913 vertrieb die frühere Buderus'sche Handelsgesellschaft zur Abrundung der eigenen Produktpalette auch Heizungszubehör.

Titelblatt der Werkzeitschrift „Buderus Post" vom Dezember 1992 mit der Wartburg bei Eisenach und zwei dort eingebauten Buderus-Gas-Brennwertkesseln als Musterbeispiel für eine Heizanlagenmodernisierung in den neuen Bundesländern.

Umsatz (in Mio. DM) und Beschäftigte des Buderus-Konzerns 1992–1995[17]

Jahr	1992	1992/93	1993/94	1994/95
Umsatz	2.132,9*	2.768,9	2.993,7	3.111,8
Beschäftigte	11.934	10.718	10.549	10.442

* Wert für 9 Monate.

Diese positive Entwicklung hatte mehrere Ursachen. Erstens stärkte die gute Baukonjunktur den Absatz, die von den hohen Bauinvestitionen in den neuen Bundesländern sowie den – bis Dezember 1991 steuerbegünstigten – Modernisierungsinvestitionen in alte Heizanlagen in Westdeutschland getragen wurde. Darüber hinaus erschloss sich Buderus durch den Ausbau der in- und ausländischen Vertriebsbasis systematisch neue Märkte. In den neuen Bundesländern wurden

Das nach der grundlegenden Modernisierung des Werkes Neukirchen/Pleiße der Buderus Heiztechnik entstandene Foto zeigt die Druckprüfung der Flachheizkörper am Ende einer Fertigungsstraße. Andreas Below, Jörg Kiehl und Uwe Hempel.

Niederlassungen eröffnet und in Westdeutschland wurde die Vertriebsbasis erweitert. Um den Anforderungen, aber auch den Chancen des EU-Binnenmarktes sowie den politischen und wirtschaftlichen Umbrüchen in Osteuropa gerecht zu werden, wurden weitere Produktionsstätten und Handelsniederlassungen erworben bzw. aufgebaut.[18] So wurde im Frühjahr 1992 die Buderus Italia S.r.l., Mailand, als Vertriebsgesellschaft für heiztechnische Erzeugnisse gegründet.[19] Des Weiteren wurden neue Vertriebsgesellschaften in Frankreich, Polen, Ungarn und der Tschechischen Republik errichtet. Eigene Büros und ein Lager unterhielt Buderus in Salem, New Hampshire (USA).[20] Die bedeutendste Neuerwerbung aber war die niederländische Nefit Fasto Holding B.V., deren Produktpalette mit ihren wandhängenden Gas-Brennwertgeräten das Buderus-Programm von bodenstehenden Heizkesseln optimal ergänzte. Damit wandelte die Buderus Heiztechnik die bestehende Kooperation mit einem der bedeutendsten europäischen Hersteller dieses Marktsegmentes in eine 100-prozentige Beteiligung um. Durch gemeinsame Entwicklung und Vermarktung konnte Buderus in Europa sein Marktvolumen für heiztechnische Produkte nahezu verdoppeln.[21]

Zweitens stärkte das Unternehmen seine Wettbewerbsfähigkeit durch gezielte Investitionen zur Modernisierung, Rationalisierung und Kapazitätserweiterung in den Werken Hirzenhain, Eibelshausen und Lollar. In Lollar wurden eine automatische Formanlage und Europas größte Formsand-Aufbereitungsanlage installiert.[22] Der 1991 begonnene Ausbau des Werkes Neukirchen/Pleiße in Sachsen wurde fortgeführt. Durch die Errichtung von vier Hochleistungsfertigungslinien für Plattenheizkörper sowie ein Fertigwaren- und Versandlager entstand in Neukirchen die modernste Fertigungsstätte für Plattenheizkörper in Europa.[23]

Ein weiterer Grund für den Erfolg des Konzernbereichs Heizungsprodukte war die fortgesetzte Anpassung des Produktprogramms an die Erfordernisse des Marktes. Im Vordergrund standen die Qualitätssicherung,[24] systematische Forschung und die Weiterentwicklung der Produkte unter Berücksichtigung umweltrelevanter Faktoren (Schadstoffemission, Wirkungsgrad bei Heizungsanlagen)[25] sowie die anwendungsbezogene Optimierung der Heizsysteme (Modulbauweise, Entwicklung mehrerer Produktlinien).[26] Darüber hinaus trug der Abschluss eines Kooperationsvertrags mit der Unternehmensgruppe Standard dazu bei, die Produktpalette zu erweitern. Durch die Zusammenarbeit mit diesem in der Anlagentechnik tätigen Unternehmen war Buderus nun in der Lage, auch Großkessel zu liefern. Der Zusammenfassung der Forschungsaktivitäten, Produktentwicklung und Ingenieurleistungen auf dem Sektor wandhängender Geräte diente der Bau eines Forschungszentrums der Nefit Fasto 1993.[27]

Gusserzeugnisse

Die Umsatzentwicklung der im Bereich Gusserzeugnisse tätigen Gesellschaften, der Buderus Guss GmbH, Rittershaus & Blecher GmbH, Ferrum GmbH und der R & B Filtration Systems Inc. (USA), war uneinheitlich. Bis zum Geschäftsjahr 1992/93 stieg der Umsatz im gesamten Geschäftsbereich, weil der Tiefbausektor boomte, von dem die Sparten Gussrohr-, Entwässerungs- und Abscheidetechnik abhingen. Mit Hilfe zweistelliger Steigerungsraten gelang es, die von der Rezession verursachten Umsatzrückgänge in den Bereichen Automobilindustrie, Maschinen- und Anlagenbau zu kompensieren. In den neuen Bundesländern wurden 52 Prozent des Inlandsumsatzes erzielt. Darüber hinaus erhöhte sich auch der Gussrohrexport (Kuwait, Türkei). 1993/94 wandelte sich die Marktlage grundlegend. Das Nachlassen der Baukonjunktur sowie Konkurrenz von Billigimporten aus Osteuropa und China in der Sparte Entwässerungstechnik, anhaltende Konjunkturschwäche und geringe Investitionen der öffentlichen Hand führten zu Umsatzeinbrüchen im Tiefbaubereich, die durch eine gegenläufige Entwicklung im Fahrzeug- und Maschinenbau nicht ausgeglichen werden konnten.[28]

Umsatzrückgang war jedoch nicht gleichbedeutend mit Ertragsminderung. Trotz der rezessiven Entwicklung gelang es weiterhin, Gewinne zu erwirtschaften, die sich mit 33 bis 35 Mio. DM in etwa auf dem Niveau von 1991/92 bewegten. Wie bei der Buderus Heiztechnik konnte auch hier durch Maßnahmen zur Rationalisierung, Umstrukturierung und Qualitätsverbesserung sowie eine marktgerechte Produktpolitik die Wettbewerbsfähigkeit gesteigert werden: Im Werk Wetzlar wurde die Gussrohrfertigung modernisiert. Die Neustrukturierung der Sparte Entwässerungstechnik zielte auf eine Produktionsstruktur mit schlanken Fertigungsprinzipien. Dies wurde u. a. durch Einführung des vollen 3-Schicht-Betriebs an 245 Tagen im Jahr umgesetzt, ferner durch Modernisierung der Formanlagen und Bereinigungen des Programms, indem das Sphärogussprogramm vollständig auf Zulieferer umgestellt wurde, sowie durch den Zukauf von Sonderteilen und Straffung des Materialflusses. Die Fertigungsanlagen und Transportsysteme wurden weitgehend automatisiert und die Produktionshallen erneuert.[29] Aufgrund des steigenden Umsatzes von Bremsscheiben und -trommeln wurde die Bearbeitungskapazität für einbaufertige Pkw-Bremsscheiben erweitert.[30] Breidenbach hatte sich damit sukzessive von der Kundengießerei für den Automobilbau zum Spezialisten für Bremsscheiben entwickelt.[31] Mit der Gründung der Buderus Abscheiderfertigung GmbH, Köthen/Sachsen-Anhalt, durch die Buderus Guss GmbH im Jahre

Endabnahme eines Verdichter- und Turbinengehäuses (Hintergrund) durch die Mitarbeiter des südkoreanischen Auftraggebers im Jahre 1994. Hergestellt und einbaufertig bearbeitet von der Sparte Spezialguss der Buderus Guss.

1992 reagierte Buderus auf den hohen Nachholbedarf in den neuen Bundesländern auf dem Gebiet der Umwelttechnik.[32]

Die marktgerechte Anpassung der Produktpalette und die Qualitätssicherung[33] waren weitere Gründe für den Erfolg der Buderus'schen Gusserzeugnisse. Stark nachgefragte Produkte wie die Bremsscheiben für Nutzfahrzeuge wurden systematisch weiterentwickelt. Eine einstückig gegossene Bremsscheibe mit ABS-Polrad und eine belüftete Bremsscheibe mit Wellenanbindung zählten zu den wichtigsten Innovationen.[34] Für den Bereich Tiefbau wurde ein neues Vortriebsrohr für die grabenfreie Verlegung von Gussrohren entwickelt und 1993 mit Erfolg erprobt. Dieses Verfahren hatte bedeutende Vorteile, z. B. geringere Beeinträchtigung des fließenden Verkehrs, geringere Unfallgefahren, weniger Lärm- und Emissionsbelastung, geringere Erneuerungskosten für Straßenbeläge, Wegfall der Kosten für Aushub, Transport und Entsorgung großer Bodenmassen. 1994 wurde erstmals eine Wasserleitung mit Hilfe des so genannten FlowTex-Verfahrens unter Verwendung des Werkstoffs Gusseisen gebaut.[35] Produktverbesserungen erzielte Buderus auch durch Kooperation mit Mitbewerbern auf dem Forschungssektor. Zusammen mit den beiden anderen führenden Herstellern von Schachtkomponenten, AWK und Passavant, entwickelte die Buderus Guss GmbH neue, breitere Schachtabdeckungen, die den Anforderungen moderner Kanalreinigungstechniken entsprachen.[36]

Die Ferrum GmbH, die vor allem in Bayern und in den neuen Bundesländern im Rohrleitungsbau und dazugehörigen Handel tätig war, entwickelte sich bis 1993 positiv. Allerdings ging der Umsatz im Westen zurück. Produktion und Absatz der Ferrum GmbH wurden mit Wirkung vom 1. Oktober 1995 getrennt, indem die Gesellschaft in die Ferrum Handel GmbH (Handel und Agenturgeschäft) und die Ferrum Rohrleitungsbau GmbH aufgeteilt wurde, um die Kundenorientierung zu stärken und den Ausbau der Handelsaktivitäten zu erleichtern.[37]

Edelstahlerzeugnisse

Die Edelstahlwerke Buderus traf der konjunkturelle Abschwung in der deutschen Stahl- und Edelstahlindustrie hart. Steigende Importmengen aus Niedriglohn- und den ehemaligen Ostblockländern sowie die internationale und nationale Subventionspolitik führten in Verbindung mit dem Nachfragerückgang im Investitionsgüter- und Automobilbereich zu schärferem Wettbewerb. Einbußen bei Erlös und Umsatz waren die Folge. Im Geschäftsjahr 1992/93 hatten die Edelstahlwerke Buderus daher erstmals nach 20 Jahren einen Verlust in Höhe von 9,78 Mio. DM.[38]

Der Vorstand reagierte auf den Einbruch mit Maßnahmen zur Kostendämpfung, zur besseren Nutzung der neuen Anlagen aus dem Jahr 1991, zur kundenbezogenen Qualitätssicherung und der Einführung eines Qualitätsmanagements. Bereits im November 1992 erfüllten die Edelstahlwerke Buderus die Qualitätsanforderungen gemäß DIN ISO 9002. Die Investitionstätigkeit beschränkte sich auf Maßnahmen zur Verbesserung der Leistungsfähigkeit, des technischen Standards und einer rationelleren, umweltfreundlicheren Anlagenstruktur.[39]

Mit dem Geschäftsjahr 1993/94 besserte sich die Lage. Umsatzeinbußen in Europa konnten

Schmied Helmut Schlicht bei einer Warmkontrolle in der Gesenkschmiede der Edelstahlwerke Buderus, um 1993.

durch verstärkte Lieferungen nach Südostasien und Kostenminimierung (sinkende Mitarbeiterzahl, Rationalisierungsmaßnahmen mit kurzer Amortisationszeit) größtenteils kompensiert werden.[40] Ein Jahr später befanden sich die Edelstahlwerke mit einem Ertrag von 25 Mio. DM wieder in der Gewinnzone, Folge der Ausweitung des Exports, der trotz der im internationalen Vergleich höheren Personalkosten und trotz eines Kursanstiegs der DM, der die Wettbewerbsfähigkeit beeinträchtigte, erreicht werden konnte. Edelstahl Buderus partizipierte ferner an der günstigen Entwicklung im Automobilbereich, wie ein überdurchschnittlicher Umsatzzuwachs bei den Gesenkschmiedestücken zeigt, die vor allem im Nutzfahrzeugbau Verwendung finden. Nach dem relativ geringen Investitionsvolumen der Vorjahre – in diese Zeit fielen vor allem die Einführung von Methoden der computergestützten Qualitätssicherung und Produktionssteuerung – wurden 1994/95 insgesamt zwölf Mio. DM aufgewandt, um die Stahlproduktion zu rationalisieren und die Produktqualität zu verbessern. Mit dem Abschluss des Projekts „Rationalisierung der Rohstahlerzeugung", der Optimierung der Lager- und Lieferstruktur sowie weiteren Maßnahmen war ein Rückgang der Mitarbeiterzahl von 1.966 (1992) auf 1.493 (1994/95) verbunden. Im Geschäftsjahr 1993/94 wurde zudem eine neue Organisationsstruktur eingeführt; sie gliederte die Unternehmensbestandteile Stahlwerk, Walzwerk, Schmiede und Gesenkschmiede als Zentralbereiche bzw. Produktsparten und verlagerte Kompetenzen dezentral zu den jeweiligen Bereichen.[41]

Flugzeugzubehör

Für die Buderus Sell GmbH waren die Jahre 1992 bis 1995, wie für die gesamte Branche der Flugzeugzulieferer, eine wirtschaftlich äußerst schwierige Periode. Die Golfkrise hatte bereits 1991 zu einer starken Zurückhaltung der Fluggesellschaften geführt, so dass Aufträge storniert wurden. Budgetkürzungen in den Folgejahren verschärften den Wettbewerb. Flugzeugneubestellungen gingen drastisch zurück, z.T. weil Routen eingestellt wurden. 1994/95 wurden zwar erneut steigende Fluggastzahlen und Auftragseingänge registriert, doch mit 491 Stück erhöhte sich die Zahl der produzierten Maschinen 1995 gegenüber dem Vorjahr kaum. Weltweite Überkapazitäten bei den Zulieferern, der Kursverfall des US-Dollars und die im internationalen Vergleich hohen Personalkosten in Deutschland belasteten die Hersteller von Flugzeugzubehör stark.[42]

Die Buderus Sell GmbH blieb 1991 von Umsatzeinbrüchen noch weitgehend verschont. Das änderte sich in den folgenden Jahren. Bis zum Geschäftsjahr 1994/95 sanken die Umsätze kontinuierlich auf 90 Mio. DM, und erstmals mussten Verluste in Höhe von 19 Mio. DM verbucht werden.[43] Lediglich ein Geschäftszweig bildete eine Ausnahme: die 1992 durch die Buderus Sell GmbH und die Deutsche Airbus GmbH gegründete DASELL Cabin Interior GmbH, Hamburg. Sie nahm Mitte 1993 die Produktion von Lavatories für sämtliche Typen der Airbusfamilie auf, erwirtschaftete bereits 1993/94 rund ein Drittel des Gesamtumsatzes im Bereich Flugzeugzubehör und konnte im November 1995 die Anlaufverluste vollständig ausgleichen.[44]

Auf Umsatzrückgänge und die unbefriedigende Ertragslage reagierte die Geschäftsleitung mit Arbeitsplatz- und Kapazitätsabbau und der gesellschaftsrechtlichen Neuordnung der Sell zum 1. Oktober 1995 mit dem Ziel, durch die Verbesserung der produktspezifischen Marktbearbeitung die Wettbewerbsfähigkeit zu erhöhen und durch vermehrten Bezug von Produkten aus dem Ausland Kosten zu senken und Standortnachteile zu kompensieren.[45] Die Fertigungsstätte Ludwigshütte wurde zum 31. März 1995 geschlossen.[46] Aufgrund der sich stetig verschlechternden Absatzlage für Flugzeugkabinenausstattungen wurden die Sparten Bordküchen und Auftauöfen/Ersatzteile verselbstständigt. Mit den Bereichen Controlling/Rechnungswesen, Einkauf und Personal übernahm die Buderus Sell GmbH die Funktion einer Holding für die drei Gesellschaften Sell Galley GmbH, Sell Services GmbH und die DASELL Cabin Interior GmbH.[47]

Mit Hilfe gezielter Investitionen wurden Produkte verbessert und Standortnachteile beseitigt. So entwickelte Sell eine neue Generation von Auftauöfen mit speziellem Filter, die Rückwirkungen auf die Bordelektronik verhinderten, modulare Wasch-, Dusch- und Toilettenräume für den Komfortbereich und engagierte sich im Bereich Klimatisierung, Luftverteilung und Lärmreduzierung in den Besatzungsruheräumen der Langstreckenflugzeuge.[48] Mit dem Aufbau eines Montagewerkes in Wichita/Kansas (USA) im Jahr 1992 wurde die im Vorjahr begonnene Standortpolitik fortgesetzt. Bereits 1991 war die Buderus Sell Aviation Inc. gegründet worden, um der Bedeutung des US-Marktes sowie den Risiken der Wechselkursschwankungen (DM : Dollar) Rechnung zu tragen.[49] In Deutschland investierte Buderus rund drei Mio. DM in die Optimierung der Fertigungs- und Testvorrichtungen. Dies verschaffte Sell erhebliche Wettbewerbsvorteile bei Produktion und Entwicklung, da Buderus seitdem alle Prüfungen zur luftfahrttechnischen Zulassung selbst durchführen konnte.[50] Eine neue Hochgeschwindigkeits-Fräsmaschine brachte neben Einsparungen bei der Fräszeit und den Maschinenkosten auch eine merkliche Reduktion des Abfalls. Wesentlicher Vorteil waren jedoch Gewichtseinsparungen bei Bordküchen durch gezapfte und geklebte Werkstückverbindungen.[51] Trotz aller Bemühungen, die Wettbewerbsfähigkeit der Sell zu erhalten, entschloss sich der Buderus-Vorstand 1997, die Holding an das britische Unternehmen Britax Rumbold zu verkaufen. Nur so schien es möglich, langfristig die Marktposition des Unternehmens zu sichern.[52]

10.4. Kostenmanagement im Sozialbereich

Vor dem Hintergrund der Rezession und der intensiv geführten Diskussion über den Wirtschaftsstandort Deutschland war auch bei guter Ertragslage der Kostenfaktor Arbeit bei Buderus ein wichtiges Thema. Vom Rumpfgeschäftsjahr 1992 bis zum Geschäftsjahr 1994/95 stieg der Personalaufwand von 641,6 auf 839,3 Mio. DM. Damit waren die Personalkosten der inländischen Konzerngesellschaften – bezogen auf die bereinigte Lohn- und Gehaltssumme – von 184,2 bzw. 187,8 Prozent (1991 bzw. 1992) drei Jahre später auf 190,7 Prozent gestiegen.[53] Die im internationalen Vergleich hohen Personal- und Lohnzusatzkosten, die nach Berechnungen des Instituts der Deutschen Wirtschaft im Bundesdurchschnitt 1992 bei 84 DM je 100 DM Direktentgelt lagen, wurden im Wesentlichen durch gesetzliche Regelungen, z. B. die Sozialversicherungsbeiträge sowie die Entgeltfortzahlung im Krankheitsfall, Ausgaben für die betriebliche Altersversorgung (einschließlich erhöhter Rückstellungen), steigende Tariflöhne, aber auch durch vermehrten Bildungsaufwand verursacht.[54] Das Ziel des Vorstands, die Steigerung der Wertschöpfung pro Mitarbeiter über den aus den Tarifverträgen herrührenden Aufwandssteigerungen zu halten, konnte daher nicht immer erreicht werden. 1992/93 musste Buderus eine Minderung der Wertschöpfung hinnehmen. Die „Rezession hat die typisch deutschen Wettbewerbsschwächen, nämlich hohe Personalkosten und unflexible Arbeitszeiten, schonungslos aufgedeckt", so der Kommentar des Vorstandsvorsitzenden der Buderus AG, Dr. Hans-Ulrich Plaul, im Oktober 1993.[55] Durch gezielte Qualifizierung der Mitarbeiter, Reduzierung des Krankenstandes, Einführung flexibler Arbeitszeitmodelle, aber auch durch Personalreduzierung versuchte Buderus, die Standortnachteile auszugleichen. So sank die Zahl der Beschäftigten von 11.934 am Ende des Rumpfgeschäftsjahres 1992 auf 10.442 Beschäftigte am Ende des Geschäftsjahres 1994/95. Die Aufgabe oder der Verkauf diverser Produktionsbereiche, Personalabgänge infolge von Rationalisierung in den Bereichen Guss, Edelstahl und Flugzeugzubehör, Nichtverlängerung befristeter Arbeitsverträge und Vorruhestandsregelungen waren die Hauptursachen. Von diesem Trend war allerdings der Geschäftsbereich Heizungsprodukte ausgenommen, bei dem infolge des Aufbaus der Vertriebsorganisation in den neuen Bundesländern die Zahl der Mitarbeiter zunahm.[56]

Den steigenden Anforderungen an die Qualifikation der Mitarbeiter wurde mit einem neuen Ausbildungskonzept bei der Buderus Heiztechnik Rechnung getragen, wodurch den Arbeitnehmern in einem eigenen Lehrgang „Technik für Groß- und Außenhandelskaufleute" spezielles heizungs- und produktionstechnisches Wissen vermittelt wurde.[57] Bereits 1990 war ein Trainee-Programm für Hochschulabsolventen der Ingenieurwissenschaften eingerichtet worden.[58] Außerbetrieblich suchte Buderus durch Beteiligung an der Entwicklung und Finanzierung des ersten Lehrstuhls für Heiz- und Raumlufttechnik an der Universität Stuttgart qualifizierten, wissenschaftlichen Nachwuchs heranzubilden und zu fördern.[59]

Der Reduzierung des Krankenstandes, die angesichts des hohen Personalaufwands ein sehr wichtiges Ziel war, diente ein spezielles Konzept am Standort Wetzlar zur Förderung der Gesundheit. Zusätzlich zu den konventionellen Maßnahmen wie Aufklärung und regelmäßige Gesundheitsprüfung durch den Werksarzt wurden seit 1994 arbeitsplatznahe Gesprächszirkel und themenbezogene Arbeitskreise (Gesundheit, Sucht) gebildet sowie spezielle Schulungen für betriebliche Vorgesetzte zum Thema „Fehlzeiten" angeboten.[60]

Erste Fortschritte hinsichtlich der Arbeitszeiten brachte das Arbeitszeitgesetz vom 1. Juni 1994. Es erleichterte unter anderem die Flexibilisierung von Arbeitszeiten und schaffte Sonderregelungen für Frauen ab. Eine neue Arbeitszeitregelung vom Februar 1995 in den Werken Lollar und Eibelshausen ermöglichte es, Sonderschichten in den Saisonmonaten Juni bis Oktober zu fahren und die betriebliche Wochenarbeitszeit bei entsprechendem Freizeitausgleich zu erhöhen. Dies brachte mehr Flexibilität bei der Anpassung der Produktion an saisonbedingte Nachfragesteigerungen. Dagegen erhöhte das Entgeltfortzahlungsgesetz das Risiko für Unternehmen insoweit, als es auch geringfügig oder kurzzeitig Beschäftigten (Werkstudenten oder Ferienschülern) einen Lohnfortzahlungsanspruch im Krankheitsfalle einräumte.[61]

Grundlegende Änderungen ergaben sich für die Buderus'schen Betriebskrankenkassen durch das Gesundheitsstrukturgesetz aus dem Jahre 1992, das ab 1994 einen Kassenarten übergreifenden Finanzausgleich und ab 1996 die freie Kassenwahl für die Versicherten einführte. Der Risikostrukturausgleich belastete die Betriebskrankenkassen stark und führte zu höheren Beitragssätzen.[62] Am 1. Juni 1993 schlossen sich die BKK Buderus Hirzenhain und die BKK Buderus Wetzlar zusammen, da abzusehen war, dass die BKK in Hirzenhain aufgrund des Abbaus der Beschäftigten und der Vielzahl der Kassen auf Dauer nicht zu halten war.[63] Neben dem Finanzausgleich sorgte die Einführung der freien Kassenwahl für die Versicherten für veränderte Rahmenbedingungen. Um im Wettbewerb mit den anderen Kassenarten bestehen zu können, schlossen sich neun mittelhessische Betriebskrankenkassen zum 1. Januar 1996 zu der Betriebskrankenkasse Mittelhessen zusammen. Minimierung der Verwaltungskosten, Verbesserung des Leistungsangebots und Straffung der Organisationsstruktur waren die Hauptvorteile der Vereinigung.[64] Damit verloren die Buderus'schen Betriebskrankenkassen den Status als eigenständige Träger der gesetzlichen Krankenversicherung.

10.5. Konsolidierung der Kapitalstruktur

Im Mittelpunkt der finanziellen Entwicklung des Buderus-Konzerns von 1992 bis 1995 standen die Kapitalerhöhung des Jahres 1992, die Erträge und die Entwicklung des Aktienkurses, vor allem nach dem Verkauf des bei der MGI liegendem Buderus-Aktienpakets im Juni 1994. Vor dem Hintergrund der rezessiven Wirtschaftsentwicklung und im Hinblick auf die Öffnung des Aktionärskreises zielte die Politik des Vorstands auf eine Konsolidierung der Kapitalstruktur sowie eine Steigerung der Gewinne und Dividenden. Der weitgehende Verzicht auf kreditfinanzierte Investitionsprogramme und die Senkung des Verschuldungsgrads trugen wesentlich dazu bei, dass diese Ziele realisiert wurden. Von 1988 bis 1995 konnten die Bankverbindlichkeiten von 221 auf knapp 57 Mio. DM zurückgeführt werden.[65] Statt über Bankkredite wurden die umfangreichen Investitionen der Jahre 1992 bis 1995 über eine Kapitalerhöhung in Höhe von nominell 75,4 Mio. DM finanziert. Dies entsprach einer Erhöhung um 25 Prozent des Grundkapitals. Nachdem die Hauptversammlung der Buderus AG vom 20. Mai 1992 den Vorstand zur Ausgabe neuer Inhaberaktien und zur Neueinteilung des Grundkapitals (nun 50-DM- statt 100-DM-Aktien) ermächtigt hatte, wurden diese durch ein Bankenkonsortium unter Führung der Deutschen Bank vom 2. bis 4. Juni 1992 breit gestreut platziert.[66] Mit einem Eigenkapital von 529 Mio. DM erhöhten sich damit die Eigenkapitalquote des Konzerns 1992 von 20 auf 30 Prozent und der Deckungsgrad des Anlagevermögens von 77 auf 110 Prozent.[67] Mit einer durchschnittlichen Eigenkapitalquote von 28,25 Prozent und einem Deckungsgrad von durchschnittlich 104 Prozent des Anlagevermögens blieben diese Parameter bis 1995 auf relativ hohem Niveau.[68]

Ertragsentwicklung des Buderus-Konzerns 1992 – 1995 (in Mio. DM)[69]

Jahr	1992*	1992/93	1993/94	1994/95
Jahresüberschuss	66,9	57,8	81,4	95,4
Cash-Flow/DVFA/SG	180,2	210,3	243,5	245,1
Dividende	18%	26%	28%	30%

* Werte für neun Monate.

Auf der Basis dieser soliden Kapitalstruktur und der positiven Umsatzentwicklung im Konzern von 2,1 auf 3,1 Mrd. DM (1992 bis 1995) steigerte Buderus den Jahresüberschuss von 67 auf 95 Mio. DM und war daher in der Lage, die Ausschüttung an die Aktionäre sukzessive zu erhöhen. Statt 18 Prozent im neunmonatigen Rumpfgeschäftsjahr 1992 wurde für das Geschäftsjahr 1994/95 eine Dividende von 30 Prozent ausgeschüttet.[70]

Der Erfolg des Unternehmens spiegelte sich in der Kursentwicklung. Die Buderus-Aktie, die erstmals mit der Kapitalerhöhung des Jahres 1992 und schließlich mit der Platzierung des MGI-

Aktienpaketes an der Börse einem breiten Publikum zugänglich wurde, entwickelte sich sowohl im Vergleich mit dem Deutschen Aktienindex (DAX) als auch gegenüber baubezogenen Unternehmen überdurchschnittlich gut. Bereinigt um die Kapitalerhöhung des Jahres 1992 stieg die Notierung bis September 1995 um ca. 43 Prozent. Mit einem Kurs von 762 DM im November 1994 erreichte sie einen Höchststand, verlor aber bis zum Ende des Geschäftsjahres 1994/95 etwa 6 Prozent.[71]

10.6. Zusammenfassung

Die Jahre 1992 bis 1995, in denen die bundesdeutsche Wirtschaft mit Rezession und wachsender Arbeitslosigkeit zu kämpfen hatte, waren für die Buderus AG eine äußerst erfolgreiche Zeit. Ungeachtet der Veränderungen bei den Besitzverhältnissen verzeichnete der Buderus-Konzern, getragen vom weiterhin boomenden Baugewerbe, Umsatz- und Ertragssteigerungen, die die rezessionsbedingten Ertragsminderungen in den Geschäftsbereichen Flugzeugzubehör, Guss- und Edelstahlprodukte relativ problemlos kompensierten. Der geschäftliche Erfolg des Unternehmens war jedoch nicht allein konjunkturell bedingt. Die seit Ende der achtziger Jahre vom Vorstand verfolgte Strategie der Konzentration auf jene Kernbereiche, die die Marktführerschaft oder eine erfolgreiche Spezialisierung versprachen, wurde konsequent fortgeführt. Entscheidend für den Erfolg war ein umfassendes Kostenmanagement, zu dem eine marktorientierte Anpassung der Produktpalette, die Förderung profitabler Bereiche, die systematische Erschließung neuer Märkte im Zuge der Etablierung des EU-Binnenmarktes ebenso gehörten wie die gezielte Modernisierung der Fertigungsanlagen, die Qualifizierung der Mitarbeiter und die Konsolidierung der Kapitalstruktur. Die Rahmenbedingungen für den Übergang von der Konzern- zur Publikumsgesellschaft waren daher äußerst günstig. Steigende Erträge, Aktienkurse und Dividenden spiegelten den Erfolg des Konzerns wider.

11. Bilanz

Schon ein Vergleich der Buderus'schen Eisenwerke zu drei wichtigen Eckdaten ihrer Geschichte – 1932, 1970 und 1995 – verdeutlicht die grundlegenden Veränderungen der Unternehmensstruktur. Handelte es sich anfangs um ein gemischtes Hüttenwerk, dessen Umsatz zum größten Teil auf Bergbau und Verhüttung entfiel – die Gießereien trugen nur etwa ein Viertel bei –, so hatte sich dieses Bild bis zum Jahre 1970 nachhaltig gewandelt. Die „Buderus'schen Eisenwerke" waren zu diesem Zeitpunkt eine Unternehmensgruppe, die unter dem Dach einer Hauptgesellschaft fünf Untergesellschaften mit zahlreichen, meist in den fünfziger Jahren erworbenen Tochter- und Beteiligungsgesellschaften umfasste. Der Bergbau und die Roheisenherstellung spielten so gut wie keine Rolle mehr. Neue Produktionsbereiche wie die Kunststoff-, die Stahlverarbeitung sowie der Maschinen- und Fahrzeugbau waren wichtige Ergänzungen der Produktionspalette.

Ein Vierteljahrhundert später waren die Roheisenverarbeitung und der Bergbau schon lange eingestellt; darüber hinaus hatte sich die Buderus AG inzwischen wieder von zahlreichen Beteiligungen getrennt. Das Unternehmen konzentrierte sich nunmehr auf seine traditionellen Kernbereiche in der Metallweiterverarbeitung, wie die Herstellung von Zentralheizungsgegenständen, den Rohrguss und den seit den fünfziger Jahren intensivierten Kundenguss für die Automobilindustrie. Einen kräftigen Pfeiler der Unternehmensgruppe bildete nach wie vor die Edelstahlverarbeitung durch die Edelstahlwerke Buderus AG, vormals Stahlwerke Röchling-Buderus AG. Die Buderus AG selbst operiert nicht mehr als Produktions-, sondern lediglich als Holdinggesellschaft und verwaltet die auf einzelne Produktionsgebiete spezialisierten Tochtergesellschaften.

Die Fähigkeit, sich dem raschen Wandel der Produktionsbedingungen anzupassen, sicherte den Buderus'schen Eisenwerken an einem Standort fern der großen Industrie- und Bevölkerungszentren eine gute Position in der deutschen Industrie. Es war eine Stärke der Unternehmenspolitik, dass alle Unternehmensleitungen an bestimmten traditionellen Produktionsgebieten festhielten, die auch heute den Schwerpunkt der Aktivitäten bilden. Sie ermöglichten es damit, Know-how und Markterfahrung in den Produktionsbereichen zu sammeln, die letztlich dafür verantwortlich sind, dass sich das Unternehmen bis heute auf seinen Märkten behaupten kann.

Freilich war es den Buderus'schen Eisenwerken nicht immer möglich, ihr Verhalten allein an den wirtschaftlichen Verhältnissen zu orientieren. Sie wurden so stark wie wohl nur wenige deutsche Großunternehmen von den politischen Umwälzungen zwischen 1933 und 1945 und den ersten Nachkriegsjahren betroffen. Anfang der dreißiger Jahre musste Buderus zunächst mit den Schwierigkeiten der Weltwirtschaftskrise fertig werden. Eine Folge der Krise war der Zusammenschluss mit dem zweitgrößten lokalen Montanunternehmen, dem Hessen-Nassauischen Hüttenverein, zwischen 1932 und 1935. Für die Buderus'schen Eisenwerke brachte die Fusion eine erhebliche Stärkung ihrer Marktstellung, stimmte doch ihr Produktionsprogramm mit dem des Hessen-Nassauischen Hüttenvereins weitgehend überein. Die Bedeutung dieser Fusion für Buderus wird deutlich, wenn man sich vergegenwärtigt, dass sie dem Unternehmen u. a. die Werke Breidenbach und Eibelshausen einbrachte – Betriebsstätten, in denen Buderus noch heute produ-

Hans-Günter Ambrosius bei der Ultraschallprüfung großer Schmiedestücke in den Edelstahlwerken Buderus, um 1995.

ziert. Ferner stellte der Zusammenschluss mit dem Hüttenverein den Höhepunkt der Konzentrationswelle der Gießerei-Industrie im Lahn-Dill-Gebiet dar. Die Buderus'schen Eisenwerke waren auch in der Folgezeit der Kristallisationspunkt für weitere Konzentrationsbestrebungen in der Region, wie die Übernahme der Burger Eisenwerke AG im Jahre 1958 zeigt.

Allerdings ist dies eine der wenigen Kontinuitätslinien, die sich durch die dreißiger Jahre bis in die Nachkriegsentwicklung verfolgen lassen. Ansonsten wurden zwischen 1935 und 1945 Kontinuitäten der Unternehmensentwicklung wie nie zuvor und nie danach in ihr Gegenteil verkehrt oder von politischen Vorgaben überlagert. Dies gilt zunächst für die Entwicklung der Produktion. Zwar ermöglichte der Vierjahresplan (1936) den Buderus'schen Gießereien, ihre Leistung bedeutend zu erhöhen, doch je stärker das Unternehmen und seine Beteiligungsgesellschaft, die Stahlwerke Röchling-Buderus AG, in die staatlichen Rüstungsbestrebungen eingespannt wurden, desto mehr mussten sie alte Produktionszweige aufgeben und sich der Herstellung von Kriegsgütern zuwenden. Viele Investitionen dieser Zeit waren für die Nachkriegszeit verloren.

Der Anteil der Gießereiprodukte am Umsatz konnte zwar bis auf die Hälfte des Gesamtumsatzes gesteigert werden, jedoch dürfte ein großer Teil dieser Zunahme ebenfalls auf die Produktion von Kriegsmaterial entfallen sein. Im Vergleich zur traditionellen Friedensproduktion musste außerdem die Herstellung von Fertigprodukten hinter der Rohstoffproduktion zurückstehen. Diese Politik war den seit Beginn des 20. Jahrhunderts erkennbaren Bemühungen der Buderus'schen Unternehmensleitungen entgegengesetzt, die weiterverarbeitenden Betriebsteile zu stärken. Sie war in den dreißiger Jahren nur möglich, weil der Erzbergbau und die Roheisenproduktion, die am Ende der Weltwirtschaftskrise beinahe gänzlich zum Erliegen gekommen waren, von der nationalsozialistischen Autarkiepolitik einseitig und überproportional gefördert wurden; dies machte sie von den privatwirtschaftlichen Marktverhältnissen weitgehend unabhängig und verhalf ihnen kurzfristig zu großem Aufschwung.

Eine ökonomische Ausnahmesituation bestand auch nach Kriegsende. Die anfängliche Trennung der westdeutschen Wirtschaft von den Auslandsmärkten trotz des hohen Erz- und Roheisenbedarfs sicherte den Erzgruben und Hochöfen in den ersten Nachkriegsjahren gute Absatzbedingungen. Erst als die einheimischen Erze erneut mit den ausländischen Erzen konkurrieren mussten, als überdies 1958 ein Preisverfall auf dem internationalen Erzmarkt eintrat und zudem die staatlichen Subventionen für den hessischen Erzbergbau abgebaut wurden, setzte das Grubensterben erneut ein. Damit setzt sich die Entwicklung, die schon in den zwanziger Jahren ihren Anfang genommen hatte, fort.

Auf der personellen Ebene waren zwischen 1933 und 1945 vor allem die Veränderungen im Aufsichtsrat von Bedeutung. Die jüdischen Mitglieder wurden in den dreißiger Jahren durch Nationalsozialisten ersetzt. Der Vorstand dagegen wies starke Kontinuität gegenüber den Jahren vor 1933 auf. Die Belegschaft wurde vor allem während des Krieges umstrukturiert; eine wachsende Zahl von ausländischen Zivilarbeitern, Kriegsgefangenen und Zwangsarbeitern ersetzte die zur Wehrmacht einberufenen Stammarbeiter. Buderus war wie alle Unternehmen der Eisen- und Stahlindustrie in die Kriegswirtschaft des „Dritten Reichs" einbezogen.

In den ersten Nachkriegsjahren wurden die großen Verluste unter der Stammbelegschaft deutlich. Die Lücken konnten erst nach und nach geschlossen werden, hauptsächlich durch Flüchtlinge und Vertriebene aus Ostdeutschland. Der Vorstand wurde, mit Ausnahme von Wilhelm Witte, vollständig neu gebildet. Unter den neuen Mitgliedern befand sich auch der aus Schlesien stammende Franz Grabowski, der wie kein anderer aus diesem Gremium die Entwicklung der Buderus'schen Eisenwerke in der Nachkriegszeit prägte.

Beim Amtsantritt von Grabowski war das Unternehmen mit erheblichen „Hypotheken" belastet. So mussten die Produktion umgestellt und neu aufgebaut sowie die Engpässe der ersten Nachkriegsjahre bewältigt werden. Nun erwies sich der Standort abseits der großen Industriezentren wie kaum jemals zuvor als Vorteil, und zwar in zweifacher Weise: Erstens war das Unternehmen relativ unversehrt von feindlichen Bombenangriffen geblieben, weil die einzelnen Werke über das Lahn-Dill-Gebiet und Oberhessen verteilt waren. Zweitens erwies sich die Lage in der amerikanischen Besatzungszone als Vorteil, denn deren Militärverwaltung legte schon früh eine positive Einstellung zum wirtschaftlichen Wiederaufbau Deutschlands an den Tag. Zwar verursachte die Besetzung durch amerikanische Truppen zunächst große Schäden, doch schon bald erteilte die Militärregierung den Buderus'schen Eisenwerken die erforderlichen Genehmigungen, um die traditionelle Friedensproduktion wieder aufzunehmen. Am frühesten konnten die Erzgruben wieder mit der Förderung beginnen. Es folgten die Hochöfen, an deren Produktion die Besatzungsregierung im Interesse des wirtschaftlichen Aufbaus der eigenen Zone sehr interessiert war. Die Gießereien wandten sich erneut der Fertigung von Rohren, Heizkesseln, Öfen und Herden sowie von Produkten des Sanitär- und Kundengusses zu. Die von dem ehemaligen Vorstandsvorsitzenden Giesbert beabsichtigte Spezialisierung der Buderus'schen Eisenwerke auf den Maschinenguss wurde nicht realisiert.

Auch die Stahlwerke Röchling-Buderus AG konnte nach dem Zweiten Weltkrieg wieder an ihre traditionelle Produktpalette anknüpfen. Dieser größten Beteiligungsgesellschaft der Buderus'schen Eisenwerke kam die wohlwollende Haltung der amerikanischen Besatzungsregierung zugute, die dem Unternehmensvorstand bei der Abwehr der Reparationsforderungen half.

Ungeklärt blieb über lange Zeit das Verhältnis zu den Röchling'schen Eisen- und Stahlwerken, die durch die französische Sequesterverwaltung abgetrennt waren. Faktisch bestand zwischen ihnen und der Stahlwerke Röchling-Buderus AG seit 1945 keine engere Verbindung mehr, so dass der Übergang der Röchling'schen Beteiligung an der Stahlwerke Röchling-Buderus AG auf die Buderus'schen Eisenwerke 20 Jahre später eigentlich nur die Sanktionierung der schon durch das Kriegsende vollzogenen Trennung war. Wenn hieraus erst 1965 Konsequenzen gezogen wurden, so in erster Linie deshalb, weil die Unternehmensleitungen sowohl der Röchling'schen Eisen- und Stahlwerke als auch der Buderus'schen Eisenwerke über lange Zeit vornehmlich in die Auseinandersetzung mit Besatzungs- und Landesbehörden verwickelt blieben. Den Buderus'schen Eisenwerken drohte die Verstaatlichung, seitdem die neue hessische Landesregierung, überzeugt von der Notwendigkeit, die Wirtschaft stärkerer Kontrolle durch den demokratischen Staat zu unterwerfen, den Entschluss gefasst hatte, die Buderus'schen Eisenwerke in ihre Sozialisierungspläne einzubeziehen. Zwar konnte der Vorstand die Sozialisierung nicht völlig verhindern, doch bei der Durchführung des Sozialisierungsartikels 41 der hessischen Verfassung setzte er seine Interessen gegenüber der hessischen Landesregierung weitgehend durch. So stand bereits 1948 fest, noch bevor die Amerikaner die Buderus'schen Eisenwerke unter den Schutz ihrer Entflechtungsgesetze stellten, dass die Sozialisierung nur die Rohstoffbetriebe betreffen würde, so, wie es der Buderus-Vorstand forderte. Dank der langen Unterstellung der Buderus'schen Eisenwerke unter die Gesetze Nr. 75 und Nr. 27 wurden alle Sozialisierungsmaßnahmen so lange von der amerikanischen Militärregierung eingefroren, bis der Entwurf des Sozialisierungsgesetzes des hessischen Wirtschaftsministers Koch endgültig vom Landtag abgelehnt worden war. Das Ergebnis war die Gründung einer gemischtwirtschaftlichen Gesellschaft, der Hessischen Berg- und Hüttenwerke AG (Berghütte), bei der die Buderus'schen Eisenwerke die Sperrminorität hatten und so über ein wirksames Instrument verfügten, die Unternehmenspolitik mitzugestalten.

Was hatte der Buderus-Vorstand mit dieser Lösung erreicht? Die weiterverarbeitenden Betriebe blieben privat und konnten sich in Zukunft ohne staatliche Einflussnahme entwickeln. Dafür mussten sich die Buderus'schen Eisenwerke jedoch von den Rohstoffbetrieben trennen. Die beträchtliche Entschädigungssumme für die Abtretung dieser Betriebsteile an das Land Hessen verwendete das Unternehmen zusammen mit anderen Finanzmitteln dazu, die Krauss-Maffei AG zu erwerben. Damit zeigte der Vorstand besonderes Gespür für das Potenzial einer Gesellschaft, die mit Ausnahme des Omnibusbaus sehr erfolgreich arbeitete.

Für die Rohstoffbetriebe hatte die neue Selbstständigkeit jedoch fatale Folgen. Ihre Verluste wurden nicht mehr durch die Gewinne der Buderus'schen Gießereien und des Zementwerks gedeckt. Die Geschäftsentwicklung der Berghütte verlief damit nur so lange zufriedenstellend, wie der Erzbergbau und die Roheisenproduktion des Unternehmens von der Sonderkonjunktur des ersten Nachkriegsjahrzehnts profitierten und auf ihren Absatzmärkten durch ausländische Konkurrenz nicht nachhaltig beeinträchtigt wurden. Ende der fünfziger Jahre leiteten jedoch die Aufhebung der Eisenbahnausnahmetarife für das Lahn-Dill-Gebiet, der Preisverfall am Seefrachtenmarkt und der Preisrückgang auf dem internationalen Eisenerzmarkt den Niedergang des heimischen Erzbergbaus ein. Zur selben Zeit geriet die Roheisenerzeugung durch Niedrigpreisimporte in wirtschaftliche Schwierigkeiten. Somit bot keiner der Geschäftszweige der Berghütte

Endprüfung einer Pkw-Bremsscheibe im Werk Breidenbach der Buderus Guss, Prüfer Matthias Weidemann im Jahre 1995.

günstige Perspektiven. Ihre Rückgliederung in die Buderus'schen Eisenwerke war schließlich die einzige Möglichkeit, die Rohstoffbetriebe zu erhalten. Allerdings konnte diese Maßnahme infolge der damit verbundenen politischen und verfassungsrechtlichen Probleme erst 1965 erfolgen. Die inzwischen entstandenen Verluste trug überwiegend das Land Hessen.

Mit dem Rückkauf der Berghütte kamen mehrere Kapitel in der Geschichte der Buderus'schen Eisenwerke zum Abschluss. Sozialisierungsfragen spielten nun keine Rolle mehr. Außerdem lösten sich die Buderus'schen Eisenwerke von ihrem langjährigen Partner bei der industriellen Führung der Stahlwerke Röchling-Buderus, den Röchling'schen Eisen- und Stahlwerken in Völklingen. Die Wetzlarer Stahlwerke, jetzt Edelstahlwerke Buderus AG, gehörten künftig vollständig der Buderus-Gruppe an.

Auch die Kapitalverhältnisse der Buderus'schen Eisenwerke hatten sich verändert. Seit 1956 lag die Aktienmajorität des Unternehmens nicht mehr bei Kleinaktionären, sondern in den Händen des Flick-Konzerns. Dieser bezog die Buderus-Gruppe in seine langfristige Konzernstrategie ein, die er schließlich 1965 abschloss. Die Buderus'schen Eisenwerke und ihre Tochter- und Beteiligungsgesellschaften wurden durch ein System von Beherrschungs- und Gewinnabführungsverträgen in den Flick-Konzern integriert und übernahmen Aktiva und Passiva der hochverschuldeten Flick'schen Metallhüttenwerke Lübeck GmbH im Wege der Fusion.

Wenngleich dies für das Unternehmen eine schwere Hypothek war, brachte die Verbindung mit den Gesellschaften des Flick-Konzerns der Buderus-Gruppe auch Vorteile, etwa den konsequenten Ausbau des Automobilgusses, der unter den Beteiligungsgesellschaften der Flick-Gruppe Abnehmer fand. Ferner unterstützte der Flick-Konzern den Vorstandsvorsitzenden Grabowski bei den

Bemühungen, die Berghütte wieder zu übernehmen. Außerdem gelang es der Buderus-Gruppe 1958, die Burger Eisenwerke AG sozusagen im letzten Moment zu integrieren, bevor die amerikanische Philco Corporation den Zuschlag erhielt. Seit 1956 konnte der Buderus-Vorstand allerdings keine langfristig wirksamen Entscheidungen mehr ohne Zustimmung der Flick-Zentrale fällen.

Die ersten beiden Nachkriegsjahrzehnte verliefen für die Buderus'schen Eisenwerke ohne größere Einbrüche. Das Unternehmen musste sich zwar mit der relativen Verengung des Absatzmarktes für Gießereiprodukte auseinandersetzen und Substitutionsprodukte in das Produktionsprogramm aufnehmen, was zu einer starken Expansion durch Neugründung und Kauf von Beteiligungen führte. Dank der allgemein hohen Wachstumsraten blieb Buderus jedoch von einer Krise verschont. Erst in der zweiten Hälfte der sechziger Jahre – beginnend mit der Wirtschaftskrise 1966/67 – wurde deutlich, dass beim Produktionsprogramm der Unternehmensgruppe Verlustquellen ausgeschlossen werden mussten, um das Ergebnis zu verbessern. Durch den Ölpreisschock wurden die Buderus'schen Eisenwerke mit der ersten größeren Nachkriegskrise konfrontiert, die sich auf das Unternehmen auch deshalb besonders heftig auswirkte, weil sie zu einer abrupten Veränderung des Energiemarktes führte, von dem der Absatz zahlreicher Produkte abhing. Konkurrenz durch Substitution und Billigimporte kamen hinzu. Alle diese Probleme machten sich angesichts des Absatzeinbruchs schmerzhafter denn je bemerkbar und führten im Jahr 1975 zu einem Rekordverlust.

Die Unternehmensleitung sah sich daher seit Beginn der siebziger Jahre gezwungen, ihre Strategie zu ändern. Statt weiterhin auf Expansion und Diversifikation zu setzen, verbesserte sie die überkommenen Organisationsstrukturen mehr und mehr und konzentrierte sich auf die profitablen Konzernbereiche. Dieser kontraktive Prozeß begann im Grunde bereits 1970 mit der Einführung eines neuen Organisationsplans, der der späteren Aufgliederung der Buderus AG in mehrere Gesellschaften nach den jeweiligen Geschäftsbereichen entsprach.

Am härtesten war der Rohstoffsektor von den Rationalisierungserfordernissen betroffen. Die letzte Buderus'sche Erzgrube Falkenstein wurde 1973 stillgelegt. Wenige Jahre später bereitete sich das Unternehmen mit dem Verkauf der Metallhüttenwerke Lübeck GmbH und der Umwandlung der Berghütte auf den Ausstieg aus der Roheisenproduktion vor. Der letzte Hochofen wurde jedoch erst 1981 ausgeblasen. Was die Gießereibetriebe anlangt, so waren die Bemühungen der Unternehmensleitung zunächst primär darauf gerichtet, durch Rationalisierungs- und Modernisierungsinvestitionen den Standard der Werke zu heben und, wo möglich, gleiche Fertigungen auf Schwerpunktwerke zu verlagern, so wie 1958 Eibelshausen zum zentralen Werk für die Ofenproduktion und Burg zum Zentrum der Stahlblechverarbeitung ausgebaut worden waren. Von den Gießereien war zunächst nur das Werk Essen-Kray existenziell von der Rationalisierung betroffen, das 1971 stillgelegt wurde. 1974/75 wurden dann die Werke Wilhelms-, Amalien- und Schelderhütte geschlossen sowie die Gießerei im Werk Ludwigshütte. Die Produktionsvolumina wurden, soweit es sich um rentable Erzeugnisse handelte, in anderen Werken zentralisiert, so beispielsweise Serien-Kundenguss im Werk Breidenbach, das damit zum Spezialwerk für den Automobilguss avancierte. Die Neuordnung der Produktion wurde schließlich durch die Anpassung des Verwaltungsbereichs an die veränderte Werks- und Produktionsstruktur ergänzt. Die Umwandlung mehrerer bislang selbstständiger Unternehmensteile auf die Buderus'schen Eisenwerke – Omnical GmbH 1970, Burger Eisenwerke 1976, Hessische Berg- und Hüttenwerke AG 1977 – sollte die Organisation straffen und die Verwaltungskosten senken.

Endmontage von Gussheizkesseln im Werk Lollar durch Hartmut Weber, Stefan Rühl und Martina Guril, um 1995.

Mitte der achtziger Jahre zeigte sich jedoch, dass diese Maßnahmen nicht einschneidend genug waren, um dem Unternehmen seine einstige Ertragskraft und Bestandsfähigkeit zurückzugeben. Diese Einsicht wurde auch durch eine andere Entwicklung gefördert. Im Jahr 1986 wechselte die Muttergesellschaft des 1977 in Buderus AG umbenannten Gießereiunternehmens, nachdem Friedrich Karl Flick, der die Nachfolge seines Vaters als Konzernchef angetreten hatte, sich vom industriellen Teil seines Besitzes getrennt hatte. Die Feldmühle Nobel AG, die aus dieser bis dahin größten Börsentransaktion seit Kriegsende hervorging, hielt fortan die Aktienmajorität an der Buderus AG. Diese hatte sich bereits 1987 stark verändert: Die Krauss-Maffei AG war in Verbindung mit dem Börsengang Flicks verkauft worden. Um die Effizienz der Produktionsbereiche zu stärken und Verwaltungskosten zu senken, wurde Buderus in fünf Gesellschaften mit beschränkter Haftung aufgespalten, die jeweils einen Geschäftsbereich abdeckten. Die Buderus AG übernahm seither die Funktion einer Holdinggesellschaft.

Mit dem kompletten Wechsel des Vorstands im Jahre 1988 änderte sich auch die Geschäftspolitik. Verlustquellen wurden nun konsequent beseitigt. Werke, die die Geschichte von Buderus lange Zeit geprägt hatten, wurden wegen Unrentabilität stillgelegt. Zu erinnern ist in diesem Zusammenhang an das Werk Ehringshausen (1992) sowie an den Verkauf der Buderus Küchentechnik GmbH (1990). Konzentration auf jene Kernbereiche, die die Marktführerschaft oder eine erfolgreiche Spezialisierung versprachen, war die Devise des neuen Vorstands. Ein umfassendes Kostenmanagement mit marktorientierter Anpassung der Produktpalette, die Förderung profitabler Geschäftsbereiche durch gezielte Modernisierung der Fertigungsanlagen sowie die systematische Erschließung neuer Märkte im In- und Ausland waren neben der Konsolidierung der

Kapitalstruktur die entscheidenden Faktoren für den Erfolg von Buderus in der ersten Hälfte der neunziger Jahre. Auf der Basis dieser Unternehmensstrategie und begünstigt durch den „Wiedervereinigungsboom" in Deutschland erlebte die Buderus AG eine äußerst erfolgreiche Phase ihrer Geschichte. Steigende Umsätze und Erträge, hohe Aktienkurse und Dividenden spiegelten den Erfolg wider. Die Veränderungen in den Besitzverhältnissen – der Übergang von der Feldmühle Nobel AG zur Metallgesellschaft im Jahre 1992 und schließlich der Wandel von einer Konzern- zur Publikumsgesellschaft nur zwei Jahre später – hatten aufgrund der Kontinuität in der Geschäftspolitik keine negativen Auswirkungen. Aufbauend auf der konsequenten Restrukturierung der letzten Jahre hat das Unternehmen auch nach 265 Jahren bewegter Geschichte eine gute Perspektive, sich weiterhin erfolgreich am Markt zu behaupten.

12 Anmerkungen

1. Buderus und seine Geschichte

[1] Kolb, Hans Werner, Achtung vor der Tradition, in: Buderus AG (Hrsg.), Buderus Post. Jubiläumsausgabe der Buderus-Werkzeitschrift 1731–1981, Wetzlar 1981, S. 4 f.

[2] Buderus'sche Eisenwerke (Hrsg.), Vom Ursprung und Werden der Buderus'schen Eisenwerke Wetzlar, 2 Bände, München 1938. Die Teile des Werks wurden von Josef Ferfer, Hans Schubert und Georg Schache verfasst.

[3] Damit finden auch soziale Fragen nur insoweit Erwähnung, wie sie Bedeutung für die wirtschaftliche Tätigkeit des Konzerns erlangten. Daher wird z. B. die Mitbestimmung, anders als die Sozialisierung, nur kursorisch behandelt. Diese Eingrenzung ist auch deshalb gerechtfertigt, weil die Mitbestimmung bei den Buderus'schen Eisenwerken ohne größere Widerstände eingeführt wurde. Nach langen zwischen Vorstand und IG Metall auch vor Gericht geführten Auseinandersetzungen um die Anwendung des Montan-Mitbestimmungsgesetzes auf eine Beteiligungsgesellschaft, die Röchling-Buderus AG, wurde hiervon aufgrund fehlender Voraussetzungen schließlich 1983 abgesehen. Nach Auskunft des Buderus-Archivs.

[4] Allgemein zu diesem Industriezweig in der Region: Einecke, Gustav (Hrsg.), Der Bergbau und Hüttenbetrieb im Lahn- und Dillgebiet und in Oberhessen, Wetzlar 1932.

[5] Decker, Franz, Betriebswirtschaft und Geschichte, in: VSWG 53 (1966), S. 344–365, hier 346.

[6] Liedtke, Rüdiger, Wem gehört die Republik. Die Konzerne und ihre Verflechtungen. Namen, Zahlen, Fakten – Jahrbuch 1996, Frankfurt a. M. 1995, S. 296, 300.

[7] Als Grundlage für diesen Abschnitt hat mir freundlicherweise Herr Wieland Schneider eine Skizze der Entwicklung aus seiner Erfahrung als damaliges Vorstandsmitglied zur Verfügung gestellt.

[8] Über Archive und Bibliotheken zur Unternehmensgeschichte vgl. Jäger, Hans, Unternehmensgeschichte in Deutschland seit 1945. Schwerpunkte, Tendenzen, Ergebnisse, in: GG 18 (1992), S. 107–132, hier 109 f.

[9] Vgl. ABAG, Dietrich, Jochen, Aus der Geschichte des Eisenerzbergbaus an Lahn und Dill und in Oberhessen, Vortrag, o. O. o. J.; ABAG, ders., Der Bergbau der Buderus'schen Eisenwerke vom 1. 4. 1945 bis 31. 12. 1946, unveröffentlichtes Manuskript o. O. o. J.; ABAG, Festansprache anläßlich der Eröffnung des Wirtschaftskundlichen Museums in Dillenburg am 16. 9. 1983, unveröffentlichtes Manuskript, Dillenburg 1983; ABAG, Klemp, Klaus, Bergbau im Schelder Wald in der Nachkriegszeit (1945–1950), unveröffentlichtes Manuskript, Marburg o. J.; ABAG, Hofmann, Paul, Eisenwerke Ehringshausen im Wandel der Zeit, o. O. 1980; Schmidt, Otto, Entstehung und Weiterentwicklung des Werkes Lollar, unveröffentlichtes Manuskript, Lollar 1962/63, Bibliothek des Buderus-Informationszentrums Lollar.

[10] Vgl. ABAG, Kühle, Wolfgang, Chronologie und Dokumentation des Wiederaufbaus und der Sozialisierungspolitik der Buderus'schen Eisenwerke AG, unveröffentlichtes Manuskript, Wetzlar 1949.

[11] Rossmann, Witich, Panzerrohre zu Pflugscharen. Zwangsarbeit, Wiederaufbau, Sozialisierung, Wetzlar 1939–1956. Hrsg. von der Verwaltungsstelle Wetzlar der Industriegewerkschaft Metall, Marburg 1987; Jacobi-Bettien, Angelika, Metallgewerkschaft Hessen 1945–1948. Zur Herausbildung des Prinzips autonomer Industriegewerkschaften, Diss. Marburg 1981.

[12] Vgl. Rudzio, Wolfgang, Die ausgebliebene Sozialisierung an Rhein und Ruhr. Zur Sozialisierungspolitik von Labour-Regierung und SPD 1945–1948, in: AfS 18 (1978), S. 1–39; Steininger, Rolf, Reform und Realität. Ruhrfrage und Sozialisierung in der anglo-amerikanischen Deutschlandpolitik 1947/48, in: VfZ 27 (1979), S. 167–240; Schmidt, Eberhardt, Die verhinderte Neuordnung 1945–1952. Zur Auseinandersetzung um die Demokratisierung der Wirtschaft in den westlichen Besatzungszonen und in der Bundesrepublik Deutschland, Frankfurt a. M. 1970.

[13] Mühlhausen, Walter, Hessen 1945–1950. Zur politischen Geschichte eines Landes in der Besatzungszeit, Frankfurt a. M. 1985; Pohl, Reinfried, Die Sozialisierung in Hessen. Die Art. 39 bis 41 der Verfassung des Landes Hessen vom 11. Dezember 1946, Diss. Marburg 1954; Winter, Gerd, Sozialisierung und Mitbestimmung in Hessen 1946–1955, in: Ders. (Hrsg.), Sozialisierung von Unternehmen. Bedingungen und Begründungen, Vier rechts- und wirtschaftshistorische Studien, Frankfurt a. M. 1976, S. 121–153.

[14] Vgl. z. B. Beyer, Hans-Christoffer, Die verfassungspolitischen Auseinandersetzungen um die Sozialisierung in Hessen 1946, Diss. Marburg 1977; Kropat, Wolf-Arno, Hessen in der Stunde Null 1945/47 (hrsg. in Zusammenarbeit mit dem Hessischen Hauptstaatsarchiv), Wiesbaden 1979; Weiß-Hartmann, Anne, Der Aufbau und die Politik des Freien Gewerkschaftsbundes Hessen von 1945 bis 1949, Diss. Marburg 1976; Winkler, Dörte, Die amerikanische Sozialisierungspolitik in Deutschland 1945–1948, in: Winkler, Heinrich August (Hrsg.), Politische Weichenstellungen im Nachkriegsdeutschland 1945–1953, Göttingen 1979, S. 88–110, hier 93.

15 Hoerster-Phillips, Ulrike, Im Schatten des Großen Geldes. Flick-Konzern und Politik, Weimarer Republik, Drittes Reich und BRD, Köln 1985; Ogger, Günter, Friedrich Flick der Große, Bern u. a. 1971.
16 Kossmann, Wilfried, Edelstahl. Vom Werden eines Gewerbes, Düsseldorf 1959; Mareyen, Hansjost, Die Edelstahlindustrie Deutschlands unter besonderer Berücksichtigung ihres Standorts, Düsseldorf 1970.
17 Klingebiel, Ursula, Der westdeutsche Zementmarkt. Eine Untersuchung der Marktstruktur, zugleich ein Beitrag zur Analyse der Kartellierungsbestrebungen in der Zement-Industrie in der Bundesrepublik Deutschland, Diss. Marburg 1960.
18 Maurmann, Walter, Aus der Wirtschaftsgeschichte der Gießerei-Industrie in Deutschland. 100 Jahre Verbandsarbeit, Düsseldorf 1969.
19 Lammert, Franz, Das Verhältnis zwischen der Eisen schaffenden und der Eisen verarbeitenden Industrie seit dem Ersten Weltkrieg, Diss. Köln 1960; Stahltreuhändervereinigung (Hrsg.), Die Neuordnung der Eisen- und Stahlindustrie im Gebiet der Bundesrepublik Deutschland. Ein Bericht der Stahltreuhändervereinigung, München u. a. 1954.
20 Böhne, Erich, Der Deutsche Eisenerzbergbau, Essen 1960; Dietrich, Jochen, Die Geschichte des Buderus-Bergbaus von 1932–1973, Teil 1: 1932–1937, Sonderdruck aus der Buderus Post 1–4/1988, Wetzlar 1988; vgl. auch Fuchs, Konrad, Die wirtschaftlichen Strukturwandlungen im Lahn-Dill- und Sieg-Revier seit dem ausgehenden 19. Jahrhundert, in: Nassauische Annalen 81 (1970), S. 203–215; Industriegewerkschaft Bergbau und Energie, Abteilung Wirtschaft (Hrsg.), Der deutsche Eisenerzbergbau (Sonderdruck aus der Gewerkschaftlichen Rundschau), Bochum 1963.
21 Einecke, Gustav (Hrsg.), Der Bergbau und Hüttenbetrieb im Lahn- und Dillgebiet und in Oberhessen, Wetzlar 1932.
22 Lerner, Franz, Wirtschafts- und Sozialgeschichte des Nassauer Raumes 1816–1964, Wiesbaden 1965; Hahn, Hans-Werner, Der hessische Wirtschaftsraum im 19. Jahrhundert, in: Heinemeyer, Walter (Hrsg.), Das Werden Hessens, Marburg 1986, S. 389–430; Batelle Institut e.V., Frankfurt a. M. (Hrsg.), Gruppenwirtschaftliche Untersuchung über die Lage und Entwicklung der Heiz- und Kochgeräteindustrie in den Kammerbezirken der IHK Dillenburg und IHK Wetzlar, Oktober 1968; Nuhn, Helmut, Industrie im Hessischen Hinterland. Entwicklung, Standortproblem und Auswirkungen der jüngsten Industrialisierung im ländlichen Mittelgebirgsraum, Marburg 1965.

2. Die Buderus'schen Eisenwerke von ihrer Gründung bis zum Jahr 1932

1 Buderus'sche Eisenwerke, in: Der Volkswirt, Nr. 31 (1958), S. 1561–1563, hier 1561.
2 Außer der Stahlwerke Röchling-Buderus AG, die Breuer-Werk AG (100 %); die Buderus'sche Handelsgesellschaft (100 %); die Logana G.m.b.H., Wetzlar (100 %); Wetzlarer Bauverein GmbH (84 %); Gross & Co. G.m.b.H., Leipzig (50 %); vgl. BA Ko, RG 260 OMGUS 11/4-3/20.
3 Mareyen, Edelstahlindustrie, S. 39.
4 Stahltreuhändervereinigung, Neuordnung, S. 3.
5 Der Roteisenstein wird bei kalkiger oder neutraler Zusammensetzung als Flusseisenstein, bei mehr oder weniger saurer Beschaffenheit als gewöhnlicher Roteisenstein bezeichnet; Scheibe, Ernst Albrecht, Die Eisenerze des Lahn-Dill-Gebietes, in: Stahl und Eisen 70 (1950), Nr. 22, S. 954–956, hier 954.
6 Mannstaedt, Heinrich, Die Konzentration in der Eisenindustrie und die Lage der reinen Walzwerke, Jena 1906, S. 1; Nuhn, Industrie, S. 79; Friedensburg, Ferdinand, Das Erzproblem der Deutschen Eisenindustrie, Berlin 1957, S. 22; Dietrich, Jochen, Der Eisensteinbergbau im Lahn-Dill-Gebiet und in Oberhessen. Wirtschaftliche Fragen und ihre bergmännischen Grundlagen, in: Zeitschrift für Erzbergbau und Metallhüttenwesen 2 (1949), Heft 8, S. 225–256, hier 225 f.; Scheibe, Eisenerze, S. 954.
7 Schubert, Hans, Das Eisenhüttenwesen im Gebiet der mittleren Lahn und des Vogelsberges bis zu Beginn des 19. Jahrhunderts mit besonderer Berücksichtigung der durch die Familie Buderus betriebenen Eisenwerke, in: Buderus'sche Eisenwerke (Hrsg.): Vom Ursprung und Werden der Buderus'schen Eisenwerke Wetzlar, München 1938, Band 1, S. 1–193, hier 172, 178, 181.
8 Dietrich, Geschichte, S. 1.
9 Ferfer, Josef, Die neuere Geschichte der Buderus'schen Eisenwerke, in: Buderus'sche Eisenwerke (Hrsg.): Vom Ursprung und Werden der Buderus'schen Eisenwerke Wetzlar, München 1938, Band 1, S. 185–375, und Band 2, S. 1–180; Fremdling, Rainer, Eisenbahnen, in: Wengenroth, Ulrich (Hrsg.), Technik und Wirtschaft, Düsseldorf 1993, S. 418–437, hier 422; Hahn, Wirtschaftsraum, S. 397 f.; Dietrich, Geschichte, S. 1.
10 Nipperdey, Thomas, Deutsche Geschichte 1800–1866. Bürgerwelt und starker Staat, 5. A., München 1991, S. 8.
11 Die Eisenindustrie des Lahn-Dill-Gebiets führte erst nach der Verkehrsverbindung mit der Ruhr durch die 1862/63

gebaute Deutz-Gießener-Eisenbahn und die Lahnbahn von Wetzlar nach Koblenz den Kokshochofen ein; Ferfer, Neuere Geschichte, Band 1, S. 198.

12 Das Siemens-Martin-Verfahren wurde erst im 20. Jahrhundert zum dominierenden Verfahren der Stahlherstellung.
13 Der Phosphorgehalt der Lahn-Dill-Erze lag zwischen 0,2 und 0,6 %. Nur das Bohnerz der Grube Mardorf mit 0,06 % Phosphor konnte als phosphorarm bezeichnet werden; vgl. ABAG, Dietrich, Aus der Geschichte des Eisenerzbergbaus, S. 7; Ferfer, Neuere Geschichte, Band 1, S. 199.
14 Durch die Annexion Lothringens nach dem deutsch-französischen Krieg 1870/71 erhielt die deutsche Eisenindustrie Zugang zu den dortigen Minette-Erzen, deren Eisengehalt allerdings nur bei 30 % lag.
15 Ferfer, Neuere Geschichte, Band 1, S. 197; Böhne, Eisenerzbergbau, S. 19.
16 Vgl. Scheibe, Eisenerze, S. 955; Dietrich, Eisensteinbergbau, S. 229.
17 Vgl. Böhne, Eisenerzbergbau, S. 14 f.; zur Aufbereitung der Lahn-Dill-Erze vgl. Schumann, Carl, Das Dillgebiet und seine Eisenerze, insbesondere deren Aufbereitung, in: Stahl und Eisen 52 (1932), Nr. 12, S. 281–287; Dietrich, Joachim, Der manganarme Brauneisenstein in Hessen und die Aufbereitung der Lahn-Dill-Erze, in: Stahl und Eisen 70 (1950), Heft 26, S. 1205–1208.
18 Ferfer, Neuere Geschichte, Band 1, S. 199; Fuchs, Strukturwandlungen, S. 207; Hahn, Wirtschaftsraum, S. 418 f.
19 Ferfer, Neuere Geschichte, Band 1, S. 201.
20 Schache, Georg, Der Hessen-Nassauische Hüttenverein GmbH, Steinbrücken, später Ludwigshütte, in: Buderus'sche Eisenwerke (Hrsg.), Vom Ursprung und Werden der Buderus'schen Eisenwerke Wetzlar, München 1938, Band 2, S. 183–338, hier 234.
21 Wübbenhorst, Heinz/Engels, Gerhard, 5000 Jahre Gießen in Metallen. Fakten, Daten, Bilder zur Entwicklung der Gießereitechnik, Düsseldorf 1989, S. 109. Beispielhaft für diesen Umstellungsprozess war die Unternehmerfamilie Jung, die nach den Buderus'schen Eisenwerken über die größte Unternehmensgruppe des Lahn-Dill-Gebiets verfügte. Zwischen 1869 und 1898 stellte die Familie ihre Hüttenwerke vollständig auf die Weiterverarbeitung des Roheisens um. Da das eigene Roheisen für die moderne Stahlherstellung nunmehr ungeeignet war, legte die Familie Jung, die 1883 ihre Gesellschaften in der Aktiengesellschaft „Hessen-Nassauischer Hüttenverein" zusammenfasste, ihre veralteten Hammer- und Hüttenwerke still. Statt dessen spezialisierte sie sich darauf, Roheisen in Kupolöfen einzuschmelzen und daraus Öfen, Herde und Maschinenteile zu gießen; vgl. Schache, Der Hessen-Nassauische Hüttenverein, S. 233, 239, 275, 278; zur Einführung der Gießerei vgl. auch Lerner, Wirtschafts- und Sozialgeschichte, S. 91 ff.
22 Ferfer, Neuere Geschichte, Band 1, S. 217 ff., 301 ff., 339 f.; Lerner, Wirtschafts- und Sozialgeschichte, S. 200.
23 Ferfer, Neuere Geschichte, Band 1, S. 343 f., 362 ff., 368 ff., 375 und Band 2, S. 3 f., 19.
24 Ebd., Band 2, S. 16, 51, 59. 1911 erweiterte das Unternehmen, um die Koksversorgung abzusichern, seinen Grubenbesitz durch Erwerb der Steinkohlenzeche Massen in Massen bei Unna; ebd., S. 73 f.
25 Ebd., S. 30 f., 47 ff., 173 f.
26 Ebd., S. 43 ff.
27 Vgl. zu den Roheisensyndikaten ebd., Band 1, S. 235 f., 246; zum Zusammenschluss im Bergbau ebd., S. 247; zur Syndizierung der Gusserzeugnisse ebd., Band 2, S. 28, 34, 48.
28 Sie baute Niederlassungen in den wichtigsten deutschen Handelsstädten auf. Zudem erwarb sie als Tochterfirmen Schomburg & Wüsthoff G.m.b.H. in Leipzig und Beckmann & Bassler G.m.b.H. in Leipzig; vgl. ebd., Band 2, S. 172.
29 Ebd., S. 78, 85.
30 Ebd., S. 132, 140–153.
31 Mauersberg, Hans, Deutsche Industrien im Zeitgeschehen eines Jahrhunderts. Eine historische Modelluntersuchung zum Entwicklungsprozess deutscher Unternehmen von ihren Anfängen bis zum Stand von 1960, Stuttgart 1966, S. 343; Ferfer, Neuere Geschichte, Band 2, S. 177 f.; Nutzinger, Richard/Boehmer, Hans/Johannsen, Otto, 50 Jahre Röchling Völklingen. Die Entwicklung eines Rheinischen Industrie-Unternehmens, Saarbrücken-Völklingen 1931, S. 52 und Auskunft des Buderus-Archivs.
32 Mareyen, Edelstahlindustrie, S. 13 (Zitat); vgl. Kossmann, Edelstahl, S. 4 ff. 1932 umfassten die Betriebsanlagen ein Siemens-Martin- sowie ein Elektro-Stahlwerk, ein Walz-, ein Press- und Hammerwerk, eine Glüherei sowie Verfeinerungsbetriebe mit Kaltwalzwerken, Stangen- und Drahtzügen und Einrichtungen, um Silberstahl und weitere Sondererzeugnisse herzustellen. Das Aktienkapital der Gesellschaft stellten die Teilhaber 1924 auf 2.000.000 Goldmark um; vgl. Ferfer, Neuere Geschichte, Band 2, S. 177 ff.
33 Ebd., S. 175 ff.

3. Aufschwung unter dem Nationalsozialismus (1933–1939)

[1] Ambrosius, Gerold, Staat und Wirtschaft im 20. Jahrhundert, München 1990, S. 93; Petzina, Dietmar, Die deutsche Wirtschaft in der Zwischenkriegszeit, Wiesbaden 1977, S. 108 f., 121; Blaich, Fritz, Wirtschaft und Rüstung im „Dritten Reich", Düsseldorf 1987, S. 15–17; Volkmann, Hans-Erich, Die NS-Wirtschaft in Vorbereitung des Krieges, in: Deist, Wilhelm u. a. (Hrsg.), Ursachen und Voraussetzungen des Zweiten Weltkrieges, 2. A., Stuttgart 1989, S. 209–435, hier 227 f., 232 ff., 248, 250, 290, 292.

[2] Volkmann, NS-Wirtschaft, S. 229–233; Petzina, Zwischenkriegszeit, S. 122 f.; Blaich, Wirtschaft, S. 26 f.; Ambrosius, Staat und Wirtschaft, S. 96.

[3] Blaich, Wirtschaft, S. 15 ff., 28 ff.; Petzina, Zwischenkriegszeit, S. 123 f., 127, 133–139; Lammert, Verhältnis, S. 117, 119 ff.

[4] Blaich, Wirtschaft, S. 19 f.; Hachtmann, Rüdiger, Industriearbeit im „Dritten Reich". Untersuchungen zu den Lohn- und Arbeitsbedingungen in Deutschland 1933–1945, Göttingen 1989, S. 50 ff., 272 f.; Petzina, Dietmar, Die Mobilisierung deutscher Arbeitskräfte vor und während des Zweiten Weltkrieges, in: VfZ 18 (1970), S. 443–455, hier 446 ff.; Schoenbaum, David, Die braune Revolution. Eine Sozialgeschichte des Dritten Reiches, Köln 1968, S. 129; Herbst, Ludolf, Der Totale Krieg und die Ordnung der Wirtschaft. Die Kriegswirtschaft im Spannungsfeld von Politik, Ideologie und Propaganda 1939–1945, Stuttgart 1982, S. 118.

[5] Blaich, Wirtschaft, S. 26; Henning, Friedrich-Wilhelm, Das industrialisierte Deutschland 1914 bis 1992, 9. A., Paderborn u. a. 1997, S. 153.

[6] Blaich, Wirtschaft, S. 21 ff., 41 ff.; Petzina, Zwischenkriegszeit, S. 117–121; Volkmann, NS-Wirtschaft, S. 294 f.; Herbst, Ordnung der Wirtschaft, S. 62; Barkai, Avraham, Das Wirtschaftssystem des Nationalsozialismus. Ideologie, Theorie, Politik 1933–1945, 2. A., Frankfurt a. M. 1988, S. 173 f.

[7] Barkai, Wirtschaftssystem, S. 115; Swatek, Dieter, Unternehmenskonzentration als Ergebnis und Mittel nationalsozialistischer Wirtschaftspolitik, Berlin 1972, S. 115; Petzina, Zwischenkriegszeit, S. 134 f.

[8] Swatek, Unternehmenskonzentration, S. 137; Barkai, Wirtschaftssystem, S. 127; Krumbein, Wolfgang, Wirtschaftssteuerung in Westdeutschland 1945 bis 1949. Organisationsformen und Steuerungsmethoden am Beispiel der Eisen- und Stahlindustrie in der britischen/Bi-Zone, Stuttgart 1989, S. 22; Volkmann, NS-Wirtschaft, S. 251 f., 261 f., 267; Blaich, Wirtschaft, S. 34.

[9] Lammert, Verhältnis, S. 107.

[10] Hempel, Gustav, Die deutsche Montanindustrie, 2. A., Essen 1969, S. 140.

[11] Ferfer, Neuere Geschichte, Band 2, S. 171.

[12] Lammert, Verhältnis, S. 19.

[13] HHStA Wiesbaden 519/D 1601-36. Devisenprüfung der Buderus'schen Eisenwerke vom 20. 4. 1937.

[14] Ferfer, Neuere Geschichte, Band 2, S. 104. Ihm wurde später vorgeworfen, nur in finanziellen Kategorien zu denken und nicht mehr in die Zeit des Nationalsozialismus zu passen. HHStA Wiesbaden 483/4448b. Brief des Hauptbetriebsobmanns der Buderus'schen Eisenwerke an die Fachgruppe Eisen schaffende Industrie vom 5.11.1939.

[15] Einführung des Hüttendirektors Fritz Gorschlüter, in: Hütte und Schacht 9 (1933), Nr. 6, S. 6.

[16] Rossmann, Panzerrohre zu Pflugscharen, S. 28.

[17] Ebd., S. 22; Thomas, Georg, Geschichte der deutschen Wehr- und Rüstungswirtschaft 1918–1943/45, Boppard a. Rh. 1966, S. 108 ff.

[18] Dietrich, Jochen, Wilhelm Witte, in: Berg- und Hüttenmännischer Verein Aachen, Berlin, Clausthal. Mitteilungsblatt des Jahres 1974, S. 6.

[19] ABAG, nach Auskunft des Buderus-Archivs; Rhein-Mainsche Wirtschafts-Zeitung Nr. 21, 5. November 1934.

[20] Die Gleichschaltung der Presse und die Einflussnahme auf die Meinungsgestaltung innerhalb des Unternehmens werden auch deutlich an der Veränderung der inhaltlichen Qualität der Beiträge für die Werkzeitschrift Hütte und Schacht, in der ab 1934 immer mehr allgemeine politische Artikel erschienen und das Unternehmensgeschehen hinter die staatspolitischen Ansprüche zurücktrat.

[21] Rossmann, Panzerrohre zu Pflugscharen, S. 28.

[22] Verzeichnis der in der außerordentlichen Generalversammlung der Buderus'schen Eisenwerke AG am 19.11.1935 erschienenen Aktionäre und Vertreter von Aktionären mit ihrer Kapitalbeteiligung; Verzeichnis der Aktionäre und der Kapitalbeteiligungen bei der Generalversammlung der Buderus'schen Eisenwerke AG im Jahre 1940; beide HHStA Wiesbaden 483/4448c. Die Beteiligung der Burger Eisenwerke am Aktienkapital der Buderus'schen Eisenwerke war durch die Umwandlung des Hessen-Nassauischen Hüttenvereins auf Buderus zustande gekommen.

[23] ABAG, GB Buderus'sche Eisenwerke 1932–1935.

[24] ABAG, GB Buderus'sche Eisenwerke 1936, S. 5.

25 Commerzbank AG Düsseldorf (Hrsg.), 100 Jahre Commerzbank 1870–1970. Düsseldorf 1970, S. 86, 74 f., 99, 105 ff.; dies. (Hrsg.), Die Bank. Dienstleister im Wandel, 125 Jahre Commerzbank 1870–1995, Frankfurt a. M. 1995, S. 16, 324, 334–338.
26 HHStA Wiesbaden 483/4448c. Brief des SS-Obersturmführers vom 15.12.1936 an den SD-Unterabschnitt Wiesbaden.
27 Petzold, Joachim, Großbürgerliche Initiativen für die Berufung Hitlers zum Reichskanzler, in: ZfG 1 (1983), S. 38–54, hier 41 f.
28 Rossmann, Panzerrohre zu Pflugscharen, S. 28.
29 Pritzkoleit, Kurt, Gott erhält die Mächtigen. Rück- und Rundblick auf den deutschen Wohlstand, 3. A., Düsseldorf 1963, S. 83 ff., 112.
30 Ebd., Gott, S. 48 f., 105; Rossmann, Panzerrohre zu Pflugscharen, S. 35, 37.
31 Nach 1945 war Karl Weiß wieder gewerkschaftlich tätig, zunächst als Vorsitzender des Betriebsrats des Werks Wetzlar, dann als Vorsitzender des Betriebsräteausschusses und schließlich im Aufsichtsrat von Buderus. Buderus Werksnachrichten 2 (1951), S. 102.
32 ABAG, AR-Prot. 5.5.1933.
33 Rossmann, Panzerrohre zu Pflugscharen, S. 50.
34 Schache, Der Hessen-Nassauische Hüttenverein, S. 303.
35 Buderus besaß zu diesem Zeitpunkt 1.152 Felder.
36 Die Leistungsfähigkeit der Buderus'schen Hochöfen lag bei ca. 400–450 t Gesamtleistung täglich.
37 ABAG, GB Buderus'sche Eisenwerke 1932, S. 10.
38 ABAG, Vermerk über den Zusammenschluss Buderus/Hessen-Nassauischer Hüttenverein vom 18.10.1932, S. 1. Dieses Ziel wurde in § 1 des Interessengemeinschaftsvertrags festgehalten. Die beiden Unternehmen schlossen sich zusammen, um unter Wahrung ihrer rechtlichen Selbstständigkeit eine wirtschaftliche Einheit zu bilden. Dazu sollten vor allem die Betriebsführung der Erzeugungsstätten vereinheitlicht werden, eine Arbeitsteilung entsprechend der Eigenart der beiderseitigen Fabrikationseinrichtungen erfolgen, der Einkauf der Roh- und Hilfsstoffe sowie der Verkauf der Erzeugnisse vereinheitlicht und eine Identität der gesamten Geschäftsführung und Verwaltung, soweit gesetzlich zulässig, erreicht werden.
39 Diese werden innerhalb der einzelnen Konzernbereiche behandelt.
40 ABAG, Vermerk über den Zusammenschluss Buderus/Hessen-Nassauischer Hüttenverein vom 18.10.1932, S. 4.
41 Die Förderung wurde auf die am günstigsten arbeitenden Gruben verlegt, um die Selbstkosten möglichst gering zu halten und den Kapitalaufwand für Neuaufschlüsse zu verringern.
42 ABAG, GB Buderus'sche Eisenwerke 1932, S. 11.
43 Ebd., S. 8.
44 Interessengemeinschaft Buderus – Hessen-Nassau. Wirtschaftliche Einheit der erzeugenden und verarbeitenden Industrie. Planvolle Zusammenarbeit. Beseitigung unzweckmäßiger Konkurrenz, in: Rheinisch-Westfälische Zeitung vom 28.9.1932.
45 Der Lahn-Dillbezirk als industrielle Einheit. Die Möglichkeit organisatorischer Wandlungen. Blick nach Nordwesten. Das selbständige Unternehmertum – Ein Bindeglied, in: Rheinisch-Westfälische Zeitung vom 2.10.1932.
46 Die für Buderus zuständige Handelskammer Wetzlar orientierte sich an der Nassauischen Handelskammervereinigung, diese wiederum an Gießen und damit rhein-mainisch. Der Arbeitgeberverband in Siegen hingegen war für die lohnpolitischen Interessen des Hessen-Nassauischen Hüttenvereins zuständig.
47 ABAG, AR-Prot. 29.9.1935.
48 Örtliche Parteistellen kritisierten den Übergang vom Familienunternehmen zu einer Kapitalgesellschaft: „und im dritten Reich, am 13. April 1933, wurde, so unglaublich dies klingt, der Schlußstrich unter den Verkauf eines rein arischen Unternehmens an das jüdische (!) Börsenkapital gesetzt." Außerdem werteten Parteistellen die Beteiligung an den Breuer-Werken und an der Geiger'schen Fabrik als Fehlentscheidung, die auf die Rückschläge im Konzern zurückzuführen sei; HHStA Wiesbaden 483/4448c, Anlage (bezüglich Interessengemeinschaft Buderus-Hüttenverein, 1933) zum Brief des Kreisfachstellenleiters an die Kreisleitung der NSDAP vom 2.9.1942.
49 ABAG, GB Buderus'sche Eisenwerke 1932, S. 12.
50 ABAG, GB Buderus'sche Eisenwerke 1938, S. 8
51 ABAG, GB Buderus'sche Eisenwerke 1938, S. 8; DC-Prot. 30.5.1938; VJB I/1938.
52 HHStA Wiesbaden 519/D 1601-36, Devisenprüfung der Buderus'schen Eisenwerke vom 20.4.1937.
53 ABAG, GB Buderus'sche Eisenwerke 1938, S. 8
54 ABAG, AR-Prot. 30.1.1935.
55 ABAG, Vermerk über den Freundschaftsvertrag mit der Burger Eisenwerke GmbH, Burg bei Dillenburg vom 18.10.1932.
56 Den Burger Eisenwerken wurde ein Rabatt von 1,35 RM auf den offiziellen Verbandsverkaufspreis eingeräumt; ABAG, Vermerk vom 13.4.1933, Verfügung von Kommerzienrat Dr. Koehler.

57 ABAG, Wolfram, Felix, Materialien zur Geschichte der Burger Eisenwerke. Maschinenschriftliches Manuskript, Niederscheld 1954, S. 9, 327.
58 Lammert, Verhältnis, S. 109 f.
59 Ferfer, Neuere Geschichte, Band 2, S. 89; Handbuch der deutschen Aktiengesellschaften, hrsg. v. Spezialarchiv der Deutschen Wirtschaft, Berlin 1935, Band 3, S. 4101.
60 Die Buderus'schen Eisenwerke waren Mitglied in der Fachgruppe Eisenerzbergbau der Wirtschaftsgruppe Bergbau, der Wirtschaftsgruppe Eisen schaffende Industrie, der Wirtschaftsgruppe Eisengießereien der Wirtschaftsgruppe Gießerei-Industrie, in den Fachgruppen Zementindustrie, Hochofenschlacke der Wirtschaftsgruppe Steine und Erden, in der Fachgruppe Blechwarenindustrie Wirtschaftsgruppe Eisen-, Stahl- und Blechwarenindustrie, der Wirtschaftsgruppe Elektrizitätsversorgung, der Wirtschaftsgruppe Sägeindustrie und der Fachgruppe Sand- und Kiesindustrie. Handbuch der deutschen Aktiengesellschaften, 1940, Band 5, S. 5157.
61 Hempel, Montanindustrie, S. 136.
62 Lammert, Verhältnis, S. 12.
63 ABAG, GB Buderus'sche Eisenwerke 1932, S. 10. 1929 entfielen 25 % der Gesamterzeugung auf Gießereiprodukte. Die Geschäftsberichte gingen auf die Rohstoffbetriebe ausführlich ein, auf die Abteilung „Graugussgießereien" hingegen meist nur mit wenigen Sätzen.
64 ABAG, GB Buderus'sche Eisenwerke 1933, S. 6, 13.
65 Ferfer, Neuere Geschichte, Band 2, S. 133.
66 Johannsen, Otto, Geschichte des Eisens, Düsseldorf 1953, S. 455.
67 ABAG, VJB I und II/1933.
68 Dazu gehören die Förderung von Instandsetzungsarbeiten und Umbauten von Wohnungen (2 Mrd. RM), ein Arbeitsbeschaffungsprogramm für Reichsbahn und Reichspost sowie der freiwillige Arbeitsdienst und öffentliche Notstandsarbeiten (1. Gesetz zur Verminderung der Arbeitslosigkeit vom 1.6.1933), Steuersenkungen und die Bereitstellung hoher öffentlicher Mittel; ABAG, Anlage zu Rundschreiben Nr. 30/33 vom 26.8.1933; Lammert, Verhältnis, S. 115.
69 ABAG, VJB II/1933.
70 Henning, Deutschland 1914–1992, S. 157. In die Aufrüstung wurden 40 Mrd. RM investiert, für Investitionen der öffentlichen Hand waren 17 Mrd. RM vorgesehen.
71 ABAG, Aktenvermerk vom 18.2.1935. Betrifft Statistisches; VJB II/1934.
72 Das Plus betrug 92 %. Der Umsatz an Muffenrohren stieg um 59 %, bei Flanschenrohren und Formstücken um 109 %, bei Abflussrohren um 83 %, im Kanalguss um 96 %; ABAG, Aktenvermerk vom 18.2.1935. Betrifft Statistisches.
73 ABAG, VJB III/1933, I/1934, III/1934.
74 Ferfer, Neuere Geschichte, Band 2, S. 172.
75 ABAG, VJB II/1934; II/1936; I/1938.
76 ABAG, DC-Prot. 2.7.1935.
77 ABAG, VJB II/1935.
78 Für die gesamtdeutsche Entwicklung Lammert, Verhältnis, S. 116. ABAG, VJB II/1934. Das Exportgeschäft bei Abflussrohren und anderem Bauguss wurde nun vom Reichswirtschaftsministerium „geordnet", also gelenkt.
79 ABAG, GB Buderus'sche Eisenwerke 1935, S. 8; dsgl. 1936, S. 7 und 1937, S. 7.
80 Lammert, Verhältnis, S. 124; ABAG, VJB IV/1935.
81 ABAG, AR-Prot. 19.3. und 29.4.1937.
82 ABAG, VJB IV/1936; I/1937.
83 ABAG, GB Buderus'sche Eisenwerke 1937, S. 7.
84 Von Regierungsseite wurde Buderus dabei vorgeworfen, dass die Betriebe in mangelhaftem technischen Zustand und nicht aufs Modernste zur Umsetzung des Vierjahresplans eingerichtet seien. Dies lag nach Ansicht von Buderus zum Großteil am Alter der Werke, aber auch an den von der Regierung verhängten Einschränkungen und der unsicheren Wirtschaftslage. ABAG, DC-Prot. 18.1.1938 Untersuchungen des Reichstreuhänders der Arbeit (Dr. Schmelter) für das Wirtschaftsgebiet Hessen und Westfalen in den einzelnen Werken; DC-Prot. 14.3.1938; VJB IV/1936.
85 ABAG, Besprechung über Eisenersparnis und Anwendung von Austauschwerkstoffen vom 20.11.1937; VJB IV/1936.
86 ABAG, GB Buderus'sche Eisenwerke 1937, S. 7 und 1938, S. 6; DC-Prot. 18.2., 30.5., 20.9.1938, 16.5.1939.
87 ABAG, GB Buderus'sche Eisenwerke 1938, S. 9.
88 ABAG, , DC-Prot. 16.1.1939; VJB III/1938; GB Buderus'sche Eisenwerke 1939, S. 6.
89 ABAG, Vermerk über den Zusammenschluß Buderus/Hessen-Nassauischer Hüttenverein vom 18.10.1932, S. 3.

90 ABAG, VJB II/1933. Im Einzelnen stieg der Umsatz bei Heizkesseln um 59 %, bei Radiatoren um 76 %, bei Badewannen um 94 %, bei Öfen um 47 %, bei Herden um 39 %, bei Kesselöfen um 49 %. ABAG, Aktenvermerk vom 18.2.1935. Betrifft Statistisches.
91 HHStA Wiesbaden 483/4448c. Brief des Kreisfachstellenleiters an die Kreisleitung der NSDAP Wetzlar vom 2.9.1942.
92 ABAG, VJB I/1933, VJB II/1934.
93 ABAG, DC-Prot. 11.4.1935. Nicht nur der Auslandsanteil verursachte den Umsatzrückgang bei Öfen, sondern auch zunehmende Reklamationen führten zu Kundenverlust. Da auf diesem Markt die Konkurrenz groß war, machten sich hier Qualitätsmängel oft mit erheblichen Umsatzeinbußen bemerkbar. Die Verringerung der Selbstkosten, ein Hauptziel von Buderus beim Sanitärguss, brachte also auch immer das Problem der Qualitätsgewährleistung mit sich. Mängelrügen sind vor allem hinsichtlich der Emaille belegt. ABAG, DC-Prot. 12.5.1936.
94 ABAG, VJB II/1935.
95 ABAG, VJB II/1933; IV/1933; III/1934; DC-Prot. 10.7.1936. Der niederländische Auslandsmarkt ging 1935 verloren (da in Ymuiden eine eigene Schleudergießerei entstand und das Land damit unabhängig vom Import von Schleudergussrohren wurde), ebenso ein Jahr später Dänemark und Rumänien. ABAG, VJB II/1935 und I/1936.
96 ABAG, VJB I/1934.
97 Diese Maßnahme lief unter dem Namen „Vedeo" (Verringerung der Ofenmodelle). ABAG, DC-Prot. 22.11.1938.
98 ABAG, VJB I/1938; vgl. I/1937; Wolfram, Materialien, S. 159.
99 ABAG, GB Buderus'sche Eisenwerke 1938, S. 6, 9; GB der Buderus'schen Handelsgesellschaft 1936, 1937.
100 ABAG, DC-Prot. 30.5.1938; VJB IV/1937.
101 Es ist nicht mit Sicherheit festzustellen, ob es sich hierbei um dieselbe Entwicklungsabteilung handelt, von der an anderer Stelle berichtet wird, dass dort unter strikter Geheimhaltung an der Konstruktion neuer Waffen und Geschosse gearbeitet wurde. Vgl. Porezag, Karsten, Geschichte der ‚V-Waffen' und geheimen Militäraktionen des Zweiten Weltkrieges an Lahn, Dill und im Westerwald. Dokumentation, Wetzlar 1996, S. 349.
102 Vgl. ABAG, Anlage zur Aufsichtsratssitzung der Buderus'schen Eisenwerke am 11.4.1940; GB 1937, S. 7.
103 ABAG, VJB I/1938; Anlage zur Aufsichtsratssitzung der Buderus'schen Eisenwerke am 11.4.1940.
104 ABAG, AR-Prot. 11.4.1940. Bericht der Forschungsstelle vom 6.4.1940.
105 Thomas, Wehr- und Rüstungswirtschaft, S. 146; Jäger, Jörg-Johannes, Die wirtschaftliche Abhängigkeit des Dritten Reiches vom Ausland. Dargestellt am Beispiel der Stahlindustrie, Berlin 1968, S. 29.
106 Buderus musste im Vergleich zu den Ruhrhütten, die je Tonne Roheisen zwei Tonnen Erze heranfahren mussten, nur eine Tonne Koks herantransportieren. Dieser Vorteil war auf Grund der damaligen hohen Frachtkosten von großer Bedeutung. Dietrich, Geschichte Buderus-Bergbau, S. 1.
107 Ebd.; ABAG, GB Buderus'sche Eisenwerke 1932, S. 10.
108 Siehe zu dieser Diskussion ausführlich: Haus, Rainer, Lothringen und Salzgitter in der Eisenerzpolitik der deutschen Schwerindustrie von 1871–1940. Salzgitter 1991, S. 114–133.
109 Zahlen aus: Handbuch der deutschen Aktiengesellschaften, 1935, Band 3, S. 4102; für 1939 aus: ABAG, VJB I/1939–IV/1939.
110 ABAG, VJB II/1933, II und III/1934; GB Buderus'sche Eisenwerke 1933, S. 12.
111 ABAG, VJB I/1933.
112 Dietrich, Geschichte Buderus-Bergbau, S. 2.
113 ABAG, GB Buderus'sche Eisenwerke 1934, S. 9.
114 Riedel, Matthias, Eisen und Kohle für das Dritte Reich. Paul Pleigers Stellung in der NS-Wirtschaft, Göttingen, Frankfurt a. M., Zürich 1973, S. 39.
115 Dietrich, Geschichte Buderus-Bergbau, S. 2.
116 HHStA Wiesbaden 519/V 3115-496. Gutachten Nr. F 1023 der Deutschen Revisions- und Treuhand AG, Frankfurt a. M., vom 1.12.1946, S. 5. Aus der Vergrößerung des Felderbesitzes resultierte eine Steigerung der monatlichen Fördermenge von rund 10.000 t (1927) auf rund 33.000 t (1938).
117 Jäger, Wirtschaftliche Abhängigkeit, S. 54, 131.
118 Riedel, Eisen und Kohle, S. 39.
119 Das Minette-Gebiet umfasste die Lagerstätten in Luxemburg, Elsaß-Lothringen und im französischen Departement Meurthe-et-Moselle. Im Februar 1938 kam die Minettezufuhr für Buderus vollständig zum Erliegen, erst im Mai konnten die Stockungen beseitigt werden. 1939 wurde der Bezug von Minette-Erzen gänzlich unterbunden. ABAG, DC-Prot. 9.7.1937, 18.2. und 30.5.1938; VJB I/1939.
120 ABAG, AR-Prot. 29.4.1937; GB Buderus'sche Eisenwerke 1937, S. 7.
121 Dietrich, Geschichte Buderus-Bergbau, S. 3 f.
122 Dietrich, Brauneisenstein, S. 1207.
123 Lerner, Wirtschafts- und Sozialgeschichte, S. 265.
124 Dietrich, Geschichte Buderus-Bergbau, S. 3.

125 ABAG, AR-Prot. 4.11.1937 nebst Anlage; VJB II/1937. Nach einem Aktenvermerk des Mannesmann-Vorstandsmitglieds Dr. Hermann Winkhaus vom Juni 1937 hatte dieser erfahren, dass die zuständige Abteilung im Reichswirtschaftsministerium die Ansprüche von Buderus auf die Grube Königszug unterstützte, da die damit erreichbare Konsolidierung des Grubenfelderbesitzes wünschenswert sei. Es gibt Hinweise darauf, dass bereits nach dem Ersten Weltkrieg Mannesmann und Buderus die Grube Königszug gemeinsam erwerben wollten; dieses Vorhaben kam auf Grund der damaligen Sozialisierungspläne jedoch nicht zur Ausführung; Auskunft des Buderus-Archivs.

126 ABAG, VJB IV/1935, IV/1936, IV/1937; GB Buderus'sche Eisenwerke 1937, S. 9; AR-Prot. 19.3.1937; Georg, Rolf/Haus, Rainer/Porezag, Karsten, Eisenerzbergbau in Hessen. Historische Fotodokumente mit Erläuterungen 1870–1983, Wetzlar 1985, S. 29. Hierbei handelte es sich um die Gruben Neue Lust, Allerheiligen, Theodor und Friedberg. Aufschlussarbeiten wurden dagegen auf den Gruben Gutehoffnung, Abendstern, Albert, Laufenderstein und Steinberg durchgeführt. Bereits am 1.10.1936 war die Grube Auguststollen von den Burger Eisenwerken übernommen worden.

127 ABAG, GB Buderus'sche Eisenwerke 1938, S. 6.

128 ABAG, DC-Prot. 18.7.1938. Die Transportprobleme sollten durch umfangreiche Lagerhaltung von Kohle und Koks behoben werden.

129 Dr. Wilhelm Witte, Vortrag in Hütte und Schacht vom 19.2.1938.

130 Zahlen aus: Handbuch der deutschen Aktiengesellschaften, 1935, Band 3, S. 4102; für 1939 aus, ABAG, VJB I/1939–IV/1939.

131 Bereits in den zwanziger Jahren hatten Pläne für die Erweiterung des Hochofenbetriebs der Buderus'schen Eisenwerke bestanden, indem die Sophienhütte auf den Drei-Ofen-Betrieb umgestellt werden sollte. 1930 wurde der neue Hochofen II der Sophienhütte in Betrieb genommen, in der Weltwirtschaftskrise jedoch wieder stillgelegt. Ferfer, Neuere Geschichte, Band 2, S. 130.

132 ABAG, VJB I/1933, III/1933, IV/1933, I/1934; GB Buderus'sche Eisenwerke 1934, S. 10 und 1935, S. 10.

133 ABAG, GB Buderus'sche Eisenwerke 1936, 1937 und 1938, jeweils S. 9; 1939, S. 6; VJB II/1939.

134 ABAG, GB Buderus'sche Eisenwerke 1937, S. 7. Für die deutsche Entwicklung siehe Lammert, Verhältnis, S. 119.

135 ABAG, GB Buderus'sche Eisenwerke 1938, S. 6.

136 Die Überwachungsstelle beschloss im August 1937, 25.000 t Roheisen einzusparen und statt dessen die gleiche Menge Stahlroheisen zusätzlich zu erzeugen. ABAG, Vermerk betreffs der Rohstoffversorgung vom 22.10.1937 (P. Hoeller); VJB III/1937.

137 ABAG, DC-Prot. 12.5.1936, 9.7.1937; VJB IV/1935. Zur Einschränkung des Verbrauchs an Gussbruch sollte Ersatz durch Verwendung von Roheisen geschaffen werden, bei Maschinenguss und Rohren durch Verwendung von Stahlschrott und -kokillen.

138 ABAG, DC-Prot. 12.1.1937.

139 ABAG, Aktenvermerk vom 31.8.1937; AR-Prot. 19.3.1937. Rohstofferzeugung, Vierjahresplan und Neuanlagen.

140 ABAG, Vermerk über Roheisen-Verrechnungspreise/Lieferungen vom 23.3.1935.

141 Ferfer, Neuere Geschichte, Band 2, S. 128; ABAG, VJB III/1934.

142 ABAG, VJB I/1933.

143 Johannsen, Otto, Geschichte des Eisens, Düsseldorf 1953, S. 444.

144 HHStA Wiesbaden 519/V 3115–496. Gutachten Nr. F 1023 der Deutschen Revisions- und Treuhand AG, Frankfurt a. M., vom 1.12.1946, S. 5.

145 Zahlen aus: Handbuch der deutschen Aktiengesellschaften, 1935, Band 3, S. 4102; für 1939 aus: ABAG, VJB I/1939–IV/1939.

146 ABAG, VJB I/1933.

147 ABAG, Aktenvermerk vom 18.2.1935. Betrifft Statistisches.

148 So beim Bau der Autobahn von Frankfurt a. M. nach Heidelberg. Für die erste Teilstrecke von 20 km mit einer 300.000 qm großen Betondecke wurden rund 22.000 t Zement von Buderus eingesetzt. ABAG, VJB I/1934; GB Buderus'sche Eisenwerke 1934, S. 11.

149 ABAG, VJB II/1933; GB Buderus'sche Eisenwerke 1935, S. 11.

150 ABAG, VJB I/1935. Die Umsatzverringerung war dabei wertmäßig stärker als mengenmäßig.

151 ABAG, GB Buderus'sche Eisenwerke 1938, S. 10.

152 Ebd.

153 ABAG, VJB I/1938. Der Zementversand stieg um 26 % 1938 im Vergleich zum Vorjahr.

154 ABAG, VJB I/1933.

155 Zahlen aus: ABAG, GB 1932–1939 der Buderus'schen Eisenwerke.

156 ABAG, GB Buderus'sche Eisenwerke 1934, S. 9.

157 ABAG, AR-Prot. 19.3.1937; Dietrich, Geschichte Buderus-Bergbau, S. 2.

158 ABAG, GB Buderus'sche Eisenwerke 1938, S. 9.

159 ABAG, AR-Prot. 29.4.1937; Dietrich, Geschichte Buderus-Bergbau, S. 3.

160 ABAG, GB Buderus'sche Eisenwerke 1938, S. 9; VJB I/1936 und III/1938.
161 Dietrich, Geschichte Buderus-Bergbau, S. 3.
162 Ferfer, Neuere Geschichte, Band 2, S. 177.
163 ABAG, AR-Prot. 16.5.1934 und 30.1.1935; GB Buderus'sche Eisenwerke 1932, S. 12 und 1934, S. 8.
164 ABAG, GB Buderus'sche Eisenwerke 1936, S. 8, 1937, S. 8 und 1938, S. 7; AR-Prot. 4.11.1937.
165 ABAG, nach mündlicher Mitteilung von Dipl.-Ing. Hans Müller. 65 % seines Stroms bezog das Stahlwerk von dem Elektrizitätswerk der Sophienhütte.
166 Bereits zwischen den beiden Weltkriegen hatten die Stahlwerke Röchling-Buderus auf dem Werkzeugstahl-Sektor eine führende Marktposition. In diesem Produktbereich verfügte das Unternehmen auf Grund von Eigenentwicklungen über eine Vielzahl von geschützten eigenen Marken: RT, RUS, RCC, RGS, RAB für Warm- und Kaltarbeitswerkzeuge, die Feilenstahlmarken ES, die Kaltsägenstähle BS, die rostbeständigen RNO-Gruppen, die in diversen Spezialprofilen gewalzt, hauptsächlich nach Remscheid und Solingen geliefert wurden. Schnellarbeitsstähle unter der Bezeichnung „Gigant" waren in gewalzter und geschmiedeter Form ebenso wie die Drehlinge anerkannte Qualitäten. Besondere Bedeutung gewann die Marke RNOS, eine seewasserbeständige Qualität. ABAG, nach mündlicher Mitteilung von Dipl.-Ing. Hans Müller; vgl. Handbuch der deutschen Aktiengesellschaften, 1936, Band 3, S. 6520. 1915 war eine Stahlformgießerei zur Herstellung von Stahlgussgranaten auf der Sophienhütte errichtet worden. Vgl. Ferfer, Neuere Geschichte, Band 2, S. 177–180.
167 ABAG, Vermerk ohne Datum zur Rohstahl-Erzeugung 1937.
168 ABAG, GB Stahlwerke Röchling-Buderus AG 1936, S. 8; Vorstandsbericht Stahlwerke Röchling-Buderus 29.7.1940, S. 2 f.; nach mündlicher Auskunft von Dipl.-Ing. Hans Müller und Auskunft des Buderus-Archivs; Im Wandel der Zeit: Die Entwicklung der Edelstahlwerke Buderus AG, in: Buderus Post 46 (1995), Nr. 2, S. 22.
169 Handbuch der deutschen Aktiengesellschaften, 1939, Band 4, S. 4885. Vgl. Edelstahlwerke Buderus AG (Hrsg.), 75 Jahre Edelstahlwerke Buderus AG 1920–1995. Wetzlar 1995, S. 21.
170 ABAG, VJB I/1940.
171 Amtsgericht Wetzlar, Auszug aus dem Handelsregister.
172 ABAG, GB Buderus'sche Eisenwerke 1935, S. 8.
173 ABAG, GB Buderus'sche Eisenwerke 1936, S. 8; GB Buderus-Jung'sche Handelsgesellschaft 1932, S. 4–8, 1935, S. 4 f., 1936, S. 3; VJB IV/1934.
174 ABAG, GB der Buderus-Jung'schen Handelsgesellschaft 1932–1934; 40 Jahre Buderus'sche Handelsgesellschaft mit beschränkter Haftung, Wetzlar, in: Buderus Werksnachrichten 2 (1951), S. 90–92, und 75 Jahre BHG – Buderus-Handel, in: Buderus Post 37 (1986), S. 15–20, hier 19.
175 ABAG, GB der Buderus'schen Handelsgesellschaft 1936, 1937.
176 Im Jahre 1933 machten solche Geschäfte nur ca. 2 Mio. RM aus bei einem Gesamtumsatz von ca. 28 Mio. RM; vgl. ABAG, GB der Buderus'schen Handelsgesellschaft 1933, S. 1.
177 So stieg 1938 der Umsatz im Vertretungsgeschäft für fremde Werke um ca. 44 %, während die anderen Geschäftsbereiche der Handelsgesellschaft rückläufig waren; ABAG, GB der Buderus'schen Handelsgesellschaft 1938, S. 2.
178 Die Verteilung der Aufträge sollte die Beschäftigung der vorhandenen Belegschaften sichern. In der Praxis führte dies zur Bevorzugung des Edelstahlwerks in Völklingen. ABAG, nach Auskunft des Buderus-Archivs.
179 ABAG, GB Buderus'sche Eisenwerke 1936, S. 11.
180 Die Erwerbsstruktur umfasste ferner 11,2 % Selbstständige, 30,3 % Beamte und Angestellte, 20,2 % selbstständige Berufslose und 2,1 % mithelfende Familienangehörige. 82,3 % der Einwohner waren evangelisch, 15,2 % katholisch, 0,7 % jüdisch, und 1,8 % gehörten sonstigen Religionsgemeinschaften an. StadtA Wetzlar, Verwaltungsbericht der Stadt Wetzlar 1.4.1928–31.3.1952, Wetzlar 1957, S. 27–33.
181 ABAG, nach Auskunft des Buderus-Archivs.
182 StadtA Wetzlar, Bericht des Beauftragten der Militärregierung für das Arbeitsamt Wetzlar an die amerikanische Militärregierung über die Beschäftigung von Mitgliedern der NSDAP in den Industriebetrieben des Kreises Wetzlar vom 22.5.1945. Der Bericht geht für die deutschen Belegschaftsmitglieder der Sophienhütte Wetzlar davon aus, dass von 166 Beschäftigten 45 Parteigenossen waren.
183 Zahlen aus: Handbuch der deutschen Aktiengesellschaften, 1935, Band 3, S. 4102; ABAG, GB Buderus'sche Eisenwerke 1933, S. 14; VJB I/1939–IV/1939. Zahlen für Arbeiter und Angestellte 1933–1936 aus: HHStA Wiesbaden 519/D 1601-36. Devisenprüfung der Buderus'schen Eisenwerke vom 20.4.1937, S. 5.
184 ABAG, DC-Prot. 22.11.1938; GB Buderus'sche Eisenwerke 1938, S. 11.
185 ABAG, DC-Prot. 15.9.1936; 30.5.1938; VJB II/1938.
186 Sie wurden jedoch auf andere Arbeitsplätze vermittelt. ABAG, DC-Prot. 29.7.1937; 21.9.1937.
187 ABAG, GB Buderus'sche Eisenwerke 1937, S. 10.
188 ABAG, DC-Prot. 18.7.1938. Arbeitermangel auf der Karlshütte und in Lollar. DC-Prot. 22.11.1938. Dieser wurde jedoch noch einmal durch den Rückstrom vieler Bergleute aufgefangen. ABAG, VJB IV/1938.
189 ABAG, GB Buderus'sche Eisenwerke 1932, S. 10 und 1938, S. 11.

190 Teuteberg, Hans-Jürgen, Ursprünge und Entwicklung der Mitbestimmung in Deutschland, in: Pohl, Hans/Treue, Wilhelm (Hrsg.), Mitbestimmung. Ursprünge und Entwicklung, Wiesbaden 1981, S. 7–73, hier 41.
191 Kranig, Andreas, Lockung und Zwang. Zur Arbeitsverfassung im Dritten Reich, Stuttgart 1983, S. 169.
192 ABAG, GB Buderus'sche Eisenwerke 1935, S. 12 und 1936, S. 11; Dietrich, Geschichte Buderus-Bergbau, S. 2.
193 Steigerung der Lohnsumme um 64, der Belegschaft um 55 und der Arbeitsstunden um 57 %. ABAG, GB Buderus'sche Eisenwerke 1936, S. 11.
194 ABAG, DC-Prot. 9. und 29.7.1937, 18.1. und 22.11.1938.
195 Mason, Timothy W., Sozialpolitik im Dritten Reich. Arbeiterklasse und Volksgemeinschaft, Opladen 1977, S. 173.
196 ABAG, DC-Prot. 22.11.1938.
197 Zahlen aus: ABAG, GB Buderus'sche Eisenwerke 1932–1939.
198 Teuteberg, Mitbestimmung, S. 43.
199 ABAG, GB Buderus'sche Eisenwerke 1934, S. 11; VJB II und III/1934; DC-Prot. 11.4.1935. Zu den Geldleistungen gehörten Geldgeschenke für Jubilare, Beihilfen für langjährige Werksangehörige bei Erwerbsunfähigkeit und Ehestandsbeihilfen für weibliche Angestellte.
200 ABAG, GB Buderus'sche Eisenwerke 1938, S. 12.
201 Dramekehr, Jürgen, Die Wurzeln betrieblicher Sozialpolitik, in: Buderus Post. Jubiläumsausgabe der Buderus-Werkzeitschrift 1731–1981, S. 87–90; Ferfer, Neuere Geschichte, Band 2, S. 80.
202 ABAG, DC-Prot. 13.3.1936.
203 ABAG, DC-Prot. 18.1.1938.
204 ABAG, GB Buderus'sche Eisenwerke 1937, S. 11.
205 Ferfer, Neuere Geschichte, Band 2, S. 81; ABAG, DC-Prot. 29.7.1937.
206 ABAG, GB Buderus'sche Eisenwerke 1938, S. 11, 13.
207 Vgl. die Tabelle Löhne, Gehälter, Sozialleistungen.
208 ABAG, GB Buderus'sche Eisenwerke 1935, S. 12.
209 ABAG, GB Buderus'sche Eisenwerke 1938, S. 12.
210 Zusammengestellt nach internen Daten der Finanzbuchhaltung der Buderus AG. Zur Dividende 1932 und 1933 siehe ABAG, GB Buderus'sche Eisenwerke 1932, S. 6 und 1933, S. 9 f. 1933 wurde der Generalversammlung kein Dividendenvorschlag gemacht. Es sollte lediglich ein fünfprozentiger Gewinnanteil auf 300.000 RM Vorzugsaktien ausgeschüttet werden.
211 ABAG, GB Buderus'sche Eisenwerke 1938, S. 6; DC-Prot. 18.7.1938. Absatzstockungen auf Exportmärkten werden als mögliche Ursache für den Umsatzrückgang ausgeschlossen. Bei den angegebenen Zahlen ist zu berücksichtigen, dass es sich laut den Geschäftsberichten der Buderus'schen Eisenwerke um den „Gesamtumsatz" des Unternehmens handelt bzw. für die Jahre 1933/34 ausdrücklich der Umsatz der Buderus-Jung'schen Handelsgesellschaft, des Verkaufsorgans der Interessengemeinschaft Buderus-Hüttenverein, einbezogen wurde. Ihr Umsatz stieg sprunghaft an (1933: 27.717.430 RM; 1934: 42.255.700 RM; ABAG, GB Buderus-Jung'sche Handelsgesellschaft 1933, 1934). Es ist anzunehmen, dass ihr Umsatz auch weiterhin in die oben genannten Gesamtumsatzzahlen des Unternehmens eingeflossen ist, da es sich hierbei um eine Organgesellschaft handelte. Dagegen wird der Umsatz des Hessen-Nassauischen Hüttenvereins für 1933 (7,9 Mio. RM) und 1934 (11,5 Mio. RM) gesondert ausgewiesen, obwohl die Buderus'schen Eisenwerke bereits 96,3 % seines Kapitals besaßen und er damit ebenfalls als Konzerntochter zu werten ist. Erst im Zuge der Fusion (1935) fanden die Umsätze des Hüttenvereins Eingang in die oben ausgewiesenen Zahlen. Diese wenigen Beispiele verdeutlichen, dass es sich bei den genannten Umsatzzahlen weder konsequent um solche des Unternehmens Buderus'sche Eisenwerke noch des Konzerns handelt. Diese Unstimmigkeit lässt sich auf Grund des vorhandenen statistischen Materials nicht beseitigen. Sie ist wahrscheinlich so zu erklären, dass von Buderus selbst nur solche Tochterunternehmen einbezogen wurden, an denen eine hundertprozentige Beteiligung bestand und die als Organgesellschaften angesehen wurden.
212 ABAG, VJB IV/1935; DC-Prot. 16.5.1939; AR-Prot. 29.4.1937
213 ABAG, GB Buderus'sche Eisenwerke 1934, S. 8 und 1935, S. 8; DC-Prot. 11.4. und 4.6.1935. Auch die Einführung von Kontingentierungen im Handel mit Holland trug zum Rückgang des Auslandsumsatzes bei. Problematisch dabei war vor allem, dass die Weltmarktpreise unter den Kosten der deutschen Industrie lagen, was wiederum zum Erlahmen des Außenhandels und einem Mangel an Devisen für die Rohstoffeinfuhr führte. Deswegen sollten nach Ansicht von Buderus die Kartelle gestärkt werden, um die Preisbildung zu erleichtern und zu verhindern, dass die Preise unter die Selbstkostengrenze fielen. ABAG, VJB IV/1934, I und II/1935.
214 ABAG, GB Buderus'sche Eisenwerke 1936, S. 7, 1937, S. 7 und 1938, S. 6; VJB IV/1934–III/1936, III/1938. Die Umsatzsteigerungen betrugen 10 % im ersten und 23 % im zweiten Halbjahr 1936.
215 Zwar weisen die Geschäftsberichte z.T. erhebliche Veränderungen der Rückstellungen aus, doch ist zweifelhaft, ob diese als langfristig angesehen werden können und somit Eingang in die Cash-Flow-Berechnung finden dürfen. Lediglich die Bildung bzw. Erhöhung einer „Unterstützungsrücklage" für in Not geratene oder ehemalige Werksangehörige in Höhe von 250.000 RM (1935) bzw. 1,0 Mio. RM (1938) könnte im Sinne einer langfristigen

(Pensions-)Rückstellung interpretiert werden. Ansonsten handelt es sich bei den Rückstellungen eher um kurzfristige (z. B. steuerlich bedingte oder auf Grund von „Wagnissen", z. B. 1934 im Zusammenhang mit der Breuer-Werk AG), die deshalb für die Cash-Flow-Berechnung nicht berücksichtigt wurden. ABAG, GB Buderus'sche Eisenwerke 1934, S. 13, 1935, S. 7 und 1936, S. 8, 15.

216 ABAG, DC-Prot. 11.4.1935.
217 HHStA Wiesbaden 483/4448b), Brief des Hauptbetriebsobmanns der Buderus'schen Eisenwerke vom 23.4.1940; VJB I/1940.
218 ABAG, AR-Prot. 12.4.1932; GB Buderus'sche Eisenwerke 1933, S. 9, 1935, S. 7 und 1936, S. 7.
219 Dabei handelte es sich um eine Rückstellung.
220 Zusammengestellt nach internen Daten der Finanzbuchhaltung der Buderus AG.
221 ABAG, GB Buderus'sche Eisenwerke 1933, S. 10 (Zitat); 1934, S. 8; HHStA Wiesbaden 519/D 1601–36. Devisenprüfung der Buderus'sche Eisenwerke vom 20.4.1937.
222 ABAG, GB Buderus'sche Eisenwerke 1939, S. 6.
223 ABAG, GB Buderus'sche Eisenwerke 1932, S. 6.
224 ABAG, DC-Prot. 30.5.1938.
225 1934 betrugen die Zahlungen 361.707 RM. ABAG, GB Buderus'sche Eisenwerke 1934, S. 19.
226 ABAG, DC-Prot. 15.9.1936 und 18.7.1938.
227 Diese Steigerungen der Selbstkosten waren nicht ungewöhnlich. Von ähnlichen Gründen wird schon für die Zeit nach dem Ersten Weltkrieg bei Buderus berichtet; Ferfer, Neuere Geschichte, Band 2, S. 100.
228 ABAG, AR-Prot. 19.3.1937; VS-Prot. 30.1.1936.
229 Davon wurden für 1937 5.254.015,– RM bewilligt.
230 ABAG, AR-Prot. 11.4.1940.
231 ABAG, DC-Prot. 20.9.1938.
232 Rossmann, Panzerrohre zu Pflugscharen, S. 36.

4. Kriegswirtschaft und Zusammenbruch (1939–1945)

1 Vgl. Hachtmann, Industriearbeit, S. 26; Barkai, Wirtschaftssystem, S. 207.
2 Thomas, Wehr- und Rüstungswirtschaft, S. 154.
3 Volkmann, NS-Wirtschaft, S. 267.
4 Herbst, Ordnung der Wirtschaft, S. 112, 116; Petzina, Dietmar, Autarkiepolitik im Dritten Reich. Der nationalsozialistische Vierjahresplan, Stuttgart 1968, S. 74.
5 BA MA Freiburg RW 21/22/1. Kriegstagebuch Nr. I des Kommandos des Rüstungsbereichs Gießen vom 28.8.1939–30.9.1944; vgl. auch Rossmann, Panzerrohre zu Pflugscharen, S. 58.
6 Herbst, Ordnung der Wirtschaft, S. 176 f.
7 Overy, R[ichard] J[ames], War and Economy in the Third Reich, Oxford 1994, S. 29 f.; Mierzejewski, Alfred C., The Collapse of the German War Economy 1944–1945. Allied Air Power and the German National Railway, Chapel Hill/London 1988, S. 17; Krumbein, Wolfgang, Wirtschaftssteuerung in Westdeutschland 1945 bis 1949. Organisationsformen und Steuerungsmethoden am Beispiel der Eisen- und Stahlindustrie in der britischen/ Bi-Zone, Stuttgart 1989, S. 23; Lammert, Verhältnis, S. 128; Herbst, Ordnung der Wirtschaft, S. 111.
8 „Dadurch, dass zu viele Zentralstellen direkten Verkehr mit den Betrieben pflegen und nicht über die unteren Dienststellen mit den Firmen verkehren, entstehen zahlreiche Unklarheiten bei den Betrieben, die vermieden werden könnten." Hier wird Bezug darauf genommen, dass am 1.4.1943 ein Vertreter des Reichsministeriums für Bewaffnung und Munition bei den Stahlwerken Röchling-Buderus erschien und erklärte, die Panzeraufträge hätten Vorrang. Noch am selben Tag erschien ein Vertreter der Heinkel-Werke und erklärte, dass die Luftwaffenaufträge Priorität hätten. BA MA Freiburg RW 21-22/15. Kriegstagebuch Nr. XV des Kommandos des Rüstungsbereichs Gießen, Eintrag vom 1.4.1943.
9 Winkler, Dörte, Frauenarbeit im „Dritten Reich", Hamburg 1977, S. 61, die schon für Februar 1939 von einer offenen Militarisierung des Arbeitsmarktes ausgeht.
10 Ebd., S. 187 f.
11 Herbst, Ordnung der Wirtschaft, S. 118.
12 Unter Zwangsarbeitern werden hier dienst- und zwangsverpflichtete ausländische Zivilarbeiter, Kriegsgefangene im Arbeitseinsatz, KZ-Häftlinge sowie andere Häftlinge im Arbeitseinsatz verstanden. Vgl. zur begrifflichen Abgrenzung Hopmann, Barbara/Spoerer, Mark/Weitz, Birgit/Brüninghaus, Beate, Zwangsarbeit bei Daimler

Benz, Stuttgart 1994, S. 21 ff.; Wagenführ, Rolf, Die deutsche Industrie im Kriege 1939–1945, 2.A., Berlin 1963, S. 139; Herbst, Ordnung der Wirtschaft, S. 122.

[13] Bagel-Bohlan, Anja E., Hitlers industrielle Kriegsvorbereitungen 1936–1939, Koblenz, Bonn 1975, S. 71; Hachtmann, Industriearbeit, S. 53; Herbert, Ulrich, Fremdarbeiter. Politik und Praxis des „Ausländer-Einsatzes" in der Kriegswirtschaft des Dritten Reiches, Berlin, Bonn 1985.

[14] Herbst, Ordnung der Wirtschaft, S. 125; Jäger, Wirtschaftliche Abhängigkeit, S. 130 ff.; Petzina, Autarkiepolitik, S. 190 f.

[15] Jäger, Wirtschaftliche Abhängigkeit, S. 130.

[16] Vgl. allgemein hierzu Herbert, Fremdarbeiter. Besonders gut ist der Einsatz von Zwangsarbeitern bei Daimler-Benz durch die Studie von Hopmann/Spoerer/Weitz/Brüninghaus, Zwangsarbeit, dokumentiert.

[17] Für die Buderus'schen Eisenwerke in Wetzlar vgl. Porezag, Karsten, Der Luftkrieg über Wetzlar. Luftkämpfe, Bombenangriffe und ihre Auswirkungen. Dokumentation, Wetzlar 1995.

[18] Wiedemann, Andreas, Wetzlar von 1945–1949, in: Mitteilungen des Wetzlarer Geschichtsvereins 33 (1988), S. 15; ABAG, GB 1945, S. 6.

[19] Mierzejewski, Collapse, S. 88, 159; Lammert, Verhältnis, S. 130; Overy, War and Economy, S. 31.

[20] BA MA Freiburg RW 21–22/1, Kriegstagebuch Nr. I des Kommandos des Rüstungsbereichs Gießen. Einträge vom 2. und 4. 9. 1939; ABAG, VJB III/1939. Der Erlass des Generalbevollmächtigten für die Kriegswirtschaft vom 4. 9. 1939, der ein Verbot der Veröffentlichung statistischer Ergebnisse vorsah, erschwert auch den Zugang zu Quellenmaterial für den Kriegszeitraum. Gelegentlich wurden Statistiken nicht mehr erstellt oder im bzw. nach dem Krieg vernichtet.

[21] Rossmann, Panzerrohre zu Pflugscharen, S. 59.

[22] ABAG, VS-Prot. 20. 2. 1942; DC-Prot. 6. 8. 1940.

[23] HHStA Wiesbaden 483/4448b). VJB II/1941 des Hauptbetriebsobmanns der Buderus'schen Eisenwerke vom 26. 7. 1941.

[24] ABAG, VS-Prot. 20. 4. 1942.

[25] ABAG, VS-Prot. 21. 7. 1942.

[26] ABAG, VS-Prot. 9. 6. 1942.

[27] Rossmann, Panzerrohre zu Pflugscharen, S. 61 und Anhang Tabelle 5, S. 433.

[28] Damit lag bei Buderus der Anteil der Kriegsproduktion im Vergleich zur gesamten deutschen Wirtschaft über dem Durchschnitt. Bei der gesamten Industrieproduktion belief sich der Anteil der Rüstungsproduktion 1944 auf 48 %. Henning, Deutschland 1914–1992, S. 177.

[29] So wurde ihm am 12. 1. 1942 die Aufnahme in die NSDAP verweigert. Wenn Gorschlüter Generaldirektor werde, gehe bei Buderus „alles genau in dem gleichen kapitalistischen Krämergeist weiter wie bisher. Sozialpolitische Neuerungen werden dort nur unter Druck und Zwang von jeher eingeführt." Es werde statt dessen eine weltanschaulich und politisch gestandene Persönlichkeit gesucht, die nicht aus Wetzlar stamme. HHStA Wiesbaden 483/4448c). Bericht des SS-Obersturmführers Köhnert an den SD-Abschnitt Frankfurt vom 10. 4. 1942.

[30] HHStA Wiesbaden 483/4448b). VJB III/1940 des Betriebobmanns der Buderus'schen Eisenwerke, Adolf Fuchs, vom 27. 10. 1940.

[31] HHStA Wiesbaden 483/4448b). VJB III/1940 des Hauptbetriebsobmanns der Buderus'schen Eisenwerke vom 27. 10. 1940. Hier heißt es, Gorschlüter sei von Koehler „voll gedeckt" worden.

[32] HHStA Wiesbaden 520/3002. Lebenslauf Heinrich Giesbert. Er blieb Aufsichtsratsmitglied der Commerzbank.

[33] HHStA Wiesbaden 483/4448c). Schreiben der DAF Hauptfachgruppe I vom 10. 8. 1942.

[34] Betriebsappell der Hauptverwaltung, in: Hütte und Schacht 19 (1943), Nr. 1, S. 7; ABAG, VJB I/1943.

[35] HHStA Wiesbaden 483/4448c). Bericht des Sicherheitsdienstes der SS, SD-Abschnitt Frankfurt, vom 10. 4. 1942; ABAG, VS-Prot. 23. 7. 1942.

[36] ABAG, Urteil vom 1. 4. 1948.

[37] Ausgangspunkt für den Streit sei unter anderem die Tatsache gewesen, dass Gorschlüter nur stellvertretendes Vorstandsmitglied war, Koehler ihn zu einem ordentlichen habe machen wollen, dies jedoch immer wieder verzögert habe. Ebenso habe Ley immer einen Vorwand gefunden, ihn nicht zu einem ordentlichen Vorstandsmitglied zu machen. Im Laufe der Streitigkeiten wurden Gorschlüter finanzielle Unkorrektheiten vorgeworfen. Im Gegenzug beschuldigte dieser Witte, seit der Berufung Giesberts zum Vorstandsvorsitzenden massiv gegen ihn vorgegangen zu sein. Gorschlüter habe dann den restlichen Vorstand bei Staatsrat Reinhart für den entstandenen Umsatzrückgang verantwortlich gemacht. ABAG, Urteil vom 1. 4. 1948.

[38] ABAG, VS-Prot. 11. 8. 1945.

[39] ABAG, GB 1945. Maschinenschriftliches Manuskript, S. 3.

[40] BA MA Freiburg RW 21–22/1, Kriegstagebuch Nr. I des Kommandos des Rüstungsbereichs Gießen. Eintrag vom 30. 9. 1939. Der Auftrag des Oberkommandos der Wehrmacht wurde am 25. 10. 1939 nochmals erweitert um die Fer-

tigung von größeren Abwurfgeschossen und 10,5-cm-Stahlwurfgeschossen. Eintrag vom 25.10.1939; ABAG, AR-Prot. 11.4.1940. Bericht der Forschungsstelle vom 6.4.1940.

41 ABAG, Produktionsstatistiken der Buderus'schen Eisenwerke 1943. Außerdem fertigte Buderus Kokillen, die an Röchling-Buderus geliefert wurden, deren Qualität allerdings beanstandet wurde. BA MA Freiburg RW 21–22/14. Kriegstagebuch Nr. XIV des Kommandos des Rüstungsbereichs Gießen, Einträge vom 10. und 11.3.1944.

42 8-cm-Wurfgranaten wurden auch auf der Ludwigshütte, Neuhütte und in Eibelshausen, Wurfgranaten mit Kaliber 12-cm und 21-cm in Wetzlar und Eibelshausen, 10,5-cm- bzw. 15-cm-Sprenggranaten in Wetzlar und Lollar bzw. in Wetzlar und Burgsolms hergestellt. In Höchst bei den Breuer-Werken wurden 8,8-cm-Flakgranaten produziert, darüber hinaus bis 1942 5-cm- und 8-cm-Wurfgranaten. Die SD 1 wurde auf der Ludwigshütte, der Neuhütte und in Eibelshausen gefertigt. Gleisketten „Tiger", Stegglieder und Zwischenglieder stellten die Karlshütte und Lollar her. Auf der Karlshütte wurden RSO-Ketten und Bremsklötze produziert. ABAG, AR-Prot. 11.4.1940; Produktionsstatistiken der Buderus'schen Eisenwerke 1943; DC-Prot. 9.12.1940. Die Produktion von Bremsklötzen lief allerdings zum Jahresende 1941 aus. ABAG, DC-Prot. 24.11.1941

43 So wurde berichtet, dass die Stahlblechradiatoren-Werkstätten einige Tage stillgelegt worden seien, weil die Feinblechlieferungen nicht ausreichten, um die Produktion aufrechtzuerhalten. HHStA Wiesbaden 483/4448b). VJB I/1940 des Hauptbetriebsobmanns der Buderus'schen Eisenwerke vom 23.4.1940.

44 ABAG, DC-Prot. 29.9.1939; VJB IV/1939; HHStA Wiesbaden 483/4448b).VJB III/1940 des Hauptbetriebsobmanns der Buderus'schen Eisenwerke vom 27.10.1940.

45 HHStA Wiesbaden 483/4448b). VJB III/1940 des Hauptbetriebsobmanns der Buderus'schen Eisenwerke vom 27.10.1940.

46 ABAG, VJB IV/1940; GB 1940, S. 9; DC-Prot. 23.2.1942; HHStA Wiesbaden 483/4448b). VJB I/1941 des Hauptbetriebsobmanns der Buderus'schen Eisenwerke vom 1.5.1941.

47 ABAG, Auszug aus dem Bericht der Hüttenverwaltung über die Rüstungsplanung und Fertigung bei den Buderus'schen Eisenwerken vom 1.12.1941.

48 ABAG, VJB III/1940; HHStA Wiesbaden 483/4448b). VJB II/1941 des Hauptbetriebsobmanns der Buderus'schen Eisenwerke vom 26.7.1941.

49 BA MA Freiburg RW 21/22/6–17. Kriegstagebuch Nr. VI des Kommandos des Rüstungsbereichs Gießen. Eintrag vom 18.2.1941 und Kriegstagebuch VII des Kommandos des Rüstungsbereichs Gießen. Eintrag vom 14.5.1941.

50 ABAG, GB Stahlwerke Röchling-Buderus 1942. Maschinenschriftliches Exemplar, S. 6.

51 ABAG, VJB I/1940 und III/1942.

52 ABAG, VJB II/1943 und I/1944.

53 HHStA Wiesbaden 483/4448b). VJB II/1940 des Hauptbetriebsobmanns der Buderus'schen Eisenwerke vom 8.8.1940; vgl. VJB III/1939 des Hauptbetriebsobmanns der Buderus'schen Eisenwerke vom 23.10.1939.

54 HHStA Wiesbaden 483/4448b). VJB IV/1939 des Hauptbetriebsobmanns der Buderus'schen Eisenwerke vom 26.01.1940.

55 ABAG, VJB III/1941; DC-Prot. 30.3. und 4.5.1942; HHStA Wiesbaden 483/4448b). VJB IV/1939 des Hauptbetriebsobmanns der Buderus'schen Eisenwerke vom 26.1.1940.

56 Um den Erfahrungsaustausch der Betriebe voranzutreiben, gründete der Reichsminister für Bewaffnung und Munition am 29.4.1940 Arbeitsgemeinschaften der Munitionsfirmen. Für die Produktion von 5-, 7- und 15-cm-Munition hatte den Vorsitz Adolf Koehler inne, für die Fertigung von Wurfgranaten 5- und 8-cm Fritz Gorschlüter. BA MA Freiburg RW 21/22/3. Kriegstagebuch Nr. III des Kommandos des Rüstungsbereichs Gießen. Eintrag vom 30.4.1940.

57 ABAG, VS-Prot. 4. und 20.2., 20.4. und 1.5.1942; Bericht über die Besprechung beim Heereswaffenamt, Berlin, vom 16.4.1942.

58 ABAG, VS-Prot. 27.3.1942; Brief des SS-Wirtschafts-Verwaltungshauptamts an Giesbert, 4.11.1944.

59 ABAG, VJB II/1943. Durch einen Bombenangriff auf das Werk Lollar wurde am 8.10.1944 die zivile Produktion zerstört, die Munitionsfertigung jedoch nicht getroffen. ABAG, VJB III/1944.

60 BA MA Freiburg RW 21/22/17. Kriegstagebuch des Rüstungskommandos Gießen, Band 17, VJB IV/1943.

61 ABAG, VJB I/1943.

62 Der Luftangriff auf Wetzlar am 19. September 1944, in: Buderus Post 35 (1984), Nr. 3, S. 12 f.; ABAG, VJB III/1944. Dabei starben 26 Menschen, 36 wurden verletzt, Sachschäden entstanden in der Generatoren-Anlage im Siemens-Martin-Stahlwerk, in der Elektrostahl- und Schleudergießerei, Erzmischanlage, bei der Hochbahn, in der elektrischen Werkstatt, Umformer-Zentrale, Gleichstromzentrale, Hochofen-Anlage, im Zementwerk, Verwaltungsgebäude, an den Gleisanlagen, in den Barackenlagern und bei den Telefonleitungen. Strom und Gas fielen aus. ABAG, VJB III/1944.

63 ABAG, VJB IV/1944.

64 HHStA Wiesbaden 483/4448b). VJB III/1940 des Hauptbetriebsobmanns der Buderus'schen Eisenwerke vom 27.10.1940; dsgl. III/1939 vom 23.10.1939.

65 Zahlen aus: ABAG, VJB I/1939–IV/1941. Zahlen ab 1941 aus Produktionsstatistiken.
66 ABAG, VJB III/1939; HHStA Wiesbaden 483/4448b). VJB I/1941 des Hauptbetriebsobmanns der Buderus'schen Eisenwerke vom 1.5.1941. VJB IV/1940 vom 2.2.1941.
67 ABAG, VJB II/1940; III/1940; HHStA Wiesbaden 483/4448b). VJB III/1940 des Hauptbetriebsobmanns der Buderus'schen Eisenwerke vom 27.10.1940.
68 HHStA Wiesbaden 483/4448b). VJB IV/1939 des Hauptbetriebsobmanns der Buderus'schen Eisenwerke vom 26.1.1940.
69 ABAG, VS-Prot. 27.3.1942; VJB II/1941.
70 ABAG, Produktionsstatistiken der Buderus'schen Eisenwerke 1943. Zusätzlicher Bedarf an Kesseln und Radiatoren wurde 1941 durch größere Bauvorhaben der SS erwartet. ABAG, VJB III/1941.
71 ABAG, VS-Prot. 6.1.1944.
72 ABAG, Vermerk vom 6.1.1944.
73 ABAG, VJB I und II/1942.
74 ABAG, VS-Prot. 4.2.1942; DC-Prot. 23.2.1942; VJB II/1942.
75 ABAG, DC-Prot. 23.2.1942; VJB I/1942.
76 ABAG, VJB II und III/1942.
77 ABAG, VS-Prot. 27.3.1942. Genehmigt am 30.3.1942.
78 ABAG, Bericht der „Auskämmkommission" vom 20.4.1942.
79 ABAG, VJB IV/1942.
80 Z. B. bei der „Ruhr-Schnellaktion" im Herbst 1943 an Ausgebombte im Ruhrgebiet. ABAG, VJB I und III/1943.
81 ABAG, VS-Prot. 21.7.1942 und 7.1.1944.
82 Nach mündlicher Mitteilung von Peter Giesbert, Düsseldorf.
83 Jäger, Wirtschaftliche Abhängigkeit, S. 130.
84 Im Jahre 1945 waren in Betrieb: die Gruben „Abendstern" und „Albert" im Bergamtsbezirk Darmstadt, „Mardorf" im Bergamtsbezirk Kassel, „Allerheiligen", „Georg-Joseph" und „Friedberg" im Bezirk Weilburg und „Amalie", „Auguststollen", „Friedrichszug", „Neue Lust", „Königszug", „Beilstein" (Lehrgrube) und „Laufenderstein" im Bezirk Dillenburg. Die Grube „Gutehoffnung" befand sich im Bezirk Diez. Vgl. ABAG, Die Buderus'schen Eisenwerke Wetzlar und Art. 41 der hessischen Verfassung, Werksprospekt o. J. (Schriftwechsel des Vorstandes, Bereich Sozialisierung); Die Buderus'schen Eisenwerke in Wetzlar, Manuskript o. J. (Schriftwechsel des Vorstandes); Dietrich, Geschichte Buderus-Bergbau, S. 52.
85 Jäger, Wirtschaftliche Abhängigkeit, S. 130, 180.
86 Für das Minette-Gebiet war Hermann Röchling seit dem 1.7.1940 als „Generalbevollmächtigter für die Erzgewinnung und -verteilung in den Gebieten Luxemburg, Lothringen und Meurthe-et-Moselle" zuständig. Jäger, Wirtschaftliche Abhängigkeit, S. 178, 180.
87 ABAG, Anlage zum AR-Prot. 7.4.1941. Bericht vor dem Aufsichtsrat über die Erzwirtschaft des Deutschen Reiches und der Buderus'schen Eisenwerke durch Wilhelm Witte. Auch aus den Blechwalzwerken Lothringens, Luxemburgs und Belgiens bezog Buderus Produkte. HHStA Wiesbaden 483/4448b). VJB III/1940 des Hauptbetriebsobmanns der Buderus'schen Eisenwerke vom 27.10.1940.
88 ABAG, DC-Prot. 21.7.1941; VJB III/1939 und IV/1940.
89 Dies waren im Lahngebiet die Gruben „Allerheiligen", „Georg-Joseph", „Richardszeche" und „Friedberg", in Oberhessen die Gruben „Abendstern" und „Albert" sowie im Dillgebiet die Gruben „Amalie", „Neue Lust", „Friedrichszug", „Königszug", „Laufenderstein" und „Auguststollen". ABAG, VJB III/1942. Dietrich, Geschichte Buderus-Bergbau, S. 4.
90 Zahlen aus: ABAG, VJB I/1939–IV/1941. Zahlen ab 1941 aus den Produktionsstatistiken.
91 1940 gingen schon 48,7 % an fremde Hüttenwerke. ABAG, AR-Prot. 7.4.1941. Bericht vor dem Aufsichtsrat über die Erzwirtschaft des Deutschen Reiches und der Buderus'schen Eisenwerke.
92 Auch die Umwandlung zu einem Verarbeitungsbetrieb wurde Buderus von der NSDAP vorgeworfen. HHSTA Wiesbaden 483/4448c). Anlage (bezüglich Interessengemeinschaft Buderus-Hüttenverein, 1933) zum Brief des Kreisfachstellenleiters an die Kreisleitung der NSDAP Wetzlar vom 2.9.1942.
93 HHStA Wiesbaden 483/4448b). VJB I/1941 des Hauptbetriebsobmanns der Buderus'schen Eisenwerke vom 1.5.1941.
94 ABAG, VJB I/1944.
95 Dietrich, Geschichte Buderus-Bergbau, S. 5; vgl. ABAG, AR-Prot. 7.4.1941. Bericht vor dem Aufsichtsrat über die Erzwirtschaft des Deutschen Reiches und der Buderus'schen Eisenwerke; HHStA Wiesbaden 483/4448b). VJB III/1940 des Hauptbetriebsobmanns der Buderus'schen Eisenwerke vom 27.10.1940.
96 ABAG, GB 1940, S.9; VJB IV/1940.
97 ABAG, VJB III/1939; Schache, Der Hessen-Nassauische Hüttenverein, S. 340.

98 ABAG, AR-Prot. 7.4.1941. Bericht vor dem Aufsichtsrat über die Erzwirtschaft des Deutschen Reiches und der Buderus'schen Eisenwerke.
99 Dietrich, Brauneisenstein, S. 1206.
100 HHStA Wiesbaden 483/4448b). VJB III/1940 des Hauptbetriebsobmanns der Buderus'schen Eisenwerke vom 27.10.1940.
101 Dietrich, Geschichte Buderus-Bergbau, S. 6.
102 ABAG, DC-Prot. 31.3.1941 und 23.2.1942; VJB III/1941; vgl. HHStA Wiesbaden 483/4448b). VJB I/1941 des Hauptbetriebsobmanns der Buderus'schen Eisenwerke vom 1.5.1941.
103 Zahlen aus: ABAG, VJB I/1939–IV/1941; Zahlen ab 1941 aus den Produktionsstatistiken.
104 ABAG, VJB III/1942; GB 1940, S. 9.
105 HHStA Wiesbaden 483/4448c). Anlage (bezüglich Interessengemeinschaft Buderus-Hüttenverein, 1933) zum Brief des Kreisfachstellenleiters an die Kreisleitung der NSDAP Wetzlar vom 2.9.1942.
106 ABAG, VS-Prot. 23.6.1942.
107 HHStA Wiesbaden 483/4448b). VJB III/1940 des Hauptbetriebsobmanns der Buderus'schen Eisenwerke vom 27.10.1940.
108 ABAG, VJB III/1940; HHStA Wiesbaden 483/4448b). VJB I/1941 des Hauptbetriebsobmanns der Buderus'schen Eisenwerke vom 1.5.1941.
109 ABAG, VJB IV/1940; DC-Prot. 9.12.1940; VS-Prot. 21.7.1942.
110 ABAG, VJB IV/1939; HHStA Wiesbaden 483/4448b). VJB III/1940 des Hauptbetriebsobmanns der Buderus'schen Eisenwerke vom 27.10.1940.
111 ABAG, VJB I/1944.
112 Jäger, Wirtschaftliche Abhängigkeit, S. 302. Jäger stellt jedoch nur auf das Problem des Rohstoffmangels ab. Nicht die Beschaffung von Eisenerz sei problematisch gewesen, da dieses infolge von Importen aus Schweden in ausreichendem Maße vorhanden gewesen sei. Damit widerspricht er der Ansicht Petzinas, der in der Beschaffung der Erze das Hauptproblem sieht (Petzina, Autarkiepolitik, S. 108). Auch der Transport sei bis Mitte 1944 nicht zusammengebrochen (demgegenüber Wagenführ, Industrie, S. 93 f.). Hauptproblem für ihn ist die Versorgung mit Oxydationsmitteln. Nicht der Vierjahresplan, wie Petzina die Ausweitung der Rüstungsproduktion im Stahlbereich begründet, sondern die Eroberungen durch die Wehrmacht stellten nach Ansicht Jägers die Ursachen für diese Entwicklung dar (Wirtschaftliche Abhängigkeit, S. 303).
113 ABAG, AR-Prot. 11.4.1940; GB 1940, S. 9; VJB I und II/1940; Handbuch der deutschen Aktiengesellschaften, 1941, Band 4, S. 3500. Seit diesem Zeitpunkt wurden Stahlerzeugung und -gießerei als eigener Unternehmensbereich aufgeführt.
114 ABAG, VJB III/1940, III/1941, I/1943 und I/1944.
115 ABAG, VJB III/1939, I/1942; VS-Prot. 26.8.1942; HHStA Wiesbaden 483/4448b). VJB I/1941 des Hauptbetriebsobmanns der Buderus'schen Eisenwerke vom 1.5.1941.
116 ABAG, VJB IV/1941; VS-Prot. 29.9.1942; VJB IV/1942.
117 ABAG, VJB I/1943.
118 Zahlen aus: ABAG, VJB I/1939–IV/1941. Zahlen ab 1941 aus den Produktionsstatistiken.
119 ABAG, VJB III/1939.
120 ABAG, VS-Prot. 8.9.1942.
121 ABAG, nach mündlicher Mitteilung von Dipl.-Ing. Hans Müller.
122 ABAG, GB Stahlwerke Röchling-Buderus, S. 2, 4.
123 BA MA Freiburg RW 21–22/10, 13, 14 und 15. Kriegstagebücher Nr. X, XIII, XIV und XV des Kommandos des Rüstungsbereichs Gießen, Einträge vom 6.1., 30.12.1942, 10.–12.1., 10.4. und 14.4.1943.
124 ABAG, GB Stahlwerke Röchling-Buderus 1943, S. 6.
125 Rossmann, Panzerrohre zu Pflugscharen, S. 69; vgl. Edelstahlwerke Buderus AG (Hrsg.), 75 Jahre, S. 21.
126 ABAG, AR-Prot. Stahlwerke Röchling-Buderus 29.7.1940, nach mündlicher Mitteilung von Dipl.-Ing. Hans Müller und Auskunft des Buderus-Archivs.
127 August Coenders war ein enger Vertrauter von Hermann Röchling, der nicht nur die 2-cm-Flak konstruierte, sondern in Wetzlar auch unter strengster Geheimhaltung an der Entwicklung von Spezialgeschossen und Kanonenrohren arbeitete. ABAG, nach mündlicher Auskunft von Dipl.-Ing. Hans Müller.
128 ABAG, nach mündlicher Mitteilung von Dipl.-Ing. Hans Müller.
129 ABAG, VS-Prot. 16.6.1942; VJB IV/1942; IV/1943.
130 ABAG, VJB III/1942; Sozialbericht 1943, S. 5; Jost, Wilhelm, Werk Hirzenhain. Über 600 Jahre Eisenverarbeitung im Vogelsberg, in: Buderus Post. Jubiläumsausgabe der Buderus-Werkzeitschrift 1731–1981, S. 60.
131 ABAG, VJB I/1944; III/1944; IV/1944.
132 ABAG, GB der Buderus'schen Handelsgesellschaft 1940, S. 1; 1941, S. 3; 1942, S. 1.
133 Lammert, Verhältnis, S. 127.

134 ABAG, DC-Prot. 30.9.1940; Rossmann, Panzerrohre zu Pflugscharen, S. 55.
135 Zahlen aus: ABAG, VJB I/1939–IV/1941. Angabe für 1942 aus den Produktionsstatistiken. Zahlen für 12/1943: Schätzung aus SozB Buderus'sche Eisenwerke 1943, Anlage 3; Zahlen für 11/1944: Rossmann, Panzerrohre zu Pflugscharen, Tabelle 6, S. 434; Zahlen für 3/1945 aus: ABAG, GB 1945, maschinenschriftliches Manuskript, zitiert nach Rossmann, Anlage Nr. 31, S. 317. – AK (m/w) = männliche bzw. weibliche Arbeitskräfte; ausl. AK = ausländische Arbeitskräfte (Zivilarbeiter); Kriegsgef. = Kriegsgefangene.
136 „Die Firma Buderus hintertreibt systematisch die Stillegung ihrer Werke Amalien- und Breidenbacherhütte." – Letztlich aber ohne Erfolg. BA MA Freiburg RW 21-22/11. Kriegstagebuch Nr. XI des Kommandos des Rüstungsbereichs Gießen, Eintrag vom 21.5.1942. Auf Anweisung des Reichsministeriums für Rüstung und Kriegsproduktion wurde die Amalienhütte ab 1.4.1944 als Ausweichbetrieb an Krupp verpachtet. BA B, R 8119 F/P 1091, VJB I/1944 Giesberts an den Aufsichtsrat, 25.4.1944.
137 ABAG, VJB III/1940; VS-Prot. 20.4.1942–1942 sollte ein Beitrag zu den „vom Führer mit der befohlenen Rationalisierung angestrebten Zielen einer möglichst menschensparenden Erzeugung" geleistet werden, „auch wenn dies hier und da auf Kosten der finanziellen Wirtschaftlichkeit gehen sollte." ABAG, VS-Prot. 4.2.1942.
138 BA MA Freiburg RW 21-22/5, Kriegstagebuch Nr. 4 des Kommandos des Rüstungsbereichs Gießen, Eintrag vom 28.10.1940.
139 BA MA Freiburg RW 21-22/2, 3, 7, 11. Kriegstagebuch des Gießener Rüstungskommandos. Lageberichte für die Zeit vom 7.1.1940–3.11.1941; ABAG, SozB Buderus'sche Eisenwerke 1943, S. 5. Für 1944 sind noch 2.306 ausländische Zwangsarbeiterinnen hinzuzurechnen. Rossmann, Panzerrohre zu Pflugscharen, S. 75, der sich auf Archivmaterial der IGM Wetzlar beruft.
140 Mit Kriegsgefangenen hatte Buderus schon im Ersten Weltkrieg Erfahrungen gemacht. Beim Höchststand im Jahre 1916 waren von insgesamt 7.322 Beschäftigten 1.584 Kriegsgefangene. Ferfer, Neuere Geschichte, Band 2, S. 90.
141 Z. B. ist als ‚Momentaufnahme' bereits für den Sommer 1940 belegt, dass 42 polnische Zivilarbeiter sowie 76 belgische Arbeiter bei Röchling-Buderus eingesetzt wurden. Der Landrat berichtete, dass im Sommer 1940 76 polnische Zivilarbeiter bei Röchling und Buderus beschäftigt waren. Darüber, ob diese Zivilarbeiter freiwillig gekommen waren, gibt eine Aktennotiz Aufschluss, aus der hervorgeht, dass einer der polnischen Zivilarbeiter, die bei Röchling-Buderus beschäftigt waren, Kasimir Jurzcyk, einen Fluchtversuch unternahm, der aber fehlschlug. Vgl. StadtA Wetzlar, Akten zu Fremdarbeitern in Wetzlar 1939–1947, Liste polnischer Zivilarbeiter, ohne Datum; Brief des Landrats an Bürgermeister, 30.7.1940; Aktennotiz des Bürgermeisters als Ortspolizeibehörde, 13.12.1940; Liste der belgischen Arbeiter, die bei der Fa. Röchling-Buderus beschäftigt sind, Begleitschreiben vom 14.9.1940. Vgl. auch: Ehemalige Zwangsarbeiter besuchten Buderus, in: Buderus Post 46 (1995), Nr. 2, S. 50.
142 ABAG, VJB I/1941.
143 BA MA Freiburg RW 21-22/9. Kriegstagebuch Nr. IX des Kommandos des Rüstungsbereichs Gießen, Wochenbericht vom 12.–18.10.1941.
144 ABAG, VJB IV/1940. Vgl. auch StadtA Wetzlar, Akten zu Fremdarbeitern in Wetzlar 1939–1947, Brief der Buderus'schen Eisenwerke an das Bürgermeisteramt, 12.6.1940. Hier ist von 53 zwangsverpflichteten Polen die Rede, die seit dem 17.5.1940 auf Vermittlung des Arbeitsamtes für Buderus tätig waren.
145 BA MA Freiburg RW 21-22/9. Kriegstagebuch Nr. IX des Kommandos des Rüstungsbereichs Gießen, Eintrag vom 4.10.1941 und Wochenbericht vom 16.–22.11.1941.
146 Herbert, Fremdarbeiter, S. 157 ff., 251 ff.
147 Ende 1941 waren die Unternehmen im Rüstungsbereich Gießen von der Möglichkeit „des geschlossenen Kolonnen-Einsatzes von Russen" in Kenntnis gesetzt und aufgefordert worden, ihren Bedarf anzumelden. Dies stand im Zusammenhang mit der Einschätzung, dass der Einsatz russischer Kriegsgefangener die einzige Möglichkeit sei, auf längere Sicht den Arbeitskräftebedarf in der Rüstungsproduktion zu decken. BA MA Freiburg RW 21-22/9. Kriegstagebuch Nr. IX des Kommandos des Rüstungsbereichs Gießen, Eintrag vom 28.11.1941. Die Frage des Einsatzes russischer Kriegsgefangener wurde bei Buderus eingehend besprochen – mit dem Ergebnis, dass von dieser Möglichkeit „weitgehend Gebrauch gemacht werden" sollte. ABAG, DC-Prot. 24.11.1941.
148 Die Wilhelmshütte erhielt eine Zuweisung von 70 Zivilarbeitern aus dem „Ostland" für besonders kriegswichtige Produktionsbereiche. ABAG, VS-Prot. 27.3.1942. Für die Buderus'schen Eisenwerke soll es auch „Sonderzuweisungen" von Zwangsarbeitern aufgrund guter Kontakte nach Berlin gegeben haben. Rossmann, Panzerrohre zu Pflugscharen, S. 86.
149 „Besonders stark unter den Einberufungen zu leiden hat die Fa. Stahlwerke Buderus-Röchling A.G., Wetzlar, der seit Beginn des Jahres ca. 300 Mann entzogen wurden. ... Die noch zu erwartenden Neueinberufungen sowie der Weggang von holländischen und italienischen Zivilarbeitern, die ihre Verträge im Frühjahr nicht erneuern wollen, macht eine bevorzugte Gestellung von ausländischen Arbeitskräften an diese Firma unbedingt notwendig." BA MA Freiburg RW 21-22/10. Kriegstagebuch Nr. X des Kommandos des Rüstungsbereichs Gießen, Eintrag vom 2.3.1942.

150 ABAG, GB der Stahlwerke Röchling-Buderus 1942, S. 12 f.; BA MA Freiburg RW 21/22/10. Kriegstagebuch Nr. X des Kommandos des Rüstungsbereichs Gießen, Wochenbericht vom 15.–21.3.1942. In den meisten Wetzlarer Betrieben lag der Anteil der ausländischen Arbeiter bei 50 % und mehr. Rossmann, Panzerrohre zu Pflugscharen, S. 88.

151 ABAG, VS-Prot. 26.8.1942. In den beiden Lagern befanden sich im Juni 1942 250 Russen, 125 Franzosen, 65 italienische Zivilarbeiter, 80 männliche und 100 weibliche russische Zivilarbeiter sowie zehn Polen. ABAG, Brief der Hüttenverwaltung an Gorschlüter vom 28.6.1942.

152 Am 31.8.1944 befanden sich im Lahnlager 535 männliche und 173 weibliche Ostarbeiter; im Gemeinschaftslager Niedergirmes 264 männliche und 24 weibliche Westarbeiter sowie ein Ukrainer; im Polenlager im Werk 86 Männer, 1 Familie und 1 Italiener; im Lager Carolinenhütte 72 belgische Kriegsgefangene; schließlich im Kriegsgefangenenlager im Werk 263 Sowjetrussen und 129 IMI (italienische Militärinternierte); insgesamt also über 1.500 Personen. Am 30.11.1944 waren im Lahnlager 724 Ostarbeiter (davon 209 Frauen), in Niedergirmes 358 Westarbeiter (davon 30 Frauen) und 11 Ostarbeiter (davon 8 Frauen) und im Werkslager 83 Polen, 160 Italiener und 271 russische Kriegsgefangene, insgesamt also über 1.600 Personen, untergebracht. StadtA Wetzlar, Akten zu Fremdarbeitern in Wetzlar 1939–1947, Briefe der Stahlwerke Röchling-Buderus an die Verwaltungspolizei vom 31.8. und 2.12.1944. Vgl. auch Rossmann, Panzerrohre zu Pflugscharen, S. 88 f., wo außerdem Angaben von Röchling-Buderus für den 2.10.1944 über 1.716 Internierte zu finden sind. Der Bau einer Gefangenenbaracke sowie der Umbau einer vorhandenen Baracke auf der Karlshütte bzw. in Hirzenhain waren beschlossen worden. ABAG, DC-Prot. 30.3.1942.

153 ABAG, SozB Buderus'sche Eisenwerke 1943, S. 6 f. Von ähnlichen Zahlen geht Rossmann, Panzerrohre zu Pflugscharen, aus (Anhang Tabelle 6, S. 434, Stand 30.11.1944). In der Hauptverwaltung waren demnach keine ausländischen Arbeitskräfte beschäftigt, ebenso wenig bei der Buderus'schen Handelsgesellschaft. In den Betrieben dagegen waren in Wetzlar, Lollar, Staffel, Breidenbach, Eibelshausen und Ewersbach mehr Ausländer als Deutsche tätig. Die Rohstoffbetriebe beschäftigten ca. 25 % Ausländer, im Bergbau dagegen war die Quote eher niedriger. Bei den Breuer- und den Triumph-Werken betrug die Ausländerquote 50 %, wobei bei den Breuer-Werken ca. 1/3 der Belegschaft aus Ausländerinnen bestand.

154 ABAG, VJB III/1942. In den Stahlgussbetrieben der Buderus'schen Eisenwerke erhöhte sich im März 1944 der Anteil des Ausschusses, was neben Mangel an Vergütungsmetallen auf den „übermäßig hohen Ausländer-Einsatz" zurückgeführt wurde. „Der Mangel an deutschen Führungskräften macht sich hier außerordentlich störend bemerkbar". BA MA Freiburg RW 21/22/18. Kriegstagebuch Nr. 18 des Kommandos des Rüstungsbereichs Gießen, Wochenbericht vom 1.1.–31.3.1944. – Anlässlich einer Besprechung in der Industrie- und Handelskammer Wetzlar am 8.12.1942 über die Erfahrungen mit dem Einsatz von Ostarbeitern bezifferte ein Vertreter der Stahlwerke Röchling-Buderus die durchschnittliche Arbeitsleistung der Ostarbeiter mit 30–100 %. „Teilweise sind sogar Ansätze vorhanden, dass die Normalleistung eines deutschen Arbeiters übertroffen wird." Als wichtigste Voraussetzung in Bezug auf die Arbeitsleistung wurde die ausreichende Verpflegung angesprochen, die bei den Stahlwerken „reichlich" sei, so dass unter den Russen bei Röchling-Buderus „allgemeine Gewichtszunahme" zu verzeichnen gewesen sei. BA MA Freiburg RW 21/22/13. Kriegstagebuch Nr. 13 des Kommandos des Rüstungsbereichs Gießen, Anlage 23 vom 9.1.1942. Der Aussagewert dieser Angaben muss schon aufgrund der unpräzisen Angabe zur Arbeitsleistung kritisch beurteilt werden. Sie werden hier dennoch, der Vollständigkeit halber, wiedergegeben.

155 ABAG, SozB Buderus'sche Eisenwerke 1943, S. 7 f.

156 StadtA Wetzlar, Akten zu Fremdarbeitern in Wetzlar 1939–1947, Liste über die bei den Buderus'schen Eisenwerken – Abteilung Bergbau – beschäftigten Arbeiter, 2.2.1944; Dietrich, Geschichte Buderus-Bergbau, S. 6. Auch auf der Grube Georg-Joseph und im Kalkbruch Niedergirmes wurden Ausländer eingesetzt. Außerdem waren spanische Bergleute für Buderus tätig. ABAG, VS-Prot. 27.3.1942.

157 Vgl. ABAG, VS-Prot. 8.9.1942. Beispielsweise wurden 22 Buderus-Bergleute im Frühjahr 1944 von der Einberufung ausgenommen und für das Unternehmen Sahlgrund (Luftwaffenfertigung, Presswerk unter Tage) zurückgestellt. BA MA Freiburg RW21/22/18. Kriegstagebuch Nr. 18 des Kommandos des Rüstungsbereichs Gießen, Eintrag vom 22.2.1944.

158 ABAG, VJB I/1944.

159 Bereits im Winter 1942 hatte es bei Röchling-Buderus Fluchtversuche von französischen Kriegsgefangenen gegeben. BA MA Freiburg RW 21–22/13. Kriegstagebuch Nr. XIII des Kommandos des Rüstungsbereichs Gießen, Eintrag vom 11.11.1942.

160 Wetzlarer Neue Zeitung, 13.10.1986, nach Rossmann, Panzerrohre zu Pflugscharen, S. 95.

161 StadtA Wetzlar, Akten zu Fremdarbeitern in Wetzlar 1939–1947, Ausländer-Feststellung 1946.

162 So klagten die Stahlwerke Röchling-Buderus wie andere Wetzlarer Unternehmen über die Arbeitsleistung „der französischen Zivilarbeiter", insbesondere über „häufiges Fehlen und Krankfeiern". Ob die Franzosen freiwillig in Deutschland arbeiteten oder ob es sich um Zwangsarbeiter handelte, lässt sich aus den Akten nicht ersehen. Dane-

ben gab es Klagen über französische Kriegsgefangene, auch bei den Buderus'schen Eisenwerken, weil ihre Arbeitsleistung nachlasse und weil es zu Fluchtversuchen komme. Über italienische Arbeiter berichtete Buderus, dass sie über die Verpflegung und die Entlohnung klagten. Außerdem wurde ihnen „passive Resistenz" unterstellt, weil sie langsam arbeiteten. BA MA Freiburg RW 21–22/8 und 10. Kriegstagebuch Nr. VIII und X des Kommandos des Rüstungsbereichs Gießen, Einträge vom 2.8.1941, 15.9.1941 und 14.2.1942; BA B, R 8119 F/P1091, VJB Giesberts an den Aufsichtsrat, 25.4.1944. Vgl. dagegen bzgl. russischer Arbeiter Anmerkung 154 in diesem Kapitel.

163 Der Werkschutz, der des Öfteren von offizieller Seite wegen Sorglosigkeit gerügt worden war, wurde im Oktober 1943 der Aufsicht der Gestapo unterstellt. Vgl. z. B. BA MA Freiburg RW 21–22/14. Kriegstagebuch Nr. XIV des Kommandos des Rüstungsbereichs Gießen, Eintrag vom 15.2.1943. Kranke Arbeiter wurden teilweise ins Lager „Pfaffenwald", ein Kranken- und Sterbelager, verlegt. Deportationen in die gefürchtete Heilanstalt „Hadamar" sind ebenfalls nachgewiesen. Dort sind allein 37 Todesfälle aus Wetzlar registriert. Einige der Betroffenen hatten zuletzt bei Buderus oder häufiger bei den Stahlwerken Röchling-Buderus gearbeitet. Rossmann, Panzerrohre zu Pflugscharen, S. 106, 108.

164 Der Luftangriff auf Wetzlar vom 19. September 1944, in: Buderus Post 35, S. 12. Ferner wird von drei getöteten deutschen Arbeitern berichtet. Vgl. Porezag, Luftkrieg, S. 126 ff. Eine andere Quelle nennt neben den erwähnten Opfern zwei Flamen und zwei Italiener. BA Berlin, R 8119F/P 1091, VJB Giesberts an den Aufsichtsrat, 25.4.1944.

165 Vgl. Keller, Michael, „Das mit den Russenweibern ist erledigt". Rüstungsproduktion, Zwangsarbeit, Massenmord und Bewältigung der Vergangenheit in Hirzenhain 1943–1991 (Wetterauer Geschichtsblätter, Beiheft 2), Friedberg 1991, S. 51 ff.

166 ABAG, SozB Buderus'sche Eisenwerke 1943, S. 11; HHStA Wiesbaden 483/4448b). VJB III/1940 des Hauptbetriebsobmanns der Buderus'schen Eisenwerke vom 27.10.1940.

167 Rossmann, Panzerrohre zu Pflugscharen, S. 81.

168 Zahlen für 1939/40 und 1944/45 aus den Geschäftsberichten der Buderus'schen Eisenwerke 1939–1944. Ein erheblicher Teil der in der Tabelle angegebenen Gesamt-Sozialleistungen der letzten beiden Kriegsjahre entfiel auf die freiwilligen Sozialleistungen: 1.528.330,09 RM (1944) und 554.866,73 RM (1945); Angaben für 1941/42 in BA B, R 8119 F/P 1091, S.5, Notiz für Tagesbericht 8.6.1943 für die Bilanz pro 1942 (Angaben dort gerundet).

169 ABAG, DC-Prot. 4.3.1940; BA MA Freiburg RW 21–22/3. Kriegstagebuch Nr. III des Kommandos des Rüstungsbereichs Gießen, Wochenbericht vom 23.6.–30.6.1940.

170 ABAG, DC-Prot. 9.12.1940; HHStA Wiesbaden 483/4448b). Brief des Hauptbetriebsobmanns der Buderus'schen Eisenwerke vom 30.4.1941.

171 ABAG, SozB Buderus'sche Eisenwerke 1943, S. 7. – Die vermehrten Krankmeldungen wurden auch mit der durch die neue Tarifordnung eingeführten Gewährung eines Krankengeldzuschusses in Zusammenhang gebracht. Vgl. HHStA Wiesbaden 483/4448b). VJB IV/1940 des Hauptbetriebsobmanns der Buderus'schen Eisenwerke vom 2.2.1941.

172 Ebd.

173 HHStA Wiesbaden 483/4448b). VJB II/1941 des Hauptbetriebsobmanns der Buderus'schen Eisenwerke vom 26.7.1941; ABAG, VJB II/1941.

174 HHStA Wiesbaden 483/4448b). Brief des Hauptbetriebsobmanns der Buderus'schen Eisenwerke vom 9.3.1940.

175 ABAG, Lohnstatistiken der Buderus'schen Eisenwerke 1940; DC-Prot. 4.3.1940.

176 Dietrich, Geschichte Buderus-Bergbau, S. 4.

177 Dies wird auch an dem steigenden Anteil der freiwilligen und gesetzlichen Sozialleistungen in den Bilanzen der Buderus'schen Eisenwerke deutlich.

178 ABAG, GB 1939, S. 7; SozB Buderus'sche Eisenwerke 1943, S. 19; HHStA Wiesbaden 483/4448b). Brief des Vorstands der Buderus'schen Eisenwerke an die DAF vom 25.11.1941; HHStA Wiesbaden 483/4448c). Brief der Hauptverwaltung der Buderus'schen Eisenwerke an die Gefolgschaft vom 5.12.1942.

179 HHStA Wiesbaden 483/4448b). Brief des Hauptbetriebsobmanns der Buderus'schen Eisenwerke vom 9.3.1940 und 1.5.1941 sowie ABAG VJB I/1941.

180 ABAG, SozB Buderus'sche Eisenwerke 1943, S. 20.

181 HHStA Wiesbaden 483/4448b). Brief der Fachstelle Eisen und Metall an Adolf Fuchs, Hauptbetriebsobmann der Buderus'schen Eisenwerke, vom 20.9.1941. Auch die Einführung einer Gemeinschaftshilfe für Angehörige der Hauptverwaltung im Jahre 1942 stieß auf heftige Kritik, da sie nur für diesen Personenkreis gelten sollte. Vgl. HHStA Wiesbaden 483/4448c). Brief von Cutz an Kreisobmann der DAF vom 27.11.1942 bzw. an die Hauptverwaltung der Buderus'schen Eisenwerke vom 27.11.1942.

182 Dietrich, Geschichte Buderus-Bergbau, S. 5.

183 ABAG, SozB Buderus'sche Eisenwerke 1943, Anhang Übersicht 4.

184 Ebd., S. 1 und S. 4; ABAG, VJB I/1943.

185 Ab dem 10.6.1942 galten die vom Rüstungskommando Gießen verfügten Sondervorschriften über die Veröffentlichung der Jahresbilanz. Diese sahen umfangreiche Geheimhaltungsbestimmungen der Unternehmensergebnisse

vor. Nicht nur die Jahresbilanzen, sondern auch sämtliche Vorstandsberichte und Aufsichtsratsprotokolle sowie innerbetriebliche Vermerke waren davon betroffen. Deswegen lassen sich über Herkunft und Verwendung der erwirtschafteten Mittel keine aus den Akten ersichtlichen Aussagen für die Kriegszeit treffen.

[186] Zusammengestellt nach internen Daten der Finanzbuchhaltung der Buderus AG.
[187] ABAG, DC-Prot. 9.12.1940.
[188] ABAG, VJB I und II/1942; vgl. DC-Prot. 3.6.1940.
[189] ABAG, VJB III und IV/1944.
[190] 1932 betrug der Umsatz 14.830.000 RM.
[191] ABAG, GB Röchling-Buderus 1943, S. 6.
[192] ABAG, VJB III/1944.
[193] ABAG, VJB III/1942.
[194] BA B, R 8119 F / P 1091, Aktenvermerk Frowein vom 5.7.1944.
[195] HHStA Wiesbaden 483/4448b). Brief des Hauptbetriebsobmanns der Buderus'schen Eisenwerke vom 25.4.1940.
[196] Dsgl. vom 26.7.1941, ebd.; ABAG, VJB II/1941.
[197] ABAG, DC-Prot. 23.2.1942; Vermerk zur Aussprache über Rationalisierung 23.2.1942.
[198] Zusammengestellt nach internen Daten der Finanzbuchhaltung der Buderus AG.
[199] Handbuch der deutschen Aktiengesellschaften, 1943, Band 6, S. 5920.
[200] ABAG, VJB IV/1944.

5. Wiederaufbau und Sozialisierung (1945–1948)

[1] Hardach, Karl, Wirtschaftsgeschichte Deutschlands im 20. Jahrhundert 1914–1970, 3. A., Göttingen 1993, S. 107 ff.
[2] Winkel, Harald, Die Wirtschaft im geteilten Deutschland 1945–1970, Wiesbaden 1974, S. 11; Eschenburg, Theodor, Jahre der Besatzung 1945–1949, Stuttgart/Wiesbaden 1983, S. 268; Treue, Wilhelm, Die Demontagepolitik der Westmächte nach dem Zweiten Weltkrieg unter besonderer Berücksichtigung ihrer Wirkung auf die Wirtschaft in Niedersachsen, Hannover 1967, S. 23.
[3] Häuser, Karl, Die Teilung Deutschlands, in: Stolper, Gustav/ Häuser, Karl/Borchardt, Knut (Hrsg.), Deutsche Wirtschaft seit 1870, Tübingen 1964, S. 203–253, hier 210; Treue, Demontagepolitik, S. 15 f.
[4] Hardach, Wirtschaftsgeschichte, S. 109 f.
[5] Eschenburg, Besatzung, S. 269 ff.; Kleßmann, Christoph, Die doppelte Staatsgründung. Deutsche Geschichte 1945–1955, 5. A., Bonn 1991, S. 107, 177; Hardach, Wirtschaftsgeschichte, S. 131.
[6] Latour, Conrad F./Vogelsang, Thilo, Okkupation und Wiederaufbau. Die Tätigkeit der Militärregierung in der amerikanischen Besatzungszone 1944–1947, Stuttgart 1973, S. 163 ff. Dies entsprach einer Jahresproduktion von 11,1 Mio. Tonnen Stahl; Hardach, Wirtschaftsgeschichte, S. 111.
[7] Zum Marshallplan: Knapp, Manfred, Deutschland und der Marshallplan. Zum Verhältnis zwischen politischer und ökonomischer Stabilisierung in der amerikanischen Deutschlandpolitik nach 1945, in: Schröder, Hans-Jürgen (Hrsg.), Marshallplan und westdeutscher Wiederaufstieg. Positionen – Kontroversen, Stuttgart 1990, S. 35–59; Ministère de l'Economie, des Finances et du Budget (Hrsg.), Le Plan Marshall et le relèvement économique de l'Europe. Colloque tenu à Bercy les 21, 22 et 23 mars 1991 sous la direction de René Girault et Maurice Lévy-Leboyer, Paris 1993; Hardach, Karl, Der Marshall-Plan. Auslandshilfe und Wiederaufstieg in Westdeutschland 1948–1952, München 1994.
[8] Knapp, Deutschland, S. 35.
[9] Abelshauser, Werner, Wirtschaftsgeschichte der Bundesrepublik Deutschland 1945–1980, Frankfurt a. M. 1983, S. 18.
[10] Henning, Deutschland 1914–1992, S. 191. Die durchschnittliche tägliche Kalorienzahl pro Person betrug 1946 1.550, fiel bis April 1947 auf 1.040 und lag in den folgenden Monaten bis zur Währungsreform meist nur wenige 100 Kalorien darüber, manchmal sogar darunter; Wiedeman, Wetzlar, S. 27. Vgl. Kleßmann, Staatsgründung, S. 46 ff.
[11] Hessisches Statistisches Länderamt, Die hessische Wirtschaft im Jahr 1946, Wiesbaden 1947, S. 7; Wiedemann, Wetzlar, S. 32; Buchheim, Christoph, Die Wiedereingliederung Westdeutschlands in die Weltwirtschaft 1945–1958, München 1990, S. 69 f.; Kleßmann, Staatsgründung, S. 99 f.
[12] Hessisches Ministerium für Wirtschaft und Verkehr, Die hessische Wirtschaft nach dem Kriege, Wiesbaden 1949, S. 35 f.
[13] Stahltreuhändervereinigung, Neuordnung, S. 86 ff., 111.
[14] Abelshauser, Wirtschaftsgeschichte, S. 20.
[15] So waren in Hessen 25 % der Wohn- und 26 % der Verwaltungsgebäude, aber nur 10 % der industriellen Anlagen und gewerblich genutzten Gebäude zerstört; Jacobi-Bettien, Metallgewerkschaft, S. 17.

16 Hardach, Wirtschaftsgeschichte, S. 121; Abelshauser, Wirtschaftsgeschichte, S. 31; Winkel, Wirtschaft, S. 52 f.
17 Buchheim, Christoph, Die Währungsreform 1948 in Westdeutschland, in: VfZ 36 (1988), S. 189–231, hier 194.
18 Ders., Wiedereingliederung, S. 54.
19 Abelshauser, Werner, Wirtschaft in Westdeutschland 1945–1948. Rekonstruktion und Wachstumsbedingungen in der amerikanischen und britischen Zone, Stuttgart 1975, S. 41, 43.
20 Abelshausers These, wonach der Produktionsdurchbruch bereits im Winter 1947 einsetzte, der starke Produktionsanstieg nach der Währungsreform in der offiziellen Statistik dagegen auf statistische Mängel zurückzuführen sei, wurde von Ritschl inzwischen widerlegt; Abelshauser, Wirtschaft, S. 45 ff.; Ritschl, Albrecht, Die Währungsreform von 1948 und der Wiederaufstieg der westdeutschen Industrie, in: VfZ 33 (1985), S. 136–165; Henning, Deutschland 1914–1992, S. 198–201.
21 Allerdings erstreckte sich die Aufhebung der Kontingentierung für die Eisen- und Stahlindustrie bis weit in das Jahr 1949. Bis zum April 1949 wurden sukzessive Sorten freigegeben, beginnend mit Gießereierzeugnissen am 30.9.1948, dann vielen Fertigerzeugnissen des Maschinenbaus, des Fahrzeugbaus, der Elektrotechnik und der Eisen-, Blech- und Metallwaren Anfang Januar 1949, schließlich im April 1949 Edelstahl, Schmiedestücke und Grenzprodukte; Krumbein, Wirtschaftssteuerung, S. 210 f.; Maurmann, Wirtschaftsgeschichte, S. 275.
22 Buchheim, Währungsreform, S. 221; Borchardt, Knut, Die Bundesrepublik Deutschland, in: Stolper, Gustav/Häuser, Karl/ Ders. (Hrsg.), Deutsche Wirtschaft seit 1870, Tübingen 1964, S. 253–330, hier 245; Häuser, Teilung, S. 261.
23 Dieses starke Wachstum wurde von einem „Inflationsschub" begleitet, der die Preise für Industrieprodukte um 14 %, die für Rohstoffe sogar um 21 % ansteigen ließ. Ende 1948 sah sich die am 1.3.1948 gegründete Bank deutscher Länder (später Bundesbank) daher gezwungen, die Mindestreservesätze von zehn auf 15 % heraufzusetzen; Pohl, Hans, Die Westdeutsche Währungsreform von 1948 und ihre wirtschaftlichen Folgen, in: Ministère de l'Économie, des Finances et du Budget (Hrsg.), Le Plan Marshall et le relèvement économique de l'Europe – Colloque tenu à Bercy les 21,22 et 23 mars 1991 sous la direction de René Girault et Maurice Lévy-Leboyer, Paris 1993, S. 487–496, hier 496; zur wirtschaftlichen Entwicklung Abelshauser, Wirtschaftsgeschichte, S. 53, 63.
24 Pohl, Währungsreform, S. 489.
25 Stahltreuhändervereinigung, Neuordnung, S. 51.
26 Frommert, Horst, Die Gießereiindustrie im Jahre 1949 unter besonderer Berücksichtigung der Rohstoff- und Energieversorgungslage, in: Die neue Gießerei 37 (1950), Nr. 12, S. 238–243, hier 238.
27 Obwohl ursprünglich eine Reduktion der Zementkapazität um 32 % geplant war, wurde schließlich keine einzige Demontage in dieser Branche durchgeführt; Klingebiel, Zementmarkt, S. 64 f.
28 Dies bezieht sich allerdings auf das Basisjahr 1938, Barich, Karl, Die Lage der deutschen Edelstahlindustrie, in: Stahl und Eisen 74 (1954), Nr. 22, S. 1446.
29 Grafik mit nebenstehenden Produktionszahlen bei Klingebiel, Zementmarkt, S. 74.
30 Wirtschaftsvereinigung Giessereien, Geschäftsbericht 1951–1952, S. 15; Lammert, Verhältnis, Anhang I.
31 Die Lage auf dem Roheisenmarkt, in: Stahl und Eisen 66/67 (1947), Heft 23/24, S. 407 f.
32 Lammert, Verhältnis, S. 157.
33 Die Einfuhr ausländischer Erze blieb bis 1947 auf ein Minimum beschränkt, der Import schwedischer Erze wurde sogar bis 1948 von den Alliierten unterbunden; ABAG, Dietrich, Bergbau, S. 4 sowie Plücker, Friedhelm, Der schwedische Eisenerzbergbau und seine Beziehungen zur westdeutschen Eisenhüttenindustrie 1880–1965, Diss. Köln 1968, S. 357 f.
34 Marker, Ulrich B., Strukturwandel im deutschen Eisenerzbergbau, in: Montan-Archiv II/Nr. 4 vom 29.1.1963 (Industriekurier vom 29.1.1963), Bl. 9–12.
35 Die Zahlen zur Errechnung der Anteile aus: Statistisches Reichamt (Hrsg.), Statistisches Jahrbuch für das Deutsche Reich, Berlin 1937, S. 145; Statistik, in: Eisen und Stahl 71 (1951), Nr. 23, S. 1278.
36 Milward, Alan S., The Reconstruction of Western Europe 1945–1951, Berkeley u. a. 1984, S. 355; Pohl, Währungsreform, S. 489.
37 Nach dem Titel der Monographie Kleßmanns „Die doppelte Staatsgründung"; vgl. dort S. 185–214.
38 ABAG, Unterlagen für die Einführung des Vorstands am 28.8.1946, Aufsichtsrat, Akte Staatssekretär Bredow, Niederschrift 1945–1946, Schriftwechsel hierzu Bericht über wirtschaftliche Lage 1945–1948/49
39 ABAG, Kühle, Dokumentation, S. 7, 9.
40 ABAG, Ausführungen des Aufsichtsratsvorsitzenden der Buderus'schen Eisenwerke Bredow vor der Hauptversammlung am 11.2.1948; GB 1947.
41 ABAG, GB Buderus'sche Eisenwerke 1945, S. 8.
42 40 Jahre Buderus'sche Handelsgesellschaft mit beschränkter Haftung, Wetzlar, in: Buderus Werksnachrichten 2 (1951), Nr. 9, S. 90–92.
43 Außerdem tauschten die Buderus'schen Eisenwerke die 510 im Jahr 1925 von der Harpener Bergbau AG im Tausch gegen die Kohlenzeche Massen erworbenen Kuxe der Gewerkschaft Siebenplaneten gegen eigene Aktien ein, da diese Beteiligung mit der Auflösung des Rheinisch-Westfälischen Kohlensyndikats hinfällig geworden war. ABAG, GB Buderus'sche Eisenwerke 1947, S. 10.

44 ABAG, Vorstand an Innenministerium Abt. Wirtschaft vom 22.11.1946, sowie 50 Jahre Werk Staffel, in: Buderus Werksnachrichten 1 (1950), Nr. 4, S. 38–43, hier 39.
45 ABAG, Bericht über die Lage der Gesellschaft, Zeit 1.1.1947–30.9.1947, AR-Prot. 15.10.1947; Bericht über Betriebsräteausschußsitzung am 29.2.1952, S. 3 (Protokolle des Gesamtbetriebsrats).
46 ABAG, Besprechung mit Mitgliedern des wirtschaftspolitischen Ausschusses des hessischen Landtages am 6.4.1948 in Wetzlar, Karton: Werksgeschichte 141/II; sowie Fischer, Rudolf, Die ersten 3 Jahre nach der Stunde Null, in: Buderus Post 36 (1985), Nr. 1, S. 14–17, hier 16; Edelstahlwerke Buderus AG, 75 Jahre, S. 24.
47 Z. B. in Bezug auf das Werk Lollar, ABAG, Schreiben Wittes vom 29.12.1945 an die IHK Gießen.
48 ABAG, Kühle, Dokumentation, Anlage 1; Latour/Vogelsang, Okkupation, S. 134 f.; Mühlhausen, Hessen, S. 131 ff.
49 Nach dem Militärgesetz Nr. 8 mussten alle ehemaligen NSDAP-Mitglieder, die der Partei vor dem 1.5.1937 angehört hatten, aus ihrer Stellung in Industrie, Verwaltung und Handwerk entlassen werden; Rossmann, Panzerrohre zu Pflugscharen, S. 172. Zuerst schieden Jean Ley, Theodor Zeckler und Peter Hoeller am 12.9.1945 aus dem Vorstand aus, Fritz Steinweger folgte am 20.10.1945. ABAG, GB Buderus'sche Eisenwerke 1945, S. 3.
50 ABAG, Kühle, Dokumentation, S. 12.
51 Zur Person Wittes: Dr. Witte 65 Jahre alt, in: Die Berghütte. Werkzeitschrift der Hessischen Berg- und Hüttenwerke AG, 1956, Heft 13, S. 4–6. Allgemein gelang es den Vertretern der Führungsgremien von Buderus, relativ unbeschadet durch die zur Durchführung des Gesetzes Nr. 8 errichteten Spruchkammern zu gelangen. Von den Aufsichtsratsmitgliedern der Buderus'schen Eisenwerke wurde nur Hermann Röchling in einem Gerichtsverfahren zu Gefängnishaft verurteilt. Robert Frowein und Paul Marx dagegen stiegen nach dem Zweiten Weltkrieg erneut in den Aufsichtsrat des Unternehmens auf. Auch Giesbert wurde nach Ablauf seiner Internierungszeit ohne weiteres Verfahren entlassen. Der Wiedereintritt in den Vorstand wurde ihm jedoch verweigert. Der Grund hierfür liegt wohl in erster Linie darin, dass die Commerzbank und die anderen Banken in den ersten Nachkriegsjahren noch nicht wieder im Aufsichtsrat vertreten waren. Eine Rolle könnte auch das Spruchkammerverfahren gespielt haben, das Giesbert zusammen mit dem 1942 entlassenen Hüttendirektor Gorschlüter im Jahr 1946 gegen Witte wegen dessen angeblichen Einsatzes für die Nationalsozialisten anstrengte. Witte konnte die gegen ihn erhobenen Vorwürfe in dem am 1.4.1948 stattfindenden Verfahren entkräften. Siehe zur Entnazifizierung in Wetzlar allgemein Rossmann, Panzerrohre zu Pflugscharen, S. 172 f. sowie Wiedemann, Wetzlar, S. 131, insbesondere 148; zu Röchling: Mauersberg, Deutsche Industrien, S. 469; zu Frowein: Spezialarchiv der deutschen Wirtschaft (Hrsg.), Leitende Männer der deutschen Wirtschaft. Ein wirtschaftliches „Who is Who?", Nachschlagewerk über Vorstandsmitglieder, Aufsichtsräte usw., Berlin 1951, S. 159; zu Marx: Rossmann, Panzerrohre zu Pflugscharen, S. 189; zu Giesbert: ABAG, AR-Prot 22.3.1948; zu Witte: ABAG, Kühle, Dokumentation, S. 12, 118 ff.
52 ABAG, AR-Prot. 23.10.1946.
53 ABAG, GB Buderus'sche Eisenwerke 1944, o.S. und 1945, S. 1. Max Wellenstein war in der Weimarer Republik lange Geschäftsführer des schwerindustriellen Langnam-Vereins und leitete im Zweiten Weltkrieg die Dessauer Waggonfabrik. Otto Kippenberger war seit 1920 Leiter der Bergverwaltung Gießen der Mannesmannröhren-Werke. Hans Simon galt als Vertreter der Burger Eisenwerke, die über den größten Einzelbesitz an Buderus-Aktien verfügten. Rossmann, Panzerrohre zu Pflugscharen, S. 179; ABAG, Kühle, Dokumentation, S. 15 und mündliche Mitteilung von Herrn Ulrich Kippenberger, Wetzlar.
54 Müller, Karlheinz, Preußischer Adler und Hessischer Löwe. Hundert Jahre Wiesbadener Regierung 1866–1966, Dokumente der Zeit aus den Akten, Wiesbaden 1966, S. 417.
55 Bredow, Hans, Im Banne der Ätherwellen, Band 2, Stuttgart 1956, S. 375–380.
56 ABAG, GB Buderus'sche Eisenwerke 1946, S. 1; Rossmann, Panzerrohre zu Pflugscharen, S. 189.
57 Die „Oberschlesische Hüttenwerke AG" war nach der Besetzung Polens 1939 aus der Zusammenlegung der mehrheitlich in polnischer Hand befindlichen „Friedenshütte Schlesische Berg- und Hüttenwerke AG, Kattowitz" und der „Aktiengesellschaft Ferrum, Kattowitz" entstanden. Das Unternehmen finanzierte den Erwerb von Gesellschaftsrechten und Werksanlagen der „Haupttreuhandstelle Ost", die die unter sog. „Patenschaft" stehenden Industriewerke Polens und der Sowjetunion verwaltete. Dr. Wagner war außerdem Aufsichtsratsmitglied des zum Flick-Konzern gehörenden Hochofenwerks Lübeck in Lübeck-Herrenwyk und wurde 1949 Beiratsmitglied der Maxhütte, Sulzbach-Rosenberg. Rossmann, Panzerrohre zu Pflugscharen, S. 114, 190.
58 Ebd., S. 114; Direktor Dr. von Winckler zum stellvertretenden Vorstandsmitglied bestellt, in: Buderus Werksnachrichten 9 (1958), Nr. 3/4, S. 48.
59 ABAG, Kühle, Dokumentation, S. 36.
60 Ausscheiden von Herrn Dr. Ing. Dr. rer. nat. h.c. Franz Grosser aus dem Vorstand, in: Buderus Werksnachrichten 7 (1956), Nr. 6, S. 111.
61 ABAG, Organisationsplan des Jahres 1946, abgedruckt bei Kühle, Dokumentation, Anl. 7; ABAG, GB Stahlwerke Röchling-Buderus AG 1945, S. 1.
62 ABAG, AR-Prot. 23.10.1946.
63 ABAG, AR-Prot. 23.10.1946; Kühle, Dokumentation, S. 31, 294 f.

64 Winter, Sozialisierung, S. 131; Stahltreuhändervereinigung, Neuordnung, S. 84; ABAG, AR-Prot 23.10.1946.
65 ABAG, GB Stahlwerke Röchling-Buderus AG 1946, S. 2.
66 Die SM-Öfen wurden 1948 demontiert, jedoch erst ein Jahr später nach Griechenland ausgeliefert. Dort landeten sie angeblich nach jahrelanger Lagerung auf einer Bauschutt-Deponie; ABAG, Kühle, Dokumentation, S. 30 f. sowie Fischer, Die ersten 3 Jahre, S. 16.
67 Allerdings blieb die Gesellschaft weiterhin unter der Vermögenskontrolle gemäß Gesetz Nr. 52, weil die Röchling'schen Eisen- und Stahlwerke in Völklingen von den französischen Besatzungsbehörden treuhänderisch verwaltet wurden; ABAG, Landesamt für Vermögenskontrolle an den Treuhänder Witte betreffend die Treuhandschaft über die Stahlwerke Röchling-Buderus AG, Wetzlar vom 12.3.1948.
68 Zur Sozialisierung in Hessen insgesamt siehe Heiden, Detlev, Sozialisierung, Industriereform oder Strukturpolitik? Der hessische Weg vom programmatischen Traditionalismus zur wirtschaftsvernünftigen Modernität, in: Hessisches Jahrbuch für Landesgeschichte 46 (1996), S. 237–259, zu Buderus bes. 250–252; die 1997 erschienene Dissertation von Heiden zur Sozialisierungspolitik in Hessen 1946–1967 konnte nicht mehr herangezogen werden.
69 Mühlhausen, Hessen, S. 409; zum Beitrag der hessischen Gewerkschaften zur Diskussion um die hessische Sozialisierung Weiß-Hartmann, Aufbau, S. 173 ff.
70 Winter, Sozialisierung, S. 122 f. (Zitat 123); Schmidt, Neuordnung, S. 61 ff.
71 Z. B. die Verfassung Badens (Art. 45), Bayerns (Art. 160), Bremens (Art. 42), Nordrhein-Westfalens (Art. 21), Rheinland-Pfalz (Art. 61), Württemberg-Hohenzollerns (Art. 98) und Württemberg-Badens (Art. 28); Stahltreuhändervereinigung, Neuordnung, S. 40, Anm. 5.
72 Dies entsprach 46 % der wahlberechtigten Bürger; Krieger, Wolfgang, General Lucius D. Clay und die amerikanische Deutschlandpolitik 1945–1949, Stuttgart 1987, S. 297.
73 Das Land Hessen ging am 1.12.1946 aus „Groß-Hessen" hervor, das die amerikanische Besatzungsregierung am 19.9.1945 durch Zusammenfassung des Landes Hessen-Darmstadt und der preußischen Provinz Hessen-Nassau gebildet hatten; Kropat, Wolf-Arno, Hessen zwischen Kapitulation und Währungsreform (1945–1949), in: Nassauische Annalen 96 (1979), S. 156–167, hier 156 f.
74 Art. 41 wurde durch folgende Verfassungssätze konkretisiert: Art. 40 HV definierte den Begriff „Gemeineigentum": „Gemeineigentum ist Eigentum des Volkes. Die Verfügung über dieses Eigentum und seine Verwaltung soll nach näherer gesetzlicher Bestimmung solchen Rechtsträgern zustehen, welche die Gewähr dafür bieten, dass das Eigentum ausschließlich dem Wohle des ganzen Volkes dient und Machtzusammenballungen vermieden werden." Die Entschädigung regelte Art. 39. Abs. 4 HV: „Die Entschädigung für das in Gemeineigentum überführte Vermögen wird durch das Gesetz nach sozialen Gesichtspunkten geregelt"; zit. nach ABAG; GB Buderus'sche Eisenwerke 1948/49, S. 23.
75 Weiß-Hartmann, Aufbau, S. 166.
76 ABAG, Welche Bedeutung hat Art. 41 (Sozialisierung) im Verfassungstext für Groß-Hessen.
77 Mühlhausen, Hessen, S. 412. Sie war ein Ergebnis der kurzen Beratungszeit, die der verfassunggebenden Versammlung zur Ausarbeitung der Verfassung von der amerikanischen Militärregierung zugestanden worden war.
78 Pohl, Sozialisierung, S. 48, 91.
79 Zur Position Haufs siehe ABAG, Kühle, Dokumentation, S. 66; Zitat S. 49.
80 Infolge der Vereinigung der Buderus'schen und Krupp'schen Erzgruben in Hessen unter der Treuhänderschaft Wittes wurde die Bergverwaltung umorganisiert: Die Erzgruben beider Unternehmen wurden unter gemeinsame technische Aufsicht eines Stellvertreters Wittes, des Dipl.-Berging. Jochen Dietrich, gestellt. Die kaufmännische Verwaltung der Erzgruben blieb dagegen weiterhin getrennt. Ebd., S. 60 ff.
81 Ebd. und Pohl, Sozialisierung, S. 91.
82 Nach der Kabinettsumbildung vom 6.1.1947; Eckhardt, Franz (Hrsg.), Die Chronik Hessens, Frankfurt a. M. 1991, S. 518.
83 Mühlhausen, Hessen, S. 438.
84 Winter, Sozialisierung, S. 125 f.
85 Koch setzte nach Verabschiedung der hessischen Verfassung einen Ausschuss unter Vorsitz des Rektors der Frankfurter Universität, Walter Hallstein („Hallstein-Ausschuß"), ein, der das Ausführungsgesetz zu Art. 41 vorbereiten, Interpretationsschwierigkeiten überwinden und die Streitfragen behandeln sollte, die sich hinsichtlich der Behandlung der in Gemeineigentum zu überführenden Betriebe ergaben. Einen konkreten Gesetzentwurf legte der Ausschuss mit seinem am 15.3.1947 vorgelegten Gutachten jedoch nicht vor. ABAG, Kühle, Dokumentation, S. 48, 75 ff.
86 Diese Sozialgemeinschaften erhielten ein Aufsichtsgremium, den Verwaltungsrat, das sich zu gleichen Teilen aus Gewerkschaftsvertretern als Vertretern der Produzenten, Mitgliedern der Stadt- bzw. Landkreise als Vertretern der Konsumenten und Angehörigen der Landesgemeinschaft als Sachwaltern gemeinwirtschaftlicher Interessen zusammensetzen sollte. Die Sozialgemeinschaften arbeiteten Kochs Entwurf zufolge nicht nach Gesichtspunkten der Gewinnmaximierung, sondern gaben 40 % der erwirtschafteten Überschüsse je zur Hälfte an die Landesgewerkschaft und die Stadt- und Landkreise ab. Nur 20 % der Gewinne standen der Sozialgemeinschaft selbst zur Durchführung von Investitionen zur Verfügung. Mühlhausen, Hessen, S. 418.

87 SPD und CDU hatten von vornherein aus unterschiedlichen Gründen Art. 41 HV zugestimmt. Während die SPD gemäß ihrer auf staatliche Wirtschaftsplanung, Mitbestimmung und Teilsozialisierung ausgerichteten wirtschaftspolitischen Vorstellungen die Sozialisierung als legitimes Mittel der Wirtschaftspolitik betrachtete, trat die CDU für weitgehende unternehmerische Selbstbestimmung sowie für die Erhaltung des Privateigentums ein. Die Partei hatte ihre Zustimmung zu Art. 41 davon abhängig gemacht, dass die chemische Industrie aus dem Katalog der zu sozialisierenden Betriebsteile herausgenommen wurde. Außerdem erreichte sie die Streichung des Satzes, dass die „gemeinwirtschaftliche Gestaltung zu fördern ist". Krieger sieht die Zustimmung der CDU zu Art. 41 damit nur als taktische Maßnahme, um dem Allgemeinprinzip einer sozialistischen Wirtschaftsverfassung entgegenzutreten; Krieger, General, S. 297; Mühlhausen, Hessen, S. 262, 410, 430; eine ausführliche Darstellung der Konzeptionen der Parteien gibt Beyer, Auseinandersetzungen.

88 Krieger, General, S. 295 f. OMGUS: Abkürzung für 'Office of Military Government for Germany, United States'.

89 Winkler, Sozialisierungspolitik, S. 93 ff.

90 Mühlhausen, Hessen, S. 415.

91 ABAG, Kühle, Dokumentation, S. 61.

92 Ebd., S. 115. Grabowski berichtete, die hessische Landesregierung habe versucht, einen Absatz in das Gesetz aufzunehmen, nach dem das Gesamtunternehmen unter Treuhandschaft zu stellen war, wenn sein Hauptsitz in Hessen lag, doch Staatssekretär a.D. Bredow sei es gelungen, diesen auch als „Lex Buderus" titulierten Absatz aus dem Treuhändergesetz zu streichen. ABAG, Grabowski, Bericht über den Stand der Sozialisierung bei Buderus, AR-Prot. 15.10.1947.

93 ABAG, Einspruch gegen die Treuhänderbestellung über Vermögensteile unserer Gesellschaft, die nicht gemäß Art. 41 der Hessischen Verfassung in Gemeineigentum überführt sind, vom 10.5.1948; HHStA 507/2967, Einspruch gegen die Bestallungsurkunde für den Treuhänder Dr. Witte vom 27.4.1948, Wetzlar, den 27.7.1948

94 ABAG, Kühle, Dokumentation, S. 56 f., 74.

95 Initiativen, diesen Zustand zu beenden, gingen vom Vorstand der Buderus'schen Eisenwerke aus. Bereits am 19.5.1947 war er mit der hessischen Regierung übereingekommen, die sozialisierten Betriebsteile in einer GmbH unter dem Namen „Hessische Berg- und Hüttenwerke" zusammenzufassen. Diese Vereinbarung hatte Koch jedoch bereits im August desselben Jahres wieder aufgekündigt, weil er eine Präjudizierung jeglicher Form der Sozialisierung vermeiden wollte; ABAG, Grabowski, Bericht über den Stand der Sozialisierung bei Buderus, AR-Prot. 15.10.1947.

96 ABAG, Kühle, Dokumentation, Anlage 15, insbes. S. 11 ff.

97 ABAG, Grabowski, Bericht über den Stand der Sozialisierung bei Buderus, AR-Prot. 15.10.1947.

98 ABAG, Kühle, Dokumentation, 126 f., 142 f.

99 Jacobi-Bettien, Metallgewerkschaft, S. 265.

100 Winkler, Sozialisierungspolitik, S. 102 f.

101 Steininger, Reform, S. 224 ff.; Huster, Ernst-Ulrich u. a., Determinanten der westdeutschen Restauration, Frankfurt a. M. 1972, S. 44.

102 Steininger, Reform, S. 217, zitiert den britischen Außenminister Bevin. Zur nordrhein-westfälischen Sozialisierung ebd. sowie Rudzio, Sozialisierung, S. 2–39.

103 Stahltreuhändervereinigung, Neuordnung, S. 86, 90 (Zitat).

104 ABAG, Kühle, Dokumentation, S. 28 f., 149; Stahltreuhändervereinigung, Neuordnung, S. 95.

105 ABAG, GB Buderus'sche Eisenwerke 1948/49, S. 25 f.; ABAG, Kühle, Dokumentation, S. 56 f.

106 Dafür war wahrscheinlich der Widerstand der Betriebsräte der Grundstoffbetriebe und der Stahlwerke Röchling-Buderus gegen die Abberufung Wittes und die Ernennung Bredows zum neuen Treuhänder maßgebend. ABAG, Kühle, Dokumentation, S. 156 ff.

107 Zeckler, Theodor, Vor 10 Jahren. Der Wiederanfang bei Buderus, in: Buderus Werksnachrichten 6 (1955), Nr. 4/5, S. 48–50, hier 49.

108 ABAG, GB Buderus'sche Eisenwerke 1945 und 1946, jeweils S. 7.

109 ABAG, Kühle, Dokumentation, S. 18, 32, 112.

110 Beyme, Klaus von, Der Wiederaufbau. Architektur und Städtebaupolitik in beiden deutschen Staaten, München 1987, S. 115 (Zitat); Winkel, Wirtschaft, S. 2.

111 Schmidt, F., Auf dem Wege über die regionale zur überregionalen Wasserversorgung. Entwicklung 1948–1973, in: Verein von Gas- und Wasserfachmännern (VGW) (Hrsg.), VGW 1948–1973, Frankfurt a. M. o. J., S. 25–37, hier 29 f.

112 ABAG, Ausführungen des Aufsichtsratsvorsitzenden der Buderus'schen Eisenwerke Bredow vor der Hauptversammlung am 11.2.1948.

113 „50 Jahre Werk Staffel", in: Buderus Werksnachrichten 1 (1950), Nr. 4, S. 38–43, hier 40; ABAG, GB Buderus'schen Eisenwerke 1948/49, S. 16.

114 Buderus Post 47 (1996), Nr. 4; ABAG, Kühle, Dokumentation, S. 35 ff.; „Unsere neue Eisenkunstgießerei in Hirzenhain", in: Buderus Werksnachrichten 1 (1950), Nr. 3, S. 26–31.

115 ABAG, Kühle, Dokumentation, S. 33. Beton ist nicht mit Zement zu verwechseln. Beton ist ein Verbundbaustoff, wel-

cher durch das Erhärten von flüssigem Zement in Verbindung mit groben Zuschlagstoffen (wie Kies, Schotter und Splitt) und Wasser entsteht. Statt Zement können auch Bitumen oder Kunststoff als Bindemittel eingesetzt werden.

116 ABAG, Schreiben Wittes an das hessische Ministerium für Wirtschaft und Verkehr vom 25. 4. 1946.
117 40 Jahre Buderus'sche Handelsgesellschaft mit beschränkter Haftung, Wetzlar, in: Buderus Werksnachrichten 2 (1951), Nr. 9, S. 90–92, hier 91.
118 ABAG, Bericht des Vorstandes über die Lage der Gesellschaft, o. D., Karton: Aufsichtsratssitzungen 1947, 1949, 125.
119 ABAG, Kühle, Dokumentation, S. 42 f.
120 ABAG, Hugelmann, H., 40 Jahre Ferrum GmbH 1948–1988, unveröffentlichtes Manuskript, o. O. o. J., S. 1.
121 40 Jahre Ferrum 1948–1988, in: Buderus Post 39 (1988), Nr. 3, S. 20.
122 Diese Angabe gilt es bei der Betrachtung der Tabelle zu beachten, denn die Quellenlage ließ die Aufschlüsselung der Umsätze der Gießereien und der Rohstoffbetriebe nicht zu. Nach der oben genannten Berechnungsgrundlage ergibt sich folgende Umsatzverteilung: 1) Gießereien: 1945: 9,56–10,2 Mio. RM; 1946: 18,5–19,76 Mio. RM; 1947: 25,57–27,28 Mio. RM; 1948/49: 93,66–99,90 Mio. DM; 2) Treuhandbetriebe: 1945: 2,5–3,1 Mio. RM; 1946: 4,9–6,1 Mio. RM; 1947: 6,82–8,5 RM; 1948/49: 24,9–31,2 Mio. DM. Diese Daten sind jedoch nur begrenzt aussagekräftig, da sie die verspätete Inbetriebnahme der Hochöfen im Jahr 1946 nicht berücksichtigen und außer Acht lassen, dass die Umsätze der Gießereien vermutlich nach der Währungsreform schneller anstiegen als die der Treuhandbetriebe. ABAG, GB Buderus'sche Eisenwerke 1946, S. 9.
123 Zeckler, Vor 10 Jahren, S. 49.
124 ABAG, GB Buderus'sche Eisenwerke 1945, 1946, 1947 und 1948/49.
125 Einschließlich Leichtbeton (Leichtbaustoffe).
126 ABAG, Bericht über die wirtschaftliche und finanzielle Lage der Gesellschaft vom 6. 4. 1949, S. 2 (AR-Prot. 6. 4. 1949).
127 Ebd., S. 6.
128 Hergestellt wurden zunächst vorgespannte Stahlbetonhohlplatten, die als Vollmontage-Deckenhohlplatten und als weitgespannte Dachplatten Verwendung im Industriebau fanden. 1948 wurden immerhin noch 5.000 qm dieser Platten hergestellt. Der Hunderttausendste, in: Buderus Werksnachrichten 2 (1951), Nr. 7/8, S. 83; Unser Betonwerk Burgsolms, in: Buderus Werksnachrichten 5 (1954), Nr. 7/8, S. 67–70.
129 ABAG, Ausführungen des Aufsichtsratsvorsitzenden der Buderus'schen Eisenwerke Bredow vor der Hauptversammlung am 11. 2. 1948; AR-Prot. 15. 10. 1947, S. 4 f.
130 Krumbein, Wirtschaftssteuerung, S. 143.
131 ABAG, Belegschaftsstatistik der Buderus'schen Eisenwerke 1944–1983.
132 Rossmann, Panzerrohre zu Pflugscharen, S. 141; Wiedemann, Wetzlar, S. 24 f.
133 So fehlten zum Beispiel im Oktober 1946 für die Belegschaften der Sophienhütte 1.500 Paar Schuhe, 1.000 Hemden, 1.000 Paar Strümpfe sowie 1.000 Arbeitskleider; ABAG, Aktenvermerk Wittes vom 9. 10. 1946.
134 ABAG, Dietrich, Bergbau, S. 52. Zwischen 1947 und Mitte 1948 schwankte die tägliche Kalorienzahl zwischen 1000 und 1500 Kalorien. ‚Normale' Erwachsene benötigten jedoch 2400 Kalorien; Rossmann, Panzerrohre zu Pflugscharen, S. 150.
135 Sofern dies nicht der Fall war, suchte die Belegschaft häufig in körperlich weniger anspruchsvollen Betätigungen unterzukommen. Wiedemann, Wetzlar, S. 48; ABAG, Dietrich, Bergbau, S. 46.
136 ABAG, AR-Prot. 23. 10. 1946, S. 5; 23. 10. 1946.
137 ABAG, AR-Prot. 15. 10. 1947; „Unser Werk Staffel", in: Buderus Werksnachrichten 5 (1954), Nr. 3/4, S. 24–30, hier 26.
138 Die Knappheit von Schrott und Koks verschärfte sich durch die schlechten Verkehrsverhältnisse, die Zwangsexporte und die Tatsache, dass Hessen bei der Kontingentzuteilung durch die Bewirtschaftungsbehörden der Zonenverwaltung ständig unzureichend bedacht wurde. Die zugeteilten Mengen konnten infolge des zerstörten Verkehrssystems ohnehin nie vollständig ausgeschöpft werden. Im Kohlewirtschaftsjahr 1946/47 kamen nur 87,4 %, 1947/48 92,2 % und 1948/49 97,3 % der Hessen zugeteilten Kohlenmenge an. Der Buderus-Vorstand konnte auf die Verteilung kaum Einfluss nehmen. Die einzige Möglichkeit hierzu bildete die am 1. 8. 1947 gegründete und für zwei Monate von Grabowski geführte Wetzlarer Außenstelle des für die Verteilung zuständigen „Verwaltungsamtes für Stahl und Eisen" (VSE) in Düsseldorf. Außerdem war Buderus durch Grabowski in dem im August 1947 gebildeten Fachausschuß Stahl und Eisen des VAW vertreten. Dieser Ausschuss hat jedoch nie relevante Beschlüsse gefasst. Zur Bewirtschaftung von Einsatzmaterialien für die Eisen- und Stahlindustrie Ministerium für Wirtschaft und Verkehr, Wirtschaft, S. 18, 115; Krumbein, Wirtschaftssteuerung, S. 45; zur Wetzlarer Außenstelle des VSE, Ministerium für Wirtschaft und Verkehr, Wirtschaft, S. 143 f.; Krumbein, Wirtschaftssteuerung, S. 72 f.; sowie ABAG, AR-Prot. 15. 10. 1947.
139 ABAG, Bericht über die Lage der Gesellschaft, Zeit 1. 1. 1947–30. 9. 1947, AR-Prot. 15. 10. 1947.
140 Ein Gutachten über die Gießereibetriebe vom 21. 6. 1946 wies darauf hin, dass der Roheiseneinsatz mit 70 % viel zu hoch liege und auf 50 % heruntergeschraubt werden müsse; ABAG, Vermerk Wittes vom 21. 6. 1946.
141 Hierbei handelte es sich um die Werke Ewersbach, Eibelshausen, Breidenbach, Ludwigshütte und Wilhelmshütte. ABAG, Schreiben Wittes an die Militärregierung für Hessen vom 22. 3. 1947, S. 4.
142 Krumbein, Wirtschaftssteuerung, S. 168.

143 Ritschl, Währungsreform, S. 160; Buchheim, Wiedereingliederung, S. 55 f. Die Hortung wird unterschiedlich erklärt: Nach Ritschl mussten die Unternehmen vor der Währungsreform angesichts des herrschenden Bewirtschaftungssystems hohe Lagerbestände an Vor- und Endprodukten horten, um sich gegen mögliche Versorgungsstockungen abzusichern bzw. diese durch Kompensationsgeschäfte – den Tausch von Ware gegen Ware – auffangen zu können. Über das Faustpfand des Warenbestandes hinaus hatte damals allenfalls das Bezugsrecht Kaufkraft, nicht das Geld. Ritschl wertet die hohen Lagerbestände also als „offenbar typische Erscheinung planwirtschaftlicher Systeme". Buchheim dagegen führt die hohen Materialbestände bei den Unternehmen auf bewusste Drosselung der Produktion zurück. Die Motive für diese Produktionsbeschränkung sieht er in den schlechten Absatzbedingungen der Vorwährungsreformzeit. Da die Reichsmark kein wirksames Tauschmittel mehr gewesen sei, hätten die Unternehmen die jetzt noch mit wertloser Reichsmark über die Bewirtschaftungsbehörden beschaffbaren Rohstoffe und Halbprodukte auf Lager genommen, um diese nach dem Währungsschnitt weiterzuverarbeiten und sie in intakter Währung absetzen zu können.

144 Damit lagen die Buderus'schen Eisenwerke knapp unter dem Trend der übrigen hessischen Industrie, denn nach einer Untersuchung des Hessischen Statistischen Landesamtes an über 14 annähernd repräsentativen Großunternehmen der Industrie des Landes belief sich der Bestand an Roh-, Hilfs- und Betriebsstoffen 1947 wertmäßig auf mehr als das Dreifache desjenigen von 1936. ABAG, GB Buderus'sche Eisenwerke 1936 und 1947; Buchheim, Wiedereingliederung, S. 55.

145 ABAG, AR-Prot. 15.10.1947. – Gießereiprodukte unterlagen im Gegensatz zu Walz- und Stahlmaterial keiner strengen Bewirtschaftung. Die Kunden wandten sich mit ihren Bestellungen nicht an die Bewirtschaftungsbehörde, sondern direkt an den Produzenten. Das VSE beschränkte sich darauf, sog. notleidende Aufträge, die aufgrund z. B. ihrer technischen Maße nicht oder nur schwer unterzubringen waren, einem Werk zuzuweisen. Krumbein, Wirtschaftssteuerung, S. 159.

146 Auch bei den Buderus'schen Eisenwerken scheint somit das Interesse am Export hinter dem Interesse an der Linderung der auftretenden Engpässe zurückgetreten zu sein, denn 1947 machten die Buderus'schen Eisenwerke die Durchführung eines größeren Exportauftrags für Heizkessel nach Holland von der Zuweisung weiterer Arbeitskräfte abhängig. ABAG, AR-Prot. 15.10.1947; Hessisches Ministerium für Wirtschaft und Verkehr, Wirtschaft, S. 121.

147 Zitiert nach Wiedemann, Wetzlar, S. 54.
148 ABAG, AR-Prot 6.4.1949, S. 2.
149 ABAG, AR-Prot. 29.3.1950; GB Buderus'sche Eisenwerke 1948/49, S. 15; Industrie- und Handelskammer Wetzlar, Jahresbericht der Industrie- und Handelskammer Wetzlar für das Geschäftsjahr 1948/49, S. 2.
150 ABAG, GB Buderus'sche Eisenwerke 1948/49, S. 17.
151 ABAG, Schreiben des Länderrats der amerikanischen Zone an die Stahlwerke Röchling-Buderus AG vom 18.1.1947. Besondere Nachfrage herrschte nach Stahl für nichtrostende Messerklingen, die von der Besteckindustrie im Auftrag der amerikanischen Armee gefertigt wurden. Vgl. ABAG, Schreiben der Stahlwerke Röchling-Buderus AG an die Militärregierung vom 12.2.1947.
152 ABAG, GB Stahlwerke Röchling-Buderus AG 1945, S. 2.
153 Nach Auskunft des Buderus-Archivs.
154 ABAG, GB Stahlwerke Röchling-Buderus AG 1945 u. 1946; mündliche Auskunft von Dipl.-Ing. Hans Müller.
155 ABAG, GB Stahlwerke Röchling-Buderus AG 1946, S. 2; 1947; AR-Prot. 29.3.1950; Auskunft von Dipl.-Ing. Hans Müller.
156 Ministerium für Wirtschaft und Verkehr, Wirtschaft, S. 193.
157 ABAG, GB Buderus'sche Eisenwerke 1945, 1946, 1947, 1948/49.
158 Hessisches Edelstahlwerk holt auf, in: Handelsblatt vom 30.11.1948; ABAG, GB Buderus'sche Eisenwerke 1948/49, S. 15, 17.
159 Nach Auskunft des Buderus-Archivs.
160 Nach Auskunft des Buderus-Archivs.
161 Dietrich, Geschichte Buderus-Bergbau, S. 7.
162 Der Kalkbruch wurde nur vorübergehend der Treuhandverwaltung unterstellt, sollte aber gemäß der zwischen den Buderus'schen Eisenwerken und der Landesregierung getroffenen Vereinbarung vom 11.11.1948 wieder in den Kompetenzbereich der Buderus'schen Eisenwerke zurückübertragen werden. Dietrich, Geschichte Buderus-Bergbau, S. 7; ABAG, ders., Bergbau, S. 25; Kühle, Dokumentation, S. 142.
163 Nach dem Ausfall der Stromversorgung und damit der Grubenpumpen war zunächst das sog. „Ersaufen" der Gruben zu befürchten. Mit dem auf dem Hochofenwerk Oberscheld noch vorhandenen Koksvorrat jedoch konnte ein Kessel in Betrieb genommen werden, so dass genug Elektrizität zur Verfügung stand, um den überwiegenden Teil der Scheldetal-Gruben vor dieser Gefahr zu bewahren. Zwei der Gruben konnten in kürzester Zeit wieder leergepumpt werden; ABAG, Kühle, Dokumentation, S. 9.
164 Die Bergbaubetriebe lieferten bis Ende 1946 etwa 60,9 % der geförderten Erze an die Hochöfen; ABAG, Schreiben Wittes an die Militärregierung vom 3.3.1949; ABAG, Dietrich, Bergbau, S. 6 f. 17; Kühle, Dokumentation, S. 108.

165 Das zur Roheisenherstellung dem Hochofen beigefügte Erzgemisch und die Zuschlagsstoffe. Woher kommt unser Gießerei-Roheisen, in: Buderus Werksnachrichten 6 (1955), Nr. 6/7, S. 71–75, hier 72; ABAG, Besprechung mit Mitgliedern des wirtschaftspolitischen Ausschusses des hessischen Landtages am 6.4.1948 in Wetzlar mit der anschließenden Besichtigung des Werkes Wetzlar, S. 3; Kühle, Dokumentation, S. 112 f.
166 Davon entfielen 11.500 t Roheisen auf das Werk Wetzlar und 3.500 t Roheisen auf das Werk Oberscheld. ABAG, Abschrift eines mündlichen Berichts an die Regierung in Wiesbaden am 14.11.1945 vom 28.11.1945.
167 ABAG, GB Buderus'sche Eisenwerke 1936, 1945, 1946, 1947, 1948.
168 Statistische Angaben für den Vergleich der Produktion von Roheisen und Eisenerz im Zweiten Weltkrieg und in der Nachkriegszeit liegen nur für 1939–1941, 1944 sowie 1945–1948 vor. Hier bietet sich ein Vergleich mit 1941 und 1948 an, beides Jahre guter Konjunktur. Die Roheisenproduktion lag 1941 bei 154.000, 1948 bei 153.000 t. Die Erzförderung fiel von 422.000 t 1941 auf 226.000 t. ABAG, GB Buderus'sche Eisenwerke 1936, S. 1; HHStA 507/2832., Bericht über wirtschaftliche und finanzielle Leistungen der Treuhandverwaltung Buderus vom 7.1.1952, S. 1.
169 Zur Linderung des Koksproblems reparierte die Hüttenverwaltung der Buderus'schen Eisenwerke in den Werkshallen der Stahlwerke Röchling-Buderus AG beschädigte Eisenbahnwaggons, die Eisenerz an die Ruhr lieferten und Koks von dort zu den Hochöfen schafften. Zudem steigerten die Hochöfen – soweit dies die Schrottversorgung zuließ – den Schrotteinsatz im Möller um mehr als das Doppelte gegenüber 1945, wodurch Koks eingespart wurde. Koks konnte auch durch die Verbesserung der Eisenerzanalyse eingespart werden. Da in den ersten drei Nachkriegsjahren vornehmlich Flusseisenstein gefördert wurde, stieg der Eisengehalt Ende 1946 um etwa 1,8 % gegenüber 1941, der Kieselsäuregehalt sank dagegen um 2,7 %, der Kalkgehalt stieg um 2,3 %. Dietrich, Geschichte Buderus-Bergbau, S. 16; ABAG, ders., Bergbau, S. 6, 23.
170 Die Verteilung der Materialien auf Hessen wurde von Anfang 1946 bis Anfang 1948 von der dem Wirtschaftsministerium angegliederten Bergbauversorgungsstelle durchgeführt, die am 24.1.1946 in den Berg- und hüttenmännischen Verein zu Wetzlar überging. Über dieses Gremium erhielten die Buderus'schen Eisenwerke Einwirkungsmöglichkeiten auf die Bewirtschaftung. Die Förderung war daher nie ernsthaft durch Rohstoffengpässe gefährdet. Die Bergbauverwaltung konnte stellenweise sogar Teile der ihr zugewiesenen Eisenkontingente, insbesondere Walzwerkmaterial, an die übrigen Produktionsbereiche weitergeben. ABAG, Dietrich, Bergbau, S. 34.
171 Im Bergbau standen unmittelbar nach dem Zusammenbruch zunächst ausreichend Arbeitskräfte zur Verfügung. Da sich jedoch die Hoffnungen auf eine Inbetriebnahme der Hochöfen im Jahr 1945 zerschlugen, musste der Bergbaubetrieb aus finanziellen Gründen am 30.9.1945, vor allen Dingen im Scheldetal und auf Friedberg, wieder eingeschränkt werden. Die freiwerdenden Belegschaftsmitglieder wurden den Arbeitsämtern zum vorübergehenden anderweitigen Einsatz zur Verfügung gestellt. Die meisten dieser Bergleute fanden bald in anderen Betrieben Beschäftigung und konnten nicht zurückgewonnen werden. In der Folgezeit war es schwierig, weitere Arbeitskräfte für den Erzbergbau zu gewinnen, weil dieser Bergbausektor, obwohl er teilweise erheblich höhere Arbeitsleistungen verlangte als der Braunkohlenbergbau, letzterem im Lohn und in der Versorgung mit Nahrungsmitteln nicht gleichgestellt wurde. Darüber hinaus verlangsamte sich der Förderungsanstieg durch die verschlechterte Ernährungssituation und die bis Ende 1946 um 15 % gesunkene Leistung der Bergleute. Ebd., S. 12–18.
172 Dietrich, Geschichte Buderus-Bergbau, S. 7.
173 ABAG, Schreiben Wittes an die Militärregierung für Hessen, o.D., S. 4.
174 Lammert, Verhältnis, S. 160.
175 ABAG, Schreiben Wittes zur Besprechung am 9.9.1946 mit Wirtschaftsministerium – Aufsichtsrat – Vorstand Buderus vom 16.9.1946, S. 3 f.
176 Lammert, Verhältnis, S. 159 f.; ABAG, Kühle, Dokumentation, S. 106.
177 ABAG, Dietrich, Bergbau, S. 39.
178 HHStA 507/2929, Schreiben Wittes an das hessische Ministerium für Wirtschaft und Verkehr vom 10.9.1947
179 Lammert, Verhältnis, S. 161.
180 Wirtschaftsvereinigung Giessereien, Geschäftsbericht 1951–1952, S. 28.
181 Kaup, Karl, Die Preisgestaltung für deutsche Erze, in: Stahl und Eisen 69 (1949), Nr. 1, S. 22–23, hier 23.
182 ABAG, Memorandum über die wirtschaftlichen Verhältnisse der Hessischen Berg- und Hüttenwerke AG vom 6.3.1953, Materialien zur Sitzung des Technischen Ausschusses und des Finanzausschusses des Aufsichtsrats am 12.3.1953.
183 HHStA 507/2836, Schreiben Bredows und des Buderus-Vorstands an den hessischen Minister der Finanzen vom 7.7.1950.
184 ABAG, AR-Prot. 15.10.1947, S. 25.
185 Die Angaben über die Gesamtbelegschaft wurden entnommen aus einer „Belegschaftsstatistik der Buderus'schen Eisenwerke 1944–1983", in: ABAG (Statistiken); die statistischen Angaben über die weiterverarbeitenden und die Rohstoffbetriebe stammen dagegen aus folgenden Quellen: ABAG, Treuhandverwaltung der Buderus'schen Eisenwerke – Geschäftsbericht für die Zeit vom 21.6.1948–31.12.1949; Situationsbericht über Produktion, Absatz, Belegschaftsentwicklung und Finanzen vor und nach der Währungsreform, Stand: 31.12.1948 (AR-Prot 6.4.1949), S. 1.

186 ABAG, GB Buderus'sche Eisenwerke 1945, S. 8 f.; 1946, S. 9 f.; 1947, S. 9 f.
187 Der Anteil dieser Beschäftigtengruppe an der Gesamtbelegschaft sank von 35,2 % 1938 auf 17,2 % im März 1947. Die Zahl der Vierzig- bis Sechzigjährigen dagegen erhöhte sich von 32,6 % 1938 auf fast 50 % im Jahr 1947; vgl. ABAG, AR-Prot. 15.10.1947, S. 15.
188 Teuteberg, Mitbestimmung, S. 46.
189 Die amerikanische Besatzungsregierung erteilte in ihrer Zone die Erlaubnis zur Gewerkschaftsgründung auf Kreisebene bereits im August 1945. Wiedemann, Wetzlar, S. 123; auch Kolb, Johannes, Metallgewerkschaften in der Nachkriegszeit. Der Organisationsaufbau der Metallgewerkschaften in den drei westlichen Besatzungszonen, 2. A., Köln 1983, S. 54.
190 Teuteberg, Mitbestimmung, S. 46; Mühlhausen, Hessen, S. 345.
191 „Betriebsrätegesetz für das Land Hessen" vom 31.5.1948, in: GVBl. für das Land Hessen, 1948, Nr. 23, S. 117–122.
192 Mühlhausen, Hessen, S. 381; eine Analyse der Haltung der amerikanischen Militärregierung zum wirtschaftlichen Mitbestimmungsrecht der Arbeitnehmer findet sich auch bei Kleßmann, Christoph, Betriebsräte und Gewerkschaften, in: Winkler, Heinrich August (Hrsg.), Politische Weichenstellungen im Nachkriegsdeutschland 1945–1953, Göttingen 1979, S. 44–73, hier 61 f.
193 Zur Gründung der Landesgewerkschaft Metall kam es erst am 21.5.1946. Jacobi-Bettien, Metallgewerkschaft, S. 74, 200, 346.
194 Rossmann, Panzerrohre zu Pflugscharen, S. 125; Jacobi-Bettien, Metallgewerkschaft, S. 346; ABAG, Dietrich, Bergbau, S. 63; Wiedemann, Wetzlar, S. 124. Es ist anzunehmen, dass es in dieser Frühphase auch auf den anderen Werken und den sämtlich in Hessen gelegenen Tochter- und Beteiligungsunternehmen zur Gründung von Betriebsräten kam.
195 Der Betriebsräteausschuß, in: Buderus Werksnachrichten 1 (1950), Nr. 1, S. 8.
196 Jacobi-Bettien, Metallgewerkschaft, S. 348.
197 ABAG, Betriebsvereinbarung o.D.
198 So erhielten die Betriebsräte das Recht zur regelmäßigen Information über die Geschäftslage sowie Beratungsrechte bei der Einführung neuer Arbeitsmethoden, der Festsetzung von Einstellungsgehältern und der Akkord-, Stücklohn- und Urlaubsfestsetzung. Weiterhin durften die Betriebsräte über Einstellungs- und Umsetzungsgesuche mitbestimmen, wobei in der unmittelbaren Nachkriegszeit hiermit auch die Aufgabe verbunden war, die politische Vergangenheit des Bewerbers zu berücksichtigen. Letztlich übertrug der Vorstand den Betriebsräten die soziale Fürsorge für die Belegschaft. Dies beinhaltete ein Mitbestimmungsrecht bei der Mittelverwendung sämtlicher Unterstützungsinstitutionen, z. B. der Unterstützungskassen, und die Aufsicht über das Lehrlingswesen. Mitwirkung und Mitbestimmung der Betriebsräte und des Betriebsräteausschusses in sozialen Angelegenheiten bei Buderus, in: Buderus Werksnachrichten 2 (1951), Nr. 1/2, S. 20; Jacobi-Bettien, Metallgewerkschaft, S. 349 f.
199 Hessisches Ministerium für Wirtschaft und Verkehr, Wirtschaft, S. 71. Stellenweise lag der Anteil der Heimatvertriebenen und Flüchtlinge noch höher. So beschäftigten das Betonwerk Burgsolms zu 60 %, Breidenbach zu 56 %, die Ludwigshütte und die Amalienhütte zu 36 % Heimatvertriebene und Flüchtlinge. ABAG, GB Buderus'sche Eisenwerke 1948/49, S. 20 f.; Buderus und die Flüchtlinge, in: Buderus Werksnachrichten 1 (1950), Nr. 3, S. 31. – Zur Integration der Flüchtlinge und Vertriebenen in Wetzlar; Wiedemann, Wetzlar, S. 55 ff.
200 Allerdings erlaubten die schlechten Ernten und die Zersplitterung des Landbesitzes wohl kaum einer Familie, sich ganz von dem Ertrag des eigenen Bodens zu ernähren; ABAG, Klemp, Bergbau, S. 37 ff.
201 ABAG, AR-Prot. 15.10.1947, S. 16 f.; Rossmann, Panzerrohre zu Pflugscharen, S. 151; ABAG, AR-Prot. 15.10.1947, S. 16 f.
202 Industrie- und Handelskammer Wetzlar, Jahresbericht, S. 5.
203 Wiedemann, Wetzlar, S. 30.
204 ABAG, AR-Prot. 15.10.1947, S. 16 f.
205 Jacobi-Bettien, Metallgewerkschaft, S. 248 f.
206 Wiedemann, Wetzlar, S. 26. Der Wohnungsbau bei Buderus seit 1945, in: Buderus Werksnachrichten 1 (1950), Nr. 4, S 44.
207 Der Wetzlarer Bauverein. Eine 90jährige Buderus-Tochter, in: Buderus Post 42 (1991), Nr. 3, S. 30–31.
208 Die Gemeinschaftshilfen, die 1908 auf den Werken des Unternehmens eingeführt worden waren, hatten die Aufgabe, denjenigen Belegschaftsmitgliedern zu helfen, die unverschuldet in Not geraten waren oder bei denen ohne diese Hilfe die Gefahr eines Notstandes bestand. Die Mittel wurden zu gleichen Teilen von der Belegschaft und vom Werk aufgebracht. Über die Anträge entschied in jedem Werk ein aus Arbeitgeber- und Belegschaftsvertretern zusammengesetzter Ausschuss. ABAG, SozB Buderus'sche Eisenwerke 1958, S. 30; GB Buderus'sche Eisenwerke 1947, S. 8.
209 Nach dem Protokoll der ersten Hauptversammlung der Buderus'schen Eisenwerke im Februar 1948 wurden 1946 monatlich 161 Stunden gearbeitet. Bei einer angenommenen 6-Tage-Woche entspricht dies einer täglichen Arbeitszeit von 6,7 Stunden, wobei berücksichtigt werden muss, dass infolge der Materialknappheit nicht immer 6 Tage gearbeitet werden konnten. 1938 lag die durchschnittliche Monatsarbeitszeit dagegen bei 191 Stunden, also 8 Stunden täglich.

ABAG, Ausführungen des Aufsichtsratsvorsitzenden der Buderus'schen Eisenwerke Bredow vor der Hauptversammlung am 11.2.1948, S. 9.

210 Jacobi-Bettien, Metallgewerkschaft, S. 281, 283; Abelshauser, Wirtschaftsgeschichte, S. 53.
211 ABAG, GB Buderus'sche Eisenwerke 1945, S. 5.
212 Jacobi-Bettien, Metallgewerkschaft, S. 281 f.; ABAG, Klemp, Bergbau, S. 61.
213 ABAG, Klemp, Bergbau, S. 33 ff.
214 Die Alliierten griffen erst ein, nachdem es bei einzelnen Unternehmen, u. a. am 3.9.1947 bei den Frankfurter Breuer-Werken, zu Warnstreiks gekommen war. Die durch den Schiedsspruch durchgesetzte Urlaubserhöhung erfolgte auf der Grundlage des im Mai 1947 vom hessischen Landtag verabschiedeten Urlaubsgesetzes, welches für alle Beschäftigten über 18 Jahren einen Grundurlaub von 12 Arbeitstagen vorsah. Die Urlaubserhöhungen auf dieser Basis lagen je nach Betriebszugehörigkeit und Lebensalter zwischen zwei und vier Tagen. Jacobi-Bettien, Metallgewerkschaft, S. 301 f.
215 Ebd., S. 286 ff. In der zweiten Hälfte des Jahres 1948 hatte sich die Schere zwischen Löhnen und Lebenshaltungskosten geöffnet. Während die industriellen Stundenlöhne durchschnittlich um 4,52 % gestiegen waren, hatten sich die Lebenshaltungskosten um 18,31 % erhöht; Pritzkoleit, Gott, S. 170.
216 ABAG, Treuhandverwaltung der Buderus'schen Eisenwerke – Geschäftsbericht für die Zeit vom 21.6.1948–31.12.1949, S. 9; sowie Europäische Gemeinschaft für Kohle und Stahl – Hohe Behörde, Löhne der Arbeiter in den Industrien der Gemeinschaft. Maßgebliche Änderungen vorgenommen in den Jahren 1945–1956, Luxemburg 1956, S. 20.
217 Die schon gewährten Lohnzuschüsse wurden jetzt mit den Lohnveränderungen des neuen Lohnabkommens aufgerechnet. Vgl. ABAG, GB Buderus'sche Eisenwerke 1948/49, S. 288; sowie Europäische Gemeinschaft für Kohle und Stahl, Löhne, S. 11.
218 ABAG, Situationsbericht über Streik am 12.11.1948; Wiedemann, Wetzlar, S. 129 f.
219 Zusammengestellt nach internen Daten der Finanzbuchhaltung der Buderus AG.
220 Der Vergleich mit 1943 war mangels Angaben über die Belegschaftszahl nicht möglich. ABAG, GB Buderus'sche Eisenwerke 1944, S. 1; 1946, S. 8.
221 ABAG, AR-Prot. 5.3.1946, S. 2.
222 Da die Aufwendungen für die Materialbeschaffung in dem Rohertrag verrechnet sind, konnten sie nicht ermittelt werden. Die Personalkosten erhöhten sich dagegen von 10,9 Mio. RM 1945 auf 14,9 Mio. RM 1947; ABAG, GB Buderus'sche Eisenwerke 1945 und 1947.
223 ABAG, Erläuterungen zum Jahresabschluß für das Geschäftsjahr 1947, S. 6.
224 Zusammengestellt nach internen Daten der Finanzbuchhaltung der Buderus AG.
225 Die Kennzahlen liegen für das Jahr 1948 nicht in entsprechender Form vor (RM-Schlußbilanz und DM-Eröffnungsbilanz im Juni 1948).
226 In die Cash-Flow-Berechnung für das Jahr 1945 wurde die Rücklagenauflösung von 5,5 Mio. nicht einbezogen. Es handelte sich um den passivierten Gegenwert zur Kriegssachschädenforderung auf der Aktivseite. Das Unternehmen hatte für diese Forderungen eine Rücklage für Ersatzbeschaffung gebildet. ABAG, GB Buderus AG 1945, S. 10.
227 ABAG, GB Buderus'sche Eisenwerke 1945, 1946, 1947, 1948/49.
228 Bereits 1946 mussten ein Kredit von 1,5 Mio. RM bei der Beteiligungsgesellschaft Stahlwerke Röchling-Buderus AG sowie kurzfristige Bankkredite in Höhe von 3 Mio. RM aufgenommen werden. ABAG, AR-Prot. 5.3.1946, S. 2; Grabowski, Die wirtschaftliche und finanzielle Lage von Buderus, o.D., S. 3.
229 Diese Angabe lässt sich nur im Vorgriff auf die Angaben des Geschäftsberichtes für das erweiterte Geschäftsjahr 1948/49 machen, da vorher keine Umsatzzahlen für die Handelsgesellschaften und die Breuer-Werke GmbH vorliegen. Für den 31.12.1949 liegen mit Ausnahme der Breuer-Werke GmbH für alle Werke Umsatzzahlen vor. Übernimmt man den Umsatz der Breuer-Werke aus dem Jahre 1947 von 3 Mio. RM, so belief sich der Konzernumsatz der Tochter- und Beteiligungsgesellschaften zu diesem Zeitpunkt auf 29,4 Mio. DM, während die Buderus'schen Eisenwerke 124,8 Mio. DM erwirtschafteten; ABAG, GB Buderus'sche Eisenwerke 1947, S. 10; 1948/49, S. 17.
230 Der Bilanzverlust der Stahlwerke Röchling-Buderus AG bewegte sich 1945 bei rd. 3,4 Mio. RM, so dass nach Abzug des Gewinnvortrags aus dem Jahre 1944 ein Gesamtverlust von 2,9 Mio. RM entstand. Im Jahr 1946 lag der Neuverlust bei 1,1 Mio. RM, der Gesamtverlust erhöhte sich nach Verlustvortrag und Abzug der Abschreibungen auf 3,1 Mio. RM. Offensichtlich wurde 1947 erstmals wieder ein Gewinn erzielt, der jedoch von dem hohen Verlustvortrag abgedeckt wurde. Die Breuer-Werke GmbH wies einschließlich Verlustvortrag im Jahr 1945 einen Verlust von 1,8 Mio. RM aus. Durch außerordentliche Erträge konnte dieser Verlustvortrag 1946 auf 0,8 Mio. RM ermäßigt und 1947 im Wesentlichen getilgt werden. Wahrscheinlich wurde 1947 erstmals ein geringer Gewinn erwirtschaftet. ABAG, GB Stahlwerke Röchling-Buderus AG 1945, 1946; sowie GB Buderus'sche Eisenwerke 1945, S. 8; 1946, S. 9 f.; 1947, S. 9 f.
231 Ebd., außerdem Bericht des Vorstandes über die Lage der Gesellschaft, o.D., S. 7.
232 ABAG, GB Buderus'sche Eisenwerke 1944, o.S.

6. Der Beginn des Wirtschaftswunders (1949–1955)

[1] Winkel, Wirtschaft, S. 66 f.; Morsey, Rudolf, Die Bundesrepublik Deutschland. Entstehung und Entwicklung bis 1969, München 1992, S. 38.

[2] Der Bundesminister für den Marshallplan, Wiederaufbau im Zeichen des Marshall-Planes 1948–1952, Bonn 1953, S. 22; zu der von Wirtschaftshistorikern kontrovers diskutierten Wirkung der Marshallplanhilfe siehe Abelshauser, Werner, Hilfe durch Selbsthilfe. Zur Funktion des Marshallplanes beim westdeutschen Wiederaufbau, in: Schröder, Hans-Jürgen (Hrsg.), Marshall Plan und westdeutscher Wiederaufstieg. Positionen – Kontroversen, Stuttgart 1990, S. 150–179, sowie Borchardt, Knut/Buchheim, Christoph, Die Wirkung der Marshallplan-Hilfe in Schlüsselbranchen der deutschen Wirtschaft, ebd., S. 119–149.

[3] Knapp, Manfred, Sorgen unter Partnern. Zum Verhältnis zwischen den USA und der Bundesrepublik Deutschland, Hannover 1964, S. 23 (Zitat nach Morsey, Bundesrepublik, S. 223); Buchheim, Wiedereingliederung; Winkel, Wirtschaft, S. 115.

[4] Treue, Demontagepolitik, S. 48; Hardach, Wirtschaftsgeschichte, S. 113.

[5] Lammert, Verhältnis, S. 164; Pritzkoleit, Kurt, Männer, Mächte, Monopole. Hinter den Türen der westdeutschen Wirtschaft, Düsseldorf 1953, S. 176.

[6] Die hessischen Erzgruben gingen an die Harz-Lahn-Erzbergbau AG, die Mannesmann AG, die Gewerkschaft „Louise" (eine 100%ige Tochtergesellschaft der aus den Rohstoffbetrieben der Vereinigten Stahlwerke hervorgegangenen Barbara Erzbergbau AG) und die Hessische Berg- und Hüttenwerke AG, welche die Buderus'schen Gruben auf sich vereinigte. Industriegewerkschaft Bergbau und Energie, Eisenerzbergbau, S. 3 ff., 26.

[7] Für Kohle, Eisenerz und Schrott traten die Vertragsbestimmungen bereits am 10.2.1953 in Kraft. Edelstahl wurde dagegen erst am 1.8.1954 in die Montan-Union einbezogen. Auf dem Gebiet des Edelstahls entstand nicht sofort ein gemeinsamer Markt, weil Italien für ein weiteres Jahr einen Zollsatz von 7–13 % für die Einfuhr von Importedelstahl zugestanden wurde. Lammert, Verhältnis, S. 201; Barich, Edelstahlindustrie, S. 1446; Edelstahlbesprechungen Montanunion-Großbritannien von grundsätzlicher Bedeutung, in: Vereinigter Wirtschaftsdienst, Branchendienste, Montan, Nr. 205, 3.9.1954, S. 7; Kossmann, Edelstahl, S. 208; Mareyen, Edelstahlindustrie, S. 17.

[8] Bei dieser Institution musste die Eisen- und Stahlindustrie die Preislisten und Verkaufsbedingungen für ihre Produkte hinterlegen. Alle vorübergehenden oder örtlichen Preissenkungen waren untersagt. Lammert, Verhältnis, S. 201 f.

[9] So vereinigten sich 1953 die ehemals in den Vereinigten Stahlwerken zusammengefassten Gießereiunternehmen – seit 1947 waren sie aus der Entflechtung als Eisenwerke Gelsenkirchen AG, Eisenwerke Mülheim/Meiderich AG, Gussstahlwerk Gelsenkirchen AG und Eisenwerke Hilden AG hervorgegangen – abermals unter dem Dach der Holdinggesellschaft „Rheinisch-Westfälische Stahlwerke AG". Sie bildeten zusammen den größten westdeutschen Gießereikonzern. Rheinisch-Westfälische Eisen- und Stahlwerke Aktiengesellschaft, Mülheim (Ruhr) (Hrsg.), Rheinisch-Westfälische Eisen- und Stahlwerke Aktiengesellschaft, Mülheim (Ruhr). Eine firmenkundliche Darstellung, Mülheim a.d.R. 1954, S. 19, 27.

[10] Allein zwischen 1948 und 1951 verdoppelte sich die industrielle Produktion der Bundesrepublik Deutschland. Der Export stieg um das Sechsfache an. Im Jahr 1955 erwirtschaftete die Bundesrepublik erneut einen Handelsbilanzüberschuss mit 1.245 Mio. DM. Winkel, Wirtschaft, S. 117; Hennings, Klaus Hinrich, West Germany, in: Boltho, Andrea (Hrsg.), The European Economy. Growth and Crisis, Oxford 1982, S. 472–501, hier 480.

[11] Kleßmann, Christoph, Zwei Staaten, eine Nation. Deutsche Geschichte 1955–1970, Bonn 1988, S. 21.

[12] Krumbein, Wirtschaftssteuerung, S. 210. Hier sei nur auf die hohen Abschreibungsmöglichkeiten bei der Neuanschaffung industrieller Anlagen (§ 7a EStG) hingewiesen, die die Einkommensteuergesetze 1948 und 1949 verankerten. Diese Bestimmung galt für die Abschreibung neuer Fabrikgebäude, von Wohngebäuden und Wohnungsbaudarlehen (§ 7e, b und c EStG). Hinzu kamen die erstmals eingeführte „degressive Abschreibung" sowie das „Gesetz über die Eröffnungsbilanz in Deutscher Mark und Kapitalneufestsetzung" vom 30.8.1949, das es den Unternehmen gestattete, ihr Betriebsvermögen wahlweise hoch oder niedrig zu bewerten. Abelshauser, Wirtschaftsgeschichte, S. 72 ff.; Bankmann, Jörg, Eine Untersuchung über den Einfluss der Steuerpolitik auf die Selbstfinanzierung der Eisen- und Stahlindustrie in der Bundesrepublik Deutschland seit 1948, Diss. Düsseldorf 1965, S. 22 ff.; Pritzkoleit, Gott, S. 248 ff.

[13] Baumgart, Egon/Krengel, Rolf/Moritz, Werner, Die Finanzierung der industriellen Expansion in der Bundesrepublik während der Jahre des Wiederaufbaus, Berlin 1960, S. 35.

[14] 1950 fehlten in der Bundesrepublik immer noch 5,9 Mio. Wohnungen. Schulz, Günther, Wiederaufbau in Deutschland. Die Wohnungsbaupolitik in den Westzonen und der Bundesrepublik von 1945 bis 1957, Düsseldorf 1994, S. 40. Mit leicht abweichenden Zahlenangaben: Frisch, Günter, Volkswirtschaftliche Probleme des Wohnungsbaus in der Bundesrepublik nach 1950, Diss. Heidelberg 1969, S. 39.

[15] Winkel, Wirtschaft, S. 68 (Zitat). Die Grundlage für den staatlich geförderten Wohnungsbau legte das erste Wohnungsbaugesetz vom 24.4.1950. Die Zahl der im sozialen Wohnungsbau öffentlich geförderten Wohnungen erreichte 1952 mit 317.000 von insgesamt 460.800 Einheiten ihren Höhepunkt und nahm in der Folgezeit zugunsten frei finanzierter Wohnungen ab. Schulz, Wiederaufbau, S. 211 ff., 351.

16 Hardach, Wirtschaftsgeschichte, S. 218 f.; Winkel, Wirtschaft, S. 111. War die industrielle Erzeugung zwischen April und Dezember 1949 um 15,8 % angestiegen, so lag sie bereits im November 1950 32,4 % über dem Stand von 1949. Adamsen, Heinrich R., Investitionshilfe an der Ruhr 1948–1952, Wuppertal 1981, S. 84.
17 Abelshauser, Wirtschaftsgeschichte, S. 68; Hardach, Wirtschaftsgeschichte, S. 206; Adamsen, Investitionshilfe, S. 95.
18 Adamsen, Investitionshilfe, S. 93, 95.
19 Abelshauser, Werner, Korea, die Ruhr und Erhards Marktwirtschaft. Die Energiekrise von 1950/51, in: RhVjbll. 45 (1981), S. 287–316, hier 295; ders., Der Ruhrkohlenbergbau seit 1945. Wiederaufbau, Krise, Anpassung, München 1984, S. 71.
20 Abelshauser, Ruhrkohlenbergbau, S. 71–75.
21 Zudem ermöglichte § 36 des Gesetzes den betroffenen Unternehmen erhöhte Sonderabschreibungen auf Wirtschaftsgüter, die zwischen 1952 und 1955 angeschafft wurden. Abelshauser, Wirtschaftsgeschichte, S. 75; Bankmann, Untersuchung, S. 24 f.
22 Lammert, Verhältnis, S. 197 f; Winkel, Wirtschaft, S. 85; Hardach, Wirtschaftsgeschichte, S. 222.
23 So erhöhte der Maschinenbau zwischen 1950 und 1955 seine Produktion um 109 % und der Fahrzeugbau um 176 %. Waizmann, Fritz, Ein halbes Jahrhundert wirtschaftliche Entwicklung. Eisen-, Stahl- und Temperguss, in: Verein Deutscher Gießereifachleute (VDG) (Hrsg.), 50 Jahre VDG, Düsseldorf 1959, S. 274–280, hier 275; Lammert, Verhältnis, Anhang IV.
24 Die Edelstahlproduktion stieg zwischen 1952 und 1955 bei rostfreien und hitzebeständigen Stählen um 84,7 %. Statistik bei Flecken, Karl-Heinz, Der westdeutsche Edelstahlmarkt, in: Stahl und Eisen 81 (1961), Nr. 24, S. 1712–1714, hier 1713.
25 Schmidt, Max R., Beitrag der Edelstähle zum technischen Fortschritt, in: Stahl und Eisen 84 (1964), Nr. 26, S. 1699–1713.
26 So blieb die Roheisenproduktion mit einem Produktionszuwachs von 73,9 % zwischen 1950 und 1955 weit hinter dem Wachstum der Edelstahlindustrie zurück. Lammert, Verhältnis, Anhang II.
27 Mit einem Förderanstieg von nur 44,1 % nahm dieser Industriebereich nicht mehr im vollen Maße an dem Wachstum seiner Abnehmergruppe teil. Böhne, Eisenerzbergbau, S. 8.
28 Marker, Strukturwandel, Bl. 10.
29 Die Eisengussproduktion erhöhte sich zwischen 1950 und 1955 nur um 67 %. Der Maschinen- und Bearbeitungsguss steigerte seinen Anteil an der gesamten Gusserzeugung des Bundesgebiets von 45,4 % im Jahr 1951 auf 50,1 % 1954. Dagegen verzeichnete der Bau- und Handelsguss einen Rückgang von 30 auf 22–25 %; Wirtschaftsvereinigung Gießereien, Geschäftsbericht 1951–1952, S. 16; Wirtschaftsverband Giesserei-Industrie, Bericht über das 2. Geschäftsjahr, 1954, S. 34, und Bericht über das 3. Geschäftsjahr, 1955, S. 22, 37, 39.
30 Der Produktionsindex (1936 = 100) der Investitionsgüterindustrie lag 1951 bei 152,5, der Bauwirtschaft bei 129,3, der Gießerei-Industrie dagegen nur bei 103,5 %; Wirtschaftsvereinigung Gießereien, Geschäftsbericht 1951–1952, S. 10, 12.
31 Eine Erhöhung des Exports wurde auch dadurch erschwert, dass das Sortiment der für den Export geeigneten Gusserzeugnisse lange nicht durch neuartige, zugkräftige Artikel aufgestockt wurde. Wirtschaftsverband Gießerei-Industrie, Bericht über das 2. Geschäftsjahr, 1954, S. 49, und Bericht über das 8. Geschäftsjahr, 1960, S. 69.
32 Wirtschaftsvereinigung Gießereien, Geschäftsbericht 1951–1952, S. 12.
33 Economic Commission for Europe, Aspects of Competition between steel and other materials, United Nations, New York 1966, S. 16 f.
34 Bredow konnte jedoch als Ehrenvorsitzender weiterhin an den Aufsichtsratssitzungen der Buderus'schen Eisenwerke teilnehmen. ABAG, GB Buderus'sche Eisenwerke 1953, S. 5.
35 Nach seinem Tod trat am 1.11.1955 Erich Vierhub, Vorstandsmitglied der Rhein-Main Bank, Frankfurt a. M., in den Aufsichtsrat der Buderus'schen Eisenwerke ein. ABAG, GB Buderus'sche Eisenwerke 1955, S. 5; Spezialarchiv der Deutschen Wirtschaft (Hrsg.), Leitende Männer der Wirtschaft, 1955, S. 827 f.
36 1953 war Deuss in vier Aufsichtsräten Vorsitzender, in fünf stellvertretender Vorsitzender und in zehn weiteren Mitglied. Spezialarchiv der Deutschen Wirtschaft (Hrsg.), Leitende Männer der Wirtschaft, 1951, S. 140, und 1953, S. 101; Die führenden Männer von Buderus, in: Buderus Werksnachrichten – 225 Jahre Buderus, Sonderausgabe der Buderus Werksnachrichten, 16. März 1956, S. 20–24, hier 24.
37 ABAG, GB Buderus'sche Eisenwerke 1953, S. 5.
38 Spezialarchiv der Deutschen Wirtschaft (Hrsg.), Leitende Männer der Wirtschaft, 1951, S. 159.
39 ABAG, GB Buderus'sche Eisenwerke 1950–1953.
40 Außerdem behielt Grosser die Leitung des Zement- und Betonwerks, des Kalkbruchs, der Sandgruben und der Emailleschmelze in Hirzenhain. ABAG, Organisationsplan der Buderus'schen Eisenwerke vom 17.4.1953, AR-Prot. 17.4.1953, Anhang.
41 ABAG, Geschäftsordnung für den Vorstand der Buderus'schen Eisenwerke vom 17.4.1953, AR-Prot. ebd.
42 Lediglich die „US/UK-Steel Group" wurde durch ein neues „trizonales" Gremium, die „Combined Steel-Group", ersetzt. Stahltreuhändervereinigung, Neuordnung, S. 87.
43 ABAG, GB Buderus'sche Eisenwerke 1948/1949, S. 26 ff.
44 Rossmann, Panzerrohre zu Pflugscharen, S. 193.

45 Mühlhausen, Hessen, S. 450.
46 Pritzkoleit, Männer, S. 175.
47 Koch war inzwischen als hessischer Wirtschaftsminister durch Heinrich Fischer (SPD) ersetzt worden. Mühlhausen, Hessen, S. 449; Eckardt, Chronik, S. 95.
48 Mühlhausen, Hessen, S. 444.
49 Kurze Zusammenfassung der Urteile bei Winter, Sozialisierung, S. 138.
50 BA Ko, B 102/4735 a-b, Schreiben Grabowskis an Bundeswirtschaftsminister Ludwig Erhard vom 6.5.1951.
51 Hierzu gehörten die Kasseler Verkehrsgesellschaft AG (KVG), die Burger Eisenwerke GmbH in Burg/Dillkreis, die Zeche Ronneberg in Homberg/Kassel sowie sechs verschiedene Gesellschaften und bergrechtliche Gewerkschaften der Firmen Krupp, Mannesmann und der ehemaligen Vereinigten Stahlwerke. ABAG, GB Buderus'sche Eisenwerke 1951, S. 20.
52 Dem Justitiar der Buderus'schen Eisenwerke, Hans Hauf, zufolge hätte ein Urteilsspruch des Bundesverfassungsgerichts eine detaillierte Auflistung des Konflikts zwischen Unternehmen und Regierung über die Umsetzung von Art. 41 bedeutet. Dies konnte nach Hauf nicht im Interesse des neuen Ministerpräsidenten Zinn liegen. ABAG, Hans Hauf, Sozialisierung – Zur Vorbereitung einer internen Aussprache über die Haltung von Buderus zu Regierungsvorschlägen 15.1.1953, S. 14.
53 HHStA Abt. 507 Nr. 2832, Schreiben Wittes an den hessischen Minister für Arbeit, Landwirtschaft und Wirtschaft vom 8. Oktober 1951, S. 3.
54 Ein Abdruck des Vertrags über die Gesellschaftsgründung befindet sich in HHStA Abt. 507 Nr. 2967. Das neue Unternehmen erhielt zunächst nur ein Grundkapital von 100.000 DM und übernahm die Betriebsführung vom Treuhänder des Landes Hessen in einem pachtähnlichen Verhältnis. Die Aktien dieser Gesellschaft verblieben vorerst in der Obhut der Nassauischen Landesbank in Wiesbaden, der das Vertretungsrecht der Aktionäre zugesprochen wurde. ABAG, GB Buderus'sche Eisenwerke 1951, S. 19.
55 Abschlussgesetz zum Art. 41 der hessischen Verfassung vom 6.7.1954, in: GVBl. für das Land Hessen 1954, Nr. 22, S. 126 f.
56 Befriedigender Buderus-Abschluss, in: Der Volkswirt, 1954, Nr. 35, S. 28–30.
57 ABAG, Vertragstext vom 23.2.1954.
58 Aus wirtschaftlichen Gründen wurden den Betrieben der Berghütte ferner eine Reihe von Grundstücken zugeschlagen, die Art. 41 HV nicht erfasste, darunter das Leichtbaustoffwerk Oberscheld für einen Kaufpreis von 150.000,– DM.
59 ABAG, Hans Hauf, Sozialisierung – Zur Vorbereitung einer internen Aussprache über die Haltung von Buderus zu Regierungsvorschlägen 15.1.1953, S. 6; Schreiben von Grabowski und Hauf an den hessischen Ministerpräsidenten Georg-August Zinn vom 15.6.1953, S. 2.
60 Darauf traten für die Buderus'schen Eisenwerke Grabowski sowie Hauf in den Aufsichtsrat der Berghütte ein. Die Hälfte der Aufsichtsratssitze musste jedoch gemäß dem am 21.5.1951 verabschiedeten „Gesetz über die Mitbestimmung der Arbeitnehmer in den Aufsichtsräten und Vorständen der Unternehmen des Bergbaus und der Eisen- und Stahl erzeugenden Industrie" (Montanmitbestimmungsgesetz), unter das auch die Treuhandbetriebe nach Gründung der Berghütte fielen, den Arbeitnehmern und Gewerkschaftsvertretern überlassen werden. ABAG, GB Buderus'sche Eisenwerke 1951, S. 19.
61 Außer Witte setzte sich der Vorstand der Gesellschaft aus Robert Nünighoff als kaufmännisches Vorstandsmitglied und Gottfried Wagner gemäß dem Montanmitbestimmungsgesetz als Arbeitsdirektor zusammen, der die Interessen der Belegschaft im Vorstand wahrzunehmen hatte. Ebd.
62 ABAG, Vereinbarungstext vom 23.2.1954.
63 ABAG, Schreiben des Vorstands der Buderus'schen Eisenwerke an den Ministerpräsidenten des Landes Hessen vom 23.2.1954.
64 Baumgart/Krengel/Moritz, Finanzierung, S. 34.
65 Bei diesem Verfahren wurden die dem Ofen entweichenden Gase für die Erhitzung des Windes erneut genutzt und ermöglichten somit, den Koksverbrauch zu verringern; Pacyna, Heiko, Schmelzöfen und sonstige Öfen. Kupolöfen, in: Verein Deutscher Gießereifachleute (VDG) (Hrsg.), 50 Jahre VDG, Düsseldorf 1959, S. 158–167, hier 162 ff.
66 ABAG, Niederschrift der Sitzung des Technischen Ausschusses des Aufsichtsrates vom 8.9.1952, S. 1.
67 Lizenzen für die Verwendung dieses Verfahrens vergab in erster Linie die Mond-Nickel Company Ltd. in London. Die Metallgesellschaft AG, Frankfurt a. M., hatte von der Mond-Nickel Company die Generallizenz für den Sphäroguss in ganz Deutschland erworben, die Buderus'schen Eisenwerke von der Metallgesellschaft im Jahr 1952 eine Unterlizenz für den Sphäroguss. ABAG, Niederschrift der Sitzung des Technischen Ausschusses des Aufsichtsrates vom 8.9.1952, S. 11; siehe auch Kistler, Jules, Sphäroguss. Ein neuzeitlicher Konstruktionswerkstoff, in: Taschenbuch der Gießerei-Praxis 1958, Berlin 1958, S. 322–345, hier 323.
68 Anstatt das Roheisen einem Glühprozess zu unterziehen, wie dies beim Temperguss üblich war, wurde das flüssige Eisen beim Sphäroguss mit Magnesium in Verbindung gebracht. Die chemische Reaktion führte dazu, dass der Graphit

innerhalb des erstarrten Eisens nicht wie beim Graugusseisen in Lamellenform, sondern in Kugelform vorkam. Damit gestaltete sich der Spannungsverlauf innerhalb dieses – als „Sphäro-" oder „Kugelgraphitgusseisen" bezeichneten – Gusseisens gleichmäßiger und verdoppelte dessen Zugfestigkeit gegenüber dem normalen Graugusseisen. Kistler, Sphäroguss, S. 322 ff.

69 ABAG, Niederschrift der Sitzung des Technischen Ausschusses des Aufsichtsrates vom 8.9.1952, S. 8; AR-Prot. 17.4.1953, S. 9; Der Stahlfeinguss von Zentroguss – ein Verfahren mit Zukunft, in: Buderus Post 19 (1968), Nr. 4, S. 136 f.; Verein Deutscher Gießereifachleute (VDG) (Hrsg.), Gießereitechnik. Was ist das?, Düsseldorf 1984, S. 20 f.
70 ABAG, GB Buderus'sche Eisenwerke 1953, S. 19.
71 Außerdem waren die neuen Rohrtypen resistenter gegen Korrosion und aggressive chemische Substanzen. Kunststoff- und Asbestzementrohre waren außerdem leichter als Gussrohre. Economic Commission for Europe, Aspects, S. 66 f.
72 Metzner, Otto, Brennstoff für Block- und Fernheizwerke, in: Industriekurier vom 29.11.1962.
73 Ferner erwarben die Buderus'schen Eisenwerke 1955 zur Ergänzung ihrer Kesselherstellung 76 % der Anteile an der Berliner Stromkessel GmbH, die über wertvolles Know-how auf dem Gebiet kleinerer schmiedeeiserner Kessel verfügte und diese der Omnical zu Verfügung stellen sollte. Zudem gründete die Omnical für den Vertrieb der Rekuperatoren, Heißwindanlagen usw. 1955 die Strico Gesellschaft für Metallurgie und Wärmetechnik mbH. ABAG, AR-Prot. 2.3.1956, S. 5, 16; Buderus baut Hochleistungs-Stahlkessel, in: Buderus Werksnachrichten 4 (1953), Nr. 11/12, S. 26 f.
74 Der Schritt von Buderus in die Kunststoffverarbeitung 1955 war nicht singulär. Die Mannesmann AG erwarb 1955 die Südwest Chemie GmbH, Neu Ulm, und gründete 1957 die Mannesmann Plastic GmbH. Wessel, Horst A., Kontinuität im Wandel. 100 Jahre Mannesmann 1890–1990, Gütersloh 1990, S. 337 ff.
75 ABAG, GB Buderus'sche Eisenwerke 1955, S. 20. – Zusammen mit der Omniplast GmbH & Co. wurde auch die Omniplast GmbH (Grundkapital 25.000 DM) gegründet. Diese Doppelgründung entsprang der Notwendigkeit, die Werksanlagen der Gesellschaft Omniplast bei den Breuer-Werken in Frankfurt a. M.-Höchst zu errichten. So besaßen die Buderus'schen Eisenwerke 75 % des Stammkapitals der Omniplast GmbH, den Rest hielten die Breuer-Werke. Bei der Omniplast GmbH & Co. erwarben die Buderus'schen Eisenwerke 60 % der Anteile. Die Halbergerhütte und die Omniplast GmbH erhielten als Komplementäre den Rest der Anteile. ABAG, AR-Prot. 2.6.1955, S. 15 f.
76 ABAG, AR-Prot. 28.11.1956, S. 10. An der GEROBAU war auch die Luitpoldhütte AG, Amberg, beteiligt. ABAG, GB Buderus'sche Eisenwerke 1955, S. 20.
77 Buderus profitiert von der Baukonjunktur, in: Industriekurier vom 12.7.1955; Engfer, Paul, Franz Grabowski. Eine Dokumentation, Wetzlar 1967, S. 9 f.
78 ABAG, AR-Prot. 2.6.1955, S. 14.
79 Krauss-Maffei AG (Hrsg.), Krauss-Maffei. 150 Jahre Fortschritt durch Technik 1838–1988, München 1988, S. 116.
80 Krauss-Maffei stark im Omnibusgeschäft, in: Der Volkswirt, 1951, Nr. 2, S. 26 f.; Krauss-Maffei „über den Berg", in: Der Volkswirt, 1953, Nr. 3, S. 27 f.; Krauss-Maffei AG in günstiger Entwicklung, in: Der Volkswirt, 1955, Nr. 28, S. 32 f., Wagner hatte dem Aufsichtsrat von Krauss-Maffei von September 1948 bis Juli 1953 angehört, Grabowski war seit dem 18. März 1955 Mitglied.
81 Krauss-Maffei AG (Hrsg.), 125 Jahre Krauss-Maffei 1837–1962, München 1962, S. 38.
82 Hergestellt wurden schienenlose Fahrzeuge, Straßenwalzen, Dampfkessel, Turbinen, Fleischereimaschinen, Signal- und Stellwerksanlagen und seit 1944 auch Schleudergussanlagen. Krauss-Maffei stark im Omnibusgeschäft, in: Der Volkswirt, 1951, Nr. 2, S. 26 f.
83 Ebd., S. 27; Krauss-Maffei erhöht auf 7 %, in: Der Volkswirt, 1957, Nr. 34, S. 1912–1914, hier 1912.
84 Zur Zusammenfassung dieses Geschäftszweiges gründete die Krauss-Maffei AG 1955 zusammen mit der Filter-Trockner H. Hoening & Co eine eigene Vertriebsgesellschaft, die „Krauss-Maffei Imperial GmbH & Co.". Krauss-Maffei nicht mehr krisenempfindlich, in: Der Volkswirt, 1956, Nr. 30, S. 40 f.
85 Ebd.; Krauss-Maffei „über den Berg", in: Der Volkswirt, 1953, Nr. 3, S. 26.
86 So mussten die Buderus'schen Eisenwerke nur einen geringfügigen Rückgang ihres Anteils an der bundesdeutschen Gussproduktion von 10 % im Jahr 1950 auf 9,4 bis 9,8 % in den folgenden Jahren hinnehmen. Bei seinen wichtigsten Produkten hielt das Unternehmen jedoch nach wie vor bedeutende Marktanteile: Immerhin stammte 1951 noch jedes vierte westdeutsche Gussrohr von Buderus. Der Marktanteil bei Gussheizkesseln belief sich immer noch auf rund ein Drittel der westdeutschen Produktion. Außerdem waren die Buderus'schen Eisenwerke der größte westdeutsche Hersteller von Kachelofeneinsätzen, bei Öfen lag ihr Marktanteil bei 17–18 % der westdeutschen Produktion. ABAG, GB Buderus'sche Eisenwerke 1950, S. 10; 1955, S. 10; Besprechungs-Bemerkungen zu dem in der Hauptversammlung der Buderus'schen Eisenwerke am 28.5.1951 vorgelegten Geschäftsbericht, S. 1 f.; Bericht über die Geschäftslage auf der Sitzung des Gesamtbetriebsrates vom 25.4.1954, S. 7; Niederschrift über die erweiterte Vorstandssitzung am 11.2.1951 betreffend Erzeugnisse, Investitionen usw. für 1951, S. 3.
87 ABAG, Niederschrift über die Sitzung des Betriebsräteausschusses vom 2.7.1951, S. 1; Bericht über die Betriebsräteausschußsitzung am 29.2.1952, S. 1.
88 Buderus in der Preis-Kosten-Schere, in: Der Volkswirt, 1953, Nr. 34, S. 23. Statistische Angaben errechnet aus ABAG, GB Buderus'sche Eisenwerke 1953 und 1955. – Die geringe Exportquote führte die Unternehmensleitung vor allem auf

die Erweiterung der Gießereikapazitäten in den Exportländern zurück. Die wichtigsten Exportartikel waren Druckrohre. Im geringeren Maße wurden auch Heizkessel, Radiatoren und Badewannen exportiert. Allerdings wurde die Gießereiproduktion auch im Bereich des Maschinengusses angeregt, der überwiegend exportintensive Industrien belieferte. ABAG, GB Buderus'sche Eisenwerke 1950, S. 11; 1952, S. 12.

89 ABAG, GB Buderus'sche Eisenwerke, 1949 bis 1955; die Umsatzzahlen der Ferrum GmbH und der Handelsgesellschaft wurden nachträglich erstellten Statistiken des Unternehmens entnommen.
90 Hierzu Hardach, der die Tendenz von einem Verkäufer- zu einem Käufermarkt in der ersten Hälfte der 50er Jahre bereits für die gesamte westdeutsche Industrie gegeben sieht, und Sabel, der ihm widerspricht; Hardach, Wirtschaftsgeschichte, S. 173; Sabel, Hermann, Absatzstrategien deutscher Unternehmen seit 1945, in: Pohl, Hans (Hrsg.), Absatzstrategien deutscher Unternehmen. Gestern-Heute-Morgen, Wiesbaden 1982, S. 47–66, hier 50.
91 Dies galt besonders für den Absatz von Abflussrohren. Der jährliche Durchschnittsbedarf an Abflussrohren in Westdeutschland lag vor 1939 bei 40.000 bis 45.000 t. 1949 ergab die Erzeugung allein schon eine Jahresmenge von 90.000 t. ABAG, AR-Prot. 29.3.1950, S. 8; Schriftwechsel hierzu Bericht über wirtschaftliche Lage 1945–1948/49.
92 Auf dem Druckrohrmarkt begünstigte nicht nur die Abwertung der DM im Oktober 1949, sondern vor allem auch ein Handelsvertrag mit Frankreich von 1948 den Druckrohrimport. Er gestand der Industrie des Saargebiets den Export von 15.000 t Gussrohren in die Bundesrepublik zu. ABAG, Bericht über die Lage der Gesellschaft, AR-Prot. 21.9.1948, S. 3.
93 ABAG, Bericht über die Geschäftslage für die Sitzung des Gesamtbetriebsrates vom 1.4.1953, S. 5; Bericht über die Geschäftslage für die Betriebsausschuß-Sitzung am 23.6.1952, S. 1.
94 ABAG, Bericht über die Geschäftslage für die Sitzung des Gesamtbetriebsrates vom 31.3.1950, S. 3.
95 ABAG, Tagung der technischen Kommission des Aufsichtsrats vom 17.8.1949, S. 5. 500 Jahre Gussrohre – 50 Jahre Schleudergießerei Wetzlar, in: Buderus Post 28 (1977), Nr. 4, S. 143–145, hier 143.
96 Erst ab 1953 verschärften sich beim Heizkesselabsatz die Konkurrenzverhältnisse, da das in Mannheim ansässige Strebelwerk mit einer neuen Gussanlage wieder voll in die Produktion ging und auch der zweite große Heizkesselproduzent, die Ideal-Standard in Neuss, die Kapazitäten ausbaute. Dies hatte jedoch keine Auswirkungen auf den Heizkesselabsatz von Buderus. Im Radiatorenabsatz machte sich Anfang der 50er Jahre schnell der Substitutionsdruck durch den Stahlradiator bemerkbar. Der Anteil der Stahlradiatoren an der westdeutschen Radiatorenerzeugung lag 1949 bereits bei 40 % gegenüber nur 10 % 1939. Der Verdrängungswettbewerb setzte sich in den folgenden Jahren zugunsten des Stahlradiators fort. ABAG, GB Buderus'sche Eisenwerke 1955, S. 14; Bericht über die Betriebsräteausschußsitzung am 29.2.1952, S. 3. – Schmitz, Heribert, 2000 Jahre Heiztechnik vom Hypokaustum zum Ecomatic-plus (Abdruck des Referates von Dipl.-Ing. Heribert Schmitz anläßlich der Buderus-Arbeitstagung am 18. Mai 1984), o. O. o. J., S. 32; außerdem: Pioniere der Wärme, in: Heiztechnik Special, Ein Sonderheft von Top Business, Report III, Juli 1994, S. 34–39.
97 Zudem hatten die Zonentrennung, die damit einhergehende Erschwerung des Absatzes sowie der Zustrom von Flüchtlingen, die nach einer neuen Lebensgrundlage suchten, gerade in dieser Branche insbesondere in Süddeutschland zu zahlreichen Firmenneugründungen geführt, die mit ihren Öfen und Herdprodukten ebenfalls auf den Markt drängten. So hebt die Zeitung „Neue Produktion" am Beispiel Bayerns hervor, dass gerade für die ankommenden Flüchtlinge die Aufnahme der Ofen- und Herdproduktion besondere Anreize bot, weil sie vergleichsweise einfach zu bewerkstelligen war und ein hoher Bedarf an diesen Produkten bestand. Zentren der Heiz- und Kochgeräte-Industrie, in: Neue Produktion vom 12.11.1949.
98 ABAG, Bericht über die Geschäftslage für die Sitzung des Gesamtbetriebsrates vom 31.3.1950, S. 6 f.
99 Batelle Institut e.V., Frankfurt a. M., Untersuchung, S. 16 f. Rückläufige Gewinne in der Herdindustrie, in: Handelsblatt vom 12.2.1953; Öfen hatten ein gutes Geschäft, in: Handelsblatt vom 5.2.1954. Der Ölofen wird im Produktionsprogramm der Buderus'schen Eisenwerke zumindest 1955 zum ersten Mal erwähnt. Kölner Frühjahrsmesse 1955, in: Buderus Werksnachrichten 6 (1955), Nr. 3, S. 34.
100 ABAG, Bericht über die Geschäftslage für die Sitzung des Gesamtbetriebsrates vom 1.4.1953, S. 4, 8. – Erst 1954 wurde auf dem Ofenmarkt durch die Einführung der vertikalen Preisbindung eine gewisse Stabilisierung erreicht. Auf dem Herdmarkt kam eine solche Vereinbarung nicht zustande. Bericht über die Geschäftslage für die Sitzung des Gesamtbetriebsrates vom 12.4.1954, S. 8 f.; Erhebliche Produktionssteigerung bei Heiz- und Kochgeräten, in: Industrie-Anzeiger vom 29.4.1955.
101 ABAG, Bericht zur Geschäftslage für die Gesamtbetriebsratssitzung vom 1.8.1956, S. 6.
102 ABAG, Niederschrift der Sitzung des Technischen Ausschusses des Aufsichtsrates vom 8.9.1952, S. 5.
103 ABAG, GB Buderus'sche Eisenwerke 1950, S. 10; 1952, S. 1, 1953, S. 13.
104 ABAG, Bericht über die Geschäftslage für die Gesamtbetriebsratssitzung vom 14.3.1956, S. 6; GB Buderus'sche Eisenwerke 1955, S. 11.
105 Retsch, Inge, Die Zulieferindustrie. Eine betriebswirtschaftliche Untersuchung unter besonderer Berücksichtigung der Industrie-Zulieferbetriebe der Automobilindustrie, Diss. Düsseldorf 1968, S. 48.
106 ABAG, GB Buderus'sche Eisenwerke 1950, S. 10; sowie Grauguss, insbesondere Großstückguss bei den Buderus'schen

Eisenwerken, in: Buderus Werksnachrichten 2 (1951), Nr. 4/5, S. 39–42, hier 40. Der Bau der Kokillengießerei in Essen-Kray bot sich an, weil dort nicht die ungünstigen Frachttarife von Wetzlar zum Tragen kamen; Jahresbericht 1953, o.D. S. 7.

107 ABAG, GB Buderus'sche Eisenwerke 1953, S. 13; 1955, S. 14; Jahresbericht 1953, o.D, S. 9.

108 Erhöhte sich die Buderus'sche Zementproduktion zwischen 1950 und 1955 um 62,5 %, so steigerten die Zementwerke der Region ihre Produktion um 115 %. ABAG, GB Buderus'sche Eisenwerke 1955, S. 12.

109 Die Produktion von Hohlblock-, Deckenhohlsteinen, Betonbalken und Kaminsteinen wurde dagegen 1949 eingestellt. Modernisierung des Zementwerkes in Wetzlar, in: Buderus Werksnachrichten 9 (1958), Nr. 3/4, S. 35–39, hier 36.

110 ABAG, GB Buderus'sche Eisenwerke 1956, S. 13. 25 Jahre Betonwerk Burgsolms, in: Buderus Post 22 (1971), Nr. 3, S. 80; Loos, Wilhelm, Junges Werk auf altem Boden. Betonwerk Burgsolms, in: Buderus Post. Jubiläumsausgabe der Buderus-Werkzeitschrift 1731–1981, S. 57.

111 ABAG, GB Buderus'sche Eisenwerke 1955, S. 19; AR-Prot. 2.3.1956, S. 16 f.

112 ABAG, GB Buderus'sche Eisenwerke 1955, S. 18, 1948/49, S. 17; 1950, S. 13.

113 Gutes Bundesbahngeschäft, in: Handelsblatt vom 15.7.1955. ABAG, GB Buderus'sche Eisenwerke 1955, S. 17. Krauss-Maffei AG (Hrsg.), Krauss-Maffei. 150 Jahre, S. 116.

114 Krauss-Maffei nicht mehr krisenempfindlich, in: Der Volkswirt, 1956, Nr. 30, S. 40–42; Krauss-Maffei erhöht auf 7 %, in: Der Volkswirt, 1957, Nr. 34, S. 1912–1914.

115 Nach Auskunft von Dipl.-Ing. Hans Müller.

116 Seit Februar 1951 wurden die wichtigsten Legierungsmetalle zentral von der „International Material Conference" (IMC) in Washington auf die Staaten verteilt. Hierbei trugen die Materialzuteilungen an Deutschland dem starken Produktionswachstum der westdeutschen Edelstahlindustrie in den Jahren 1951 und 1952 nicht Rechnung, weil sie sich am Stand von 1950 orientierten. Eine Produktionseinschränkung bei den Edelstahlwerken wurde deshalb unvermeidlich. Salewski, Wilhelm, Die Stahlindustrie der Welt in Hochspannung, in: Stahl und Eisen 72 (1952), Nr. 9, S. 453–459, hier 458; Die Lage der deutschen Edelstahlindustrie, in: Stahl und Eisen 74 (1954), Nr. 22, S. 1446–1448, hier 1446.

117 Edelstahlausfuhr gehemmt, in: Vereinigter Wirtschaftsdienst, Branchendienste, Montan, Nr. 35, 19.2.1951, S. 1.

118 Barich, Edelstahlindustrie, S. 1446; Salewski, Stahlindustrie, S. 453–459.

119 ABAG, GB Buderus'sche Eisenwerke 1948/49–1955.

120 Z. B. für die Elektroindustrie. Hier konnte sich das Unternehmen mit der Stahlqualität „AME" im Jahr 1950 90 % des westdeutschen Marktes für die Herstellung von Relais sichern. Über Markennamen und Markentreue, in: Buderus Post 43 (1992), Nr. 3, S. 14.

121 Edelstahl hat eine große Zukunft, in: Buderus Post 19 (1968), Nr. 2, S. 47–49, hier 47. Industriekurier vom 25.4.1950.

122 Das Walzwerk der Edelstahlwerke Buderus, in: Buderus Post 30 (1979), Nr. 3, S. 12–14, hier 12. ABAG, GB Buderus'sche Eisenwerke 1955, S. 18; Neues Walzwerk in Wetzlar in Betrieb, in: Vereinigter Wirtschaftsdienst, Branchendienste, Montan, Nr. 150, 1.7.1955, S. 5.

123 Stich, Wilhelm, Elektrische Widerstandserhitzung zur Verarbeitung von Stahl, in: Stahl und Eisen 77 (1957), S.394–408; mündliche Mitteilung von Dipl.-Ing. Hans Müller.

124 Nach Auskunft des Buderus-Archivs.

125 Vor dem 1.8.1952 mussten die Preiserhöhungen für Roheisen noch durch die Preisbehörden genehmigt werden; Krumbein, Wirtschaftssteuerung, S. 222. Der Index des Roheisenpreises erreichte 1952 182 Punkte (1949 = 100); Buderus in der Preis-Kosten-Schere, in: Der Volkswirt, 1953, Nr. 34, S. 23–25; Statistik über die Entwicklung des Eisenpreises bei Wirtschaftsverband Giesserei-Industrie, Bericht über das 3. Geschäftsjahr 1955, S. 56.

126 ABAG, Niederschrift über die Sitzung des Aufsichtsrates der Hessischen Berg- und Hüttenwerke AG vom 5.6.1953, S. 2 f.; Die Eisen- und Stahlindustrie des deutschen Bundesgebietes an der Jahreswende 1953/54, in: Stahl und Eisen 74 (1954), Nr. 5, S, 308–313, hier 310.

127 ABAG, Monatsbericht für die Militärregierung – Monat Juli 1949 vom 2.8.1949, S. 1; GB Buderus'sche Eisenwerke 1950, S. 2; GB Hessische Berg- und Hüttenwerke AG 1954, S. 7, 9.

128 ABAG, Bericht über die Entwicklung der Berghütte seit ihrer Gründung 1952, S. 2; dsgl. in den Jahren 1952–1956, S. 1.

129 ABAG, Bericht über die Entwicklung der Berghütte seit ihrer Gründung 1952, S. 4.

130 Der sich seit 1949 erhöhende Zugang an Auslandserzen bei den Hüttenwerken wirkte sich infolge des hohen Bedarfs erst allmählich auf die Förderung der Berghütte aus. Selbst 1953, als einem verringerten Erzabruf bei den Hüttenwerken ein erhöhter Einsatz von Auslandserzen gegenüberstand, stellte das Auslandserz offensichtlich noch keine direkte Konkurrenz für das Inlandserz dar. ABAG, GB Buderus'sche Eisenwerke 1953, S. 33; Bericht über die Entwicklung der Berghütte seit ihrer Gründung 1952, S. 8; Die Eisen- und Stahlindustrie des Bundesgebietes im ersten Halbjahr 1953, in: Stahl und Eisen 73 (1953), Nr. 18, S. 1192 f.

131 Produktion und Umsätze der Berghütte lagen weit hinter der Gießereiproduktion der Buderus'schen Eisenwerke. Die Roheisenproduktion der Berghütte erhöhte sich nur um 16 %, die Gießereiproduktion der Buderus'schen Eisenwerke dagegen um 65,7 %. Einen höheren Zuwachs von 56,5 % verzeichnete die Stromerzeugung. Die Erzförderung war dagegen seit 1953 rückläufig. Vergleicht man die Umsätze der Buderus'schen Eisenwerke und der Berghütte, so zeigt

sich auch hier das Zurückbleiben der Berghütte. So konnten die Buderus'schen Eisenwerke den Umsatz mehr als verdoppeln, der Umsatz der Berghütte stieg dagegen nur um 55,3 %.

132 ABAG, GB Buderus'sche Eisenwerke 1951, S. 23 f.
133 HHStA Abt. 507 Nr. 2836, Schreiben des hessischen Finanzministers an die Berghütte vom 15. 12. 1952.
134 ABAG, Schreiben Grabowskis an den hessischen Ministerpräsidenten Zinn vom 6. 9. 1953.
135 ABAG, Bericht über die Entwicklung der Berghütte in den Jahren 1952–1956.
136 Die Modernisierung der Berghütte, in: Die Berghütte, 1956, Heft 10, S. 1–12, hier 1; Das Hochofenwerk Oberscheld heute, in: ebd., 1955, Heft 6, S. 20–22, hier 20.
137 Im Sinterverfahren werden die feinkörnigen Erze und der bei der Reinigung der Gichtgase anfallende Gichtstaub, der noch einen hohen Anteil an Eisen enthält, gemischt und mit Koksruß in einem Röstvorgang zu stückigem, für den Hochofen geeignetem Einsatzgut zusammengebacken. Woher kommt unser Gießerei-Roheisen, in: Buderus Werksnachrichten 6 (1955), Nr. 6/7, S. 71–75, hier 71.
138 Die Anlagen der Sophienhütte, in: Die Berghütte, 1956, Heft 10, S. 14–22, hier 17.
139 Die Modernisierung der Berghütte, in: ebd., 1956, Heft 10, S. 1–12, hier 6 ff.
140 ABAG, GB Buderus'sche Eisenwerke 1948/49, S. 38; 1953, S. 33; Bericht über die Entwicklung der Berghütte seit ihrer Gründung 1952, S. 9.
141 ABAG, GB Buderus'sche Eisenwerke 1954, S. 10; GB Hessische Berg- und Hüttenwerke AG 1956, S. 9; Die Sophienhütte in Wetzlar, in: Die Berghütte, Heft 10, S. 12–22, hier 18 f.
142 ABAG, GB Hessische Berg- und Hüttenwerke AG 1956, S. 10; Dietrich, Geschichte Buderus-Bergbau. S. 8 f.
143 Errechnet nach ABAG, Umsatzstatistik der Buderus-Handel GmbH, nachträglich von der Verwaltung erstellte Statistik der Buderus'schen Handelsgesellschaft.
144 ABAG, GB Buderus'sche Eisenwerke 1955, S. 19; AR-Prot. v. 2. 3. 1956, S. 16 f.; Logana – Transportpartner der Buderus-Gesellschaften, in: Buderus Post 39 (1988), Nr. 2, S. 24–25.
145 ABAG, Memorandum über die wirtschaftlichen Verhältnisse der Hessischen Berg- und Hüttenwerke AG, S. 7 f.
146 ABAG, AR-Prot. 29. 3. 1950, S. 1 f.
147 ABAG, Belegschaftsstatistik der Buderus'schen Eisenwerke 1944–1983 (Statistiken); GB Buderus'sche Eisenwerke 1949–1955.
148 In den Akten finden sich noch für 1953 Aufforderungen der Wetzlarer Verwaltung an die Zweigstellen der Buderus'schen Handelsgesellschaft und die Omnical, endlich einen Betriebsratswahlvorstand einzuberufen. ABAG, Der Wahlvorstand für die Wahl der Arbeitnehmervertreter im Aufsichtsrat der Buderus'schen Eisenwerke an die Geschäftsführung der Omnical, Wetzlar, 4. 7. 1953 und der Buderus'schen Handelsgesellschaft vom 4. 7. 1953.
149 Buderus und die Flüchtlinge, in: Buderus Werksnachrichten 1 (1950), Nr. 3, S. 31.
150 Noch im Jahr 1951 mussten über 70 % der Belegschaft mehr als fünf Kilometer zu ihrem Arbeitsplatz zurücklegen. Schache, Georg, Etwas zur Belegschaftsstatisitk, in: Buderus Werksnachrichten 2 (1951), Nr. 1/2, S. 23 f.
151 ABAG, SozB Buderus'sche Eisenwerke 1958, S. 37 f.
152 Die Kasse finanzierte sich aus den Zinszahlungen der Teilhaber. Dies war möglich, weil die Kasse die ihr zur Verfügung gestellten Beträge an die Teilhaber ausleihen konnte. Ebd., S. 33.
153 ABAG, GB Buderus'sche Eisenwerke 1952, S. 17; 1955, S. 22.
154 ABAG, SozB Buderus'sche Eisenwerke 1958, S. 33, 41; GB Buderus'sche Eisenwerke 1950, S. 17.
155 ABAG, GB Buderus'sche Eisenwerke 1950, S. 17 f.; SozB Buderus'sche Eisenwerke 1958, S. 45 ff.
156 Davon entfielen 1) auf den Neu- und Wiederaufbau 175 und auf den Ankauf 53 Wohnungseinheiten, auf die Wohnungsbaugemeinschaftshilfe 90 Wohnungen, ferner auf Darlehen gemäß § 7 c EStG 1) an den Wetzlarer Bauverein 362 Wohnungen, 2) an andere gemeinnützige Wohnungsbaugesellschaften 485 Wohnungen und 3) an Werksangehörige und andere private Bauherren 633 Wohnungen; ABAG, GB Buderus'sche Eisenwerke 1953, S. 20; 1954, S. 19; 1955, S. 20.
157 Bettien, Arnold, Arbeitskampf im Kalten Krieg. Hessische Metallarbeiter gegen Lohndiktat und Restauration, Diss. Marburg 1982, S. 138 ff.; Bergmann, Joachim/Jacobi, Otto/Müller-Jentsch, Walther, Gewerkschaften in der Bundesrepublik. Gewerkschaftliche Lohnpolitik zwischen Mitgliederinteressen und ökonomischen Systemzwängen, Frankfurt a. M. u. a. 1975, S. 155 f.
158 Rossmann, Panzerrohre zu Pflugscharen, S. 166; ABAG, GB Buderus'sche Eisenwerke 1951, S. 12.
159 ABAG, GB Buderus'sche Eisenwerke 1950,, S. 16; 1951, S. 13; 1953, S. 20; 1954, S. 18 f.; 1955, S. 21.
160 So setzte die IG Bergbau am 19. 1. 1953 eine Lohnerhöhung von 6–14 % durch. Die Jahre 1954 und 1955 brachten nochmals eine Lohnverbesserung von durchschnittlich 4 bzw. 5,5 %. Europäische Gemeinschaft für Kohle und Stahl, Löhne, S. 21.
161 Zusammengestellt nach internen Daten der Finanzbuchhaltung der Buderus AG.
162 Als der Roheisenpreisindex (1949 = 100) im Jahr 1952 einen Stand von 182 erreichte und der Stundenlohnindex 133, lag der Preisindex für Gießereierzeugnisse erst bei 113. Buderus in der Preis-Kosten-Schere, in: Der Volkswirt, 1953, Nr. 34, S. 23–25, hier 24.

163 ABAG, Materialien zur Pressekonferenz der Buderus'schen Eisenwerke am 7.7.1955 betreffend die Hauptversammlung für das Geschäftsjahr 1954 am 15.7.1955, S. 2.
164 Die Erträge aus den Beteiligungen lagen 1952 bei 180.000 DM, stiegen jedoch 1953 und 1955 auf 247.506 bzw. 198.549 DM. Die Erträge aus Verlust- und Gewinnübernahmeverträgen lassen sich aus den Bilanzen dieser Jahre nicht ermitteln. ABAG, GB Buderus'sche Eisenwerke 1952–1955.
165 Hohe „Buderus"-Produktion, in: Der Volkswirt, 1951, Nr. 22, S. 21–24; Buderus erhält neue Mittel, in: Der Volkswirt, 1952, Nr.6, S. 28–30; Buderus in der Preis-Kosten-Schere, in: Der Volkswirt, 1953, Nr. 34, S. 23–25; Befriedigender Buderus-Abschluss, in: Der Volkswirt, 1954, Nr. 35, S. 28–30; Buderus will noch viel investieren, in: Der Volkswirt, 1956, Nr. 33, S. 29–31.
166 Buderus in der Preis-Kosten-Schere, in: Der Volkswirt, 1953, Nr. 34, S. 23–25. Über die Ergebnisse der Omnical, Zentroguss, Omniplast sowie der Baustoffgesellschaften finden sich kaum Angaben, wohl deshalb, weil diese Gesellschaften mit Ausnahme der Omnical und Zentroguss noch mit dem Ausbau ihrer Anlagen beschäftigt waren. Die Dividendenausschüttung der Krauss-Maffei AG kam den Buderus'schen Eisenwerken 1955 noch nicht zugute.
167 ABAG, Bericht über die Entwicklung der Berghütte in den Jahren 1952–1956, S. 5.
168 ABAG, Memorandum über die wirtschaftlichen Verhältnisse der Hessischen Berg- und Hüttenwerke AG, S. 3.
169 Zusammengestellt nach internen Daten der Finanzbuchhaltung der Buderus AG.
170 Pritzkoleit, Gott, S. 229 f. Offensichtlich wollte der Vorstand vor der Schaffung hoher Abschreibungsmöglichkeiten die Auswirkungen des bevorstehenden Lastenausgleichs für das Unternehmen möglichst gering halten. Hohe „Buderus"-Produktion, in: Der Volkswirt, 1951, Nr. 22, S. 21–24, hier 22.
171 Gegenüber dem Produktivvermögen wurde das Geldvermögen stark zusammengestrichen. Die aktiven Konten erfuhren einen Verlust von 13,42 Mio. DM, die Verbindlichkeiten wurden auf 9,8 Mio. DM zusammengestrichen. Obgleich die Buderus'schen Eisenwerke bis 1949 einen beträchtlichen Bestand an flüssigen Mitteln angesammelt hatten, kamen sie hiermit nach Meinung des „Volkswirts" glimpflich davon. ABAG, GB Buderus'sche Eisenwerke 1948/49, S. 11 f.; Hohe „Buderus" Produktion, in: Der Volkswirt, 1951, Nr.22, S. 21–24, hier 22.
172 Buderus'sche Eisenwerke, in: Der Volkswirt, 1952, Nr. 46, S. 29–31, hier 29.
173 Buderus geht auf 8 v.H., in: Der Volkswirt, 1955, Nr. 29, S. 32–35, hier 33.
174 So konnten die Gründung der Baustoffgesellschaften und der Erwerb der Krauss-Maffei AG 1955 aus der Veräußerung der Wertpapierbestände des Unternehmens und der Inanspruchnahme eines von der Hessischen Landesregierung finanzierten Teilbetrags von rund 4,4 Mio. DM gedeckt werden. Dieses Geld stammte aus der „Rücklage für Ersatzbeschaffung". Buderus will noch viel investieren, in: Der Volkswirt, 1956, Nr. 33, S. 29–31.
175 Eine Tabelle über Abschreibungen und Zugänge für den Zeitraum 1949 bis 1955 findet sich bei: Buderus will noch viel investieren, in: Der Volkswirt, 1956, Nr. 33, S. 29–31, S. 30.
176 Buderus erhält neue Mittel, in: Der Volkswirt, 1952, Nr. 6, S. 28–30, hier 28.
177 So war die Wandelobligation einerseits eine vom Unternehmensgewinn unabhängige, festverzinsliche Schuldverschreibung. Nahm die Gesellschaft dagegen eine günstige wirtschaftliche Entwicklung oder drohte durch allgemeine Preissteigerungen der Realwert der Anleihe zu schwinden, konnte der Gläubiger das Papier in eine Aktie umwandeln. Die Buderus'sche Wandelanleihe hatte zudem attraktive Konditionen. Der Zinssatz der über 15 Jahre laufenden Anleihe betrug jährlich 6,5 % bei Ausgabe zum Nennwert. Die Inhaber der Wandelschuldverschreibungen erhielten ein Umtauschrecht in Stammaktien der Gesellschaft im Verhältnis 1:1. Die Zuzahlungsbeträge für den Umtausch der Aktien wurden je nach Zeitpunkt des Umtauschs gestaffelt, lagen aber laut Volkswirt unter den Zahlungsbeträgen bisher emittierter Wandelschuldverschreibungen anderer Firmen. Die ersten Wandelanleihen, in: Der Volkswirt, 1951, Nr. 23, S. 19.
178 ABAG, GB Buderus'sche Eisenwerke 1954, S. 13; 1955, S. 15.
179 HdAG, 1953/54, Band 3, S. 2848. Buderus trug damit Aufforderungen der Aktionäre zur Dividendenerhöhung Rechnung. Zuvor hatte die Unternehmensleitung eine höhere Ausschüttung mit dem Hinweis auf den hohen Investitionsbedarf der Gesellschaft abgelehnt. Buderus will noch viel investieren, in: Der Volkswirt, 1956, Nr. 33, S. 29–31, hier 30; Buderus in der Preis-Kosten-Schere, in: Der Volkswirt, 1957, Nr. 34, S. 23–25, hier 24.
180 Hartwich, H.-H., Sozialstaatspostulat und gesellschaftlicher Status Quo, Köln 1970, S. 66. Zur Diskussion über die wirtschaftspolitische und gesellschaftliche Neuordnung der Bundesrepublik nach dem Zweiten Weltkrieg siehe Morsey, Bundesrepublik, S. 142 f.

7. Expansion und Diversifikation (1956–1970)

1 Morsey, Bundesrepublik, S. 64, 94 ff., 108 ff.; Kleßmann, Zwei Staaten, S. 92 ff.; Winkel, Wirtschaftsgeschichte, S. 67.
2 Morsey, Bundesrepublik, S. 35, S. 53 f. Als Organe konstituierten sich 1958 die EWG-Kommission in Brüssel und das Europäische Parlament als gemeinsames Gremium für EGKS, EWG und EURATOM.
3 In dem auf das Jahr 1955 folgenden Konjunkturzyklus bis 1958 verzeichnete die westdeutsche Wirtschaft ein Wachstum von 7,2 gegenüber 8,8 % 1950/55. Zwischen 1959 und 1963 wuchs die Wirtschaft um 5,7 %, 1964 bis 1967 um 3,6 %. Abelshauser, Wirtschaftsgeschichte, S. 104; Winkel, Wirtschaftsgeschichte, S. 76.
4 Die Zahl der beschäftigten Gastarbeiter stieg von knapp 500.000 1961 auf mehr als 1,8 Mio. 1970. Esser, Hartmut, Gastarbeiter, in: Benz, Wolfgang (Hrsg.), Die Geschichte der Bundesrepublik Deutschland, Band 2: Wirtschaft, Frankfurt a. M. 1989, S. 326-361, hier 329 ff., 333.
5 Winkel, Wirtschaft, S. 117.
6 Hardach, Wirtschaftsgeschichte, S. 231; Winkel, Wirtschaft, S. 113, 115 ff.; Morsey, Bundesrepublik, S. 66.
7 Winkel, Wirtschaft, S. 85.
8 Sachverständigenrat zur Begutachtung der gesamtwirtschaftlichen Entwicklung, Jahresgutachten 1966/67, in: Deutscher Bundestag, 5. Wahlperiode, Drucksache V/2310, S. 17f.
9 Winkel, Wirtschaft, S. 87; Mandel, Ernest, Die deutsche Wirtschaftskrise. Lehren der Rezession 1966/67, Frankfurt a. M. 1969; Sachverständigenrat, Jahresgutachten 1966/67.
10 Hardach, Wirtschaftsgeschichte, S. 174.
11 Während sich die westdeutsche Ausfuhr von Fertigerzeugnissen 1955/60 verdoppelte, blieb der Gussexport in dieser Zeit nahezu konstant. Der Importwert von Gusswaren lag 1968 mit 7,78 Mrd. DM um 29,7 % über dem Wert des Jahres 1958, während der Exportwert mit 11,51 Mrd. nur um 15,4 % stieg. Wirtschaftsverband Giesserei-Industrie, Bericht über das 12. Geschäftsjahr, 1964, S. 55. Deutscher Gießereiverband, Bericht über das 17. Geschäftsjahr, 1969, S. 25.
12 Dieser Werkstoff verzeichnete selbst während der Rezession 1966/67 Zuwachsraten von 17,2 bzw. 20,5 %; Wirtschaftsverband Giesserei-Industrie, Bericht über das 15. Geschäftsjahr, 1967, S. 56.
13 Das Wachstum der Investitionsgüterindustrie machte sich dagegen weiterhin im Produktionsprogramm der Gießereien bemerkbar. So verminderte sich der Anteil des Baugusses an der bundesdeutschen Eisengussproduktion bis 1969 auf 18,7 % gegenüber 25 % 1955. Der Guss für die Investitionsgüterindustrie konnte dagegen seinen Anteil von 50,1 auf 55,8 % steigern. Wirtschaftsverband Giesserei-Industrie, Bericht über das 3. Geschäftsjahr, 1955, S. 41; Deutscher Gießereiverband, Bericht über das 17. Geschäftsjahr, 1969, S. 42.
14 Errechnet nach statistischen Angaben von Flecken, Edelstahlmarkt, S. 1713, und Vorwerk, Hans-Günther, Zur Lage auf dem deutschen Edelstahlmarkt, in: Stahl und Eisen 90 (1970), Nr. 25, S 1472–1474, hier 1473.
15 So führte England z. B. 1958 einen Mischzoll auf Roheisen von mindestens 10 % ein. Spanien erhob seit Anfang 1963 einen Roheisenzoll von 17,7 bis 20 %.
16 Wiedenhoff, Alexander, Sorgen auf dem Roheisenmarkt, in: Handelsblatt vom 21.10.1963.
17 So stieg die Einfuhr von Gießerei-Roheisen und Hämatit zwischen 1958 und 1966 um 655 % (von 52.000 auf 393.000 t), während die Ausfuhr um nur 111 % (von 253.000 auf 534.000 t) gesteigert werden konnte. Wirtschaftsverband Gießerei-Industrie, Bericht über das 6. Geschäftsjahr, 1958, S. 82 und über das 14. Geschäftsjahr, 1966, S. 31.
18 Marker, Strukturwandel, Bl. 9.
19 Im Rennverfahren wurden gemahlene Erze und Brennstoffe wie Koksruß, Feinmagerkohle usw. durch einen Drehrohrofen geschickt, wie er ähnlich auch in der Zementerzeugung bekannt war. In diesem Ofen wurden die Eisenoxyde bei Temperaturen von 600 bis 1.100 Grad in Eisenschwamm umgewandelt, der im letzten Teil des Ofens zu sog. Luppen zusammengebacken wurde. Den Ofen verließ eine teigartige, aus Luppen und Schlacken bestehende Masse, die nach der Abkühlung gemahlen wurde und aus der durch Magnetscheidung die Luppen gewonnen wurden. Rennanlage Rhein-Ruhr läuft 1959 an – „Synthetischer" Schrott aus eisenarmen Erzen – 100 Mio. investiert, in: Industriekurier vom 8.8.1958.
20 Rennanlage Rhein-Ruhr stellt den Betrieb ein, in: Handelsblatt vom 3.9.1963.
21 Gewerkschaftliche Rundschau, Eisenerzbergbau, S. 14.
22 Standortprobleme und Rationalisierungs-Investitionen in der Eisen- und Stahlindustrie (Auszug aus „Wirtschafts-Konjunktur", Berichte des Ifo-Instituts, München, Juli 1962), in: Montan Archiv Nr. 72/11.9.1962, Bl. 1–10, hier 1.
23 Manners, Gerald, The Changing Market for Iron Ore 1950–1980. An Economic Geography, Baltimore/London 1971, S. 173 ff., 196 f.
24 Auch die beim Gerichtshof der Gemeinschaft erhobene Klage der Bundesregierung und von 18 Unternehmen der westdeutschen Eisenindustrie – unter ihnen Buderus – wurde am 19.5.1960 abgewiesen. Der Kampf um die Ausnahmetarife zu Gunsten von Unternehmen der Kohle- und Stahlindustrie in der Montanunion (Auszug aus „Continentaler Eisenhandel", Nr. 5, Mai 1960), in: Montan Archiv Nr. 52/5.7.1960, Bl. 1–7, hier 1; Standortprobleme und Rationalisierungsinvestitionen in der Eisen- und Stahlindustrie („Wirtschafts-Konjunktur", Berichte des Ifo-Instituts, München, Juli

1962), in: Montan Archiv Nr. 73/11.9.1962, Bl. 1; Endgültige Entscheidung über Montanausnahmetarife zugestellt, in: Vereinigter Wirtschaftsdienst, Branchendienste, Montan, Nr. 37/13.2.1958.
25 Standortprobleme und Rationalisierungs-Investitionen in der Eisen- und Stahlindustrie (Auszug aus „Wirtschafts-Konjunktur", Berichte des Ifo-Instituts, München, Juli 1962), in: Montan Archiv Nr. 73/11.9.1962 Bl. 1.
26 Gewerkschaftliche Rundschau, Eisenerzbergbau, S. 10.
27 Errechnet aus Statistik – Eisenerzförderung der Welt, in: Stahl und Eisen 91 (1971), Nr. 6, S. 343; Mitchell, B. R., European Historical Statistics 1750–1970, London u. a. 1975, S. 389.
28 ABAG, Dietrich, Festansprache, S. 16.
29 ABAG, AR-Prot. 12.7.1956, S. 4.
30 Z. B. kritische Monographie von Hörster-Philipps, Schatten, dagegen: Friedrich Flick – Formeln zum Erfolg, in: Der Volkswirt, 1968, Nr. 27, S. 11–14; Waller, Peter, Der Einzelgänger und seine Unternehmen, in: FAZ vom 10.7.1963.
31 Im Jahr 1945 blieben Flick von seinem alten Industriekonzern noch die Maximilianshütte im bayerisch-oberpfälzischen Sulzbach-Rosenberg (100 % im Flick-Besitz), das Hochofenwerk Lübeck in Herrenwyk (zu 82–90 % Flick-Eigentum), die Harpener Bergbau AG, der ehemals größte Kohlenkonzern Deutschlands (60 %), und die mit Harpen verbundene Essener Steinkohlenbergwerke AG (100 %), die Schrottag (Bayerische Schrott AG) in Nürnberg und München (100 %), die Waggon- und Maschinenbau GmbH in Donauwörth und die Fellawerke (Landmaschinenfabrik) in Feucht bei Nürnberg (100 %). Hörster-Philipps, Schatten, S. 81; Waller, Einzelgänger; Stahltreuhändervereinigung, Neuordnung, S. 107.
32 Endgültige Kapitalien in der Flick-Gruppe, in: Deutsche Zeitung vom 18.2.1956.
33 Friedrich Flick – Formeln zum Erfolg, in: Der Volkswirt, 1968, Nr. 27, S. 11–14; Germany's other private colossus, in: The Economist vom 25.3.1967, S. 12–14.
34 Flick erwarb 20 % Anteile der Société des Aciéreries et Tréfileries des Neuves Maisons in Frankreich (Lothringen) und der Société Métallurgique Hainaut-Sambre in Couillet (Belgien). Hörster-Philipps, Schatten, S. 84.
35 Ogger, Flick, S. 288, 304 f.; Hörster-Philipps, Schatten, S. 85..
36 Ogger, Flick, S. 329.
37 Ebd.; Konzerne: Auskunft über Friedrich Flick, in: Das Dossier, Nr. 19/20, 1958, S. 55, 13; Genschel, Verdrängung, S. 234 f.
38 Anfangs hatte die Flick-Gruppe ihre Übernahmepläne an den Buderus'schen Eisenwerken strikt dementiert. Buderus will noch viel investieren, in: Der Volkswirt, 1956, Nr. 33, S. 29–31, hier 29.
39 Nach Auskunft des Buderus-Archivs.
40 AHL, Bestand Metallhüttenwerke Lübeck, Niederschrift über die Aufsichtsratssitzung am 21.03.1960, S. 4. Die Buderus-Aktien waren demnach zu einem Kurs von 259,72 % übernommen worden, worin ein Paketzuschlag von 20–30 % enthalten gewesen sein dürfte. Metallhüttenwerke Lübeck gibt Auskunft, in: Deutsche Zeitung vom 2.8.1958; Endgültige Kapitalien in der Flick-Gruppe, in: Deutsche Zeitung vom 18.2.1956; Konzerne: Auskunft über Friedrich Flick, in: Das Dossier, Nr. 19/20, 1958, S. 1.
41 Nach Auskunft des Buderus-Archivs; außerdem: Flick hat sein Wirtschaftsimperium neu organisiert, in: Frankfurter Rundschau vom 20.2.1965.
42 Bereits im Sommer 1956 war im Aufsichtsrat der Metallhüttenwerke das Vorhaben besprochen worden, zunächst 25 % des Buderus-Kapitals zu übernehmen, um das Schachtelprivileg in Anspruch nehmen zu können (AHL, Bestand Metallhüttenwerke Lübeck, Niederschrift über die Aufsichtsratssitzung am 12.07.1956, S. 10). Das Aktienkapital der Metallhüttenwerke Lübeck AG lag 1956 bei zwei 100 %igen Tochtergesellschaften der Friedrich Flick KG, der Verwaltungsgesellschaft für Steinkohlenbergbau und Hüttenbetrieb (zu 36,12 %) und der Gesellschaft für Montaninteressen mbH (zu 45,98 %). Beide Gesellschaften arbeiteten als reine Holdinggesellschaften. Endgültige Kapitalien in der Flick-Gruppe, in: Deutsche Zeitung vom 18.2.1956; Neue Transaktion der Flick-Gruppe, in: Handelsblatt vom 13.7.1956.
43 Franz Grabowski erhielt im Gegenzug ein Aufsichtsratsmandat bei der Metallhüttenwerke Lübeck AG. Neue Transaktion der Flick-Gruppe, in: Handelsblatt, Nr. 82/13.7.1956.
44 ABAG, GB Buderus'sche Eisenwerke 1968, S. 7. Frowein, Vertreter der Deutschen Bank, starb 1958. Für ihn trat im folgenden Jahr Heinz Osterwind, ebenfalls Vorstandsmitglied der Deutschen Bank und Aufsichtsratsmitglied der Krauss-Maffei AG, in den Aufsichtsrat der Buderus'schen Eisenwerke ein. ABAG, GB Buderus'sche Eisenwerke 1959, S. 9; zu Osterwind siehe auch Spezialarchiv der Deutschen Wirtschaft, Leitende Männer der Wirtschaft 1960, S. 654.
45 Franz Grosser scheidet aus dem Vorstand aus, in: Buderus Werksnachrichten 7 (1956), Nr. 6, S. 111. – Unser neues Vorstandsmitglied, in: Ebd., Nr. 2/3, S. 24. Dr.-Ing. Erwin Schlosser im Vorstand von Buderus, in: Buderus Post 19 (1968), Nr. 2, S. 60.
46 Technischer Vorstand bei Buderus erweitert, in: Buderus Werksnachrichten 13 (1962), Nr. 4, S. 114.
47 Abschiedsworte des Vorstandsvorsitzenden Dr.-Ing. E.h. Franz Grabowski, in: Buderus Post 18 (1967), Nr. 3, S. 1.
48 Krauss-Maffei AG – Geschäftsbelebung durch Sonderprogramm, in: Der Volkswirt, 1967, Nr. 29, S. 1530–1532, hier 1530.

49 Dr.-Ing. Franz Grabowski 60 Jahre, in: Industriekurier vom 24.12.1957. Sein Lebenswerk war der Buderus-Konzern, in: Buderus Post 18 (1967), Nr. 3, S. 105–107.
50 Direktor Dr. Bruckhaus im Vorstand von Buderus, in: Buderus Werksnachrichten 15 (1964), Nr. 4, S. 84. – Direktor Dr. Ringenberg in den Vorstand von Buderus, in: Ebd. 18 (1967), Nr. 5, S. 167. – Direktor Dr. von Winckler zum stellvertretenden Vorstandsmitglied gewählt, in: Ebd. 9 (1958), Nr. 3/4, S. 48.
51 Heißer Herd- und Heizgerätemarkt, in: FAZ vom 24.2.1965.
52 Öfen und Herde in weicherem Markt, in: Deutsche Zeitung vom 29.1.1958.
53 Ebd.; Buderus-Öfen jetzt von Burger Eisen, in: Handelsblatt vom 17.8.1958.
54 Interessengemeinschaft Buderus und Burger Eisenwerke, in: Buderus Werksnachrichten 9 (1958), Nr. 1/2, S. 6.
55 Die großen Automobilfirmen hatten eigene Leichtmetallgießereien, z. B. Volkswagen 1958 die größte Magnesium-Gießerei. Büchen, Wolfgang, Leichtmetallguss, in: Verein Deutscher Gießereifachleute (VDG) (Hrsg.), 50 Jahre VDG, Düsseldorf 1959, S. 42–52, hier 52.
56 50 Jahre Leichtmetallgießerei Ehringshausen 1939–1989, in: Buderus Post 40 (1989), Nr. 2, S. 30–31.
57 Nach Auskunft des Buderus-Archivs.
58 Buderus-Öfen jetzt von Burger Eisen, in: Handelsblatt vom 17.8.1958. ABAG, GB Buderus'sche Eisenwerke 1958, S. 24.
59 Nach einer Statistik aus dem Jahre 1967 lagen die Anteile der Buderus'schen Eisenwerke an der bundesdeutschen Produktion im Herd- und Ofenguss zwischen 1963 und 1967 bei durchschnittlich 17,6 %. Einschließlich der Burger Eisenwerke AG erhöhten sich diese auf 21,75 %. ABAG, AR-Materialien für die AR-Sitzung der Buderus'schen Eisenwerke vom 2.4.1968.
60 ABAG, GB Buderus'sche Eisenwerke 1959, S. 22; 1961, S. 29; sowie Buderus mit höherem Marktanteil, in: Der Volkswirt, 1959, Nr. 3, S. 1686–1688, hier 1687; AR-Prot. 2.3.1956, S. 10; Hofmann, Eisenwerke, S. 56.
61 Pritzkoleit, Gott, S. 368 ff.; Ogger, Flick, S. 317.
62 ABAG, Schreiben Grabowski an Staatssekretär Reuß vom 30.10.1961.
63 Nach Auskunft des Buderus-Archivs.
64 Mareyen, Edelstahlindustrie, S. 50. Südwestfalen unter neuen Fittichen, in: Die Welt vom 6.2.1960.
65 So ergab eine Berechnung aus dem Jahr 1956, dass die Stahlwerke Röchling-Buderus AG in Bezug auf den Brutto-Umsatzwert ihrer Erzeugnisse von 1500 DM je Tonne unter ihren vier Hauptkonkurrenten – Maxhütte, Gussstahlwerk Witten, Stahlwerke Südwestfalen und Deutschen Edelstahlwerke Krefeld – an zweiter Stelle stand. Nur die wesentlich größeren Deutschen Edelstahlwerke Krefeld wiesen einen höheren Brutto-Umsatzwert je Tonne Rohstahl von 2000 DM auf. Nach Auskunft des Buderus-Archivs; Edelstahlwerke Buderus AG, 75 Jahre, S. 26.
66 ABAG, Fernschreiben Grabowski an Flick vom 15.1.1962.
67 ABAG, nach Mitteilung von Dipl.-Ing. Hans Müller.
68 Nach Auskunft des Buderus-Archivs.
69 50 Jahre Edelstahl aus Wetzlar, in: Buderus Post 21 (1970), Nr. 2, S. 43–45, hier 43; Edelstahlwerke Buderus AG, 75 Jahre, S. 26.
70 Nach Auskunft des Buderus-Archivs.
71 Buderus mit höherem Marktanteil, in: Der Volkswirt, 1959, Nr. 31, S. 1686–1688, hier 1687.
72 Hessische Berg- und Hüttenwerke AG, in: Der Volkswirt, 1960, Nr. 41, S. 2305–2307, hier 2306; Weiterer Bergrutsch, in: Der Volkswirt, 1964, Nr. 42, S. 2292.
73 ABAG, , Aktenvermerk Grabowski vom 18.7.1963; Notiz vom 28.10.1964.
74 ABAG, Brief des Vorstandsmitglieds der Berghütte Robert Nünighoff an die hessische Staatsregierung bezüglich der Verpachtung der Berghütte an Buderus vom 6.3.1957.
75 Die Buderus'schen Eisenwerke waren ein weit günstigerer Abnehmer für das Roheisen der Berghütte, als dies andere Hüttenwerke von ihren weiterverarbeitenden Betrieben behaupten konnten. Der Roheiseneinsatz in den Buderus'schen Gießereien lag deutlich über dem anderer Gießereien, was Grabowski überwiegend auf einzelne Produkte, nämlich Heizkessel und Radiatoren zurückführte, deren Produktion einen höheren Roheisenanteil im Verhältnis zu anderen Einsatzstoffen (Schrott, Gussbruch) erforderte. Nach Auskunft des Buderus-Archivs.
76 Nach Auskunft des Buderus-Archivs.
77 ABAG, Malzacher, Hans, Gutachten über den Erwerb der Hessischen Berghütte durch die Buderus'schen Eisenwerke, Villach 1964, S. 13.
78 ABAG, Schreiben Nünighoff – Betr.: Berghütte vom 21.12.1964.
79 Nach Auskunft des Buderus-Archivs.
80 ABAG, Malzacher, Gutachten, S. 4, 14 f.
81 Der Kurs der Berghütte-Aktien betrug 1962 nur 39 % seines Niveaus von 1955. Weiterer Bergrutsch, in: Der Volkswirt, 1964, Nr. 42, S. 2292.
82 Hessische Berghütte kehrt heim, in: Die Welt vom 24.5.1965.

83 Vertrag zwischen dem Land Hessen und den Buderus'schen Eisenwerken über die Übertragung der dem Land Hessen gehörigen 74 Prozent der Aktien der Hessischen Berg- und Hüttenwerke Aktiengesellschaft in Wetzlar, in: Drucksachen des hessischen Landtags, Abt. I, Nr. 1387.

84 Das neue Gesetz wurde vorsorglich einem Normenkontrollverfahren beim hessischen Staatsgerichtshof unterzogen, damit über seine Verfassungsmäßigkeit keine Zweifel bestanden. Der Staatsgerichtshof fällte das Urteil 1967: Das Gesetz konnte nach geringfügigen Änderungen in Kraft treten. Gesetz zur Ergänzung des Abschlußgesetzes zum Art. 41 der hessischen Verfassung, in: Drucksachen des hessischen Landtags, Abt. I, Nr. 1388; Schlußstrich unter die Sozialisierung, in: Das Parlament vom 10.5.1967.

85 Das neue Aktiengesetz führte einen Katalog möglicher Unternehmenszusammenschlüsse auf. Besondere Aufmerksamkeit schenkte die Wirtschaftspresse dem Institut der „eingegliederten Gesellschaft". Es brachte die Vorteile der einheitlichen Leitungsmacht wie im Beherrschungsvertrag, darüber hinaus aber auch die Verfügungsmacht über die Unternehmenssubstanz wie bei der Verschmelzung. Die eingegliederten Gesellschaften behielten formal ihre Rechtspersönlichkeit, ihren Vorstand und Aufsichtsrat. Wirtschaftlich kam die Eingliederung jedoch einer Fusion gleich, da sowohl die Leitungsmacht als auch die Verfügung über das Vermögen praktisch voll auf die Hauptgesellschaft übergingen. Aktienrechtsreform – Die ersten Konsequenzen, in: Der Volkswirt, 1965, Nr. 4, S. 2615 f.; Konzerne – Kommt eine Eingliederungswelle?, in: Der Volkswirt, 1966, Nr. 6, S. 164 f.; Konzerne vor der Entscheidung, in: Der Volkswirt, 1966, Nr. 2, S. 51–53.

86 AHL, Bestand Metallhüttenwerke Lübeck, Niederschrift über die Hauptversammlung der Buderus'schen Eisenwerke am 29.07.1965, S. 13 f.; ebd. Einbringungsvertrag vom 20.08.1965 und Verschmelzungsvertrag vom 28.07.1965.

87 Nach Auskunft des Buderus-Archivs.

88 Das Stammkapital der HGI lag zu zwei Dritteln bei der Hauptgesellschaft des Flick-Konzerns, der Friedrich Flick KG, und zu einem Drittel bei der Flick'schen Verwaltungsgesellschaft für Steinkohlenbergbau und Hüttenbetriebe m.b.H, Düsseldorf. Flick reorganisiert seine hessischen Interessen, in: Der Volkswirt, 1965, Nr. 30, S. 1675–1678, hier 1676.

89 Dies galt auch für die Erträge der Metallhüttenwerke Lübeck GmbH. Ebd.

90 Die Minderheitsaktionäre mussten mit Aktien der übernehmenden Gesellschaft oder – sofern auch die Hauptgesellschaft ein abhängiges Unternehmen war – in bar abgefunden werden. Auf diese Weise erhielt die Hauptgesellschaft nachträglich sämtliche Aktien der Tochtergesellschaft. Zugleich aber wurde verhindert, dass Minderheitsaktionäre auf diesem Wege gegen ihren Willen ausscheiden mussten. Konzerne – Kommt eine Eingliederungswelle?, in: Der Volkswirt, 1966, Nr. 6, S. 164 f.

91 Flick reorganisiert seine hessischen Interessen, in: Der Volkswirt, 1965, Nr. 30, S. 1675–1678.

92 Krauss-Maffei AG – Auch künftig ein interessanter Wert, in: Der Volkswirt, 1965, Nr. 49, S. 2670.

93 Buderus'sche Eisenwerke – Neuordnung der Eigentumsverhältnisse beendet, in: Der Vokswirt, 1966, Nr. 31, S. 1540–1542.

94 ABAG, Organisationsplan vom 15.3.1957; Kühle, Chronologie, Anl. 7.

95 ABAG, Rundschreiben: Neuer Organisationsplan der Buderus'schen Eisenwerke vom 19.1.1968.

96 Stetige Fortschritte bei Buderus, in: Der Volkswirt, 1960, Nr. 34, S. 1923–1925, hier 1923.

97 Im Jahr 1955 lag der Anteil des Unternehmens an der westdeutschen Gießereiproduktion bei 9,98 %, 1970 bei knapp 10 %. ABAG, GB Buderus'sche Eisenwerke 1955, S. 10; sowie Flicks Gießerei-Stützpunkt, in: Der Volkswirt, 1970, Nr. 29, S. 54.

98 So von 8,54 % (1961) auf 9,24 % (1963). ABAG, GB Buderus'sche Eisenwerke 1963, S. 16; Grafik in: GB Buderus'sche Eisenwerke 1959, S. 14.

99 Errechnet nach Angaben in ABAG, GB Buderus'sche Eisenwerke 1956–1970; GB Buderus'sche Eisenwerke 1967, S. 10.

100 ABAG, GB Buderus'sche Eisenwerke 1956 bis 1970.

101 ABAG, GB Buderus'sche Eisenwerke 1964, S. 14. In Hamburg Autobahn-Unterwassertunnel, in: Buderus Post 20 (1969), Nr. 1, S. 6 f.; Buderus Tunnelringe für Frankfurter S-Bahn, in: Buderus Post 21 (1970), Nr. 1, S. 8 f.

102 Lizenzgeber war die United States Pipe and Foundry Company, Birmingham/Alabama. Buderus Hauptlizenzträger für TYTON-Verbindung in Europa, in: Buderus Werksnachrichten 13 (1962), Nr. 4, S. 108.

103 Die Marktanteile der Buderus'schen Eisenwerke lagen bei Druckrohren bei etwa 25, bei Formstücken bei ca. 30 %. ABAG, Ringenberg, Betrachtung über die Betriebsergebnisse der Buderus-Werke vom 29.5.1967, S. 4.

104 Die Buderus'schen Eisenwerke konnten sich bei Abflussrohren einen Marktanteil von 19,8 % sichern; dieser sank in schlechten Jahren jedoch bis auf 15 % (1967). ABAG, Materialien für die AR-Sitzung der Buderus'schen Eisenwerke vom 2.4.1968, Anlage Nr. 4. – Die Verschärfung der Substitutionskonkurrenz auf dem Gussrohrmarkt wird dadurch veranschaulicht, dass sich die westdeutsche Kunststoffrohrproduktion zwischen 1956 und 1962 um 1.102 % erhöhte, die Gussrohrproduktion dagegen nur um 15 %. Fortschreitende Verwendung von Kunststoffrohren im Wasserleitungsbau, in: Chemische Rundschau vom 1.7.1963; Wirtschaftsverband Giesserei-Industrie, Bericht über das 4. Geschäftsjahr, 1956, S. 43 und Bericht über das 10. Geschäftsjahr, 1962, S. 63.

105 Der Anteil von Wohnungen, die mit Zentralheizungen beheizt wurden, erhöhte sich zwischen 1960 und 1970 von 12 auf 83 % des Wohnungsbestandes. Schmitz, 2000 Jahre, S. 32 f. Brennstoff für Block- und Fernheizwerke, in: Industriekurier vom 29.11.1962.
106 ABAG, Bericht über die Geschäftslage für die Gesamtbetriebsratssitzung vom 14.3.1956, S. 4. Kessel-Bearbeitungswerkstatt wird größer, in: Buderus Werksnachrichten 15 (1964), Nr. 6, S. 167 f.
107 Kölner Frühjahrsmesse 1966, Der Konkurrenzkampf wird immer stärker, in: Buderus Post 17 (1966), Nr. 1/2, S. 3–5. ABAG, GB Buderus'sche Eisenwerke 1967, S. 11.
108 Schmitz, 2000 Jahre, S. 33; Batelle, Untersuchung, S. 16 f.
109 Allerdings vergab das Werk weiterhin Aufträge zur Ofenfertigung an andere Werke; z. B. ABAG, Sitzung des Betriebsrats der Ludwigshütte vom 25.4.1963, S. 1.
110 ABAG, Ringenberg, Betrachtung über die Betriebsergebnisse der Buderus-Werke vom 29.5.1967, Anlage.
111 Außerdem wurde die in Essen-Kray eingerichtete Kokillenproduktion zunehmend unrentabel, weil die Stahlwerke aus Rationalisierungsgründen zur Verwendung von Stahleisenkokillen übergingen oder im neu entwickelten Stranggussverfahren arbeiteten. Werk Essen-Kray wird zum Jahresende stillgelegt, in: Buderus Post 22 (1971), Nr. 2, S. 44.
112 ABAG, AR-Prot. 28.11.1956, S. 4. 1956 hatten bereits Gespräche zwischen dem Buderus-Vorstand und den Unternehmensleitungen der Automobilbeteiligungen des Flick-Konzerns mit dem Ziel stattgefunden, Daueraufträge für die Buderus'schen Kundengussbetriebe zu erhalten. Nach Auskunft des Buderus-Archivs.
113 Angeführt seien hier beispielhaft die Betriebsratsprotokolle vom 17.10.1957, 3.3.1961, 21.8.1964 und 12.12.1966; ABAG, Prot. Werksbetriebsräte Breidenbach.
114 ABAG, GB Buderus'sche Eisenwerke, S. 14. Zur Modernisierung des Werkes Breidenbach vgl. Muth, Wilhelm, Spezialist für Automobilguss. Werk Breidenbach, in: Buderus Post. Jubiläumsausgabe der Buderus-Werkzeitschrift 1731–1981, S. 61 f.
115 Im Jahr 1969 wurden auf der Amalienhütte schließlich Produktionsstätten der Omnical GmbH errichtet; Werk Amalienhütte – Zentraler Bearbeitungsbetrieb für Werke der oberen Lahn, in: Buderus Post 17 (1967), Nr. 1, S. 13 f.; Omnical errichtet Fertigungsanlagen in der Amalienhütte, in: Buderus Post 21 (1970), Nr. 1, S. 10.
116 So wurde Ehringshausen 1970 im Aluminium-Druckguss-Wettbewerb für die Konstruktion des Steuergehäuses des Opel-Motors ausgezeichnet. 50 Jahre Leichtmetallguss in Ehringshausen 1939–1989, Teil I und II, in: Buderus Post 40 (1989), Nr. 2, S. 27–31, und Nr. 3, S. 41–43.
117 ABAG, GB Buderus'sche Eisenwerke 1959, S. 17; 1961, S. 20; 1968, S. 12; 1969, S. 12.
118 Ebd. 1961, S. 17; sowie Kräftige Impulse für die Zementindustrie, in: Der Volkswirt, 1960, Nr. 38, S. 2138 f.
119 Angefangen wurde mit der Herstellung von Schleuderbetonrohren auf einer Zwillingsmaschine bis zu Nennweiten DN (= Durchmesser Norm) 800. Im Laufe der nächsten Jahre wurde die Schleuderhalle für die Aufnahme von fünf Zwillingsmaschinen erweitert, deren einschichtiger Ausstoß in den Nennweiten von DN 400 bis DN 2.500 täglich etwa 250 m betrug. Zur Abrundung entschied man sich 1960 für die Herstellung von Betonrohren nach einem Radialverfahren (System Phlomax) für zunächst unbewehrte, dann auch Stahlbetonrohre nach DIN 4035 in den Nennweiten DN 300 bis DN 4.035; Loos, Werk, S. 57.
120 Die Produktion von Klärgruben wurde hingegen infolge der zunehmenden Anlage von Sammelkläranlagen eingestellt; 25 Jahre Betonwerk Burgsolms, in: Buderus Post 22 (1971), Nr. 3, S. 80 f.; Loos, Werk, S. 57.
121 Kramer, Friedrich, Werk Wetzlar, in: Buderus Post. Jubiläumsausgabe der Buderus-Werkzeitschrift 1731–1981, S. 54 f.
122 Die Angaben über die Burger Eisenwerke wurden entnommen aus ABAG, GB Buderus'sche Eisenwerke 1960, S. 25 f.; 1961, S. 28; 1962, S. 25 f.; 1963, S. 25 f.; 1964, S. 29 f.; 1965, S. 44; 1966, S. 22; 1967, S. 19 f.; 1968, S. 19 f.; 1969, S. 19 f.; 1970, S. 22.
123 Sell Aviation Division liefert den 10.000. Bordküchenschrank, in: Buderus Post 37 (1986), Nr. 4, S. 20. Erweiterung des Produktionsprogramms der Burger Eisenwerke – Die Bendix Waschmaschine, in: Buderus Werksnachrichten 9 (1958), Nr. 9/10, S. 154.
124 Roeder-Großküchentechnik GmbH Darmstadt, in: Buderus Post 17 (1966), Nr. 5, S. 99.
125 ABAG, GB Buderus'sche Eisenwerke 1968, Anhang. Die restlichen 25 % der Gesellschaftsanteile befanden sich im Eigenbesitz der Sieg-Herd-Fabrik GmbH.
126 Enge Zusammenarbeit zwischen Burger Eisenwerke AG und Senkingwerk KG, in: Buderus Post 20 (1969), Nr. 3, S. 101; „Senking – ein Name mit Weltgeltung", in: Buderus Post 21 (1970), Nr. 4, S. 129–131.
127 Wirtschaftsförderung auf falschen Wegen?, in: Handelsblatt vom 30.9.1965.
128 Buderus Omnical, Erfolgreiche Jahre des Aufbaus und der Produktionssteigerung, in: Buderus Werksnachrichten 14 (1963), Nr. 3, S. 58 f.; Brennstoff für Block- und Fernheizwerke, in: Industriekurier vom 29.11.1962.
129 ABAG, GB Buderus'sche Eisenwerke 1964, S. 33.
130 Kooperation in der Großkesselindustrie, in: Handelsblatt vom 15.9.1965. Große Kessel – kleiner Verband, in: Frankfurter Allgemeine Zeitung vom 7.4.1970. Omnical mit neuen Kesselkonstruktionen erfolgreich, in: Buderus Post 18 (1967), Nr. 10, S. 17 f. 1962 erwirtschaftete das Unternehmen bereits 30 Mio., 1970 48,8 Mio. DM. Ein Festtag für Bude-

rus Omnical, in: Buderus Werksnachrichten 13 (1962), Nr. 5/6, S. 137; ABAG, Materialien für die Aufsichtsratssitzung vom 4. 4. 1971, Anl. 4.

[131] ABAG, GB Buderus'sche Eisenwerke 1969, S. 21.

[132] Ebd. 1957, S. 21; 1958, S. 25; 1959, S. 23; 1960, S. 22; 1961, S. 30; 1962, S. 30; 1966, S. 25.

[133] ABAG, AR-Materialien für die AR-Sitzung der Buderus'schen Eisenwerke vom 2. 4. 1968, Anlage 9.

[134] Imort, Hans-Dieter/Haver, Ursula, 25 Jahre Omniplast. Kunststoffe und ihre Verarbeitung, in: Buderus Post 31 (1980), Nr. 2, S. 28–33, hier 29; Omniplast – ein Begriff auf dem Kunststoffmarkt, in: Buderus Post 17 (1968), Nr. 1, S. 17 f.

[135] Krauss-Maffei mit hohem Auftragsbestand, in: Der Volkswirt, 1960, Nr. 31, S. 1686–1688. ABAG, GB Buderus'sche Eisenwerke 1966, S. 24.

[136] Krauss-Maffei AG – Eingliederung in den Flick-Bereich, in: Der Volkswirt, 1966, Nr. 38, S. 1919–1921.

[137] ABAG, GB Buderus'sche Eisenwerke 1964, S. 31; sowie Rittershaus & Blecher GmbH (Hrsg.), 130 Jahre Rittershaus & Blecher 1861–1991, Wetzlar 1991, S. 32.

[138] ABAG, GB Buderus'sche Eisenwerke 1965, Anlage 2; 1968, Anlage 2. Produziert wurden u. a. Zentrifugen, Eindicker, Filter, Trockner, Verdampfer und Apparate für die Trenn- und Trocknungstechnik für verschiedene Industrien und die kommunale Abwasserreinigung, für die Kunststoffverarbeitung zur Rohstoffspeicherung und zur Materialaufbereitung und Rotationsgießanlagen.

[139] Erhöhter Auftragseingang bei der Krauss-Maffei AG, in: Der Volkswirt, 1958, Nr. 29, S. 1406 f.; Krauss-Maffei AG – Eingliederung in den Flick-Bereich, in: Der Volkswirt, 1966, Nr. 88, S. 1919–1921; Anlagenbau für die Kunststoffverarbeitung – Krauss-Maffei verfügt über ein umfangreiches Know How, in: FAZ vom 28. 7. 1970.

[140] Die stärkste Lokomotive der Welt, in: Buderus Werksnachrichten 12 (1961), Nr. 4/5, S. 103–105.

[141] Der Lokomotivexport gestaltete sich durch fehlende staatliche Förderung zunehmend schwierig. Um ihn auf eine rentablere Basis zu stellen, gründete Krauss-Maffei 1962 mit den Fried. Krupp Maschinenfabriken, Essen, die „Lokomotivexportunion" für den gemeinsamen Export von Lokomotiven. Krauss-Maffei AG – Künftig auch Panzerlieferant, in: Der Volkswirt, 1963, Nr. 37, S. 2132 f.

[142] Gemeinschaftsprojekte entstanden zunächst mit der Maschinenfabrik Augsburg-Nürnberg AG (MAN), ab 1962 mit der Büssing Automobilwerke AG. Krauss-Maffei AG: Erfolgreiche neue Sparten, in: Der Volkswirt, 1961, Nr. 30, S. 1531 f.; Krauss-Maffei und Büssing, in: Industriekurier vom 14. 2. 1963.

[143] Spielberger, Walter J., Militärfahrzeuge von Krauss-Maffei bis 1945, Koblenz, Bonn 1980; Ogger, Flick, S. 329 (Zitat).

[144] Krauss-Maffei AG – Größeres Lokomotivgeschäft, in: Der Volkswirt, 1964, Nr. 4, S. 2365–2367, hier 2366.

[145] Krauss-Maffei AG – Eingliederung in den Flick-Bereich, in: Der Volkswirt, 1966, Nr. 38, S. 1919–1921, hier 1920.

[146] Krauss-Maffei AG – Panzer und Kunststoffmaschinen 'vorn', in: Der Volkswirt, 1970, Nr. 33, S. 1419.

[147] ABAG, GB Buderus'sche Eisenwerke 1956, S. 17 (Tabelle); 1965, S. 47; 1966, S. 23; 1967, S. 21; 1968, S. 20; 1969, S. 20; sowie HdAG, 1971/72, S. 2947.

[148] ABAG, GB Buderus'sche Eisenwerke 1961, S. 27; 1962, S. 28; 1963, S. 28; sowie Zur Lage auf dem deutschen Edelstahlmarkt, in: Stahl und Eisen 84 (1964), Nr. 16, S. 1037 f.

[149] Edelstahl hat eine große Zukunft, in: Buderus Post 19 (1968), Nr. 2, S. 47–49.

[150] Preßbleche für die Kunststoff-Industrie aus rostfreiem Buderus-Edelstahl, in: Buderus Post 19 (1968), Nr. 4, S. 138.

[151] ABAG, nach Mitteilung von Dipl.-Ing. Hans Müller.

[152] ABAG, GB Buderus'sche Eisenwerke 1956–1970.

[153] ABAG, nach Mitteilung von Dipl.-Ing. Hans Müller.

[154] Edelstahlwerke Buderus spezialisieren sich; Buderus Edelstahl Schnellservice, beide in: Buderus Post 20 (1969), Nr. 2, S. 50 f.

[155] ABAG, GB Edelstahlwerke Buderus AG 1970 und 1971 sowie nach Mitteilung von Dipl.-Ing. Hans Müller. In der Gesenkschmiede wurden 1970 eine 2.000- sowie eine 2.500-t-Presse und 1971 eine 4.500-t-Presse aufgestellt.

[156] Abrand, Heinz, Müller, Hans, Schmidt, Theo, Entwicklungsrichtung in der Warmformgebung von Edelstahl, in: Stahl und Eisen 84 (1964), Nr. 26, S. 1740–1756, hier bes. 1740f.

[157] ABAG, GB Buderus'sche Eisenwerke 1956 bis 1970.

[158] ABAG, GB Hessische Berg- und Hüttenwerke AG 1958, S. 9.

[159] ABAG, Bericht Nr. F 2985 der Deutschen Revisions- und Treuhand-Aktiengesellschaft Frankfurt/M. über die bei der Hessische Berg- und Hüttenwerke AG, Wetzlar, vorgenommene Sonderprüfung (vom 6. 1. 1958), hier S. 10, 80 f.

[160] ABAG, Stellungnahme des Vorstandes [der Hessische Berg- und Hüttenwerke AG] zum Bergbaugutachten der Deutschen Revisions- und Treuhand-Aktiengesellschaft, Frankfurt/M. v. 10. 5. 1958, hier S. 9.

[161] Ein neuer Hochofen für Oberscheld, in: Die Berghütte 1960, Heft 29, S. 3–5.

[162] Zudem wurde ein mit dem Wetzlarer Elektrizitätswerk verbundenes Fernheizwerk zur Versorgung des 1955/56 neu gebauten Verwaltungsgebäudes sowie anderer im Umkreis liegender Gebäude errichtet. ABAG, GB Hessische Berg- und Hüttenwerke AG 1957, S. 12.; sowie Die Fernheizung macht Fortschritte auch in Wetzlar, in: Die Berghütte 1960, Heft 29, S. 5–7.

163 Zusätzlich zur Modernisierung der Hochofenkapazitäten wurden die Gichtgas- und Abwasserreinigung ausgebaut. ABAG, GB Hessische Berg- und Hüttenwerke AG 1962, S. 14; sowie Wir bauen einen neuen Hochofen, in: Die Berghütte 1962, S. 5–8, hier 7.
164 In der zweiten Hälfte der fünfziger und zu Beginn der sechziger Jahre waren auf mehreren Gruben die Erzvorräte ohnehin erschöpft. So wurde 1957 die Grube Abendstern stillgelegt, 1959 folgte der Auguststollen und 1960 die Richardszeche, Anfang 1961 wurde schließlich auch auf Grube Friedberg die Erzgewinnung eingestellt. ABAG, GB Hessische Berg- und Hüttenwerke AG 1959, S. 13; 1960, S. 13; 1957, S. 12; 1958, S. 13.
165 Dietrich, Geschichte Buderus-Bergbau, S. 10; Falkenstein steht – Die modernste Grube der Berghütte, in: Die Berghütte 1962, Heft 37, S. 7–10, hier 8.
166 Auf der Grube Königszug ging der Witteschacht als zentraler Förderschacht im April 1956 in Betrieb. Danach wurde mit dem Abteufen des Ostschachtes begonnen. Die Arbeiten wurden im Jahr 1957 bei einer Teufe von 548 m beendet. ABAG, GB Hessische Berg- und Hüttenwerke AG 1957, S. 12.
167 ABAG, GB Hessische Berg- und Hüttenwerke AG 1959, S. 11.
168 ABAG, Malzacher, Gutachten, S. 13; Marker, Strukturwandel, Bl. 10; GB Hessische Berg- und Hüttenwerke AG 1961, S. 9; 1964, S. 11.
169 ABAG, AR-Prot. Hessischen Berg- und Hüttenwerke AG, 28.10.1965, S. 12.
170 Bei Buderus in Betrieb genommen – Europas größte zentrale Induktionsofen-Schmelzanlage, in: Buderus Post 18 (1967), Nr. 1, S. 8 f.
171 ABAG, GB Hessische Berg- und Hüttenwerke AG 1959, S. 13; 1970, S. 11.
172 Dietrich, Geschichte Buderus-Bergbau, S. 12; Auskunft von Wilhelm Loos, ehemaligem Leiter des Hochofenwerkes Oberscheld und seit 1969 Leiter des Betonwerkes Burgsolms. Im Jahr 1957 bestand die in den Wetzlarer Hochöfen eingesetzte Erzmischung noch zu 43,7 % aus den Erzen der Berghütte. 1965 war dieser Prozentsatz auf 14,5 % gesunken, und 1970 betrug er nur noch 2 %. ABAG, GB Hessische Berg- und Hüttenwerke AG 1957, S. 12; 1967, S. 10; 1970, S. 10.
173 ABAG, Niederschrift über die Sitzung der technischen Kommission des Aufsichtsrats der Buderus'schen Eisenwerke – Stand der Investitionen 1966 – vom 29.10.1965, S. 11, 500 Jahre Gussrohre – 50 Jahre Schleudergießerei Werk Wetzlar, in: Buderus Post 28 (1977), Nr. 4, S. 140–142, hier 142.
174 ABAG, GB Hessische Berg- und Hüttenwerke AG 1968, S. 10.
175 Dietrich, Geschichte, S. 12; Das Hochofenwerk Oberscheld, in: Buderus Post 31 (1980), Nr. 3, S. 19.
176 ABAG, GB Buderus'sche Eisenwerke 1965, S. 31 f.; AHL, Metallhüttenwerke 129, GB Metallhüttenwerke Lübeck GmbH 1965, S. 10.
177 Das Kapital der Buderus-Juno-Kundendienst GmbH lag zu 20 % bei der Buderus'schen Handelsgesellschaft, zu 25 % bei den Buderus'schen Eisenwerken und zu 55 % bei der Burger Eisenwerke AG. ABAG, GB Buderus'sche Eisenwerke 1965, Schaubild über den Konzernaufbau; sowie HdAG, 1961, S. 2780.
178 Buderus-Handel: Wer, wann, wo, wie? in: Buderus Post 26 (1975), Nr. 4, S. 104.
179 Im Jahr 1956 übernahm die Ferrum GmbH den Vertrieb der Omniplast-Rohre. 1957 folgte der Vertrieb der Schleuderbetonrohre des Betonwerkes in Burgsolms und der Spannbetonrohre der HAGEWE, 1959 der Asbestzementrohre der WANIT. Im Jahr 1967 schließlich übernahm die Ferrum GmbH auch die Vertretung der Maschinenfabrik Geiger, Karlsruhe, für maschinelle Ausrüstungen von Kläranlagen und Kühlwasseranlagen. ABAG, Hugelmann, Ferrum GmbH, S. 4.
180 So stieg der Umsatz der Buderus'schen Handelsgesellschaft von 188.822.000 DM (1955) auf 470.522.000 DM (1970), der der Ferrum von 5,6 Mio. DM auf 14 Mio. DM. Die statistischen Angaben wurden der nachträglich durch das Unternehmen erstellten Umsatzauflistung entnommen.
181 ABAG, Hugelmann, Ferrum GmbH, S. 5
182 ABAG, GB Buderus'sche Eisenwerke 1962, S. 20.
183 Baumann, Hans, Maschinenbau. Struktur und Wachstum, Berlin/München 1965, S. 46.
184 Buderus Industrietechnik – ein neues Unternehmen im industriellen Anlagenbau, in: Buderus Post 19 (1968), Nr. 3, S. 96–97.
185 ITH-Industrietechnik Homberg – Modellfall industrieller Kooperation, in: Buderus Post 21 (1970), Nr. 2, S. 49 f. Kooperation in der Großkesselindustrie, in: Handelsblatt vom 15.9.1965. Die Gründung der Industrietechnik Homberg GmbH, deren Ziel die Behauptung auf dem Heizkesselmarkt war, erfolgte in Homburg/Efze, wo sich auch die größte schwedische Heizkesselfirma CTC unter dem Protest der westdeutschen Heizkesselproduzenten seit 1966 um die Errichtung eines Heizkesselwerks unter Inanspruchnahme regionaler Fördermittel bewarb. Wirtschaftsförderung auf falschen Wegen?, in: Handelsblatt vom 30.9.1965.; Buderus Industrietechnik – ein neues Unternehmen im industriellen Anlagenbau, in: Buderus Post 19 (1968), Nr. 3, S. 96–97.
186 Die Burger Eisenwerke AG hatte 3.688 Beschäftigte, die Hessische Berg- und Hüttenwerke AG 1.293, die Metallhüttenwerke Lübeck GmbH 2.388, die Krauss-Maffei AG 5.087 und die Edelstahlwerke Buderus AG 4.168 Beschäftigte.

[187] ABAG, GB Buderus'sche Eisenwerke 1965, S. 39 ff.
[188] ABAG, GB Hessische Berg- und Hüttenwerke AG 1956, S. 10; 1960, S. 15; 1970, S. 14. Die Auswirkungen der stärksten Belegschaftreduzierungen konnten dadurch abgemildert werden, dass die Belegschaften auf die noch arbeitenden Gruben verlegt wurden. ABAG, AR.-Prot. der Berghütte, 12.3.1965, S. 4 sowie Dietrich, Geschichte, S. 12.
[189] ABAG, Belegschaftsstatistik der Buderus'schen Eisenwerke 1944–1983.
[190] ABAG, Spiegelhalter, Hans Joachim, Möglichkeiten und Grenzen der Beschäftigung ausländischer Arbeitnehmer, Vortrag, Wetzlar, den 23.3.1973, S. 4.
[191] Ebd. – Auf 1.000 Beschäftigte ein Ausländer, in: Buderus Werksnachrichten 10 (1959), Nr. 7, S. 133.
[192] ABAG, GB Edelstahlwerke-Buderus AG 1969, S. 23.
[193] Als Tätigkeiten, die überwiegend von Gastarbeitern ausgeübt wurden, nennt Spiegelhalter u. a. Formanlagenwerker, Kernmacher, Ausleerer, Schleudergießhelfer, Gussputzer, Gleisleger, Druckgießer, Kokillengießer, Maschinenformer und Staplerfahrer. ABAG, Spiegelhalter, Vortrag, S. 3 f.; SozB Buderus'sche Eisenwerke, 1970, S. 7 f
[194] Zwischen 1961 und 1965 bauten die Buderus'schen Eisenwerke elf Wohnheime. ABAG, GB Buderus'sche Eisenwerke 1961, S. 23; SozB Buderus'sche Eisenwerke, 1962, S. 62; 1965, S. 81.
[195] ABAG, GB Buderus'sche Eisenwerke 1956, S. 24; 1963, S. 23. 1963 erhöhten die Buderus'schen Eisenwerke und die Breuer-Werke GmbH das Stammkapital des Wetzlarer Bauvereins von 100.000 auf 1.000.000 DM. Nach dem Verkauf der Breuer-Werke an Krauss-Maffei ging deren Anteil am Bauverein von sechs Prozent 1967 an die Gemeinnützige Wohnungsbaugesellschaft Wetzlar über. Der Wetzlarer Bauverein – eine 90jährige Buderus-Tochter, in: Buderus Post 42 (1991), Nr. 3, S. 30 f.
[196] ABAG, GB Buderus'sche Eisenwerke 1956, S. 25; SozB Buderus'sche Eisenwerke, 1958, S. 34.
[197] ABAG, SozB Buderus'sche Eisenwerke, 1964, S. 70; GB Buderus'sche Eisenwerke 1956, S. 25; 1970, S. 16.
[198] Bergmann/ Jacobi/ Jentsch, Gewerkschaften, S. 189.
[199] Schneider, Michael, Streit um Arbeitszeit. Geschichte des Kampfes um Arbeitszeitverkürzung in Deutschland, Köln 1984, S. 161.
[200] ABAG, GB Buderus'sche Eisenwerke 1959, S. 25; 1964, S. 23; 1967, S. 14.
[201] Ebd., S. 24; 1958, S. 27 f.; 1959, S. 26; 1960, S. 23; 1962, S. 23; 1964, S. 23; 1966, S. 14; 1969, S. 14; SozB Buderus'sche Eisenwerke 1970, S. 10 f.
[202] Zu erwähnen sind hier etwa die Belastungen durch das „Gesetz zur Verbesserung der wirtschaftlichen Sicherung der Arbeiter im Krankheitsfall" von 1957 sowie dessen Abänderung im Jahre 1961, das den Arbeitgeberzuschuss zum Krankengeld von 90 auf 100 % des Nettolohnes anhob, weiterhin die Einführung eines 30%igen zusätzlichen tariflichen Urlaubsgeldes in der Metallindustrie sowie das 1970 in Kraft getretene Lohnfortzahlungsgesetz. ABAG, Übersicht über seit 1957 im sozialen Bereich eingetretene wesentliche gesetzliche und tarifliche Regelungen (Liste der Unternehmensleitung ohne Datum, wahrscheinlich eine Beilage zur Hauptversammlung vom 26.6.1977), S. 1–2.
[203] ABAG, SozB Buderus'sche Eisenwerke 1964, S. 41; 1970, S. 10 f., 36.
[204] Zusammengestellt nach internen Daten der Finanzbuchhaltung der Buderus AG.
[205] Die Dividende enthält einen Bonus von 2 % auf das Aktienkapital (garantierte Dividende an außenstehende Aktionäre wegen des Ergebnisabführungsvertrages von Flick).
[206] Zusammengestellt nach internen Daten der Finanzbuchhaltung der Buderus AG (Teilkonzernabschluss ist nicht vergleichbar mit dem Einzelabschluss der Buderus'schen Eisenwerke bis 1966).
[207] So erhöhten die Aufwendungen für Löhne und Gehälter infolge der Arbeitszeitverkürzung, Lohnerhöhungen sowie der zusätzlichen tariflichen Sozialleistungen ihren Anteil am Gesamtumsatz des Unternehmens von 22,7 % 1956 auf 25,0 % 1960, 29,8 % 1965 und 30,6 % im Jahr 1970. Der Anteil der Materialaufwendungen am Gesamtumsatz lag bis 1965 bei durchschnittlich 62 %. ABAG, Gewinn- und Verlustrechnungen, in: GB Buderus'sche Eisenwerke, 1956, 1960, 1965, 1970.
[208] Der Anteil der Materialaufwendungen am Gesamtumsatz der Buderus'schen Eisenwerke fiel von 60,5 % im Jahr 1965 auf 44,1 % im Jahr 1966, 40,5 % 1968, 42,2 % 1969 und 43,3 % im Jahr 1970. ABAG, GB Buderus'sche Eisenwerke 1965, 1966, 1968, 1969 und 1970; sowie Buderus'sche Eisenwerke – Neuordnung hat sich bewährt, in: Der Volkswirt, 1967, Nr. 28, S. 1450–1453.
[209] Buderus mit höherem Marktanteil, in: Der Volkswirt, 1959, Nr. 31, S. 1686–1688; Neuer Umsatzrekord bei Buderus, in: Der Volkswirt, 1961, Nr. 30, S. 1527–1529; Flick reorganisiert seine hessischen Interessen, in: Der Volkswirt, 1965, Nr. 30, S. 1675–1677.
[210] Die nach der Eingliederung des Unternehmens in die Buderus'schen Eisenwerke an die verbleibenden Minderheitsaktionäre ausgezahlte Dividende blieb nur 1968 auf ihrem Mindestniveau von 15 %. Die in den Jahren 1967, 1969 und 1970 ausgezahlten Dividenden lagen dagegen bei 18,5 %, 16,1 % und 19,1 %. Damit stellte sich die Dividendengarantie für die Aktionäre als ein faires Abfindungsangebot dar; Krauss-Maffei AG – Panzer mit Kunststoffmaschinen „vorn", in: Der Volkswirt, 1970, Nr. 33, S. 1230; HdAG, 1971/72, S. 2947.
[211] HdAG, 1958/59, S. 2947; HdAG, 1961/62, S. 2779; HdAG, 1963/64, S. 2841; HdAG, 1964/65, S. 3880; HdAG, 1966/67, S. 5096.

212 Buderus'sche Eisenwerke, Preiskonkurrenz immer härter, in: Der Volkswirt, 1968, Nr. 30, S. 66 f.
213 Hessische Berg- und Hüttenwerke – Einmaliger Gewinn? In: Der Volkswirt, 1970, Nr. 31, S. 56.
214 ABAG, GB Buderus'sche Eisenwerke 1963, S. 24; 1964, S. 24; 1965, S. 36; 1966, S. 16; 1967, S. 16; 1968, S. 16; 1969, S. 16; 1970, S. 23.
215 ABAG, Ebd., 1949, 1956, 1960 und 1966.
216 Ebd. 1956, S. 28; 1957, S. 27.
217 ABAG, Buderus AG, Finanzielle und ertragsmäßige Entwicklung der Buderus Aktiengesellschaft in den Jahren 1965–1993, S. 3.
218 ABAG, GB Buderus'sche Eisenwerke 1965, 1966, 1967, 1968, 1969 und 1970.
219 Zusammengestellt nach internen Daten der Finanzbuchhaltung der Buderus AG.
220 Ebd.

8. Krisenzeit (1971–1977)

1 Link, Werner, Die Außen- und Deutschlandpolitik in der Ära Brandt 1969–1974, in: Bracher, Karl-Dietrich/Jäger, Wolfgang/Link, Werner, Republik im Wandel 1969–1974. Die Ära Brandt, Stuttgart, Mannheim 1986, S. 163–284, hier 241–266; Bracher, Karl Dietrich, Vom Machtwechsel zur Wende, in: ebd. S. 7–12, hier 7; Jäger, Wolfgang, Die Innenpolitik der sozial-liberalen Koalition 1969–1974. in: ebd., S. 15–162, hier 15.
2 Niclauß, Karlheinz, Kanzlerdemokratie. Bonner Regierungspraxis von Konrad Adenauer bis Helmut Kohl, Stuttgart u. a. 1988, S. 113–127; Thränhardt, Dietrich, Geschichte der Bundesrepublik Deutschland, Frankfurt a. M. 1986, S. 179–190.
3 Jäger, Innenpolitik 1969–1974, S. 137–143; Thränhardt, Geschichte, S. 191; Lehmann, Chronik, S. 133.
4 Niclauß, Kanzlerdemokratie, S. 97; Ambrosius, Gerold, Das Wirtschaftssystem, in: Benz, Wolfgang (Hrsg.), Die Geschichte der Bundesrepublik Deutschland, Band 2: Wirtschaft, Frankfurt a. M. 1989, S. 11–81, hier 40, Tabelle 14.
5 Henning, Friedrich Wilhelm, Wirtschaftliche und soziale Entwicklung, in: Jeserich, Kurt G. A./Pohl, Hans/Unruh, Georg-Christoph von (Hrsg.), Deutsche Verwaltungsgeschichte, Band 5: Die Bundesrepublik Deutschland, Stuttgart 1987, S. 30–53, hier 49; Niclauß, Kanzlerdemokratie, S. 98; Jäger, Innenpolitik 1969–1974, S. 46 f.
6 Lehmann, Chronik, S. 73; Buchheim, Christoph, Die Bundesrepublik in der Weltwirtschaft, in: Benz, Wolfgang (Hrsg.), Die Geschichte der Bundesrepublik Deutschland, Band 2: Wirtschaft, Frankfurt a. M. 1989, S. 169–210, hier 92, 191 ff.; Thiel, Elke, Weltwirtschaftlicher Wandel und internationale Wirtschaftsordnung, in: Bundeszentrale für politische Bildung (Hrsg.), Wirtschaftspolitik, Bonn 1990, S. 459–478, hier 461, 464 ff.; Niclauß, Kanzlerdemokratie, S. 99; Jäger, Innenpolitik 1969–1974, S. 47; Klump, Rainer, Wirtschaftsgeschichte der Bundesrepublik Deutschland. Zur Kritik neuerer wirtschaftshistorischer Interpretationen aus ordnungspolitischer Sicht, Wiesbaden 1985, S. 84.
7 Jäger, Innenpolitik 1969–1974, S. 47; Niclauß, Kanzlerdemokratie, S. 98; Borchardt, Knut, Die wirtschaftliche Entwicklung der Bundesrepublik nach dem „Wirtschaftswunder", in: Schneider, Franz (Hrsg.), Der Weg der Bundesrepublik. Von 1945 bis zur Gegenwart, München 1985, S. 193–216, hier 201.
8 Niclauß, Kanzlerdemokratie, S. 98 f.; Jäger, Innenpolitik 1969–1974, S. 47 f.
9 Lehmann, Chronik, S. 73 f.; zur Inflationsentwicklung vgl. Klump, Wirtschaftsgeschichte, S. 82–95.
10 Jäger, Wolfgang, Die Innenpolitik der sozial-liberalen Koalition 1974–1982, in: Ders./Link, Werner, Republik im Wandel 1974–1982. Die Ära Schmidt, Stuttgart, Mannheim 1987, S. 7–272, hier 16, 109.
11 Jäger, Innenpolitik 1969–1974, S. 109; Borchardt, Entwicklung, S. 210 f.; Lehmann, Chronik, S. 73 f.
12 Jäger, Innenpolitik 1974–1982, S. 16, 89 f., 107 ff.; Lehmann, Chronik, S. 74, 133 f.; Borchardt, Entwicklung, S. 209, weist darauf hin, dass der Anwerbestopp nur zufällig zeitlich mit der „Ölkrise" zusammenfiel.
13 Borchardt, Entwicklung, S. 201 ff., 213–216; Jäger, Innenpolitik 1974–1982, S. 17; Ambrosius, Wirtschaftssystem, S. 64–69; Henning, Entwicklung, S. 50.
14 Deutscher Gießereiverband, Gießerei-Industrie 1970, S. 26 Tabelle 24.
15 Ebd. 1977, S. 49 Tafel 22: 1970 betrug der durchschnittliche Brutto-Stundenverdienst eines Gießereiarbeiters im Bundesgebiet 6,47 DM, 1977 11,66 DM.
16 Ebd. 1970, S. 8–26; 1977, S. 35–51: Produktivitätssteigerung errechnet nach den Angaben der Tabellen 11 (1970), 2 und 8 (1977).
17 Petzina, Dietmar, Zwischen Neuordnung und Krise. Zur Entwicklung der Eisen- und Stahlindustrie im Ruhrgebiet seit dem Zweiten Weltkrieg, in: Dascher, Ottfried/Kleinschmidt, Christian (Hrsg.), Die Eisen- und Stahlindustrie im Dortmunder Raum. Wirtschaftliche Entwicklung, soziale Strukturen und technologischer Wandel im 19. und 20. Jahrhundert, Dortmund 1992, S. 525–544, hier 538 f.

[18] ABAG, AR-Prot. 19.6.1973, S. 7; GB Buderus'sche Eisenwerke 1972, S. 36; 1977, S. 35.
[19] ABAG, GB Buderus'sche Eisenwerke 1973, S. 9; Wer bei Flick das Sagen hat, in: Wirtschaftswoche Nr. 14/29.3.74.
[20] Paul Lichtenberg neuer Aufsichtsratsvorsitzender bei Buderus, in: Buderus Post 27 (1976), Nr. 3, S. 78; Buderus Post 46 (1995), S. 4.
[21] ABAG, AR-Prot. 29.11.1972; siehe zu Kolb: Buderus Post 23 (1972), Nr. 4, S. 129; Organisationspläne der Buderus'schen Eisenwerke für die Jahre 1969, 1970, 1973, 1974 und 1976.
[22] ABAG, AR-Prot. 14.6.1972; Dipl.-Ing. Karl Heimberg in den Ruhestand getreten, in: Buderus Post 24 (1973), Nr. 1, S. 11.
[23] Wilhelm Bauer im Vorstand von Buderus, in: Buderus Post 23 (1972), Nr. 3, S. 87; Zum Generalbevollmächtigten ernannt, in: Buderus Post 23 (1972), Nr. 4, S. 129 f.
[24] ABAG, Organisationspläne der Buderus'schen Eisenwerke 1973 und 1974.
[25] ABAG, GB Buderus'sche Eisenwerke 1972–75, S. 9; Georg Krukenberg im Vorstand von Buderus, in: Buderus Post 24 (1973), Nr. 3, S. 89.
[26] ABAG, AR-Prot. 2.6.1971, S. 15; 21.4.1976, S.10.
[27] ABAG, AR-Prot. 9.12.1971; 14.6.1972; 29.11.1972; 30.11.1973; 22.5.1974; 13.5.1975; 21.4.1976.
[28] ABAG, AR-Prot. 13.5.1975 , S. 15.
[29] ABAG, AR-Prot. 2.6.1971, S. 15–18; 22.5.1974, S. 20–22.
[30] ABAG, GB Buderus'sche Eisenwerke 1970, Anhang: Erzeugnisse der Buderus'schen Eisenwerke und ihrer Beteiligungsgesellschaften.
[31] Konzentration und Umstrukturierung bei Buderus, in: Buderus Post 25 (1974), Nr. 1, S. 2.
[32] Zur Stilllegung des Werkes Essen-Kray vgl. Buderus Post 22 (1971), Nr. 1, S. 44; Buderus legt Werk in Essen still, in: Handelsblatt vom 14.6.1971; ABAG, AR-Prot. 2.6.1971.
[33] ABAG, AR-Prot. 22.5.1974; 13.5.1975.
[34] ABAG, AR-Prot. 22.5.1974, S. 20 f.; 5.12.1975, S. 5–8; Sichere Marktstellung aus eigener Kraft, in: Sonderbeilage zur Buderus Post 27 (1976), Nr. 2, S. 44.
[35] ABAG, AR-Prot. 25.10.1977.
[36] Ebd.
[37] Gottfried, Hans: Von der „Hütte bober Ebersbach" zur Omnical, in: Buderus Post. Jubiläumsausgabe der Buderus-Werkzeitschrift 1731–1981, S. 51; ABAG, Ergebnis der Konzernrevision, Mitteilung der Verwaltung der Beteiligungen der Buderus'schen Eisenwerke an die Mitglieder des Vorstands vom 20.6.1975; AR-Prot. 5.12.1975, S. 7 f.; Sichere Marktstellung aus eigener Kraft, in: Buderus Post 27 (1976), Nr. 2, S. 44 c. Die Wetzlarer Rohstoffversorgung GmbH war im Februar 1961 gegründet worden. Zweck der Gesellschaft war der Handel mit Roh- und Hilfsstoffen aller Art, insbesondere der Eisen- und Metallindustrie, des Bergbaus, der Bauwirtschaft und sonstiger einschlägiger Industrien im eigenen Namen sowie im Auftrag und für Rechnung Dritter. Amtsgericht Wetzlar, Handelsregister Band 56, Bl. 1.
[38] Sichere Marktstellung aus eigener Kraft, in: Buderus Post 27 (1976), Nr. 2, S. 44a–c, hier 44c; ABAG, GB Buderus'sche Eisenwerke 1977, S. 14.
[39] Krämer wurde 1949 in den Gesamtbetriebsrat der Burger Eisenwerke gewählt, deren Vorsitz er 1951 übernahm. Seit 1957 war er auch Vorsitzender des Betriebsrats seines Stammwerks Ehringshausen. Nach der Übernahme dieses Werkes durch Buderus 1959 kam er in deren Gesamtbetriebsrat, dessen Vorsitz er zwei Jahre später übernahm. Von 1963 bis 1978 gehörte Krämer als Arbeitnehmervertreter dem Aufsichtsrat von Buderus an. Buderus Post 29, Nr. 3, S. 132 f. Zur Seite stand ihm Walter Käcks als Stellvertreter im Gesamtbetriebsrat und späterer Nachfolger. Käcks war außerdem Vorsitzender der Arbeitsgemeinschaft der Betriebsräte der Buderus-Gruppe, in der die Töchter der Buderus-Gruppe zusammengefasst sind. Von 1976 bis 1978 gehörte er als Arbeitnehmervertreter dem Aufsichtsrat der Buderus AG an. Buderus Post 33 (1982), Nr. 1, S. 14–15.
[40] ABAG, GB Buderus'sche Eisenwerke 1976, S. 8; VS-Prot. 5.7.1976, S. 1; Brief Dr. Schmidt an Dr. Bruckhaus vom 25.2.1977. Überlegungen zur Änderung des Firmennamens fanden bereits im Jahre 1976 statt. Ausgelöst wurde die Diskussion durch die Zusammenlegung der Städte Wetzlar und Gießen zur Stadt Lahn im Zuge der kommunalen Gebietsreform.
[41] ABAG, GB Buderus'sche Eisenwerke 1976, S. 8.
[42] Die Tochtergesellschaften des Flick-Konzerns erhielten bis 1978 Kapitalzuführungen in Höhe von 460 Mio. DM. Der Rest des Erlöses floss in eine Beteiligung am US-Chemieunternehmen R.W. Grace & Co. von 3 % und eine Mehrheitsbeteiligung an der Gerling-Versicherungs-Beteiligungs AG. Die Milliarden aus dem Daimler-Benz-Paket flossen in die eigene Tasche, in: Handelsblatt vom 20.12.1982; Daimler-Erlös bewirkt Neuordnung, in: Handelsblatt vom 5.12.1978.
[43] Flick hätte rd. 1 Mrd. Steuern zahlen müssen, in: Handelsblatt vom 16.1.1975.
[44] Sichere Marktstellung aus eigener Kraft, in: Buderus Post 27 (1976), Nr. 2, S. 44c; ABAG, AR-Prot. 5.12.1975, S. 5 f.
[45] Deutscher Gießereiverband, Die Gießerei-Industrie im Jahre 1971, S. 9; 1977, S. 9.

46 Gusskessel, Radiatoren, Druckrohr- und Abflussrohrmaterial, Kanalguss, Badewannen und Sanitärguss sowie Ofenguss.
47 Gegossene Werkstücke nach Konstruktionen des gesamten Maschinen- und Fahrzeugbaus, Kokillen und Tunnelringe.
48 ABAG, Materialien zur Aufsichtsratssitzung vom 1.12.1976 und vom 17.5.1978.
49 ABAG, GB Buderus'sche Eisenwerke 1971, S. 10, 12; 1972, S. 12, 14, 16; 1973, S. 14, 16; 1974–1977, jeweils S. 12, 14.
50 ABAG, GB Buderus'sche Eisenwerke 1974, S. 12.
51 ABAG, Materialien zur Aufsichtsratssitzung vom 1.12.1976 und vom 17.5.1978.
52 ABAG, GB Buderus'sche Eisenwerke 1975, S. 13; 1977, S. 13.
53 Schmitz, Heribert, Des Feuers wärmende Kraft, in: Buderus Post. Jubiläumsausgabe der Buderus-Werkzeitschrift 1731–1981, S. 71–77, hier 77.
54 ABAG, AR-Prot. 2.6.1971, S. 12.
55 ABAG, GB Buderus'sche Eisenwerke 1971, S. 10; 1977, S. 13; AR-Prot. 29.11.1972, S. 9–11.
56 ABAG, AR-Prot. 2.2.1971, S. 7; Buderus bietet Neuentwicklung an, die mehr kann als nur heizen, in: Buderus Post 26 (1975), Nr. 3, S. 83.
57 ABAG, AR-Prot. 22.5.1974; 5.12.1975; Künkel, Adolf, Ein Beweis der Wandlungsfähigkeit, in: Buderus Post. Jubiläumsausgabe der Buderus-Werkzeitschrift 1731–1981, S. 50.
58 Autoflaute läßt Buderus ein Gusswerk schließen, in: Handelsblatt vom 4.4.1974; Starker Kostendruck, in: Frankfurter Rundschau vom 4.4.1974; Altes Werk wird wieder jung, in: Buderus Post 27 (1976), Nr. 4, S. 140–142.
59 Lollar erhielt eine neue Kupolofenanlage, eine weitere Hochdruckformanlage, eine neue Bearbeitungsstraße für die Gussradiatorenfertigung, neue Aggregate in den Sandaufbereitungsanlagen für die Kesselfertigung sowie eine Universalhochdruckformanlage, auf der sowohl Glieder und Beschlagguss für Kessel als auch Flachteile und Gussradiatoren gefertigt werden konnten. Mehrproduktion erbrachte 1970 geringeren Ertrag, in: Buderus Post 22 (1971), Nr. 3, S. 75–78; ABAG, GB Buderus'sche Eisenwerke 1971, S. 12; 1973, S. 16; 1975, S. 15; 1976, S. 15; 1977, S. 15. ABAG, AR-Prot. 25.10.1977; Sichere Marktstellung aus eigener Kraft, in: Sonderbeilage zur Buderus Post 27 (1976), Nr. 2, S. 44.
60 ABAG, Materialien zur Aufsichtsratssitzung vom 2.6.1971, 22.5.1974 und 27.5.1977.
61 2. Entwurf der Ausführungen Dr. von Wincklers vor dem Aufsichtsrat, in: ABAG, AR-Prot. 14.2.1972, S. 4, 7; GB Buderus'sche Eisenwerke 1973, S. 16; 1974, S. 13; Innenbetonierte Druckrohre von Buderus, in: Buderus Post 25 (1974), Nr. 1, S. 14 f.
62 ABAG, AR-Prot. 2.2.1971, S. 7 f.
63 ABAG, GB Buderus'sche Eisenwerke 1974–1976, jeweils, S. 13.
64 ABAG, GB Buderus'sche Eisenwerke 1971, S. 11; 1972, S. 15; 1973, S. 15; AR-Prot. 29.11.1972, S. 11; 14.6.1972, S. 6; 22.5.74, S. 17.
65 ABAG, GB Buderus'sche Eisenwerke 1971, S. 11; AR-Prot. 2.6.1971, S. 16 f.; 29.11.1972, S. 11; 1976, S. 13; 1977, S. 13; zur Stilllegung des Werkes Essen-Kray vgl. Buderus Post 1971, S. 44; Buderus legt Werk in Essen still, in: Handelsblatt vom 14.6.1971.
66 Buderus-Juno-Bidibanwanne, in: Buderus Post 22 (1971), Nr. 4, S. 119. ABAG, Materialien zur Aufsichtsratssitzung vom 2.6.1971 und vom 27.5.1977.
67 ABAG, GB Buderus'sche Eisenwerke 1971, S. 11; AR-Prot. 9.12.1971, S. 7; 29.11.1972, S. 13.
68 Keiner, Werner/Weber, Kurt: Die Form bestimmt der Kunde. Kundenguss und Maschinenbau, in: Buderus Post. Jubiläumsausgabe der Buderus-Werkzeitschrift 1731–1981, S. 91–94, hier 92.
69 ABAG, GB Buderus'sche Eisenwerke 1972, S. 15; Materialien zur Aufsichtsratssitzung vom 14.6.1972.
70 Buderus baut Werkzeugmaschinen, in: Buderus Post 24 (1974), Nr. 4, S. 127; ABAG, Materialien zur Aufsichtsratssitzung vom 12.11.1974.
71 ABAG, AR-Prot. 12.11.1974; ABAG, GB Buderus'sche Eisenwerke 1975, S. 13 f.
72 Im ersten Bauabschnitt wurde die alte Schmelzanlage durch eine wassergekühlte futterlose Eisenofenanlage mit zwei Nieder-Frequenz-Induktionsöfen, im zweiten die alte Rollenbahnanlage durch eine neue Formanlage ersetzt. Die Putzerei, Kernmacherei und der Versand wurden ausgebaut. Ein weiterer Disamatic-Formautomat wurde in Betrieb genommen und damit die Gesamtkapazität von 27.065 auf rd. 43.000 Jahrestonnen erhöht. ABAG, AR-Prot. 2.2.1971, S. 19 f.; GB Buderus'sche Eisenwerke 1974, S. 16; 16 Mio. DM modernisieren Breidenbach, in: Buderus Post 26 (1975), Nr. 3, S. 72 f.; Muth, Werk Breidenbach, S. 61 f.
73 Autoflaute läßt Buderus ein Gusswerk schließen, in: Handelsblatt vom 4.4.1974; Starker Kostendruck, in: Frankfurter Rundschau vom 4.4.1974; Altes Werk wird wieder jung, in: Buderus Post 27 (1976), Nr. 4, S. 140–142.
74 ABAG, AR-Prot. 29.11.1972, S. 17; 12.11.1974, S. 11; 5.12.1975, S. 17; GB Buderus'sche Eisenwerke 1975, S. 14.
75 ABAG, Materialien für die Aufsichtsratssitzung am 14.6.1972, Anlage III.
76 ABAG, AR-Prot. 2.2.1971, S. 9; 30.11.1973, S. 7, 21–25; GB Buderus'sche Eisenwerke 1977, S. 12; Materialien zur Aufsichtsratssitzung vom 1.12.1976 und 17.5.1978.
77 Neue Organisationsstruktur bei Buderus, in: Buderus Post 21 (1970), Nr. 1, S. 3–4; ABAG, Materialien zur Aufsichtsratssitzung vom 9.12.1971; Buderus mit neuem Sanitärprogramm aus Plexiglas, in: Buderus Post 24 (1973), Nr. 1, S. 13.

78 Küchen aus Herborn fliegen um den Erdball, in: Buderus Post 26 (1975), Nr. 1, S. 20; Hedrich, Willi/Schneider, Willi, Produkte für den Gast, in: Buderus Post. Jubiläumsausgabe der Buderus-Werkzeitschrift 1731–1981, S. 64.
79 ABAG, AR-Prot. 13.5.1975, S. 16–19; Materialien zur Aufsichtsratssitzung vom 9.12.1971.
80 ABAG, Materialien zur Aufsichtsratssitzung vom 14.6.1972; Neue Fertigungsstraße für Stahlheizkessel, in: Buderus Post 24 (1973), Nr. 3, S. 94.
81 ABAG, AR-Prot. 22.5.1974, S. 10 und vom 13.5.1975, S. 8, S. 18.
82 ABAG, GB Buderus'sche Eisenwerke 1971, S. 22; 1972, S. 26; 1973, S. 26; 1975, S. 23.
83 ABAG, AR-Prot. 22.5.1974, S. 10; 13.5.1975, S. 17.
84 Burger Eisenwerke straffen die Fertigung, in: Buderus Post 26 (1975), Nr. 1, S. 2.
85 ABAG, AR-Prot. 13.5.1975, S. 17.
86 Burger Eisenwerke AG mit Buderus verschmolzen, in: Buderus Post 27 (1976), Nr. 1, S. 3.
87 ABAG, GB Buderus'sche Eisenwerke 1977, S. 25. Kaufmännischer Geschäftsführer des Unternehmens war von 1971 an Karl Leib. Nach seiner kaufmännischen Ausbildung bei Buderus ab 1947 war er in der Finanzabteilung des Unternehmens tätig. 1959 wurde ihm die Aufgabe übertragen, bei der neugegründeten Tochtergesellschaft Omniplast in Ehringshausen den Finanzbereich aufzubauen. Von großer Bedeutung war seine Rolle bei der Gründung der Tochtergesellschaft Omniplast Nederland, Veghel, 1969 sowie bei der Beteiligung an dem schweizerischen Unternehmen Somo, Genf, 1964, das seit 1987 eine 100%ige Tochtergesellschaft der Omniplast war; Buderus Post 38 (1987), Nr. 1, S. 21. Die technische Geschäftsführung hatte seit 1975 Willi Riedel inne. Nach seiner Ausbildung zum Maschinenbauingenieur und Tätigkeiten im Kunststoffbereich wechselte er 1960 zur Omniplast, wo er zunächst Verkaufsingenieur war, bald jedoch die Produktionsleitung übernahm. Als technischer Geschäftsführer war er maßgeblich am erfolgreichen Ausbau der Omniplast sowie ihrer ausländischen Beteiligungsgesellschaften beteiligt, wobei der Ausbau der Produktionsstätten sowie die Fortentwicklung der Produktionsprogramme besonders hervorzuheben sind. Seit 1971 war Riedel Mitglied der Geschäftsführung der Omniplast Nederland B.V., Veghel, und seit 1978 Delegierter im Verwaltungsrat der Beteiligungsgesellschaft Somo Eysins/Schweiz. Darüber hinaus setzte er sich für öffentliche und berufsständische Anliegen ein, so war er u. a. Vorsitzender der Gütegemeinschaft Kunststoffrohre e.V., Bonn. Vgl. Buderus Post 36 (1985), Nr. 2, S. 44; Buderus Post 38 (1987), Nr. 2, S. 33.
88 ABAG, GB Buderus'sche Eisenwerke 1972, S. 29; 1973, S. 29; 1975, S. 26; 1976, S. 24.
89 Die Omniplast GmbH & Co. – Eine Tochter im Kunststoffbereich –, in: Buderus Post 27 (1976), Nr. 1, S. 4–7; ABAG, AR-Prot. 13.5.1975, S. 4.
90 Omniplast legt Werk Herne still, in: Buderus Post 23 (1972), Nr. 4, S. 134.
91 ABAG, AR-Prot. 2.2.1971, S. 11; 5.12.1975, S. 7.
92 Edelstahlwerke Buderus AG, 75 Jahre, S. 34.
93 ABAG, GB Buderus'sche Eisenwerke 1970, S. 22; 1971, S. 21; 1972, S. 26; 1973, S. 26; 1974, S. 24; 1975, S. 23; 1976, S. 22; 1977, S. 23.
94 Umschwung am Edelstahlmarkt, in: FAZ vom 23.6.1971; ABAG, GB Buderus'sche Eisenwerke 1971, S. 21; AR-Prot. 19.6.1973, S. 6 und 22.5.1974, S. 9.
95 ABAG, GB Edelstahlwerke Buderus AG, 1975; Buderus'sche Eisenwerke 1973, S. 26; Edelstahl Buderus erhöht die Preise, in: Handelsblatt vom 19.10.1973; Buderus noch in roten Zahlen, in: Die Welt vom 19.10.1973.
96 Der braune Rauch soll verschwinden, in: Buderus Post 22 (1971), Nr. 4, S. 121; Edelstahlwerke Buderus AG, 75 Jahre, S. 53.
97 Edelstahlwerke Buderus AG, 75 Jahre, S. 34. Um auf dem Markt weiterhin mit gewalztem Edelstahl präsent zu sein, wurde 1974 ein Lieferabkommen mit einem anderen deutschen Edelstahlproduzenten abgeschlossen; ABAG, nach Auskunft von Dipl.-Ing. Hans Müller.
98 Neue Stahlqualität bei Edelstahl-Buderus, in: Buderus Post 22 (1971), Nr. 2, S. 52.
99 Die Calzium-Arbon-Behandlung wurde eingeführt, um die mit dem Elektro-Schlacken-Umschmelzverfahren verbundenen Nachteile wie erhöhter Energiebedarf und geringere Produktivität zu vermeiden. So konnten auch auf konventionellem Wege hochwertige Schmiedestücke hergestellt werden. Vgl. Plaul, Hans-Ulrich/Grimm, Walter/Feller, Jürgen, Ersatz von ESU-Stählen durch CAB-Stähle für die Herstellung hochwertiger Schmiedestücke. Forschungsbericht T 81-130, hrsg. vom Bundesministerium für Forschung und Technologie, Bonn 1981.
100 Edelstahlwerke Buderus AG, 75 Jahre, S. 34, 53; Buderus schlug sich tapfer, in: FAZ vom 6.5.1976.
101 Rostfreie Decken im Edelstahl-Elementbau, in: Buderus Post 26 (1975), Nr. 4, S. 101.
102 Dieses IBM-Programm wurde 1973 durch das Programm „CAPOSS" ersetzt, das im Hammerwerk, in der Bearbeitungswerkstatt und im Kaltwalzwerk eingesetzt wurde, Plaul, Hans-Ulrich/ Müller, Hans Jochen/ Berger, Stefan, Modularprogramme zur Fertigungssteuerung in der Edelstahlindustrie, in: Refa-Nachrichten 29 (1976), S. 21 ff.; Rationelle Fertigungssteuerung bei Edelstahl, in: Buderus Post 22 (1971), Nr. 3, S. 86 ff.; Edelstahlwerke Buderus AG, GB 1970; ABAG, nach Mitteilung von Dr. Hans Jochen Müller.
103 Dazu gehörten eine vollautomatische Hochleistungs-Knüppelschere in der Gesenkschmiede, ein kombiniertes

Duo/Quarto-Kaltwalzgerüst, eine 1.000-t-Schnellschmiedepresse im Schmiedewerk, ein Herdwagenofen in der Glüherei sowie die Anpassung der Walzanlagen zur Herstellung von Band vom Rohblock in einer Hitze. Edelstahlwerke Buderus AG, 75 Jahre, S. 53; Investitionen zur Kapazitätserweiterung, Qualitätssicherung und Kostensenkung bei den Edelstahlwerken Buderus, in: Buderus Post 27 (1976), Nr. 1, S. 23. Edelstahlwerke Buderus AG, GB 1971; ABAG, Mitteilungen von Dr. Hans Jochen Müller und Dipl.-Ing. Hans Müller.

104 Edelstahlwerke Buderus AG, 75 Jahre, S. 34.
105 Ebd.; Edelstahl Buderus erhöht die Preise, in: Handelsblatt vom 19.10.1973; Buderus noch in roten Zahlen, in: Die Welt vom 19.10.1973; Edelstahlwerke Buderus AG, GBe 1972–1975; ABAG, Mitteilung von Dipl.-Ing. Hans Müller und Heinz Kuhlbörsch.
106 Hardorp verläßt Edelstahl Buderus, in: FAZ und Handelsblatt vom 6.7.1974.
107 Neue Organisationsstruktur bei den Edelstahlwerken Buderus AG, in: Buderus Post 25 (1974), Nr. 3, S. 108.
108 ABAG, Edelstahlwerke Buderus AG, Realer Betriebsvergleich für den Zeitraum 1. Januar 1970 bis 31. Dezember 1979 [Wetzlar 1980].
109 ABAG, GB Buderus'sche Eisenwerke 1976, S. 22; Edelstahlwerke Buderus AG ist noch relativ zufrieden, in: Handelsblatt vom 28.4.1977.
110 Die Rationalisierung trägt Früchte, in: FAZ vom 14.4.1975; Investitionen zur Kapazitätssicherung, Qualitätssicherung und Kostensenkung bei den Edelstahlwerken Buderus, in: Buderus Post 27 (1976), Nr. 1, S. 23.
111 Krauss-Maffei AG. 500 km mit „Transrapid", in: Wirtschaftswoche vom 4.8.1972; ABAG, GB Buderus'sche Eisenwerke 1975, S. 25.
112 HWWA, Firmendokumentation, A 10, K 64, Nr. 4, 4.77, Deutsch-Amerikanische Handelskammer, Amerika-Handel, Mehr als nur eine Waffenschmiede (April 1977).
113 Panzerschlacht Flick gegen Bührle, in: Die Zeit vom 2.6.1972; Bei Krauss-Maffei wurden die Leopardensprünge kürzer, in: Handelsblatt vom 29.6.1973.
114 Umsatzsprung mit Panzerunterstützung, in: Die Welt vom 25.6.1971; Lokomotiven und Panzer brachten Krauss-Maffei voran, in: Handelsblatt vom 3.7.1972; Krauss-Maffei macht jetzt „Gepard-Sprünge", in: Handelsblatt vom 26.1.1977.
115 ABAG, AR-Prot. 29.11.1972, S. 26.
116 Krauss-Maffei lebt nicht allein vom Panzerprogramm, in: Handelsblatt vom 24.7.1972; Krauss-Maffei wird Umsatzmilliardär, in: Süddeutsche Zeitung vom 26.1.1977; Krauss-Maffei macht jetzt „Gepard-Sprünge", in: Handelsblatt vom 26.1.1977.
117 ABAG, GB Buderus'sche Eisenwerke 1972, S. 27; 1973, S. 28; 1975, S. 25.
118 Krauss-Maffei lebt nicht allein vom Panzerprogramm, in: Handelsblatt vom 24.7.1972; Krauss-Maffei wird Umsatzmilliardär, in: Süddeutsche Zeitung vom 26.1.1977; Krauss-Maffei macht jetzt „Gepard-Sprünge", in: Handelsblatt vom 26.1.1977.
119 Amerikanischer Kooperationspartner für Krauss-Maffei, in: Handelsblatt vom 2.5.1972.
120 Ein neuentwickeltes mechanisches Sortierverfahren (R 80) zum Recycling von Papier, Kunststoff und Schrott wurde auf den Markt gebracht. Müll-Faser auch als Zeitungspapier geeignet, in: Handelsblatt vom 22.10.1974.
121 Krauss-Maffei baut Zellstofffabrik im Irak, in: Süddeutsche Zeitung vom 8.7.1974; Schilfzellstoff-Anlage für Indien, in: Blick durch die Wirtschaft vom 9.10.1974.
122 Krauss-Maffei liefert PVC-Fabrik, in: Süddeutsche Zeitung vom 26.4.1972. Aufwendige Sondermüllverbrennung, in: Blick durch die Wirtschaft vom 18.3.1974.
123 ABAG, GB Buderus'sche Eisenwerke 1975, S. 25; Krauss-Maffei konzentriert Anlagengeschäft, in: Süddeutsche Zeitung vom 4.10.1975. Zum Programm der neuen Tochtergesellschaft gehörten Zellstoff-Fabrikanlagen, Anlagen für die Industriezweige Steine und Erden, Chemie und Grundstoffe, Müllbeseitigungsanlagen, Recycling-Anlagen sowie Anlagen zur Verarbeitung von Kunststoffen. Krauss-Maffei faßt den Industrieanlagenbau zusammen, in: Europa Chemie: Aktueller Nachrichtendienst der Zeitschrift Chemische Industrie vom 1.11.1975.
124 Krauss-Maffei wird Umsatzmilliardär, in: Süddeutsche Zeitung vom 26.1.1977. ABAG, GB Buderus'sche Eisenwerke 1971, S. 23 f.; 1972, S. 27 f.; 1973, S. 28; 1974, S. 27; 1975, S. 25; 1976, S. 24.
125 Erste Norm-Lokomotive auf Probefahrt, in: Buderus Post 24 (1973), Nr. 1, S. 26.
126 Vorstellung des neuentwickelten Systems „Transurban", in: Buderus Post 22 (1971), Nr. 1, S. 20. Kanadische Tochter für Transurban, in: FAZ vom 1.9.1973; Krauss-Maffei gibt Kanada-Projekt auf, in: Blick durch die Wirtschaft vom 25.11.1974.
127 ABAG, GB Buderus'sche Eisenwerke 1971, S. 23 f.; Krauss-Maffei testet den Transrapid, in: Buderus Post 22 (1971), Nr. 4, S. 120.
128 ABAG, GB Buderus'sche Eisenwerke 1972, S. 27 f.; AR-Prot. 30.11.1973, S. 18 f.; GB Buderus'sche Eisenwerke 1974, S. 26 f.
129 ABAG, GB Buderus'sche Eisenwerke 1970, S. 24; 1971, S. 23; 1972, S. 27; 1973, S. 28; 1974, S. 26; 1975, S. 25; 1976, S. 24; 1977, S. 25.

130 Ebd.; Krauss-Maffei wird Umsatzmilliardär, in: Süddeutsche Zeitung vom 26.1.1977.
131 Umsatzsprung mit Panzerunterstützung, in: Die Welt vom 25.6.1971; Krauss-Maffei optimistisch, in: Die Welt vom 29.6.1973; Das zivile Geschäft gewinnt zunehmend an Bedeutung, in: FAZ vom 24.6.1974. 1970: Gewinn 5,6 Mio., davon 2,4 an BE; 1971 an BE 4,6 Mio.; 1972: 3,6 Mio.; 1973: 3,6 Mio.
132 Verkehrssysteme bringen erhebliche Belastungen, in: FAZ vom 17.7.1974; ABAG, AR-Prot. 13.5.1975; 21.4.1976, S. 10.
133 Krauss-Maffei konzentriert, in: Blick durch die Wirtschaft vom 23.10.1976.
134 ABAG, AR-Prot. 12.7.1956, S. 4 f.
135 ABAG, GB Buderus'sche Eisenwerke 1972, S. 25. 1970: 167,5 Mio., 1972: 115,3 Mio. DM Umsatz.
136 ABAG, AR-Prot. 9.12.1971, S. 12; GB Buderus'sche Eisenwerke 1970, S. 20; 1971, S. 20 f.; 1972, S. 25 f.
137 Von 1971 bis 1974: einen neuen Hochofen, eine neue Kokerei, eine neue Entladeanlage für Kokskohle sowie eine Rauchentstaubung für die Sinteranlage. ABAG, GB Buderus'sche Eisenwerke 1971, S. 12; 1974, S. 15 f.
138 ABAG, AR-Prot. 14.6.1972, S. 8 und 19.6.1973, S. 6.
139 ABAG, GB Buderus'sche Eisenwerke 1973, S. 25; 1974, S. 23 f.
140 ABAG, Antragsentwurf des Vorstands der Buderus'schen Eisenwerke an den Aufsichtsrat, betr.: Genehmigung für den Verkauf des Komplexes „Metallhüttenwerke Lübeck" an die Firmengruppe United States Steel Corporation, o.D. – Nach Auskunft von Dr.-Ing. Hanns Arnt Vogels übernahm U.S. Steel auch die Schulden der Metallhütte, und Buderus erzielte darüber hinaus einen günstigen Verkaufserlös.
141 Konzentration und Spezialisierung – Zuversicht in schwieriger Zeit. Buderus Hauptversammlung 1975, in: Buderus Post 26 (1975), Nr. 3, S. 65–68, hier 65 f.
142 ABAG, GB Buderus'sche Eisenwerke 1973, S. 24; Eisenerzbergbau im Dill-Gebiet nach 2000 Jahren beendet, in: Buderus Post 24 (1973), Nr. 3, S. 90 f.
143 ABAG, ebd. 1971, S. 19 f.; 1972, S. 32; 1973, S. 24; 1974, S. 22; 1975, S. 22; 1976, S. 21; 1977, S. 22.
144 ABAG, ebd. 1971, S. 19 f.; 1972, S. 32; 1975, S. 22; 1976, S. 21; 1977, S. 22.
145 Roheisenproduktion mit Standortnachteilen, in: Buderus Post 27 (1976), Nr. 2, S. 48; ABAG, GB Buderus'sche Eisenwerke 1971, S. 19 f.; 1972, S. 32; 1973, S. 24.
146 Roheisenproduktion mit Standortnachteilen, in: Buderus Post 27 (1976), Nr. 2, S. 48 f.
147 ABAG, GB Buderus'sche Eisenwerke 1970, S. 20; 1976, S. 21.
148 ABAG, Vermerk zur Aufsichtsratssitzung der Hessischen Berg- und Hüttenwerke AG am 28.4.1977.
149 ABAG, GB Buderus'sche Eisenwerke 1971, S. 19 f.; 1972, S. 32; 1973, S. 24; 1974, S. 22; 1975, S. 22; 1976, S. 21; 1977, S. 22.
150 Jung, Otto, 70 Jahre „BHG" – Buderus-Handel, in: Buderus Post. Jubiläumsausgabe der Buderus-Werkzeitschrift 1731–1981, S. 65–70. Buderus-Handel: Wer, wann, wo, wie?, in: Buderus Post 26 (1975), Nr. 4, S. 104–106.
151 ABAG, Sekretariat Vorstand, Umsatzentwicklung Buderus Handel GmbH.
152 Jung, BHG, S. 67; Buderus-Handel: Wer, wann, wo, wie?, in: Buderus Post 26 (1975), Nr. 4, S. 104–106.
153 Registratur der BHG, Bericht der Deutschen Treuhand-Gesellschaft zu dem Jahresabschluss der BHG für 1973.
154 ABAG, Hugelmann, Ferrum GmbH, S. 5 f., Anlage (Umsatzentwicklung der Ferrum GmbH von 1948–1993).
155 Errechnet nach Angaben aus: ABAG, GB Buderus'sche Eisenwerke, 1971, S. 14, 20 22; 1977, S. 16.
156 ABAG, GB Buderus'sche Eisenwerke 1971, S. 14; 1972, S. 18–20; 1973, S. 18; 1974, S. 17 f.; 1975, S. 16; 1976, S. 16; 1977, S. 16.
157 ABAG, GB Buderus'sche Eisenwerke 1973, S. 18.
158 Deutscher Gießereiverband, Die Gießerei-Industrie im Jahre 1976, S. 11; Esser, Gastarbeiter, S. 334–336.
159 ABAG, GB Buderus'sche Eisenwerke 1971, S. 16; 1974, S. 19; 1975, S. 16–19; Mielke, Siegfried/Vilmar, Fritz: Die Gewerkschaften, in: Benz, Wolfgang (Hrsg.), Die Geschichte der Bundesrepublik Deutschland, Band 2: Wirtschaft, Frankfurt a. M. 1989, S. 82–139, hier 106 f. Mit der Neuregelung des Betriebsverfassungsgesetzes 1972 wurde das Mitspracherecht des Betriebsrats in Bezug auf Sozialpläne erweitert. Gemäß § 112 BVG war der Betriebsrat berechtigt, im Falle von Betriebsänderungen die Aufstellung eines Sozialplans zu erzwingen. Auf dieses Recht mussten sich die Buderus'schen Arbeitnehmervertreter jedoch nicht berufen.
160 ABAG, GB Buderus'sche Eisenwerke 1974, S. 17 f.; Niederschrift über die Wirtschaftsausschusssitzung am 28.8.1974; Zöllner, Detlev, Sozialpolitik, in: Benz, Wolfgang (Hrsg.), Die Geschichte der Bundesrepublik Deutschland, Band 2: Wirtschaft, Frankfurt a. M. 1989, S. 362–392, hier 381.
161 ABAG, GB Buderus'sche Eisenwerke 1971, S. 14; 1972, S. 18–20; 1973, S. 18; 1974, S. 17 f.; 1975 bis 1977, jeweils S. 16.
162 Buderus-Arbeiter sind enttäuscht: Keine Zulage, in: Frankfurter Rundschau vom 29.8.1973; Wilder Streik in Lollar, in: Buderus Post 24 (1973), Nr. 3, S. 91.
163 ABAG, GB Buderus'sche Eisenwerke 1971, S. 14; 1972, S. 18–20; 1973, S. 18; 1974, S. 17 f.; 1975–1977, jeweils S. 16; Mielke/Vilmar, Gewerkschaften, S. 121; Änderungen im Bundesurlaubsgesetz, in: Buderus Post 26 (1975), Nr. 4, S. 39.
164 Gleitende Arbeitszeit in der Buderus-Hauptverwaltung, in: Buderus Post 25 (1974), Nr. 4, S. 119–120.
165 Der unsichtbare Lohn, in: Buderus Post 26 (1975), Nr. 4, S. 38.
166 Frerich, Johannes/Frey, Martin, Handbuch der Geschichte der Sozialpolitik in Deutschland, Band 3: Sozialpolitik in der Bundesrepublik Deutschland bis zur Herstellung der Deutschen Einheit, München, Wien 1993, S. 109–112,

200–204; Lehmann, Chronik, S. 135; Kehl, Anton, Die Arbeitswelt, in: Benz, Wolfgang (Hrsg.), Die Geschichte der Bundesrepublik Deutschland, Band 2: Wirtschaft, Frankfurt a. M. 1989, S. 294–325, hier 324; ABAG, AR-Prot. 5.12.1975, S. 26.
167 ABAG, GB Buderus'sche Eisenwerke 1975, S. 16 f.; 1976, S. 18.
168 Die Leistungen unserer Betriebskrankenkassen 1971, in: Buderus Post 23 (1972), Nr. 2, S. 42 f.; Beginn einer Konsolidierung? Zur Situation unserer Betriebskrankenkassen, in: Buderus Post 28 (1977), Nr. 2, S. 75; Zöllner, Sozialpolitik, S. 380–282.
169 ABAG, GB Buderus'sche Eisenwerke 1971, S. 16; 1977, S. 19; Das Gesetz zur Verbesserung der betrieblichen Altersversorgung, in: Buderus Post 26 (1975), Nr. 1, S. 22.
170 Errechnet nach internen Daten der Finanzbuchhaltung der Buderus AG.
171 ABAG, GB Buderus'sche Eisenwerke 1971, Anlage 1 (Jahresabschluss).
172 Zusammengestellt nach internen Daten der Finanzbuchhaltung der Buderus AG.
173 Angaben der Finanzbuchhaltung der Buderus AG.
174 ABAG, GB Buderus'sche Eisenwerke 1971–1977, jeweils Anlage 1 (Jahresabschluss).
175 Errechnet nach internen Daten der Finanzbuchhaltung der Buderus-AG.
176 ABAG, Vorstand, Buderus Aktiengesellschaft, Finanzielle und ertragsmäßige Entwicklung der Buderus Aktiengesellschaft in den Jahren 1965–1993, Anlage 2, S. 1 f.
177 ABAG, GB Buderus'sche Eisenwerke 1974, S. 12; 1971–1975, jeweils Anlage 1 (Jahresabschluss).
178 ABAG, AR-Prot. 14.6.1972, S. 4, 8; 19.6.1973, S. 3, 6; 22.5.1974, S. 3, 9; 13.5.1975, S. 3, 8.
179 ABAG, AR-Prot. 21.4.1976, S. 8. Errechnet nach ABAG, GB Buderus'sche Eisenwerke 1971–77, jeweils Anlage 1 (Jahresabschluss).
180 ABAG, AR-Prot. 14.6.1972, S. 4; 19.6.1973, S. 3; 22.5.1974, S. 3; 13.5.1975, S. 3 und 21.4.1976, S. 4.
181 ABAG, GB Buderus'sche Eisenwerke 1971–77, jeweils Anlage 1 (Jahresabschluss); 1976, S. 30, 33; 1977, S. 28, 32 f.
182 ABAG, AR-Prot. 22.5.1974, S. 3 f.; 13.5.1975, S. 4 und 21.4.1976, S. 5; GB Buderus'sche Eisenwerke 1976, S. 25; 1977, S. 26 f.

9. Jahre des Wandels (1978–1991)

1 Jäger, Innenpolitik 1974–1982, S. 89 f. 149.
2 Ebd., S. 112; Ambrosius, Wirtschaftssystem, S. 11-82; Buchheim, Bundesrepublik, S. 195; Klump, Wirtschaftsgeschichte, S. 81.
3 Der Anteil der Bruttoinvestitionen am Bruttosozialprodukt.
4 Jäger, Innenpolitik 1974–1982, S. 196.
5 Ebd., S. 108 ff., 194.
6 Henning, Entwicklung, S. 49; Jäger, Innenpolitik 1974–1982, S. 195 f.
7 Ambrosius, Wirtschaftssystem, S. 16, 21, 68, 80.
8 Rohwer, Bernd, Der Konjunkturaufschwung 1983–1986. Ein Erfolg des wirtschaftspolitischen Kurswechsels der christlich-liberalen Koalition? Einige Anmerkungen zur konjunkturtheoretischen Beurteilung des gegenwärtigen Aufschwungs, in: Konjunkturpolitik 32 (1986), Heft 6, S. 325–348, hier 340 (Zitat), 343. Die Zuwächse des Bruttosozialprodukts gegenüber dem Vorjahr betrugen 1,9 % (1983), 3,1 % (1984), 1,8 % (1985), 2,2 % (1986), 1,5 % (1987), 3,7 % (1988), 4,0 % (1989), 4,9 % (1990) und 3,6 % (1991); Statistisches Bundesamt (Hrsg.), Lange Reihen zur Wirtschaftsentwicklung 1992, Stuttgart 1992, S. 223.
9 Deutscher Giessereiverband, Die Giesserei-Industrie im Jahre 1986, o.D.
10 Mielke/Vilmar, Gewerkschaften, S. 139; Buchheim, Bundesrepublik, S. 198.
11 Büschgen, Hans E., Die Deutsche Bank von 1957 bis zur Gegenwart. Aufstieg zum internationalen Finanzdienstleistungskonzern, in: Lothar Gall, u. a., Die Deutsche Bank 1870–1995, München 1995, S. 579–877, hier 696.
12 Der Anteil des Waren produzierenden Gewerbes am Bruttosozialprodukt lag 1985 noch bei 41,8 gegenüber 47,4 % (1980); Ambrosius, Wirtschaftssystem, S. 16.
13 Statistisches Bundesamt (Hrsg.), Lange Reihen zur Wirtschaftsentwicklung 1988, Stuttgart 1988, S. 111; dass. (Hrsg.), Lange Reihen 1992, S. 117; dass. (Hrsg.), Statistisches Jahrbuch 1992 für die Bundesrepublik Deutschland, Wiesbaden 1992, S. 215 f.
14 Petzina, Neuordnung und Krise, S. 539 f.; Dehmer, Harald, Zur Lage der deutschen Edelstahlindustrie, in: Stahl und Eisen 101 (1981), S. 63 f.; Wallacher, Ludwig, Die eisenschaffende Industrie der Bundesrepublik Deutschland im Jahre 1986, in: Stahl und Eisen 107 (1987), S. 805 ff.

15 Statistisches Bundesamt, Lange Reihen 1988, S. 111. Parallel hierzu verringerten sich auch die öffentlichen Ausgaben für Baumaßnahmen. Statistisches Bundesamt (Hrsg.), Statistisches Jahrbuch 1980 für die Bundesrepublik Deutschland, Stuttgart, Mainz 1980, S. 410; dass. (Hrsg.), Statistisches Jahrbuch 1983 bzw. 1986 bzw. 1990 für die Bundesrepublik Deutschland, Stuttgart, Mainz 1983 bzw. 1986 bzw. 1990, S. 426 bzw. 432 bzw. 449.

16 Statistisches Bundesamt, Lange Reihen 1992, S. 117; vgl. dass., Statistisches Jahrbuch 1992, S. 215 f.

17 Bei dieser Zahl handelt es sich nicht um einzelne Unternehmen, sondern um die in die einzelnen Unternehmen eingegliederten Gießereibetriebe. Bei der Zählung der amtlichen Statistik wurden sog. technische Einheiten erfasst, d. h. Unternehmensteile, die verschiedene Werkstoffe herstellen, wurden als Einzelbetriebe berücksichtigt. Deutscher Gießereiverband, Die Gießerei-Industrie im Jahre 1979,1980, 1987, jeweils S. 6.

18 Diesen Trend geben die Zahlen des Statistischen Bundesamtes wieder, die jedoch auf anderer Grundlage als der in Anmerkung 17 genannten berechnet wurden; vgl. Statistisches Bundesamt (Hrsg.), Statistisches Jahrbuch 1989, S. 172; 1990, S. 182; 1992, S. 204.

19 Deutscher Giessereiverband, Die Giesserei-Industrie im Jahre 1979, 1981, 1983, 1985, 1987, jeweils S. 6.

20 Korger, Dieter, Einigungsprozess, in: Weidenfeld/Korte, Handbuch, S. 241–252, hier 241, 245 f.; Wegner, Manfred, Produktionsstandort Ostdeutschland. Zum Stand der Modernisierung und Erneuerung der Wirtschaft in den neuen Bundesländern, in: Aus Politik und Zeitgeschichte. Beilage zur Wochenzeitung Das Parlament, B 17/94 (29.4.1994), S. 14–23, hier 14.

21 Cornelsen, Doris, Wirtschaft in den neuen Bundesländern, in: Weidenfeld /Korte, Handbuch, S. 709–720; 711; Fischer, Wolfram/Hax, Herbert/Schneider, Hans Karl, Einleitung, in: dies. (Hrsg.), Die Treuhandanstalt. Das Unmögliche wagen. Forschungsberichte, Berlin 1993, S. 1–13, hier 1.

22 Fischer, Wolfram/Schröter, Harm G., Die Entstehung der Treuhandanstalt, in: Fischer u. a., Treuhandanstalt, S. 17–40, hier 27, 30 ff.; Turek, Jürgen, Treuhandanstalt, in: Weidenfeld/Korte, Handbuch, S. 635–642, hier 636 f., 638 f.

23 Brauburger, Stefan, Verträge zur deutschen Einheit, in: Weidenfeld/Korte, Handbuch, S. 667–682, hier 676 f.; Cornelsen, Wirtschaft, S. 710, 718; Fischer, Einleitung, S. 4; Wegner, Produktionsstandort, S. 15.

24 Statistisches Bundesamt, Lange Reihen 1992, S. 223; Cornelsen, Wirtschaft, S. 711; Ehrlicher, Werner, Deutsche Finanzpolitik seit 1945, in: VSWG 81 (1994), S. 1–32, hier 20 ff.

25 Diese Entwicklung verschärfte sich noch durch die auch 1974 beobachtbare Konzentration in der Stahlindustrie. Daimler-Erlös bewirkt Neuordnung, in: Handelsblatt vom 5.12.1978.

26 Rogge arbeitete bei Buderus zunächst als Assistent des technischen Vorstands und leitete 1970 die Abteilung Kundenguss. 1973 erhielt er Generalvollmacht. Organisatorisches und Personelles, in: Buderus Post 34 (1983), Nr. 2, S. 12. – 1983 wurden auch die neuen Vorstandsmitglieder Heinrich Jung – ehemals Generalbevollmächtigter und Leiter der Zentralabteilung Bilanzen bei Buderus – und Kurt Meyer – bisher Generalbevollmächtigter und Leiter der Zentralabteilung Absatzwirtschaft – in den Vorstand der Buderus AG berufen. Das Vorstandsmitglied Bruckhaus war bereits 1980 aus dem Vorstand ausgeschieden. Organisatorisches und Personelles, in: Buderus Post 34 (1983), Nr. 2, S. 12; ABAG, GB Buderus AG 1980, S. 13.

27 Buderus Post 39 (1988), Nr. 1, S. 26. – Burzel war seit 1981 Betriebsratsvorsitzender zunächst des Werks Wetzlar der Buderus Aktiengesellschaft und nachfolgend der Buderus Bau- und Abwassertechnik GmbH bzw. ab 1991 des Standorts Wetzlar (Sparten Gussrohrtechnik/Spezialguss) der Buderus Guss GmbH. Seit 1981 Mitglied des Gesamtbetriebsrats der Buderus Aktiengesellschaft und seit 1987 der Buderus Bau- und Abwassertechnik GmbH war er seit dem 1. Juli 1991 Vorsitzender der Arbeitsgemeinschaft der Gesamt-/Betriebsräte Buderus (AGBR). Buderus Post 43 (1992), Nr. 2, S. 34.

28 Es ging bei der Affäre darum, dass die politischen Parteien jahrelang Spenden auf Umwegen über gemeinnützige Organisationen (Stiftungen) in ihre Kassen gelenkt hatten, da Spenden an Parteien nur in weit geringerem Umfang von der Steuer abgesetzt werden konnten als Spenden an gemeinnützige Organisationen; vgl. Jäger, Innenpolitik 1974–1982; „Es gibt keinen Anlass, an der Integrität dieser Republik zu zweifeln" – Der Flick-Ausschuss zieht politische Lehren, in: FAZ vom 30.6.1986.

29 Bonner Spendenaffaire mit Sprengwirkung – Steuervorteile des Flick-Konzerns?, in: Neue Zürcher Zeitung vom 28.2.1982; Flick-Affäre / Dr. Dieter Spöri antwortet auf den Vorwurf, zum Gesetzesbruch verleitet zu haben – Es gab keinen Flick-Malus, sondern nur Probleme der Gesetzesauslegung, in: Handelsblatt vom 14.2.1984; Heydeck, Stefan, Flick ging von „Wohltaten" für die SPD-geführte Regierung aus, in: Die Welt vom 1.6.1984.

30 Flick-Konzern – Probleme programmiert, in: Wirtschaftswoche vom 16.11.1984.

31 Friedrich Karl Flick verkleinerte zwischen 1982 und 1983 seine Konzernspitze von 11 auf vier Mitglieder; Flick-Spitze jetzt noch kleiner, in: FAZ vom 16.9.1983; Großes Revirement im Hause Flick, in: FAZ vom 22.11.1982.

32 Flick-Konzern, Probleme programmiert, in: Wirtschaftswoche vom 16.11.1984, S. 180–184; Neue Beteiligungsverhältnisse bei der Friedrich Flick KG – Ziel ist die Vermeidung der Erbersatzsteuer/Weitere Risiken bei der Auflösung der Stiftungen, in: FAZ vom 23.1.1984.

33 Gehlhoff, Joachim, Der alleingelassene Alleineigentümer mag nicht mehr, in: Die Welt v. 6.12.1985; Der Flick-Konzern wird aufgelöst, in: FAZ v. 5.12.1985.

34 ABAG, Feldmühle Nobel AG, Pressekonferenz im David Hansemann-Haus, Düsseldorf am 21.4.1986, Vortrag Dr. Heribert Blaschke, Sprecher des Vorstands, S. 1; Der Flick-Konzern wird aufgelöst, in: FAZ vom 5.12.1985; Mundorf, Hans, Friedrich Flick KG. Das Ende einer Ära, in: Handelsblatt vom 5.12.1985.

35 Nach Auskunft des Buderus-Archivs; ABAG, Bericht der Arbeitnehmervertreter im Aufsichtsrat der Feldmühle Nobel Aktiengesellschaft der Legislaturperiode 1983–1988 – vorgelegt zur Konferenz der Wahlmänner und Wahlfrauen der Feldmühle Nobel Aktiengesellschaft am 15.6.1988 in Siegen, S. 7.

36 ABAG, Vortrag Dr. Blaschke in der konstitutionellen Aufsichtsratssitzung der Feldmühle Nobel AG am 24.2.1986, S. 1.

37 Unter Ausnutzung des sogenannten „Mitternachtserlasses" zu einem fiktiven Zeitpunkt – nach 24 Uhr des 31.12.1985 und vor null Uhr des 1.1.1986 – ging die Feldmühle Nobel AG in den Besitz der Deutschen Bank über. Dadurch entfielen Vermögens- und Gewerbekapitalsteuer; vgl. Büschgen, Deutsche Bank, S. 658 f., 758.

38 Vgl. Feldmühle Nobel, Hauptversammlung 1987 – Eine gelungene Premiere, in: Buderus Post 38 (1987), Nr. 3, S. 4–6.

39 Der Herabsetzungsbetrag wurde dem Unternehmen nicht entzogen, sondern in die gesetzliche Rücklage eingestellt. Das Eigenkapital der Gesellschaft belief sich damit auf etwas über 1 Mrd. DM. ABAG, Vortrag Dr. Blaschke in der konstitutionellen Aufsichtsratssitzung der Feldmühle Nobel AG am 24.2.1986, S. 3.

40 Die bisher größte Aktienemission, in: FAZ vom 22.4.1986.

41 ABAG, GB Buderus AG 1986, S. 7, 1987, S. 6.

42 ABAG, Buderus AG 1988, S. 9; AR-Prot. 25.11.1988, S. 3 f.; 25.4.1989, S. 9; Veränderungen im Vorstand der Buderus AG, in: Buderus Post 39 (1988), Nr. 4, S. 4–5; Buderus AG: Bruch mit der Mutter. Vorstand stellt seine Ämter zur Verfügung, in: Handelsblatt vom 5./6.11.1988.

43 Schneider war 1970 in die Flick-Gruppe eingetreten, ab 1983 Leiter der Personalabteilung und ab 1986 Leiter der Abteilung Vorstandsbüro, Personal, Organisation und Verwaltung. 1988 wurde er zum Generalbevollmächtigten ernannt. Außerdem war er Aufsichtsratmitglied bei der Buderus Heiztechnik GmbH und der Buderus Sell GmbH; Veränderungen im Vorstand der Buderus AG, in: Buderus Post 39 (1988), Nr. 4, S. 4–5.

44 Ebd.; ABAG, GB Buderus AG 1988, S. 5; AR-Prot. 25.11.1988, S. 4 ff.

45 Engel trat 1970 in die SEW-Eurodrive GmbH & Co. ein, wo er 1974 zum Geschäftsführer ernannt wurde und ab 1986 gemeinsam mit einem kaufmännischen Geschäftsführer für die Gesamtleitung zuständig war. Er übernahm nun auch den Vorsitz der Geschäftsführung der Buderus Heiztechnik GmbH (Organisatorisches und Personelles, in: Buderus Post 40 (1989), Nr. 2, S. 38 f. hier 38).

46 ABAG, GB Buderus AG 1989, S. 5; AR-Prot. 25.4.1989, S. 3 f.

47 Hauptversammlung 1991, in: Buderus Post 42 (1991), Nr. 2, S. 6 f.; ABAG, GB Buderus AG 1991, S. 6; Blaschke trat 1969 als Leiter der Steuerabteilung in die Dynamit Nobel AG ein, war von 1974 bis 1979 Leiter der Steuerabteilung der Friedrich Flick Industrieverwaltung KGaA, deren Generalbevollmächtigter er 1980 wurde. Seit dem 19.12.1985 gehörte er dem Vorstand der Feldmühle Nobel AG an, bereits seit dem 21.10.1983 auch dem Aufsichtsrat der Buderus AG; Wechsel im Aufsichtsratsvorsitz der Buderus AG, in: Buderus Post 42 (1991), Nr. 2, S. 7.

48 Feldmühle Nobel AG: Positive Entwicklung bei verbesserter Struktur. Hauptversammlung 1989, in: Buderus Post 40 (1989), Nr. 3, S. 4 f.; Otzen, Katharina, Edelstahl Buderus. Am liebsten allein, in: Wirtschaftswoche vom 1.9.1989; ABAG, AR-Prot. 25.4.1989, S. 10 f.

49 ABAG, GB Buderus AG 1991, S. 44; Feldmühle Nobel Konzern 1989 – ein erfolgreiches Geschäftsjahr, in: Buderus Post 41 (1990), Nr. 2, S. 4 f.; Feldmühle Nobel AG: Umsatz und Ergebnis zweistellig gewachsen, in: Buderus Post 41 (1990), Nr. 3, S. 6 f.; vgl.: Metallgesellschaft kam bei FENO zum Zuge, in: Börsen-Zeitung vom 21.6.1991.

50 Hauptversammlung der Feldmühle Nobel AG: Im Zeichen der Teilung, in: Buderus Post 42 (1991), Nr. 3, S. 4 f.; Presseinformation: Aufsichtsratssitzung der Feldmühle Nobel Aktiengesellschaft vom 9. September 1991, in: Buderus Post 42 (1991), Nr. 3, S. 5.

51 ABAG, GB Buderus AG 1992, S. 4; Außerordentliche Hauptversammlung am 31. Oktober 1991: Feldmühle Nobel AG: Die Teilung wird vollzogen, in: Buderus Post 42 (1991), Nr. 4, S. 5.

52 ABAG, GB Buderus AG 1992, S. 4; Veränderungen in den Gesellschaften. Hauptversammlung billigt die Aufhebung des Beherrschungs- und Gewinnabführungsvertrages, in: Buderus Post 43 (1992), Nr. 1, S. 8.

53 ABAG, GB Buderus AG 1991, S. 6; Veränderungen in den Gesellschaften. Wechsel im Aufsichtsrat der Buderus AG, in: Buderus Post 43 (1992), Nr. 1, S. 9.

54 Umstrukturierung in der Flick-Gruppe, in: Neue Zürcher Zeitung vom 7.7.1984; Edelstahl Buderus bleibt nun doch bei Flick, in: FAZ vom 24.9.1984.

55 Auskunft von Dr. Wolfgang Laaf.

56 Das Geschäftsvolumen des Unternehmens wurde vor allem durch die durchlaufenden Posten des Panzergeschäfts – den hohen Anteil der Zulieferungen anderer Unternehmen – aufgebläht. Das Rüstungsgeschäft band nur etwa 45 % der Mitarbeiter des Unternehmens, der Rest war in den zivilen Produktionsbereichen beschäftigt. Die Wertschöpfung im Geschäft mit Panzern war dementsprechend gering. Krauss-Maffei macht Leopardensprünge – Prestigegewinne durch Schweizer Entscheidung für „Leo", in: Süddeutsche Zeitung vom 26.8.1983; Wörl, Volker, Neue Herren für die Pan-

zerbauer von Krauss-Maffei. Bundeskartellamt stimmt künftigem Gesellschafterkreis zu, Wer wird industriell führen?, in: Süddeutsche Zeitung vom 18.7.1985.

57 Panzergeschäft läßt den Umsatz von Krauss-Maffei „explodieren", in: Handelsblatt vom 27.1.1978.
58 ABAG, GB Buderus AG 1979, S. 23.
59 ABAG, GB Buderus AG 1980, S. 27; 1981, S. 23; Krauss-Maffei AG, Mehr Umsatz bringt der Leopard erst ab 1982, in: Handelsblatt vom 29.4.1981; Krauss-Maffei fährt mit „Leo" gut, in: Süddeutsche Zeitung vom 10.2.1983.
60 So führte die Krauss-Maffei AG 1978 8,8 Mio., 1979 12 Mio. und 1980 4,3 Mio. DM Gewinn an die Buderus AG ab; Krauss-Maffei traf mit Panzern ins Schwarze, in: Handelsblatt vom 30.5.1978; Krauss-Maffei macht Buderus Freude, in: Süddeutsche Zeitung vom 20.5.1980; Krauss-Maffei AG – Mehr Umsatz bringt der Leopard erst ab 1982, in: Handelsblatt vom 29.4.1981; Krauss-Maffei fährt mit „Leo" gut, in: Süddeutsche Zeitung vom 10.2.1983; Krauss Maffei AG – Eine Lösung über die Änderung der Besitzverhältnisse zeichnet sich ab – Der Jahresabschluß sagt wenig über die Erträge der Flick-Enkelin aus, in: Handelsblatt vom 22.5.1985; außerdem ABAG, GB Buderus AG 1978, S. 23; 1979, S. 22; 1980, S. 26; 1981, S. 23; 1982, S. 29; 1983, S. 24; 1984, S. 20.
61 ABAG, GB Buderus AG 1982, S. 30; 1983, S. 25.
62 ABAG, GB Buderus AG 1978, S. 23; 1984, S. 21; Panzergeschäft läßt den Umsatz von Krauss-Maffei „explodieren", in: Handelsblatt vom 27.1.1978; Krauss-Maffei fährt mit dem „Leo" gut, in: Süddeutsche Zeitung vom 10.2.1983.
63 ABAG, Buderus AG 1978, S. 23; 1979, S. 22; 1980, S. 22; 1981, S. 23 f.; 1982, S. 29 f.; 1983, S. 25; 1984, S. 21; Krauss-Maffei fährt mit dem „Leo" gut, in: Süddeutsche Zeitung vom 10.2.1983.
64 Krauss-Maffei übernimmt Filterzentrifugengeschäft von Alfa-Laval, in: Chemische Rundschau vom 25.4.1979.
65 ABAG, GB Buderus AG 1980, S. 27.
66 Krauss-Maffei setzte einen Fuß auf amerikanischen Boden, in: FAZ vom 31.1.1979; Die Lokomotive kommt bei Krauss-Maffei zu neuen Ehren, in: FAZ vom 3.2.1982.
67 Gemeinsame Produktion in Japan – Krauss-Maffei schließt Joint-Venture-Abkommen mit Okuma, in: FAZ vom 15.1.1983.
68 Krauss-Maffei kooperiert mit Seidl, in: FAZ vom 4.10.1983.
69 Auskunft von Dr. Wolfgang Laaf.
70 ABAG, GB Buderus AG 1978, S. 21, 25; 1979, S. 25; 1980, S. 29; 1981, S. 26; 1982, S. 32; 1983, S. 27; 1984, S. 23; 1985, S. 21; 1986, S. 21.
71 ABAG, AR-Prot. 6.8.1985, S. 3; GB Buderus AG 1985, S. 18; GB Buderus AG 1989, S. 11; AR-Prot. 16.11.1989, S. 5 und Anlage 2; Krauss-Maffei-Verkauf genehmigt – Bundeskartellamt hat keine Einwände gegen die jetzige Lösung, in: FAZ vom 17.7.1985.
72 Thoma, Franz, Jagd nach einer „Panzerschmiede". Warum MBB bei Krauss-Maffei zum Zuge kommen könnte, in: Süddeutsche Zeitung vom 7.12.1984; Kartellamt gegen Übernahme von Krauss-Maffei, in: FAZ vom 10.9.1984; Neuordnung bei Krauss-Maffei unter Dach – Flick bleibt Aktionär/ Deutsche Bank beteiligt/ Vorstandswechsel, in: Süddeutsche Zeitung vom 15.6.1985.
73 Die Alternative, die Gesellschaft allein an die Börse zu bringen, war zwar erwogen, doch fallengelassen worden; Hauptversammlung 1987: Eine gelungene Premiere, in: Buderus Post 38 (1987), Nr. 3, S. 4–5.
74 Nach Auskunft des Buderus-Archivs.
75 Nach Auskunft des Buderus-Archivs.
76 ABAG, GB Buderus 1987, S. 20.
77 Steuerrechtlich waren diese Ausgliederungen als Einbringung von Teilbetrieben in Kapitalgesellschaften gegen Gewährung von Gesellschaftsrechten zu verstehen. Die Neuordnung der Gruppe Buderus, in: Buderus Post 38 (1987), Nr. 2, S. 6–8.
78 Ebd.; ABAG, GB Buderus 1987, S. 21.
79 ABAG, AR-Prot. 25.11.1988, Anl. 2, S. 1 f.
80 Ebd., S. 4.
81 Dr. Plaul in der Aufsichtsratssitzung vom 25.4.1990. ABAG, AR-Prot. 25.4.1990, Anl. 2, S. 1.
82 ABAG, GB Buderus AG 1989, S. 8; 1990, S. 10, 24.
83 ABAG, GB Buderus AG 1991, S. 19; AR-Prot. 24.4.1991, Anl. 2, S. 3 f.
84 Bei Buderus wurden die Werke Lollar, Ewersbach, Ehringshausen, Burg, Herborn sowie das Wetzlarer Zementwerk in kurze Warnstreiks verwickelt. Nachdem der Arbeitgeberverband der hessischen Metallindustrie am 24. Mai 1984 die Mitglieder zu Aussperrungen aufgefordert hatte, wurden die Belegschaften der Werke Burg und Lollar zwischen dem 30. Mai und dem 30. Juni ausgesperrt. Im Anschluss daran beteiligten sich beide Werke der Buderus AG an kurzen Anschlussstreiks, die am 5. Juli endeten. Die Wirkung des Streiks betraf jedoch auch andere Werke des Unternehmens. Da im Laufe des Monats Mai die deutschen Pkw- und Nutzfahrzeug-Hersteller zum Teil wegen mittelbarer Betroffenheit durch das Fehlen von Zulieferteilen ihre Produktion einstellen mussten, ergaben sich auch für die im Automobilguss tätigen Werke Breidenbach, Ehringshausen, und Hirzenhain Umsatzausfälle. Belegschaft, in: Buderus Post 35 (1984), Nr. 3, S. 8–9.

⁸⁵ ABAG, GB Buderus AG 1990, S. 10.
⁸⁶ Zusammengestellt nach internen Daten der Finanzbuchhaltung der Buderus AG.
⁸⁷ Dem Verbrauch auf der Spur, in: Buderus Post 35 (1984), Nr. 3, S. 26 f.
⁸⁸ 110 Jahre Hochöfen in Wetzlar, in: Buderus Post 32 (1981), Nr. 4, S. 5–7; ABAG, Bericht des Vorstands über die wirtschaftliche Lage des Unternehmens, den Stand der Investitionsabwicklung und die Investitionsplanung 1980, Anlage zur Niederschrift über die AR-Sitzung vom 24.10.1979, S. 17–18. Der Hochofen produzierte ohnehin überwiegend für den Eigenbedarf der Buderus'schen Gießereien. Die an auswärtige Gesellschaften abgesetzte Roheisenmenge war zwischen 1978 und 1980 dagegen nur noch mit durchschnittlich 3,1 % am Umsatz beteiligt. ABAG, Arbeitsmappe zur AR-Sitzung der Buderus AG vom 29.4.1982, o.S.
⁸⁹ Von den 163 von der Hochofenstilllegung betroffenen Personen behielten 134 durch Versetzung im Werksbereich Wetzlar zu anderen Buderus-Werken oder Tochtergesellschaften der Buderus AG ihren Arbeitsplatz. Von der Belegschaft der Elektrizitätsbetriebe wurde zunächst kein Arbeitsplatzwechsel verlangt. Bei der Hochofenstilllegung im Jahre 1981 wurde das letzte Kraftwerk von der Gichtgas- auf die Kohlefeuerung umgestellt. Bald wurde jedoch deutlich, dass der Betrieb einer eigenen Elektrizitätszentrale infolge der Hochofenstilllegung und der zunehmenden Schrumpfung des Gießereibetriebes zugunsten der Stahlblechverarbeitung unrentabel war. Die Stilllegung des Elektrizitätswerks war unvermeidlich und erfolgte im Februar 1984. ABAG, AR-Prot. 22.10.1981, S. 4; GB Buderus AG 1981, S. 15; 110 Jahre Hochöfen in Wetzlar, in: Buderus Post 32 (1981), Nr. 4, S. 5–7; Der Turbogenerator steht still, in: Buderus Post 35 (1984), Nr. 2, S. 20–22.
⁹⁰ ABAG, Frank Rogge, Bericht des Vorstands über den Jahresabschluss für das Geschäftsjahr 1985 sowie über die wirtschaftliche und finanzielle Lage des Unternehmens einschließlich Investitionen, Anlage zum AR-Prot. 17.3.1986.
⁹¹ ABAG, GB Buderus AG 1978, S. 15; 1979, S. 15; Frank Rogge, Bericht des Vorstands über die wirtschaftliche Lage des Unternehmens und die Investitionsplanung 1984, S. 5.
⁹² Der Geschäftsbericht 1982 erwähnt vor allem eine Lieferung von Gussrohren für den Kernkraftwerksbau. ABAG, GB Buderus AG 1982, S. 14.
⁹³ ABAG, GB Buderus AG 1988, S. 14; 1991, S. 19; 40 Jahre Ferrum GmbH 1948–1988, in: Buderus Post 39 (1988), Nr. 3, S. 20 f.
⁹⁴ ABAG, AR-Prot. 3.11.1988, Anl. 1, S. 16. – Der Zementabsatz erhielt durch einen Auftrag der Bundesbahn im Zusammenhang mit dem Bau der Schnellzugstrecke Hannover-Würzburg 1985 starken Auftrieb. ABAG, GB Buderus AG 1978–1991.
⁹⁵ ABAG, GB Buderus AG 1989, S. 16; 1990, S. 20; 1991, S. 20; AR-Prot. 25.4.1990, Anl. 2, S. 17; vgl. Der Tunnel. Gusseisen aus Wetzlar für den Ärmelkanaltunnel, in: Buderus Post 40 (1989), Nr. 3, S. 6–8.
⁹⁶ ABAG, GB Buderus AG 1989, S. 16; AR-Prot. 25.4.1989, Anl. 2, S. 7 f.
⁹⁷ ABAG, Hans Werner Kolb, Bericht des Vorstands über die wirtschaftliche Lage des Unternehmens und die Investitionsplanung 1983, Anlage zu AR-Prot. 21.10.1982, S. 9; Vom Puddelroheisen zum Betonrohr, in: Buderus Post 38 (1987), Nr. 3, S. 40 f.
⁹⁸ ABAG, AR-Prot. der Sitzung der Buderus AG vom 3.11.1988, Anl. 1, S. 16; ABAG, GB Buderus AG 1988, S. 14; 1989, S. 16; vgl. Emulsionstrennanlagen: Buderus Abscheidetechnik im Aufwind, in: Buderus Post 40 (1989), Nr. 2, S. 36 f. Rittershaus & Blecher hatte allerdings 1990 mit großen internen Problemen zu kämpfen, weil aufgrund fehlender strategischer und operativer Abstimmung der Produktpalette und der Produktionsabläufe die Wettbewerbfähigkeit verloren gegangen war, so dass eine Sanierung in die Wege geleitet werden musste. ABAG, AR-Prot. 24.4.1991, Anl. 2, S. 5 f.; GB Buderus AG 1990, S. 20; vgl.: Rittershaus & Blecher – Spezialist für Schlammentwässerung, in: Buderus Post 43 (1992), Nr. 4, S. 28 f.
⁹⁹ ABAG, AR-Prot. 15.11.1990, S. 6; GB Buderus AG 1988, S. 9; 1991, S. 19.
¹⁰⁰ ABAG, AR-Prot. 29.10.1984, S. 8; Buderus Kundenguss GmbH – wichtiger Lieferant für die Automobilindustrie, in: Buderus Post 40 (1989), Nr. 3, S. 23–26.
¹⁰¹ Neu in das Produktionsprogramm aufgenommen wurden z. B. Grundplatten und Zylinderdeckel für Großdieselmotoren, Dampf- und Gasturbinenteile für die Energiewirtschaft sowie Filterplatten für Abwasser-Filteranlagen; Keiner/Weber, Kundenguss, S. 92 f.
¹⁰² ABAG, AR-Prot. 29.10.1984, S. 8.
¹⁰³ ABAG, GB Buderus AG 1983, S. 12.
¹⁰⁴ Werk Breidenbach – Neue Schmelzanlage in Betrieb, in: Buderus Post 34 (1983), Nr. 4, S. 16; ABAG, GB Buderus AG 1978, S. 15; 1979, S. 15; 1982, S. 18; 1983, S. 14; 1984, S. 12; 1986, S. 11; 1987, S. 23. 1978 Einbau eines eigengeheizten Heißwindrekuperators, 1979 Erweiterung der Kernmacherei und Putzerei, 1983 Erweiterung der Produktionskapazität für duktile Gusseisensorten durch den Einbau eines 38-t-Tiegelofens und 1984 der Kernherstellungskapazitäten für den Sphäroguss, 1986 schließlich weiterer Vergießofen für duktile Eisengusswerkstoffe.
¹⁰⁵ ABAG, AR-Prot. 3.11.1988, Anl. 1, S. 13 f.; AR-Prot. 25.4.1989, Anl. 2, S. 9; GB Buderus AG 1990, S. 20; 1991, S. 20.
¹⁰⁶ 1980 wurden in der Bundesrepublik 320.000 t Leichtmetallguss erstellt, gegenüber 80.000 im Jahr 1958. Arbenz, H.,

Leichtmetallguss, in: Verein Deutscher Gießereifachleute (VDG) (Hrsg.), 75 Jahre Verein Deutscher Gießereifachleute 1909–1984, o. O. o. J., S. 27.

[107] ABAG, GB Buderus AG 1970, S. 15; Investitionen 1984/1985, in: Buderus Post 35 (1984), Nr. 4, S. 8 f.

[108] ABAG, GB Buderus AG 1991, S. 9; 1992, S. 28; AR-Prot. 28. 4. 1988, S. 11 f.; 24. 4. 1991, Anl. 2, S. 1 ff.; 6. 6. 1991, S. 5 f.

[109] Buderus-Stahlfeinguss im Kraftfahrzeugbau, in: Buderus Post 31 (1980), Nr. 3, S. 12; ABAG, GB Buderus AG 1983, S. 14; 1984, S. 10.

[110] ABAG, GB Buderus AG 1982, S. 15; 1983, S. 12; 1985, S. 10; 1987, S. 23; 1989, S. 11; 1990, S. 10; AR-Prot. 28. 4. 1988, S. 12; 24. 4. 1991, Anl. 2, S. 2.

[111] ABAG, GB Buderus AG 1991, S. 19; AR-Prot. 24. 4. 1991, Anl. 2, S. 3 f.; 6. 6. 1991, S. 6 f.

[112] ABAG, GB Buderus AG 1991, S. 9; Organisatorisches und Personelles, in: Buderus Post 40 (1989), Nr. 1, S. 16 f.

[113] ABAG, GB Buderus AG, 1978, S. 13; 1983, S. 14.; AR-Prot. 25. 4. 1990, Anl. 2, S. 5 f.

[114] Buderus-Kessel in neuem Kleid, in: Buderus Post 30 (1979), Nr. 1, S. 12 f.

[115] ABAG, Hans Werner Kolb in der Hauptversammlung vom 30. 6. 1978, Beilage zur Buderus Post 29 (1978), Nr. 2, o.S.; Hans Werner Kolb in der Hauptversammlung vom 30. 6. 1979, Beilage zur Buderus Post 30 (1979), Nr. 2, o.S.

[116] Wärmemarkt/ Eine neue Technik bringt Kohle wieder ins Geschäft – Wirbelschichtanlage beheizt gesamtes Hotel, in: Die Welt vom 7. 2. 1984.

[117] ABAG, AR-Prot. 13. 11. 1980; Bericht des Vorstands über die wirtschaftliche Lage des Unternehmens und die Investitionsplanung 1984, S. 4; GB Buderus AG 1983, S. 26.

[118] ABAG, Rexfort, Ausweitung des Geschäfts mit Konus-Kesselanlagen auf den Märkten in USA und Kanada durch Gründung einer Gesellschaft in den USA, Wetzlar 28. 6. 1978; VS-Prot. 14. 7. 1980; Tätige verbundene Unternehmen und andere wesentliche Beteiligungen, in: GB Buderus AG 1985, Anhang.

[119] ABAG, Hans Werner Kolb, Bericht des Vorstands über die wirtschaftliche Lage des Unternehmens und den Stand der Investitionsabwicklung, Anlage zur AR-Sitzung 22. 10. 1981, S. 9.

[120] ABAG, Hans Werner Kolb, Bericht des Vorstands über die wirtschaftliche Lage des Unternehmens und den Stand der Investitionsabwicklung, Anlage zur AR-Sitzung der Buderus AG vom 24. 10. 1980; GB Buderus AG 1982, S. 13 u. AR-Prot. vom 14. 11. 1985.

[121] Bereits 1980 wurden 70 % aller Ölspezialkessel mit Warmwasserbereitung als Ecomatic-Kessel verkauft. Bei den Gusskleinkesseln sicherte sich das Ecomatic-System 1980 einen Anteil von 42 % bei Ölkesseln und 13 % bei Gaskesseln; Hans Werner Kolb in der Hauptversammlung vom 30. 6. 1978, Beilage zur Buderus Post 29 (1978), Nr. 2, S. 3; ABAG, GB Buderus AG 1982, S. 13.

[122] ABAG, Frank Rogge, Bericht des Vorstands über den Jahresabschluss für das Geschäftsjahr 1985 sowie über die wirtschaftliche und finanzielle Lage des Unternehmens einschließlich Investitionen, Anlage zu AR-Prot. 17. 3. 1986.

[123] Vgl. ABAG, Bericht des Vorstands über die wirtschaftliche Lage des Unternehmens und die Investitionsplanung 1985, Anlage zu AR-Prot. 29. 10. 1984, S. 4.

[124] Die Deutsche Babcock Werke AG übernahm das Werk Ewersbach – Abschied nach über 50 Jahren, in: Buderus Post 37 (1984), Nr. 4, S. 14 f.; Aufgabe des Großkesselgeschäfts auch bei Buderus-Gruppe/Verselbständigung der wesentlichen Sparten in diesem Jahr – Höhere Erträge für Substanzstärkung, in: Handelsblatt vom 30. 1. 1987

[125] Liebe Leser, ..., in: Buderus Post 38 (1987), Nr. 2, S. 1; ABAG, GB Buderus AG 1988, S. 9.

[126] ABAG, GB Buderus AG 1988, S. 12; 1989, S. 10; AR-Prot. 3. 11. 1988, Anl. 1, S. 5 f.; 15. 11. 1990, S. 5 f.

[127] ABAG, GB Buderus AG 1988, S. 12 , 25; 1989, S. 11, 14; AR-Prot. 3. 11. 1988, Anl. 1, S. 6, Anl. 2, S. 3; 25. 4. 1990, Anl. 2, S. 6 f.

[128] Das Werk Ludwigshütte ging an die Buderus Sell GmbH über, die die Mitarbeiter übernahm; ABAG, GB Buderus AG 1989, S. 14, 40; 1990, S. 15, 46.

[129] ABAG, GB Buderus AG 1990, S. 18; 1991, S. 16; Buderus Heiztechnik erwirbt Metallverarbeitung Neukirchen/Pleiße (MVN), in: Buderus Post 42 (1991), Nr. 3, S. 6–7.

[130] ABAG, AR-Prot. 6. 6. 1991, S. 4 f.; GB Buderus AG 1991, S. 18; 1992/93, S. 9; Veränderungen in den Gesellschaften. Verschmelzung MVN und Tegacont mit der BHG, in: Buderus Post 42 (1991), Nr. 4, S. 7.

[131] ABAG, GB Buderus AG 1979, S. 15.

[132] ABAG, GB Buderus AG, 1978, S. 13 f.; 1979, S. 13 f.; 1980, S. 17 f.; Hans Werner Kolb, Bericht des Vorstands über die wirtschaftliche Lage des Unternehmens und die Investitionsabwicklung 1980, Anlage zu AR-Prot. 24. 10. 1979, S. 14; desgleichen Anlage zu AR-Prot. 24. 9. 1980, S. 9.

[133] ABAG, GB Buderus AG, 1981, S. 13 f.; 1982, S. 15; 1983, S. 13; Hans Werner Kolb, Bericht des Vorstands über die wirtschaftliche Lage des Unternehmens ... 1982, Anlage zu AR-Prot. 22. 10. 1981, S. 11 (Zitat).

[134] ABAG, Hans Werner Kolb, Bericht des Vorstands, Anlage zu AR-Prot. 27. 4. 1981, S. 14.

[135] Das Geschäft wurde so weit ausgebaut, dass das Unternehmen auf diesem Gebiet über eine Angebotsbreite wie kein anderer Wettbewerber verfügte. Ebd.

[136] ABAG, Frank Rogge, Bericht des Vorstands über den Jahresabschluss für das Geschäftsjahr 1985 sowie über die wirt-

schaftliche und finanzielle Lage des Unternehmens einschließlich Investitionen, Anlage zu AR-Prot. 17.3.1986; ABAG, GB Buderus AG, 1983, S. 13.

[137] ABAG, GB Buderus AG, 1984, S. 10; 1985, S. 10; 1986, S. 11; 1987, S. 23 f.; Frank Rogge, Bericht des Vorstands . . . 1984, Anlage zu AR-Prot. vom 4.10.1984, S. 7; ders., Bericht des Vorstands . . . 1985, Anlage zu AR-Prot. 29.10.1984, S. 6.

[138] ABAG, GB Buderus AG, 1985, S. 11; 1986, S. 11.

[139] ABAG, Kurt Meyer, Anlage 2 zu AR-Prot. 10.11.1986, S. 1 f.; Frank Rogge, Bericht des Vorstands . . . 1984 v. 4.10.1984 (Aufsichtsratsprotokolle), S. 8; Frank Rogge, Bericht des Vorstands . . . 1985, Anlage zu AR-Prot. 29.10.1984, S. 4 f. sowie zu AR-Prot. 17.3.1986; Frank Rogge, Bericht des Vorstands . . . 1986, Anlage zu AR-Prot. 10.11.1986, S. 8.

[140] ABAG, AR-Prot. 25.4.88, Anl. 1, S. 10.

[141] Eingebaut wurden u. a. eine 630-t-Großtischpresse mit Coilvorschub und Transferanlage mit automatisiertem Werkzeugwechsel sowie eine 200-t-Presse zur Erweiterung der Pressenstraße; ABAG, GB Buderus AG 1986, S. 12; GB Buderus AG 1987, S. 26.

[142] ABAG, GB Buderus AG 1989, S. 8; Electrolux buys parts of Buderus, in: International Herald Tribune vom 13.5.1989.

[143] ABAG, AR-Prot. 3.11.1988, Anl. 1, S. 11; 25.4.1989, Anl. 2, S. 11.

[144] ABAG, GB Buderus AG 1989, S. 20; 1990, S. 12 f., 15; 1991, S. 10 ff.; ABAG, Bericht über die Prüfung des Jahresabschlusses und des Lageberichts zum 31. Dezember 1991 der Buderus Sell GmbH, Herborn, S. 4, S. 26; Buderus Post 44 (1993), Nr. 3, S. 8–9; Buderus Post 46 (1995), Nr. 4, S. 28–29; ABAG, GB Buderus Sell GmbH 1992, S. 5; 1992/93, S. 5; 1993/94, S. 2, 4–7; 1994/95, S. 2, 4–12; 1995/96, S. 7–12.

[145] ABAG, GB Buderus AG 1989, S. 9; 1990, S. 11, S. 14; 1991, S. 10, S. 12.

[146] ABAG, GB Buderus AG 1978, S. 24; 1979, S. 24.

[147] ABAG, Bericht über die Eingliederung der Betriebsstätte Dieburg in die Tochtergesellschaft Omniplast GmbH & Co. KG, in: Anlage zu AR-Prot. 29.4.1980; vgl. Imort, Haver, Omniplast, S. 31.

[148] ABAG, GB Buderus AG 1981, S. 25; 1982, S. 31; 1983, S. 26; 1984, S. 22; 1985, S. 21; 1986, S. 21; 1987, S. 23.

[149] ABAG, AR-Prot. 28.4.1988, S. 12 f. und 3.11.1988, S. 19.

[150] Edelstahl Buderus bleibt vorsichtig, in: FAZ vom 8.4.1981; Edelstahlwerke Buderus AG, Bericht über das Geschäftsjahr 1981, in: Buderus Post 33 (1982), Nr. 2, S. 16; Sur le fonds Davignon, in: Buderus Post 32 (1981), Nr. 3, S. 27; ABAG, GB Edelstahlwerke Buderus AG Wetzlar 1980, S. 9–10; 1981, S. 9–10; 1982, S. 7, 20.

[151] ABAG, GB Edelstahlwerke Buderus AG 1978–1991.

[152] ABAG, GB Buderus AG 1978, S. 22; 1982, S. 28; 1983, S. 23; 1986, S. 20; 1989, S. 8 f.

[153] ABAG, GB Buderus AG 1978–1991.

[154] Buderus Edelstahl – 1979, das Jahr der steigenden Rohstoffpreise, in: Buderus Post 30 (1979), Nr. 4, S. 30 f.

[155] ABAG, Gesamtabführung der Edelstahlwerke Buderus AG an die Buderus AG 1965–1992/93, in: Finanzielle und ertragsmäßige Entwicklung der Buderus Aktiengesellschaft in den Jahren 1965–1993 – unter Berücksichtigung des Einflusses der Beteiligungen an der Metallhüttenwerke Lübeck GmbH, Krauss-Maffei AG und Edelstahlwerke Buderus AG. ABAG, GB Buderus AG 1989, S. 18, 40.

[156] Bereits 1979 lagen die Umsatzerlöse je Beschäftigten bei der Edelstahlwerke Buderus AG um 31,6 % über denen der übrigen deutschen Edelstahlwerke; vgl. Edelstahlwerke Buderus AG, Wetzlar – Bericht über das Geschäftsjahr 1979, in: Buderus Post 31 (1980), Nr. 2, S. 18 f.; Buderus mit begründeter Zuversicht, in: FAZ vom 9.3.1983; Die Edelstahlwerke Buderus AG. Ein Unternehmen der Feldmühle Nobel AG, in: Buderus Post 40 (1989), Nr. 3, S. 12–15.

[157] Erfolg mit Hochtechnologie – Edelstahl Buderus verbessert die Marktposition, in: FAZ vom 15.3.1986; Die Edelstahlwerke Buderus AG. Ein Unternehmen der Feldmühle Nobel AG, in: Buderus Post 40 (1989), Nr. 3, S. 12–15; Otzen, Edelstahl Buderus.

[158] Edelstahlwerke Buderus AG, in: Buderus Post 31 (1980), Nr. 4, S. 11; Edelstahlwerke Buderus AG, 75 Jahre, S. 34; Edelstahlwerke Buderus – Vom 60-Zentner-Hammer zur 55-Mega-Newton-Schmiedepresse, in: Buderus Post 36 (1985), Nr. 2, S. 22–23; Edelstahlwerke Buderus AG, 75 Jahre, S. 36; Neue Pressenstraße in der Gesenkschmiede der Edelstahlwerke Buderus, in: Buderus Post 35 (1984), Nr. 2, S. 19. Schon 1980 war das 780er Trio-Blockgerüst durch ein 850er Duo-Reversiergerüst mit stufenlos regelbarem Synchron-Drehstrommotor ersetzt worden, wodurch ein energiesparender und flexiblerer Betrieb möglich wurde (ABAG, GB Edelstahlwerke Buderus AG 1980, 1986 und nach mündlicher Mitteilung von Dipl.-Ing. Hans Müller).

[159] ABAG, GB Buderus AG 1988, S. 18; Brandkatastrophe bei Edelstahl Buderus, in: Buderus Post 39 (1988), Nr. 2, S. 15.

[160] ABAG, GB Buderus AG 1990, S. 12, 22.

[161] Zentraler Werkzeugstahl-Service in Wetzlar, in: Buderus Post 35 (1984), Nr. 4, S. 14; Edelstahl Buderus: Nähe zum Kunden und hohe Fertigungstiefe, in: Buderus Post 42 (1991), Nr. 2, S. 14 f.

[162] ABAG, GB Edelstahlwerke Buderus AG, 1989; GB Buderus AG 1988, S. 8; 1989, S. 9; 1990, S. 11, 14, 22; 1991, S. 9, 22.

[163] Edelstahlwerke Buderus AG – Bericht über das Geschäftsjahr 1980, in: Buderus Post 32 (1981), Nr. 2, S. 28 f.; Edelstahlwerke Buderus AG – Bericht über das Geschäftsjahr 1981, in: Buderus Post 33 (1982), Nr. 2, S. 16 f.; Bezugsoptimierung und Verteilung von Erdgas und Strom für die Edelstahlwerke Buderus, in: Buderus Post 35 (1984), Nr. 3, S. 36 f.

164 Der Erfolg dieser Maßnahmen lässt sich an einer von der Tageszeitung „Die Welt" angeführten Berechnung des Unternehmens aus dem Jahr 1982 verdeutlichen: Bei einer 1981er Versandmenge von 187.100 Tonnen Walzstahl und Schmiedestücken hätten die Edelstahlwerke Buderus, wäre der spezifische Gesamtenergieverbrauch auf dem 1971er Niveau stehengeblieben, für ihre Energiebezüge 40–50 Mio. DM mehr zahlen müssen, als dies nun tatsächlich der Fall war – gut ein Zehntel des Umsatzes. Damit wäre der durch die Stahlkrise ohnehin gedrückte Unternehmensgewinn von noch 1,1 Mio. DM in die Verlustzone geraten. Guter Kreislauf hält gesund, in: Die Welt vom 5.11.1982.
165 ABAG, GB Buderus AG 1988, S. 12; 1989, S. 14.
166 75 Jahre BHG – Buderus-Handel und Otto Jung, ein Mann mit Herz und Verstand, in: Buderus Post 37 (1986), Nr. 2, S. 19.
167 ABAG, Hugelmann, Ferrum GmbH, S. 6; 75 Jahre „BHG" – Buderus Handel, in: Buderus Post 37 (1986), Nr. 2, S. 15–20, hier 17.
168 ABAG, GB Buderus AG 1991, S. 38 und Auskünfte von Otto Jung.
169 ABAG, GB Buderus AG 1987, S. 16; 1988, S. 10; 1989, S. 12; 1990, S. 10, 15; 1991, S. 14.
170 Gimbel war ab 1981 stellvertretender Vorsitzender, ab 1987 Vorsitzender des Betriebsrats seines Stammwerkes Lollar. Seit 1981 gehörte er dem Gesamtbetriebsrat der Buderus AG an, seit 1984 als stellvertretender Vorsitzender, seit 1986 als Vorsitzender. Nach der Umstrukturierung der Buderus-Gruppe und der Bildung eines Gesamtbetriebsrats bei der Buderus Heiztechnik GmbH war Gimbel dessen Vorsitzender von 1987 bis 1990, danach stellvertretender Vorsitzender. 1993 trat er in den Ruhestand. Buderus Post 44 (1993), S. 32.
171 ABAG, GB Buderus AG 1978, S. 22 f.; 1979, S. 21 f.; 1980, S. 26 f.; 1981, S. 22 f.; 1982, S. 28 f.; 1983, S. 23 f.; 1984, S. 19 f.
172 ABAG, GB Buderus AG 1978, S. 16; 1979, S. 16; 1980, S. 21; 1981, S. 16; 1982, S. 19; 1983, S. 16; 1984, S. 13; 1985, S. 13; 1986, S. 16; 1987, S. 16; 1988, S. 10; 1989, S. 12; 1991, S. 14 f. – Trotz der Herausforderungen der deutschen Wiedervereinigung stieg gerade im Jahre 1990 der Personalaufwand aufgrund der tariflichen Erhöhungen überdurchschnittlich um 6 % (ebd. 1990, S. 15 f.).
173 Neue Arbeitszeit in der Metallindustrie ab April 1985, in: Buderus Post 36 (1985), Nr. 1, S. 10–13.
174 ABAG, GB Buderus AG 1980, S. 22; 1981, S. 16, 18; 1983, S. 16, 18, 20; 1985, S. 15.
175 ABAG, GB Buderus AG 1983, S. 17; 1986, S. 17.
176 Personalkostenaufwand 1988, in: Buderus Post 40 (1989), Nr. 2, S. 21; Personalkostenaufwand 1989, in: Buderus Post 41 (1990), Nr. 2, S. 25; Personalkostenaufwand 1990, in: Buderus Post 42 (1991), Nr. 2, S. 24; Personalkostenaufwand 1991, in: Buderus Post 43 (1992), Nr. 2, S. 22.
177 ABAG, GB Buderus AG 1990, S. 16; 1981, S. 16; 1991, S. 15.
178 ABAG, GB Buderus AG 1988, S. 10; 1989, S. 12; 1990, S. 15 f.; 1991, S. 15.
179 ABAG, GB Buderus AG 1985, S. 16; 1988, S. 10.
180 Zusammengestellt nach internen Daten der Finanzbuchhaltung der Buderus AG sowie ABAG, GB Buderus AG 1991, S.I. Keine Angaben für Brutto-Cash-Flow für die Jahre vor 1987.
181 ABAG, GB Buderus AG 1981.
182 ABAG, GB Buderus AG 1985, S. 27 sowie Gewinn- und Verlustrechnung.
183 ABAG, GB Buderus AG 1989, S. 11; 1990, S. 14; 1991, S. 12.
184 ABAG, GB Buderus 1988, S. 9.
185 ABAG, GB Buderus AG 1978, S. 34; 1979, S. 34; 1980, S. 38; 1981, S. 35; 1982, S. 41; 1983, S. 35; 1984, S. 27; Buderus AG, Finanzielle und ertragsmäßige Entwicklung der Buderus Aktiengesellschaft in den Jahren 1965–1993, Anlage 5; Krauss-Maffei traf mit Panzern ins Schwarze, in: Handelsblatt vom 30.5.1978; Krauss-Maffei AG – Mehr Umsatz bringt der Leopard erst ab 1982, in: Handelsblatt vom 29.4.1981; Krauss-Maffei führt wieder Gewinne ab, in: Süddeutsche Zeitung vom 1.6.1983; Krauss-Maffei erhöht Waffenausfuhr, in: Frankfurter Rundschau vom 15.2.1984; Verkauf von Krauss-Maffei liegt nur noch beim Kartellamt, in: FAZ vom 15.6.1985.
186 ABAG, Finanzielle und ertragsmäßige Entwicklung der Buderus Aktiengesellschaft in den Jahren 1965–1993, S. 3, 7 f.
187 ABAG, GB Buderus AG 1987, S. 53.
188 Vgl. ABAG, GB Buderus AG 1991, S. 2, S. 10, 16.
189 Die Industrieverwaltungs KGaA behielt die meisten der neu ausgegebenen Aktien im Portefeuille. Damit verminderte sich die Beteiligung der Buderus AG an der Edelstahlwerke Buderus AG von 100 auf 61,5 %; ABAG, GB Buderus AG 1978, S. 21 sowie Anlage 2.
190 ABAG, AR- Prot. 25.4.1990, S. 8 f.
191 ABAG, GB Buderus AG 1978, S. 21, 28.
192 Zusammengestellt nach internen Daten der Finanzbuchhaltung der Buderus AG.
193 Beteiligungen sowie Wertpapiere.
194 Abzüglich der Pauschalwertberichtigung.
195 Buderus – Wichtige Rolle des Auslandsgeschäfts – Gewinnabführung erhöht, in: Die Welt vom 23.4.1986.
196 ABAG, GB Buderus AG 1987, S. 52.

10. Von der Konzern- zur Publikumsgesellschaft

1 Bundesministerium für Wirtschaft (Hrsg.), Wirtschaft in Zahlen, Bonn 1995, S. 16, 30, 37-48; Statistisches Bundesamt (Hrsg.): Statistisches Jahrbuch 1994 für die Bundesrepublik Deutschland, Wiesbaden 1994, S. 682; Archiv der Gegenwart 63 (1993), S. 37499, 37665-37667.
2 Konjunkturbericht der Süddeutschen Zeitung vom 11./12.11.1995; Archiv der Gegenwart 63 (1993), S. 38515; Bundesministerium für Wirtschaft (Hrsg.), Monatsbericht. Die wirtschaftliche Lage der Bundesrepublik Deutschland, 10/95, Bonn 1995, S. 1 ff.
3 Bundesministerium für Wirtschaft, Wirtschaft, S. 68; Konjunkturbericht der Süddeutschen Zeitung vom 11./12.11.1995; Bundesministerium für Wirtschaft, Monatsbericht, S. 1.
4 Archiv der Gegenwart 63 (1993), S. 38515–38518; ABAG, GB Buderus AG 1992/93, S. 4
5 Veränderungen in den Gesellschaften, in: Buderus Post 43 (1992), Nr. 1, S. 8–9; ABAG, GB Buderus AG 1992, S. 4 f.,12; 1992/93, S. 75.
6 ABAG, GB Metallgesellschaft AG 1991/92, S. 7; Kajo Neukirchen tritt an die Spitze der Metallgesellschaft AG, in: FAZ vom 18.12.1993.
7 MG-Notverkauf Buderus, in: Börsen-Zeitung vom 26.5.1994; MG trennt sich von Buderus und Lehnkering, in: ebd.; GB Metallgesellschaft AG 1993/94, S. 5; Metallgesellschaft veräußert Buderus-Aktien, in: Buderus Post 45 (1994), Nr. 2, S. 5.
8 Aufsichtsrat in neuer Besetzung, in: Buderus Post 45 (1994), Nr. 4, S. 5; ABAG, Buderus AG 1994/95, S. 78.
9 Investor Relations, in: Buderus Post 44 (1993), Nr. 1, S. 17.
10 ABAG, GB Buderus AG 1992/93, S. 77.
11 Ebd., S. 6; Veränderungen in den Gesellschaften, in: Buderus Post 43 (1992), Nr. 1, S. 8–9.
12 ABAG, GB Buderus AG 1992, S. 30; 1992/93, S. 34; 1993/94, S. 33; Rittershaus & Blecher – Spezialist für Schlammentwässerung, in: Buderus Post 43 (1992), Nr. 4, S. 28–29.
13 Geglückte Premiere: Hauptversammlung mit erweitertem Aktionärskreis, in: Buderus Post 44 (1993), Nr. 1, S. 4–7; Junge Buderus-Aktien kommen zu 430,– DM, in: Börsen-Zeitung vom 2.6.1992.
14 ABAG, GB Buderus AG 1992/93, S. 6; 1994/95, S. 4–6, S. 37; Buderus Heiztechnik erwirbt restliche Anteile an Nefit Fasto, in: Buderus Post 45 (1994), Nr. 3, S. 4; Buderus Heiztechnik erwirbt die H. Huber & Co. AG, Basel/Schweiz, und Buderus Guss erwirbt Nering Bögel, in: Buderus Post 46 (1995), Nr. 1, S. 11.
15 Corporate Design – Auftreten mit neuem Erscheinungsbild, in: Buderus Post 45 (1994), Nr. 3, S. 8–10.
16 ABAG, GB Buderus AG 1992, S. 9, 11; 1994/95, S. 31.
17 Zusammengestellt nach internen Daten der Finanzbuchhaltung der Buderus AG.
18 ABAG, GB Buderus AG 1992, S. 9, 24 f.; 1992/93, S. 28 f.; 1993/94, S. 28; Niederlassung Dresden: Endpunkt einer stattlichen Reihe, in: Buderus Post 44 (1993), Nr. 4, S. 18 f.; Ein schwieriger Umbau in Gießen, in: Buderus Post 45 (1994), Nr. 2, S. 14.
19 Veränderungen in den Gesellschaften, in: Buderus Post 43 (1992), Nr. 1, S. 8–9.
20 ABAG, GB Buderus AG 1992/93, S. 29; Buderus Heiztechnik: Neue Vertriebsgesellschaften in Ungarn und Polen, in: Buderus Post 45 (1994), S. 32: Der Export nach Polen erfolgte seit 1992 zunächst über die Fa. Eurotherm Technik sp. zo.o. mit Sitz in Poznań. Aufgrund der Ausweitung der Aktivitäten in Polen erwarb die Buderus Heiztechnik GmbH 1994 alle Anteile an der Fa. Eurotherm.
21 ABAG, GB Buderus AG 1992/93, S. 29; 1993/94, S. 6; Nefit Fasto – Ein starker Partner der Buderus Heiztechnik, in: Buderus Post 44 (1993), Nr. 2, S. 6 f. Gerard Willem Beltman, der von 1981 bis 1992 geschäftsführender Gesellschafter der Nefit Fasto B.V. gewesen war, wurde im Januar 1995 in den Aufsichtsrat der Buderus Heiztechnik GmbH berufen. Buderus Post 46 (1995), Nr. 1, S. 4.
22 ABAG, GB Buderus AG 1992, S. 15 f.; Neuordnung der Heizeinsatz-Fertigung im Werk Hirzenhain, in: Buderus Post 44 (1993), Nr. 2, S. 20 f.; Buderus Heiztechnik: Mechanisierung der Speicherfertigung im Werk Eibelshausen, in: Buderus Post 46 (1995), Nr. 1, S. 13; Buderus Heiztechnik: Neue Formsandaufbereitungsanlage im Werk Lollar, in: Buderus Post 44 (1993), Nr. 1, S. 8; Großinvestition im Werk Lollar, in: Buderus Post 44 (1993), Nr. 2, S. 8 f.
23 ABAG, GB Buderus AG 1992, S. 25 f.; Die Neugestaltung des Werkes Neukirchen, in: Buderus Post 43 (1992), Nr. 3, S. 5–7; Neues Plattenverteilungszentrum im Werk Neukirchen, in: Buderus Post 45 (1994), Nr. 1, S. 10.
24 Zertifizierung der Heiztechnik nach DIN EN ISO 9001 erfolgreich abgeschlossen, in: Buderus Post 46 (1995), Nr. 1, S. 25–27.
25 ABAG, GB Buderus AG 1992, S. 16 f.; 1992/93, S. 30; Ecomatic-Regelsystem 3000 – Flexibilität als Programm, in: Buderus Post 43 (1992), Nr. 1, S. 28 f.; Brennwerttechnik: Abgase nutzen – Umwelt entlasten, in: Buderus Post 43 (1992), Nr. 4, S. 11–13.
26 ABAG, GB Buderus AG 1993/94, S. 29 f.; vgl. auch Buderus Heiztechnik: Messeneuheiten, in: Buderus Post 44 (1993), Nr. 1, S. 25.

27 Buderus Heiztechnik schließt Kooperationsvertrag mit der Unternehmensgruppe Standard, in: Buderus Post 46 (1995), Nr. 1, S. 5; Nefit-Fasto eröffnete neues Forschungszentrum, in: Buderus Post 44 (1993), Nr. 2, S. 4.
28 ABAG, GB Buderus AG 1992, S. 9 f., S. 12; 1992/93, S. 32 f.; 1994/95, S. 35 f., 37 f.
29 ABAG, GB Buderus AG 1992/93, S. 35; 1993/94, S. 31, 34; 1994/95, S. 35. Die Neustrukturierung eines strategischen Geschäftsfeldes, in: Buderus Post 44 (1993), S. 14–16.
30 ABAG, GB Buderus AG 1994/95, S. 35–38.
31 Eine Bremsscheibenfabrik hat sich etabliert, in: Buderus Post 46 (1995), Nr. 4, S. 20 f.
32 ABAG, GB Buderus AG 1992, S. 15, S. 29, S. 31 f.; Buderus Abscheiderfertigung in Sachsen-Anhalt, in: Buderus Post 43 (1992), Nr. 2, S. 12; Buderus Guss GmbH hat eine Tochter im Osten, in: Buderus Post 44 (1993), Nr. 2, S. 15.
33 Der erste Schritt ist getan: Die Sparte Spezialguss wurde nach DIN ISO 9001 zertifiziert, in: Buderus Post 45 (1994), Nr. 2, S. 18.
34 ABAG, GB Buderus AG 1993/94, S. 34 f.; Eine Bremsscheibenfabrik hat sich etabliert, in: Buderus Post 46 (1995), Nr. 4, S. 20 f.
35 ABAG, GB Buderus AG 1992, S. 17; 1992/93, S. 36; Buderus-Vortriebsrohre aus duktilem Gusseisen, in: Buderus Post 44 (1993), Nr. 3, S. 18 f.; Unter der Mosel hindurch. Buderus Rohrleitungssystem erstmals mit neuem Verfahren eingebaut, in: Buderus Post 45 (1994), Nr. 4, S. 32 f.
36 ENO – die neue Generation der Schachtabdeckungen, in: Buderus Post 46 (1995), Nr. 1, S. 32 f.
37 ABAG, GB Buderus AG 1992, S. 30; 1992/93, S. 34; 1993/94, S. 33; Aufgliederung der Ferrum GmbH, in: Buderus Post 46 (1995), Nr. 4, S. 10.
38 ABAG, GB Buderus AG 1992, S. 10; 1992/93, S. 37; GB Edelstahlwerke Buderus AG 1992/93.
39 Edelstahl – der klassische High-Tech-Werkstoff, in: Buderus Post 43 (1992), Nr. 2, S. 18 f.; Wir waren doch immer gut!, in: Buderus Post 43 (1992), Nr. 2, S. 20; Ausgezeichnete Qualität – Edelstahl Buderus nach ISO 9002 zertifiziert, in: Buderus Post 44 (1993), Nr. 1, S. 18 f.; ABAG, GB Buderus AG 1992, S. 34; 1992/93, S. 38 f.; Edelstahl Buderus: Neue Walzenschleifmaschine und Prozeßleitsystem im Energiebereich, in: Buderus Post 44 (1993), Nr. 1, S. 11; Edelstahl Buderus: Brückenkran für das Stahlwerk und Hochleistungsbandsäge für die Schmiedeeisenwerksrevision, in: Buderus Post 45 (1994), Nr. 1, S. 12.
40 ABAG, GB Buderus AG 1993/94, S. 37–39.
41 ABAG, GB Edelstahlwerke Buderus AG 1991, 1993/94 und 1994/95 sowie GB Buderus AG 1994/95, S. 41 f.
42 1991: Kräftiges Wachstum bei Umsatz und Ergebnis, in: Buderus Post 43 (1992), Nr. 1, S. 6; Flugzeugbauer und Zulieferer in Turbulenzen, in: Buderus Post 44 (1993), S. 12 f.; Sinkflug ohne Ende?, in: Buderus Post 46 (1995), Nr. 1, S. 22–24.
43 1991: Kräftiges Wachstum bei Umsatz und Ergebnis, in: Buderus Post 43 (1992), Nr. 1, S. 6. ABAG, GB Buderus AG 1992, S. 11, 36 f.; 1993/94, S. 40 f.; Flugzeugbauer und Zulieferer in Turbulenzen, in: Buderus Post 44 (1993), S. 12 f.; Sinkflug ohne Ende?, in: Buderus Post 46 (1995), Nr. 1, S. 22–24.
44 ABAG, GB Buderus AG 1992, S. 15 f.; 1992/93, S. 41; 1993/94, S. 40 f.; Airbus A 321 – der Jet der Zukunft ist flügge geworden, in: Buderus Post 44 (1993), Nr. 2, S. 16 f.; Das Ziel ist erreicht – DASELL Cabin Interior GmbH hat die Lavatory-Produktion aufgenommen, in: Buderus Post 44 (1993), Nr. 3, S. 8–9; Vacant – Occupied, in: Buderus Post 46 (1995), Nr. 4, S. 28 f.
45 Buderus Sell GmbH. Markt- und Branchenentwicklung, in: Buderus Post 46 (1995), Nr. 4, S. 16.
46 Buderus Sell GmbH konzentriert Flugzeugzubehör-Fertigung, in: Buderus Post 45 (1994), Nr. 4, S. 5.
47 Gesellschaftsrechtliche Neuordnung bei der Buderus Sell GmbH, in: Buderus Post 46 (1995), Nr. 4, S. 11.
48 ABAG, GB Buderus AG 1992, S. 17; 1993/94, S. 42; Bettgeschichten, in: Buderus Post 46 (1995), Nr. 2, S. 18 f.
49 1991: Kräftiges Wachstum bei Umsatz und Ergebnis, in: Buderus Post 43 (1992), Nr. 1, S. 4; Buderus Sell. Welcome to Wichita/USA, in: Buderus Post 43 (1992), Nr. 1, S. 18 f.
50 ABAG, GB Buderus AG 1992, S. 37.
51 Buderus Sell: Neue Hochgeschwindigkeits-Fräsmaschine in der Komponentenfertigung, in: Buderus Post 45 (1994), Nr. 1, S. 13.
52 Buderus Post 48 (1997), Nr. 3, S. 3, 26.
53 ABAG, GB Buderus AG 1992, S. 23; 1994/95, S. 27 f.
54 Personalkostenaufwand, in: Buderus Post 44 (1993), Nr. 2, S. 22; ABAG, GB Buderus AG 1993/94, S. 25; Tarifabschluss 1994, in: Buderus Post 45 (1994), Nr. 2, S. 37.
55 Geschäftsjahr 1992/93: Stabiler Gewinn trotz schwacher Märkte, in: Buderus Post 44 (1993), Nr. 4, S. 5–7, Zitat S. 7.
56 ABAG, GB Buderus AG 1992, S. 14; 1992/93, S. 22; 1993/94, S. 22 f.; 1994/95, S. 24.
57 Neues Ausbildungskonzept für kaufmännische Berufe: Technik inklusive, in: Buderus Post 46 (1995), Nr. 3, S. 38–39.
58 ABAG, GB Buderus AG 1992, S. 20; Investitionen für die Zukunft: Trainees bei der Heiztechnik, in: Buderus Post 43 (1992), Nr. 3, S. 22 f.
59 Erster Lehrstuhl für Heiz- und Raumlufttechnik: Buderus-Stiftung für Grundlagenforschung und Anwendungstechnik in Stuttgart, in: Buderus Post 46 (1995), Nr. 4, S. 10.

[60] Gesunde Buderus Guss-Mitarbeiter durch ein betriebliches Gesundheitsförderungskonzept, in: Buderus Post 46 (1995), Nr. 3, S. 20 f.
[61] Neue Arbeitsgesetze, in: Buderus Post 45 (1994), Nr. 3, S. 27; Kundenorientierte Arbeitszeit in Lollar/Eibelshausen, in: Buderus Post 46 (1995), Nr. 1, S. 18.
[62] Gesundheitsstrukturgesetz – sind wir auf dem Weg zur Einheitsversicherung?, in: Buderus Post 43 (1992), Nr. 4, S. 40; Kostendämpfung bröckelt, Risikostrukturausgleich belastet, in: Buderus Post 46 (1995), Nr. 2, S. 39; Archiv der Gegenwart 62 (1992), S. 37389 f.
[63] Betriebskrankenkassen Buderus Wetzlar und Buderus Hirzenhain vereinigt, in: Buderus Post 44 (1993), Nr. 4, S. 41.
[64] Betriebskrankenkassen schließen sich zusammen, in: Buderus Post 46 (1995), Nr. 4, S. 42 f.
[65] ABAG, GB Buderus AG 1994/95, S. 49.
[66] Pressekonferenz und Analystengespräch: 430 war die „magische" Zahl, in: Buderus Post 43 (1992), Nr. 2, S. 7.
[67] 1992: Ertragserwartungen übertroffen, in: Buderus Post 43 (1992), Nr. 4, S. 4–7; ABAG, GB Buderus AG 1992, S. 4 f.
[68] Errechnet nach ABAG, GB Buderus AG 1994/95, S. I.
[69] Zusammengestellt nach internen Daten der Finanzbuchhaltung der Buderus AG.
[70] ABAG, GB Buderus AG, 1992/93, S. 69; 1993/94, S. 70; 1994/95, S. I.
[71] ABAG, GB Buderus AG, 1994/95, S. 8 f.

13. Quellen- und Literaturverzeichnis

13.1. Archive

Archiv der Buderus AG (ABAG):

Protokolle des Aufsichtsrats der Buderus'schen Eisenwerke.
Materialien zu Aufsichtsratssitzungen.
Protokolle der technischen Kommission des Aufsichtsrats.
Protokolle der Vorstandssitzungen der Buderus'schen Eisenwerke.
Vierteljahresberichte des Vorstands an den Aufsichtsrat der Buderus'schen Eisenwerke.
Schriftwechsel des Vorstands der Buderus'schen Eisenwerke.
Protokolle der Direktionskonferenzen der Buderus'schen Eisenwerke.
Protokolle der Hauptversammlungen der Buderus'schen Eisenwerke.
Sozialberichte der Buderus'schen Eisenwerke.
Protokolle des Gesamtbetriebsrats der Buderus'schen Eisenwerke.
Protokolle der Werksbetriebsräte.
Protokolle des Aufsichtsrats der Hessischen Berg- und Hüttenwerke AG.

Geschäftsberichte:

Geschäftsberichte der Buderus'schen Eisenwerke bzw. der Buderus AG.
Geschäftsberichte der Buderus-Jung'schen Handelsgesellschaft.
Geschäftsberichte der Stahlwerke Röchling-Buderus AG bzw. der Edelstahlwerke Buderus AG.
Geschäftsberichte der Hessischen Berg- und Hüttenwerke AG.
Geschäftsberichte des Wirtschaftsverbandes Giesserei-Industrie (vorher auch „Wirtschaftsvereinigung Gießereien" und „Deutscher Gießereiverband").

Unveröffentlichte und veröffentlichte Manuskripte:

Dietrich, Jochen, Aus der Geschichte des Eisenerzbergbaus an Lahn und Dill und in Oberhessen, Vortrag, o. O. o. J.
Ders., Der Bergbau der Buderus'schen Eisenwerke vom 1.4.1945 bis 31.12.1946, o. O. o. J.
Ders., Festansprache anläßlich der Eröffnung des Wirtschaftskundlichen Museums in Dillenburg am 16.9.1983, Dillenburg 1983.
Hofmann, Paul, Eisenwerke Ehringshausen im Wandel der Zeit, o. O. 1980.
Hugelmann, H., 40 Jahre Ferrum GmbH 1948–1988, o. O. o. J.
Klemp, Klaus, Bergbau im Schelder Wald in der Nachkriegszeit (1945–1950), Marburg o. J.
Kühle, Wolfgang, Chronologie und Dokumentation des Wiederaufbaus und der Sozialisierungspolitik der Buderus'schen Eisenwerke AG, Wetzlar 1949.

Malzacher, Hans, Gutachten über den Erwerb der Hessischen Berghütte durch die Buderus'schen Eisenwerke, Villach 1964.

Spiegelhalter, Hans Joachim, Möglichkeiten und Grenzen der Beschäftigung ausländischer Arbeitnehmer, Vortrag, Wetzlar, 23.3.1973.

Umsatzstatistik der Buderus-Handel GmbH; nachträglich von der Verwaltung erstellte Statistik der Buderus'schen Handelsgesellschaft.

Wolfram, Felix, Materialien zur Geschichte der Burger Eisenwerke. Maschinenschriftliches Manuskript, Niederscheld 1954.

Bibliothek des Buderus-Informationszentrums Lollar: Schmidt, Otto, Entstehung und Weiterentwicklung des Werkes Lollar, Lollar 1962/63.

Bundesarchiv Koblenz (BA Ko):

B 102/4735 a–b.
BA Z Feb. 1948 1/864.

Bundesarchiv Militärarchiv Freiburg (BA MA):

RW 21–22/1–2: Kriegstagebücher des Gießener Rüstungskommandos.

Hamburgisches Welt-Wirtschafts-Archiv Hamburg (HWWA):

Firmendokumentation.
Zeitungsausschnitte.

Hessisches Hauptstaatsarchiv Wiesbaden (HHStA):

Abt. 483	Nr. 4448 b–c.
Abt. 507	Nr. 2929, Nr. 2830, Nr. 2832, Nr. 2836, Nr. 2967.
Abt. 519/D	Nr. 1601–36.
Abt. 519/V	Nr. 3115–496.
Abt. 520	Nr. 3002.

Stadtarchiv Wetzlar (StadtA):

Akten zu Fremdarbeitern in Wetzlar 1939–1947.
Verwaltungsbericht der Stadt Wetzlar 1.4.1928–31.3.1952, Wetzlar 1957.

Archiv der Hansestadt Lübeck (AHL):

Bestand Metallhüttenwerke Lübeck.
Geschäftsberichte der Metallhüttenwerke Lübeck GmbH.

13.2. Zeitungen und Zeitschriften

Die Berghütte. Werkzeitschrift der Hessischen Berg- und Hüttenwerke AG.
Blick durch die Wirtschaft.
Börsen-Zeitung.
Buderus Werksnachrichten (ab 1965 Buderus Post).
Chemische Rundschau.
Das Dossier.
The Economist.
Europa-Chemie. Aktueller Nachrichtendienst der Zeitschrift Chemische Industrie.
Frankfurter Allgemeine Zeitung (FAZ).
Frankfurter Rundschau.
Handelsblatt.
Heiztechnik Special. Sonderheft von Top Business, Report III.
Hütte und Schacht.
Industrie-Anzeiger.
Industriekurier.
Industriemagazin.
International Herald Tribune.
Montan-Archiv.
Neue Zürcher Zeitung.
Das Parlament.
Neue Produktion.
Rheinisch-Westfälische Zeitung.
Stahl und Eisen.
Süddeutsche Zeitung.
Vereinigter Wirtschaftsdienst, Branchendienste, Montan.
Der Volkswirt (aufgegangen in Wirtschaftswoche).
Die Welt.
Wirtschaftswoche.
Die Zeit.
Deutsche Zeitung.

13.3. Sonstige gedruckte Quellen und Literatur

Abelshauser, Werner, Der Ruhrkohlenbergbau seit 1945. Wiederaufbau, Krise, Anpassung, München 1984.
Ders., Hilfe durch Selbsthilfe. Zur Funktion des Marshallplanes beim westdeutschen Wiederaufbau, in: Schröder, Hans-Jürgen (Hrsg.), Marshallplan und westdeutscher Wiederaufstieg. Positionen – Kontroversen, Stuttgart 1990, S. 150–179.
Ders., Korea, die Ruhr und Erhards Marktwirtschaft. Die Energiekrise von 1950/51, in: Rheinische Vierteljahrsblätter, Jg. 45 (1981), S. 287–316.

Ders., Wirtschaft in Westdeutschland 1945–1948. Rekonstruktion und Wachstumsbedingungen in der amerikanischen und britischen Zone, Stuttgart 1975.

Ders., Wirtschaftsgeschichte der Bundesrepublik Deutschland 1945–1980, Frankfurt a. M. 1983.

Adamsen, Heinrich R., Investitionshilfe an der Ruhr 1948–1952, Wuppertal 1981.

Ambrosius, Gerold, Das Wirtschaftssystem, in: Benz, Wolfgang (Hrsg.), Die Geschichte der Bundesrepublik Deutschland, Band 2: Wirtschaft, Frankfurt a. M. 1989, S. 11–81.

Ders., Staat und Wirtschaft im 20. Jahrhundert, München 1990.

Arbenz, H., Leichtmetallguß, in: Verein Deutscher Gießereifachleute (VDG) (Hrsg.), 75 Jahre Verein Deutscher Gießereifachleute 1909–1984, o. O. o. J.

Bagel-Bohlan, Anja E., Hitlers industrielle Kriegsvorbereitungen 1936–1939 (Beiträge zur Wehrforschung, Band 24), Koblenz, Bonn 1975.

Bankmann, Jörg, Eine Untersuchung über den Einfluß der Steuerpolitik auf die Selbstfinanzierung der Eisen- und Stahlindustrie in der Bundesrepublik Deutschland seit 1948, Diss. Düsseldorf 1965.

Barich, Karl, Die Lage der deutschen Edelstahlindustrie, in: Stahl und Eisen, Jg. 74 (1954), Nr. 22, S. 1446.

Barkai, Avraham, Das Wirtschaftssystem des Nationalsozialismus. Ideologie, Theorie, Politik 1933–1945, 2. Auflage, Frankfurt a. M. 1988.

Batelle-Institut e.V., Frankfurt a. M. (Hrsg.), Gruppenwirtschaftliche Untersuchung über die Lage und Entwicklung der Heiz- und Kochgeräteindustrie in den Kammerbezirken der IHK Dillenburg und IHK Wetzlar, Oktober 1968.

Baumann, Hans, Maschinenbau. Struktur und Wachstum (Ifo-Institut für Wirtschaftsforschung – Reihe Industrie, Heft 15), Berlin, München 1965.

Baumgart, Egon/Krengel, Rolf/Moritz, Werner, Die Finanzierung der industriellen Expansion in der Bundesrepublik während der Jahre des Wiederaufbaus (Deutsches Institut für Konjunkturforschung, Sonderhefte, Neue Folge Nr. 49, Reihe A: Forschung), Berlin 1960.

Bergmann, Joachim/Jacobi, Otto/Müller-Jentsch, Walther, Gewerkschaften in der Bundesrepublik. Gewerkschaftliche Lohnpolitik zwischen Mitgliederinteressen und ökonomischen Systemzwängen (Studienreihe des Instituts für Sozialforschung Frankfurt a. M., Band 1), Frankfurt a. M. u. a. 1975.

Betriebsrätegesetz für das Land Hessen vom 31.5.1948, in: GVBl für das Land Hessen, 1948, Nr. 23, S. 117–122.

Bettien, Arnold, Arbeitskampf im Kalten Krieg. Hessische Metallarbeiter gegen Lohndiktat und Restauration, Diss. Marburg 1982.

Beyer, Hans-Christoffer, Die verfassungspolitischen Auseinandersetzungen um die Sozialisierung in Hessen 1946, Diss. Marburg 1977.

Beyme, Klaus von, Der Wiederaufbau. Architektur und Städtebaupolitik in beiden deutschen Staaten, München 1987.

Biemer, Wilhelm, Die industrielle Entwicklung der Stadt Wetzlar, Bückeburg 1933.

Blaich, Fritz, Wirtschaft und Rüstung im „Dritten Reich" (Historisches Seminar, Band 1), Düsseldorf 1987.

Böhne, Erich, Der Deutsche Eisenerzbergbau, Essen 1960.

Borchardt, Knut, Die Bundesrepublik Deutschland, in: Stolper, Gustav/Häuser, Karl/Borchardt, Knut (Hrsg.), Deutsche Wirtschaft seit 1870, Tübingen 1964, S. 253–330.

Ders., Die wirtschaftliche Entwicklung der Bundesrepublik nach dem „Wirtschaftswunder", in: Schneider, Franz (Hrsg.), Der Weg der Bundesrepublik. Von 1945 bis zur Gegenwart, München 1985, S. 193–216.

Ders./Buchheim, Christoph, Die Wirkung der Marshallplan-Hilfe in Schlüsselbranchen der deutschen Wirtschaft, in: Schröder, Hans-Jürgen (Hrsg.), Marshallplan und westdeutscher Wiederaufstieg. Positionen – Kontroversen, Stuttgart 1990, S. 119–149.

Bracher, Karl Dietrich, Vom Machtwechsel zur Wende, in: Ders./Jäger, Wolfgang/Link, Werner, Republik im Wandel 1969–1974. Die Ära Brandt (Geschichte der Bundesrepublik, Band 5/I), Stuttgart/Mannheim 1986, S. 7–14.

Brauburger, Stefan, Verträge zur deutschen Einheit, in: Weidenfeld, Werner/Korte, Karl-Rudolf (Hrsg.), Handbuch zur deutschen Einheit, durchgesehener Nachdruck Bonn 1994, S. 667–682.

Bredow, Hans, Im Banne der Ätherwellen, Band 2, Stuttgart 1956.

Buchheim, Christoph, Die Bundesrepublik in der Weltwirtschaft, in: Benz, Wolfgang (Hrsg.), Die Geschichte der Bundesrepublik Deutschland, Band 2: Wirtschaft, Frankfurt a. M. 1989, S. 169–210.

Ders., Die Währungsreform von 1948 in Westdeutschland, in: Vierteljahrshefte für Zeitgeschichte, Jg. 36 (1988), S. 189–231.

Ders., Die Wiedereingliederung Westdeutschlands in die Weltwirtschaft 1945–1948 (Quellen und Darstellungen zur Zeitgeschichte, Band 31), München 1990.

Buderus'sche Eisenwerke (Hrsg.), Vom Ursprung und Werden der Buderus'schen Eisenwerke, 2 Bände, München 1938. (siehe auch unter Ferfer, J./Schache, G./Schubert, H.).

Buderus AG (Hrsg.), Buderus Post. Jubiläumsausgabe der Buderus-Werkzeitschrift 1731–1981, Wetzlar 1981.

Büchen, Wolfgang, Leichtmetallguß, in: Verein Deutscher Gießereifachleute (VDG) (Hrsg.), 50 Jahre VDG, Düsseldorf 1959, S. 42–52.

Büschgen, Hans E., Die Deutsche Bank von 1957 bis zur Gegenwart. Aufstieg zum internationalen Finanzdienstleistungskonzern in: Gall, Lothar u. a., Die Deutsche Bank 1870–1995, München 1995, S. 579–877.

Bundesministerium für Wirtschaft (Hrsg.): Wirtschaft in Zahlen, Bonn 1995.

Ders., Monatsbericht. Die wirtschaftliche Lage der Bundesrepublik Deutschland, 10/95, Bonn 1995.

Commerzbank AG Düsseldorf (Hrsg.), 100 Jahre Commerzbank 1870–1970. Düsseldorf 1970.

Dies. (Hrsg.), Die Bank. Dienstleister im Wandel, 125 Jahre Commerzbank 1870–1995, Frankfurt a. M. 1995.

Cornelsen, Doris, Wirtschaft in den neuen Bundesländern, in: Weidenfeld, Werner /Korte, Karl-Rudolf (Hrsg.), Handbuch zur deutschen Einheit 1993, durchgesehener Nachdruck Bonn 1994, S. 709–720.

Decker, Franz, Betriebswirtschaft und Geschichte, in: Vierteljahrschrift für Sozial- und Wirtschaftsgeschichte, Jg. 53 (1966), S. 344–365.

Dehmer, Harald, Zur Lage der deutschen Edelstahlindustrie, in: Stahl und Eisen, Jg. 101 (1981), S. 63–64.

Der Bundesminister für den Marshallplan, Wiederaufbau im Zeichen des Marshall-Planes 1948–1952, Bonn 1953.

Deutsch-Amerikanische Handelskammer, Amerika-Handel. Mehr als nur eine Waffenschmiede (April 1977).

Dietrich, Joachim, Der manganarme Brauneisenstein in Hessen und die Aufbereitung der Lahn-Dill Erze, in: Stahl und Eisen, Jg. 70 (1950), Heft 26, S. 1205–1208.

Dietrich, Jochen, Wilhelm Witte, in: Berg- und Hüttenmännischer Verein Aachen, Berlin, Clausthal, Mitteilungsblatt des Jahres 1974.

Ders., Der Eisensteinbergbau im Lahn-Dillgebiet und in Oberhessen. Wirtschaftliche Fragen und ihre bergmännischen Grundlagen, in: Zeitschrift für Erzbergbau und Metallhüttenwesen, Jg. 2 (1949), Heft 8, S. 225–256.

Ders., Die Geschichte des Buderus-Bergbaus von 1932–1973, Teil 1: 1932–1937, Sonderdruck aus der Buderus Post 1–4/1988, Wetzlar 1988.

Dramekehr, Jürgen, Die Wurzeln betrieblicher Sozialpolitik, in: Buderus Post. Jubiläumsausgabe der Buderus-Werkzeitschrift 1731–1981, S. 87–90.

Economic Commission for Europe, Aspects of Competition between steel and other materials, United Nations, New York 1966.

Edelstahlwerke Buderus AG (Hrsg.), 75 Jahre Edelstahlwerke Buderus AG 1920–1995, Wetzlar 1995.

Ehrlicher, Werner, Deutsche Finanzpolitik seit 1945, in: Vierteljahrschrift für Sozial- und Wirtschaftsgeschichte, Jg. 81 (1994), S. 1–32.

Eichholtz, Dietrich, Geschichte der deutschen Kriegswirtschaft 1939–1945, Berlin 1984.

Einecke, Gustav (Hrsg.), Der Bergbau und Hüttenbetrieb im Lahn- und Dillgebiet und in Oberhessen, Wetzlar 1932.

Engfer, Paul, Franz Grabowski. Eine Dokumentation, Wetzlar 1967.

Eschenburg, Theodor, Jahre der Besatzung 1945–1949 (Geschichte der Bundesrepublik Deutschland, Band 1), Stuttgart/Wiesbaden 1983.

Esser, Hartmut, Gastarbeiter, in: Benz, Wolfgang (Hrsg.), Die Bundesrepublik Deutschland, Band 2: Wirtschaft, Frankfurt a. M. 1989, S. 326–361.

Europäische Gemeinschaft für Kohle und Stahl – Hohe Behörde, Löhne der Arbeiter in den Industrien der Gemeinschaft. Maßgebliche Änderungen vorgenommen in den Jahren 1945–1956, Luxemburg 1956.

Ferfer, J[osef], Die neuere Geschichte der Buderus'schen Eisenwerke, in: Buderus'sche Eisenwerke (Hrsg.), Vom Ursprung und Werden der Buderus'schen Eisenwerke Wetzlar. 2 Bände. München 1938, Band 1, S. 185–375; Band 2, S. 1–180.

Fischer, Rudolf, Die ersten 3 Jahre nach der Stunde Null, in: Buderus Post, Jg. 36 (1985), Nr. 1, S. 14–17.

Fischer, Wolfram/Hax, Herbert/Schneider, Hans Karl, Einleitung, in: Dies. (Hrsg.), Die Treuhandanstalt. Das Unmögliche wagen, Forschungsberichte, Berlin 1993, S. 1–13.

Fischer, Wolfram/Schröter, Harm G., Die Entstehung der Treuhandanstalt, in: Fischer, Wolfram/Hax, Herbert/Schneider, Hans Karl (Hrsg.), Treuhandanstalt. Das Unmögliche wagen, Forschungsberichte, Berlin 1993, S. 17–40.

Flecken, Karl-Heinz, Der westdeutsche Edelstahlmarkt, in: Stahl und Eisen, Jg. 81 (1961), S. 1712–1714.

Franz, Eckhart (Hrsg.), Die Chronik Hessens, Frankfurt a. M. 1991.

Fremdling, Rainer, Eisenbahnen, in: Wengenroth, Ulrich (Hrsg.), Technik und Wirtschaft, Düsseldorf 1993, S. 418–437.

Frerich, Johannes/Frey, Martin, Handbuch der Geschichte der Sozialpolitik in Deutschland, Band 3: Sozialpolitik in der Bundesrepublik Deutschland bis zur Herstellung der Deutschen Einheit, München, Wien 1993.

Friedensburg, Ferdinand, Das Erzproblem der Deutschen Eisenindustrie, Berlin 1957.

Frisch, Günter, Volkswirtschaftliche Probleme des Wohnungsbaus in der Bundesrepublik nach 1950, Diss. Heidelberg 1969.

Frommert, Horst, Die Gießereiindustrie im Jahre 1949 unter besonderer Berücksichtigung der Rohstoff- und Energieversorgungslage, in: Die neue Gießerei, Jg. 37 (1950), Nr. 12, S. 238–243.

Fuchs, Konrad, Die wirtschaftlichen Strukturwandlungen im Lahn-Dill- und Sieg-Revier seit dem ausgehenden 19. Jahrhundert, in: Nassauische Annalen, Jg. 81 (1970), S. 203–215.

Gehlhoff, Joachim, Der alleingelassene Alleineigentümer mag nicht mehr, in: Die Welt vom 6.12.1985.

Genschel, Helmut, Die Verdrängung der Juden aus der Wirtschaft im Dritten Reich (Göttinger Bausteine zur Geschichtswissenschaft, Band 38), Göttingen 1966.

Georg, Rolf/Haus, Rainer/Porezag, Karsten, Eisenerzbergbau in Hessen. Historische Fotodokumente mit Erläuterungen 1870–1983, Wetzlar 1985.

Gesetz zur Ergänzung des Abschlußgesetzes zum Art. 41 der hessischen Verfassung, in: Drucksachen des hessischen Landtags, Abt. I, Nr. 1388.

Gottfried, Hans, Von der „Hütte bober Eberbach" zur Omnical, in: Buderus Post. Jubiläumsausgabe der Buderus-Werkzeitschrift 1731–1981, S. 51.

Hachtmann, Rüdiger, Industriearbeit im „Dritten Reich". Untersuchungen zu den Lohn- und Arbeitsbedingungen in Deutschland 1933–1945 (Kritische Studien zur Geschichtswissenschaft, Band 82), Göttingen 1989.

Hahn, Hans-Werner, Der hessische Wirtschaftsraum im 19. Jahrhundert, in: Heinemeyer, Walter (Hrsg.), Das Werden Hessens, Marburg 1986, S. 389–430.

Handbuch der deutschen Aktiengesellschaften, hrsg. vom Spezialarchiv der Deutschen Wirtschaft, Berlin 1935, Band 3; 1936, Band 3; 1939, Band 4; 1940, Band 5; 1941, Band 4; 1943, Band 4; 1953/54, Band 3; 1956/57; 1958/59; 1961/1962; 1963/1964; 1964/1965; 1966/1967; 1971/1972.

Hardach, Gerd, Der Marshall-Plan. Auslandshilfe und Wiederaufbau in Westdeutschland 1948–1952, München 1994.

Hardach, Karl, Wirtschaftsgeschichte Deutschlands im 20. Jahrhundert 1914–1970, 3. Auflage, Göttingen 1993.

Hartwich, H.-H., Sozialstaatspostulat und gesellschaftlicher Status Quo, Köln 1970.

Häuser, Karl, Die Teilung Deutschlands, in: Stolper, Gustav/Häuser, Karl/Borchardt, Knut (Hrsg.), Deutsche Wirtschaft seit 1870, Tübingen 1964, S. 203–253.

Haus, Rainer, Lothringen und Salzgitter in der Eisenerzpolitik der deutschen Schwerindustrie von 1871–1940 (Salzgitter-Forschungen, Band 1), Salzgitter 1991.

Hedrich, Willi/Schneider, Willi, Produkte für den Gast. Werk Herborn, in: Buderus Post. Jubiläumsausgabe der Werkzeitschrift 1731–1981, S. 64.

Heiden, Detlev, Sozialisierung, Industriereform oder Strukturpolitik? Der hessische Weg vom programmatischen Traditionalismus zur wirtschaftsvernünftigen Modernität, in: Hessisches Jahrbuch für Landesgeschichte 46 (1996), S. 237–259

Hempel, Gustav, Die deutsche Montanindustrie, 2. Auflage, Essen 1969.

Henning, Friedrich Wilhelm, Das industrialisierte Deutschland 1914–1992, 9. Auflage, Paderborn u. a. 1997.

Ders., Wirtschaftliche und soziale Entwicklung, in: Jeserich, Kurt G. A./Pohl, Hans/Unruh, Georg-Christoph von (Hrsg.), Deutsche Verwaltungsgeschichte, Band 5: Die Bundesrepublik Deutschland, Stuttgart 1987. S. 30–53.

Hennings, Klaus Hinrich, West Germany, in: Boltho, Andrea (Hrsg.), The European Economy. Growth and Crisis, Oxford 1982, S. 472–501.

Herbert, Ulrich, Fremdarbeiter. Politik und Praxis des „Ausländer-Einsatzes" in der Kriegswirtschaft des Dritten Reiches, Berlin, Bonn 1985.

Herbst, Ludolf, Der Totale Krieg und die Ordnung der Wirtschaft. Die Kriegswirtschaft im Spannungsfeld von Politik, Ideologie und Propaganda 1939–1945 (Studien zur Zeitgeschichte, Band 21), Stuttgart 1982.

Hessisches Ministerium für Wirtschaft und Verkehr, Die hessische Wirtschaft nach dem Kriege, Wiesbaden 1949.

Hessisches Statistisches Länderamt, Die hessische Wirtschaft im Jahr 1946, Wiesbaden 1947.

Heydeck, Stefan, Flick ging von „Wohltaten" für die SPD-geführte Regierung aus, in: Die Welt vom 1.6.1984.

Hörster-Philipps, Ulrike, Im Schatten des Großen Geldes. Flick-Konzern und Politik, Weimarer Republik, Drittes Reich und BRD, Köln 1985.

Hopmann, Barbara/Spoerer, Mark/Weitz, Birgit/Brüninghaus, Beate, Zwangsarbeit bei Daimler-Benz (Zeitschrift für Unternehmensgeschichte, Beiheft 78), Stuttgart 1994.

Huster, Ernst-Ulrich u. a., Determinanten der westdeutschen Restauration, Frankfurt a. M. 1972.

Imort, Hans-Dieter/Haver, Ursula, 25 Jahre Omniplast. Kunststoffe und ihre Verarbeitung, in: Buderus Post, Jg. 31 (1980), Nr. 2, S. 28–33.

Industrie- und Handelskammer Wetzlar, Jahresbericht der Industrie- und Handelskammer Wetzlar für das Geschäftsjahr 1948/49.

Industriegewerkschaft Bergbau und Energie, Abteilung Wirtschaft (Hrsg.), Der deutsche Eisenerzbergbau (Sonderdruck aus der Gewerkschaftlichen Rundschau), Bochum 1963.

Jacobi-Bettien, Angelika, Metallgewerkschaft Hessen 1945–1948. Zur Herausbildung des Prinzips autonomer Industriegewerkschaften, Diss. Marburg 1981.

Jäger, Hans, Unternehmensgeschichte in Deutschland seit 1945. Schwerpunkte, Tendenzen, Ergebnisse, in: Geschichte und Gesellschaft, Jg. 18 (1992), S. 107–132.

Jäger, Jörg-Johannes, Die wirtschaftliche Abhängigkeit des Dritten Reiches vom Ausland. Dargestellt am Beispiel der Stahlindustrie, Berlin 1968.

Jäger, Wolfgang, Die Innenpolitik der sozial-liberalen Koalition 1969–1974, in: Bracher, Karl Dietrich/Jäger, Wolfgang/Link, Werner, Republik im Wandel 1969–1974. Die Ära Brandt (Geschichte der Bundesrepublik, Band 5/I), Stuttgart, Mannheim 1986, S. 15–162.

Ders., Die Innenpolitik der sozial-liberalen Koalition 1974–1982, in: Ders./Link, Werner, Republik im Wandel 1974–1982. Die Ära Schmidt (Geschichte der Bundesrepublik Deutschland, Band 5/II), Stuttgart, Mannheim 1987, S. 7–272.

Johannsen, Otto, Geschichte des Eisens, Düsseldorf 1953.

Jost, Wilhelm, Über 600 Jahre Eisenverarbeitung in Vogelsberg, Werk Hirzenhain, in: Buderus Post. Jubiläumsausgabe der Buderus-Werkzeitschrift 1731–1981, S. 59–60.

Jung, Otto, 70 Jahre „BHG" – Buderus-Handel, in: Buderus Post. Jubiläumsausgabe der Buderus-Werkzeitschrift 1731–1981, S. 65–70.

Kaup, Karl, Die Preisgestaltung für deutsche Erze, in: Stahl- und Eisen, Jg. 69 (1949), Nr. 1, S. 22–23.

Kehl, Anton, Die Arbeitswelt, in: Benz, Wolfgang (Hrsg.), Die Geschichte der Bundesrepublik Deutschland, Band 2: Wirtschaft, Frankfurt a. M. 1989, S. 294–325.

Keiner, Werner/Weber, Kurt, Die Form bestimmt der Kunde. Kundenguß und Maschinenbau, in: Buderus Post. Jubiläumsausgabe der Buderus-Werkzeitschrift 1731–1981, S. 91–94.

Keller, Michael, „Das mit den Russenweibern ist erledigt". Rüstungsproduktion, Zwangsarbeit, Massenmord und Bewältigung der Vergangenheit in Hirzenhain 1943–1991 (Wetterauer Geschichtsblätter, Beiheft 2), Friedberg 1991.

Kistler, Jules, Sphäroguß. Ein neuzeitlicher Konstruktionswerkstoff, in: Taschenbuch der Gießerei-Praxis 1958, Berlin 1958, S. 322–345.

Kleßmann, Christoph, Betriebsräte und Gewerkschaften, in: Winkler, Heinrich-August (Hrsg.), Politische Weichenstellungen im Nachkriegsdeutschland 1945–1953 (Geschichte und Gesellschaft, Sonderheft Nr. 5), Göttingen 1979, S. 44–73.

Ders., Die doppelte Staatsgründung. Deutsche Geschichte 1945–1955 (Schriftenreihe der Bundeszentrale für politische Bildung, Band 298), 5. Auflage, Bonn 1995.

Ders., Zwei Staaten, eine Nation. Deutsche Geschichte 1955–1970 (Schriftenreihe der Bundeszentrale für politische Bildung, Band 265), Bonn 1988.

Klingebiel, Ursula, Der westdeutsche Zementmarkt. Eine Untersuchung der Marktstruktur, zugleich ein Beitrag zur Analyse der Kartellierungsbestrebungen in der Zement-Industrie in der Bundesrepublik Deutschland, Diss. Marburg 1960.

Klump, Rainer, Wirtschaftsgeschichte der Bundesrepublik Deutschland. Zur Kritik neuerer wirtschaftshistorischer Interpretationen aus ordnungspolitischer Sicht (Beiträge zur Wirtschafts- und Sozialgeschichte, Band 29), Wiesbaden 1985.

Knapp, Manfred, Sorgen unter Partnern. Zum Verhältnis zwischen den USA und der Bundesrepublik Deutschland, Hannover 1964.

Ders., Deutschland und der Marshallplan. Zum Verhältnis zwischen politischer und ökonomischer Stabilisierung in der amerikanischen Deutschlandpolitik nach 1945, in: Schröder, Hans-Jürgen (Hrsg.), Marshallplan und westdeutscher Wiederaufstieg. Positionen – Kontroversen, Stuttgart 1990, S. 35–59.

Kolb, Hans Werner, Achtung vor der Tradition, in: Buderus Post. Jubiläumsausgabe der Buderus-Werkzeitschrift 1731–1981, S. 4–5.

Kolb, Johannes, Metallgewerkschaften in der Nachkriegszeit. Der Organisationsaufbau der Metallgewerkschaften in den drei westlichen Besatzungszonen, 2. Auflage, Köln 1983.

Korger, Dieter, Einigungsprozeß, in: Weidenfeld, Werner/Korte, Karl-Rudolf (Hrsg.), Handbuch zur deutschen Einheit 1983, durchgesehener Nachdruck Bonn 1994, S. 241–252.

Kossmann, Wilfried, Edelstahl. Vom Werden eines Gewerbes, Düsseldorf 1959.

Kramer, Friedrich, Werk Wetzlar, in: Buderus Post. Jubiläumsausgabe der Buderus-Werkzeitschrift 1731–1981, S. 54–55.

Kranig, Andreas, Lockung und Zwang. Zur Arbeitsverfassung im Dritten Reich (Schriftenreihe der Vierteljahrshefte für Zeitgeschichte, Band 47), Stuttgart 1983.

Krauss-Maffei AG (Hrsg.), 125 Jahre Krauss-Maffei 1837–1962, München 1962.

Krauss-Maffei AG (Hrsg.), Krauss-Maffei. 150 Jahre Fortschritt durch Technik 1838–1988. München 1988.

Krieger, Wolfgang, General Lucius D. Clay und die amerikanische Deutschlandpolitik 1945–1949 (Forschungen und Quellen zur Zeitgeschichte, Band 10), Stuttgart 1987.

Kropat, Wolf-Arno, Hessen in der Stunde Null 1945/47 (hrsg. in Zusammenarbeit mit dem Hessischen Hauptstaatsarchiv), Wiesbaden 1979.

Ders., Hessen zwischen Kapitulation und Währungsreform (1945–1949), in: Nassauische Annalen, Band 96 (1979), S. 156–167.

Krumbein, Wolfgang, Wirtschaftssteuerung in Westdeutschland 1945 bis 1949. Organisationsformen und Steuerungsmethoden am Beispiel der Eisen- und Stahlindustrie in der britischen/Bi-Zone (Zeitschrift für Unternehmensgeschichte, Beiheft 58), Stuttgart 1989.

Künkel, Adolf, Ein Beweis der Wandlungsfähigkeit, Werk Eibelshausen in: Buderus Post. Jubiläumsausgabe der Buderus-Werkzeitschrift 1731–1981, S. 50.

Lammert, Franz, Das Verhältnis zwischen der Eisen schaffenden und der Eisen verarbeitenden Industrie seit dem Ersten Weltkrieg, Diss. Köln 1960.

Latour, Conrad F./Vogelsang, Thilo, Okkupation und Wiederaufbau. Die Tätigkeit der Militärregierung in der amerikanischen Besatzungszone 1944–1947, Stuttgart 1973.

Lehmann, Hans Georg, Chronik der Bundesrepublik Deutschland 1945/49 bis heute, 3. aktualisierte Auflage, München 1989.

Lerner, Franz, Wirtschafts- und Sozialgeschichte des Nassauer Raumes 1816–1964, Wiesbaden 1965.

Liedtke, Rüdiger, Wem gehört die Republik. Die Konzerne und ihre Verflechtungen, Namen, Zahlen, Fakten – Jahrbuch 1996, Frankfurt a. M. 1995.

Link, Werner, Außen- und Deutschlandpolitik in der Ära Brandt 1969–1974, in: Bracher, Karl Dietrich/Jäger, Wolfgang/Ders., Republik im Wandel 1969–1974. Die Ära Brandt (Geschichte der Bundesrepublik Deutschland, Band 5/I), Stuttgart/Mannheim 1986, S. 163–282.

Loos, Wilhelm, Junges Werk auf altem Boden. Betonwerk Burgsolms, in: Buderus Post. Jubiläumsausgabe der Buderus-Werkzeitschrift 1731–1981, S. 57.

Mandel, Ernest, Die deutsche Wirtschaftskrise. Lehren der Rezession 1966/67, Frankfurt a. M. 1969.

Manners, Gerald, The Changing World Market for Iron Ore 1950–1980. An Economic Geography, Baltimore/London 1971.

Mannstaedt, Heinrich, Die Konzentration in der Eisenindustrie und die Lage der reinen Walzwerke, Jena 1906.

Mareyen, Hansjost, Die Edelstahlindustrie Deutschlands unter besonderer Berücksichtigung ihres Standorts, Düsseldorf 1970.

Marker, Ulrich B., Strukturwandel im deutschen Eisenerzbergbau, in: Montan-Archiv II/Nr. 4 vom 29.1.1963 (Industriekurier vom 22.1.1963), Bl. 9–12.

Mason, Timothy W., Zur Entstehung des Gesetzes zur Ordnung der nationalen Arbeit vom 20. Januar 1934. Ein Versuch über das Verhältnis ‚archaischer und moderner' Elemente in der neuesten deutschen Geschichte, in: Mommsen, Hans u. a. (Hrsg.), Industrielles System und politische Entwicklung in der Weimarer Republik, Düsseldorf 1974, S. 332–351.

Ders., Sozialpolitik im Dritten Reich. Arbeiterklasse und Volksgemeinschaft. Opladen 1977.

Mauersberg, Hans, Deutsche Industrien im Zeitgeschehen eines Jahrhunderts. Eine historische Modelluntersuchung zum Entwicklungsprozeß deutscher Unternehmen von ihren Anfängen bis zum Stand von 1960, Stuttgart 1966.

Maurmann, Walter, Aus der Wirtschaftsgeschichte der Giesserei-Industrie in Deutschland. 100 Jahre Verbandsarbeit, Düsseldorf 1969.

Metzner, Otto, Brennstoff für Block- und Fernheizwerke, in: Industriekurier vom 29.11.1962.

Mielke, Siegfried/Vilmar, Fritz, Die Gewerkschaften, in: Benz, Wolfgang (Hrsg.), Die Geschichte der Bundesrepublik Deutschland, Band 2: Wirtschaft, Frankfurt a. M. 1989, S. 82–139.

Mierzejewski, Alfred C., The Collapse of the German War Economy 1944–1945. Allied Air Power and the German National Railway, Chapel Hill/London 1988.

Milward, Alan S., The Reconstruction of Western Europe 1945–1951, Berkeley u. a. 1984.

Ministère de l'Economie, des Finances et du Budget (Hrsg.), Le Plan Marshall et le relèvement économique de l'Europe. Colloque tenu à Bercy les 21, 22 et 23 mars 1991 sous la direction de René Gireault et Maurice Lévy-Lebnoyer, Paris 1993.

Mitchell, B. R., European Historical Statistics 1750–1970, London u. a. 1975.

Morsey, Rudolf, Die Bundesrepublik Deutschland. Entstehung und Entwicklung bis 1969 (Oldenbourg: Grundriss der Geschichte, Band 19), München 1992.

Mühlhausen, Walter, Hessen 1945–1950. Zur politischen Geschichte eines Landes in der Besatzungszeit, Frankfurt a. M. 1985.

Müller, Karlheinz, Preußischer Adler und Hessischer Löwe. Hundert Jahre Wiesbadener Regierung 1866–1966, Dokumente der Zeit aus den Akten, Wiesbaden 1966.

Mundorf, Hans, Friedrich Flick KG. Das Ende einer Ära, in: Handelsblatt vom 5.12.1985.

Muth, Wilhelm, Spezialist für Automobilguß. Werk Breidenbach, in: Buderus Post. Jubiläumsausgabe der Buderus-Werkzeitschrift 1731–1981, S. 61–62.

Niclauß, Karlheinz, Kanzlerdemokratie. Bonner Regierungspraxis von Konrad Adenauer bis Helmut Kohl, Stuttgart u. a. 1988.

Nipperdey, Thomas, Deutsche Geschichte 1800–1866. Bürgerwelt und starker Staat, 5. Auflage, München 1991.

Nuhn, Helmut, Industrie im Hessischen Hinterland. Entwicklung, Standortproblem und Auswirkungen der jüngsten Industrialisierung im ländlichen Mittelgebirgsraum, Marburg 1965.

Nutzinger, Richard/Boehmer, Hans/Johannsen, Otto, 50 Jahre Röchling Völklingen – Die Entwicklung eines Rheinischen Industrie-Unternehmens, Saarbrücken-Völklingen 1931.

Ogger, Günter, Friedrich Flick der Große, Bern u. a. 1971.

Otzen, Katharina, Edelstahl Buderus. Am liebsten allein, in: Wirtschaftswoche vom 1.9.1989.

Overy, R[ichard] J[ames], War and Economy in the Third Reich, Oxford 1994.

Pacyna, Heiko, Schmelzöfen und sonstige Öfen. Kupolöfen, in: Verein deutscher Gießereifachleute (VDG) (Hrsg.), 50 Jahre VDG, Düsseldorf 1959, S. 158–167.

Petzina, Dietmar, Die deutsche Wirtschaft in der Zwischenkriegszeit (Wissenschaftliche Paperbacks 11), Wiesbaden 1977.

Ders., Autarkiepolitik im Dritten Reich. Der nationalsozialistische Vierjahresplan (Schriftenreihe der Vierteljahrshefte für Zeitgeschichte, Band 16), Stuttgart 1968.

Ders., Die Mobilisierung deutscher Arbeitskräfte vor und während des Zweiten Weltkrieges, in: Vierteljahrshefte für Zeitgeschichte Jg. 18 (1970), S. 443–455.

Ders., Zwischen Neuordnung und Krise. Zur Entwicklung der Eisen- und Stahlindustrie im Ruhrgebiet seit dem Zweiten Weltkrieg, in: Dascher, Ottfried/Kleinschmidt, Christian (Hrsg.), Die Eisen- und Stahlindustrie im Dortmunder Raum. Wirtschaftliche Entwicklung, soziale Strukturen und technologischer Wandel im 19. und 20. Jahrhundert (Untersuchungen zur Wirtschafts-, Sozial- und Technikgeschichte, Band 9), Dortmund 1992, S. 525–544.

Petzold, Joachim, Großbürgerliche Initiativen für die Berufung Hitlers zum Reichskanzler, in: Zeitschrift für Geschichtswissenschaft, Jg. 31 (1983), S. 38–54.

Plaul, Hans-Ulrich/Grimm, Walter/Feller, Jürgen, Ersatz von ESU-Stählen durch CAB-Stähle für die Herstellung hochwertiger Schmiedestücke. Forschungsbericht T 81–130, hrsg. vom Bundesministerium für Forschung und Technologie, Bonn 1981.

Plücker, Friedhelm, Der schwedische Eisenerzbergbau und seine Beziehungen zur westdeutschen Eisenhüttenindustrie 1880–1965, Diss. Köln 1968.

Pohl, Hans, Die Westdeutsche Währungsreform von 1948 und ihre wirtschaftlichen Folgen, in: Ministère de l'Économie, des Finances et du Budget, Le Plan Marshall et le relèvement économique de l'Europe – Colloque tenu à Bercy les 21, 22 et 23 mars 1991 sous la direction de René Girault et Maurice Lévy-Leboyer, Paris 1993, S. 487–496.

Pohl, Reinfried, Die Sozialisierung in Hessen. Die Art. 39 bis 41 der Verfassung des Landes Hessen vom 11. Dezember 1946, Diss. Marburg 1954.

Porezag, Karsten, Der Luftkrieg über Wetzlar. Luftkämpfe, Bombenangriffe und ihre Auswirkungen. Dokumentation, Wetzlar 1995.

Ders., Geschichte der ‚V-Waffen' und geheimen Militäraktionen des Zweiten Weltkrieges an Lahn, Dill und im Westerwald. Dokumentation, Wetzlar 1996.

Pritzkoleit, Kurt, Gott erhält die Mächtigen. Rück- und Rundblick auf den deutschen Wohlstand, 3. Auflage, Düsseldorf 1963.

Ders., Männer, Mächte, Monopole. Hinter den Türen der westdeutschen Wirtschaft, Düsseldorf 1953.

Retsch, Inge, Die Zulieferindustrie. Eine betriebswirtschaftliche Untersuchung unter besonderer Berücksichtigung der Industrie-Zulieferbetriebe der Automobilindustrie, Diss. Düsseldorf 1968.

Rheinisch-Westfälische Eisen- und Stahlwerke Aktiengesellschaft, Mülheim/Ruhr (Hrsg.), Rheinisch-Westfälische Eisen- und Stahlwerke Aktiengesellschaft, Mülheim/Ruhr. Eine firmenkundliche Darstellung, Mülheim/Ruhr 1954.

Riedel, Matthias, Eisen und Kohle für das Dritte Reich. Paul Pleigers Stellung in der NS-Wirtschaft, Göttingen, Frankfurt a. M., Zürich 1973.

Ritschl, Albrecht, Die Währungsreform von 1948 und der Wiederaufstieg der westdeutschen Industrie, in: Vierteljahrshefte für Zeitgeschichte, Jg. 33 (1985), S. 136–165.

Rittershaus & Blecher GmbH (Hrsg.), 130 Jahre Rittershaus & Blecher 1861–1991, Wetzlar 1991.

Rohwer, Bernd, Der Konjunkturaufschwung 1983–1986. Ein Erfolg des wirtschaftspolitischen Kurswechsels der christlich-liberalen Koalition? Einige Anmerkungen zur konjunkturtheoretischen Beurteilung des gegenwärtigen Aufschwungs, in: Konjunkturpolitik, Jg. 32 (1986), Heft 6, S. 325–348.

Rossmann, Witich, Panzerrohre zu Pflugscharen. Zwangsarbeit, Wiederaufbau, Sozialisierung, Wetzlar 1939–1956 (hrsg. v. der Verwaltungsstelle Wetzlar der Industriegewerkschaft Metall), Marburg 1987.

Rudzio, Wolfgang, Die ausgebliebene Sozialisierung an Rhein und Ruhr. Zur Sozialisierungspolitik von Labour-Regierung und SPD 1945–1948, in: Archiv für Sozialgeschichte, Band 18 (1978), S. 1–39.

Sabel, Hermann, Absatzstrategien Deutscher Unternehmen seit 1945, in: Pohl, Hans (Hrsg.), Absatzstrategien deutscher Unternehmen. Gestern – Heute – Morgen (Zeitschrift für Unternehmensgeschichte, Beiheft 21), Wiesbaden 1982, S. 47–66.

Sachverständigenrat zur Begutachtung der gesamtwirtschaftlichen Entwicklung, Jahresgutachten 1966/67, in: Deutscher Bundestag, 5. Wahlperiode, Drucksache V/2310.

Salewski, Wilhelm, Die Stahlindustrie der Welt in Hochspannung, in: Stahl und Eisen, Jg. 72 (1952), Nr. 9, S. 453–459.

Schache, G[eorg], Der Hessen-Nassauische Hüttenverein GmbH, Steinbrücken, später Ludwigshütte, in: Buderus'sche Eisenwerke (Hrsg.), Vom Ursprung und Werden der Buderus'schen Eisenwerke Wetzlar. 2 Bände, München 1938, Band 2, S. 183–338.

Ders., Etwas zur Belegschaftsstatistik, in: Buderus Werksnachrichten, Jg. 2 (1951), Nr. 1/2, S. 23–24.

Scheibe, Ernst Albrecht, Die Eisenerze des Lahn-Dill-Gebietes, in: Stahl und Eisen, Jg. 70 (1950), Nr. 22, S. 954–956.

Schmidt, Eberhard, Die verhinderte Neuordnung 1945–1952. Zur Auseinandersetzung um die Demokratisierung der Wirtschaft in den westlichen Besatzungszonen und in der Bundesrepublik Deutschland, Frankfurt a. M. 1970.

Schmidt, F., Auf dem Wege über die regionale zur überregionalen Wasserversorgung. Entwicklung 1948–1973, in: Verein von Gas- und Wasserfachmännern (VGW) (Hrsg.), VGW 1948–1973, Frankfurt a. M. o. J.

Schmidt, Max R., Beitrag der Edelstähle zum technischen Fortschritt, in: Stahl und Eisen, Jg. 84 (1964), Nr. 26, S. 1699–1713.

Schmitz, Heribert, 2000 Jahre Heiztechnik vom Hypokaustum zum Ecomatic-plus (Abdruck des Referates von Dipl.-Ing. Heribert Schmitz anläßlich der Buderus-Arbeitstagung am 18. Mai 1984), o. O. o. J.

Ders., Des Feuers wärmende Kraft, in: Buderus Post. Jubiläumsausgabe der Buderus-Werkzeitschrift 1731–1981, S. 71–77.

Schneider, Michael, Streit um Arbeitszeit. Geschichte des Kampfes um Arbeitszeitverkürzung in Deutschland, Köln 1984.

Schoenbaum, David, Die braune Revolution. Eine Sozialgeschichte des Dritten Reiches, Köln 1968.

Schubert, H[ans], Das Eisenhüttenwesen im Gebiet der mittleren Lahn und des Vogelsberges bis zu Beginn des 19. Jahrhunderts mit besonderer Berücksichtigung der durch die Familie Buderus betriebenen Eisenwerke, in: Buderus'sche Eisenwerke (Hrsg.), Vom Ursprung und Werden der Buderus'schen Eisenwerke Wetzlar. 2 Bände, München 1938, Band 1, S. 1–193.

Schulz, Günther, Wiederaufbau in Deutschland. Die Wohnungsbaupolitik in den Westzonen und der Bundesrepublik von 1945 bis 1957 (Forschungen und Quellen zur Zeitgeschichte, Band 20), Düsseldorf 1994.

Schumann, Carl, Das Dillgebiet und seine Eisenerze, insbesondere deren Aufbereitung, in: Stahl und Eisen, Jg. 52 (1932), Nr. 12, S. 281–287.

Spezialarchiv der Deutschen Wirtschaft (Hrsg.), Leitende Männer der deutschen Wirtschaft. Ein wirtschaftliches „Who is Who?", Nachschlagewerk über Vorstandsmitglieder, Aufsichtsräte usw., Berlin 1951, 1953, 1955, 1960, 1982.

Spielberger, Walter J., Militärfahrzeuge von Krauss-Maffei bis 1945, Koblenz, Bonn 1980.

Stahltreuhändervereinigung (Hrsg.), Die Neuordnung der Eisen- und Stahlindustrie im Gebiet der Bundesrepublik Deutschland. Ein Bericht der Stahltreuhändervereinigung, München u. a. 1954.

Statistik – Eisenerzförderung der Welt, in: Eisen- und Stahl, Jg. 91 (1971), Nr. 6, S. 343.

Statistisches Bundesamt (Hrsg.), Lange Reihen zur Wirtschaftsentwicklung 1988, 1992, Stuttgart 1988, 1992.

Statistisches Bundesamt (Hrsg.), Statistisches Jahrbuch 1980, 1983, 1986, 1988, 1989, 1990, 1992, 1994 für die Bundesrepublik Deutschland, Stuttgart, Mainz.

Statistisches Reichsamt (Hrsg.), Statistisches Jahrbuch für das Deutsche Reich, Berlin 1937.

Steininger, Rolf, Reform und Realität. Ruhrfrage und Sozialisierung in der anglo-amerikanischen Deutschlandpolitik 1947–48, in: Vierteljahrshefte für Zeitgeschichte, Jg. 27 (1979), S. 167–240.

Stoppel, Dieter, Auf Erzsuche. Zur Geschichte des Silber-, Kupfer- und Schwerspatbergbaus im Raum Biedenkopf-Dillenburg, Haltern 1988.

Swatek, Dieter, Unternehmenskonzentration als Ergebnis und Mittel nationalsozialistischer Wirtschaftspolitik (Volkswirtschaftliche Schriften, Heft 181), Berlin 1972.

Teuteberg, Hans-Jürgen, Ursprünge und Entwicklung der Mitbestimmung in Deutschland, in: Pohl, Hans/Treue, Wilhelm (Hrsg.), Mitbestimmung. Ursprünge und Entwicklung (Zeitschrift für Unternehmensgeschichte, Beiheft 19), Wiesbaden 1981, S. 7–73.

Thiel, Elke, Weltwirtschaftlicher Wandel und internationale Wirtschaftsordnung, in: Bundeszentrale für politische Bildung (Hrsg.), Wirtschaftspolitik (Studien zur Geschichte und Politik, Band 292), Bonn 1990, S. 459–478.

Thoma, Franz, Jagd nach einer „Panzerschmiede" – Warum MBB bei Krauss-Maffei zum Zug kommen könnte, in: Süddeutsche Zeitung vom 7.12.1984.

Thomas, Georg, Geschichte der deutschen Wehr- und Rüstungswirtschaft 1918–1943/45, Boppard a.Rh. 1966

Thränhardt, Dietrich, Geschichte der Bundesrepublik Deutschland, Frankfurt a. M. 1986.

Treue, Wilhelm, Die Demontagepolitik der Westmächte nach dem Zweiten Weltkrieg unter besonderer Berücksichtigung ihrer Wirkung auf die Wirtschaft in Niedersachsen, Hannover 1967.

Turek, Jürgen, Treuhandanstalt, in: Weidenfeld, Werner/Korte, Karl-Rudolf (Hrsg.), Handbuch zur deutschen Einheit 1993, durchgesehener Nachdruck Bonn 1994, S. 635–642.

Verein Deutscher Gießereifachleute (VDG) (Hrsg.), Gießereitechnik. Was ist das?, Düsseldorf 1984.

Vertrag zwischen dem Land Hessen und den Buderus'schen Eisenwerken über die Übertragung der dem Land Hessen gehörigen 74 Prozent der Aktien der Hessichen Berg- und Hüttenwerke Aktiengesellschaft in Wetzlar, in: Drucksachen des hessischen Landtags, Abt. I, Nr. 1387.

Volkmann, Hans-Erich, Die NS-Wirtschaft in Vorbereitung des Krieges, in: Deist, Wilhelm u. a. (Hrsg.), Ursachen und Voraussetzungen des Zweiten Weltkrieges, 2. Auflage, Stuttgart 1989, S. 209–435.

Vorwerk, Hans-Günther, Zur Lage auf dem deutschen Edelstahlmarkt, in: Stahl und Eisen, Jg. 90 (1970), Nr. 25, S. 1472–1474.

Wagenführ, Rolf, Die deutsche Industrie im Kriege 1939–1945, 2. Auflage, Berlin 1963.

Waizmann, Fritz, Ein halbes Jahrhundert wirtschaftliche Entwicklung. Eisen-, Stahl- und Temperguß, in: Verein deutscher Gießereifachleute (VDG) (Hrsg.): 50 Jahre VDG, Düsseldorf 1959, S. 274–280.

Wallacher, Ludwig, Die eisenschaffende Industrie der Bundesrepublik Deutschland im Jahre 1986, in: Stahl und Eisen, Jg. 107 (1987), S. 805–807.

Waller, Peter, Der Einzelgänger und seine Unternehmen, in: FAZ vom 10.7.1963.

Wegner, Manfred, Produktionsstandort Ostdeutschland. Zum Stand der Modernisierung und Erneuerung der Wirtschaft in den neuen Bundesländern, in: Aus Politik und Zeitgeschichte. Beilage zur Wochenzeitung Das Parlament, B 17/94 (29.4.1994), S. 14–23.

Weiß-Hartmann, Anne, Der Aufbau und die Politik des Freien Gewerkschaftsbundes Hessen von 1945 bis 1949, Diss. Marburg 1976.

Wessel, Horst A., Kontinuität im Wandel. 100 Jahre Mannesmann 1890–1990, Gütersloh 1990.

Wiedemann, Andreas, Wetzlar von 1945–1949, in: Mitteilungen des Wetzlarer Geschichtsvereins, Heft 33 (1988). S. 91–273.

Wiedenhoff, Alexander, Sorgen auf dem Roheisenmarkt, in: Handelsblatt vom 21.10.1963.

Winkel, Harald, Die Wirtschaft im geteilten Deutschland 1945–1970 (Wissenschaftliche Paperbacks 4), Wiesbaden 1974.

Winkler, Dörte, Die amerikanische Sozialisierungspolitik in Deutschland 1945–1948, in: Winkler, Heinrich August (Hrsg.), Politische Weichenstellungen im Nachkriegsdeutschland 1945–1953 (Geschichte und Gesellschaft, Sonderheft Nr. 5), Göttingen 1979, S. 88–110.

Dies., Frauenarbeit im „Dritten Reich" (Historische Perspektiven, Band 9), Hamburg 1977.

Winter, Gerd, Sozialisierung und Mitbestimmung in Hessen 1946–1955, in: Ders. (Hrsg.), Sozialisierung von Unternehmen. Bedingungen und Begründungen, Vier rechts- und wirtschaftswissenschaftliche Studien, Frankfurt a. M. 1976, S. 121–153.

Wöhe, Günter, Einführung in die allgemeine Betriebswirtschaftslehre, 18. Auflage, München 1993.

Wörl, Volker, Neue Herren für die Panzerbauer von Krauss-Maffei. Bundeskartellamt stimmt künftigem Gesellschafterkreis zu. Wer wird industriell führen?, in: Süddeutsche Zeitung vom 18.7.1985.

Wübbenhorst, Heinz/Engels, Gerhard, 5000 Jahre Gießen in Metallen. Fakten, Daten, Bilder zur Entwicklung der Gießereitechnik, Düsseldorf 1989.

Zeckler, Theodor, Vor 10 Jahren. Der Wiederanfang bei Buderus, in: Buderus Werksnachrichten, Jg. 6 (1955), Nr. 4/5, S. 48–50.

Zöllner, Detlev, Sozialpolitik, in: Benz, Wolfgang (Hrsg.), Die Geschichte der Bundesrepublik Deutschland, Band 2: Wirtschaft, Frankfurt a. M. 1989, S. 362–392.

13.4. Bildnachweis

Michael Müller, S. 239.
Rosemarie Rohde, S. 177, 182.
Erich Schick, S. 175, 176, 178, 214.

Alle anderen Abbildungen: Archiv der Buderus AG.

14 Register

Die Register beziehen sich nur auf den Text, nicht auf die „Anmerkungen" und das „Quellen- und Literaturverzeichnis".

14.1. Personen und Firmen

A
Adenauer, Konrad 131
Alfa-Laval Separationstechnik GmbH, Glinde bei Hamburg 231
Ambrosius, Hans-Günter 266
Arndt, Martin 103 f.
Avieny, Wilhelm 30
AZET Gesellschaft für Rohr- und Baumaterialherstellung mbH & Co. KG, Wanne-Eickel 140, 179

B
Ballestrem, Niklaus von 104
Bauer, Wilhelm 197
Beckmann & Bassler GmbH, Leipzig 54
Below, Andreas 255
Bennigsen-Foerder, Rudolf von 229
Blaschke, Heribert 228, 230
Blumauer Heiz- und Kochgerätefabrik Wels AG, Wien 233
Bormann, Martin 31
Bradatsch, Dieter 15
Brauchitsch, Eberhard von 196
Bredow, Hans 103 f., 110, 113, 134 f., 155
Breuer-Werke GmbH (vormals Breuer-Werk AG), Frankfurt-Höchst 27, 43, 49, 51 f., 63, 68, 71, 73, 82, 101, 118, 124, 126, 129, 147, 152, 155 f., 177, 180
Briede, Otto 37
Bruckhaus, Friedwart 165, 196
Buderus I., Johann Wilhelm 17, 18
Buderus, Hans 229
Buderus, Ruth 229

Buderus Abscheiderfertigung GmbH, Köthen/Sachsen-Anhalt 257
Buderus Austria Heiztechnik Ges. m.b.H., Wels/Österreich 240, 254
Buderus Bau- und Abwassertechnik GmbH, Wetzlar 233, 238
Buderus Guss GmbH, Wetzlar 234, 238, 253, 257 f.
Buderus-Handel Berlin GmbH 245
Buderus-Handel GmbH, Wetzlar 215, 233, 245, 248
Buderus'sche Handelsgesellschaft Berlin 186
Buderus'sche Handelsgesellschaft mbH, Wetzlar 22, 33, 53 ff., 82, 123, 151, 186
Buderus Heiztechnik GmbH, Wetzlar 233, 238, 240, 245, 247 f., 253 f.
Buderus Hydronic Systems Inc., Salem, New Hampshire/USA 255
Buderus Industrietechnik GmbH & Co., Wetzlar 186 f., 216
Buderus Italia S.r.l., Mailand 255
Buderus-Juno-Handelsgesellschaft mbH, Salzburg 233
Buderus-Juno-Kundendienst GmbH, Wetzlar 186
Buderus Küchentechnik GmbH, Burg 233, 235, 241, 248, 250, 271
Buderus Kundenguß GmbH, Wetzlar 233, 237 f., 248
Buderus Nordiska Handelsaktiebolag, Stockholm 54
Buderus Sell Aviation Inc., Wichita, Kansas/USA 261

Buderus Schleiftechnik GmbH, Ehringshausen 237
Buderus Sell GmbH, Herborn 233, 241 f., 260
Burbach, Werner 222
Burger Eisenwerke AG, Burg 27, 34, 46, 164, 166, 172, 177, 190, 192, 198 f., 204 f., 215 f., 221, 270
Burzel, Berthold 226
Buskühl, Ernst 30

C
Clay, Lucius D., 98, 109

D
DASELL Cabin Interior GmbH, Hamburg 242, 260
Deibel, Erich 88
Deuss, Hanns 134, 162, 164 f., 196
Deutsche PREMO Gesellschaft für Rohr- und Baumaterialherstellung mbH & Co. KG, Wanne-Eickel 140, 179
Dietrich, Jochen 15
Dietz, Hildegard 139

E
Eckert & Ziegler GmbH, Weißenburg 180
Edelstahlwerke Buderus AG, vormals Stahlwerke Röchling-Buderus AG, Wetzlar 22 f., 27, 52 f., 81, 85 ff., 90, 94 ff., 105 f., 109 f., 112, 118 ff., 124, 129 f., 147 f., 152 f., 156, 167 f., 181 f., 190, 192, 205 ff., 228, 230, 242 ff., 249, 257 f., 265, 267 ff.
Eisengießerei Rothehütte in Königshütte im Harz 46, 57
Eisenwerke Gelsenkirchen AG, Düsseldorf 140, 170
Eisenwerke Hirzenhain Hugo Buderus GmbH (siehe Werk Hirzenhain)
Engel, Reinhard 228
Engfer, Paul 115
Ergat, Soukri 239
Erhard, Ludwig 132, 135 f., 160

F
Feldmühle AG, Düsseldorf 164, 167, 230
Feldmühle Nobel AG (FENO), Düsseldorf 11 f., 226 ff., 230, 232, 250 f., 271 f.
Fellner & Ziegler GmbH, Frankfurt a. M. 180
Ferrum GmbH, Dinkelscherben 115, 152, 186, 206, 216, 235, 245, 257 f.
Flick, Friedrich 9, 162 ff., 167 ff., 176, 192, 195 f.,
Flick, Friedrich Karl 165, 195 f., 200, 224, 226 ff., 230, 232, 271
Friedrich Flick KG, Düsseldorf 11, 163 f., 167 ff., 196, 219
Friedrich Flick Industrieverwaltung KGaA, Düsseldorf 11, 195, 226 ff. 248
Friedrich, Otto A., 196
Frowein, Robert 30, 92, 134, 164 f.

G
Gelzebach, Heinrich 31
Gerling, Hans 228
Gerling, Rolf 228
GEROBAU Gesellschaft für Rohr- und Baumaterialherstellung mbH, Frankfurt a. M. 140, 146, 206
Giesbert, Heinrich 68 ff., 75, 103, 114
Gimbel, Fritz 245
Goebbels, Joseph 66
Göring, Hermann 26, 65
Gorschlüter, Fritz 28, 68 f.
Grabowski, Anton 115
Grabowski, Franz 104 ff., 110, 115, 130, 134 ff., 141, 165 ff., 170, 192, 267, 269
Gries, Heinz 165
Groebler, Alfred 21
Grosser, Franz 105, 134, 165
Grün, Carl 34, 167
Grün, Hans 32, 34, 164, 167
Grün, Marie 167
Guril, Martina 271

H

Haasters, Eugen 28
HAGEWE Gesellschaft für Rohr- und Baumaterialherstellung mbH & Co., Ötigheim 140, 179, 206
Haibach, Hermann 31
Halbergerhütte GmbH, Brebach/Saar 140, 203, 206
Handelsvereeniging Buderus, 's-Gravenhage (Den Haag) 83
Hardorp, Hinrich 209
Hauf, Hans 108
Haus, Rainer 15
Hecker, Adolf 32
Hecker, Gustav 28, 32
Heinz, Erwin 177
Heimberg, Karl 165, 197
Hempel, Uwe 255
Hessen-Nassauischer Hüttenverein GmbH, Steinbrücken 28, 31 ff., 41, 62, 265
Hessische Berg- und Hüttenwerke AG (Berghütte), Wetzlar 12, 135 ff., 149 f., 152, 158, 169, 172, 180, 187, 190, 199, 212 f., 215, 221, 248, 268, 270
Hessische Gesellschaft für industrielle Unternehmungen Friedrich Flick GmbH (HGI), Wetzlar 171, 190, 195, 198
Hessische Industriewerke GmbH, Wetzlar 82, 125
Himmler, Heinrich 30
Hindenburg, Paul von 30
Hitler, Adolf 25, 30
Hochofenschwemmsteinfabrik Oberscheld 34, 50, 114,
Hoeller, Peter 28, 69 f.
Hornung, Otto 134, 165
H. Huber & Co. AG, Basel/Schweiz 254
Humperdinck, Carl 28

I

Imperial-Krauss-Maffei-Industrieanlagen GmbH, München 211

Industrietechnik Homberg GmbH, Homberg/Efze 187, 238

J

J. C. Grün Eisensteinbergbau, Burg 34
Jeczinskyi, Johann 87
Jepsen, Juliane 167
Jung, Gustav 75
Jung, Otto 15, 245
Jung'sche Handelsgesellschaft Hecker & Co., Ludwigshütte 31

K

Kaiser, Eduard 20 f., 59
Kaletsch, Konrad 165, 195
Kara, Mehmet 239
Katzenellenbogen, Albert 30
Kelepirzis, Dimitrios, 239
Kiehl, Jörg 255
Kippenberger, Otto 103
Kippenberger, Ulrich 245
Klein, Heinrich J. 252
Klöckner, Peter 68
Koch, Harald 108 f., 135
Koehler, Adolf 28 f., 59, 68 f.
Kohl, Helmut 223 f.
Kolb, Hans Werner 196 f., 213, 226, 228
Konus-Gesellschaft für Wärmetechnik GmbH & Co. KG, Hockenheim 221, 233, 238, 240
Konus Systems Inc., Atlanta/USA 238
Kotz, Anton 31
Krämer, Karl 200
Krauss-Maffei AG, München-Allach 12, 141, 145, 147, 152, 158, 164 f., 171 f., 180, 187, 190, 210, 216, 228, 230 f., 233, 235, 246, 248, 268, 271
Krukenberg, Georg 197
Kühle, Wolfgang 14

L

Laaf, Wolfgang 209, 228, 230, 232
Lettermannwerk AG, Biedenkopf-Ludwigshütte 31, 36

353

Ley, Jean 28, 68 f.
Lichtenberg, Paul 196
Lipp, Peter 114, 146
Lippert, Hans-Joachim 77
Logana Speditionsgesellschaft mbH, Wetzlar 152, 233
Luer, Carl 30, 67
Lützow, Friedrich 81

M
Management Service GmbH, (MGMS), Frankfurt a. M. 230
Manhold AG, Zug/Schweiz 221
Marx, Paul 104, 134
Mersch, Franz 67
Metallgesellschaft AG, Frankfurt a. M. 9 ff., 13, 30, 226, 230, 251 f., 272
Metallgesellschaft Industrie AG (MGI), Düsseldorf 230, 251
Metallhüttenwerke Lübeck AG 164, 171 f., 185, 190, 199, 212 f., 218 f., 269 f.
Metallverarbeitung Neukirchen/Pleiße GmbH 240
Möllmann, Eberhard 197, 228
Morgenthau, Henry 97
Moshage, Heinrich 112, 114
Müller, Hans 15, 209

N
Nefit Fasto B.V., Deventer/Niederlande 253, 256
Nering Bögel B.V., Weert/Niederlande 254
Neukirchen, Karl-Josef 252
Neuschaefer, Karl 75
Niederstetter & Co., Breslau 54, 101
Nordmann, Georg 30

O
Oehler, Heinrich 222
Offene Handelsgesellschaft Gebrüder Buderus zur Main-Weser-Hütte bei Lollar 19
Omnical GmbH, Ewersbach 140, 147, 152, 172, 179, 190, 199, 250, 270

Omniplast GmbH & Co. KG, Ehringshausen 140, 146, 152, 167, 179, 188, 190, 206, 215, 218, 233, 235, 237, 242, 248 250
Omniplast Nederland B.V., Veghel 206

P
Paefgen, Günter Max 196
Plaul, Hans-Ulrich 228, 234, 261

R
Richter, Siegfried 200
Ringenberg, Georg 165, 196
Reinhard, Friedrich 28, 30, 68
Riedel, Ernst 226
Rittershaus & Blecher GmbH, Wuppertal 180, 216, 232, 236, 248, 253, 257
Röchling, Hermann 23, 31, 81, 120, 169
Röchlingstahl GmbH, Völklingen 119, 148, 168 f.
Roeder-Großküchentechnik GmbH, Darmstadt 178, 233
Röhrsheim, Alfred 254
Rogge, Frank 226 ff.
Rohde, Alfred 165, 195
Rühl, Stefan 271

S
Sachs, Hans 104
Schacht, Hjalmar 65
Schebela, Ladislaus 214
Schimmelbusch, Heinz 230, 252
Schlicht, Helmut 259
Schlosser, Erwin 165, 197
Schmidt, Helmut 223 f.
Schneider, Wieland 228
Schneidmüller, Heinrich 88
Schomburg & Wüsthoff GmbH, Leipzig 54, 123 (später Wetzlar) 152, 187
Schoppes, Henri 253
Schumacher, Kurt 107
Seibert, Albert 24
Sell Galley GmbH, Herborn 261

SELL Haus- und Küchentechnik GmbH,
    Herborn 166, 178, 205
Sell Services GmbH, Herborn 251
Sell, Werner 233
Senkingwerk GmbH KG, Hildesheim 178,
    205, 233, 241
Sieger Heizkesselwerk GmbH, Buschhütten
    233, 239 f. 248, 254
Sieg-Herd-Fabrik GmbH, Buschhütten 178,
    197
Sieg-Lahn Bergbau GmbH, Weilburg 108
Simon, Hans 103
Smaragdis, Stilianos 239
SOMO-Société pour les Métaux Ouvrés et
    les Plastiques, Genf 179
Speer, Albert 65
Spiegelhalter, Hans Joachim 13, 15
Sprenger, Jakob 29, 68
Staffa, Stephan 176
Stahlwerke Südwestfalen AG, Geisweid 168
Stather, Robert 69
Steinmann & Co. GmbH, Hagen in
    Westfalen 119
Steinmüller, Karl 24
Steinweger, Fritz 69 f.
Stitz-Ulrici, Leonhard 104, 134
Stock, Christian 136
Stora Kopparsbergs Bergslags AB,
    Falun/Schweden 229
Strico Gesellschaft für Metallurgie und
    Wärmetechnik mbH, Gummersbach 152
Suchsland, Wolfgang 104, 134

T
TEGACONT Erfurt GmbH, Mittelhausen
    240
Todt, Fritz 65
Thomas, Georg 29
Triumph-Werke, Herd- und Ofenfabriken
    G.m.b.H., Wels/Österreich 34, 102

U
Unterstützungskasse für Arbeiter und Ange-
    stellte der Buderus AG in Wetzlar e.V.
    153, 247
Ursania-Chemie GmbH, Herne 179

V
Verwaltungsgesellschaft für industrielle
    Unternehmungen Friedrich Flick
    GmbH (VG), Wetzlar 195, 200
Vierhub, Erich 165
Vogels, Hanns Arnt 196
Völpel (Familie) 153

W
Wagner, Alfons 104, 135, 141
Wagner, Fritz 178
Wanit Gesellschaft für Asbestzement-
    Erzeugnisse mbH & Co.KG, Wanne-
    Eickel 206
Weber, Hartmut 271
Weidemann, Matthias 269
Wellenstein, Max 103 f.
Weiß, Karl 31, 153 f.
Wertheimber, Ernst 30
Westdeutsches Eisenwerk, Essen-Kray
    (siehe Werk Essen-Kray)
Wetzlarer Bauverein GmbH, Wetzlar 126,
    188, 233
Weulink, Mark 253
Winckler, Karl von 104, 165 f. 196
Witte, Wilhelm 28, 44, 47, 68 f. 103, 106,
    108 f., 113 f., 120, 135 f., 151, 267

Z
Zeckler, Theodor 28, 69 f.
Zentroguß GmbH, Hirzenhain 139, 146, 179
Zinn, Georg-August 108, 136
Zinser, Hugo 134

14.2. Standorte

A

Abendstern, Grube bei Hungen 44, 45, 78, 121, 150

Albert, Grube bei Nieder-Ohmen 44, 121, 150

Allerheiligen, Grube bei Weilburg 44, 121

Amalie, Grube bei Hirzenhain/Dillkreis 31, 121

Amalienhütte, Werk bei Laasphe 31, 41, 72, 74, 84, 113 f., 176, 198, 202, 270

Atzenhain, Grube bei Atzenhain 44

Auguststollen, Grube bei Oberscheld 35, 45, 77, 121

B

Beilstein, Grube bei Oberscheld 90

Berlin, Niederlassung 54, 101, 252

Bielefeld, Zweigbüro 54

Breidenbach, Werk 31, 36, 74, 84, 113 f., 145, 176, 199, 204, 233, 235, 237, 257, 265, 269 f.

Bremen, Zweigbüro 54, 101

Bremerhaven, Niederlassung 215

Brüssel, Niederlassung 54,

Burg, Werk (vormals Burger Hütte), 34, 41, 167, 176, 198, 205 f., 233, 235, 238, 240 f., 270

Burgsolms, Betonwerk 114, 145, 177, 250

Burgsolms, Georgshütte 59, 70

D

Danzig, Zweigbüro 101

Dehrn, Phosphoritgrube 51

Dieburg, Werk 199, 205 f., 242

Dortmund, Niederlassung 215

Dresden, Zweigbüro 54, 101; Niederlassung 245

Düsseldorf, Zweigbüro 54, 101

E

Ehringshausen, Werk (vormals Eisenwerk Ehringshausen) 34 f., 41, 166 f., 199, 233, 237, 250, 271

Eibelshausen, Werk (vormals Eibelshäuserhütte) 31, 41, 43, 70, 114, 174, 198, 202, 205, 233, 238, 240, 245, 256, 265, 270

Erfurt, Zweigbüro 54, 101; Niederlassung, 240, 245

Essen, Zweigbüro 54

Essen-Kray, Werk (vormals Westdeutsches Eisenwerk) 22, 36, 38, 40 f., 43, 49, 58, 68, 70, 73, 75, 101, 113 f., 145, 176, 198, 203, 270

Ewersbach, Werk (vormals Neuhütte), 31, 40, 43, 74 f., 114, 140, 144, 176, 199, 202, 238 f., 250

F

Falkenstein, Grube bei Oberscheld 184 f., 213, 270

Finowfurt, Werk 119

Frankfurt a. M., Niederlassung 54, 101

Freiburg, Zweigbüro 54

Friedberg, Grube bei Fellingshausen 24, 77, 121

Friedrichshütte, Werk bei Laasphe 41, 67, 74

Friedrichszug, Grube bei Nanzenbach 43 ff., 121

G

Gemeine Zeche, Kupfergrube bei Nanzenbach 51

Georg-Joseph, Grube bei Wirbelau 44, 77, 121, 184

Gießen, Niederlassung 254

Göttingen, Niederlassung 215

Gutehoffnung, Grube bei Fachingen 121

H
Hamburg, Niederlassung 54, 101, 151
Herborn, Werk (vormals Eisenwerk
    Herborn) 34, 41, 199, 205, 233, 241
Hermannstein, Kalksteinbruch bei Wetzlar
    50, 177
Herne, Werk 206
Hirzenhain, Werk (vormals Eisenwerke
    Hirzenhain Hugo Buderus und Hirzen-
    hainer Hütte) 22, 27, 34, 36, 41, 59, 72,
    75, 82, 88, 113 f., 124, 139, 145 f., 176, 199,
    205, 233, 237, 256

K
Kaiserslautern, Niederlassung 215
Kassel, Zweigbüro 54
Köln, Niederlassung 54, 101
Königsberg, Zweigbüro 54, 101
Königszug, Grube bei Oberscheld 33, 46 f.,
    57, 77, 78, 90, 121, 150 f., 184 f.
Kubach, Phosphoritgrube bei Kubach 51

L
Laufenderstein, Grube bei Dillenburg 121
Leipzig, Niederlassung 54, 101, 245
Lollar, Informationszentrum 186
Lollar, Werk (vormals Main-Weser-Hütte)
    20 f., 39 f., 43, 59, 63, 68, 70, 72 f., 84, 101,
    103, 113 f., 153, 175, 199, 202, 221, 233,
    238 ff., 245, 253, 256, 271
London, Niederlassung 54
Lüneburg, Niederlassung 215
Ludwigshütte, Werk bei Biedenkopf 31, 36,
    40, 43, 74, 84, 114, 198, 202, 204, 233, 238,
    241, 260, 270

M
Magdeburg, Zweigbüro 54, 101;
    Niederlassung 245
Mailand, Niederlassung 54
Malapertus, Grube bei Wetzlar 87
Mardorf, Grube bei Homberg/Efze 77, 87,
    121, 150

Mehle, Werk 106, 119
München, Niederlassung 54, 101

N
Neubrandenburg, Niederlassung 245
Neue Lust, Grube bei Nanzenbach 121
Neuer Muth, Kupfergrube bei Nanzenbach
    51, 80
Neukirchen, Niederlassung 245
Neukirchen, Werk 255 f.
Niedergirmes, Kalksteinbruch bei Wetzlar
    50, 77, 120
Nürnberg, Zweigbüro 54, 101

O
Oberscheld, Hochofenwerk 31 f., 47 f., 79,
    108 ff., 113, 150, 170, 183, 185, 187

P
Paderborn, Niederlassung 215

R
Richardszeche, Grube bei Niederbiel 150

S
Saarbrücken, Zweigbüro 54, 101
Sahlgrund, Grube bei Oberscheld 77
Schelderhütte, Werk bei Niederscheld 34 f.,
    41, 198, 205, 270
Schwerin, Niederlassung 245
Staffel, Phosphoritgrube bei Staffel 51
Staffel, Werk (vormals Karlshütte) 21, 36, 70,
    72, 74, 101, 103, 114, 144, 173, 199, 233,
    236, 253
Stettin, Zweigbüro 54, 101
Stillingseisenzug, Grube bei Nanzenbach 45,
    76
Stuttgart, Zweigbüro 54

T
Teplitz-Schönau, Zweigbüro 54, 101

357

W
Wetzlar, Niederlassung 54
Wetzlar, Werk (vormals Sophienhütte) 21, 23,
    38, 40, 43, 44, 47 ff., 59, 63, 67, 70, 72 ff.,
    77 ff., 84, 86, 88, 101, 106, 108 ff., 116 f.,
    124, 138, 141, 144 f., 154, 160, 175 f., 184,
    199, 233, 235, 253, 257, 262
Wetzlar, Zementwerk 74, 87, 113, 120, 125,
    143, 177 f., 204, 233, 236
Wilhelmshütte, Werk bei Biedenkopf 31, 41,
    68, 74, 84, 114, 145, 176, 198, 204, 270

Abkürzungsverzeichnis

ABAG	Archiv der Buderus AG
AfS	Archiv für Sozialgeschichte
AHL	Archiv der Hansestadt Lübeck
BHG	Buderus'sche Handelsgesellschaft mbH
BA Ko	Bundesarchiv Koblenz
BA MA	Bundesarchiv Militärarchiv Freiburg
EStG	Einkommensteuergesetz
FENO	Feldmühle Nobel AG
GB	Geschäftsbericht(e)
GG	Grundgesetz
GKV	Gesetzliche Krankenversicherung
GMTV	Gemeinsamer Manteltarifvertrag für Arbeiter und Angestellte der Eisen-, Metall- und Elektroindustrie
HGI	Hessische Gesellschaft für industrielle Unternehmungen Friedrich Flick GmbH
HHStA	Hessisches Hauptstaatsarchiv Wiesbaden
Hrsg.	Herausgeber
HV	Verfassung des Landes Hessen
HWWA	Hamburgisches Welt-Wirtschafts-Archiv, Hamburg
IRWAZ	Individuelle regelmäßige wöchentliche Arbeitszeit
k. A.	keine Angabe
KG	Kommanditgesellschaft
KGaA	Kommanditgesellschaft auf Aktien
LfA	Bayerische Landesanstalt für Aufbaufinanzierung
MBB	Messerschmitt-Bölkow-Blohm GmbH
MG	Metallgesellschaft AG
MGI	Metallgesellschaft Industrie AG
MGMS	Management Service GmbH
SozB	Sozialbericht
StA	Stadtarchiv Wetzlar
VfZ	Vierteljahrshefte für Zeitgeschichte
VG	Verwaltungsgesellschaft für industrielle Unternehmungen Friedrich Flick GmbH
VSWG	Vierteljahrschrift für Sozial- und Wirtschaftsgeschichte
ZfG	Zeitschrift für Geschichtswissenschaft
ZUG	Zeitschrift für Unternehmensgeschichte